이노베이터

이노베이터

the INNOVATORS

월터 아이작슨 지음
정영목 · 신지영 옮김

21세기북스

머리말

이 책이 나오기까지

컴퓨터와 인터넷은 우리 시대의 가장 중요한 발명으로 꼽히지만 그것을 누가 만들었는지 아는 사람은 드물다. 컴퓨터와 인터넷은 다락방이나 차고에서 발명가 한 명이 홀로 생각해낸 것이 아니기 때문에, 특정 인물을 잡지 표지에 싣거나 에디슨, 벨, 모르스와 함께 만신전에 모시기도 어렵다. 사실 디지털 시대의 혁신은 대부분 협업으로 이루어졌다. 여기에는 수많은 매력적인 사람들이 관련되어 있는데, 그 가운데 일부는 창의력이 뛰어나고 또 소수는 심지어 천재이기도 하다. 이 책은 이런 선구자, 해커, 발명가, 기업가들의 이야기다. 그들이 누구이며, 그들의 정신이 어떻게 움직였으며, 무엇이 그들을 그렇게 창조적으로 만들었는지 이야기한다. 또 그들이 어떻게 협업했는지, 팀으로 일함으로써 어떻게 '더' 창조적이 될 수 있었는지 이야기한다.

그들의 팀워크 이야기는 중요하다. 그렇게 팀워크를 이루는 기술이 혁신에서 얼마나 중심적인 역할을 하는지 관심을 기울이는 경우가 많지 않기 때문이다. 우리 같은 전기 작가들이 일인 발명가로 그려내거나 신비화하는 사람들을 찬양하는 책은 수도 없이 많다. 나 자신도 그런 책을 몇 권 냈다. 아마존에서 "~을(를) 발명한 사람the man who invented"이라는 구절로 검색을 하면 1,860권이라는 결과가 나온다. 하지만 협업적 창조성의 이야기는 훨씬 적은데, 사실 오늘날의 테크놀로지 혁명이 이루어진 방식을 이해하는 데는 이것이 훨씬 중요하다. 또 더 재미있을 수도 있다.

요즘 혁신에 관한 이야기가 아주 많기 때문에 혁신이라는 말은 현학적 유행어가 되면서 분명한 의미는 찾아볼 수 없게 되었다. 그래서 나는 이 책에서 현실 세계에서 실제로 혁신이 어떻게 일어나는지 전해주는 일을 하기로 했다. 우리 시대에 상상력이 가장 풍부한 사람들은 와해적인 아이디어들을 어떻게 현실로 바꾸었을까? 나는 이 책에서 디지털 시대의 가장 의미 있는 약진 여남은 가지와 그것을 이루어낸 사람들에게 초점을 맞추었다. 어떤 요소들이 그런 창조적 도약을 만들어냈는가? 어떤 기술이 가장 큰 유용성을 입증했는가? 그들은 어떻게 이끌고 협업했는가? 왜 어떤 사람들은 성공하고 다른 사람들은 실패했는가?

나는 이 책에서 또 혁신을 위한 분위기를 제공하는 사회적이고 문화적인 힘들을 탐사한다. 디지털 시대의 탄생의 경우에는 정부의 재정 지출로 육성되고 군軍-산産-학學 협업으로 관리되는 연구 생태계라는 분위기가 있었다. 이것과 공동체 조직가, 공동체적 정신을 가진 히피들, DIY 호비스트*, 홈브루** 해커들의 느슨한 동맹이 교차하는데, 이들 대부분은 중앙집권적 권위에 의심을 품고 있었다.

이 요소들 가운데 어디에 중점을 두느냐에 따라 여러 가지 역사를 쓸 수 있다. 최초의 대형 전기기계식 컴퓨터인 하버드/IBM 마크 I의 발명

*hobbyist. 열광적으로 취미에 몰두하는 사람—옮긴이.

**homebrew. 원래 '집에서 빚은 술' 또는 '집에서 빚은'을 뜻하는 말로, 해커들의 전성기에 '사용자가 독점적인 제품의 대체물 또는 부가물로서 직접 만든 전자 제품이나 소프트웨어, 또는 그 사용자'를 뜻하는 말로 전용되었다—옮긴이.

이 한 가지 예다. 마크 I의 프로그래머 가운데 한 명인 그레이스 호퍼는 마크 I을 만든 주요한 인물 가운데 한 사람인 하워드 에이킨에 초점을 맞춘 역사를 썼다. 그러자 IBM은 얼굴 없는 엔지니어들의 팀을 주인공으로 하는 역사로 반격을 했는데, 이들은 계수기에서 카드 공급card feeder 장치에 이르기까지 마크 I에 포함된 작고 점진적인 혁신들로 기여한 사람들이었다.

이와 마찬가지로 위대한 개인과 문화적 흐름 가운데 무엇을 강조할 것이냐 하는 것은 오래전부터 논란이 되어온 문제다. 19세기에 토머스 칼라일은 "세계사는 위인들의 전기에 지나지 않는다"고 선언했으며, 허버트 스펜서는 사회적 힘들의 역할을 강조하는 이론으로 대응했다. 학자냐 참여자냐에 따라 이런 균형을 다르게 보기도 한다. "한 사람의 교수로서 나는 역사를 비인격적 힘들이 움직인다고 생각하는 경향이 있었다." 헨리 키신저는 1970년대 중동에서의 '셔틀 외교' 중 기자들에게 그렇게 말했다. "하지만 실제로 보게 되면 개별 인물들이 만들어내는 변화가 드러난다."[1] 중동 평화 협상도 그렇지만 디지털 시대의 혁신에 이르게 되면 다양한 개인적 힘과 문화적 힘이 모두 자기 역할을 하기 때문에, 나는 이 책에서 그 둘을 함께 엮으려 했다.

인터넷은 원래 협업을 위해 구축되었다. 반면 개인용 컴퓨터, 특히 가정에서 사용할 목적으로 만든 컴퓨터는 개인적 창조성을 위한 도구로 고안되었다. 1970년대 초부터 10여 년 동안 네트워크의 발전과 가정용 컴퓨터의 발전은 서로 분리된 채로 진행되었다. 이 둘은 1980년대 말 모뎀, 온라인 서비스, 웹의 등장과 함께 합쳐지기 시작했다. 증기 기관과 정교한 기계류의 결합이 산업 혁명을 이끌었듯이 컴퓨터와 분산 네트워크의 결합은 디지털 혁명을 이끌어, 모든 사람이 어디에서든 어떤 정보든 만들어내고 퍼뜨리고 접근할 수 있게 해주었다.

과학사가들은 가끔 위대한 변화의 시기라 해도 그것을 혁명이라고 부르는 것을 경계한다. 그들은 진보를 진화적으로 보는 것을 더 좋아한다. "'과학 혁명' 같은 것은 없었지만, 이 책은 과학 혁명에 관한 책이다." 이것은 하버드 교수 스티븐 샤핀의 해당 시기에 관한 책의 짓궂은 서두다. 샤핀이 그렇게 반농담조로 말한 모순을 피해가는 데 사용하는 한 가지 방법은 이 시기의 주요 인물들이 자신이 혁명의 일부라는 "관점을 힘차게 피력했다"는 데 주목하는 것이다. "우리는 근본적 변화가 진행 중이라는 느낌을 받게 되는데, 그런 느낌은 실질적으로 그들에게서 온다."[2]

마찬가지로 오늘날 우리는 대부분 지난 반세기 동안의 디지털 발전이 우리의 생활 방식을 바꾸고 있다고, 어쩌면 혁명적으로 바꾸고 있다는 느낌을 공유하고 있다. 나 또한 새로운 도약이 이루어질 때마다 느꼈던 흥분이 아직도 기억난다. 나의 아버지와 삼촌들은 전기 엔지니어였으며, 나는 이 책에 나오는 많은 인물들과 마찬가지로 납땜을 할 회로기판, 뜯어볼 라디오, 검사할 관, 분류하고 배치할 트랜지스터와 저항 상자들이 널려 있는 지하실 작업장에서 성장했다. 히스키트*와 아마추어 무선 통신기(호출 부호는 WA5JTP)를 사랑하던 전자 제품 긱**으로서 나는 진공관이 트랜지스터에 자리를 내주던 때를 기억한다. 대학에서는 천공 카드를 이용하는 프로그래밍을 배웠는데, 일괄 처리의 괴로움이 직접 내 손으로 키보드를 두드려 이루어내는 상호 작용이 주는 환희로 바뀌던 순간을 기억한다. 1980년대에는 모뎀이 온라인 서비스와 게시판이라

*Heathkit. 히스 회사에서 생산하던 전자 키트와 제품—옮긴이.

**geek. 한 분야에 몰두하는 괴짜—옮긴이.

는 불가사의하고 마법 같은 영역을 우리에게 열어주던 순간 들려오던 치이익하는 잡음에 전율했으며, 1990년대 초에는 《타임》과 타임워너의 디지털부서가 새로운 웹 및 광대역 인터넷 서비스에 나서는 것을 돕기도 했다. 프랑스 혁명이 시작되는 순간 그것을 바라보며 열광하던 사람을 두고 워즈워스가 말했듯이 "그 새벽에 살아 있다는 것이 축복이었다."

나는 10여 년 전부터 이 책을 준비해왔다. 내가 직접 눈으로 목격한 디지털 시대의 발전에 매혹되어 있었다는 점, 또 혁신가이자 발명가이자 출판업자이자 우편 서비스의 개척자이자 다방면의 정보망 구축자이자 기업가인 벤저민 프랭클린의 전기를 썼다는 점이 그 출발점이 되었다. 그러나 나는 전기를 쓰는 일로부터는 물러나고 싶었다. 전기는 비범한 개인의 역할을 강조하는 경향이 있기 때문이다. 대신 『지혜로운 사람들The Wise Men』—미국의 냉전 정책을 규정한 여섯 친구의 창조적 팀워크에 관해 동료와 함께 쓴 책이다—같은 책을 다시 쓰고 싶었다. 처음의 계획은 인터넷을 발명한 팀들에 초점을 맞추자는 것이었다. 하지만 빌 게이츠를 인터뷰하면서 그의 이야기를 듣고 인터넷과 개인용 컴퓨터가 동시에 등장했다는 사실이 더 풍부한 이야깃거리가 될 것이라는 확신을 갖게 되었다. 그러다 2009년 초에는 이 책을 중단하고 스티브 잡스의 전기 작업을 시작하게 되었다. 하지만 그의 이야기 때문에 인터넷과 컴퓨터의 발달이 서로 얽히는 방식에 관한 관심은 더 강해졌으며, 그래서 그 책을 끝내자마자 이 디지털 시대의 혁신 이야기로 돌아오게 되었다.

인터넷의 수많은 프로토콜은 동료 간 협업으로 고안되었으며, 그 결과 등장한 시스템의 유전자에는 협업을 촉진하는 경향이 새겨지게 되었다. 정보를 만들고 전달하는 힘은 각 노드에 완전히 분배되었고, 통제나 위계를 강제하려는 시도는 우회해 갈 수 있었다. 개인이 제어하는 컴퓨터와 연결된 열린 네트워크 시스템은 인쇄기와 마찬가지로 정보 배포의 통제권을 게이트키퍼, 중앙 당국, 대서인이나 서기를 고용하는 기관으로부터 빼앗는 경향이 있다고 말해도, 이를 두고 테크놀로지에 의도와 인격을 부여하는 목적론적 오류에 빠진 부당한 이야기라고 비판하는 사람은 없을 것이다. 결국 보통 사람들이 콘텐츠를 만들고 공유하는 것이 더 쉬워진 것이다.

디지털 시대를 창조한 협업은 단지 동배끼리만이 아니라 세대 사이에도 이루어졌다. 아이디어는 한 혁신가 무리에서 다음 혁신가 무리에게로 전달되었다. 조사 과정에서 나타난 또 하나의 주제는 사용자들이 되풀이하여 디지털 혁신을 가져다 소통과 사회적 네트워크 도구를 만드는 데 이용했다는 것이다. 나는 또 인공 지능—스스로 생각하는 기계—의 탐구가 사람과 기계 사이에서 동반 관계나 공생을 이루는 방법을 찾아내는 것보다 성과가 없다는 것이 일관되게 입증되어왔다는 데 관심을 갖게 되었다. 말을 바꾸면 디지털 시대의 특징인 협업적 창조성에는 인간과 기계 사이의 협업이 포함된다는 것이다.

마지막으로 나는 디지털 시대의 가장 진정한 창조성은 예술과 과학을 연결시킬 수 있는 사람들에게서 나왔다는 데 감명을 받았다. 그들은 아름다움이 중요하다고 믿었다. "나는 어린 시절 늘 나 자신이 인문학적인 인간이라고 생각했지만, 그러면서도 전자공학을 좋아했다." 잡스는 그의 전기를 쓰기 시작했을 때 나에게 말했다. "그러다가 나의 영웅으로 꼽을 수 있는 폴라로이드의 에드윈 랜드가 인문학과 과학의 교차점에 설 수 있는 사람들의 중요성에 관해 이야기한 것을 읽으면서 그것이 바로 내가 하고 싶은 것이라고 생각했다." 이런 인문학-테크놀로지의 교차점에서 편안할 수 있는 사람들이 이 이야기의 핵심에 자리 잡고 있는 인간-기계 공생에 기여한 것이다.

디지털 시대의 많은 면과 마찬가지로 예술과 과학이 연결되는 지점에 혁신이 자리 잡고 있다는 생각은 새롭지 않다. 레오나르도 다빈치는 인문학과 과학이 상호 작용할 때 활짝 피어나는 창조성의 본보기다. 아인슈타인은 일반 상대성 이론을 연구하던 도중 난관에 부딪히면 바이올린을 꺼내 그가 천체들의 조화라고 부르던 것과 다시 연결될 수 있을 때까지 모차르트를 연주했다.

컴퓨터 쪽에서 보자면 예술과 과학의 결합을 체현한, 잘 알려지지 않은 또 한 사람의 역사적 인물이 있다. 그녀는 유명한 아버지와 마찬가지로 시의 로맨스를 이해했다. 그러나 아버지와는 달리 수학과 기계에서도 로맨스를 보았다. 우리의 이야기는 여기에서 시작한다.

옮긴이의 말

옮긴이가 처음 번역을 시작할 무렵에는 당연히 원고지에 써서 출판사로 들고 갔다. 전산 사식을 위해 이 원고를 타자로 치는 사람들이 있다는 것은 나중에 알았고, 실제로 마포 어름에서 큰 방 가득 원고를 타자로 치고 있는 사람들을 보기도 했다. 그들은 다 어디로 갔을까? 이런 전산 사식이 도입되기 전 활판인쇄를 하던 시절의 활판공들은 또 다 어디로 갔을까? 어쨌든 몇 년 지나지 않아 옮긴이는 컴퓨터 워드프로세서 프로그램으로 번역을 했고, 이번에는 그 결과물을 플로피 디스크에 담아 출판사에 들고 갔다. 물론 지금은 그때보다 훨씬 발달한 워드프로세서 프로그램으로 작업을 하여 그 결과물을 출판사에 전자메일로 전송한다. 옮긴이와 공동 번역자 신지영 씨는 각자 작업한 결과물을 전자메일로 주고받은 것이 아니라 가상 드라이브에 공동으로 저장하여 자유롭게 꺼내 보고 수정했다(물론 옮긴이 자신은 공역자의 안내가 아니었으면 시도해볼 생각도 못했겠지만).

잘은 모르지만, 우리가 보낸 결과물을 출판사에서 책으로 만들어내는 작업 또한 과거에 비해 엄청나게 달라졌을 것이다. 사실 번역 작업 자체도 마찬가지다. 이런 책을 번역하다 보면 인명과 사건에서부터 기술적 내용에 이르기까지 찾아보아야 할 것이 헤아릴 수 없이 많다. 그래서 과거에는 수십 권에 달하는 브리태니커 백과사전을 집에 들여놓는 것이 많은 번역자들의 소망이었고, 물론 옮긴이도 예외는 아니었다. 그러나 지금은 옮긴이처럼 검색 능력이 빈약한 사람도 굳이 도서관에 가지 않고 방 안에서 인터넷으로 온갖 참고 자료를 섭렵할 수 있다(그러고도 이 정도 결과물밖에 못 내놓았다는 것은 번역이 자료 조사로만 되는 것이 아님을 보여주는 증거로 여겨주기 바란다).

옮긴이가 생업에서 체감한 이런 변화는 불과 이십여 년 사이에 벌어진 것이다. 어떤 면에서는 여러 산업 가운데도 과학기술의 발전에 둔감한 편인 출판 산업이 이 정도니 다른 분야로 가면 그 변화는 숨도 제대로 쉬기 어려울 지경일 것이라고 미루어 짐작이 된다. 앞서도 넌지시 이야기했지만, 문제는 우리가 이런 변화에 구경꾼 노릇만 할 수가 없다는 것이다. 모두가 이런 변화의 소용돌이에 말려 있고, 그 소용돌이가 우리를 어디로 데려갈지는 아무도 모르는 듯하다. 인간이 과학기술을 통제하는 것이 아니라, 과학기술이 인간을 바꾸고 사회를 재편하고 생계를 좌우하게 된 지는 이미 오래다. 그럼에도 뭐가 어떻게 돌아가고 바뀌는 것인지 어리둥절하기만 한 옮긴이 같은 사람들은 한번쯤 그런 변화 내부의 이야기, 그런 변화를 주도하는 사람들의 이야기를 들어보고 싶었을 듯한데, 그것이 옮긴이가 이 책에 관심을 가지게 된 첫 번째 이유이기도 하다.

또 한 가지 중요한 이유는 그런 과학 기술의 결과물, 예를 들어 개인용 컴퓨터에서 우리가 느끼는 매혹을 해명해보고 싶은 것이다. 꼭 업무적인 목적이 아니더라도 컴퓨터 자체에 매력을 느끼는 사람들이 주변에는 많이 있다. 옮긴이 자신도 타고난 문과생 체질임을 자처하면서도 애플 II 컴퓨터부터 시작해서 IBM 호환 초기 모델을 거치며 오랜 기간 동안 개인용 컴퓨터를 사용했고, 그러는 사이에 이 기계 자체를 어느 정도는 물신화했던 듯하다. 도대체 그런 매혹과 숭배의 정체는 무엇일까? 물론 이런 문제가 이 책의 본격적인 주제는 아니다. 그러나 컴퓨터의 역사를 개괄한다고 할 수 있는 이 책에서 예를 들어 1960년대 미국의 반문화적인 흐름이 개인용 컴퓨터나 인터넷에 녹아드는 과정을 보면, 그 문제에 대한 직접적인 답은 얻지 못한다 해도 그와 관련하여 생각할 거리를 많이 얻을 수 있다.

방금 말했듯이 이 책은 컴퓨터의 역사를 개괄하면서, 제목이 보여주듯이 주요한 혁신가들 한 사람 한 사람에게 초점을 맞추고 있다. 즉 수많은 작은 전기들을 모은 역사서라고 할 수 있는데, 여기에는 저자인 아이작슨의 주요한 생각이 녹아 있는 듯하다. 즉 과학기술은 그것을 만들어낸 인간과 떼어놓고 생각할 수 없다는 점이다. 그래서 아이작슨은 거기에 대응하여 인문과 과학의 융합—스티브 잡스를 비롯한 많은 탁월한 혁신가들의 핵심적 태도라고 한다—을 시도하는 방식으로 컴퓨터의 역사를 써 내려간 것이다.

물론 인문과 과학의 융합 외에도 아이작슨은 이 책을 써나가면서 또 한 가지 분명한 관점을 유지하고 있다. 그것은 과학기술의 혁신은 무엇보다도 뛰어난 혁신가 한 사람이 아니라 협업의 결과물이며, 바로 위대한 혁신가들 자신이 그 점을 누구보다 잘 알고 있었다는 것이다.

이런 협업에 비할 바가 못 된다는 것은 옮긴이 자신이 누구보다 잘 알지만, 그럼에도 이 번역 또한 우리 나름의 작은 협업의 결과임을 밝혀 두고 싶다. 사실 컴퓨터나 IT에 밝은 공역자와 공동 작업을 하지 않았다면, 옮긴이는 혼자서만 관심을 가졌을 뿐 번역은 엄두도 내지 못했을 것이다. 그러나 공역자가 기술적인 내용이 상대적으로 많은 장들을 맡고, 옮긴이가 그런 면이 덜한 장들을 맡는 식으로 출발하여 여기까지 올 수 있었다. 아무쪼록 과학기술에 지식이 있는 분들은 물론, 컴퓨터 혁신의 역사에 막연한 관심만 있을 뿐 읽어볼 엄두를 내지 못했던 분들도 옮긴이가 번역에 엄두를 낸 것에 용기를 얻어(사실 이 책을 쓴 아이작슨도 문과 출신이다) 한번 책장을 넘겨보라고 권하고 싶다.

두 옮긴이를 대표하여, 정영목

차 례

1843

에이다 러브레이스 백작부인이 배비지의 해석기관에 대한 「주석」을 발표함.

1847

조지 불이 논리적 추론을 위한 불 대수를 고안함.

1890

허먼 홀러리스의 천공 카드 기계로 인구조사 표가 작성됨.

1931

배니버 부시가 아날로그 전기기계식 컴퓨터인 '미분 해석기'를 고안함.

1935

토미 플라워스가 진공관을 전자회로의 온-오프 스위치로 사용하는 방법을 개척함.

1937

앨런 튜링이 보편 컴퓨터에 대해 설명하는 「계산 가능한 수에 관하여」를 발표함.

클로드 섀넌이 불 대수 연산을 전자회로로 수행할 수 있다고 설명함.

벨 연구소의 조지 스티비츠가 전기회로를 이용한 계산기를 제안함.

하워드 에이킨이 대형 디지털 컴퓨터 제작을 제안하고 하버드에서 배비지의 차분기관을 발견함.

존 빈센트 아타나소프가 12월의 어느 날 밤 차를 몰다 전자식 컴퓨터의 개념을 구상함.

1938

윌리엄 휴렛과 데이비드 패커드가 팰로앨토의 차고에서 회사를 설립함.

1939

아타나소프가 기계식 스토리지 드럼으로 전자식 컴퓨터의 모델을 완성함.

튜링이 독일군 암호를 해독하기 위해 블레츨리 파크에 도착함.

1941

콘라트 추제가 완전하게 작동하는 프로그래밍 가능한 디지털 컴퓨터인 Z3를 완성함.

존 모클리가 컴퓨터를 보러 아이오와의 아타나소프를 방문함.

1800

1942

아타나소프가 300개의 진공관을 이용하여 부분적으로 작동하는 컴퓨터를 만들고 해군에 입대함.

1943

블레츨리 파크에서 독일군 암호 해독을 위한 진공관 컴퓨터인 '콜로서스'가 완성됨.

1944

하버드의 마크 I이 가동을 시작함.

존 폰 노이만이 ENIAC 작업을 위해 펜실베이니아를 방문함.

1945

폰 노이만이 'EDVAC 보고서 초안'에서 프로그램 저장식 컴퓨터에 대해 설명함.

ENIAC의 6인의 여성 프로그래머가 훈련을 위해 애버딘에 입소함.

배니버 부시가 개인용 컴퓨터에 대해 기술한 「우리가 생각하는 대로」를 발표함.

부시가 정부가 대학 및 산업체의 연구 기금을 지원해야 한다고 주장하는 「과학, 그 끝없는 프런티어」를 발표함.

ENIAC이 완전히 가동됨.

1947

벨 연구소에서 트랜지스터를 발명함.

1950

튜링이 인공 지능 테스트를 설명하는 글을 발표함.

1952

그레이스 호퍼가 최초의 컴퓨터 컴파일러를 개발함.

폰 노이만이 고등연구소에서 현대식 컴퓨터를 완성함.

UNIVAC에 의해 아이젠하워 대통령의 당선이 예측됨.

1952

1954 튜링 자살.

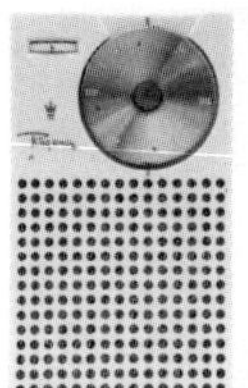

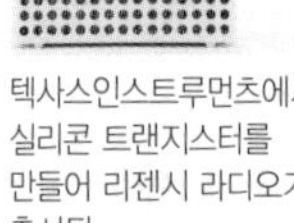

텍사스인스트루먼츠에서 실리콘 트랜지스터를 만들어 리젠시 라디오가 출시됨.

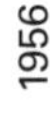

1956

쇼클리 반도체가 설립됨.

최초의 인공 지능 컨퍼런스가 개최됨.

1957

로버트 노이스와 고든 무어를 주축으로 페어차일드 반도체가 설립됨.

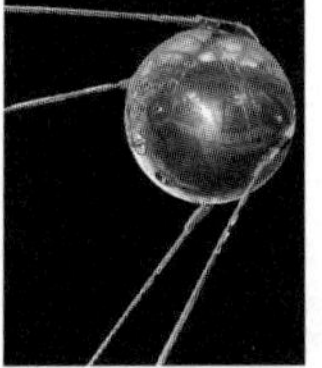

러시아에서 스푸트니크 위성을 발사함.

1958 ARPA(고등 연구 계획국)가 설립됨.

잭 킬비가 집적회로, 즉 마이크로칩을 시연함.

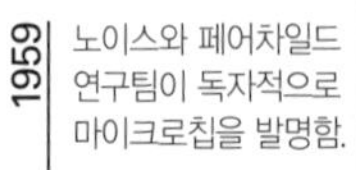

1959 노이스와 페어차일드 연구팀이 독자적으로 마이크로칩을 발명함.

1960

J. C. R. 리클라이더가 「인간-컴퓨터 공생」을 발표함.

RAND의 폴 베어런이 패킷 교환을 고안함.

1961 케네디 대통령에 의해 인간의 달 착륙 프로젝트가 제안됨.

1962

MIT의 해커들이 〈스페이스워〉 게임을 개발함.

리클라이더가 ARPA의 초대 정보처리기술실장이 됨.

더글러스 엥겔바트가 「인간 지능 증강」을 발표함.

1963 리클라이더가 '은하간 컴퓨터 네트워크'를 제안함.

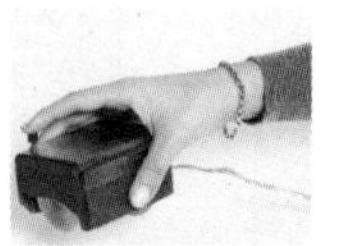

엥겔바트와 빌 잉글리시가 마우스를 발명함.

1964

켄 키지와 메리 프랭스터즈가 버스로 전국 여행을 떠남.

1965

테드 넬슨이 최초로 '하이퍼텍스트'에 관한 글을 발표함.

마이크로칩은 1년에 두 배씩 강력해진다는 무어의 법칙이 발표됨.

1966

스튜어트 브랜드가 켄 키지와 트립스 페스티벌을 개최함.

밥 테일러가 ARPA의 책임자 찰스 헤르츠펠트에게 ARPANET의 자금을 대도록 설득함.

도널드 데이비스가 '패킷 교환'이라는 용어를 만듦.

1967

앤아버와 개틀린버그에서 ARPANET 설계 회의가 진행됨.

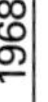

1968

래리 로버츠가 ARPANET의 IMP 제작에 입찰하라고 요청함.

인텔의 노이스와 무어가 앤디 그로브를 채용함.

브랜드가 《호울 어스 카탈로그》 창간호를 발행함.

엥겔바트가 브랜드의 도움으로 '모든 데모의 어머니'를 개최함.

1969

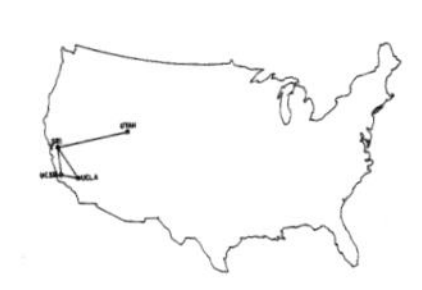

ARPANET의 최초의 노드가 설치됨.

1971

돈 회플러가 《일렉트로닉 뉴스》에 '미국의 실리콘 밸리'라는 제목으로 연재를 시작함.

《호울 어스 카탈로그》의 사망 파티가 열림.

인텔 4004 마이크로프로세서가 공개됨.

레이 톰린슨이 이메일을 발명함.

1972

놀런 부쉬넬이 앨 알콘과 함께 아타리에서 〈퐁〉을 개발함.

1972

1973

앨런 케이의 도움으로 제록스 PARC에서 알토가 개발됨.

밥 멧카프가 제록스 PARC에서 이더넷을 개발함.

'커뮤니티 메모리'에 의해 버클리 레오폴드 레코드에 공유 단말기가 설치됨.

빈트 서프와 밥 칸이 인터넷의 TCP/IP 프로토콜을 완성함.

1974

인텔 8080이 출시됨.

1975

MITS의 알테어 개인용 컴퓨터가 출시됨.

폴 앨런과 빌 게이츠가 알테어용 BASIC을 개발하고 마이크로소프트를 설립함.

홈브루 컴퓨터 클럽의 첫 모임이 열림.

스티브 잡스와 스티브 워즈니악이 애플 I을 내놓음.

1977

애플 II가 출시됨.

1978

최초의 인터넷 게시판이 개발됨.

1979

유스넷 뉴스그룹이 발명됨.

잡스가 제록스 PARC를 방문함.

1980

IBM이 마이크로소프트에 PC용 운영 체제 개발을 의뢰함.

1981

헤이스 모뎀이 가정용 사용자를 대상으로 판매됨.

1983

마이크로소프트가 윈도우를 발표함.

리처드 스톨먼이 무료 운영 체제인 GNU의 개발을 시작함.

1984

애플이 매킨토시를
출시함.

1985

THE WELL

스튜어트 브랜드와
래리 브릴리언트가
더 웰을 선보임.

1991

리누스 토발즈가 최초의
리눅스 커널을 공개함.

팀 버너스리가
월드 와이드 웹을 발표함.

1993

마크 안드레센이
모자이크 브라우저를 발표함.

스티브 케이스의 AOL로
인터넷에 직접 접속이
가능해짐.

1994

저스틴 홀이 웹 로그와
디렉토리를 선보임.

핫와이어드 및 타임의
패스파인더가 주요 잡지사 중
최초로 웹으로 간행물을
발행함.

1995

워드 커닝햄의 위키위키웹이
서비스를 시작함.

1997

IBM의 '딥 블루'가 체스에서
가리 카스파로프를 이김

1998

래리 페이지와 세르게이 브린이
구글의 서비스를 시작함.

1999

에브 윌리엄스가
블로거의 서비스를
시작함.

2001

지미 웨일즈가 래리 생어와
함께 위키피디아의
서비스를 시작함.

2011

IBM의 컴퓨터 '왓슨'이
〈제퍼디!〉에서 우승함.

2011

알바니아 전통 의상 차림을 한 에이다의 아버지 바이런 경 (1788~1824). 1814년에 제작된 토머스 필립스의 인물화.

에이다 러브레이스 백작부인(1815~52). 1836년에 제작된 마가렛 사라 카펜터의 인물화.

찰스 배비지(1791~1871), 1837년경.

1

…

에이다,
러브레이스 백작부인

시적 과학

1833년 5월, 열일곱 살의 에이다 바이런은 영국 왕실에 첫선을 보인 젊은 여자들 가운데 한 명이었다. 집안사람들은 쉽게 흥분하는 독립적 성정을 알았기 때문에 그녀가 어떻게 행동할지 염려했으나, 그녀의 어머니 말에 따르면 결국 "그런대로 잘" 처신했다. 그날 저녁 에이다가 만난 사람들 가운데는 웰링턴 공도 있었는데, 그녀는 그의 솔직한 태도에 감탄했다. 79세의 프랑스 대사 탈레랑은 "늙은 원숭이" 같다는 인상을 주었다.[1]

시인 바이런 경의 유일한 적자 에이다는 아버지의 낭만적인 정신을 물려받았는데, 어머니는 그녀에게 수학을 가르쳐 이 기질을 진정시키려 했다. 이 결합 때문에 에이다는 스스로 '시적 과학'이라고 부르게 된 것을 사랑하게 되었고, 이것이 그녀의 반항적인 상상력을 수에 매혹되는 마음과 연결했다. 그녀의 아버지를 포함한 많은 사람들에게 낭만주의 시대의 정화된 감수성은 산업 혁명 시대의 테크놀로지에 대한 흥분과 충돌했다. 그러나 에이다는 두 시대의 교차에 편안함을 느꼈다.

따라서 궁정 데뷔 무대가 그 화려함에도 불구하고 몇 주 뒤에 열린 런던 사교 시즌의 또 하나의 웅장한 행사만큼 그녀에게 강한 인상을 주지 못한 것은 놀랄 일이 아니었다. 그녀는 그 행사에서 마흔한 살의 홀아비이자 과학과 수학으로 명성을 얻고 있는 찰스 배비지를 만났던 것이다. 그는 런던 사교계에서 이미 유명인으로 자리를 잡고 있었다. "에이다는 사교계의 그 어느 모임보다 수요일에 참석한 파티에서 즐거움을 맛보았던 것 같아." 그녀의 어머니는 한 친구에게 그렇게 전한다. "에이다는 그곳에서 과학 쪽 사람들을 몇 명 만났지. 그 가운데 배비지도 있었는데, 아이는 그 사람을 만나 즐거워했어."[2]

배비지의 활기찬 주간 살롱에 모이는 손님은 300명에 이르렀는데, 이 자리에서는 연미복을 입은 귀족들과 양단 드레스를 입은 귀부인들이 작가, 산업가, 시인, 배우, 정치가, 탐험가, 식물학자, 그리고 '과학자scientist'—배비지의 친구들이 그 무렵 만들어낸 말이다—들과 어울렸다.[3] 한 저명한 지질학자의 말에 따르면, 배비지는 과학을 연구하는 학자들을 이 고귀한 영역으로 불러들임으로써 "사회에서 과학이 누려야 할 지위를 성공적으로 확보했다."[4]

이런 저녁 모임에는 춤, 낭독, 게임, 강연 등의 행사가 열렸고, 여기에 다양한 해물, 고기, 가금, 이국적인 음료, 차가운 디저트가 곁들여졌다. 여자들은 활인화活人畵를 무대에 올려, 의상을 차려입고 유명한 그림을 재현했다. 천문학자들은 망원경을 설치하고, 연구자들은 전기와 자기 장치를 전시하고, 배비지는 손님들이 그의 기계인형을 갖고 놀게 해주었다. 저녁 행사의 중심—또 배비지가 그런 행사를 주최한 많은 동기 가운데 하나—은 그의 차분기관Difference Engine의 한 부분을 떼어낸 모델의 계산을 시연하는 것이었다. 이것은 배비지가 집 옆의 방화 시설을 갖춘 구조물 안에서 만들고 있는 거대한 기계 계산 장치였다. 배비지는 드라마를 연출하듯이 시연을 했고, 그가 기계의 손잡이를 돌리면 기계는 일련의 수를 계산했다. 관객이 지루함을 느낄 때쯤에는 기계에 입력된 명령에 기초하여 갑자기 패턴이 변할 수 있다는 것을 보여주었다.[5] 이 시연에 특별히 흥미를 느끼는 사람들은 마당을 가로질러 전에 마구간으로 쓰던 곳으로 불려갔다. 모든 기능을 갖춘 완성판 차분기관이 만들어지고 있는 곳이었다.

다항 방정식을 풀 수 있는 배비지의 차분기관은 사람들에게 여러 가지 방식으로 강한 인상을 남겼다. 웰링턴 공은 장군이 전투에 들어가기 전에 마주치게 될 변수들을 분석하는 데 쓸모가 있겠다고 논평했다.[6] 에이다의 어머니 레이디 바이런은 그것이 "생각하는 기계"라며 놀라워했다. 나중에 기계는 절대 진짜로 생각할 수 없다는 유명한 말을 남기게 되는 에이다에 관해서는 그들과 함께 시연을 보러 갔던 한 친구가 이렇게 전한다. "바이런 양은 비록 젊기는 했지만 그 작동 방식을 이해했으며, 그 발명의 위대한 아름다움을 보았다."[7]

에이다는 시와 수학을 모두 사랑했기 때문에 컴퓨팅 기계의 아름다움을 볼 준비를 갖추고 있었던 셈이다. 그녀는 발명과 발견에 대한 서정적인 열광을 특징으로 하는 낭만적 과학 시대의 전형이었다. 리처드 홈스는 『경이의 시대The Age of Wonder』에서 이때가 "과학 연구에 강렬한 상상과 흥분"을 가져온 시기였다고 말한다. "그 동력은 발견에 대한 강렬한, 심지어 무모하다고 할 수 있는 개인적 헌신이라는 공통된 이상이었다."[8]

간단히 말해서 이 시기는 우리의 시기와 다르지 않았다. 증기 기관, 기계 방직기, 전신을 포함한 산업 혁명의 발전은 '디지털 혁명'의 발전—컴퓨터, 마이크로칩, 인터넷—이 우리 시대를 바꾼 것처럼 19세기를 바꾸었다. 두 시대의 핵심에는 상상과 열정을 경이로운 테크놀로지와 결합한 혁신가들이 있었다. 그런 결합은 에이다의 시적 과학, 그리고

20세기 시인 리처드 브로티건이 "사랑이 넘치는 은총의 기계"라고 부르게 된 것을 낳았다.

바이런 경

에이다는 아버지에게서 시적이고 반항적인 기질을 물려받았지만 그녀의 기계 사랑의 원천은 아버지가 아니었다. 사실 아버지는 러다이트* 였다. 바이런은 스물네 살이던 1812년 2월 상원에서 첫 연설을 하면서 기계 방직기에 반대하여 분노하며 날뛰던 네드 러드의 추종자들을 옹호했다. 바이런은 자동 방직기를 부수는 것을 사형에 처할 수 있는 범죄로 만들려는 법안을 밀어붙이던 노팅엄의 공장 소유자들을 조롱하고 비꼬고 경멸했다. "이 기계로 인해 수많은 노동자를 고용할 필요가 없어지기 때문에 그들에게 이익이 되는데, 그 결과 이 노동자들은 굶게 된다." 바이런은 그렇게 단언했다. "거부당한 노동자들은 그 무지로 인해 맹목적이기 때문에, 인류에게 유익한 이런 기술 개선을 기뻐하는 것이 아니라 자신이 기계의 발전에 희생되었다고 생각할 수밖에 없게 되었다."

바이런은 두 주 뒤 서사시 〈차일드 해럴드의 편력Childe Harold's Pilgrimage〉의 첫 두 편을 발표했는데, 이것은 자신의 포르투갈, 몰타, 그리스 방랑을 낭만적으로 이야기한 것으로, 나중에 그가 한 말에 따르면 이것 때문에 "어느 날 아침 일어나보니 유명해져 있었다." 아름답고 유혹적이고 괴롭고 우울하고 성적으로 모험적인 바이런은 실제로 바이런적 영웅의 삶을 살면서 시에서 그 원형을 창조해나갔다. 런던 문단에서 스타가 된

*바로 다음에 나오는 러드의 추종자를 가리킨다—옮긴이.

그는 매일 세 번 파티에 참석했는데, 그 가운데도 가장 기억할 만한 것은 레이디 캐럴라인 램이 주최하는 화려한 아침 무도회였다.

레이디 캐럴라인은 나중에 총리가 되는, 정치적으로 막강한 귀족과 결혼한 상태였지만 바이런을 미친 듯이 사랑하게 되었다. 바이런은 그녀가 "너무 말랐다"고 생각했지만, 그녀는 관습에서 벗어난 성적 모호성을 드러냈으며(시동처럼 옷 입는 것을 좋아했다), 그는 이것에 매혹되었다. 그들은 떠들썩하게 연애를 했으며, 연애가 끝난 뒤에도 그녀는 강박적으로 바이런을 쫓아다녔다. 그녀는 바이런이 "미쳤고, 나쁘고, 알고 지내기에 위험하다"는 유명한 말을 남겼는데, 바이런은 실제로 그랬다. 그녀도 마찬가지였다.

바이런 경은 레이디 캐럴라인의 파티에서 수줍은 젊은 여자도 한 명 눈여겨보았는데, 그는 나중에 그녀가 "옷을 상당히 소박하게 입은 편"이었다고 회고했다. 당시 열아홉 살이던 애너벨라 밀뱅크는 부유하고 작위가 많은 집안 출신이었다. 그녀는 파티 전날 밤 〈차일드 해럴드의 편력〉을 읽고 양가적인 감정을 느꼈다. "그는 기교파 경향이 심한 편이다." 그녀는 그렇게 말했다. "하지만 깊은 감정의 묘사에 특히 뛰어나다." 파티에서 그가 방 건너편에 있는 것을 보고 그녀는 갈등에 사로잡혔다. 위험할 정도였다. "나는 그를 소개받으려 하지 않았어요. 모든 여자가 멍청하게 그에게 구애를 하면서, 그의 풍자의 채찍을 맞으려 했거든요." 그녀는 어머니에게 그렇게 썼다. "나는 그의 시에서 한 자리를 차지하기를 바라지 않아요. 나는 차일드 해럴드의 성지에 제물을 바치지 않았어요. 기회가 생긴다면 그와 아는 사이가 되는 것을 거부하지는 않을 테지만."[9]

결국 그를 알 기회가 오게 되었다. 그는 공식적으로 그녀를 소개받은 뒤 그녀가 부인감으로 적당하겠다고 판단했다. 그에게는 드문 경우였지만, 이성이 낭만성을 이긴 것이다. 그녀는 그의 정열을 자극하는 대신 정열을 길들이고 그가 지나치게 나아가지 않도록 보호하는—게다가 그의 부담스러운 빚을 갚는 데 도움을 줄 수 있는—그런 여자로 보였다. 그는 편지로 미지근하게 청혼했다. 그녀는 분별력 있게 거절했다. 그는 계속 훨씬 부적절한 연애를 하며 돌아다녔는데, 그 상대 가운데는 배다른 누이 오거스타 리도 있었다. 하지만 1년 뒤 애너벨라는 그와 교제를 재개했고, 더 큰 빚을 진 상태에서 뜨거운 마음을 제어할 방법을 찾던 바이런은 그녀와의 교제에서 로맨스는 아니지만 합리적 근거를 보았다. "결혼, 그것도 빠른 결혼만이 나를 구할 수 있습니다." 그는 애너벨라의 고모에게 인정했다. "부인의 조카딸을 얻을 수 있다면 그분을 택하겠습니다. 그렇지 않다면 제 얼굴에 침을 뱉을 것처럼 보이지 않는 첫 번째 여자를 택해야겠지요."[10] 바이런 경도 낭만주의자가 아니었던 때가 있었던 것이다. 바이런과 애너벨라는 1815년 1월에 결혼했다.

바이런은 바이런적인 방법으로 결혼을 시작했다. "저녁 식사 전에 레이디 바이런을 소파에 뉘었다." 그는 결혼식 날에 관해 그렇게 썼다.[11] 두 달 뒤 이복 누이를 찾아갔을 때도 그들의 관계는 여전히 유지되고 있었다. 그 무렵 애너벨라가 임신을 했기 때문이다. 그러나 이때부터, 특히 그가 소파에 누워 두 여자 모두에게 차례로 키스해달라고 한 뒤부터 애너벨라는 남편과 오거스타의 우애가 남매의 사랑을 넘는 것이라고 의심하기 시작했다.[12] 결혼 관계는 망가지기 시작했다.

애너벨라는 결혼 전에 수학 교육을 받았는데, 바이런 경은 그것을 재미있다고 생각했다. 연애를 하면서 그는 자신이 수의 정확성을 경멸한다고 농담을 하기도 했다. "나도 2 더하기 2가 4가 된다는 것은 안다. 또 가능하다면 내가 그것을 증명할 수 있으면 좋겠다." 그는 그렇게 썼다. "하지만 어떤 식으로든 2 더하기 2를 5로 바꿀 수 있다면 그게 나에게 훨씬 큰 기쁨을 줄 것이라고 말할 수밖에 없다." 그는 일찍부터 그녀에게 "평행사변형 공주"라는 애정 어린 별명을 붙여주었다. 하지만 결혼 생활이 흔들리기 시작하자 그 수학적 이미지를 다시 다듬었다. "우리는 나란히 무한하게 늘어날 수는 있지만 결코 만날 수는 없는 두 평행선이다." 나중에 그는 서사시 〈돈 후안Don Juan〉의 첫 편에서 그녀를 조롱하게 된다. "그녀가 사랑하는 과학은 수학이었다. (중략) 그녀는 걸어 다니는 계산이었다."

1815년 12월 10일에 태어난 딸도 이들의 결혼 생활을 구할 수 없었다. 딸의 이름은 오거스타 에이다 바이런이었는데, 오거스타는 바이런이 지나치게 사랑하는 이복 누이의 이름이었다. 레이디 바이런은 남편의 배신을 확신하게 된 뒤부터 딸을 가운데 이름으로 불렀다. 5주 뒤 그녀는 자신의 물건을 마차에 싣고 갓난 에이다와 함께 부모의 시골집으로 탈출했다.

에이다는 그 이후로 아버지를 다시 보지 못했다. 레이디 바이런이 자신에게 "수학적 메데이아*"라는 별명을 안겨준 매우 계산적인 편지 몇 통에서 자신이 아이를 양육할 수 있는 별거 합의를 얻어내기 위한 방법으로 그의 이른바 근친상간적이고 동성애적인 관계를 폭로하겠다고 위협하자 바이런 경은 그해 4월에 나라를 떠났다.[13]

몇 주 뒤에 쓴 〈차일드 해럴드의 편력〉 3편 서두에서 바이런은 에이다를 뮤즈로 불러낸다.

> 네 얼굴은 네 어머니의 얼굴을 닮았구나, 나의 아름다운 아이야!
> 에이다! 나의 집과 나의 마음의 외동딸아.

*그리스 신화의 여자 마법사—옮긴이.

마지막으로 네 어린 파란 눈을 보았을 때 그 눈은 웃음 짓고 있었는데,
그 뒤에 우리는 헤어졌지.

바이런은 이 구절을 제네바 호수 옆의 별장에서 썼는데, 그는 이곳에서 시인 퍼시 비시 셸리, 그리고 곧 셸리의 아내가 될 메리와 함께 지내고 있었다. 비가 엄청나게 쏟아졌다. 며칠이나 집 안에 갇혀 있게 되자 바이런은 무서운 이야기를 쓰자고 제안했다. 그는 뱀파이어에 관한 짧은 이야기 한 편을 내놓았는데, 이것은 이런 주제를 다룬 첫 문학적 시도로 꼽힌다. 그러나 고전이 된 것은 메리의 이야기 『프랑켄슈타인, 현대의 프로메테우스Frankenstein, or The Modern Prometheus』였다. 진흙으로 살아 있는 인간을 빚고 인간을 위하여 신들로부터 불을 훔친 고대 그리스 신화의 영웅을 빌려온 『프랑켄슈타인』은 인공적인 조합물에 생기를 넣어 생각하는 인간을 만든 과학자의 이야기였다. 이것은 테크놀로지와 과학에 대한 경고였다. 동시에 나중에 에이다와 연결되는 문제를 제기했다. 인간이 만든 기계가 진짜로 생각을 할 수 있을까?

〈차일드 해럴드의 편력〉 3편은 에이다가 자기 아버지가 누구인지 알게 되는 것을 애너벨라가 막으려 할 것이라는 바이런의 예측으로 끝나는데, 실제로 그렇게 되었다. 모녀의 집에는 바이런 경의 초상화가 있었는데, 레이디 바이런은 그것을 천으로 잘 가려놓았기 때문에 에이다는 스무 살이 되어서야 그것을 볼 수 있었다.[14]

반면 바이런 경은 어디를 가나 책상에 에이다의 초상화를 올려놓았으며, 편지로 자주 에이다의 소식이나 초상화를 요청했다. 에이다가 일곱 살이 되었을 때는 오거스타에게 이렇게 썼다. "레이디 B에게서 에이다의 기질에 관한 이야기를 좀 알아봐주었으면 좋겠소. (중략) 아이가 상상력이 풍부한지? (중략) 정열적인지? 다 좋은데 신들이 아이를 시

적으로 만들지만 않았으면 한다. 집안에 그런 바보는 한 명이면 족하니까." 레이디 바이런은 에이다의 상상력이 "주로 기계적 재간 쪽에서 발휘된다"고 전해주었다.[15]

그 무렵 이탈리아를 방랑하던 바이런은 글도 쓰고 다양한 연애 행각도 벌이다가 지루해지자 오스만 제국으로부터 독립을 쟁취하기 위해 싸우고 있던 그리스로 간다. 그는 메솔롱기로 가서 반군 부대의 지휘를 맡아 터키 요새를 공격할 준비를 한다. 그러나 전투가 벌어지기 전에 심한 감기에 걸렸는데, 의사가 사혈 치료를 하기로 결정하는 바람에 상태가 악화되었다. 그는 1824년 4월 19일에 죽었다. 시종의 말에 따르면 그가 죽어가며 하던 말 가운데는 이런 것도 있었다고 한다. "오, 나의 가엾고 귀한 아이야!—나의 귀한 에이다! 오, 그 아이를 볼 수 있었다면! 아이에게 내 축복을 전해다오."[16]

에이다

레이디 바이런은 에이다가 아버지처럼 성장하지 않게 하려고 마음먹었으며, 그런 전략 가운데 하나가 딸에게 마치 시적 상상력의 해독제라도 되는 것처럼 엄격하게 수학 공부를 시키는 것이었다. 에이다가 다섯 살 때 지리학에 관심을 보이자 레이디 바이런은 지리를 빼고 대신 대수 시간을 늘리라고 명령했고, 에이다의 여자 가정교사는 곧 자랑스럽게 "에이다가 대여섯 개의 큰 수의 덧셈을 정확하게 한다"고 보고했다. 그러나 어머니의 이런 노력에도 불구하고 에이다에게서는 아버지의 성향 가운데 일부가 점점 발전해 나아갔다. 에이다는 십대 초반 남자 가정교사와 연애를 했고, 들키는 바람에 교사가 추방당하자 그와 함께 있으려고 가출을 하려 했다. 게다가 감정 기복이 심해 자신을 과대평가했다가 이내 절망으로 빠져들곤 했다. 또 신체와 심리 양쪽의 다양한 병으로 고생했다.

에이다는 수학에 몰두하면 바이런적 경향을 길들이는 데 도움이 된다는 어머니의 확신을 받아들였다. 가정교사와 위험한 연애 뒤에는 배비지의 차분기관에서 영감을 얻어, 열여덟 살에는 일련의 새로운 공부를 하기로 스스로 결정했다. "쾌락이나 자기만족을 위해 사는 것을 중단해야 한다고 생각합니다." 그녀는 새 가정교사에게 그렇게 편지를 썼다. "지금은 오직 과학적 성격을 가진 주제에 꼼꼼하고 강렬하게 몰입하는 것만이 제 상상력이 제멋대로 날뛰는 것을 막아주는 것 같아요. (중략) 첫 번째 할 일은 수학을 공부하는 것으로 보입니다." 가정교사는 이런 처방에 동의했다. "현재 네 주된 자원이자 안전 장치가 맹렬한 지적 연구 과정이라는 네 생각은 옳다. 이런 목적을 달성하는 데 수학에 비길 과목은 없다."[17] 그는 유클리드 기하학을 처방하고, 그 뒤에 삼각법과 대수를 복용하게 했다. 둘 다 이것이면 예술적이거나 낭만적인 정열이 지나친 사람은 누구든 치료될 것이라고 생각했다.

어머니가 새로운 공장과 기계를 보려고 영국의 산업화된 중부를 관통하는 여행에 데려가자 에이다의 테크놀로지에 대한 관심에 불이 붙었다. 특히 원하는 직물 패턴을 만들도록 지시하기 위해 천공 카드를 사용하는 자동 방직기에 강한 인상을 받아, 그것이 작동하는 방식을 스케치하기도 했다. 아버지는 유명한 상원 연설에서 러다이트를 옹호했는데, 러다이트들은 테크놀로지가 인간에게 끼칠 수 있는 악영향에 대한 공포 때문에 방직기를 부수었다. 하지만 에이다는 이런 기계에 점점 시적인 태도를 보이며, 이것과 언젠가 컴퓨터라고 부르게 될 기계가 연결되는 지점을 보았다. "이런 기계를 보면 배비지와 그의 보석 같은 모든

메커니즘이 떠올라요." 그녀는 그렇게 썼다.[18]

응용과학에 대한 에이다의 관심은 소수에 불과한 영국의 저명 여성 수학자와 과학자 가운데 한 사람인 메리 소머빌을 만나면서 더 자극을 받았다. 소머빌은 그녀의 위대한 저서 가운데 하나인 『물리 과학의 연결에 관하여On the Connexion of the Physical Sciences』의 집필을 막 완료했는데, 그녀는 거기에서 천문학, 광학, 전기학, 화학, 물리학, 식물학, 지질학의 발전을 함께 묶었다.* 이 시대의 분위기를 상징하듯, 이 책은 당시 여러 분야에서 진행 중이던 탁월한 연구 과정에 대한 통합적 견지를 제시했다. 그녀는 서두에서 이렇게 선언한다. "특히 지난 5년간 현대 과학의 진보는 자연의 법칙을 단순화하고 멀리 떨어진 분야들을 일반적 원리로 통일시키는 경향 때문에 주목할 만하다."

소머빌은 에이다의 친구이자 교사이자 영감의 원천이자 멘토가 되었다. 그녀는 에이다를 정기적으로 만났고, 수학 책을 보내주었고, 연습문제를 만들어주었으며, 끈기 있게 답을 설명해주었다. 그녀는 또 배비지의 좋은 친구이기도 하여, 1834년 가을에는 종종 에이다를 데리고 그의 토요일 저녁 살롱 모임을 찾기도 했다. 소머빌의 아들 워런조우 그리그는 케임브리지를 함께 다녔던 친구에게 에이다가 적당한—적어도 흥미 있는—부인이 될 것이라고 권하여 에이다의 정착 노력에도 도움을 주었다.

윌리엄 킹은 사회적으로 이름이 나고, 경제적으로 안정되고, 지적으로 차분하고, 에이다의 흥분 잘하는 성격과 정반대로 과묵한 사람이었

*배비지의 친구인 윌리엄 휴얼은 이 책의 서평을 쓰면서 이런 분야들의 연결을 보여주기 위해 과학자scientist라는 말을 만들어냈다.

다. 그 또한 그녀와 마찬가지로 과학도였지만 그의 관심은 시적인 것보다는 실용적인 데 초점이 맞추어져 있었다. 일차적 관심사는 윤작 이론과 가축 번식 기법의 발전이었다. 그는 에이다를 만난 지 몇 주가 지나지 않아 청혼을 했고, 에이다는 이를 받아들였다. 에이다의 어머니는 윌리엄에게 에이다가 가정교사와 사랑의 도피를 하려 한 일을 이야기해주는 것이 의무라고 생각했는데, 그 동기는 오직 정신의학자들만이 헤아려볼 수 있을 것이다. 윌리엄은 이 이야기를 듣고도 주저 없이 결혼식을 준비했다. 결혼식은 1835년 7월에 열렸다. "정말 자비롭게도 네가 위험한 길에서 빠져나올 기회를 주신 은혜가 많으신 하느님이 너에게 친구이자 보호자를 주셨구나." 레이디 바이런은 딸에게 그렇게 말하면서, 이 기회를 이용해 그녀의 모든 "이상한 버릇, 변덕, 이기주의"에 "작별을 고해야" 한다고 덧붙였다.[19]

이 결혼은 합리적 계산으로 이루어진 결합이었다. 이 결혼은 에이다에게 더 안정되고 현실에 기반을 둔 생활을 할 기회를 주었다. 더 중요한 것은 그녀를 지배하려 드는 어머니에 대한 의존에서 벗어날 수 있었다는 것이다. 윌리엄에게 이 결혼은 부유하고 유명한 집안의 매력적이고 특이한 부인을 얻게 된다는 뜻이었다.

레이디 바이런의 사촌 멜번 자작(레이디 캐럴라인 램과 결혼했는데, 불행하게도 캐럴라인은 그 무렵에 이 세상 사람이 아니었다)은 당시 영국의 총리였는데, 빅토리아 여왕의 대관식을 기념하는 서위敍位 행사에서 윌리엄이 러브레이스 백작이 되도록 주선해주었다. 따라서 그의 부인 에이다는 러브레이스 백작부인이 되었다. 그녀의 이름을 제대로 부르자면 '에이다' 또는 '레이디 러브레이스'가 되는 것이지만, 지금은 보통 에이다 러브레이스라고 알려져 있다.

그해, 즉 1835년 크리스마스에 에이다는 어머니로부터 집안에 전해져오던 아버지의 실물 크기 초상화를 받았다. 토머스 필립스가 그린 이 초상화는 빨간 벨벳 재킷, 장식용 검, 머리 장식 등 알바니아의 전통 의상 차림으로 지평선을 바라보는 바이런 경의 낭만적인 옆모습을 보여주었다. 이 초상화는 오랫동안 에이다의 할아버지 집 벽난로 위에 걸려 있었으나, 그녀의 부모가 별거한 날부터 녹색 천으로 덮여 있었다. 그러나 이제 에이다는 아버지의 잉크스탠드, 펜과 더불어 그 초상화를 볼 수 있을 뿐 아니라 소유할 수 있게 되었다.

몇 달 뒤 러브레이스의 첫 아들이 태어나자 그녀의 어머니는 훨씬 놀라운 일을 했다. 죽은 남편의 기억을 경멸했음에도 에이다가 아들의 이름을 바이런이라고 짓는 것에 동의한 것이다. 이듬해 에이다는 딸을 낳았고, 이번에는 어머니의 이름을 따서 애너벨라라고 지었다. 에이다는 그 무렵 또 다른 수수께끼 같은 병에 걸려 몇 달 동안 침대에서 일어나지 못했다. 그러다 셋째를 가질 만큼 회복이 되어 아들 랠프를 낳았지만, 건강은 계속 좋지 않았다. 소화기와 호흡기에 문제가 있었는데, 아편팅크, 모르핀 등 여러 형태의 아편 치료를 받는 바람에 상태는 더 악화되어, 감정 기복이 심해지고 이따금씩 망상에 빠져들기도 했다.

바이런 일가의 기준으로 볼 때도 괴상하다고 할 수밖에 없는 개인적 드라마가 터져 나오면서 에이다는 더 안정을 잃었다. 여기에는 바이런의 배다른 누이—이따금씩 연인이기도 했다—의 딸 메도라 리가 관련되어 있었다. 널리 받아들여지는 소문에 따르면 메도라는 바이런의 딸이었다. 그녀는 집안에 어둠의 내력이 있다는 것을 보여주기로 작정한 사람 같았다. 그녀는 형부의 비람을 피워 프랑스로 날아나서 사생아 둘을 낳았다. 그러자 독선적인 성격이 폭발한 듯 레이디 바이런은 프랑스로 가서 메도라를 구출했고, 에이다에게는 아버지의 근친상간 이야기를 밝혔다.

에이다는 이 "이상하고 무시무시한 역사"에 놀라지 않는 것 같았다. "저는 전혀 놀라지 않았어요." 그녀는 어머니에게 그렇게 말했다. "어머니는 제가 오랜 세월 한 번도 의심해본 적 없는 일을 확인해주셨을 뿐이에요."[20] 그녀는 격분하기는커녕 이 소식에서 묘하게 힘을 얻은 것 같았다. 그녀는 권위에 도전하는 아버지에게 공감할 수 있다고 선언했다. 어머니에게 보낸 편지에서는 아버지의 "오용된 천재성"을 언급하면서 이렇게 덧붙였다. "아버지가 그 천재성의 일부라도 저에게 전해주었다면 저는 위대한 진리와 원칙을 드러내는 데 그것을 사용할 거예요. 저는 아버지가 저에게 그런 과제를 남기셨다고 생각해요. 그런 감정을 강하게 느끼고 있고, 또 그것을 수행하는 데 기쁨을 느껴요."[21]

에이다는 안정을 찾기 위해 다시 수학 공부를 시작했다. 그녀는 배비지를 설득하여 그의 제자가 되려 했다. "나는 독특한 학습 방법이 있는데, 그 때문에 독특한 분만이 나를 잘 가르칠 수 있다고 생각합니다." 그녀는 그에게 그런 편지를 보냈다. 아편 때문인지 성장 과정 때문인지 아니면 둘 다인지 그녀는 자신의 재능을 부풀려 생각하여 스스로를 천재로 묘사하기 시작했다. 배비지에게 보내는 편지에는 이렇게 썼다. "내가 자만한다고 생각하지 않기를 바라지만 (중략) 나는 그런 일에서는 내가 원하는 만큼 나아갈 힘이 있는데, 내 경우처럼 그런 일에 그렇게 확실한 취향, 거의 열정이라고도 할 수 있는 것이 존재한다면, 거기에는 심지어 타고난 천재성도 어느 정도는 늘 있는 것이 아닌가 하는 의문이 생깁니다."[22]

배비지는 에이다의 요청을 피하는데, 이것은 현명한 처사였던 것으로 보인다. 덕분에 그들의 우정을 보존하여 훨씬 중요한 협업을 할 수 있었고, 그녀는 그녀대로 수준급의 수학 교사를 확보할 수 있었기 때문이다. 그녀의 교사 오거스터스 드 모건은 인내심 있는 신사로 기호논리학 분야의 선구자였다. 그는 훗날 에이다가 매우 의미심장하게 활용하게 될 개념을 제시했는데, 이것은 대수 방정식을 수가 아닌 것들에도 적용할 수 있다는 개념이었다. 즉 기호 사이의 관계(예를 들어 a+b=b+a)는 하나의 논리로서, 수 아닌 것들에도 적용할 수 있다는 것이었다.

에이다는 결코 그녀를 추앙하는 사람들이 주장하는 것처럼 위대한 수학자는 아니었지만 열심히 공부하는 학생으로서 미적분의 기본 개념을 대부분 이해할 수 있었고, 예술적 감수성 때문에 방정식이 묘사하는 곡선과 궤도의 변화를 시각화하기를 좋아했다. 드 모건은 방정식을 푸는 규칙에 집중하라고 권했지만 그녀는 기저에 깔린 개념들을 논하는 데 더 열의를 보였다. 기하학에서도 마찬가지로 문제를 그려볼 수 있는 시각적 방법을 자주 요구했다. 일례로 하나의 구 안에서 원들이 교차할 때 생기는 다양한 모형을 그려보고 싶어 했다.

수학의 아름다움을 감상하는 에이다의 능력은 자신을 지식인이라고 생각하는 사람들을 포함하여 많은 사람들에게 없는 재능이었다. 그녀는 수학이 우주의 조화를 묘사하는, 때로는 시적이 될 수도 있는 아름다운 언어임을 깨달았다. 그녀는 어머니의 노력에도 불구하고 여전히 아버지의 딸이라, 시적인 감수성으로 방정식을 사연의 물리적 광휘의 한 측면을 그린 붓질로 볼 수 있었다. "포도주 빛 어두운 바다"나 "밤처럼, 아름답게 걷는"* 여인을 시각화할 수 있었던 것과 마찬가지다. 하지만 수학의 매력은 훨씬 깊었다. 그것은 영적인 것이었다. 수학은 "하나의 언어를 이루며, 우리는 이 언어만으로도 자연 세계의 위대한 사실들을 적절하게 표현할 수 있다"고 그녀는 말했다. 또 우리에게 그 언어를 통해 창조에서 전개되는 "상호 관계의 변화"를 보여줄 수 있다. 이것

*각각 호메로스와 바이런의 한 구절—옮긴이.

은 "인간의 약한 정신이 창조주의 작품을 가장 효과적으로 읽을 수 있는 도구다."

과학에 상상력을 적용하는 이런 능력은 산업 혁명만이 아니라 컴퓨터 혁명의 특징이기도 하다. 에이다는 장차 컴퓨터 혁명의 수호 성자가 된다. 그녀는 배비지에게 말했듯이 아버지의 재능을 초월하는 방식으로 시와 분석 사이의 연결을 이해할 수 있었다. "나는 분석가가 될 것인데, 아버지는 그런 시인은 아니었다고(또 될 수도 없었다고) 생각합니다. 하지만 나에게는 그 둘이 뗄 수 없이 붙어 있어요." 그녀는 그렇게 썼다.[23]

그녀는 어머니에게 수학에 다시 관심을 가지면서 창의성이 자극을 받아 "상상력이 엄청나게 발달했고, 공부를 계속하면 적당한 시기에 시인이 될 것이라는 사실을 전혀 의심하지 않는다"고 말했다.[24] 상상력, 특히 테크놀로지에 적용된 상상력이라는 개념 전체가 그녀의 흥미를 끌었다. "상상력이란 무엇인가?" 1841년의 에세이에서 그녀는 물었다. "그것은 결합하는 능력이다. 상상력은 사물, 사실, 관념, 개념을 새롭게, 독창적으로, 끝없이, 늘 바꿔가면서 결합한다. (중략) 상상력이란 우리를 둘러싼 보이지 않는 세계들, 과학의 세계들 속으로 뚫고 들어가는 것이다."[25]

그 무렵 에이다는 자신에게 특별한, 심지어 초자연적인 능력이 있다고 믿었고, 그것을 "감추어진 것에 대한 직관적 인식"이라고 불렀다. 그녀는 자신의 재능을 이렇게 높게 보았기 때문에 빅토리아 시대 초기를 사는 귀족이자 아이들의 어머니이기도 한 여성으로서는 특별하다고 말할 수 있는 갈망을 좇을 수 있었다. "나에게 자연의 감추어진 현실의 탁월한 발견자가 되는 데 딱 적합한 자질들이 매우 특별하게 결합되어 있다고 믿어요." 그녀는 1841년에 어머니에게 보낸 편지에서 그렇게 설명했다. "나는 세상 모든 곳의 빛을 모아 하나의 거대한 초점을 만들 수 있어요."[26]

이런 마음으로 그녀는 다시 찰스 배비지를 만나기로 했다. 처음 그의 살롱을 찾은 지 8년 만의 일이었다.

찰스 배비지와 그의 기관들

찰스 배비지는 어린 시절부터 사람이 하는 일을 대신 행할 수 있는 기계에 관심을 가져왔다. 어머니는 어린 배비지를 데리고 1800년대 초 당시 런던에서 막 생겨나던, 경이로운 물건들을 모아놓은 전시관이나 박물관에 자주 데리고 다녔다. 하노버 스퀘어에 있는 한 전시장에서 멀린*이라는 어울리는 이름을 가진 주인이 배비지를 다락방 작업실로 데리고 올라갔는데, 그곳에는 '오토마톤'이라고 불리는 다양한 기계인형이 있었다. 그 가운데 은으로 만든 여성 댄서는 30센티미터 정도 크기로, 두 팔을 우아하게 움직였고, 손에 쥔 새는 꼬리를 흔들고 날개를 퍼덕이고 부리를 벌릴 수 있었다. 감정과 개성을 보여주는 이 '실버 레이디'의 능력은 소년의 상상력을 사로잡았다. "그녀의 눈에는 상상이 가득했다." 배비지는 그렇게 기억한다. 세월이 흐른 뒤 그는 실버 레이디가 파산 경매에 나온 것을 보고 얼른 구입했다. 이 인형은 테크놀로지의 경이를 만끽하던 그의 저녁 살롱에서 즐거움을 주는 역할을 했다.

배비지는 케임브리지에서 존 허셜, 조지 피콕이 속한 그룹과 사귀게 되었는데, 이들은 그곳에서 수학을 가르치는 방식에 실망했다. 그들은

*『아서 왕 이야기』에 나오는 마법사—옮긴이.

'해석학회'라는 클럽을 만들어, 이 대학 동창생 뉴턴이 고안한, 점에 의지하는 미적분 표기법을 버리고, 라이프니츠가 고안한 방법, 즉 dx와 dy로 미분의 증분을 표현한다고 하여 'd' 표기법이라고 알려진 방법을 대신 사용하자는 운동을 벌였다. 배비지는 자신들의 성명서에 "대학의 점 시대에 반대하는 순수한 D주의의 원리The Principles of pure D-ism in opposition to the Dot-age of the University"*라는 제목을 붙였다.[27] 그는 성마른 사람이었지만, 유머 감각만큼은 훌륭했다.

1821년 배비지는 해석학회 방에서 계산이 맞지 않아 지저분한 로그표 작업을 하고 있었다. 허셜이 그에게 무슨 생각을 하느냐고 물었다. "증기가 이런 계산을 해주기를 신에게 빌고 있어." 배비지는 그렇게 대답했다. 로그를 표로 만드는 기계적 방법이라는 이 아이디어에 대해 허셜은 이렇게 대꾸했다. "얼마든지 가능하지."[28] 1821년에 배비지는 그런 기계를 만드는 쪽으로 관심을 돌렸다.

오랜 세월에 걸쳐 많은 사람들이 계산 기계를 만드는 작업을 시도했다. 1640년에 프랑스의 수학자이자 철학자인 블레즈 파스칼은 세무 관리인인 아버지의 고된 일을 덜어주려고 기계식 계산기를 만들었다. 이 계산기에는 바큇살이 달린 금속 바퀴가 있고, 각 바퀴의 둘레에 0부터 9까지 수가 적혀 있었다. 덧셈이나 뺄셈을 하려면 철필을 이용하여 다이얼의 수를 맞추고 또 다음 다이얼의 수를 맞추었다. 다이얼식 전화기를 사용하는 것과 비슷했다. 그리고 필요할 때 전기자電機子가 1을 받아올림하거나 받아내림해왔다. 이것은 특허를 획득해 상업적으로 판매된 첫 계산기가 되었다.

30년 뒤 독일의 수학자이자 철학자인 고트프리트 라이프니츠는 곱

*D-ism은 이신론deism으로도 읽히고, Dot-age는 노망dotage으로도 읽힌다—옮긴이.

하고 나누는 기능이 있는 '계단식 계산기'로 파스칼의 장치를 개선하려 했다. 이 기계에는 손으로 크랭크를 돌려 움직이는, 톱니가 달린 원통이 있었으며, 이것이 셈하는 바퀴와 맞물렸다. 그러나 라이프니츠는 디지털 시대에 되풀이해 나타나게 되는 문제에 부딪혔다. 과학적 이론을 기계적 천재성과 결합할 수 있었던 노련한 엔지니어 파스칼과는 달리 라이프니츠는 공학 기술이 거의 없었고 주위에도 그런 사람이 없었다. 그래서 실행 가능한 협업자가 부족한 수많은 이론가들과 마찬가지로 자신의 아이디어를 실제로 믿을 만하게 작동하는 장치로 만들어낼 수가 없었다. 그럼에도 '라이프니츠 바퀴'라고 알려진 그의 핵심 개념은 배비지 시대까지 계산기 설계에 영향을 주게 된다.

배비지는 파스칼과 라이프니츠의 장치에 관해 알았지만 더 복잡한 일을 하려고 했다. 그는 로그, 사인, 코사인, 탄젠트를 표로 만드는 기계적 방법을 구축하고 싶었다.* 그는 그렇게 하기 위해 프랑스 수학자 가스파르 드 프로니가 1790년대에 낸 아이디어를 조금 바꾸었다. 드 프로니는 로그와 삼각법 표를 만들기 위해 연산 과정을 오직 덧셈과 뺄셈만 포함한 단순한 단계들로 나누었다. 그런 다음 쉬운 지침을 주어, 수학을 거의 모르는 인간 노동자 수십 명이 그 단순한 작업을 수행하여 그 답을 알아낸 다음 노동자들에게 전달하게 했다. 일종의 조립 라인을 만든 것이다. 이것은 애덤 스미스가 핀 제조 공장의 분업을 묘사하면서 기억에 남을 만하게 분석한 산업 시대의 위대한 혁신이었다. 배비지는 파리 여행에서 드 프로니의 방법에 관한 이야기를 들은 뒤 이렇게 썼다. "갑자

*구체적으로 말하자면 배비지는 계차階差를 이용하여 로그와 삼각법 함수의 어림치를 최대한 근접하게 잡아보려 했다.

기 똑같은 방법을 내가 힘겨워하고 있는 엄청난 작업에 적용해봐야겠다는 생각이 떠올랐다. 핀을 제조하듯이 로그를 제조하는 것이다."[29]

배비지는 복잡한 수학적 과제가 단순한 덧셈과 뺄셈을 통하여 '유한차有限差'를 계산하는 단계로까지 쪼개질 수 있다는 사실을 깨달았다. 예를 들어 제곱표—1^2, 2^2, 3^2, 4^2 등등—를 만들기 위해서는 첫 수를 1, 4, 9, 16……의 순서로 나열할 수 있다. 이것이 A열이 될 수 있다. 그 옆의 B열에는 이 각각의 수 사이의 차이를 적을 수 있는데, 이 경우에는 3, 5, 7, 9……가 될 것이다. C열은 B열의 각각의 수 사이의 차이를 나열할 수 있는데, 이것은 2, 2, 2, 2……가 된다. 일단 이렇게 과정을 단순화하면 그것을 뒤집어 교육받지 않은 노동자들에게 작업을 배분할 수 있다. B열의 마지막 수에 2를 더하는 일을 맡은 사람이 그 결과를 다음 사람에게 주면, 두 번째 사람은 그 결과를 A열의 마지막 수에 더한다. 그럼으로써 제곱의 열에 다음 수를 집어넣을 수 있게 된다.

배비지는 이 과정을 기계화하는 방법을 고안했고, 이것을 차분기관이라고 불렀다. 차분기관은 다항 함수를 표로 만들고 디지털 방식으로 미분방정식의 해답의 근삿값을 구할 수 있었다.

이것은 어떻게 작동했을까? 차분기관은 돌려서 어떤 숫자에도 맞출 수 있는 원반이 달린 수직 축을 사용했다. 이 원반은 톱니에 붙어 있었고, 이 톱니를 크랭크로 돌려 수를 옆에 있는 축에 달린 원반에 더했다(또는 거기서 뺐다). 이 장치는 중간값을 또 다른 굴대에 '저장'할 수도 있었다. 여기에서 가장 복잡한 문제는 우리가 연필로 36+19나 42-17을 계산할 때처럼 필요한 경우에 '받아올림'하거나 '받아내림'하는 방법이었다. 배비지는 파스칼의 장치에 의지하여 톱니와 굴대가 계산을 처리할 수 있는 몇 가지 기발한 방법을 찾아냈다.

차분기관은 개념으로 볼 때는 진짜 경이였다. 베비지는 차분기관을

차분기관 모형.

해석기관 모형.

자카르 방직기.

자카르 방직기로 짠 조제프 마리 자카르(1752~1834)의 비단 인물화.

이용하여 1,000만까지의 소수素數를 계산하는 방법을 알아내기도 했다. 영국 정부는 적어도 처음에는 감명을 받았다. 1823년 정부는 그에게 1,700파운드의 종잣돈을 주었고, 결국 배비지가 그 기계를 제작하려고 애쓴 10년 동안 이 장치에 1만 7,000파운드 이상을 퍼붓게 된다. 전함 건조 비용의 두 배가 되는 돈이었다. 하지만 이 프로젝트는 두 가지 문제에 부딪혔다. 첫째, 배비지와 그가 고용한 엔지니어는 장치가 작동하게 만들 기술이 없었다. 둘째, 배비지가 더 나은 것을 생각해내기 시작했다.

1834년에 배비지가 떠올린 새로운 아이디어는 주어진 프로그래밍 명령에 기초하여 다양한 연산을 수행하는 범용 컴퓨터였다. 이 컴퓨터는 한 가지 작업을 수행한 다음 다른 작업을 수행하도록 전환될 수 있어야 했다. 또 중간 계산에 기초하여 스스로 작업을 전환할—배비지는 이것을 '행동 패턴'을 전환한다고 설명했다—수도 있어야 했다. 배비지는 자신이 고안한 이 기계를 해석기관이라고 불렀다. 그는 시대를 100년 앞선 사람이었다.

해석기관은 에이다 러브레이스가 상상력에 관한 에세이에서 '결합하는 능력'이라고 부른 것의 산물이었다. 배비지는 많은 위대한 혁신가들이 그러하듯 다른 분야의 혁신들을 결합했다. 그는 원래 축의 회전을 제어하기 위해 스파이크가 박힌 금속 드럼을 이용했다. 그러다가 에이다가 그랬듯 프랑스인 조제프 마리 자카르가 1801년에 발명하여 비단 직조 산업을 바꾸어놓은 자동 방직기를 연구했다. 베틀은 무늬를 만들 때 고리를 이용하여 선택한 날실을 들어 올리고, 그러면 막대가 씨실을 밑에서 밀었다. 자카르는 이 과정을 제어하기 위해 구멍을 뚫은 카드를 이용하는 방법을 고안했다. 구멍들은 무늬를 넣고 있는 직물이 지나갈 때마다 어느 고리와 막대가 움직일지 결정하여, 복잡한 무늬 제작 과정을 자동화했다. 북을 던져 실이 새로 들어갈 때마다 새로운 천공 카드가 일을 하게 되는 것이다.

1836년 6월 30일 배비지는 자신의 "낙서장"에 컴퓨터 선사시대의 이정표가 될 기록을 남겼다. "드럼의 대안으로 자카르 방직기를 제안했다."[30] 강철 드럼 대신 천공 카드를 사용한다는 것은 명령을 무제한으로 입력할 수 있다는 뜻이었다. 나아가 작업 순서를 바꿀 수 있었으며, 이로써 다재다능하고 재프로그래밍이 가능한 범용 기계를 고안하는 것이 더 쉬워졌다.

배비지는 자카르의 초상화를 사서 살롱에 전시하기 시작했다. 초상화 속의 자카르는 방직기를 배경으로 팔걸이의자에 앉아 직사각형 천공 카드 위에 측경기測徑器를 얹어놓고 있다. 배비지는 재미 삼아 손님들에게 그 초상을 어떻게 만들었는지 아느냐고 물었다. 대부분은 그것이 뛰어난 판화라고 생각했다. 그러면 배비지는 그것이 사실 한 줄 한 줄이 개별적인 천공 카드에 의해 제어되어 2만 4,000줄의 실로 섬세하게 직조한 비단 태피스트리라는 사실을 밝혔다. 배비지의 살롱 모임에 참석한 빅토리아 여왕의 남편 앨버트 공은 왜 그 태피스트리를 그렇게 재미있게 여기느냐고 물었다. 배비지는 대답했다. "이것이 제 계산기인 해석기관의 성격을 설명하는 데 큰 도움을 줄 겁니다."[31]

하지만 배비지가 제안한 새로운 기계의 아름다움을 볼 줄 아는 사람은 거의 없었으며, 영국 정부는 거기에 자금을 대고 싶은 마음이 없었다. 배비지는 노력했지만 대중 언론이나 과학 정기간행물 양쪽에서 거의 주목을 받지 못했다.

하지만 그는 신봉자를 한 사람 발견할 수 있었다. 에이다 러브레이스는 범용 기계라는 개념을 완벽하게 이해했다. 더 중요한 것은 그 기계를 정말로 놀라운 것으로 만들 수도 있는 하나의 속성을 상상했다는 점이다. 그녀는 이 기계가 잠재적으로 수만이 아니라 음악이나 미술을 포함하여 모든 상징적 표기를 처리할 수 있다고 생각했다. 그녀는 그런 아이디어에서 시를 발견했으며, 다른 사람들도 그런 발견을 할 수 있도록 하기 위한 노력을 기울이기 시작했다.

그녀는 배비지에게 편지를 쏟아부었다. 그 가운데 일부는 스물네 살 연상인 남성에게 보내는 편지라고 하기에는 건방져 보이기도 했다. 한 편지에서는 구슬 26개를 이용한 솔리테어 게임을 묘사하기도 했는데, 이 게임의 목표는 점프를 반복하여 마지막에 구슬 하나만 남도록 하는 것이다. 그녀는 이 게임에 통달했지만 "해법을 만들어내고 그것을 상징적 언어로 옮길 수 있는 수학 공식"을 끌어내려고 했다. 그런 뒤에 그녀는 물었다. "내가 선생님이 감당하기에는 너무 상상력이 풍부한가요? 나는 그렇다고 보지 않습니다."[32]

그녀의 목표는 홍보 담당자이자 동업자로서 배비지와 함께 일하여 해석기관을 제작하는 데 필요한 지원을 얻어내는 것이었다. "선생님과 이야기를 나누고 싶은 마음이 간절합니다." 그녀는 1841년 초에 그렇게 썼다. "무엇 때문인지 힌트를 드릴게요. 미래 언젠가 (중략) 선생님이 내 머리를 선생님의 목적과 계획에 도움이 되도록 이용하실 수도 있다는 생각이 듭니다. 그렇다면, 나한테 선생님이 쓰실 만한 능력이나 가치가 있다면, 내 머리는 선생님 것이 될 거예요."[33]

1년 뒤 맞춤한 기회가 찾아왔다.

레이디 러브레이스의 주석

배비지는 해석기관 지지자를 찾으려고 애쓰던 과정에서 토리노의 '이탈리아 과학자 회의'에서 연설을 해달라는 초대를 받아들였다. 회의의 서기는 훗날 이탈리아 총리가 된, 젊은 공병대 장교 루이지 메나브레아 대위였다. 메나브레아는 배비지의 도움을 받아 1842년 10월 그 기계를 자세히 묘사한 논문을 프랑스어로 발표했다.

에이다의 친구는 그녀에게 메나브레아의 글을 번역하여 과학 논문을 싣는 정기간행물 《과학 논문집》에 내라고 권했다. 배비지에게 도움을 주면서 동시에 그녀의 재능을 보여줄 기회였다. 그녀가 번역을 끝내고 배비지에게 연락하자, 배비지는 기뻐하면서도 약간 놀랐다. "나는 그녀가 그렇게 잘 알고 있는 주제에 관해 왜 직접 논문을 쓰지 않았느냐고 물었다." 배비지는 그렇게 말했다.[34] 그녀는 그런 생각은 떠오르지 않았다고 대답했다. 당시에 여성이 과학 논문을 발표하는 것은 드문 일이었다.

배비지는 메나브레아의 글에 해설을 좀 덧붙여보라고 제안했고, 그녀는 이 일을 열성적으로 받아들였다. 그녀는 '번역자 주석'이라고 제목을 붙인 글을 쓰기 시작했는데, 그 결과물은 19,136단어로 메나브레아의 원래 글의 두 배가 넘었다. 오거스타 에이다 러브레이스의 약자인 'A.A.L.'이라고 서명한 이 「주석」은 원글보다 더 유명해져, 그녀를 컴퓨팅 역사의 우상 같은 존재로 만들게 된다.[35]

그녀는 1843년 여름에 서리에 있는 시골 별장에서 해설을 쓰면서 배비지와 편지를 수십 통 교환했고, 가을에 런던의 집으로 돌아온 뒤 여러 번 만났다. 그 생각 가운데 얼마나 많은 부분을 배비지의 것이 아니라 그녀의 것이라고 할 수 있느냐 하는 문제를 놓고 젠더 문제가 걸린 논쟁이 벌어졌고, 전문 학술 분야도 생겨났다. 배비지는 자신의 회고록에서 그녀에게 많은 공을 돌린다. "우리는 사용할 만한 다양한 삽화들을 함께 논의했다. 나도 몇 가지를 제안했지만 선택은 전적으로 그녀가 했다. 다양한 문제를 대수학적으로 해결한 것도 그녀가 한 일인데, 다만 베르누이 수와 관련된 부분만 예외로, 이것은 내가 레이디 러브레이스에게 수고를 덜어주겠다고 제안했다. 그녀는 내가 그 과정에서 저지른 커다란 실수를 발견하고는 고쳐달라고 다시 보내오기도 했다."[36]

에이다는 「주석」에서 100년 뒤 마침내 컴퓨터가 탄생했을 때 역사적 울림을 갖게 되는 네 가지 개념을 분석했다. 첫째는 범용 기계의 개념으로, 이것은 미리 설정된 작업만 수행하는 것이 아니라 무한하고 변화 가능한 일련의 작업을 수행하도록 프로그래밍하고 재프로그래밍할 수 있는 기계였다. 바꾸어 말하면, 그녀는 현대식 컴퓨터를 상상한 것이다. 이런 개념이 그녀의 주석 A의 핵심에 자리 잡고 있는데, 이 부분은 배비지의 기존 차분기관과 그가 새로 제안한 해석기관의 차이를 강조했다. "차분기관은 함수 $\triangle^7 u_x=0$의 적분값을 표로 만들려고 제작한 것이다." 그녀는 그렇게 시작한 뒤 그 목적이 항해표의 계산이라고 설명한다. "반면 해석기관은 특정 함수의 결과를 표로 만드는 데 사용할 수 있을 뿐 아니라 그 외에 어떤 함수든 전개하고 표로 만들 수 있다."

에이다는 이것이 "자카르가 천공 카드를 이용하여 직물 직조의 가장 복잡한 패턴을 제어할 때 고안한 원리를 도입"하여 가능해졌다고 썼다. 그녀는 이것의 중요성을 배비지보다 훨씬 깊이 깨달았다. 바로 이 기계가 우리가 현재 당연하게 여기는 유형의 컴퓨터처럼 될 수 있다는 뜻이었다. 특정 산술 작업을 수행할 뿐 아니라 범용 기계가 될 수도 있는 것. 그녀는 다음과 같이 설명한다.

> 카드를 적용한다는 아이디어가 떠오른 순간 연산의 경계가 확장됐다. 해석기관은 단순한 '계산 기계'와 공통의 기반을 공유하지 않는다. 이 기관은 완전히 독자적인 자리를 차지한다. 한정 없이 다양한 방식과 한정 없는 범위로 연속해서 일반적 기호를 결합하는 메커니즘이 가능하기 때문에, 물질의 작용과 추상적인 정신적 과정을 결합하는 고리가 생긴다.[37]

이 문장들은 약간 엉켜 있지만 주의 깊게 읽어볼 가치가 있다. 이것이 현대식 컴퓨터의 본질을 묘사하기 때문이다. 그리고 에이다는 시적인 화려함으로 이 개념에 생기를 불어넣었다. "해석기관은 자카르 방직기가 꽃과 잎의 무늬를 짜나가듯이 대수의 무늬를 짜나간다." 그녀는 그렇게 쓰고 있다. 배비지는 주석 A를 읽고 아주 흥분하여 아무것도 고치지 않았다. "제발 이건 고치지 마시오." 배비지는 그렇게 말했다.[38]

에이다의 두 번째 주목할 만한 개념은 범용 기계에 대한 이런 묘사에서 나타났다. 그녀는 해석기관의 연산이 수학과 수로만 제한될 필요가 없다는 것을 깨달았다. 그녀는 드 모건이 대수를 형식논리로 확장한 것에 의지하여 해석기관 같은 기계는 기호로 표현될 수 있는 것이면 무엇이든 저장하고, 조작하고, 처리하고, 활용할 수 있다는 사실을 깨달았다. 단어, 논리, 음악을 비롯하여 우리가 기호로 전달할 수 있는 모든 것이 가능했다.

그녀는 이 개념을 설명하기 위해 컴퓨터 연산이 무엇인지 주의 깊게 설명한다. "'연산'이라는 말은 두 가지 이상의 상호 관계—이 관계가 어떤 종류든—를 바꾸는 모든 과정을 의미한다고 설명하는 것이 바람직하다." 그녀는 컴퓨터 연산이 수만이 아니라 논리적으로 관계가 있는 모든 기호 사이의 관계를 바꿀 수 있다는 데 주목했다. "근본적인 상호 관계가 연산이라는 추상적인 과학적 관계로 표현될 수 있는 대상이 발견된다면, 이것은 수 외의 다른 것에도 작용될 수 있다." 해석기관은 이론적으로는 음악 악보에 대한 연산까지도 수행할 수 있다고 한다. "예를 들어 화음과 작곡의 과학에서 음정이 있는 소리들의 근본적 관계가 그런 표현과 개조를 받아들일 수 있다고 한다면, 이 기관은 아무리 복잡한 음악이라도 정교하게 과학적으로 작곡할 수 있을지 모른다." 이것이 궁극적으로 에이다다운 '시적 과학' 개념이었다. 기계가 작곡하는 정교하고 과학적인 곡! 그녀의 아버지라면 몸서리를 쳤을 것이다.

이런 통찰은 장차 디지털 시대의 핵심 개념이 된다. 어떤 콘텐츠, 자료, 정보—음악, 텍스트, 그림, 수, 기호, 소리, 영상—도 디지털 형식으로 표현할 수 있고 기계가 조작할 수 있다는 것. 배비지조차 이것은 완전하게 그려보지 못했다. 수에만 초점을 맞추었기 때문이다. 그러나 에이다는 톱니바퀴 이에 적힌 숫자가 수학적 양 이외에 다른 것을 나타낼 수도 있다는 사실을 깨달았다. 그랬기 때문에 그녀는 단순히 계산기에 불과한 기계에서 우리가 지금 컴퓨터라고 부르는 기계로 개념적 도약을 할 수 있었다. 배비지의 기관들을 전문적으로 연구하는 컴퓨터 역사학자 도런 스웨이드는 이것이 에이다의 역사적 유산의 하나라고 단언한다. "그러한 전환점을 찾아 역사를 살펴보고 면밀히 조사한다고 할 때, 에이다의 1843년 글에서 분명한 전환이 이루어졌다는 것을 알 수 있다."[39]

에이다가 세 번째로 기여한 것은 마지막 주석 G에서 우리가 오늘날 컴퓨터 프로그램 또는 알고리즘이라고 부르는 것의 작동 방식을 단계별로 자세하게 파악했다는 것이다. 그녀는 수 이론에서 다양한 역할을 하고 있는 매우 복잡한 무한급수인 베르누이 수*를 계산하는 프로그램

*연속하는 정수의 제곱의 합을 연구한 17세기 스위스 수학자 야코프 베르누이의 이름을 딴 것

에 대해 기술했다.

에이다는 해석기관이 베르누이 수를 만들어내는 방식을 보여주기 위하여 일련의 연산을 묘사한 다음 각각을 기계에 입력하는 방식을 보여주는 도표를 만들었다. 그 과정에서 서브루틴(코사인이나 복리 계산 등의 특정한 작업을 수행하는 일련의 명령으로, 필요에 따라 더 큰 프로그램에 집어넣을 수 있다)과 재귀 루프(스스로를 재귀적으로 호출하는 일련의 명령)라는 개념을 고안하는 데 기여했다.* 이것은 천공 카드 메커니즘 덕분에 가능했다. 하나의 수를 생성하는 데는 카드 75장이 필요하다고 그녀는 설명했다. 그다음에는 생성된 수가 다시 입력되어 다음 수를 만들어내는 과정이 반복되었다. "연속하는 수를 계산하는 데 동일한 75장의 변수 카드를 되풀이해 사용할 수 있다는 점을 분명히 알 수 있다." 그녀는 그렇게 썼다. 그녀는 자주 사용되는 서브루틴으로 이루어진 라이브러리를 구상했는데, 이것은 하버드의 그레이스 호퍼와 펜실베이니아 대학교의 케이 맥널티, 진 제닝스를 포함한 그녀의 지적 후손들이 100년 뒤에 만들어내게 된다. 해석기관은 또한 중간 계산값에 따라 일련의 명령 카드의 앞뒤로 건너뛰는 것이 가능했기 때문에 이것은 오늘날 조건부 분기—특정 조건이 충족되었을 때 프로그램상의 다른 경로를 따라가는 것—라 불리는 것의 기초를 놓았다고 말할 수 있다.

배비지가 에이다의 베르누이 계산 작업을 도운 것은 사실이지만, 여러 편지를 살펴보면 그녀가 세밀한 부분까지 관여했다는 것을 알 수 있다. "나는 베르누이 수를 연역적으로 계산해내는 방법을 그 바닥까지

으로, 수 이론, 수학적 분석, 미분 위상 기하학 등에서 흥미로운 역할을 한다.

*에이다가 든 예는 차분 테크닉을 하위 함수로 이용하여 다항식을 표로 만드는 작업으로, 이를 위해서는 다양한 범위의 내부 루프가 포함된 중첩 루프 구조가 필요했다.

집요하게 파고들어 살펴보고 있습니다." 그녀는 번역문과 「주석」을 인쇄업자에게 넘기기 몇 주 전인 7월에 그렇게 말하고 있다. "이 수로 인해 이렇게 놀라운 진구렁과 성가심에 이르렀다는 것에 무척 놀라는 바람에 오늘은 도저히 일을 할 수가 없습니다. (중략) 나는 매혹적인 혼란에 빠져 있습니다."[40]

마침내 마무리되었을 때, 에이다는 거의 그녀 혼자서 해낸 것이라 말할 수 있는 중대한 기여를 했다. 그것은 두 개의 재귀 루프를 포함하는 베르누이 수 알고리즘이 단계별로 컴퓨터에 어떻게 입력되는지를 면밀히 보여주는 표와 다이어그램이었다. 그녀는 이를 목적지 레지스터, 연산, 설명 등이 포함된 코딩 명령—오늘날의 C++ 프로그래머에게는 익숙한 개념일 것이다—에 번호를 붙여 표시했다. "하루 종일 쉬지 않고 일하여 많은 성과를 거두었습니다." 그녀는 배비지에게 말했다. "이 표와 다이어그램이 매우 마음에 드실 겁니다. 이건 아주 세심하게 만들어낸 것입니다." 모든 편지를 살펴볼 때 표를 그녀가 직접 만든 것은 분명하다. 단, 남편의 도움이 있었는데, 그는 수학은 이해하지 못했지만 그녀가 연필로 한 작업을 기꺼이 잉크로 다시 꼼꼼하게 작성해주었다. "L경이 지금 친절하게도 잉크로 다시 다 작성하고 있습니다." 그녀는 배비지에게 그렇게 말했다. "나는 연필로 해야 했거든요."[41]

바로 베르누이 수를 만들어내는 복잡한 과정에서 나온 이 다이어그램 덕분에 에이다는 그녀의 팬들로부터 '세계 최초의 컴퓨터 프로그래머'라는 찬사를 받게 되었다. 그러나 이것은 그대로 받아들이기 힘들다. 이미 배비지가 적어도 이론적으로는 이 기계가 궁극적으로 수행할 수 있는 과정을 20개 이상 설명해놓았기 때문이다. 하지만 이 가운데 어느 것도 발표되지는 않았으며, 그 연산을 배열하는 방법에 대한 분명한 묘사도 찾아볼 수 없다. 따라서 베르누이 수의 생성 알고리즘과 그 프로그래밍에 대한 자세한 묘사는 역사상 발표된 최초의 컴퓨터 프로그램이었다고 말할 수 있다. 그리고 그 끝에 적힌 이니셜은 에이다 러브레이스의 것이었다.

에이다가 「주석」에서 도입한 다른 한 가지 중요한 개념은 메리 셸리가 바이런 경과 함께 주말을 보낸 뒤에 발표한 프랑켄슈타인 이야기로 거슬러 올라간다. 여기서 제기된 문제는 지금까지도 컴퓨터와 관련된 가장 매혹적인 형이상학적 주제라고 할 수 있는 인공 지능의 문제다. 즉, 기계가 스스로 생각할 수 있는가?

에이다는 그렇지 않다고 믿었다. 배비지의 차분기관과 같은 기계는 입력받은 명령에 따라 연산을 수행할 수는 있지만, 아이디어를 내거나 자신의 의도를 가질 수는 없다고 에이다는 주장했다. "해석기관이 스스로 뭔가를 만들어낸다고 주장할 수는 없다." 그녀는 「주석」에서 그렇게 말한다. "이것은 우리가 명령을 내리는 것만 수행할 수 있을 뿐이다. 이때 우리는 명령을 내리는 방법을 알고 있어야 한다. 기계는 분석을 따를 수는 있지만, 어떤 분석적 관계나 진실을 예상하는 힘은 없다." 100년 뒤 컴퓨터의 선구자 앨런 튜링은 이런 주장에 '레이디 러브레이스의 반박'라는 이름을 붙인다(3장을 보라).

에이다는 자신의 작업이 배비지를 공적으로 옹호하는 글로서가 아니라 진지한 과학 논문으로서 받아들여지기를 바랐다. 때문에 「주석」의 앞부분에서 정부가 배비지의 노력에 계속해서 자금을 대기를 주저하는 문제에 관해서는 "어떠한 의견도 개진하지 않겠다"고 밝힌다. 정부를 공격하는 장문의 글을 준비 중이던 배비지는 이것이 마음에 들지 않았다. 그는 에이다가 자신의 글을 그의 이름을 밝히지 않고 마치 그녀의 의견인 것처럼 「주석」에 포함시키기를 바랐다. 에이다는 거부했다. 그녀는 자신의 작업이 훼손되는 것을 원치 않았다.

배비지는 에이다에게 알리지 않고 자신의 글을 직접 《과학 논문집》에 보내 에이다의 글에 포함시켜달라고 했다. 편집자들은 이것이 별도로 실려야 한다고 판단했고, 그에게 "남자답게" 이름을 밝히라고 제안했다. 배비지는 마음만 먹으면 매력적인 면을 보여줄 수 있었지만, 동시에 대부분의 혁신가들이 그렇듯이 변덕스럽고 고집스럽고 도전적인 면을 보여줄 수도 있는 사람이었다. 그는 편집자들이 제안한 해법에 격분하여 에이다에게 그녀가 작업한 결과물을 출판사로부터 회수해달라고 요청하는 편지를 썼다. 이번에는 에이다가 격노할 차례였다. 일반적으로 남성 친구 사이에서만 사용되던 문구인 "친애하는 배비지에게"로 편지를 시작한 그녀는 "번역문과 「주석」을 회수하는 것"은 "불명예스럽고 정당화될 수 없는 일"이 될 것이라고 썼다. 그녀는 편지를 맺으며 이렇게 말했다. "나는 선생님의 가장 좋은 친구입니다만 선생님이 내가 보았을 때 그 자체로 틀렸을 뿐 아니라 자멸적이기도 한 원칙에 따라 행동할 경우에는 선생님을 결코 지지할 수도 없고 지지하지도 않을 것이라고 믿으셔도 좋습니다."[42]

배비지는 뜻을 굽히고 자신의 글은 다른 학술지에 따로 발표하기로 했다. 그날 에이다는 어머니에게 불평을 했다.

> 배비지 씨의 행동이 너무나 곤혹스러워 괴로웠고 압박을 느꼈어요. (중략) 안타깝게도 배비지 씨는 함께 뭔가를 하기에는 너무 고집이 세고, 이기적이고, 무절제하다는 결론에 이르게 되었어요. (중략) 나는 즉시 배비지 씨에게 누가 뭐래도 그의 싸움에 따라나서거나 어떤 식으로도 그의 도구가 되지 않겠다고 선언했어요. (중략) 그는 격분했죠. 하지

만 나는 침착했고, 흔들리지 않았어요.[43]

이 분쟁에 대한 대응으로 에이다는 광기에 사로잡혀 괴상한 말을 마구 쏟아낸 16페이지짜리 편지를 배비지에게 보냈는데, 이것은 그녀의 변덕스러움, 광희, 망상, 열정을 생생하게 보여준다. 그녀는 그를 부추기는 동시에 비난하고, 칭찬하는 동시에 모욕한다. 어느 지점에서는 서로의 동기를 비교한다. "나의 타협할 수 없는 원칙은 명성과 영광보다 진리와 신을 사랑하려고 노력해야 한다는 겁니다." 그녀는 그렇게 주장한다. "선생님은 진리와 신을 사랑하긴 하지만, 그보다 명성, 영광, 명예를 더 사랑합니다." 그녀는 자신의 불가피한 명성은 아주 고상한 것이라고 선언한다. "나는 전능하신 분과 그분의 법칙을 설명하고 해석하는 데 내 힘을 보태고 싶습니다. (중략) 내가 그분의 가장 유명한 예언자 가운데 하나가 될 수 있다면, 그것을 크나큰 영광이라고 여길 것입니다."[44]

이렇게 터를 닦아놓은 뒤에 그녀는 거래를 제안했다. 사업적이고 정치적인 동업자 관계를 맺자는 것이었다. 그가 그녀에게 사업적 결정에 대한 통제권을 준다면, 아니 오직 그런 경우에만, 그녀는 연줄과 설득력 있는 글로 해석기관을 제작하려는 그의 노력을 지원하겠다는 것이었다. "첫 번째 선택권을 드리면서 내 봉사와 내 지성을 제안합니다." 그녀는 그렇게 말한다. "그것을 가볍게 거부하지 말아주세요." 편지의 어떤 부분은 중재인을 둘 가능성까지 염두에 둔, 벤처 투자 조건 협약서 또는 혼전계약서처럼 읽힌다. "선생님은 모든 실제적인 문제에서 전적으로 나(또는 우리가 의견이 다를 경우에는 선생님이 지명하는 중재자)의 판단을 따라야 할 것입니다." 그녀는 그렇게 말했다. 그리고 그 대가로 "선생님의 기관을 제작하기 위한 분명하고 명예로운 제안을 향후 1, 2년 안에 내놓겠다"고 약속했다.[45]

사실 이 편지는 그녀가 쓴 다른 많은 편지들과 크게 다르지 않다. 이것은 과대한 야망이 가끔 그녀를 사로잡는 방식을 보여주는 예였다. 그럼에도 그녀는 출신과 여성이라는 처지를 고려할 때 예상되는 수준을 훌쩍 뛰어넘어, 집안 내력으로 인한 고통에 맞서가며 우리 대부분이 시도해보지도 못하고 시도할 수도 없는 복잡한 수학적 업적을 이루기 위해 부지런히 노력한 사람으로서 존중받을 자격이 있다. (베르누이 수만으로도 우리 가운데 많은 수는 나가떨어질 것이다.) 그녀의 인상적인 수학적 노력과 상상력 넘치는 통찰은 메도라 리를 둘러싼 우여곡절과 병의 발작—이 때문에 아편에 의존하게 되어 감정 기복이 더 심해졌다—가운데 나온 것이었다. 그녀는 편지 말미에 이렇게 설명한다. "친애하는 친구여, 전혀 모르고 계시겠지만 혹시 내가 어떤 식으로 얼마나 슬프고 비참한 일들을 겪었는지 아신다면 제 감정의 무게를 어느 정도는 느끼실 겁니다." 그러고 나서 잠깐 다른 데로 빠져 베르누이 수를 계산하기 위해 유한차분법을 이용하는 것과 관련하여 작은 문제를 제기한 뒤, "편지가 슬프게도 얼룩이 졌다"며 사과하고 애처롭게 묻는다. "선생님이 여자 요정의 도움을 계속 받으실지 받지 않으실지 궁금합니다."[46]

에이다는 배비지가 창업 파트너가 되자는 자신의 제안을 받아들일 것이라고 확신했다. "배비지는 내 펜을 자신의 하인으로 부리는 것의 이점을 아주 중요하게 생각하기 때문에 아마 굴복할 거예요. 내가 아주 큰 양보를 요구하기는 했지만." 그녀는 어머니에게 그렇게 말했다. "배비지가 내 제안에 정말로 동의한다면 나는 아마 그분이 아주 큰 어려움을 겪지 않고 그 기관을 완성할 수 있게 해줄 수 있을 거예요."[47] 그러나 배비지는 사양하는 게 지혜롭다고 생각했다. 그는 에이다를 찾아가 "모든 조건을 거부했다."[48] 결국 그들은 두 번 다시 과학적인 면에서는 협업하지 않았지만, 그들의 관계는 지속됐다. "배비지와 나는 그 어느 때보다도 친한 친구가 된 것 같아요." 그녀는 그다음 주에 어머니에게 그렇게 말했다.[49] 배비지는 다음 달에 그녀의 시골집으로 찾아가겠다며 그녀를 "수의 마법사", "나의 친애하고 존경하는 해석자"라고 칭하는 다정한 편지를 보냈다.

그달, 그러니까 1843년 9월 그녀의 번역문과 「주석」이 마침내 《과학 논문집》에 실렸다. 그녀는 한동안 친구들의 찬사를 한껏 누리며, 자신도 스승 메리 소머빌과 마찬가지로 과학계와 문학계에서 진지한 대접을 받게 될 것이라는 희망을 품게 되었다. 그것을 발표하고 나니 마침내 "완전히 전문적인 사람"이 된 느낌을 받는다고 그녀는 변호사에게 쓰는 편지에 적었다. "정말로 당신과 마찬가지로 전문적인 직업이라는 것에 꽉 묶여 있게 되었습니다."[50]

그러나 그렇게 되지 않았다. 배비지는 그의 기계에 대한 자금을 더 지원받지 못했다. 기계는 제작되지 않았고, 그는 가난하게 죽었다. 레이디 러브레이스는 과학 논문을 더 발표하지 못했다. 대신 그녀의 삶은 급전직하로 추락하였고, 그녀는 도박과 아편에 중독되었다. 결국 도박 파트너와 바람이 났고 그의 협박에 가문의 보석을 저당 잡혀야 했다. 생의 마지막 해에는 지속적인 출혈을 일으키는 자궁암과 고통스러운 사투를 벌였다. 그녀는 1852년 예순세 살로 사망했으며, 생전의 마지막 요청에 따라 평생 알지 못했던 시인 아버지, 그러나 그녀와 같은 나이에 죽은 아버지가 잠든 시골 묘지에 나란히 묻혔다.

산업 혁명은 단순하면서도 심오한 두 가지 야심 찬 개념에 기초를 두고 있었다. 혁신가들은 일을 조립 라인에서 할 수 있는 쉽고 작은 작업으로 쪼개 단순화하는 방법을 제시했다. 그런 다음 섬유 산업에서부터 시작하여 기계가 처리할 수 있도록 각 단계를 기계화하는 방법을 찾아냈는데, 이러한 기계 가운데 다수는 증기 기관에서 동력을 얻었다. 배비지는 파스칼과 라이프니츠의 아이디어에 기초하여 이 두 과정을 계산에 적용하여, 현대식 컴퓨터의 기계식 전신을 창조하려 했다. 그가 달성한 가장 중요한 개념적 도약은 기계가 하나의 프로세스만 수행하도록 하는 대신 천공 카드를 이용하여 기계를 프로그래밍하고 재프로그래밍할 수 있다는 개념이었다. 에이다는 그런 매혹적인 개념에서 아름다움과 의미를 파악했으며, 거기에서 파생된 훨씬 흥미진진한 아이디어를 기술했다. 즉, 기계로 수뿐만 아니라 기호로 표기될 수 있는 어떤 것이라도 처리할 수 있다는 것이었다.

에이다 러브레이스는 오랜 세월에 걸쳐 페미니스트의 우상이자 컴퓨터 선구자로 기려졌다. 일례로 미국 국방부는 고급 객체 지향 프로그래밍 언어에 에이다라는 이름을 붙였다. 그러나 동시에 망상에 잘 빠지는 변덕스러운 여자라고, 그녀의 이름을 달고 있는 「주석」에도 기여한 바가 미미한 사람이라고 조롱당하기도 했다. 그녀는 「주석」에서 해석기관을 가리켜 다음과 같은 말을 했는데, 이는 자신을 묘사하는 표현이라 생각해도 좋을 것이다. "어떤 새로운 주제를 고려할 때 처음에는 우리가 이미 흥미롭거나 주목할 만하다고 생각한 것을 과대평가하는 경향이 나타나며, 두 번째로는 일종의 자연스러운 반작용으로 그것의 진정한 상태를 과소평가하는 경향이 나타나곤 한다."

에이다의 기여는 심오한 동시에 영향력도 컸다. 그녀는 기계가 인간 상상력의 파트너가 되어 자카르 방직기에서 짜는 것만큼이나 아름다운 태피스트리를 함께 짜는 미래를 훔쳐보는 데 배비지나 그 시대의 다른 어떤 사람보다도 능했다. 시적 과학을 높이 평가할 줄 아는 그녀는 동시대의 기성 과학계가 내친 계산 기계를 찬양했으며, 그런 장치의 처리 능력이 다른 모든 형태의 정보에도 이용될 수 있음을 알아챘다. 이렇게 에이다, 러브레이스 백작부인은 100년 뒤에 싹 틔울 디지털 시대의 씨앗을 뿌린 것이다.

MIT에서 미분 해석기를 만지고 있는 배니버 부시(1890~1974).

셔본 기숙학교의 앨런 튜링(1912~54), 1928년.

클로드 섀넌(1916~2001), 1951년.

2

...

컴퓨터

가끔 혁신이란 타이밍의 문제이기도 하다. 중대한 아이디어가 등장하는 시점에 그것을 실행에 옮길 테크놀로지가 존재하느냐 하는 것이다. 인간을 달에 보낸다는 아이디어는 마이크로칩의 발전으로 컴퓨터 유도 장치를 로켓의 노즈콘에 장착할 수 있게 된 시점에 제시되었다. 하지만 타이밍이 맞지 않는 경우도 있다. 찰스 배비지는 1837년에 정교한 컴퓨터에 관한 논문을 발표했지만, 그런 컴퓨터를 제작하는 데 필요한 수십 가지 테크놀로지의 진전이 이루어지는 데에는 100년이 걸렸다.

그런 진전 가운데 일부는 사소해 보이기도 하지만, 진보는 거대한 도약으로만 이루어지는 것이 아니라 수백 개의 작은 걸음으로 이루어지기도 한다. 배비지가 자카르 방직기에서 보고 자신의 해석기관에 포함시키려 했던 천공 카드를 예로 들어보자. 천공 카드를 완벽하게 이용하게 된 것은 '미국 인구조사국' 직원 허먼 홀러리스가 1880년 인구조사표를 수작업으로 만드는 데 8년 가까이 걸렸다는 사실에 경악했기 때문이라고 말할 수 있다. 그는 1890년의 조사 결과는 자동화하기로 결심한다.

홀러리스는 철도 차장이 승객의 특징(성별, 대략적인 키, 나이, 머리색)

을 표시하기 위해 표의 여러 곳에 펀치로 구멍을 뚫는 것에 착안하여, 인구조사 대상자의 두드러진 특징을 기록할 가로 12줄 세로 24줄의 천공 카드를 고안했다. 카드를 읽는 기계는 아래에는 수은 구멍이 뚫려 있고 위에는 용수철이 장착된 핀들이 달려 있고 이런 구멍과 핀이 격자 모양으로 배치되어 있었는데, 카드를 구멍과 핀 사이에 밀어 넣었을 때 구멍이 뚫린 곳에 전기회로가 이어지게 된다. 이 기계는 인구 총계뿐 아니라 기혼 남성의 수, 외국 태생 여성의 수 등 몇 가지 특징을 조합한 소계도 산출할 수 있었다. 홀러리스의 장치를 이용한 1890년의 인구조사는 8년이 아닌 1년 만에 완료되었다. 정보 처리에 전기회로가 이토록 중요한 역할을 한 것은 처음이었다. 홀러리스가 설립한 회사는 몇 차례의 인수 합병 끝에 1924년에 '인터내셔널 비즈니스 머신즈 코포레이션International Business Machines Corporation', 즉 IBM이 되었다.

혁신은 계수기와 천공 카드 판독기 같은 작은 진전 수백 가지가 축적되어 이루어진다고 볼 수도 있다. 엔지니어로 구성된 팀들이 매일같이 개선을 이루어내는 것이 주특기인 IBM 같은 곳에서는 혁신이 실제로 이런 식으로 일어난다고 이해하는 쪽을 선호한다. 지난 60년간 천연가스를 추출하는 과정에서 발전한 셰일가스 시추 기법을 비롯해 우리 시대의 가장 중요한 테크놀로지 중 일부는 몇 차례의 획기적인 도약만이 아니라 헤아릴 수 없이 많은 작은 혁신의 결과로 태어났다.

컴퓨터의 경우에도 IBM 같은 곳의 얼굴 없는 엔지니어들이 이룩한 작고 점진적인 진전이 많이 있었다. 그러나 그것으로는 충분하지 않았다. IBM이 20세기 초에 제작한 기계는 데이터를 집계할 수는 있었지만 우리가 컴퓨터라고 부를 만한 것은 아니었다. 심지어 특별히 기민한 계산기도 아니었다. 오히려 어설픈 쪽에 가까웠다. 컴퓨터 시대가 도래하기 위해서는 그런 수많은 작은 진전에 창조적인 선지자들의 창의적인 거대한 도약이 더해져야 했다.

디지털, 아날로그를 이기다

홀러리스와 배비지가 고안한 기계들은 디지털이었다. 0, 1, 2, 3처럼 구분되는 한 자리 숫자인 이산 정수整數를 이용하여 계산을 한다는 뜻이다. 이들의 기계에서는 계수기에서처럼 한 번에 숫자 하나를 움직이는 이와 바퀴를 이용하여 정수가 더해지거나 빼진다. 계산을 수행하는 또 하나의 방법은 물리적 현상을 흉내 내거나 모사하는 장치를 만들고, 그 유사 모형으로 측정하여 결과를 계산하는 것이다. 이것은 유사성analogy에 의존하기 때문에 아날로그 컴퓨터*라 불린다. 아날로그 컴퓨터는 이산 정수에 의존하지 않고 연속 함수를 이용하여 계산한다. 아날로그 컴퓨터는 문제를 푸는 데 필요한 수치에 변수의 아날로그 값(전압, 도르래에서의 로프의 위치, 수압, 거리 등)을 대응시킨다. 줄자는 아날로그고 주판은 디지털이다. 시침과 분침이 돌아가는 시계는 아날로그고 숫자가 표시되는 시계는 디지털이다.

홀러리스가 디지털 장치를 만들 무렵 영국의 저명한 두 과학자 켈빈 경과 그의 동생 제임스 톰슨은 아날로그 기계를 만들고 있었다. 조수 기록표, 또는 포탄의 다양한 탄도를 만들어내는 발사각을 보여주는 표 등을 만드는 데 도움을 줄 미분방정식을 푸는 지루한 작업을 처리하기 위해 기획된 작업이었다. 형제는 1870년대부터 연구에 착수하여 측면기測面器에 기초한 시스템을 고안했다. 측면기는 2차원 모형의 면적을 측

*'컴퓨터'는 원래 계산기라는 의미를 갖고 있다—옮긴이.

정하는 장치다. 예를 들어 종이 위에 그려진 곡선 아래의 면적을 구할 수 있다. 사용자가 곡선을 따라 장치를 움직이면 장치에 달린 회전 원판의 표면을 따라 천천히 밀려가는 작은 구에 의해 면적이 측정된다. 곡선 밑의 면적을 계산할 수 있다는 말은 적분으로 방정식을 풀 수 있다는 것을 의미한다. 바꾸어 말하면 기초적인 미적분 작업을 수행할 수 있다는 것이 된다. 형제는 이 방법을 이용하여 연간 조수 기록표를 단 네 시간 만에 생성해내는 '조화 합성기harmonic synthesizer'를 만들었다. 그러나 변수가 많은 방정식을 풀려면 이런 장치를 여러 개 연결해야 했는데, 그 기계적 난제는 해결하지 못했다.

여러 개의 적분기를 연결하는 이 까다로운 문제는 1931년 MIT의 공학 교수 배니버 부시—이 책의 중심인물이니 이름을 기억하라—가 세계 최초로 아날로그 전기기계식 컴퓨터를 만들면서 비로소 해결되었다. 그는 이 기계에 '미분 해석기Differential Analyzer'라는 이름을 붙였다. 바퀴-원반 적분기 여섯 개로 이루어진 미분 해석기는 켈빈 경의 적분기와 크게 다르지 않았는데, 기어, 도르래, 전기 모터로 회전하는 축 등이 연결되어 있었다. 부시는 MIT에 있었기 때문에 큰 도움을 받을 수 있었다. 그곳에는 복잡한 기계를 조립하고 보정할 수 있는 사람이 많았기 때문이다. 최종 결과물로 나온 기계는 작은 침실만 한 크기로 독립 변수가 무려 18개나 되는 방정식을 풀 수 있었다. 그 후 10년 동안 부시의 미분 해석기는 메릴랜드의 '미국 육군 애버딘 병기 실험소', 펜실베이니아 대학교 산하 무어 공과대학, 잉글랜드의 맨체스터 대학과 케임브리지 대학에 여러 형태로 복제되었다. 이 기계는 포탄 발사표를 대량으로 뽑아내는 데 특히 유용했다. 나아가 다음 세대 컴퓨터 선구자들을 교육하고 그들에게 영감을 주는 데에도.

그러나 부시의 기계는 아날로그 장치였기 때문에 컴퓨팅의 역사에서 주요한 진전으로 꼽힐 수 없는 운명이었다. 실제로 이것은 아날로그 컴퓨팅이 가쁘게 내쉰 마지막 숨이라는 사실이 드러났다. 그리고 적어도 수십 년 동안 이 생각은 바뀌지 않았다.

배비지가 처음으로 해석기관에 관한 논문을 발표하고 나서 꼭 100년이 지난 1937년에 새로운 방법론과 테크놀로지와 이론이 등장하기 시작했다. 1937년은 컴퓨터 시대의 경이로운 해가 되며, 그 결과로 현대 컴퓨팅을 규정하게 될, 서로 어느 정도 관련되어 있는 다음과 같은 네 가지 속성이 승리를 거두게 된다.

디지털 컴퓨터 혁명의 근본적인 특징은 아날로그가 아닌 디지털 컴퓨터에 기초를 두고 있다는 점이다. 곧 보게 되지만 이것은 논리 이론, 회로, 전자식 온-오프 스위치 등 아날로그보다는 디지털 접근 방식이 더 성과를 거둘 수 있는 분야의 동시 발전을 포함한 많은 이유 때문에 일어난 일이었다. 컴퓨터 과학자들이 인간 두뇌를 모방하고자 아날로그 컴퓨팅을 되살리는 여러 가지 방법을 진지하게 모색하게 되는 것은 2010년대에 이르러서이다.

이진법 현대식 컴퓨터에 의해 채택된 디지털 시스템은 기수基數 2의 이진법이다. 즉, 일상적으로 사용되는 십진법의 수 10개를 모두 사용하는 것이 아니라 0과 1만 사용한다. 많은 수학적 개념과 마찬가지로 이진법 이론의 선구자도 17세기 말의 라이프니츠였다. 1940년대에는 온-오프 스위치로 구성되는 회로를 이용한 논리 연산을 수행하는 데 이진법 체계가 십진법 체계를 포함한 다른 디지털 형식보다 효과적이라는 것이 차츰 분명해졌다.

전자식 1930년대 중반에 영국 엔지니어 토미 플라워스는 전자회로에서 온-오프 스위치로 진공관을 이용하는 방법을 개척했다. 그때까지 회로는 전화 회사가 사용하던 딸깍거리는 전자기電磁氣 릴레이(계전기) 같은 기계적이거나 전기기계적인 스위치에 의존했다. 진공관은 그때까지는 주로 온-오프 스위치보다는 신호를 증폭하는 데 사용되었다. 컴퓨터는 진공관, 그리고 나중에는 트랜지스터와 마이크로칩 같은 전자 부품을 이용하여, 움직이는 전기기계식 스위치가 달린 기계보다 수천 배 빠르게 연산을 할 수 있게 된다.

범용성 마지막으로, 기계는 마침내 다양한 목적을 위해 프로그래밍되고 재프로그래밍되는—심지어 스스로 재프로그래밍하는—능력을 갖추게 된다. 미분방정식 같은 한 가지 형태의 수학 계산을 하는 것만이 아니라, 다양한 작업을 처리하고 수를 비롯해 말과 음악과 그림을 포함한 기호를 조작하여 레이디 러브레이스가 배비지의 해석기관을 묘사하며 칭송했던 잠재력을 실현하게 된다.

혁신은 여문 씨앗이 비옥한 땅에 떨어질 때 일어난다. 1937년의 위대한 진전은 하나의 원인이 아니라 여러 곳에서 동시에 생겨난 능력, 아이디어, 요구가 결합되면서 이루어졌다. 발명, 특히 정보 테크놀로지 발명의 연대기에서는 흔한 일이지만 시기가 맞았고 분위기가 무르익었다. 전파 산업에서 진공관의 발전은 디지털 전자회로의 발명을 위한 길을 닦았다. 여기에 회로를 더 쓸모 있게 만드는 논리학의 이론적 발전이 수반되었다. 발걸음은 전쟁의 북소리로 인해 더욱 빨라졌다. 임박한 전쟁에 대비해 무장을 하면서 계산 능력이 화력만큼이나 중요하다는 것이 분명해졌다. 하버드와 MIT와 프린스턴과 벨 연구소Bell Labs와 베를린의 한 아파트, 또 심지어 믿기지 않겠지만 흥미롭게도 아이오와 주 에임스의 한 지하실에서 거의 동시에 또 자연발생적으로 진전이 이루어지면서 서로 자양분이 되어주었다.

이 모든 진전을 받쳐주는 것은 수학의 몇 가지 아름다운—에이다라면 시적이라고 불렀을지도 모르겠다—도약이었다. 이런 도약 가운데 하나가 '보편 컴퓨터', 즉 논리적인 작업을 수행하고 다른 모든 논리 기계의 작동을 재현하도록 프로그래밍될 수 있는 범용 기계라는 형식적 개념을 낳았다. 이것은 영감을 주는 동시에 비극적이기도 한 인생을 살다 간 비범한 어느 영국 수학자의 사고思考 실험에서 비롯되었다.

앨런 튜링

앨런 튜링은 영국 신사 계급의 너덜너덜한 가장자리에서 태어나 차가운 환경에서 성장했다.[1] 그의 가문은 1638년에 준남작 작위를 받았는데, 이 지위는 혈통을 구불구불 따라 내려가 그의 조카 한 명에게로 이어졌다. 그러나 튜링과 그의 아버지와 할아버지처럼 가계상 서열이 아래인 사람들은 땅도, 이렇다 할 재산도 없었다. 대부분은 앨런의 할아버지처럼 성직자로, 또 인도의 외딴 지역에서 하급 행정관으로 일했던 그의 아버지처럼 식민지 공무원으로 일해 먹고살았다. 앨런은 인도의 차트라푸르에서 잉태되어 부모가 휴가로 고국에 돌아와 있던 1912년 6월 23일에 런던에서 태어났다. 앨런이 불과 한 살 때 부모는 다시 몇 년 살다 올 계획으로 인도로 돌아가면서, 앨런과 그의 형을 퇴역 육군 대령 부부에게 맡겼다. 형제는 잉글랜드 남해안의 해변 도시에서 자랐다. 형 존은 나중에 이렇게 말했다. "나는 아동 심리학자는 아니지만 걷지도 못하는 아기를 강제로 떼어내 낯선 환경에 집어넣는 것은 나쁜 일이라고 확신한다."[2]

앨런은 영국으로 돌아온 어머니와 몇 년을 함께 살다가 열세 살 때 기숙학교에 들어갔다. 그는 혼자 자전거를 타고 이틀 걸려 100여 킬로미터의 거리를 주파하여 학교에 갔다. 그에게는 혼자 무언가에 강하게 집중하는 면이 있었으며, 이것은 장거리 달리기나 자전거 타기를 사랑하는 것으로 나타났다. 그에게는 또 혁신가들 사이에 아주 흔하게 나타나는 특질이 있었는데, 그의 전기 작가 앤드루 호지스는 이것을 다음과 같이 매혹적으로 묘사한다. "앨런은 진취성과 불복종을 구분하는 그 불분명한 선을 익히는 데 시간이 오래 걸렸다."[3]

그의 어머니는 가슴 아픈 회고록에서 맹목적으로 사랑했던 이 아들을 다음과 같이 묘사한다.

> 앨런은 어깨가 넓고 몸이 단단하고 키가 컸으며, 사각 턱은 단호해 보였고 갈색 머리는 제멋대로 헝클어져 있었다. 가장 눈에 띄는 특징은 뭐니 뭐니 해도 깊숙이 박힌 맑고 파란 눈이었다. 길지 않고 약간 치켜 올라간 들창코와 입의 익살맞은 곡선 때문에 어려 보였다. 때로는 아이처럼 보이기도 했다. 삼십대 후반에도 가끔 대학생으로 오인될 정도였다. 차림새나 습관은 너저분한 쪽이었다. 머리는 보통 너무 길었으며, 늘어지는 머리카락은 머리를 젖혀 뒤로 넘기곤 했다. (중략) 꿈을 꾸듯 멍한 표정을 짓고, 자기만의 생각에 몰두하곤 하여 가끔 비사교적으로 보이기도 했다. (중략) 수줍은 태도 때문에 어색한 상황에 빠지곤 했다. (중략) 실제로 아들은 중세 수도원에서 은둔 생활을 하는 것이 자기에게 아주 잘 어울릴 것이라고 생각했다.[4]

셔본 기숙학교에서 튜링은 자신이 동성애자라는 사실을 자각했다. 그는 금발에 몸이 늘씬한 학교 친구 크리스토퍼 모콤에게 반했는데, 그와 함께 수학을 공부하고 철학을 토론했다. 그러나 졸업하기 전 겨울에 모콤이 결핵으로 갑자기 죽었다. 튜링은 나중에 모콤의 어머니에게 편지를 썼다. "저는 크리스토퍼가 걸어 다닌 땅도 숭배했습니다. 그리고 그런 사실을 별로 숨기려고 하지도 않았지요, 안타까운 이야기지만 말입니다."[5] 튜링은 자신의 어머니에게 보낸 편지에서 신앙에서 피난처를 구하는 듯한 모습을 보여준다. "어디에선가 모콤을 다시 만날 겁니다. 우리는 여기에서 우리가 할 일이 분명히 있다고 믿었는데, 거기에서도 함께 할 일이 있을 것 같아요. 이제 그것을 나 혼자 남아 해야 하니 모콤을 실망시키면 안 되겠지요. 만일 잘해낸다면 모콤과 어울릴 자격을 제대로 갖추는 것일 겁니다." 하지만 이 비극은 결국 튜링의 종교적 믿음을 갉아먹고 말았다. 또 그를 더욱더 내향적으로 돌려놓아, 다시는 다른 사람과 친밀한 관계를 쉽게 맺어나갈 수가 없었다. 사감은 1927년 부활절에 앨런의 부모에게 다음과 같이 전했다. "앨런이 '정상적인' 아이가 아니라는 것은 부정할 수 없습니다. 그것 때문에 더 나빠지지는 않겠지만, 아마 더 불행해지기는 할 겁니다."[6]

튜링은 고등학교 마지막 해에 케임브리지 킹스 칼리지의 장학생이 되었으며, 1931년에 입학하여 수학을 공부했다. 존 폰 노이만의 『양자 역학의 수학적 기초The Mathematical Foundations of Quantum Mechanics』는 그가 어떤 상금을 받아 산 책 세 권 가운데 하나인데, 헝가리 태생의 매력적인 수학자로서 컴퓨터 설계의 선구자이기도 한 폰 노이만은 그의 인생에 계속 영향을 주게 된다. 튜링은 양자 역학의 핵심에 자리 잡고 있는 수학에 특히 관심이 있었다. 양자 역학에서 수학은 원자보다 작은 수준에서 일어나는 사상事象이 사물을 확실하게 결정하는 법칙이 아닌 통계적 확률의 지배를 받는 방식을 설명한다. 튜링은 (적어도 젊을 때는) 원자보다 작은 수준에서의 이런 불확실성과 불확정성이 인간의 자유의지를 허용한다—그리고 사실이라면 이것이 인간과 기계를 구분하게 해주는 것 같다—고 믿었다. 말을 바꾸면 원자보다 작은 수준에서 사상이 미리 결정되지 않기 때문에, 여기에서 인간의 생각이나 행동이 미리 결정되지 않을 길이 열린다는 것이다. 그는 모콤의 어머니에게 보낸 편지에서 이에 대해 다음과 같이 설명한다.

> 과거의 과학에서는 어떤 특정한 순간에 우주에 관하여 모든 것이 알려져 있으면 그것이 미래에 쭉 어떻게 되어갈 것인지 예측할 수 있다고 생각했습니다. 이런 생각은 사실 천문학적 예측이 크게 성공했기 때문에 가능했지요. 하지만 그보다 근대의 과학은 원자나 전자를 다룰 때 그 정확한 상태를 전혀 알 수 없다는 결론에 이르렀습니다. 우리의 도구 자체가 원자나 전자로 만들어져 있기 때문입니다. 따라서 우주의 정확한 상태를 알 수 있다는 생각은 사실 작은 규모에서는 무너질 수밖에 없습니다. 이것은 일식처럼 미리 운명이 정해진 것과 마찬가지로 우리의 모든 행동도 정해져 있다고 이야기하는 이론 또한 무너진다는 뜻입니다. 우리에게는 뇌의 작은 부분, 또는 어쩌면 뇌 전체의 원자들의 활동을 결정할 수 있는 의지가 있을지도 모릅니다.[7]

튜링은 남은 평생 인간의 정신이 결정론적인 기계와 근본적으로 다른가 하는 문제와 씨름했으며, 점진적으로 그 구분이 그가 생각했던 것만큼 분명하지 않다는 결론에 이르게 된다.

그는 또 원자보다 작은 영역에 불확실성이 퍼져 있듯이, 기계적으로 풀 수 없기 때문에 불확정성에 싸여 있을 수밖에 없는 수학 문제들도 있다고 직감했다. 당시 수학자들은 논리 체계의 완전성과 일관성 문제에 집중하고 있었는데, 이는 괴팅겐에 기반을 둔 천재로, 여러 업적 가운데 아인슈타인과 동시에 일반 상대성 이론을 수학적으로 정식화하는 일을 해낸 다비트 힐베르트의 영향도 적지 않았다.

힐베르트는 1928년 한 컨퍼런스에서 수학의 모든 형식적 체계에 관한 근본 문제 세 가지를 제시했다. (1) 규칙 집합이 완전하여, 어떠한 명제도 오직 그 체계의 규칙들만 이용하여 증명(또는 반증)할 수 있는가? (2) 일관성이 있어 어떠한 명제도 참인 동시에 거짓으로 증명되지 않을 수 있는가? (3) 특정한 명제가 증명 가능한지 아닌지 결정할 수 있는 절차가 있어, 일부 명제(페르마의 마지막 정리*, 골드바흐의 추측**, 콜라츠의 추측*** 같은 수학의 영원한 수수께끼)가 결정 불가능한 림보에 남을 운명이 될 가능성을 허용하지 않을 수 있는가? 힐베르트는 첫 번째 두 질문에 대한 답이 그렇다이기 때문에, 세 번째 질문은 고려할 가치가 없다고 생각했다. 그는 이렇게 단순하게 표현했다. "풀 수 없는 문제 같은 것은 없다."

스물다섯의 나이로 어머니와 함께 빈에 살고 있던 오스트리아 태생 논리학자 쿠르트 괴델은 그로부터 3년이 지나지 않았을 때 예상치 못한 답으로 첫 두 문제를 해치웠다. 그의 답은 아니다, 그리고 아니다였다. 그는 '불완전성 정리'로 증명할 수도 없고 반증할 수도 없는 명제가 존재한다는 것을 보여주었다. 좀 지나치게 단순화하자면 그런 명제에는 '이 명제는 증명 불가능하다' 같은 자기 참조적인 명제와 비슷한 것

*방정식 $a^n + b^n = c^n$에서 a, b, c가 양의 정수일 경우 n이 2보다 크면 해는 존재하지 않는다.
**2보다 큰 모든 짝수는 두 소수의 합으로 표현될 수 있다.
***어떤 수가 짝수일 경우 2로 나누고, 홀수일 경우 3을 곱하고 그 결과에 1을 더하는 과정을 무한히 반복하면 언젠가는 1이 나오게 된다.

들이 있다. 이 명제가 참이라면 이것은 우리가 이것이 참이라는 것을 증명할 수 없다고 판결한다. 이 명제가 거짓이라 해도 이 또한 논리적 모순에 이른다. 이것은 고대 그리스의 '거짓말쟁이의 역설'과 비슷한 것으로, '이 명제는 거짓'이라는 명제의 참을 결정할 수 없는 경우다. (이 명제가 참이면 이 명제는 동시에 거짓이 되고, 그 역도 성립한다.)

괴델은 증명도 반증도 할 수 없는 명제를 제시함으로써 일반적 수학을 표현할 수 있을 만큼 강력한 형식 체계라도 불완전하다는 것을 보여주었다. 그는 또 힐베르트의 두 번째 문제에 사실상 아니다라고 답하는 정리도 제시했다.

이렇게 되자 힐베르트의 문제 가운데 세 번째 것, 결정 가능성의 문제, 또는 힐베르트의 표현대로 하자면 "결정문제Entscheidungsproblem"만 남았다. 괴델은 증명할 수도 없고 반증할 수도 없는 명제를 제시했지만, 만일 이 이상한 범주의 명제들을 어떻게 해서든 확인하여 차단한다면 체계의 나머지는 완전하고 일관성을 갖출 수도 있었다. 이렇게 되면 어떤 명제가 증명 가능한지 판단하기 위한 방법이 필요할 것이다. 케임브리지의 저명한 수학 교수 맥스 뉴먼은 튜링에게 힐베르트의 문제들을 가르칠 때 결정문제를 이렇게 표현했다. 특정한 논리 명제가 증명 가능한지 판단하는 데 사용할 수 있는 '기계적 과정'이 존재하는가?

튜링은 이 '기계적 과정'이라는 개념이 마음에 들었다. 1935년 여름 어느 날 그는 평소대로 일리 강을 따라 혼자 3킬로미터 정도 달린 다음 그랜트체스터 메도우즈의 사과나무 사이에 누워 생각에 빠져들었다. 그는 '기계적 과정'이라는 개념을 문자 그대로 받아들여, 기계적 과정—가상의 기계—을 떠올리고 그것을 문제에 적용하려 했다.[8]

그가 (현실에서 제작할 진짜 기계가 아니라 하나의 사고 실험으로서) 상상한 '논리적 계산 기계Logical Computing Machine'는 언뜻 보기에는 아주 단순했지만 이론적으로는 어떠한 수학 연산도 처리할 수 있었다. 논리적 계산 기계는 기호가 기재된 수많은 사각형을 포함하는 무한한 길이의 종이 테이프로 이루어져 있었다. 가장 단순한 이진법을 예로 들면 기호는 단순히 1과 공백일 수 있다. 이 기계는 테이프의 기호를 읽은 다음 주어진 '명령 테이블'에 기초하여 특정 동작을 수행할 수 있었다.[9]

명령 테이블은 기계의 배열 상태에 따라, 그리고 사각형 안에 기호가 있으면 그 기호에 따라 무엇을 해야 하는지 기계에게 알려준다. 예를 들어 기계가 배열 1에 있을 때 사각형 안에 1이 있다면 사각형을 오른쪽으로 하나 옮기고 배열 2로 바꾸라는 명령이 있을 수 있다. 튜링은 안 그랬겠지만 우리는 약간 놀랄 수밖에 없는 것이, 이런 기계는 적절한 명령 테이블만 주면 아무리 복잡한 것이라 해도 모든 수학적 작업을 완수할 수 있다.

이 가상의 기계는 힐베르트의 세 번째 문제인 결정문제에 어떻게 답할까? 튜링은 '계산 가능한 수'라는 개념을 발전시켜 이 문제에 접근했다. 수학 규칙에서 정의되는 모든 실수實數는 논리적 계산 기계로 계산할 수 있었다. π 같은 무리수도 유한한 명령 테이블을 이용하여 무한히 계산할 수 있다. 따라서 7의 로그나 2의 제곱근이나 에이다 러브레이스가 알고리즘을 만든 베르누이 수, 또는 다른 어떤 수나 급수도, 아무리 계산이 까다롭더라도, 그 계산이 유한한 규칙 집합으로 정의될 수만 있으면 계산할 수 있다. 이 모든 것이 튜링의 표현을 빌리면 '계산 가능한 수'였다.

튜링은 계속해서 계산 불가능한 수도 존재한다는 것을 증명했다. 이것은 그가 '정지 문제'라고 부른 것과 관계가 있었다. 그는 어떠한 명령 테이블과 일군의 수를 입력했을 때 기계가 답에 이를지 아니면 루프에 걸려 어디에도 도달하지 못한 채 무한히 공회전을 할지 미리 알 수 있는 방법은 존재할 수 없다는 것을 증명했다. 정지 문제의 해결 불가능성은 힐베르트의 결정문제가 해결 불가능하다는 것을 의미한다는 것도 증명했다. 힐베르트의 바람과는 달리 어떠한 기계적 절차도 모든 수학적 명제의 증명 가능성을 결정할 수 없다. 괴델의 불완전성 이론, 양자역학의 불확정성, 그리고 힐베르트의 세 번째 까다로운 문제에 대한 튜링의 답은 기계적이고 결정론적이고 예측 가능한 이 우주에 충격을 주었다.

튜링의 논문은 1937년 「계산 가능한 수에 관하여, 그리고 결정문제의 응용On Computable Numbers, with an Application to the Entscheidungsproblem」이라는 별로 근사하지 않은 제목으로 발표되었다. 힐베르트의 세 번째 문제에 대한 그의 답은 수학 이론의 발전에 기여했다. 그러나 그보다 더 중요한 것은 튜링의 증명의 부산물, 즉 곧 튜링 기계라고 알려지게 되는 '논리적 계산 기계'였다. "계산 가능한 수열을 계산하기 위해 사용할 수 있는 단일 기계를 발명하는 것은 가능하다." 튜링은 그렇게 선언했다.[10] 그런 기계는 다른 기계의 명령을 읽고 그 기계가 할 수 있는 어떠한 작업도 수행할 수 있을 터였다. 기본적으로 이것은 완전한 범용 보편 기계를 향한 찰스 배비지와 에이다 러브레이스의 꿈을 구현한 것이었다.

프린스턴의 수학자 알론초 처치는 결정문제의 다른, 그러나 이보다 아름답지는 못한 해법을 「타입 없는 람다 계산법untyped lambda calculus」이라는 제목으로 같은 해에 튜링보다 빨리 발표했다. 튜링을 가르치던 맥스 뉴먼은 튜링이 프린스턴으로 가서 처치 밑에서 공부하는 것이 도움이 될 거라고 판단했다. 뉴먼은 추천서에서 튜링의 엄청난 잠재력을 이야기했다. 또 튜링의 성격을 근거로 좀 더 개인적인 호소도 덧붙였다. "그는 누구에게서도 어떤 감독이나 비판도 받지 않고 작업해왔습니다. 그래서 그가 만성적 은둔 상태에 빠지지 않도록 이 분야의 선도적인 연구자들과 가능한 한 빨리 접촉하는 것이 무엇보다 중요합니다."[11]

튜링은 실제로 외톨이적인 경향이 있었다. 또 동성애자였기 때문에 때때로 아웃사이더가 된 느낌을 받았다. 그는 혼자 살았고, 깊은 개인적 관계를 맺는 것을 피했다. 한번은 동료 여성에게 청혼을 했는데, 자신이 동성애자라는 사실을 밝혀야 한다고 생각했다. 그녀는 당황하지 않고 그래도 결혼하겠다고 했지만 튜링은 그것이 위선이라고 믿고 관계를 중단하기로 했다. 그러나 그는 '만성적 은둔 상태'로 빠지지는 않았다. 그는 팀의 구성원으로서 협업자들과 함께 일하는 법을 배웠으며, 이것이 그의 추상적 이론이 손에 잡히는 현실적인 발명품들에 반영될 수 있었던 핵심 요건이었다.

1936년 9월, 스물네 살의 튜링은 박사 논문이 아직 출간되지 않은 상태에서 낡은 대양 정기선인 로열메일 기선 버렌가리아호의 3등실에 자리를 잡고 미국으로 갔다. 그는 귀중하고 묵직한 황동 육분의를 가져갔다. 그의 프린스턴 연구실은 수학과 건물에 있었는데, 아인슈타인, 괴델, 폰 노이만이 재직 중인 '고등연구소Institute for Advanced Study'도 같은 건물에 있었다. 그 가운데 교양 있고 매우 사교적인 폰 노이만이 성격 차이가 컸음에도 튜링의 작업에 특별한 관심을 가졌다.

1937년의 엄청난 격변과 동시 다발적인 진전은 튜링이 발표한 논문의 직접적인 영향을 받지는 않았다. 사실 그의 논문은 처음에는 거의 주목을 받지 못했다. 튜링은 어머니에게 부탁해 수학 철학자 버트런드 러셀을 비롯한 대여섯 명의 유명한 학자들에게 논문을 보냈으나, 이렇다 할 논평을 한 사람은 알론조 처치뿐이었다. 그는 자신이 힐베르트의 결정문제를 튜링보다 먼저 풀었기 때문에 한껏 칭찬을 해줄 여유가 있었다. 처치는 단지 너그럽기만 한 것이 아니었다. 그는 튜링이 논리적 계산 기계라 칭한 것을 '튜링 기계'라고 부르기 시작했다. 이렇게 해서 튜링의 이름은 디지털 시대의 가장 중요한 개념 가운데 하나에 누구도 지

울 수 없는 형태로 박히게 되었다.[12]

벨 연구소의 클로드 섀넌과 조지 스티비츠

1937년에는 또 하나의 의미심장한 이론적 돌파구가 열렸는데, 순수하게 사고 실험이었다는 면에서 튜링의 경우와 비슷했다. 클로드 섀넌이라는 MIT 대학원생의 작업으로, 섀넌은 그해에 역사상 가장 큰 영향력을 행사하게 될 석사 논문을 제출했다. 나중에 《사이언티픽 아메리칸》에서 '정보 시대의 대헌장Magna Carta'이라는 별명을 붙여준 논문이었다.[13]

섀넌은 미시건의 작은 도시에서 모형 비행기나 아마추어 무선 통신기를 제작하며 성장한 뒤 미시건 대학교에서 전기공학과 수학을 전공했다. 4학년 때 게시판에서 구인 공고—MIT의 배니버 부시 밑에서 일하며 미분 해석기 구동을 돕는 일이었다—를 보고 연락을 취했다. 섀넌은 자리를 얻었고, 이 기계에 홀렸다. 아날로그적 구성 요소인 막대와 도르래와 바퀴보다는 제어 회로를 이루는 전자기 릴레이 스위치에 매혹된 것이다. 스위치는 전기 신호에 따라 찰칵하고 열리거나 딸깍하고 닫히면서 다양한 회로 패턴을 만들어냈다.

1937년 여름에 섀넌은 MIT를 잠깐 쉬고 AT&T에서 운영하던 연구 시설인 벨 연구소에 일하러 갔다. 맨해튼 그리니치빌리지의 허드슨 강변에 있는 이 연구소는 아이디어가 발명품으로 바뀌는 곳이었다. 이곳에서는 추상적인 이론이 실제적인 문제들과 교차했으며, 복도와 카페테리아에서는 괴짜 이론가들이 일선에서 뛰는 엔지니어, 우락부락한 기계공, 사무적인 문제 해결사들과 섞이며 이론과 공학의 교차 수정을 조장했다. 이 때문에 벨 연구소는 하버드의 과학사가 피터 갤리슨이 '교역 지대'라고 부르는, 디지털 시대 혁신의 가장 중요한 토대 가운데 하나의 원형이 되었다. 서로 공통점이 없는 실천가와 이론가들도 이렇게 한데 모이자 아이디어와 정보를 교환할 공통의 언어를 찾는 법을 배웠다.[14]

섀넌은 벨 연구소에서 전기 스위치를 이용해 전화를 연결하고 부하負荷의 균형을 유지하는 전화 시스템 회로의 놀라운 힘을 가까이서 보았다. 그는 머릿속에서 이 회로의 작동을 그가 흥미롭게 느끼는 다른 주제, 즉 90년 전 영국의 수학자 조지 불이 정식화한 논리 체계와 연결시키기 시작했다. 불은 기호와 방정식을 이용하여 논리적 진술을 표현하는 방법을 찾아내 논리학에 혁명을 일으켰다. 그는 참 명제에 1의 값, 거짓 명제에 0의 값을 부여했다. 그렇게 하면 이 명제들을 이용하여 일군의 기본적인 논리 연산—논리곱and, 논리합or, 부정not, 배타적 논리합either/or, 실질조건문if/then 등—을 수학 방정식 풀듯 수행할 수 있었다.

섀넌은 전기회로에 온-오프 스위치를 여러 개 사용하여 이런 논리 연산을 수행할 수 있다고 생각했다. 예를 들어, 논리곱 함수를 수행하려면 두 스위치를 연속으로 배치한다. 이때, 둘 다 온으로 설정돼야만 전기가 흐른다. 논리합 함수를 수행하려면 두 스위치를 병렬로 배치한다. 이때는 어느 한 쪽만 온으로 설정되어도 전기가 흐른다. 논리 게이트라고 부르는 더 다재다능한 스위치는 이 과정을 능률적으로 단순화할 수 있었다. 다시 말하면, 일련의 논리적 과제를 단계적으로 수행할 수 있는 수많은 릴레이와 논리 게이트를 넣은 회로를 설계할 수 있었다.

('릴레이'는 전자기를 이용한다든가 하여 전기적으로 열거나 닫을 수 있는 스위치를 가리킨다. 딸깍거리며 열리고 닫히는 릴레이는 움직이는 부분이 있기 때문에 전기기계적이라고 부르기도 한다. 진공관

과 트랜지스터도 전기회로에서 스위치로 이용할 수 있다. 이들은 전자의 흐름을 조작하되 물리적 부품의 움직임이 필요하지 않기 때문에 전자적이라고 부른다. '논리 게이트'는 하나 이상의 입력을 처리할 수 있는 스위치다. 예를 들어 입력이 둘일 경우 논리곱 논리 게이트 스위치는 두 입력 모두 온일 때 온이 되고, 논리합 논리 게이트 스위치는 두 입력 가운데 하나만 온이라도 온이 된다. 섀넌의 통찰은 이것들이 회로 내에서 전선으로 함께 엮여 불의 논리 대수 과제를 수행할 수 있다는 것이었다.)

섀넌이 가을에 MIT에 돌아갔을 때 부시는 그의 아이디어에 매혹되어 그것을 석사 논문에 포함시키라고 권했다. 「릴레이와 스위치 회로의 기호적 분석A Symbolic Analysis of Relay and Switching Circuits」이라는 제목의 이 논문은 불 대수의 여러 함수를 실행하는 방식을 보여준다. "릴레이 회로를 이용하여 복잡한 수학 연산을 수행하는 것이 가능하다." 섀넌은 끝에서 그렇게 정리했다.[15] 이것은 모든 디지털 컴퓨터의 기초가 되는 기본 개념이 되었다.

튜링은 섀넌의 아이디어에 흥미를 느꼈다. 그것이 튜링 자신이 막 발표한 보편 기계 개념과 깔끔하게 연결되었기 때문이다. 보편 기계는 이진법으로 코딩된 단순한 명령을 이용하여 수학만이 아니라 논리학의 문제도 풀 수 있었다. 또 논리는 인간 정신이 사유하는 방식과 연결되기 때문에, 논리적 과제를 수행하는 기계는 이론적으로는 인간의 사고방식을 흉내 낼 수 있었다.

수학자 조지 스티비츠도 당시에 벨 연구소에서 일하고 있었는데, 전화 엔지니어들이 요구하는 점점 복잡해지는 계산을 처리하는 방법을 찾아내는 일을 담당했다. 그가 가진 유일한 도구는 탁상용 가산기加算器

였기 때문에, 그는 전기회로가 수학과 논리학 과제를 수행할 수 있다는 섀넌의 통찰에 기초하여 더 나은 것을 발명하는 작업에 착수했다. 11월의 어느 날 저녁 늦게 그는 창고로 가서 낡은 전자기 릴레이와 전구 몇 개를 집으로 가져갔다. 그는 부엌 식탁에서 양철 담뱃갑과 스위치 몇 개를 부품들과 결합하여 이진수를 더할 수 있는 간단한 논리 회로를 만들었다. 불 켜진 전구는 1을, 켜지지 않은 전구는 0을 나타냈다. 그의 부인은 이 회로에 부엌kitchen 식탁의 머리글자를 따 'K-모델'이라는 별명을 붙였다. 그는 다음 날 그것을 사무실로 가져가 릴레이만 충분히 있으면 계산기를 만들 수 있다고 동료들을 설득했다.

벨 연구소의 중요한 사명 가운데 하나는 장거리 전화에서 잡음은 걸러내고 전화 신호는 증폭시키는 방법을 찾는 것이었다. 엔지니어들에게는 신호의 진폭과 위상을 다루는 공식이 있었는데, 방정식을 풀자면 가끔 복소수(음수의 제곱근을 표현하는 허수 단위를 포함하는 수)가 나왔다. 상급자는 스티비츠에게 그가 제안한 기계가 복소수를 처리할 수 있느냐고 물었다. 그렇다고 대답하자 그의 기계 제작을 도울 팀이 배정되었다. '복소수 계산기Complex Number Calculator'라는 이름이 붙은 계산기는 1939년에 완성되었다. 여기에는 릴레이가 400개 이상 들어갔으며, 각각은 초당 20회 개폐될 수 있었다. 덕분에 기계 계산기에 비하면 눈부시게 빨랐지만 그때 발명 중이던 완전 전자식 진공관 회로에 비하면 보기 안쓰러울 정도로 투박했다. 스티비츠의 컴퓨터는 프로그래밍은 불가능했지만, 릴레이 회로에 이진 수학을 받아들이고, 정보를 처리하고, 논리 절차를 다룰 수 있는 잠재력이 있다는 것을 보여주었다.[16]

하워드 에이킨

1937년에 하버드 박사 과정에서 공부하던 하워드 에이킨은 가산기를 이용하여 물리학 논문에 들어갈 지루한 계산을 하느라 고생하고 있었다. 그 일을 할 만한 성능이 더 뛰어난 컴퓨터를 제작하자고 대학에 청원하자 학과장은 하버드 과학 센터 다락 창고에 그가 원하는 것과 비슷해 보이는 100년 된 장치에서 나온 황동 바퀴가 몇 개 있다고 말했다. 에이킨은 다락방을 뒤져 찰스 배비지의 차분기관의 시범용 모델 여섯 개 가운데 한 개를 찾아냈다. 배비지의 아들 헨리가 만들어 배포한 것이었다. 에이킨은 배비지에 매료되어 그 황동 바퀴 세트를 자신의 연구실로 옮겼다. "과연 우리한테는 배비지의 바퀴 가운데 두 개가 있었다." 에이킨은 회고한다. "나는 나중에 그 바퀴를 부품으로 활용하여 컴퓨터의 본체에 집어넣었다."[17]

그해 가을, 스티비츠가 부엌 탁자에서 시제품을 뚱땅거리며 만들고 있을 때 에이킨은 하버드 상급자들과 IBM 임원들에게 배비지의 디지털 기계의 현대판을 만들 자금을 대라고 촉구하는 22페이지짜리 편지를 썼다. "산술 계산에서 시간과 정신적 노력을 절약하고, 인간의 오류를 범하는 경향을 제거하고자 하는 욕망은 산술이라는 과학만큼이나 오래된 것이라고 봅니다." 편지는 그렇게 시작했다.[18]

에이킨은 인디애나 출신으로 거친 환경에서 성장했다. 열두 살 때는 가족을 학대하는 주정뱅이 아버지로부터 어머니를 보호하기 위해 벽난로 부지깽이를 들어야 했다. 아버지는 돈 한 푼 남겨주지 않고 가족을 버렸다. 어린 하워드는 9학년 때 학교를 그만두고 전화 설치 기사로 일하며 가족을 부양해야 했다. 그러다가 낮에 기술학교를 다니기 위해 지역 전력회사에서 밤 일자리를 얻었다. 그는 성공하기 위해 자신을 몰아

붙였으며, 그 과정에서 쉽게 폭발하는 성격을 가진 공사감독 같은 사람이 되고 말았다. 사람들은 그를 폭풍 전야를 닮은 사람으로 묘사했다.[19]

하버드는 에이킨이 제안한 계산기를 만드는 일에서도 그랬지만, 학술적이기보다는 실용적으로 보이는 프로젝트를 추진하는 에이킨에게 종신 재직권을 주는 문제에서도 선뜻 결정을 내리지 못했다. (하버드 교수 모임 일각에서는 어떤 사람이 학술적이기보다는 실용적이라고 말하는 것이 모욕으로 간주되었다.) 제임스 브라이언트 코넌트 총장은 에이킨을 지지했는데, 그는 '국방연구위원회National Defense Research Committee'의 위원장을 맡고 있어 학계, 산업, 군부를 묶는 삼각형 속에 하버드가 수월하게 자리 잡는 데 기여하고 있었다. 그러나 에이킨이 속한 물리학과는 순수주의 쪽이었다. 물리학과장은 1939년 12월 코넌트에게 보낸 편지에서 그 기계는 "돈이 있으면 만드는 것이 바람직하지만, 꼭 다른 어떤 것보다 바람직하다고는 할 수 없다"는 입장을 밝혔으며, 교수 위원회는 에이킨을 두고 "그런 활동이 그가 교수로 승진할 가능성을 높여주지 않는다는 점을 그에게 아주 분명하게 밝힐 필요가 있다"고 말했다. 그러나 코넌트는 결국 반대를 이겨내고 에이킨에게 기계를 제작할 권한을 주었다.[20]

1941년 4월 IBM이 에이킨의 설계 설명서에 따라 뉴욕 주 엔디콧의 연구소에서 마크 IMark I을 제작하는 동안 에이킨은 하버드를 떠나 해군에 입대했다. 그는 2년 동안 소령 계급장을 달고 버지니아의 '기뢰전 학교Naval Mine Warfare School'에서 가르쳤다. 한 동료는 그가 "방 하나 길이의 공식과 고색창연한 하버드 이론들로 완전무장을 하고 미적분과 옥수수빵도 구별하지 못하는 남부의 얼간이들과 정면충돌했다"고 말한다.[21] 그는 마크 I을 생각하며 많은 시간을 보냈으며, 이따금씩 군복 정장 차림으로 엔디콧을 찾아가곤 했다.[22]

그는 병역을 이행한 덕분에 큰 보답을 받았다. 1944년 초 IBM이 완성된 마크 I을 하버드에 보낼 준비가 되었을 때, 기계의 사용 권한을 인수하고 자신을 책임 장교로 임명해달라고 해군을 설득할 수 있었던 것이다. 그 덕분에 에이킨은 여전히 그에게 교수직을 주는 것을 머뭇거리던 하버드의 교육 관료들을 피해갈 수 있었다. 하버드 연산 연구실은 당분간 해군 시설이 되었으며, 에이킨의 실무진은 모두 해군 소속으로 군복을 입고 일했다. 에이킨은 그들을 자신의 '선원'이라고 부르고 그들은 그를 '부함장'이라고 불렀으며, 마크 I은 배를 부를 때처럼 '그녀'로 지칭되었다.[23]

하버드 마크 I은 배비지의 아이디어에 많은 신세를 졌다. 이것은 바퀴가 10개의 위치를 가질 수 있어 이진법을 이용하지는 않았지만 그래도 디지털이었다. 15미터의 축을 따라 계수기가 72개 달려 있어 23자릿수까지 저장할 수 있었으며, 완성된 5톤짜리 제품은 길이가 25미터에 폭이 15미터였다. 축을 비롯한 움직이는 부품은 전기를 동력으로 이용했다. 그러나 속도가 느렸다. 마크 I은 전자기 릴레이 대신 전기 모터로 개폐되는 기계식 릴레이를 이용했다. 그래서 곱셈을 하려면 6초 정도가 걸렸는데, 스티비츠의 기계로는 1초면 가능했다. 그러나 마크 I에는 현대식 컴퓨터의 주요소가 되는 한 가지 인상적인 특징이 있었다. 완전 자동이었던 것이다. 프로그램과 데이터는 종이테이프로 입력되었으며, 그렇게 하면 사람이 개입하지 않아도 며칠 동안 돌아갔다. 이 때문에 에이킨은 이 기계를 두고 "배비지의 꿈의 실현"이라고 부를 수 있었다.[24]

콘라트 추제

1937년의 이 선구자들은 자신들은 모르고 있었지만 모두 부모의 아파트에서 작업을 하던 독일의 한 엔지니어에게 뒤처지고 있었다. 콘라트 추제는 이때 이진법을 이용하고 천공 테이프 명령을 읽을 수 있는 계산기의 프로토타입 제작을 마무리하고 있었다. 그러나 Z1이라는 이름의 최초의 버전은 기계적이었지, 전기적이거나 전자적이지는 않았다.

디지털 시대의 많은 선구자들과 마찬가지로 추제는 성장하면서 예술과 공학 양쪽에 매혹되었다. 공업대학을 졸업한 뒤에는 베를린의 비행기 회사에 취직하여 응력 분석가로 일하면서 온갖 종류의 부하와 힘과 탄성 요인을 통합한 선형방정식을 풀었다. 기계식 계산기를 사용한다 해도 한 사람이 하루가 안 되는 시간에 미지수 6개가 있는 선형 연립방정식을 6개 이상 푸는 것은 거의 불가능한 일이었다. 그래서 추제는 다른 많은 사람들처럼 수학 방정식을 푸는 지루한 과정을 기계화하고자 하는 욕망에 사로잡혔다. 그는 베를린 템펠호프 공항 근처 아파트에 있는 부모의 거실을 개조하여 작업장으로 만들었다.[25]

추제의 첫 번째 기계는 그가 실톱으로 친구들과 함께 만든, 홈과 핀이 있는 얇은 금속판에 이진수를 저장했다. 처음에는 종이테이프를 이용해 데이터와 프로그램을 입력했지만, 곧 버려진 35밀리미터 영화 필름으로 교체했는데, 이것이 더 질길 뿐 아니라 더 쌌다. Z1은 1938년에 완성되어 아주 믿을 만하지는 않았지만 철커덕거리면서도 몇 가지 문제를 풀 수 있었다. 모든 부품은 손으로 만들었기 때문에 제대로 움직이지 않아 멈추곤 했다. 벨 연구소 같은 곳에서 작업을 한 것도 아니고 하버드와 IBM 같은 협업 관계의 일부로서 작업을 한 것도 아니라는 것이 그에게 불리한 점이었다. 그렇게 했다면 그의 재능을 보완할 수 있는 엔지니어들과 팀을 이룰 수 있었을 것이다.

그러나 Z1은 추제가 설계한 논리적 개념이 이론에서는 작동한다는 것을 보여주었다. 그를 돕고 있던 대학 친구 헬무트 슈라이어는 기계식 스위치가 아니라 전자 진공관을 사용한 기계를 만들자고 했다. 만일 바로 그렇게 했다면 그들은 실제로 작동 가능한 현대식 컴퓨터—이진법에 기초하고 전자적이고 프로그래밍이 가능하다는 면에서—의 최초 발명가들로 역사에 남았을 것이다. 그러나 추제는 그가 자문을 구한 공업학교의 전문가들과 마찬가지로 진공관이 2,000개 가까이 들어가는 장치를 제작하는 비용 때문에 머뭇거렸다.[26]

그래서 Z2에는 전화 회사에서 중고로 구한 전기기계식 릴레이 스위치를 쓰기로 했는데, 이것은 훨씬 느리기는 했지만 더 튼튼하고 쌌다. 그 결과 산술 연산 장치에 릴레이를 사용하는 컴퓨터가 나왔다. 그러나 기억 장치는 금속판에 이동 가능한 핀을 사용했기 때문에 기계식이었다.

1939년에 추제는 연산 장치와 기억과 제어 장치 양쪽에 전기기계식 릴레이를 사용하는 세 번째 모델 Z3를 만들기 시작했다. 1941년에 완성된 이 기계는 완전하게 작동하는, 프로그래밍 가능한 최초의 범용 디지털 컴퓨터가 되었다. 비록 프로그램에서 조건부 점프와 분기를 직접 처리할 방법은 갖추지 못했지만, 그럼에도 이론적으로는 보편적 튜링 기계로서 작업을 했다. 훗날에 나온 컴퓨터들과 가장 크게 다른 점은 진공관이나 트랜지스터 같은 전자 소자가 아닌 철커덕거리는 전자기 릴레이를 사용했다는 점이었다.

추제의 친구 슈라이어는 진공관을 사용하는 강력하고 빠른 컴퓨터를 주창하는 박사 논문 「관 릴레이와 그 스위치 작동 기법The Tube Relay and the Techniques of Its Switching」을 쓰기 시작했다. 그러나 1942년 그가 추제와 함께 독일 육군에 그런 컴퓨터를 만들자고 제안했을 때 지휘관들은 그런 기계를 만드는 데 걸리는 2년 안에 전쟁에서 이길 자신이 있다고 말했다.[27] 그들은 컴퓨터보다는 무기를 만드는 데 관심이 있었다. 그 결과 추제는 컴퓨터 작업에서 떨어져 나와 비행기를 만드는 일로 돌아가게 되었다.

1943년 그의 컴퓨터와 설계도는 연합군의 베를린 폭격으로 사라졌다.

추제와 스티비츠는 따로 작업했지만 둘 다 릴레이 스위치를 활용하여 이진 계산을 처리할 수 있는 회로를 만들었다. 두 팀은 전쟁으로 서로 단절된 상태였는데 어떻게 동시에 똑같은 아이디어를 발전시켜 나아갔을까? 테크놀로지와 이론의 진전으로 때가 무르익었다는 점도 그 답 가운데 하나다. 다른 많은 혁신가들과 마찬가지로 추제와 스티비츠는 전화 회로에서 릴레이가 사용된다는 사실을 잘 알고 있었는데, 이것을 수학과 논리학의 이진 연산에 연결하는 것은 그리 어렵지 않은 일이었다. 역시 전화 회로를 아주 잘 알았던 섀넌도 전자 회로가 불 대수의 논리적 작업을 처리할 수 있을 것이라는, 비슷한 이론적 도약을 이루었다. 디지털 회로가 컴퓨팅의 관건이 될 것이라는 생각은 거의 모든 곳, 심지어 아이오와 중부 같은 고립된 곳의 연구자에게도 곧 분명해졌다.

존 빈센트 아타나소프

1937년에 추제, 스티비츠 두 사람 모두와 멀리 떨어진 곳에서 또 한 명의 발명가가 디지털 회로 실험을 하고 있었다. 아이오와의 지하실에서 애를 쓰던 그는 그다음 단계의 역사적 혁신을 이루게 된다. 부분적으로나마 진공관을 사용하는 계산 장치를 만든 것이다. 어떤 면에서 그의 기계는 다른 기계들보다 덜 진전된 면도 있었다. 이 기계는 프로그래밍이 가능하지도 않았고 범용도 아니었다. 느리게 움직이는 기계적 요소를 일부 포함했기 때문에 완전히 전자적이지도 않았다. 또 이론적으로는 작동 가능한 모델을 제작했음에도 실제로는 신뢰할 만한 가동 능력을 보여주지 못했다. 그럼에도 부인과 친구들이 빈센트라고 부르던 존 빈센트 아타나소프는 부분적으로 전자적인 디지털 컴퓨터를 최초로 구상한 선구자라는 명예를 얻을 자격이 있는데, 그는 1937년 12월 어느 날 밤 충동적으로 오랫동안 차를 몰다가 영감을 얻은 뒤에 그런 구상을 하게 되었다.[28]

아타나소프는 1903년에 불가리아 이민자 아버지와 뉴잉글랜드의 가장 오래된 가문으로 꼽히는 집안 출신의 어머니 사이에서 일곱 자녀 가운데 장남으로 태어났다. 아버지는 토머스 에디슨이 운영하던 뉴저지의 한 발전소에서 엔지니어로 일하다가 솔가를 하여 플로리다의 탐파 남쪽에 있는 농촌 지역의 작은 도시로 갔다. 빈센트는 아홉 살에 아버지를 도와 플로리다의 집에 전기를 끌어왔다. 아버지는 그에게 상으로 디츠겐 계산자를 주었다. "그 계산자가 나의 낙이었다." 그는 그렇게 회고한다.[29] 어린 나이에 로그 공부에 의욕적으로 뛰어들었는데, 그가 진지한 어조로 회고하는 이야기는 그의 괴짜 같은 면을 부각시킨다. "야구만 생각하던 아홉 살짜리 아이가 이것을 알게 되면서 어떻게 변화했는지 상상할 수 있는가? 로그를 철저하게 공부하게 되면서 야구는 아이의 삶에서 거의 사라지다시피 했다." 그는 여름 내내 5의 자연 로그를 계산했고, 중학교 때는 어머니의 도움을 받아(어머니는 한때 중학교 수학 교사였다) 미적분을 공부했다. 아버지는 자신이 전기 엔지니어로 일하던 인산염 공장으로 아들을 데려가 발전기가 작동하는 방식을 보여주었다. 수줍고 창의적이고 총명했던 어린 빈센트는 2년 만에 고등학교를 졸업했는데, 남들보다 수업을 두 배로 들으면서도 모든 과목에서 A를 받았다.

그는 플로리다 대학에서 전기공학을 공부하면서 실용적인 기질을 드러내 대학의 기계 공장과 주조 공장에서 시간을 보냈다. 또 계속 수학에 매력을 느껴 1학년 시절 이진 수학과 관련된 증명을 공부했다. 창의적이면서 자신감을 갖춘 청년 빈센트는 전교생 가운데 최고 평균 평점으로 졸업했다. 아이오와 주립대에서 장학금을 받아 수학과 물리학 석사 과정을 밟게 되었으며, 나중에 하버드 입학 허가를 받았음에도 중서부 옥수수 지대의 에임스 시로 간다는 결정을 바꾸지 않았다.

아타나소프는 위스콘신 대학에서 물리학 박사 과정을 밟았으며, 이곳에서 배비지에서부터 시작되는 다른 컴퓨터 선구자들과 같은 경험을 하게 되었다. 전기장에서 헬륨에 극성을 부여하는 방법을 찾는 그의 연구에는 지루한 계산이 포함되어 있었는데, 탁상용 가산기를 이용하여 이 수학 문제를 풀려고 안간힘을 쓰다가 작업을 더 많이 해낼 수 있는 계산기를 발명하는 방법을 꿈꾸게 되었던 것이다. 그는 1930년에 조교수로 아이오와 주립대에 돌아오면서 전기공학, 수학, 물리학 학위를 받은 자신이 그 과제를 수행하는 데 필요한 자격을 갖추었다고 판단했다.

위스콘신에 남겠다는, 하버드 또는 비슷한 대규모 연구 대학에 가지 않겠다는 결정에는 대가가 따랐다. 새로운 계산기를 만들 방법을 연구하는 사람이 그 외에는 아무도 없는 아이오와 주립대에서 아타나소프는 혼자였다. 새로운 아이디어를 떠올릴 수는 있었지만, 토론 상대의 역할을 해주거나 이론적으로 또는 공학적으로 까다로운 문제를 극복하는 것을 도와줄 사람이 주위에 없었다. 그는 디지털 시대의 다른 대부분의 혁신가들과 달리 단독 발명가로, 혼자 차를 몰고 다니거나 대학원생 조교와 토론을 하면서 영감을 얻었다. 그러나 결국 이것이 약점이 되고 만다.

아타나소프는 처음에는 아날로그 장치를 만들 생각을 했다. 계산자를 사랑했기 때문에 긴 필름을 이용하여 초대형 계산자를 만들려고 했다. 그러나 자신의 요구에 딱 맞게 선형 대수 방정식을 풀려면 필름의 길이가 수백 미터는 되어야 한다는 것을 깨달았다. 그는 또 파라핀 덩어리로 모양을 만들어 편미분방정식을 계산하는 장치도 제작했다. 그는 이런 아날로그 장치들의 한계 때문에 디지털 장치를 만드는 데 초점을 맞추게 되었다.

그가 달려든 첫 번째 문제는 기계에 수를 저장하는 방법이었다. 그는 메모리memory라는 용어를 사용하여 이런 특징을 묘사했다. "당시 나는 배비지의 작업에 관한 지식이 엉성하여 그가 같은 개념을 '저장store'이라고 불렀다는 것을 알지 못했다. (중략) 나는 그의 용어가 마음에 들기 때문에 그것을 알았다면 아마 그대로 사용했을 것이다. 하지만 뇌에 대한 암시 때문에 '메모리'라는 말도 마음에 든다."[30]

아타나소프는 기계적 핀, 전자기 릴레이, 전하로 극성을 띠게 할 수 있는 작은 자성 물질 조각, 진공관, 작은 전기 축전기 등 가능한 기억 장치 목록을 살펴보았다. 가장 빠른 것은 진공관이겠지만 비쌌다. 그래서 대신 그가 콘덴서condenser라고 부른 것—우리는 지금 이것을 커패시터capacitor라고 부른다—을 사용하기로 했는데, 이것은 적어도 잠깐 동안은 전하를 저장할 수 있는 작고 비싸지 않은 부품이었다. 이해할 만한 결정이었지만, 이로 인해 기계는 느리고 시끄러워질 터였다. 더하고 빼는 것은 전자의 속도로 이루어질 수 있다 해도 기억 장치에 수를 넣거나 빼내는 것 때문에 회전하는 드럼의 속도로 느려질 것이었기 때문이다.

아타나소프는 메모리를 일단락 짓고 난 다음 산술 연산과 논리 장치를 구축하는 방법으로 관심을 돌렸다. 그는 이것을 '컴퓨팅 메커니즘'이라고 불렀다. 아타나소프는 이것은 완전히 전자식으로 만들기로 결정했다. 즉 비싸더라도 진공관을 사용하겠다고 결심했다. 더하고, 빼고, 또 불 함수를 푸는 회로에서 진공관이 논리 게이트 기능을 수행하는 온-오프 스위치 역할을 하게 되는 것이었다.

이렇게 되자 그가 어릴 때부터 사랑했던 유형의 이론적인 수학 쟁점

조지 스티비츠(1904~95), 1945년경.

콘라트 추제(1910~95)와 Z4 컴퓨터, 1944년.

아이오와 주의 존 아타나소프(1903~95), 1940년경.

재현된 아타나소프의 컴퓨터.

이 떠올랐다. 이 디지털 시스템은 십진법을 사용할 것인가 이진법을 사용할 것인가, 아니면 다른 진법에 의존해야 할 것인가? 아타나소프는 진법에 진짜로 열광했던 사람으로서 많은 대안을 검토해보았다. "잠깐 동안은 기수를 백으로 하는 것이 약간 유망하다고 생각하기도 했다." 그는 발표되지 않은 논문에서 그렇게 말하고 있다. "똑같은 계산 결과 이론적으로 가장 빠른 계산 속도를 보여주는 것은 자연계수 e였다."[31] 그러나 이론과 실용성 사이에서 균형을 찾다가 결국 기수를 2로 하기로, 즉 이진법을 사용하기로 결정했다. 1937년 말에는 이런 생각과 다른 생각들이 그의 머릿속에서 뒤섞이고 있었다. "뒤범벅"이 된 개념들은 "젤리"로 굳어질 가망이 없어 보였다.

아타나소프는 차를 사랑했다. 가능하면 매년 새 차를 사고 싶어 했는데, 1937년 12월에는 강력한 V8 엔진이 달린 신형 포드를 갖고 있었다. 그는 긴장을 풀려고 심야에 차를 한바탕 몰러 나갔고, 이때 컴퓨터 역사에서 주목할 만한 순간이 찾아온다.

> 1937년 겨울의 어느 밤 그 기계 문제를 해결하느라 온몸이 아플 지경이었다. 나는 감정을 통제하기 위해 차를 타고 고속으로 한참 달렸다. 이렇게 몇 킬로를 달리는 것이 나의 습관이었다. 운전에 집중하다 보면 나 자신을 다시 통제할 수 있었다. 그러나 그날 밤에는 지나치게 괴로워 미시시피 강을 건너 일리노이까지 계속 달려갔다. 출발점으로부터 304킬로미터를 달린 것이다.[32]

그는 간선도로에서 빠져나와 도로변 선술집으로 들어갔다. 아이오와와는 달리 일리노이에서는 적어도 술은 살 수 있었기 때문에 버번 앤드 소다를 주문하고, 이내 한 잔을 더 주문했다. "이제 조금 전과는 달리 그렇게 신경이 예민하지 않다는 것을 깨달았다. 내 생각은 다시 컴퓨팅 기계로 돌아갔다." 그는 그렇게 회고한다. "내 정신이 왜 전에는 멈추었다가 그제야 돌아가기 시작했는지 모르지만, 모든 것이 다 좋고 시원하고 고요하게 느껴졌다." 여종업원은 그에게 아무런 관심이 없었기 때문에 그는 방해받지 않고 문제를 풀기 시작했다.[33]

그는 종이 냅킨에 아이디어를 스케치한 뒤, 실질적인 문제 몇 가지를 정리했다. 가장 중요한 것은 1, 2분이면 방전되는 콘덴서에 전하를 다시 채우는 방법이었다. 그는 V8 주스 캔 크기 정도 되는 1.3킬로그램짜리 회전하는 원통 드럼에 콘덴서를 올려놓고, 1초에 한 번씩 솔 같은 전선에 접촉하게 하여 다시 충전하는 아이디어를 떠올렸다. "이날 저녁 선술집에서 나는 머릿속에서 재생식 메모리의 가능성을 끌어냈다." 그는 그렇게 밝힌다. "당시에는 그것을 '살짝 건드리기'라고 불렀다." 회전하는 원통이 한 번 돌 때마다 전선이 콘덴서의 메모리를 살짝 건드려, 필요하면 콘덴서에서 데이터를 검색하고 새로운 데이터를 저장하는 것이다. 그는 또 콘덴서의 서로 다른 두 원통에서 수를 받아 진공관 회로를 이용하여 더하거나 뺀 다음 그 결과를 메모리에 넣는 구조도 생각해냈다. 아타나소프는 몇 시간 만에 모든 것을 생각하고 정리한 다음 "차에 올라타 올 때보다 느린 속도로 집으로 돌아갔다"고 회고한다.[34]

1939년 5월이 되자 아타나소프는 프로토타입을 만들 준비가 되었다. 조수가 필요해, 공학 분야에 경험이 있는 대학원생을 찾았다. "자네한테 맞는 사람이 있어." 동료 교수가 어느 날 말했다. 그래서 아타나소프는 자신과 마찬가지로 전기 엔지니어 아버지를 둔 클리퍼드 베리와 동반자 관계를 맺게 되었다.[35]

기계는 선형 연립방정식을 푼다는 한 가지 목적을 이루기 위해 설계하고 배선했다. 이 기계는 변수 29개를 처리할 수 있었다. 아타나소프의 기계는 한 단계 나아갈 때마다 방정식 두 개를 처리하고 변수 하나를 제거하여, 그 결과로 나온 방정식을 8 x 11 크기의 이진 천공 카드에 인쇄할 계획이었다. 이렇게 단순해진 방정식이 기록된 카드를 기계에 다시 입력하여 과정을 새로 시작하여 변수를 또 하나 제거하는 것이다. 이 과정은 시간이 약간 필요했다. 기계가 (제대로 작동하게 만들 수 있다면) 29변수 방정식을 한 번 처리하는 데 거의 일주일이 걸릴 것이었다. 하지만 인간이 탁상 계산기로 같은 과정을 처리하려면 적어도 10주는 걸릴 터였다.

아타나소프는 1939년 말 프로토타입을 시험 가동한 다음 완전한 크기의 기계를 제작할 자금을 마련하기 위해 35페이지짜리 제안서를 타자로 치고, 카본지를 이용해 사본도 몇 개 만들었다. "대규모 선형 대수 방정식을 풀기 위해 설계된 컴퓨팅 기계를 묘사하고 설명하는 것이 이 제안서의 주요한 목적이다." 제안서는 그렇게 시작했다. 이어 마치 이것은 그런 큰 기계가 할 일로는 너무 제한적이라는 비판을 막으려는 듯이 그런 방정식을 푸는 것이 필요한 문제들을 구체적으로 길게 나열했다. "곡선 적합, (중략) 진동 문제, (중략) 전기회로 분석, (중략) 탄성 구조." 마지막에는 예상 지출 목록을 상세하게 제시했는데, 이것을 다 더하면 총 5,330달러라는 거액이 되었지만, 결국 한 사설 재단으로부터 그 돈을 얻을 수 있었다.[36] 아타나소프는 제안서 사본 한 부를 아이오와 주립대학이 고용한 시카고의 한 특허 변호사에게 보냈는데, 이 변호사가 직무 유기를 하여 특허 신청을 하지 않는 바람에 수십 년에 걸친 역사적이고 법적인 논쟁이 벌어지게 된다.

1942년 9월이 되자 완전한 크기의 모델이 거의 완성되었다. 이것은 책상만 한 크기로 진공관이 300개 가까이 들어갔다. 그러나 문제가 있었다. 불꽃으로 천공 카드를 태워 구멍을 내는 메커니즘이 제대로 작동하지를 않았는데, 아이오와 주립대학에는 그가 도움을 청할 기계 기술자나 엔지니어 팀이 없었다.

그 시점에서 작업이 중단되었다. 아타나소프는 징집되어 해군에 입대한 뒤 워싱턴의 병기 실험실에 배속되었다. 그는 거기에서 음향 기뢰를 만드는 작업을 하였고 나중에는 비키니 환초에서 원자탄 실험에 관여했다. 관심을 컴퓨터에서 병기 공학으로 옮기기는 했지만 그는 여전히 발명가였으며, 지뢰 제거 장치를 포함하여 특허를 30개 땄다. 그러는 중에도 그의 시카고 변호사는 여전히 컴퓨터 특허를 신청하지 않았다.

아타나소프의 컴퓨터는 중요한 이정표가 될 수 있었으나 말 그대로 또 비유적으로 역사의 쓰레기통으로 들어가버렸다. 거의 완전 작동 수준에 이르렀던 기계는 아이오와 주립대학의 물리학과 건물 지하실에 보관되었으며, 몇 년 뒤에는 그 기계가 무엇에 쓰는 것이었는지 기억하는 사람도 없다시피 되었다. 1948년 다른 용도로 공간이 필요해지자 한 대학원생이 그 기계가 무엇인지도 모르고 해체하여 부품을 거의 다 버렸다.[37] 컴퓨터 시대의 초기 역사서 가운데 다수는 아타나소프를 언급하지도 않는다.

아타나소프의 기계는 제대로 작동한다 해도 한계가 있었다. 진공관 회로는 번개처럼 빠르게 계산을 했지만 기계적으로 회전하는 메모리는 계산 과정을 엄청나게 느리게 만들었다. 천공 카드를 태워 구멍을 뚫는 시스템 또한 작동을 한다 해도 속도를 느리게 만드는 요인이 되었다. 현대식 컴퓨터처럼 신싸로 빨라지려면 부분이 아니라 전체가 전자식이 되어야 했다. 또 아타나소프의 모델은 프로그래밍이 불가능했다. 이것은 선형방정식을 푼다는 단 한 가지 목적을 위해서만 설계되어 있었다.

아타나소프는 지하실에서 젊은 동료 클리퍼드 베리와 둘이서만 외롭게 기계를 만지작거리는 사람이라는 이미지로 계속해서 낭만적 호소력을 발휘한다. 그러나 그의 이야기를 살펴보면 그런 외톨이 작업자를 낭만적으로 바라보지 말아야 한다는 것을 알게 된다. 그처럼 작은 작업실에서 고생했던 배비지도 그랬지만, 아타나소프는 기계를 제대로 작동하지 못했다. 만일 그가 벨 연구소에서 수많은 기술자와 엔지니어와 수리공들과 함께 일했다면, 아니면 대규모 연구 대학에 있었다면, 카드 판독기를 포함하여 그의 새로운 기계의 말을 듣지 않는 부품들을 수리할 방법을 찾았을 가능성이 높다. 더욱이 1942년 아타나소프가 해군에 징집되었을 때에도, 팀 구성원들은 뒤에 남아 기계 제작을 마무리했거나, 아니면 적어도 무엇을 만들고 있었는지 기억은 했을 것이다.

존 모클리

영국이 그전부터 그랬던 것처럼 20세기 초 미국에서도 우드 패널로 장식된 탐험가들의 클럽을 비롯한 여러 고상한 기관에 모이는 신사 과학자 부류가 생겨나기 시작했다. 그들은 이곳에서 생각을 교환하고 강연에 귀를 기울이고 각종 프로젝트에서 협업했다. 존 모클리는 그런 분위기에서 성장했다. 아버지는 물리학자로 워싱턴에 기반을 둔 '카네기 연구소Carnegie Institution'의 지자기地磁氣부 연구 책임자였는데, 이 연구소는 연구의 발전과 공유를 장려하는 전국 최고의 재단이었다. 아버지의 전문 분야는 대기의 전기적 조건을 기록하고 이것을 날씨와 연결하는 것으로, 그린란드에서부터 페루에 이르기까지 여러 곳의 연구자들이 동등하게 종합적 노력을 기울이는 작업이었다.[38]

워싱턴 교외의 체비 체이스에서 성장한 모클리는 이 지역에서 점점 확대되는 과학 공동체의 영향을 받았다. "체비 체이스에는 워싱턴의 과학자들이 모두 모여 있는 것 같았다." 그는 그렇게 자랑한다. "'표준국 Bureau of Standards'의 도량형과장이 우리 근처에 살았다. 무선과장도 마찬가지였다." 스미소니언 박물관장도 이웃이었다. 주말이면 몇 시간씩 탁상용 가산기를 이용하여 아버지의 계산을 도왔고, 데이터 기반 기상학에 푹 빠지게 되었다. 또 전기회로도 사랑했다. 그는 동네 친구들과 인터콤 선으로 여러 집을 연결하거나 파티에서 불꽃을 터뜨리는 원격 조정 장치를 제작했다. "단추를 누르면 15미터 떨어진 곳에서 불꽃이 터졌다." 열네 살 때는 동네 사람들의 배선 수리를 도우며 돈을 벌었다.[39]

모클리는 존스홉킨스 대학에 다니는 동안 우수한 학부생이 곧바로 물리학 박사 과정으로 들어갈 수 있는 프로그램에 등록했다. 그는 빛의 띠 분광학에 관한 논문을 썼는데, 그것이 아름다움, 실험, 이론을 결합하고 있었기 때문이다. "띠 스펙트럼이 무엇인지 파악하려면 이론을 좀 알아야 했지만, 그 스펙트럼의 실험 사진이 없으면 이론을 알 수가 없었는데, 누가 그것을 구해주겠는가?" 그는 말한다. "자기 자신밖에 없다. 그래서 나는 유리를 불고, 진공 상태를 만들고, 새는 곳을 확인하는 등 많은 것을 배웠다."[40]

모클리는 매력적인 성품과 놀라운 설명 능력(과 욕망)을 갖추고 있었기 때문에 당연히 교수가 되는 길로 나아갔다. 대공황 시기라 자리를 얻기는 힘들었지만 용케 필라델피아에서 북서쪽으로 차로 한 시간이면 갈 수 있는 어시너스 칼리지에 자리를 얻을 수 있었다. "나는 그곳에서 유일하게 물리학을 가르치는 사람이었다." 모클리는 그렇게 말한다.[41]

모클리의 성격 가운데 핵심 요소는 그가 아이디어를 공유하기 좋아한다—타고난 소질을 발휘하여 활짝 웃으면서—는 것이었고, 이 때문에 그는 엄청난 인기를 끄는 선생이 되었다. "그는 말하는 것을 아주 좋아했고 주고받는 대화 속에서 수많은 아이디어를 발전시키는 것 같았다." 한 동료는 그렇게 회상한다. "존은 사교 행사를 아주 좋아하고, 좋은 음식을 먹고, 좋은 술을 마시는 것을 좋아했다. 그는 여자, 매력적인 젊은 사람들, 똑똑한 사람들, 특별한 사람들을 좋아했다."[42] 그에게 질문을 하는 것은 위험한 일이었다. 그는 연극과 문학에서 물리학에 이르기까지 거의 모든 것에 관해 진지하게 열정적으로 이야기할 수 있는 사람이었기 때문이다.

수업 시간에는 쇼맨을 자처했다. 운동량을 설명할 때는 빙빙 돌면서 두 팔을 활짝 펼쳤다 잡아당겼고, 작용과 반작용 개념을 묘사할 때는 집에서 만든 스케이트보드를 타고 왔다 갔다 했는데, 어느 해에는 그러다 넘어져서 팔이 부러지기도 했다. 사람들은 그의 크리스마스 전 학기말 강의를 들으려고 몇 킬로미터씩 차를 타고 오기도 했다. 대학에서는 모든 방문객을 받아들일 수 있도록 가장 큰 강의실을 마련했다. 그는 이 강의에서 분광학을 비롯한 물리학의 여러 도구가 어떻게 포장을 뜯지 않고 안에 든 것을 파악하는 데 사용될 수 있는지 설명했다. 그의 부인에 따르면 "그는 그것을 재보았다. 무게를 달아보았다. 물속에 담가보았다. 긴 바늘로 찔러보았다."[43]

모클리는 1930년대 초 장기적인 기후 패턴이 태양 표면의 폭발, 흑점, 태양의 자전과 관련이 있는지 연구하는 일에 집중했는데, 이것은 어린 시절 기상학에 매혹된 경험이 반영된 것이었다. 카네기 연구소와 '미국 기상국U. S. Weather Bureau'의 과학자들은 그에게 200개 관측소에서 나온 일일 데이터를 20년 치 제공했고, 그는 상관관계를 계산하는 일에 착수했다. 그는 (대공황기였기 때문에) 부실한 은행들로부터 중고 탁상용 계산기를 싸게 구입하고, 뉴딜의 '미국 청년부National Youth Administration'를 통해 시급 50센트로 연산을 수행할 젊은이들을 한 무리 고용할 수 있었다.[44]

일 때문에 지루한 계산을 해야 했던 다른 사람들과 마찬가지로 모클리도 그런 일을 해줄 기계를 발명하고 싶은 마음이 간절했다. 어울리기 좋아하는 성격 그대로 다른 사람들이 뭘 하고 있는지 파악하기 시작했고, 위대한 혁신가들의 전통에 따라 다양한 아이디어를 합쳐나갔다. 1939년 '뉴욕 세계박람회New York World's Fair'의 IBM 전시관에서 천공 카드를 사용하는 전기 계산기를 보았으나 자신이 처리할 데이터의 양을 고려할 때 카드에 의존하는 것은 너무 느리다는 것을 깨달았다. 진공관을 사용하여 메시지를 암호화하는 암호 기계도 보았다. 진공관을 다른 논리 회로에도 이용할 수 있을까? 그는 학생들을 데리고 스워스모어 칼리지로 현장 답사를 나가 진공관으로 만든 회로를 이용하여 우주선宇宙線 이온화 분출을 측정하는 계산 장치를 보았다.[45] 또 전자공학 야간 강좌를 듣고 직접 배선한 진공관 회로로 달리 무엇을 할 수 있을지 실험해보기 시작했다.

1940년 9월에는 다트머스 칼리지에서 열린 회의에서 조지 스티비츠가 벨 연구소에서 제작한 복소수 계산기를 시연하는 것을 보았다. 이 시연에서 흥미로웠던 점은 스티비츠의 컴퓨터는 맨해튼 남부 벨 연구소 건물에 놓여 있는데, 텔레타이프 선으로 데이터를 전송한다는 것이었다. 이것은 컴퓨터를 원격으로 이용한 최초의 사례였다. 이 컴퓨터는 세 시간 동안 청중이 제출한 문제를 풀었는데, 각 문제마다 1분 정도 걸렸다. 시연회에는 정보 시스템의 선구자 노버트 위너도 참석했는데, 그는 수를 0으로 나누는 문제를 내 스티비츠의 기계를 곤경에 빠뜨리려 했다. 그러나 기계는 함정에 빠지지 않았다. 이 자리에는 또 헝가리 출신의 박식한 인물 존 폰 노이만도 참석했다. 그는 곧 컴퓨터의 발전에서 모클리와 함께 주요한 역할을 하게 된다.[46]

모클리는 자기 나름의 진공관 컴퓨터를 제작하기로 결심했다. 그는 훌륭한 혁신가들이 응당 하는 일을 했다. 출장을 다니면서 모은 정보를 모두 활용하기로 한 것이다. 어시너스에는 연구 예산이 전혀 없었기 때문에 모클리는 자기 돈으로 진공관을 사거나 제조업체로부터 얻어내려 했다. 그는 '슈프림 인스트루먼츠 회사Supreme Instruments Corp.'에 부품을 요청하면서 "나는 전기 계산기를 제작할 생각"이라고 당당하게 이야기했다.[47] RCA를 방문했을 때는 네온관도 스위치로 사용할 수 있다는 것을 알았다. 진공관보다 느렸지만 쌌기 때문에 개당 8센트를 주고 네온관을 샀다. 나중에 그의 아내는 말했다. "1940년 11월 이전에 남편은 자신이 제안한 컴퓨터에 들어갈 부품들을 시험하여 성공을 거두자 오직 전자 부품들만 이용하는 싸고 신뢰할 만한 디지털 장치를 제작하는 것이 가능하다고 확신했다." 모클리가 아타나소프에 관한 이야기를 듣기도 전에 이런 생각을 했다는 것이 그녀의 주장이다.[48]

1940년 말 모클리는 몇몇 친구에게 이런 정보를 모두 모아 디지털 전자 컴퓨터를 만들고 싶다고 털어놓았다. "우리는 지금 전기 계산기를 만들 생각을 하고 있습니다." 그는 11월에 함께 일한 적이 있는 기상학자에게 편지를 썼다. "이 기계는 진공관 릴레이를 이용해서 200분의 1초로 연산을 수행할 것입니다."[49] 그는 협업적인 사람으로서 많은 사람에게서 정보를 수집했지만 새로운 유형의 컴퓨터를 처음 만드는 사람이 되고자 하는 경쟁적 충동을 서서히 드러내기 시작했다. 12월에는 그에게서 배웠던 제자에게 편지를 썼다. "자네한테만 알려주는 것인데, 이제 1년 정도 후에 필요한 것을 구해 조립하게 되면 전자 컴퓨팅 기계를 손에 쥘 수 있을 걸세. (중략) 이것은 비밀로 하게. 당장 올해에는 그 일을 할 장비가 없지만 장차 내가 '첫 번째'가 되고 싶기 때문일세."[50]

그달, 즉 1940년 12월에 모클리는 아타나소프를 우연히 만났고, 일련의 사건이 벌어지는데, 이로 인해 오랜 세월에 걸쳐 모클리의 여러 출처에서 정보를 모으는 경향과 "첫 번째가 되고자" 하는 욕망을 둘러싸고 논란이 벌어지게 된다. 아타나소프는 펜실베이니아 대학에서 열리는 회의에 참석했다가 어떤 분과회의에 들렀을 때 모클리가 기상 데이터를 분석하기 위한 기계를 만들고 싶다는 희망을 피력하는 것을 들었다. 나중에 아타나소프는 모클리에게 다가가 아이오와 주립대에서 전자계산기를 만들고 있다고 말했다. 모클리는 가지고 있던 컨퍼런스 자료에 아타나소프가 데이터를 처리하고 저장할 수 있는 기계를 고안했는데 자릿수 하나당 2달러밖에 들어가지 않는다는 주장을 했다고 메모했다. (아타나소프의 기계는 약 6,000달러의 비용으로 3,000자릿수를 처리할 수 있었다.) 모클리는 놀랐다. 진공관 컴퓨터는 자릿수당 거의 13달러가 들어갈 것이라고 가늠하고 있었기 때문이다. 모클리는 그것이 어떻게 가능한지 보고 싶다고 했고, 아타나소프는 아이오와로 오라고 그를 초대했다.

모클리는 1941년 전반기 내내 아타나소프와 편지를 주고받으며, 아타나소프가 이야기하는 저비용에 계속 놀랐다. "자릿수당 2달러 이하는 불가능에 가까운 것 같은데, 내가 이해하는 바로는 선생님은 그렇게 말씀하시고 있는 것 같습니다." 그는 편지에 썼다. "아이오와에 와보라는 선생님의 제안은 처음에는 실현 불가능한 일이라고 여겼지만 지금은 점점 마음이 기울고 있습니다." 아타나소프는 초청을 받아들이라고 강하게 권했다. "마음을 굳히시라고 말씀드리는 건데, 오신다면 그 일에 대해 설명해드리겠습니다." 아타나소프는 그렇게 약속했다.[51]

모클리의 아타나소프 방문

1941년 6월에 나흘 동안 운명적인 방문이 이루어졌다.[52] 모클리는 워싱턴에서 여섯 살 난 아들 지미를 차에 태우고 출발하여 6월 13일 금요일 늦게 도착했다. 아직 손님방을 준비하지 못했던 아타나소프의 부인 루라는 깜짝 놀랐다. "나는 다락방에 가서 베개를 더 가져오는 등 정신없이 뛰어다니며 준비를 해야 했다." 그녀는 그렇게 회고한다.[53] 모클리 부자가 식사도 하지 못하고 왔기 때문에 저녁도 차려야 했다. 아타나소프 부부에게는 자녀가 셋 있었지만, 모클리는 머무는 동안 당연히 루라가 지미를 돌봐줄 것이라고 생각했고, 루라는 내키지 않았지만 그렇게 했다. 그녀는 모클리를 싫어하게 되었다. "나는 그 사람이 정직하다고 생각하지 않아요." 그녀는 어느 시점에서 남편에게 그렇게 말했다.[54]

아타나소프는 자신의 미완성 기계를 자랑하는 데 열심이었고, 부인은 그가 모클리를 너무 믿는다고 걱정했다. "특허를 받기 전에는 조심해야 돼요." 부인은 그렇게 주의를 주었다. 그럼에도 아타나소프는 다음 날 아침 모클리, 또 루라와 아이들까지 다 데리고 물리학과 건물 지하실로 가서 자랑스럽게 시트를 걷어내고 자신과 베리가 되는대로 만들어나가고 있던 기계를 보여주었다.

모클리는 몇 가지 사실에 강한 인상을 받았다. 메모리에 콘덴서를 사용하는 것은 기발하면서도 비용 절감 효과가 있었다. 거의 매 초마다 한 번씩 회전하는 원통에 콘덴서를 갖다 대서 충전을 하는 방법도 마찬가지였다. 모클리도 비싼 진공관 대신 콘덴서를 사용하는 방법을 생각하고 있었기 때문에 "메모리를 살짝 건드리는" 아타나소프의 방법이 콘덴서를 실제로 사용할 수 있게 만든 것을 높이 평가했다. 이것이 이 기계를 자릿수당 2달러로 만들 수 있는 방법 뒤에 숨은 비결이었다. 모클리는 이 기계를 설명하는 아타나소프의 35페이지짜리 제안서를 읽고 필요한 것을 적은 후 카본지 복사본을 집에 가져가도 되겠느냐고 물었다. 아타나소프는 요청을 거절했다. 줄 수 있는 사본이 더 없기도 했고(아직 복사기가 발명되기 전이었다), 모클리가 너무 많은 정보를 빨아들이는 것을 걱정했기 때문이기도 하다.[55]

하지만 전체적으로 볼 때 모클리는 에임스에서 본 것에서 별다른 영향을 받지 않았다. 어쨌든 그는 이 일을 회고하면서 그렇게 주장했다. 가장 큰 약점은 아타나소프의 기계가 완전한 전자식이 아니라 메모리를 위해 콘덴서의 기계식 드럼에 의지한다는 점이었다. 때문에 값은 내려갔지만 속도가 엄청나게 느렸다. "그의 기계는 아주 독창적이라고 생각했지만, 스위치 작업을 위해 회전하는 정류자가 들어가는 등 기계적인 부분이 있었기 때문에 결코 내가 염두에 두던 것은 아니었다." 모클리는 그렇게 회고한다. "나는 이제 세부적인 데에는 관심을 가지지 않게 되었다." 나중에 그의 특허의 타당성을 둘러싼 재판에서 증언할 때 모클리는 아타나소프의 기계의 준準기계적 성격 때문에 "몹시 실망한 편"이었다고 하면서 그것은 "연산에 전자관을 약간 이용하는 수준의 기계식 도구"였다고 폄하했다.[56]

모클리는 아타나소프의 기계가 하나의 목적을 위해서만 설계되어 프로그래밍을 하거나 다른 작업을 수행하도록 수정할 수 없는 것이 두 번째 실망 요인이었다고 주장했다. "아타나소프는 이 기계로 오직 선형 방정식을 푸는 작업 외에 다른 일을 할 계획은 전혀 세우지 않았다."[57]

따라서 모클리는 아이오와를 떠날 때 컴퓨터 제작의 획기적인 개념을 얻은 것이 아니라, 컨퍼런스나 대학이나 전시회를 다니면서 의식적으로든 잠재적으로든 수집해오던 여러 아이디어에 추가할 작은 통찰 몇 개를 얻어온 것에 지나지 않았다. "아이오와에 가면서 나는 만국

박람회나 다른 곳을 찾아갈 때와 대체로 똑같은 태도였다." 그는 증언한다. "여기에 나나 다른 사람의 계산을 도와줄 만한 유용한 것이 있을까?"[58]

대부분의 사람들과 마찬가지로 모클리는 다양한 경험, 대화, 관찰—그의 경우에는 스워스모어, 다트머스, 벨 연구소, RCA, 세계박람회, 아이오와 주립대학 등등이었다—에서 통찰을 얻고, 그런 다음 이것들을 결합하여 아이디어를 얻었는데, 그는 이것은 자신의 것이라고 생각했다. "새로운 아이디어는 갑자기, 어떻게 보면 직관적인 방식으로 찾아온다. 하지만 직관은 이전의 지적 경험의 결과물에 불과하다." 아인슈타인은 그렇게 말한 적이 있다. 사람들이 다양한 출처에서 통찰을 가져와 합칠 때는 그 결과로 나온 아이디어가 자기 것이라고 생각하는 것이 당연하다. 그리고 실제로 그렇다. 모든 아이디어는 그런 식으로 태어난다. 따라서 모클리는 컴퓨터를 제작하는 방식에 관한 그의 직관이나 생각이 다른 사람들로부터 훔쳐온 아이디어들을 담아놓은 것이라기보다는 자신의 것이라고 생각했다. 그리고 훗날의 법적 판결에도 불구하고 그의 말이 대부분 옳았다. 보통 사람들이 자신의 아이디어는 자기 것이라고 생각할 때 그 말이 옳은 것과 마찬가지다. 대부분의 경우 이것이 창조적 과정—특허 과정은 아닐지라도—이 작동하는 방식이다.

아타나소프와는 달리 모클리는 다양한 재능을 가진 팀과 협업할 기회가 있었고 그런 기질도 있었다. 그 결과 그와 그의 팀은 완전한 작동 수준에 이르지 못한 채 지하실에 버려지는 기계를 생산하는 대신 역사상 최초의 범용 전자 컴퓨터의 발명가들로 기록된다.

모클리는 아이오와를 떠날 준비를 할 때 기쁜 소식을 들었다. '전쟁부War Department'의 긴급 자금 지원을 받는 전국의 많은 기관 가운데 한 곳인 펜실베이니아 대학의 전자공학 과정에 합격했다는 소식이었다. 이것은 전자회로에서 진공관을 사용하는 방법을 더 배울 기회였다. 그는 이제 진공관을 사용하는 것이 컴퓨터를 만드는 최선의 방법이라고 확신하고 있었다. 이것은 또 디지털 시대의 혁신을 밀고 나아가는 과정에서 군부의 중요성을 보여주는 사례이기도 하다.

1941년 여름의 이 10주 과정 강좌에서 모클리는 배니버 부시가 설계한 아날로그 컴퓨터인 MIT 미분 해석기의 한 형태를 다루어볼 기회를 얻었다. 이 경험으로 자신만의 컴퓨터 제작에 대한 그의 관심은 증폭되었다. 이것을 계기로 그는 또 그렇게 할 수 있는 자원이 어시너스보다는 펜*에 훨씬 많다는 것을 깨달았다. 그래서 여름이 끝나갈 무렵 이 대학의 전임강사 자리를 제안받았을 때 몹시 기뻤다.

모클리는 아타나소프에게 편지로 이 좋은 소식을 전했는데, 거기에는 이 아이오와 교수를 기겁하게 한 계획도 암시되어 있었다. "최근 컴퓨팅 회로에 관하여 여러 가지 다양한 아이디어가 떠올랐습니다. 그 가운데 일부는 잡종으로, 선생님의 방법을 다른 것들과 결합한 것이고, 어떤 것은 선생님의 기계와는 전혀 다릅니다." 모클리는 솔직히 말했다. "내 머릿속의 의문은 이것입니다. 내가 선생님의 기계의 특징 일부를 포함하는 컴퓨터를 제작해도 선생님이 반대하지 않겠습니까?"[59] 모클리의 이 순진한 말투가 진지한 것인지 꾸민 것인지는 이 편지로는, 또 그 이후 오랜 세월에 걸친 설명, 선서 진술, 증언으로도 알기 어렵다.

어느 쪽이었든, 아직 특허 신청을 내도록 변호사를 밀어붙이지 못하고 있던 아타나소프는 이 편지에 놀랐다. 그는 며칠이 안 되어 조금은 무뚝뚝하게 답장했다. "우리 변호사는 특허 신청을 할 때까지 우리 장

*펜실베이니아 대학교—옮긴이.

치에 관한 정보를 퍼뜨리는 것을 조심할 필요가 있다고 강조했습니다. 특허 일은 오래 걸리지 않을 것입니다. 물론 나는 선생님에게 우리 장치에 관한 정보를 준 것에 아무런 거리낌이 없지만, 당분간은 우리가 자세한 내용을 공개하지 않는 것이 아주 중요합니다."[60] 놀랍게도 이런 편지 교환이 있었음에도 아타나소프도 변호사도 여전히 특허 신청을 하지 않았다.

모클리는 1941년 가을 동안 자신의 컴퓨터 설계에 큰 진전을 보였는데, 그는 이것이 아주 다양한 출처에서 아이디어를 끌어온 것으로 아타나소프가 제작한 것과는 상당히 다르다고 믿었고, 또 그것이 사실이었다. 그는 여름 강좌 때 함께 작업을 할 만한 파트너를 만났다. 정밀공학에 완벽주의적인 열정을 가진 대학원생으로, 전자공학을 아주 잘 알았기 때문에 열두 살이나 어리고(스물두 살이었다) 아직 박사 학위가 없었음에도 모클리의 연구실 조교로 일하게 되었다.

J. 프레스퍼 에커트

존 애덤 프레스퍼 에커트 주니어는 공식적으로는 J. 프레스퍼 에커트로, 비공식적으로는 프레스로 알려져 있으며, 필라델피아의 백만장자 부동산 개발업자의 외아들로 태어났다.[61] 증조부인 토머스 밀스는 애틀랜틱시티에서 솔트워터 태피라는 사탕을 발명했는데, 그것을 제조하고 판매하는 사업체를 만들었다는 사실 또한 그 발명만큼 중요하다. 어린 시절 에커트는 집안의 운전기사가 모는 차를 타고 1689년에 설립된 윌리엄 펜 사립학교를 다녔다. 그러나 그가 성공을 거둔 것은 특권층 집안에서 태어났기 때문이 아니라 재능이 있었기 때문이다. 열두 살에는 자석과 가변저항기를 이용한 모형 보트 안내 시스템을 만들어 시 과학박람회에서 상을 받았고, 열네 살에는 아버지의 건물 한 곳의 인터콤 시스템에 문제가 많은 건전지 대신 가정용 전기를 이용하는 혁신적인 방법을 고안했다.[62]

고등학교에서 에커트는 발명품으로 급우들을 놀라게 했고, 라디오, 앰프, 음향 시스템을 만들어 돈을 벌었다. 벤저민 프랭클린의 도시 필라델피아는 당시 전자공학의 위대한 중심이었으며, 에커트는 텔레비전 발명가 가운데 한 사람인 필로 판스워스의 연구 실험실에서 시간을 보냈다. 그는 MIT에서 입학 허가를 받아 그곳에 가고 싶었지만, 부모는 아들이 떠나는 것을 원치 않았다. 부모는 대공황으로 경제적 문제가 생긴 척하여 그를 집에서 살면서 펜실베이니아 대학교에 다니게 했다. 그러나 아들은 경영을 공부하면 좋겠다는 부모의 기대에 반발했다. 에커트는 무어 공과대학을 택했다. 공학이 더 재미있었기 때문이다.

펜에서 에커트는 스스로 '오스쿨로미터'('입'이라는 뜻의 라틴어를 이용한 단어)라고 부른 것을 만들어 사교적인 면에서도 이름을 날렸다. 이것은 키스의 정열과 로맨틱한 전기를 측정한다고 주장하는 장치였다. 남녀가 각각 장치의 손잡이를 하나씩 잡고 키스하면, 그들의 입술이 닿아 전기회로를 완성한다. 그러면 한 줄로 늘어선 전구들이 밝혀지는데, 전구 10개를 모두 켜고 무적霧笛을 울리면 최고 점수였다. 똑똑한 참가자들은 축축한 키스와 땀이 많이 나는 손바닥이 회로의 전도성을 높인다는 것을 알았다.[63] 에커트는 또 광선 변조 방법을 이용하여 필름에 소리를 녹음하는 장치를 발명했는데, 그는 이것으로 아직 학부생이던 스물한 살에 특허를 얻었다.[64]

에커트에게는 그 나름의 기벽이 있었다. 그는 신경이 잔뜩 곤두선 상태로 방을 어슬렁거리고, 손톱을 물어뜯고, 펄쩍펄쩍 뛰면서 돌아다니고, 생각을 할 때는 가끔 책상 위에 올라가 서기도 했다. 시계가 연결되어 있지도 않은 시계 사슬을 차고 다니며 묵주라도 되는 양 손으로 주무르기도 했다. 성미가 급해 확 타올랐다가도 이윽고 풀리며 매력적인 모습으로 변신했다. 완벽에 대한 그의 요구는 아버지로부터 물려받은 것이었다. 아버지는 크레용을 잔뜩 들고 건설 현장을 돌아다니며 책임을 맡은 일꾼에 따라 색깔을 바꾸어가며 지시 사항을 휘갈겨 쓰는 사람이었다. "아버지는 일종의 완벽주의자였으며 사람들이 일을 제대로 해내게 했다." 에커트는 말한다. "하지만 정말이지 매력이 많았다. 아버지는 대부분의 경우 특정 일을 하고 싶어 하는 사람이 그 일을 해내게 했다." 엔지니어들이 숭배하는 엔지니어인 에커트는 자신과 같은 사람이 모클리 같은 물리학자의 필수적인 보완 요소라고 느꼈다. "물리학자는 진리에 관심을 갖는 사람이다." 그는 나중에 말했다. "반면 엔지니어는 일을 해내는 데 관심을 갖는 사람이다."[65]

ENIAC

전쟁은 과학을 동원한다. 고대 그리스인들이 투석기를 제작하고 레오나르도 다빈치가 체사레 보르자의 공병으로 일한 이후 수백 년에 걸쳐 군부의 요구는 테크놀로지 발전의 동력이 되었는데, 20세기에 들어 이것은 특히 어느 때보다 진실로 다가왔다. 이 시기 테크놀로지의 최고 공적 가운데 다수—컴퓨터, 원자력, 레이더, 인터넷—는 군부에 의해 탄생했다.

1941년 12월 미국이 제2차 세계대전에 참전하자 모클리와 에커트가 고안하던 기계의 자금을 모을 힘이 생겼다. 펜실베이니아 대학과 육

하버드의 하워드 에이킨(1900~73), 1945년.

존 모클리(1907~80), 1945년경.

J. 프레스퍼 에커트(1919~95), 1945년경.

에커트(기계에 손), 모클리(기둥 옆), 진 제닝스(뒤쪽), 허먼 골드스타인(제닝스 옆)과 ENIAC, 1946년.

군 애버딘 병기 실험소의 병기부는 유럽으로 실어 보낼 포에 필요한 발사각 환경값을 담은 소책자를 만드는 과제를 맡았다. 포를 제대로 겨냥하려면 온도, 습도, 풍속, 고도, 화약 종류를 포함한 수백 가지 조건을 고려한 표가 필요했다.

하나의 포의 단 하나의 범주의 포격에 대한 표를 만들 때에도 일군의 미분방정식으로부터 탄도 3,000개를 계산해야 하는 일이 생길 수 있었다. 이 작업은 배니버 부시가 MIT에서 발명한 미분 해석기를 이용하여 처리하는 경우가 많았다. 이 기계가 계산을 하는 데에는 170명이 넘는 사람들의 노동력이 필요했는데, 그 가운데 대부분은 '계산 담당자computer'라고 불리는 여성들이었다. 이들은 탁상용 가산기의 키를 두드리고 손잡이를 돌려 방정식을 처리했다. 이를 위해 전국에서 여성 수학 전공자들이 뽑혀 왔다. 그러나 이 모든 노력에도 불구하고 하나의 사격표를 완성하는 데에만 한 달 이상이 걸렸다. 1942년 여름이 되자 매주 표 제작이 뒤처져 미국의 포대 일부가 무용지물이 되고 있다는 것이 분명해졌다.

그해 8월 모클리는 육군이 이 어려운 문제에 대처하는 것을 도울 방법을 제안하는 편지를 썼다. 결국 이 편지가 컴퓨팅의 항로를 바꾸게 된다. '계산을 위한 고속 진공관 장치의 이용The Use of High Speed Vacuum Tube Devices for Calculating'이라는 제목의 이 편지는 그와 에커트가 제작하고자 하는 기계에 대한 자금 지원을 요청하고 있었다. 그 기계는 진공관이 들어간 회로를 이용하는 디지털 전자 컴퓨터로, 미분방정식을 풀고 다른 수학 작업도 수행할 수 있었다. "사용되는 장치가 전자적 수단을 활용하면 계산 속도에서 커다란 이득을 얻을 수 있다." 모클리는 그렇게 주장했다. 나아가 탄도를 "100초" 내에 계산할 수 있을 것이라고 추정했다.[66]

펜실베이니아의 학장들은 모클리의 편지를 무시했지만, 이 대학에 배속되어 있던 육군 장교 허먼 골드스타인 중위(곧 대위로 진급한다)는 그 편지에 주목했다. 스물아홉 살의 골드스타인은 미시건 대학의 수학 교수였다. 그의 임무는 발사표 제작의 속도를 높이는 것이었다. 그는 또 같은 수학자였던 부인 아델을 파견하여 전국을 돌아다니며 펜의 인간 컴퓨터 부대에 입대할 여성을 더 모으는 일도 했다. 골드스타인은 모클리의 편지를 보고 나은 길이 있다고 확신했다.

전자 컴퓨터 자금을 지원한다는 미국 전쟁부의 결정은 1943년 4월 9일에 내려졌다. 모클리와 에커트는 그 전날 밤새 제안서를 작성했지만, 아직 완성을 하지 못한 상태에서 차를 타고 펜에서 두 시간 거리인 메릴랜드 주 애버딘 병기 실험소로 달려갔다. 그곳에는 병기부 장교들이 모여서 기다리고 있었다. 골드스타인 중위가 차를 모는 동안 두 사람은 뒷자리에서 남은 부분을 썼고, 애버딘에 도착해서도 골드스타인이 검토 회의에 들어가 있는 동안 작은 방에서 계속 작업을 했다. 의장은 프린스턴의 고등연구소장인 오즈월드 베블런으로, 그는 수학 프로젝트들과 관련하여 군부에 조언을 하고 있었다. 그 자리에는 육군 탄도연구소장 리슬리 사이먼 대령도 있었다. 골드스타인은 그때 일을 이렇게 회상한다. "베블런은 잠시 내 설명에 귀를 기울이더니 의자를 뒤로 기울였다가 다시 쾅 소리를 내며 내려오는 동시에 일어서며 말했다. '사이먼, 골드스타인에게 돈을 주게.' 그는 바로 방을 나갔고 회의는 이런 화기애애한 분위기에서 끝이 났다."[67]

모클리와 에커트는 그들의 편지를 「전자식 Diff. 해석기에 관한 보고 Report on an Electronic Diff. Analyzer」라는 논문에 포함시켰다. diff.라는 약자를 사용한 것이 조심성을 보여준다. 이 말은 이들이 제안한 기계가 디지털이라는 점에서 차이differences를 가리키기도 하고, 이 기계가 다룰 방정식인 미분differential을 가리키기도 한다. 곧 이 기계에는 기억하기 쉬운 ENIAC, 즉 '전자식 수 적분 및 계산기Electrionic Numerical Integrator and Computer'라는 이름이 붙었다. ENIAC은 일차적으로는 탄도 계산의 열쇠인 미분방정식을 다루기 위해 설계되었지만, 모클리는 이것이 다른 작업도 할 수 있는 "프로그래밍 장치"를 가질 수 있어, 범용 컴퓨터 쪽에 가까워질 수 있다고 썼다.[68]

1943년 6월 ENIAC의 제작이 시작되었다. 교직을 유지하고 있던 모클리는 자문을 하고 방향을 제시하는 역할을 했다. 골드스타인은 육군을 대리하여 작업과 예산을 감독했다. 세부적인 면을 완벽하게 다듬는 것을 추구하던 에커트는 책임 엔지니어가 되었다. 에커트는 이 프로젝트에 완전히 헌신하여 가끔 기계 옆에서 자기도 했다. 한번은 엔지니어 두 명이 장난으로 그의 간이침대를 살짝 들어 한 층 위의 똑같이 생긴 방으로 옮겼다. 그는 잠을 깬 순간 잠깐 동안 기계를 도난당한 줄 알고 겁에 질렸다.[69]

에커트는 큰 개념들도 정밀하게 실행에 옮기지 않으면 가치가 없다(아타나소프가 배우게 된 교훈이었다)는 것을 알았기 때문에 주저하지 않고 세세한 점까지 관리했다. 그는 다른 엔지니어들 주위를 맴돌며 어디서 접합부를 납땜하고 어디서 전선을 꼬아야 하는지 지시했다. "나는 모든 엔지니어의 작업을 떠맡았고 제대로 되었는지 확인하기 위해 기계의 모든 저항기의 모든 계산을 확인했다." 그는 그렇게 주장한다. 그는 어떤 문제든 가볍게 여기는 사람을 경멸했다. "인생은 사소한 일에 완전히 집중하는 것으로 이루어진다." 그는 그렇게 말한 적이 있다. "당연히 컴퓨터는 사소한 것들의 거대한 집중에 불과하다."[70]

에커트와 모클리는 서로 평형추 역할을 했으며, 이 때문에 둘은 수많은 디지털 시대 지도자 2인조의 전형이 되었다. 에커트는 정밀성을 추구하는 열정으로 사람들을 몰아붙였다. 모클리는 사람들을 차분하게 해주고 사랑받는다는 느낌을 갖게 해주는 쪽이었다. "그는 늘 사람들과 농담을 하고 장난을 쳤다." 에커트는 회고한다. "그는 붙임성이 있었다." 에커트의 전문적 기술에는 강렬한 신경 에너지 발산과 주의 산만이 수반되었기 때문에 지적인 반향판이 몹시 필요했는데, 모클리는 그런 역할을 기꺼이 수행했다. 모클리는 엔지니어는 아니었지만 과학 이론을 공학적 실용성과 결합하며 영감을 불러일으키는 능력이 있었다. "우리는 함께 이 일을 해냈으며, 둘 중 누구든 혼자서는 이 일을 해낼 수 없었을 것이라고 생각한다." 에커트는 나중에 그렇게 말했다.[71]

ENIAC은 디지털이었지만 0과 1만 사용하는 이진법 체제가 아니라 10개의 수의 계수기로 구성되는 십진법을 사용했다. 그런 점에서 현대식 컴퓨터와는 달랐다. 그러나 그 점을 빼면 아타나소프, 추제, 에이킨, 스티비츠가 제작한 기계들보다는 진전을 이루었다. 조건부 분기(에이다 러브레이스가 100년 전에 기술한 기능)를 이용하여 중간값에 따라 프로그램 내에서 다른 곳으로 뛸 수 있었고, 공통 작업을 수행하는 코드인 서브루틴을 반복해서 이용할 수 있었다. "우리는 서브루틴, 또 서브루틴의 서브루틴을 구현할 수 있었다." 에커트는 설명한다. 에커트의 회고에 따르면 모클리가 이런 기능을 제안했을 때 "나는 즉시 이 아이디어가 전체의 핵심이라는 것을 인식했다."[72]

제작을 시작하고 나서 1년 뒤, 1944년 6월의 디데이 무렵, 모클리와 에커트는 첫 두 구성 요소를 테스트할 수 있었다. 계획한 기계의 6분의 1쯤에 이른 것이다. 그들은 간단한 곱셈 문제부터 시작했다. 기계가 정답을 내놓자 그들은 소리를 질렀다. 하지만 ENIAC이 완전히 작동하기까지는 1년도 더 걸렸다. 결국 1945년 11월이 되자 ENIAC은 덧셈과 뺄셈 5,000개를 1초 만에 처리할 수 있었는데, 이것은 그전 어느 기계보다 100배 이상 빠른 것이었다. 길이 30.5미터에 높이 2.5미터로 방 세 개짜리 수수한 아파트를 꽉 채울 만한 이 기계는 무게가 30톤에 가까웠고 진공관은 17,468개나 들어갔다. 이와는 대조적으로 당시 아이오와의 지하실에 방치된 아타나소프-베리 컴퓨터는 책상만 한 크기로 진공관은 300개밖에 들어가지 않았으며, 1초에 덧셈과 뺄셈을 30개밖에 하지 못했다.

블레츨리 파크

당시 외부인은 거의 알지 못했지만—또 이후 30년 이상 알지 못하지만—영국은 런던에서 북서쪽으로 87킬로미터 떨어진 작은 도시 블레츨리의 빨간 벽돌로 지은 빅토리아 시대 장원 구내에 전시 독일의 암호를 풀기 위해 천재들과 엔지니어들로 이루어진 팀을 운영하고 있었는데, 1943년 말에는 이곳에서 진공관을 사용하는 전자식 컴퓨터를 비밀리에 제작하고 있었다. 콜로서스Colossus라는 이름의 이 기계는 부분적으로 프로그래밍이 가능한 최초의 완전 전자식 컴퓨터였다. 특수한 작업을 위해 제작된 이 컴퓨터는 범용 컴퓨터, 즉 '튜링 완전Turing-complete' 컴퓨터는 아니었지만, 여기에는 앨런 튜링의 개인적 특징이 들어가 있었다.

튜링은 「계산 가능한 수에 관하여」를 쓴 직후 프린스턴에 갔던 1936년 가을에 암호와 암호학을 연구하기 시작했다. 그는 10월에 어머니에게 보낸 편지에서 자신의 관심을 설명했다.

현재 제가 작업하고 있는 일을 응용할 수 있는 곳을 막 발견했습니다.

> 그것은 "가능한 가장 일반적인 종류의 암호는 무엇인가" 하는 질문에 답하는 것인데, 이 과정에서 저는 (어느 정도는 당연한 일이지만) 수많은 특수하고 흥미로운 암호를 만들게 됩니다. 그 가운데 하나는 열쇠가 없으면 해독이 거의 불가능한 것인데, 암호도 아주 빠르게 만들 수 있어요. 이것을 꽤 많은 돈을 받고 영국 정부에 팔 수 있기를 바라지만 그런 일이 도덕적인가는 약간 의문이에요. 어떻게 생각하세요?[73]

이어지는 한 해 동안 튜링은 독일과 전쟁이 벌어질 가능성을 걱정하면서 암호에 더 관심을 갖게 되었고 그것으로 돈을 버는 데에는 관심이 멀어지게 되었다. 1937년 말에는 프린스턴의 물리학과 건물의 기계 공작실에서 일하면서 문자를 이진수로 바꾸고, 그 결과로 나온 암호화된 숫자 메시지에 전기기계식 릴레이 스위치를 이용하여 거대한 비밀번호를 곱하여 해독 불가능하게 만드는 암호 기계의 첫 단계 모델을 제작했다.

존 폰 노이만은 프린스턴에서 튜링의 멘토였다. 폰 노이만은 뛰어난 물리학자이자 수학자로 고국 헝가리를 탈출하여 고등연구소에서 일하고 있었는데, 이 연구소는 당분간 수학과가 입주한 건물에 자리를 잡고 있었다. 1938년 봄 튜링이 박사 논문을 마무리할 무렵 폰 노이만은 그에게 조교 자리를 제안했다. 유럽에 전운이 감돌 무렵이라 이 제안은 유혹적이었지만 웬일인지 비애국적으로 느껴지기도 했다. 튜링은 케임브리지의 연구원 자리로 돌아가기로 했고, 그 직후 독일 군사 암호를 푸는 영국의 프로젝트에 합류하게 되었다.

영국 정부 암호 학교His Majesty's Government Code and Cypher School는 당시 런던에 있었으며, 주로 케임브리지의 고전 문학 교수인 딜윈 '딜리' 녹스, 딜레탕트 사교계 인사로 피아노를 연주하고 가끔 인도에 관한 글도 쓰던 올리버 스트레이치 같은 문학자들이 실무를 담당했다. 튜링이 그곳에 간 1938년 가을까지 직원 80명 가운데 수학자는 한 명도 없었다. 그러나 이듬해 여름 영국이 전쟁 준비를 하면서 이 부서는 수학자를 적극적으로 고용하기 시작했다. 한번은 채용 시험으로《데일리 텔레그래프》의 크로스워드 퍼즐을 푸는 시합을 개최하기도 했다. 이 학교는 칙칙한 빨간 벽돌 도시 블레츨리로 자리를 옮겼는데, 이 도시의 주요한 특징은 옥스퍼드-케임브리지 노선과 런던-버밍엄 노선이 교차하는 지점에 있다는 것이었다. '리들리 대위의 사냥 모임'으로 위장한 영국 정보부 팀은 주인이 철거하고 싶어 하던, 빅토리아 시대 고딕풍의 거대한 건물 블레츨리 파크 장원 저택을 찾아와 몰래 매입했다. 암호 해독 전문가들은 구내에 세운 여러 오두막, 마구간, 조립식 임시 막사에 자리를 잡았다.[74]

튜링은 8번 막사에서 일하던 팀에 배속되었는데, 이 팀은 기계 회전자와 전기회로로 이루어진 휴대용 기계가 만들어내는 독일의 에니그마 암호를 해독하는 작업을 하고 있었다. 이 기계는 키를 두드릴 때마다 문자를 대체하는 공식을 바꾸는 암호 체계를 이용하여 군용 비밀 메시지를 만들었다. 그래서 해독이 너무 어려워 영국은 가망 없는 일이라고 포기하고 있었다. 그러다 폴란드 정보장교들이 노획한 독일 암호기를 기초로 에니그마 암호 몇 가지를 해독할 수 있는 기계를 만들면서 돌파구가 열렸다. 하지만 폴란드가 영국에 그 기계를 보여줄 무렵에는 독일이 에니그마 기계에 회전자 두 개와 배선반 접속부 두 개를 추가했기 때문에 의미가 사라져버렸다.

튜링 팀은 개선된 에니그마 메시지—특히 영국의 보급 호송대를 10분의 1은 부수어버리는 U보트의 배치를 드러내는 해군 명령—를 해독할 수 있는, '봄브bombe'라는 별명의 더 진전된 기계를 만드는 작업에 착수했다. 봄브는 어떤 문자도 자체로 암호화될 수 없다는 점, 독일이 반복해서 사용하는 특정 구절이 있다는 점 등 암호화의 여러 사소한 약점을 이용했다. 1940년 8월이 되자 튜링 팀은 작동 가능한 봄브를 두 개 갖추게 되었는데, 이것은 암호 메시지 178개를 풀 수 있었다. 전쟁이 끝날 무렵에는 봄브의 개수가 거의 200개로 늘었다.

튜링이 설계한 봄브는 컴퓨터 테크놀로지라는 면에서는 주목할 만한 진전을 보여주지 못했다. 이것은 진공관과 전자회로 대신 릴레이 스위치와 회전자를 사용하는 전기기계식 장치였다. 그러나 블레츨리 파크에서 봄브에 이어 제작한 기계 콜로서스는 컴퓨터 테크놀로지의 주요한 이정표가 되었다.

독일이 히틀러와 고위 지도부의 명령 같은 중요한 메시지를 이진법 및 서로 다른 크기의 암호 바퀴 12개를 사용한 전자식 디지털 기계로 암호화하기 시작하면서 콜로서스에 대한 요구가 생겨났다. 튜링이 설계한 전기기계식 봄브는 그것을 푸는 데 무력했기 때문이다. 속도가 빠른 전자회로를 사용하여 공략을 마련해야 했다.

임무를 맡은 팀은 11번 막사에 자리 잡고 있었는데, 지도자인 맥스 뉴먼의 이름을 따 뉴먼리라고 불렀다. 뉴먼은 케임브리지의 수학 학감으로 10년 전 튜링에게 힐베르트의 문제들을 소개해준 사람이었다. 뉴먼의 공학 파트너는 전자공학의 귀재 토미 플라워스로, 진공관의 개척자이기도 한 이 인물은 런던 교외 돌리스 힐의 '체신부 연구소Post Office Research Station'에서 일했다.

튜링은 뉴먼 팀은 아니었지만 암호화된 텍스트의 흐름에서 문자의 균일한 분포에서 벗어나는 사례를 탐지하는, '튜링 방법Turingery'이라는 이름의 통계학적 접근법을 제시했다. 뉴먼 팀은 광전식 헤드photoelectric head를 사용하여 천공된 종이테이프 루프 두 개를 조사할 수 있는 기계를 제작했다. 두 가지 수열에서 나올 수 있는 모든 순열을 비교해보려는 것이었다. 이 기계에는 미국의 루브 골드버그처럼 터무니없을 정도로 복잡한 기계 장치를 그리는 것을 전문으로 하던 영국의 만화가 이름을 따서 '히스 로빈슨'이라는 별명이 붙었다.

플라워스는 그전에 거의 10년 동안 진공관—그를 비롯한 영국인들은 이것을 '밸브'라고 불렀다—이 들어간 전자회로에 매혹되어 있었다. 그는 체신부 전화국 엔지니어로서 1934년에 3,000개가 넘는 진공관을 사용하여 전화선 1,000개의 연결을 통제하는 실험적 시스템을 만들었다. 그는 데이터 저장에 진공관을 이용하는 분야의 선구자이기도 했다. 튜링은 봄브 기계 작업에서 도움을 얻기 위해 플라워스를 데려왔으며, 뉴먼에게도 소개했다.

플라워스는 독일의 암호화된 스트림을 빨리 분석하는 유일한 방법은 두 천공 테이프를 비교하는 대신 기계의 내부 전자 기억 장치에 스트림 중 적어도 하나를 저장해두는 것임을 깨달았다. 이 일에는 진공관 1,500개가 필요했다. 블레츨리 파크 관리자들은 처음에는 회의적이었지만 플라워스는 계속 밀어붙였고, 불과 11개월 뒤인 1943년 12월에 첫 콜로서스 기계를 제작했다. 진공관 2,400개를 이용하는 훨씬 더 큰 형태는 1944년 6월 1일에 준비되었다. 이 기계로 처음 해독한 암호의 내용은 막 디데이 공격을 시작하려던 드와이트 아이젠하워 장군이 다른 출처에서 입수한 정보, 즉 히틀러가 노르망디에 추가 파병을 명령하지 않았다는 정보와 일치했다. 1년이 안 되어 콜로서스 8대가 추가로 생산되었다.

이것은 1945년 11월에야 작동하기 시작한 ENIAC보다 훨씬 전에 영국의 암호 해독 전문가들이 완전 전자식 디지털(실제로 이진법을 사용했다) 컴퓨터를 제작했다는 뜻이었다. 1944년 6월의 두 번째 형태는 몇 가지 조건부 분기도 할 수 있었다. 그러나 진공관 수가 10배였던 ENIAC과는 달리 콜로서스는 범용 컴퓨터가 아니라 암호 해독이라는 특수 목적에 맞추어진 기계였다. 콜로서스는 프로그래밍 기능이 제한적이라 모든 종류의 연산 작업을 수행하도록 명령할 수 없었지만, ENIAC은 이론적으로는 가능했다.

그렇다면 컴퓨터는 누가 발명했는가?

컴퓨터 발명의 공로를 배분하는 방법을 가늠할 때에는 컴퓨터의 본질을 규정하는 요소를 구체적으로 파악하는 데서 시작하는 것이 좋다. 가장 일반적인 의미에서 컴퓨터의 정의는 주판에서 아이폰까지 모든 것을 포괄할 수 있다. 그러나 디지털 혁명의 탄생의 역사를 기록할 때에는 현대의 관행에서 컴퓨터를 구성하는 요소에 대한, 일반적으로 받아들여지는 정의를 따르는 것이 합당하다. 다음은 몇 가지 정의다.

"데이터를 저장하고, 검색하고, 처리할 수 있는, 프로그래밍 가능하고 일반적으로 전자적인 장치."(미리엄-웹스터 사전)

"특정한 형식으로 정보(데이터)를 받아들이고, 결과를 도출하기 위해 미리 결정되었지만 바꿀 수도 있는 일군의 절차적 명령(프로그램)에 따라 일련의 연산을 수행할 수 있는 전자 장치."(옥스퍼드 영어 사전)

"일군의 산술 또는 논리 연산을 자동적으로 수행하도록 프로그래밍될 수 있는 범용 장치."(위키피디아, 2014)

따라서 이상적인 컴퓨터는 전자적이고 범용성이 있고 프로그래밍이 가능한 기계다. 그렇다면 최초의 컴퓨터로서 자격을 가장 잘 갖춘 것은 어느 것일까?

1937년 11월 부엌 식탁에서 시작된 조지 스티비츠의 모델 K는 1940년 1월에 벨 연구소에서 완전한 모델이 되었다. 이것은 이진 컴퓨터이자 원격으로 이용할 수 있는 최초의 컴퓨터였다. 하지만 전기기계식 릴레이를 사용했기 때문에 완전한 전자식이 아니었다. 또 특정 용도가 있는 전용 컴퓨터였고 프로그래밍이 가능하지 않았다.

1941년 5월에 완성된 콘라트 추제의 Z3는 처음으로 자동 제어가 가능했고, 프로그래밍이 가능했고, 전기를 이용하는 이진 기계였다. 이것은 범용 기계로 설계된 것이 아니라 공학 문제를 처리하기 위해 설계되었다. 그러나 나중에는 이론적으로 튜링 완전 기계로 이용할 수도 있었다는 것이 증명되었다. 현대식 컴퓨터와 주요한 차이는 이것이 전기기계적인 것으로, 전자식이 아니라 덜거덕거리는 느린 릴레이 스위치에 의존한다는 점이었다. 또 하나의 약점은 실제로 한 번도 완전하게 사용된 적이 없다는 것이었다. 이 기계는 1943년 연합군의 베를린 폭격으로 파괴되었다.

존 빈센트 아타나소프가 설계한 컴퓨터는 1942년 9월 그가 손을 떼고 해군에 입대할 때 완성되기는 했지만 완전하게 작동 가능한 상태는 아니었다. 그러나 세계 최초의 전자식 디지털 컴퓨터였다. 그럼에도 부분적으로만 전자식이었을 뿐이다. 덧셈 뺄셈 메커니즘에는 진공관을 사용했지만, 메모리와 데이터 회수에는 기계식 회전 드럼을 이용했다. 최초의 현대식 컴퓨터로 간주하려 할 때 또 다른 주요한 약점은 프로그래밍이 가능하지 않고 범용도 아니라는 것이다. 이 기계는 선형방정식을 풀기 위한 목적으로 설계되었고, 하드웨어 자체가 그 목적을 위해 배선되어 있었다. 또 아타나소프는 이것을 완전하게 작동한 적이 없었다. 이 기계는 아이오와 주립대학의 지하실로 사라져버렸다.

1943년 맥스 뉴먼과 토미 플라워스(앨런 튜링의 조언도 있었다)가 1943년 12월에 완성한 블레츨리 파크의 콜로서스 I은 완전 전자식에 프로그래밍이 가능하고 또 실제로 작동하는 최초의 디지털 컴퓨터였다. 그러나 범용 컴퓨터, 즉 튜링 완전 기계가 아니었다. 이것은 독일의 전시 암호를 풀기 위한 목적에 맞추어 만든 전용 기계였다.

하워드 에이킨의 하버드 마크 I은 IBM과 함께 제작하여 1944년 5월에 가동되었는데, 다음 장에서 보겠지만 프로그래밍이 가능했다. 그러나 전자식이 아니라 전기기계식이었다.

1945년 11월에 프레스퍼 에커트와 존 모클리가 완성한 ENIAC은 현대식 컴퓨터의 특질을 모두 갖춘 최초의 기계였다. 완전 전자식에 속도가 매우 빨랐으며 다양한 구성 장치를 연결하는 케이블을 꽂고 빼는 방법으로 프로그래밍이 가능했다. 이것은 중간값에 근거하여 프로그램 경로를 바꿀 수 있었으며, 범용 튜링 완전 기계의 자격을 갖추었다. 이론적으로는 어떤 작업이라도 처리할 수 있었다는 뜻이다. 무엇보다 중요한 것은 실제로 가동되었다는 것이다. "발명에서는 그것이 아주 중요하다." 에커트는 나중에 자신의 기계를 아타나소프의 기계와 비교하면서 그렇게 말했다. "작동하는 전체 시스템이 있어야 한다."[75] 모클리와 에커트의 기계는 아주 강력한 계산 능력을 발휘했으며, 10년 동안 계속 사용되었다. 이 기계는 이후 대부분의 컴퓨터의 기초가 되었다.

이 마지막 요소가 중요하다. 발명의 공로를 판가름하여 역사가 누구에게 가장 주목할 것인가를 결정할 때 한 가지 기준은 누구의 기여가 결과적으로 가장 영향이 컸느냐를 보는 것이기 때문이다. 발명은 역사의 흐름에 무언가를 기여하여 혁신이 발전하는 방식에 영향을 주기 마련이다. 역사적 영향력을 기준으로 삼는다면 에커트와 모클리는 가장 주목할 만한 혁신가들이다. 1950년대의 거의 모든 컴퓨터는 그 뿌리가 ENIAC에 닿아 있다. 플라워스, 뉴먼, 튜링의 영향은 평가하기가 약간 까다롭다. 그들의 작업은 일급기밀로 유지되었지만 세 사람 모두 전후에 제작된 영국 컴퓨터와 관계가 있었다. 베를린에 고립되어 폭격을 받았던 추제는 다른 지역에서 컴퓨터가 발전하는 방향에 미친 영향이 훨씬 적었다. 아타나소프의 경우 그가 이 분야에 미친 주요한 영향, 어쩌면 유일한 영향은 자신을 찾아온 모클리에게 약간의 영감을 준 것뿐이다.

모클리가 1941년 6월 나흘간 아이오와에서 아타나소프를 만나는 동안 어떤 영감을 받았느냐 하는 문제는 긴 법적 분쟁으로 바뀌었다. 이것은 발명의 공로를 평가하는 데 또 한 가지 기준, 역사적이라기보다는 법적인 기준 문제를 제기했다. 결국 누가 특허를 받아냈는가? 처음 나온 컴퓨터들의 경우 어떤 것도 특허를 받지 못했다. 하지만 이것은 논란의 여지가 많은 법적 다툼의 결과 에커트와 모클리가 받은 특허가 무효가 되었기 때문에 생긴 일이다.[76]

이 기나긴 과정은 1947년 에커트와 모클리가 펜을 떠난 뒤 ENIAC 작업으로 특허를 신청하고, 마침내 1964년에 특허를 받으면서(특허 시스템은 느리게 작동하는 편이다) 시작되었다. 이때는 에커트-모클리 회사와 그 특허권이 레밍턴 랜드에 팔리고, 레밍턴 랜드는 스페리 랜드가 된 뒤였다. 스페리 랜드는 다른 회사들에게 특허 사용료를 내라고 압박하기 시작했다. IBM과 벨 연구소는 이에 응하여 계약을 맺었지만 허니웰은 난처한 기색을 보이다 특허에 문제 제기를 할 방법을 찾기 시작했다. 이 회사는 공학 학위가 있고 벨 연구소에서도 일했던 젊은 변호사 찰스 콜을 고용했다. 그의 임무는 에커트와 모클리의 아이디어가 독창적이지 않다는 것을 증명하여 그 특허를 뒤집는 것이었다.

아이오와 주립대학을 방문하여 아타나소프가 제작한 컴퓨터에 관한 글을 읽은 허니웰의 한 변호사가 던져준 정보를 추적하던 콜은 메릴랜드에 살던 아타나소프를 찾아갔다. 아타나소프는 자신의 컴퓨터에 대한 콜의 지식에 감명받았고, 자신이 그것으로 공로를 인정받은 적이 없다는 사실에 분개했다. 그는 모클리가 아이오와를 찾아와 몇 가지 아이디어를 얻어갔다는 것을 보여주는 편지와 문건 수백 건을 넘겨주었다. 그날 저녁 콜은 워싱턴으로 차를 몰고 가 모클리의 강연장 뒷자리에 앉았다. 모클리는 아타나소프의 기계에 관한 질문을 받자 기계를 자세히 보았다고 할 수 없다고 대답했다. 콜은 모클리가 선서 증언에서 그런 말을 하게 만들 수 있다면 아타나소프의 문건을 제출하여 재판에서 그를 믿을 수 없는 사람으로 만들 수 있다는 사실을 깨달았다.

모클리는 몇 달 뒤 허니웰이 자신의 특허에 문제를 제기하는 것을 아타나소프가 돕고 있을지도 모른다는 것을 알아내고 스페리 랜드의 변호사와 함께 직접 메릴랜드로 아타나소프를 찾아갔다. 어색한 만남이었다. 모클리는 아이오와에 갔을 때 아타나소프의 제안서를 주의 깊게 읽지도 않았고 그의 컴퓨터를 살펴보지도 않았다고 주장했지만, 아타나소프는 그것은 사실이 아니라고 냉정하게 지적했다. 모클리는 저녁 식사까지 함께하면서 아타나소프의 비위를 맞추려 했지만 소용없었다.

이 문제는 1971년 6월 재판으로 넘어가 미니아폴리스의 연방 판사 얼 라슨이 담당하게 되었다. 모클리는 문제가 많은 증인임이 드러났다. 그는 기억력이 좋지 않다는 이유로 아이오와에 갔을 때 자신이 본 것에 관해 상식에 어긋나는 이야기를 했고, 어둑어둑한 곳에서 여기저기 가려져 있는 아타나소프의 컴퓨터를 보았다는 주장을 포함하여 이전 선서 증언에서 했던 주장을 계속 번복했다. 반대로 아타나소프는 아주 유능했다. 그는 자신이 제작한 기계를 묘사하고, 모델을 시연하고, 자신의 아이디어 가운데 모클리가 빌려간 것을 지적했다. 모두 77명의 증인이 법정에서 증언했고, 추가로 80명이 문서로 증언을 했으며, 증거 32,600개가 채택되었다. 재판은 9개월 이상 걸려, 그때까지 연방 재판 가운데 최장 시간을 기록했다.

라슨 판사는 그 이후 19개월을 더 소비하여 최종 판결문을 썼고, 이것은 1973년 10월에 발표되었다. 판결문에서 라슨 판사는 에커트-모클리의 ENIAC 특허는 무효라고 판결했다. "에커트와 모클리는 자신들이 직접 최초로 자동 전자식 디지털 컴퓨터를 발명한 것이 아니라, 존 빈센트 아타나소프 박사에게서 그 소재를 가져왔다."[77] 스페리는 항소하는 대신 허니웰과 합의를 했다.*

248페이지에 이르는 판사의 견해는 빈틈이 거의 없었지만, 그럼에도 두 기계 사이의 중요한 차이점 몇 가지를 무시하고 있다. 모클리는 판사가 생각한 것만큼 아타나소프에게서 많은 것을 가져오지 않았다. 일례로 아타나소프의 전자회로는 이진 논리를 이용했지만, 모클리의 회로는 10진 계수기였다. 에커트-모클리의 특허 주장이 그렇게 포괄적이지 않았다면 아마 무효가 되지 않았을 것이다.

이 사건은 법적으로도 현대식 컴퓨터의 발명의 공로를 누가 얼마나 가져가야 하는지 결정하지는 못했지만, 두 가지 중요한 결과를 낳았다. 하나는 아타나소프를 역사의 지하실에서 살려냈다는 것이고, 또 하나는, 판사나 양쪽 당사자의 의도는 아니었지만, 위대한 혁신은 대개 많은

*아타나소프는 은퇴한 뒤였다. 그는 제2차 세계대전 뒤에는 컴퓨터가 아니라 병기와 포 분야에서 활동했으며 1995년에 사망했다. 존 모클리는 계속 컴퓨터 과학자로 남아, 스페리의 자문 역할을 하기도 하고 '컴퓨터 기계 협회Association for Computing Machinery'의 초대 회장을 맡기도 했다. 그는 1980년에 사망했다. 에커트도 많은 기간 스페리에서 일했다. 그는 1995년에 사망했다.

출처에서 흘러나오는 아이디어들이 합쳐진 결과물이라는 점을 분명하게 보여주었다는 것이다. 발명품, 특히 컴퓨터처럼 복잡한 발명품은 대개 개인의 영감에서 나오는 것이 아니라 협업하여 짠 직물이라고 할 수 있는 창조성에서 나온다. 모클리는 많은 사람들을 찾아가 이야기를 나누었다. 아마 그랬기 때문에 그의 발명이 특허를 얻기가 더 어려웠을지도 모르지만, 그렇다고 해서 그의 영향력이 줄어들지는 않는다.

모클리와 에커트는 아이디어가 모두 그들 자신의 것이어서가 아니라 다양한 출처에서 아이디어를 끌어내고 자신들의 여러 혁신을 합치고 유능한 팀을 구성하여 비전을 현실로 만들고 이후 발전 경로에 가장 큰 영향력을 행사하였기 때문에, 컴퓨터를 발명했다는 명예를 얻을 자격이 있는 사람들의 명단 맨 위에 이름이 올라가야 한다. 그들이 제작한 기계는 최초의 범용 전자식 컴퓨터였다. "아타나소프가 법정에서는 점수를 땄을지 모르나, 그는 가르치는 일로 돌아갔고 우리는 계속 최초의 진짜 전자식 프로그래밍이 가능한 컴퓨터를 제작했다." 에커트는 나중에 그 점을 지적했다.[78]

또 튜링에게도 많은 공이 돌아가야 한다. 그는 보편 컴퓨터라는 개념을 발전시키고 블레츨리 파크의 실무 팀의 일원으로 일했기 때문이다. 그들 외에 다른 사람들의 역사적 기여의 등급을 어떻게 매길까 하는 문제는 일정 부분 각자가 어떤 기준을 중요하게 보느냐에 달려 있다. 외로운 발명가의 낭만에 끌리고 누가 이 분야의 진보에 가장 영향을 주었느냐 하는 문제에는 관심이 덜하다면 아타나소프와 추제를 높이 평가할 것이다. 하지만 컴퓨터의 탄생에서 끌어낼 주요한 교훈은 혁신이 대개 선지자와 엔지니어의 협업이 포함된 집단적 노력이고, 창조성은 많은 출처에서 나온다는 것이다. 발명의 아이디어가 번개처럼 떠오르고, 지하실이나 다락방이나 차고에서 일하는 외로운 개인의 머리에서 전구처럼 튀어나오는 것은 아이들의 이야기책에서나 가능한 일이다.

하버드의 하워드 에이킨, 그레이스 호퍼(1906~92)와
배비지의 차분기관 부분, 1946년.

진 제닝스, 프랜시스 빌라스와 ENIAC.

진 제닝스(1924~2011), 1945년.

베티 스나이더(1917~2001), 1944년.

3

…

프로그래밍

현대식 컴퓨터가 개발되기 위해서는 또 하나의 중요한 단계가 필요했다. 전쟁 중에 개발된 컴퓨터는 모두 적어도 처음에는 방정식 풀기나 암호 해독과 같은 특정 작업을 염두에 두고 탄생했다. 에이다 러브레이스, 그리고 앨런 튜링이 구상한 진짜 컴퓨터는 어떠한 논리 연산도 빠르고 완벽하게 수행할 수 있어야 했다. 즉, 하드웨어만이 아닌, 하드웨어에 의해 실행되는 프로그램인 소프트웨어로도 연산을 수행할 수 있는 기계여야 했다. 튜링은 1948년에 작성한 글을 통해 다음과 같이 명확히 개념을 정립했다. "서로 다른 작업을 수행하는 무수히 많은 기계는 필요하지 않다. 기계 하나면 족하다. 다양한 작업을 수행할 수 있는 다양한 기계를 만들어야 한다는 공학적 문제는 보편 기계가 이런 작업을 수행할 수 있도록 '프로그래밍'하는 사무적인 작업으로 교체된다."[1]

ENIAC과 같은 기계는 이론상 프로그래밍될 수 있으며, 범용 기계로까지 간주될 수도 있다. 하지만 실질적으로 새로운 프로그램을 적재하려면 컴퓨터의 여러 장치를 연결하는 케이블을 손으로 꽂고 뽑는 고된 과정이 필요했다. 전시에 만들어진 기계로는 전자적 속도로 프로그램을 바꿀 수 없었다. 때문에 현대식 컴퓨터의 탄생에 있어 또 하나의 중요한 단계가 필요하게 된다. 그것은 바로 컴퓨터의 전자식 메모리 내부에 프로그램을 저장할 방법을 고안해내는 것이었다.

그레이스 호퍼

컴퓨터를 발명한 남성들은 찰스 배비지를 시작으로 모두 하드웨어에 집중했다. 그러나 제2차 세계대전 당시 컴퓨터 개발에 뛰어든 여성들은 에이다 러브레이스가 그러했듯 일찍부터 프로그래밍의 중요성을 깨달았다. 이들은 하드웨어가 어떤 연산을 수행할지 지시할 명령을 코딩하는 다양한 방법을 개발했다. 바로 이 소프트웨어에 경이로운 방식으로 컴퓨터를 변모시킬 마법과 같은 공식이 숨겨져 있었다.

프로그래밍의 선구자 중 가장 흥미로운 인물로 대담하고 혈기 왕성하며 매력적이면서도 학구적인 해군 장교 그레이스 호퍼를 꼽을 수 있다. 호퍼는 처음에는 하버드 대학교에서 하워드 에이킨의 수하로, 그 후에는 프레스퍼 에커트와 존 모클리 밑에서 일했다. 1906년, 그레이스 브루스터 머리라는 이름을 갖고 태어난 호퍼는 맨해튼 어퍼웨스트사이드의 부유한 가문 출신이었다. 토목 기사이던 조부는 뉴욕 구석구석에 측량을 다닐 때마다 그녀를 데리고 갔다. 어머니는 수학자, 아버지는 보험 회사 중역이었다. 바사르 대학교에서 수학과 물리학을 전공했으며, 예일 대학교에서 수학을 전공하고 1934년에 박사 학위를 받았다.[2]

호퍼가 고등 교육을 받은 것은 생각처럼 드문 일은 아니었다. 호퍼는 예일 대가 1895년에 배출한 최초의 여성 수학 박사에 이어 예일 대에서 열한 번째로 수학 박사 학위를 받은 여성이었다.[3] 1930년대에 여성이 수학으로 박사 학위를 받는 것은, 더구나 부유한 가문 출신이라면,

그리 드문 일이 아니었다. 오히려 한 세대가 지난 후보다 당시가 더 많았다. 1930년대에 수학 박사 학위를 받은 미국인 여성은 총 113명으로, 이는 당시 미국인 수학 박사의 15퍼센트에 해당한다. 반면 1950년대의 여성 수학 박사는 106명으로, 전체 수학 박사의 4퍼센트에 지나지 않았다. (2000년대에 접어들어 상황이 다시 호전되어 전체 수학 박사 중 30퍼센트에 해당하는 1,600명의 여성 박사가 배출된다.)

그레이스 호퍼는 비교문학 교수 빈센트 호퍼와 결혼한 다음 바사르 대학에서 교편을 잡았다. 대부분의 수학 교수와 달리 그녀는 학생들의 작문 실력을 중요시했다. 확률 수업 도중 자신이 가장 좋아하는 수학식* 에 대한 강의를 할 때면 해당 주제로 에세이를 쓰라는 과제를 내곤 했다. 그녀가 과제를 평가하는 기준은 문장의 명료성과 스타일이었다. 호퍼는 이렇게 회고한다. "학생들이 제출한 에세이를 빽빽이 첨삭해서 돌려주면, 자신은 영어 수업이 아니라 수학 수업을 들으러 온 것이라고 항의하는 학생들이 있었다. 그러면 나는 수학을 배워봤자 설명하는 방법을 모르면 소용없다고 답했다."[4] 궤도와 유체 흐름, 폭발 및 기후 패턴과 같은 과학 문제를 수학 방정식으로 옮기고 이를 다시 일상의 언어로 해석하는 탁월한 능력은 그녀의 생애 전반에 걸쳐 돋보였다. 그녀가 훌륭한 프로그래머가 되는 데는 이 능력이 일조했다.

1940년이 되었고, 호퍼는 무료함을 느꼈다. 아이도 없었고, 결혼 생활은 무미건조했으며, 수학 강의에서 생각만큼 성취감을 느끼지 못했다. 바사르 대학을 휴직한 호퍼는 뉴욕 대학교의 저명한 수학자 리하르트 쿠란트 교수 밑에서 편미분방정식을 연구했다. 1941년 12월 일본군이 미국 진주만을 습격할 때도 쿠란트 교수 밑에서 수학하고 있었다. 곧

*스털링의 공식. 양의 정수의 n의 계승을 계산할 때 사용되는 근사식.

이어 미국이 제2차 세계대전 참전을 결정했고, 이것은 그녀의 인생에 일대 전환점을 마련해주었다. 이후 18개월이라는 시간 동안 호퍼는 바사르 대학을 퇴직하고 남편과 이혼한 다음 서른여섯의 나이에 미 해군에 입대했다. 곧바로 매사추세츠 주 스미스 칼리지의 학사 장교 훈련단에 입단했고, 1944년 6월 그레이스 호퍼 중위는 수석 졸업의 영예를 안았다.

호퍼는 자신이 암호 해독 및 코딩 부서로 발령받을 것이라 예상했지만, 발령받은 곳은 놀랍게도 하버드 대학교였다. 1937년 하워드 에이킨에 의해 탄생한, 거추장스러운 전기기계식 릴레이와 전동식 회전축으로 작동하는 거대한 디지털 컴퓨터 마크 I 팀에 합류하게 된 것이다. 호퍼가 합류할 당시는 마크 I이 해군에 의해 징발된 다음이었다. 에이킨은 하버드 소속 교수가 아닌 해군 사령관으로서 마크 I을 담당하고 있었다.

1944년 7월, 호퍼가 하버드로 출근하자 에이킨은 그녀에게 찰스 배비지의 일지를 한 부 건네고 마크 I을 보여주었다. "이것은 컴퓨팅 기계다." 에이킨이 그녀에게 말했다. 호퍼는 한동안 말없이 기계를 바라보기만 했다. "거대한 기계 장치가 엄청난 소음을 내고 있었다." 그녀는 회상한다.[5] "껍데기도 없이 노출돼 있었고, 무척 시끄러웠다." 기계를 제대로 작동할 수 있으려면 완벽하게 이해해야겠다고 생각한 그녀는 설계도를 연구하며 밤을 지새웠다. 실세계의 문제를 수학식으로 옮기고(바사르에서 그랬듯) 이를 다시 기계가 이해할 수 있는 명령어로 바꿀 줄 아는 능력이 그녀의 강점이었다. "해양학 용어와 소해掃海 작업에 대해, 기폭 장치와 근접전파신관과 생체 의학에 대해 공부했다. 문제를 풀기 위해서는 관련 용어를 제대로 알아야 했다. 프로그래머들과 전문적인 기술 용어를 사용하며 대화를 하다가, 몇 시간 뒤에는 완전히 다른 일상 언어로 관리자들과 이야기하곤 했다." 혁신은 세심하고 명료한 언어를 필요로 한다.

정밀한 언어를 구사할 줄 아는 호퍼의 능력을 높이 산 에이킨은 그녀에게 프로그래밍 매뉴얼 제작 작업을 맡겼다. 세계 최초의 컴퓨터 프로그래밍 매뉴얼이었다. "책을 한 권 쓰도록 하지." 어느 날 호퍼의 자리 옆에 서서 에이킨이 말했다.

"책은 쓸 줄 모릅니다. 한 번도 써본 적이 없습니다." 호퍼가 답했다.

"이제 해군이 됐는데 어쩌겠나. 한 권 써야겠네." 이것이 에이킨의 대답이었다.[6]

그 결과 마크 I의 역사와 프로그래밍 지침이 담긴 500쪽 분량의 책이 탄생하게 되었다.[7] 1장에서는 마크 I 이전에 존재한 계산기를 다뤘다. 파스칼, 라이프니츠, 배비지의 발명품이 특히 강조되었다. 에이킨이 자신의 사무실로 옮겨놓은 배비지의 차분기관 중 일부를 그린 모습이 권두 삽화에 들어갔고, 제사題詞로 배비지의 글귀가 실렸다. 에이다 러브레이스와 마찬가지로 배비지의 해석기관이 특별한 특징을 지녔다는 것을 이해했던 호퍼는, 그리고 에이킨은, 바로 이 특징으로 인해 하버드 마크 I이 동시대의 다른 컴퓨터와 차별화될 것이라 믿었다. 끝내 실현되지 못한 배비지의 기계와 마찬가지로 천공 테이프를 통해 명령을 입력받는 에이킨의 마크 I은 새로운 명령을 입력받아 프로그래밍될 수 있었다.

호퍼는 매일 저녁 그날 작성한 분량의 원고를 에이킨에게 읽어주었다. 이 작업을 통해 훌륭한 작가라면 누구나 알고 있는 간단한 비법을 깨달을 수 있었다. "에이킨은 소리 내어 읽을 때 걸리는 부분이 있으면 그 문장을 수정하는 것이 좋다고 말해주었다. 그날 작성한 원고 다섯 쪽을 매일 그에게 읽어줘야 했다."[8] 호퍼의 문장은 갈수록 단순하고 신선하고 명쾌해졌다. 호퍼와 에이킨의 강력한 파트너십은 100년 전의 러브레이스와 배비지의 관계를 닮아갔다. 에이다 러브레이스에 대해 알면 알수록 호퍼는 자신을 그녀와 동일시하게 되었다. "러브레이스는 세계 최초로 루프를 작성했다. 나는 그것을 절대로 잊지 못할 것이다. 우리 중 누구도 그 사실을 잊지 못할 것이다."[9]

호퍼가 마크 I의 역사를 기술하는 방식은 인물 중심이었다. 때문에 호퍼의 책에서는 개인의 역할이 강조되었다. 한편 호퍼의 책이 완성되고 얼마 되지 않아 IBM 중역들의 의뢰에 의해 발간된 마크 I의 역사는 뉴욕 엔디콧에서 마크 I을 직접 조립한 IBM의 여러 팀들에게 공을 돌리고 있다. 역사가 커트 베이어는 호퍼를 다룬 연구서에서 다음과 같이 전한다. "IBM은 개인의 역사를 조직의 역사로 대체했다. IBM에 따르면 기술 혁신의 중심은 기업이었다. 실험실이나 지하실에서 홀로 외로이 연구에 몰두하는 발명가라는 신화는 점진적 발전에 기여하는 조직의 얼굴 없는 엔지니어들로 구성된 팀이라는 현실로 대체되었다."[10] IBM이 기술한 역사에 따르면 마크 I은 래칫 계수기나 이중 카드 공급 장치와 같은 일련의 작은 혁신들을 포함하고 있었는데, 이는 모두 엔디콧에서 공동으로 일한 엔지니어들의 공으로 돌리고 있었다.*

호퍼와 IBM이 서술한 역사의 차이점은 누구에게 가장 많은 공이 돌아가야 하는지에 대한 이견에서 그치지 않는다. 둘은 혁신의 역사에 대한 기본적인 관점의 차이를 뚜렷이 드러낸다. 혁신적 도약을 이룩한 창의적인 혁신가들의 역할에 중점을 두는 호퍼식 기술과학 연구가 있는 반면, 벨 연구소나 IBM의 엔디콧 시설에서 팀과 기관에 의해 이루어진

*하버드 대학 과학 센터에 마련된 마크 I 전시에서는 최근까지 그레이스 호퍼에 대한 언급을 찾아볼 수 없었는데, 2014년 전시 내용이 일부 수정되면서 호퍼와 프로그래머들의 역할이 부각되었다.

협업을 강조하는 연구가 있다. 후자와 같은 접근 방식에서는 창의적인 도약처럼 보이는 것들—유레카의 순간들—이 실은 수많은 아이디어와 개념과 기술과 엔지니어링 방식이 동시에 무르익었을 때 발생하는 진화적 절차의 결과라는 사실을 드러내려고 한다. 기술 방식을 바라볼 때 둘 중 어느 한 쪽의 방식만 견지하는 것은 만족스러운 결과를 내지 못한다. 디지털 시대에 발생한 대부분의 위대한 혁신은 창의적인 개인들(모클리, 튜링, 폰 노이만, 에이킨)과 그들의 아이디어를 구현한 팀이 상호 영향을 주며 이루어졌다.

호퍼의 마크 I 가동 파트너는 리처드 블로크였다. 하버드 대학에서 수학을 전공하며 밴드 동아리에서 플루트를 연주하기도 했던 블로크는 당시 해군에 복무 중이었다. 호퍼가 발령받기 3개월 전부터 에이킨 밑에서 근무하던 블로크 소위는 호퍼를 자신의 수하로 받아들였다. "밤늦게까지 기계 작동법과 프로그래밍 방법을 연구하던 기억이 난다." 블로크는 호퍼와 열두 시간마다 교대하며 마크 I과 그에 못지않게 신경질적인 에이킨 사령관이 필요로 하는 사항을 처리하곤 했다. "사령관은 새벽 4시에 불쑥 나타나서는 '숫자 좀 나오고 있나?'라고 묻곤 했다. 기계가 작동을 멈추면 에이킨의 긴장이 최고조에 달했다." 블로크의 회상이다.[11]

호퍼가 프로그래밍을 대하는 방식은 무척 체계적이었다. 물리 문제나 수학 방정식을 풀 때면 언제나 전체를 작은 산술 단위로 쪼개어 생각했다. "다음과 같이 차근차근 한 단계씩 컴퓨터에게 할 일을 알려주었다. 이 숫자를 꺼내서 저 숫자에 더하고 답은 이곳에 넣는다. 이제 답을 꺼내서 이 숫자와 곱한 다음 저곳에 답을 넣는다."[12] 프로그램을 천공 테이프에 입력한 다음에 테스트해야 하는 순간이 오면 마크 I 팀은 기도용

깔개를 꺼내 동쪽을 향해 앉아 테스트를 무사히 잘 마칠 수 있도록 기도를 하곤 했다. 처음에는 장난으로 시작한 것이 나중에는 일종의 의식이 되었다.

블로크는 종종 밤늦은 시간에 하드웨어 회로를 만지작거리곤 했는데, 이 때문에 호퍼가 작성한 소프트웨어 프로그램이 작동하지 않는 경우가 빈번히 발생했다. 활기 넘치는 성격에 사관생도의 언어를 구사하던 호퍼가 상황을 조금은 즐기는 듯한 비쩍 마른 블로크에게 속사포처럼 쏘아대는 모습은 하드웨어 엔지니어와 소프트웨어 엔지니어 사이에서 오늘날 흔히 볼 수 있는 대립과 동지애의 시작이었다. "프로그램을 겨우겨우 실행해놓으면 블로크가 한밤중에 회로를 모두 바꿔놓는 바람에 아침이 되면 또다시 실행되지 않는 경우가 있었다. 더 답답한 것은 그때쯤이면 블로크가 집에서 잠을 자고 있을 시간이라 대체 무슨 일을 어떻게 한 건지 알려달라고 할 수도 없었다는 거다." 호퍼는 그렇게 회고한다. 블로크에 따르면 이런 상황이 발생할 때마다 '아수라장'이 되곤 했다. "에이킨은 이런 일을 별로 달가워하지 않았다."[13]

호퍼는 이런 일화들로 인해 불손하다는 평판을 얻게 되었다. 사실이 그러했다. 하지만 그녀는 불손을 협업의 정신으로 승화시킬 줄 아는 소프트웨어 해커의 능력을 갖추고 있었다. 후세대의 코더들이 물려받게 될 이런 협업 정신은 호퍼를 구속하기보다는 오히려 해방시켰다. 베이어는 다음과 같이 전한다. "호퍼의 독립적인 사고방식과 행동을 뒷받침한 것은 반항적인 기질보다 협업할 줄 아는 능력이었다."[14]

실제로 에이킨 사령관과 사이가 좋지 않았던 것은 투지 넘치는 호퍼가 아니라 침착한 블로크였다. "리처드는 항상 곤경에 빠지곤 했다." 호퍼의 회상이다. "나는 그에게 에이킨은 컴퓨터와 같다고 설명해주곤 했다. 에이킨은 특정한 방식으로 작동하도록 설계돼 있는데, 그와 제대로 일을 하려면 그 방식을 파악해야 한다고."[15] 처음에는 자신의 휘하에 여성을 받아들이기를 꺼렸던 에이킨은 오래지 않아 호퍼를 수석 프로그래머이자 부장관으로 임명했다. 세월이 흐른 뒤 에이킨은 컴퓨터 프로그래밍이 탄생하기까지 호퍼의 공이 얼마나 컸는지를 애정을 담아 회상했다. "그레이스는 훌륭한 사람이었다."[16]

호퍼가 하버드에서 갈고닦은 다양한 프로그래밍 기법 중 하나는 서브루틴이었다. 서브루틴이란 주프로그램이 여러 지점에서 특정 작업을 수행할 때마다 호출될 수 있도록 작성되어 저장되는 코드다. 호퍼는 다음과 같이 기술했다. "서브루틴이란 명확히 작성되어 기호로 표상되는, 여러 번 반복되는 프로그램이다. 하버드 마크 I에는 sine*x*, log10*x*, 10*x*를 수행하는 서브루틴이 포함되어 있었는데, 각각의 서브루틴은 하나의 연산 코드를 통해 호출되었다."[17] 이것은 원래 에이다 러브레이스가 해석기관에 관한 그녀의 「주석」에서 기술한 개념이었다. 호퍼가 관리하는 서브루틴 라이브러리는 점점 더 방대해졌다. 호퍼는 마크 I을 프로그래밍하는 과정에서 컴파일러라는 개념도 개발했다. 소스 코드를 서로 다른 컴퓨터 프로세서가 사용하는 기계어로 옮기는 절차인 이 개념이 정립되면서 서로 다른 기계를 위해 하나의 프로그램을 작성하는 과정이 무척 간편해졌다.

호퍼와 동료들에 의해 '버그'*와 '디버깅'이라는 용어도 널리 쓰이게 되었다. 하버드 마크 II는 창문이 없는 건물에 있었다. 어느 날 밤 기계가 갑자기 작동을 멈추었고, 팀원들은 원인을 찾기 시작했다. 문제의 원인은 전기기계식 릴레이 중 하나에 끼어 있던 날개폭 10센티미터의 나방

*bug. 원래 벌레라는 뜻—옮긴이.

이었다. 팀원들은 나방을 실험실 일지에 스카치테이프로 붙여두었다. 그 밑에는 이렇게 적었다. "릴레이 패널 F(나방). 실제 버그가 발견된 첫 사례."[18] 그때부터 결함을 찾아내는 일을 '디버깅'이라 부르기 시작했다.

하버드 마크 I은 1945년 당시 세상에서 가장 쉽게 프로그래밍할 수 있는 대형 컴퓨터였다. 호퍼의 공이 컸다. 하드웨어나 케이블 설정을 변경하지 않고도 천공 테이프로 새로운 명령을 입력하여 작업을 수행할 수 있었다. 그럼에도 이런 장점이 그때 당시나 역사상에서도 크게 부각되지 않은 것은 마크 I(은 물론이고 이를 계승하여 1947년에 제작된 마크 II도)이 진공관과 같은 전자 부품이 아닌 느리고 딸깍거리는 전기기계식 릴레이를 사용했기 때문이다. 호퍼는 다음과 같이 전한다. "사람들이 마크 II를 입에 올리기 시작했을 때는 이미 쓸모가 없어진 뒤였다. 모든 것이 전자식으로 바뀌고 있었으니까."[19]

다른 분야의 선구자들과 마찬가지로 컴퓨터 분야의 혁신가들 역시 자신만의 방식을 고집하면 뒤처지기 마련이다. 이들을 독창적인 발명가로 만드는 고집이나 집중력이라는 특성이 새로운 아이디어가 부상해도 변화에 저항하게 만드는 것이다. 고집 세고 집중력 강하기로 유명한 스티브 잡스는 달리 생각해야 한다는 사실을 깨달으면 갑자기 생각을 바꾸곤 하여 동료들을 놀래주거나 당황하게 만들었다. 에이킨은 이런 민첩성도 유연성도 갖지 못했다. 중앙집권화된 권력을 지향하는 해군 사령관으로서의 본능 때문에 그의 팀은 펜실베이니아의 모클리-에커트 팀처럼 자유분방하지 못했다. 에이킨은 또한 속도보다 안정성을 중시했다. 펜실베이니아와 블레츨리 파크의 연구팀들이 진공관이야말로 미래의 물결이라는 사실을 똑똑히 파악하고 난 다음에도 에이킨은 여전히 오랜 기간 검증되어 믿을 수 있는 전기기계식 릴레이를 고집했다. 에이킨의 마크 I은 초당 3개의 명령을 실행할 수 있었던 반면, 펜실베이니아에서 제작 중이던 ENIAC은 초당 5,000개의 명령을 실행할 수 있었다.

에이킨이 ENIAC을 시찰하고 강의에 참석하기 위해 펜실베이니아를 방문한 기록은 그가 "자신만의 방식에 몰두해 있었으며, 새로운 전자 기계의 중요성을 인지하지 못하는 것으로 보였다"고 전한다.[20] 1945년에 ENIAC을 찾은 호퍼도 마찬가지였다. 호퍼는 더 쉽게 프로그래밍할 수 있는 마크 I이 낫다고 생각했다. ENIAC은 "여러 작업을 수행하려면 기본적으로 이것저것을 꽂으면서 각각에 대한 전용 컴퓨터를 설계해야 하지만, 우리는 프로그래밍이라는 개념에, 프로그램을 이용해 컴퓨터를 제어하는 데 익숙했다."[21] ENIAC을 다시 프로그래밍하는 데는 최대 하루까지도 걸렸는데, 같은 작업을 계속 반복할 것이 아닌 이상 이로 인해 처리 속도라는 장점이 상쇄된다는 것이었다.

하지만 에이킨과 달리 사고가 개방적이었던 호퍼는 곧 관점을 바꾸었다. 그해, ENIAC을 더 빠르게 재프로그래밍하기 위한 방법들이 개발되고 있었다. 그리고 이런 프로그래밍 혁명의 최전선에 여성들이 있었다.

ENIAC의 여성들

ENIAC의 하드웨어를 설계한 엔지니어는 모두 남성이었다. 그리고 비록 역사의 조명은 받지 못했지만, 현대식 컴퓨터의 개발에 있어 그와 동등하게 중요한 역할을 한 여섯 명의 여성이 있었다. 펜실베이니아에서 ENIAC이 제작될 1945년 당시에는 이 컴퓨터가 수많은 변수를 이용해 미사일 탄도를 계산하는 것과 같은 특정 연산만을 반복하여 수행하는 데 사용될 것이라 생각되었다. 하지만 ENIAC은 종전과 함께 다양한 연산—음파, 기상 패턴, 새로운 유형의 원자폭탄의 폭발력—을 수행하게 되었고, 이를 위해서는 빈번한 재프로그래밍이 요구되었다.

재프로그래밍을 하려면 얽히고설킨 케이블을 손으로 바꿔 꽂고 스위치를 재설정해야 했다. 초기에는 프로그래밍이 반복적이고 하찮기까지 한 작업으로 여겨졌다. 그런 이유 때문이었는지 프로그래밍을 담당하게 된 것은 여성들이었다. 당시는 여성이 엔지니어가 되는 일이 드물던 때다. 이러한 분위기 속에서 ENIAC의 여성들은 컴퓨터 프로그래밍이 하드웨어 설계만큼이나 중요하다는 것을 증명해 보였고, 남성들도 차츰 이 사실을 깨닫게 되었다.

초기 여성 컴퓨터 프로그래머에 대해 이야기할 때 진 제닝스를 빼놓을 수 없다.[22] 제닝스는 인구 104명의 미주리 주 앨런더스 그로브 외곽의 농장에서 태어났다. 부모님은 무척 가난했지만 자녀 교육을 중요시했다. 아버지는 학급이 하나밖에 없는 학교의 교사였는데, 제닝스는 이곳에서 소프트볼 팀의 유일한 여학생이자 스타 투수로 활약했다. 어머니는 비록 8학년까지밖에 학교를 다니지 못했지만, 대수와 기하학을 가르쳐주었다. 제닝스는 7남매 중 여섯째였으며, 남매가 모두 대학에 진학했다. 주 정부가 교육의 가치를 인정하고, 교육비를 낮추어 누구나 교육받을 수 있게 되는 것이 경제적으로도 사회적으로도 이득임을 인지하기 시작한 때였다. 제닝스는 매리빌의 노스웨스트 미주리 주립사범대학에 진학했다. 등록금은 연간 76달러였다. (2013년에는 미주리 주 거주민 대상 등록금이 연간 14,000달러였는데, 이는 물가 상승률을 고려하여 계산해도 무려 12배나 증가한 수치다.) 처음에는 언론학을 전공했지만, 지도교수를 싫어해서 수학으로 전공을 바꿨다. 그녀는 바꾼 전공을 무척 좋아했다.

1945년 1월 학사 과정을 마칠 무렵, 제닝스의 미적분 담당 교수가 펜실베이니아 대학교의 여성 수학자 모집 광고를 보여주었다. '컴퓨터'—반복적인 수학 작업을 수행하는 사람—로 채용되어 군대의 포 궤도 테이블 연산을 수행할 여성들을 모집하는 광고였다. 광고는 다음과 같았다.

> 구인: 수학 전공자. (중략) 과거에는 남성만 선호되던 과학 및 엔지니어링 직무에 여성들을 모집합니다. 과학 및 엔지니어링 분야에서 직업을 가질 수 있는 기회입니다. (중략) "여성 구인!"[23]

그때까지 미주리 주를 떠나본 적이 없었던 제닝스는 지체 없이 원서를 제출했다. 합격 전보를 받자마자 자정에 출발하는 워배시 열차에 올랐고, 40시간 뒤에 펜실베이니아에 도착했다. "내가 너무 빨리 나타나자 그들은 무척 놀란 모습이었다." 제닝스의 회상이다.[24]

1945년 3월, 스무 살의 제닝스가 당도한 펜실베이니아 대학에서는 약 70명의 여성들이 기계식 계산기로 연산을 수행하고 커다란 종이 위에 숫자를 휘갈기며 일을 하고 있었다. 여성들의 채용 및 교육은 허먼 골드스타인 대위의 부인 아델 골드스타인이 담당했다. "아델을 처음 봤을 때를 잊지 못한다." 제닝스의 회상이다. "그녀는 삐뚜름히 담배를 문 채 교실로 느릿느릿 걸어 들어와 테이블에 한쪽 다리를 걸치고는 희미한 브루클린 억양으로 강의를 시작했다." 활발한 말괄량이로서 수많은 성차별에 대항하며 살아온 제닝스에게 이것은 기념비적인 경험이었다. "여자가 담배를 피우려면 온실에 숨어야 했던 매리빌과는 다른 세상이었다."[25]

일을 시작하고 몇 달이 지난 뒤 여직원들 사이에 메모가 돌았다. 무어 공과대학 1층, 굳게 잠긴 문 뒤의 신비에 싸인 기계를 작동할 여섯 명의 인력이 필요하다는 것이었다. "무슨 일을 하게 될지도, ENIAC이 무엇인지도 몰랐다." 제닝스의 회상이다. "단지 무언가 새로운 일에 처음부터 관여하게 될 것이라는 것만 알았다. 새로운 것을 배우고 새로운 일을 해내는 데는 누구보다도 자신이 있었다." 게다가 궤도를 계산하는 것보다 흥미로운 일을 하고 싶었다.

회의에 참석했을 때, 골드스타인이 그녀에게 전기에 대해 얼마큼 알고 있느냐고 질문했다. "물리학 수업을 들은 적이 있으며, E는 I 곱하기 R과 같다는 것을 알고 있다고 답했다." 전류와 전압, 저항의 관계를 정리한 옴의 법칙 이야기다. 골드스타인이 답했다. "아니, 그런 건 내가 알 바 아니고, 전기가 무섭냐고요?"[26] 골드스타인은 새로운 직무에는 전선을 연결하고 수많은 스위치를 꽂아야 하는 작업이 많을 거라고 설명했다. 제닝스는 두렵지 않다고 답했다. 인터뷰 도중 아델 골드스타인이 들어왔다. 제닝스를 보고는 고개를 끄덕였다. 제닝스는 새로운 직무를 맡게 되었다.

진 제닝스(훗날 진 바틱) 외에도 말린 웨스코프(말린 멜처), 루스 릭터맨(루스 테이텔바움), 베티 스나이더(베티 홀버튼), 프랜시스 빌라스(프랜시스 스펜스), 케이 맥널티(훗날 존 모클리와 결혼한다)가 선정되었다. 웨스코프와 릭터맨은 유대인, 스나이더는 퀘이커교도, 맥널티는 아일랜드 태생의 가톨릭교도, 제닝스는 교회에는 나가지 않는 신교도로, 이들은 전시라는 상황 덕분에 한데 모일 수 있었다. 제닝스는 다음과 같이 회상한다. "다른 종교를 가진 사람과 그토록 가까이 지내는 것이 처음이었기 때문에, 무척 즐거운 시간을 보낼 수 있었다. 종교적 신념과 진리에 대해 열띤 토론을 벌이기도 했다. 우리에게는 수많은 차이점이 있었음에도 불구하고, 아니 어쩌면 그런 차이점 때문에, 서로를 매우 좋아했다."[27]

1945년 여름, 6인의 여성들은 IBM 천공 카드 사용법과 배선반에 전선 꽂는 법을 배우기 위해 애버딘 병기 실험소를 찾았다. 다음은 맥널티의 회상이다. "우리는 종교, 가족, 정치, 일에 대해 흥미로운 토론을 했다. 언제나 할 말이 정말 많았다."[28] 그중 제닝스가 우두머리 역할을 했다. "같이 일하고, 생활하고, 밥을 먹으면서 밤늦게까지 세상 모든 것들에 대해 이야기를 나누었다."[29] 모두 독신이었던 이들은 수많은 독신 군인들에게 둘러싸여 있었다. 장교회관에서 톰 콜린스 칵테일을 홀짝이며 몇 차례의 로맨스가 피어나기도 했다. 웨스코프는 "키가 크고 꽤 잘생긴" 해병을 발견했으며, 제닝스는 피트라는 육군 병장과 사귀었다. 미시시피 출신의 피트는 "매력적이긴 했지만 그다지 잘생기지는 않은" 남성이었다. 제닝스는 인종차별에 반대하는 자신의 의견을 거리낌 없이 피력하곤 했다. "피트는 내가 노골적으로 인종차별 반대를 주창하기 때문에 미시시피 주의 빌록시에는 절대로 데려가지 않을 것이라 했다. 살해당할지도 모른다면서."[30]

6주간의 교육이 끝나고, 여섯 명의 여성 프로그래머들은 펜실베이니아로 돌아갔다. 남자 친구들은 추억이라는 기록 보관소에 저장한 채. 펜실베이니아에서 이들은 ENIAC에 관한 커다란 포스터 크기의 다이어그램과 차트를 받았다. 맥널티는 다음과 같이 회상한다. "누군가 우리에게 설계도 한 뭉치를 줬다. 전체 패널에 대한 배선 다이어그램이었다. 그러고는 '자, 이 기계의 작동 원리를 파악한 다음 프로그래밍 방법을 알아내시오'라고 말했다."[31] 그러기 위해서는 관련 미분방정식을 분석한 다음, 올바른 전기회로에 케이블을 연결하는 방법을 찾아내야 했다.

"다이어그램으로 ENIAC을 분석하는 것의 가장 큰 장점은 ENIAC으로 할 수 있는 작업과 그렇지 않은 작업을 파악할 수 있다는 것이었다." 제닝스는 그렇게 회고한다. "그 결과 진공관 하나하나의 문제점까지도 알 수 있었다." 제닝스와 스나이더는 18,000개의 진공관 중 어떤 것이 고장 났는지 한눈에 알아볼 수 있는 시스템을 고안해냈다. "기계에 대해, 그리고 기계로 수행 가능한 작업에 대해 모두 알고 있었기 때문에, 우리는 엔지니어들 못지않게 제대로 문제점을 진단할 수 있었다. 엔지니어들도 우리에게 디버깅을 맡길 수 있게 되었다며 무척 좋아했다."[32]

스나이더는 케이블과 스위치를 새롭게 설정할 때마다 주의 깊게 차트와 다이어그램을 작성하던 과정에 대해 설명한다. "그때 우리가 하던 작업이 프로그램이라는 것의 시작이었다." 물론 프로그램이라는 단어가 등장하기 전이었다. "다들 보드를 망가뜨리면 세상이 무너지기라도 할 것처럼 열심히 일했다." 제닝스의 회상이다.[33]

하루는 제닝스와 스나이더가 2층 교실을 장악하고 앉아 ENIAC을 구성하는 수많은 기구 다이어그램이 기재된 종이를 뚫어져라 보고 있었다. 그때 한 남성이 공사를 감시하기 위해 교실로 들어왔다. "안녕하세요. 저는 존 모클리라고 합니다. 천장이 무너지지 않았는지 확인하러 왔어요." 두 여성은 ENIAC의 선지자인 모클리를 보는 것이 처음이었지만, 조금도 쑥스러워하거나 겁을 먹지 않았다. "만나 뵙게 돼서 무척 기뻐요." 제닝스가 말했다. "이 빌어먹을 누산기가 어떻게 작동하는지 좀 설명해주시겠어요?" 모클리는 이것을 비롯한 여러 질문에 신중히 답한 다음 말했다. "사무실이 바로 옆방이니, 내가 있을 때는 언제든지 와서 질문을 해도 좋습니다."

제닝스와 스나이더는 거의 매일 오후가 되면 질문을 하러 갔다. 제닝스는 모클리가 "훌륭한 선생"이었다고 회상한다. 그는 ENIAC이 탄도

궤적 연산뿐 아니라 훗날 하게 될 수없이 많은 일들을 그려볼 수 있도록 제닝스와 스나이더를 독려했다. 모클리는 ENIAC이 진정한 범용 컴퓨터가 되려면 하드웨어를 살살 달래 다양한 작업을 수행하게 될 프로그래머들을 고무해야 한다는 사실을 알고 있었다. "모클리는 항상 우리가 다른 문제들을 생각해보도록 만들었다. 역행렬을 만들어보라거나 하는 식이었다." 제닝스의 회상이다.[34]

하버드에서 호퍼가 서브루틴을 연구하고 있을 무렵, ENIAC의 여성들 또한 서브루틴 사용법 개발에 착수하고 있었다. 일부 궤도 연산 중 논리 회로의 용량이 부족한 것이 고민이었다. 그러던 중 맥널티가 해결책을 찾아냈다. "나 알겠어!" 어느 날 그녀가 들뜬 목소리로 외쳤다. "마스터 프로그래머를 이용해서 코드를 반복하면 될 것 같아." 이들은 즉시 이 방법을 시도했고, 문제없이 작동하는 것을 확인할 수 있었다. 제닝스의 회상이다. "서브루틴, 그리고 서브루틴 안의 서브루틴을 어떻게 활용할 수 있을지 생각해보기 시작했다. 이것은 궤도 문제를 해결하는 데 무척 유용했다. 프로그램 전체를 반복하지 않고 마스터 프로그래머를 이용해 부분 부분만 반복하도록 할 수 있었기 때문이다. 이 개념을 익히는 순간 모듈식으로 프로그래밍하는 법을 터득하게 되었다. 모듈식이라는 개념과 서브루틴의 개발은 프로그래밍을 배우는 데 무척 중요했다."[35]

진 제닝스 바틱은 2011년 세상을 떠나기 직전, 최초의 범용 컴퓨터를 만든 것은 모두 여성이었다고 자랑스럽게 회고했다. "우리는 여성의 직업 기회가 무척 한정돼 있던 시기에 성년이 되었음에도 불구하고 컴퓨터 시대를 여는 데 일조했다." 이는 당시 많은 여성들이 수학을 전공했고, 이들의 능력이 필요했기 때문에 가능한 일이었다. 게다가 다음과 같은 아이러니도 작동하고 있었다. 즉, 남성들은 하드웨어 조립이 가장 중요한 일이며, 그렇기 때문에 하드웨어야말로 남성이 해야 할 일이라고 생각했던 것이다. 제닝스의 회상이다. "당시 미국의 과학 및 공학 분야는 오늘날보다 훨씬 더 성차별적이었다. 전자 컴퓨터의 기능에 있어 프로그래밍이 얼마나 중요해질지, 얼마나 복잡해질지 ENIAC 운영진이 알았더라면, 그렇게나 중요한 역할을 여성들에게 맡기기를 망설였을 것이다."[36]

프로그램 내장식

모클리와 에커트는 초창기부터 ENIAC을 재프로그래밍하는 더 쉬운 방법이 있을 것이라 생각했다. 하지만 이런 기능을 장착하려면 하드웨어가 더욱 복잡해져야 했는데, 이는 기존에 계획했던 작업에는 필요하지 않았기 때문에 시도되지 않았다. 그들은 1943년 연말 ENIAC 중간 보고서에 이렇게 기재했다. "문제를 자동으로 설정하기 위한 준비 작업은 없었다. 이것은 단순성을 담보하기 위함이며, 또한 ENIAC은 한 가지 종류의 문제 해결을 위해서 주로 사용된 다음에 다른 문제를 위해 사용될 것이기 때문이다."[37]

하지만 ENIAC 제작이 완성되기 1년도 전인 1944년 초, 모클리와 에커트는 컴퓨터를 쉽게 재프로그래밍하는 방법이 있음을 알아냈다. 프로그램을 매번 적재하지 않고 컴퓨터 메모리에 내장하는 방식이었다. 이들은 컴퓨터 발전에 있어 이것이 또 한 번의 도약이 될 것임을 감지했다. 이런 '프로그램 내장식' 아키텍처를 사용하면 케이블과 스위치를 손으로 재설정하지 않고도 컴퓨터가 수행할 작업을 즉시 변경할 수 있을 것이었다.[38]

프로그램을 기계에 내장하기 위해서는 대용량의 메모리가 필요했다. 에커트는 이를 위해 여러 가지 방안을 모색했다. 그는 1944년 1월에 다음과 같은 메모를 남겼다. "이런 방식의 프로그래밍은 합금 디스크에 일시적으로 저장될 수도 있고, 에칭된 디스크에 영구적으로 저장될 수도 있다."[39] 아직 이런 디스크를 합리적인 금액으로 구할 수 없었으므로, 에커트는 차세대 ENIAC에 더 저렴한 저장 방식인 음파 지연선을 사용할 것을 제안했다. 벨 연구소의 엔지니어 윌리엄 쇼클리(뒷장에서 자세히 설명한다)가 발명하고, MIT에서 개발한 것이었다. 음파 지연선은 기다란 관을 걸쭉하고 움직임이 느린 수은과 같은 액체로 채운 다음 데이터를 파동으로 저장하는 방식이었다. 일련의 데이터로 이루어진 전기 신호가 관의 한쪽 끝에 가해지면 석영 플러그를 통과하여 파동으로 변환되고, 이 파동이 일정 시간 동안 관 속을 왕복한다. 파동은 필요한 만큼 전기적으로 재생할 수 있다. 데이터를 회수해야 할 때가 되면 석영 플러그에 파동을 통과시켜 전기 신호로 다시 변환한다. 관 하나가 진공관 회로의 100분의 1 가격으로, 1,000비트의 데이터를 저장할 수 있었다. 에커트와 모클리가 1944년 여름에 작성한 메모에 따르면, 차세대 ENIAC에는 여러 개의 수은 지연선 관이 장착되어 여기에 데이터와 기본적인 프로그래밍 정보가 디지털 형식으로 저장될 것이었다.

존 폰 노이만

이 시점에서 컴퓨팅 역사상 가장 흥미로운 인물 중 하나인 존 폰 노이만이 다시 등장한다. 헝가리 출신 수학자인 폰 노이만은 프린스턴 대학에서 튜링의 멘토 역할을 하며 튜링을 조교로 채용했었다. 열정적인 박식가이자 세련된 지성인이었던 폰 노이만은 통계학, 집합 이론, 기하학, 양자 역학, 컴퓨터 아키텍처에 지대한 공헌을 하게 된다. 또한 당시 에커트와 모클리가 이끌던 연구팀이 연구하기 시작한 프로그램 내장식 아키텍처를 상당 부분 개선하여 자신의 이름을 붙여 대부분의 공을 앗아가기도 한다.[40]

폰 노이만은 1903년에 부다페스트의 부유한 가문에서 태어났다. 오스트리아-헝가리 제국에 의해 유대인에 대한 구속적인 법률이 폐지된 직후의 찬란한 시기였다. 1913년, 프란츠 요제프 황제가 은행가 막스 노이만의 "금융 업계에 대한 지대한 공헌"을 치하하며 세습 작위를 하사하였고, 그 후 노이만 가문은 마기타이 노이만, 독일어로 폰 노이만이라 불리게 되었다. 야노스(훗날 얀시, 미국에서는 존 또는 조니) 폰 노이만은 삼형제 중 맏이였으며, 형제는 아버지가 세상을 떠난 다음 모두 가톨릭교도로 개종했다("편의상 취한 조치"였다고 훗날 그중 한 명이 시인했다).[41]

폰 노이만은 인문학과 과학을 두루 섭렵한 혁신가였다. "아마추어 시인이었던 아버지는 시를 통해 감정뿐 아니라 철학적 사유도 전달할 수 있다고 믿었다." 존의 동생 니콜라스의 회상이다. "아버지는 시야말로 언어 내부의 언어라 생각했다. 이런 생각은 컴퓨터와 뇌의 언어에 관한 존의 향후 고찰의 유래가 된 것일 수 있다." 어머니에 대해서는 다음과 같이 썼다. "어머니는 음악, 미술, 그리고 이와 관련된 미적 즐거움이 인간의 삶에서 중요한 역할을 한다고, 고상함이란 숭상해야 할 가치가 있다고 믿었다."[42]

어린 폰 노이만의 뛰어난 천재성을 보여주는 수많은 이야기가 전해진다. 그중 일부는 사실일 것이다. 여섯 살 때에는 아버지와 고전 그리스어로 농담을 나누고 암산으로 여덟 자릿수를 여덟 자릿수로 나눌 수 있었다고 한다. 파티에서는 전화번호부 한 페이지를 몽땅 외워서 이름과 전화번호를 줄줄 읊어 사람들을 놀라게 했고, 5개 국어로 소설이나 기사를 읽은 다음 한 글자도 틀리지 않고 외울 수 있었다. 수소 폭탄을 발명한 에드워드 텔러는 이렇게 말한 적이 있다. "언젠가 뛰어난 두뇌를 가진 초인류가 생겨난다면, 그들은 조니 폰 노이만을 닮았을 것이다."[43]

폰 노이만은 학교를 다니며 동시에 수학과 여러 언어에 대한 개인 교습을 받았다. 15세가 됐을 때는 고급 미적분에 완전히 통달했다. 1919년, 공산주의자 벨러 쿤이 잠시 헝가리를 정복했을 때, 일가는 빈으로, 그리고 아드리아 해에 면한 리조트로 피신했다. 폰 노이만은 이후 일생 동안 공산주의를 혐오했다. 스위스 취리히 연방공과대학(아인슈타인의 모교이기도 하다)에서 화학을 공부했으며, 베를린과 부다페스트에서 수학을 공부하여 1926년에 박사 학위를 취득했다. 1930년부터 프린스턴 대학교에서 양자 역학을 강의했고, (아인슈타인 및 괴델과 더불어) 프린스턴 고등연구소의 초대 교수진으로 임명된 다음 그곳에서 여생을 보냈다.[44]

존 폰 노이만과 앨런 튜링은 프린스턴에서 만나 함께 범용 컴퓨터의 위대한 이론가가 되었지만, 인성이나 기질 면에서는 이진수의 양극단에 있다고 해도 과언이 아니었다. 튜링은 하숙집이나 호스텔에서 혼자 살며 스파르타식 삶을 영위한 반면, 폰 노이만은 프린스턴의 대저택에서 아내와 함께 일주일에 한두 번씩 화려한 파티를 열곤 하던 고상한 향락가였다. 튜링은 장거리 달리기를 좋아했고, 폰 노이만의 경우 그의 머리를 스쳐 지나가지 않은 생각을 찾기란 힘들겠지만, 장거리 달리기(그리고 단거리 달리기도)가 바로 그중 하나라 말할 수 있다. "옷차림과 습관도 단정하지 못했다." 튜링의 어머니가 튜링에 대해 남긴 말이다. 이와 대조적으로 폰 노이만은 거의 항상 스리피스 정장을 갖춰 입었다. 당나귀를 타고 그랜드캐니언을 달릴 때조차 예외는 아니었다. 학생 신분이었을 때에도 옷을 너무나 잘 갖춰 입은 나머지 수학자 다비트 힐베르트는 그를 만난 다음 딱 한 가지 질문만 던졌다고 한다. "담당 재단사가 누구라고?"[45]

폰 노이만은 파티에서 농담을 하거나 여러 언어로 아일랜드의 5행 희시戱詩를 암송하기를 즐겼다. 그의 부인은 지나치게 많이 먹는 그를 두고 칼로리만 빼고 모든 것을 셀 줄 안다고 평한 바 있다. 그가 차를 모는 방식은 방종에 가까울 만큼 위험하여 크고 작은 사고를 내기도 했다. 호사스러운 신형 캐딜락을 특히 좋아했다. 과학사가 조지 다이슨은 폰 노이만이 "기존에 몰던 차를 망가뜨렸든 아니었든 간에 적어도 1년에 한 번은 신차를 구입했다"라고 썼다.[46]

프린스턴 고등연구소에 재직 중이던 1930년대 후반, 폰 노이만은 폭발적인 충격파를 수학 모델로 개발하는 방법에 관심을 갖게 되어 1943년에 미국 원자탄 제조 프로젝트인 맨해튼 프로젝트의 일원이 되었으며, 이로 인해 핵무기 개발이 진행되던 뉴멕시코 주 로스앨러모스의 비밀 시설을 자주 방문했다. 로스앨러모스의 과학자들은 우라늄-235의 부족으로 단 한 대의 폭탄밖에 제조할 수 없었기 때문에 플루토늄-239를 이용하는 장치를 연구하고 있었다. 폰 노이만은 플루토늄 핵을 압축하여 임계 질량에 도달하도록 하는 폭발성 렌즈 설계에 심혈을 기울였다.*

*폰 노이만은 결국 폭발성 렌즈 개발에 성공했다. 이 플루토늄 내폭 설계로 1945년 7월 뉴멕시코 주 앨라모고도 인근에서 시행된 트리니티 테스트에서 사상 최초로 핵폭발 실험이 성공할 수 있었으며, 이것은 히로시마에 우라늄 폭탄이 떨어지고 3일 후인 1945년 8월 9일 나가사키에 투하된 원자폭탄에 사용되었다. 나치 및 러시아를 배후로 한 공산주의자들을 혐오했던 폰 노이

내폭 개념을 연구하기 위해서는 폭발이 일어난 직후의 압축된 공기 및 다른 물질의 흐름률을 계산하는 일군의 방정식을 풀어내야 했다. 폰 노이만은 이 작업을 위해 고속 컴퓨터의 잠재력을 이해하기 위한 여정에 오른다.

1944년 여름, 폰 노이만은 벨 연구소를 방문하여 조지 스티비츠의 차세대 복소수 계산기를 시찰했다. 최신 계산기에 도입된 한 가지 특징이 그를 사로잡았다. 각 작업을 위한 명령이 입력된 천공 테이프에 데이터도 뒤섞여 포함돼 있었던 것이다. 폰 노이만은 하버드 대학도 방문하여 하워드 에이킨의 마크 I이 폭탄 계산에 도움이 될 수 있을지를 가늠했다. 그해 여름과 가을에 걸쳐 폰 노이만은 기차를 타고 하버드, 프린스턴, 벨 연구소 및 애버딘 사이를 오가며 머릿속에 떠오르는 새로운 발상들을 여러 연구팀 사이에 이식했다. 존 모클리가 여행을 통해 얻게 된 아이디어를 접목한 결과로 최초의 전자 컴퓨터가 탄생했듯, 폰 노이만이 이 당시 수집한 원리와 개념은 프로그램 저장식 컴퓨터 아키텍처의 일부가 되었다.

하버드의 그레이스 호퍼와 그녀의 파트너 리처드 블로크는 마크 I 바로 옆 회의실에 폰 노이만이 작업할 장소를 마련해주었다. 폰 노이만과 블로크가 칠판 위에 방정식을 쓰고 이를 기계에 입력하면, 호퍼는 기계가 뱉어내는 중간 결과를 큰 소리로 읽곤 했다. 호퍼의 회상에 따르면, 기계가 "숫자를 만들고 있을 때"면 회의실에 있던 폰 노이만이 불쑥 나

만은 원자폭탄의 깅경한 지지자가 되었다. 트리니티 테스트는 물론 태평양의 비키니 환초에서 거행된 이후의 테스트에도 참여한 폰 노이만은 미국이 핵무기를 보유하게 된 대가로 방사선으로 인한 1,000명의 죽음쯤은 감수해야 한다고 주장했다. 그로부터 12년 뒤 53세의 나이에 골암과 췌장암으로 세상을 떠났다. 핵폭탄 테스트 참가 당시 쪼인 방사선으로 암에 걸렸을 것이라는 견해가 있다.

타나서는 결과를 예측했다. "폰 노이만은 회의실에서 쳐들어와서는 다시 회의실로 불쑥 돌아가서 칠판에 수식을 휘갈기고 결과값을 예측하곤 했는데, 99%의 확률로 정확하게 맞혔다. 환상적이었다. 연산이 어떻게 진행되는지를 아는 것 같았다. 아니, 그냥 느끼는 것 같았다."[47]

폰 노이만은 뛰어난 협업으로 하버드 연구팀을 감동시켰다. 그는 연구팀의 아이디어를 흡수했고, 그중 일부는 자신의 공적으로 돌리기도 했지만, 특정 개념에 대해 누구도 소유권을 주장하면 안 된다는 견해를 분명히 밝히기도 했다. 연구 결과 보고서를 작성할 때는 블로크를 제1저자로 올리자고 주장했다. 블로크는 다음과 같이 말한다. "내게 그럴 자격이 있다고 생각하지 않았지만, 결국 그렇게 되었다. 무척 감사하게 생각한다."[48] 에이킨도 마찬가지로 아이디어 공유에 개방적인 입장을 취했다. 그는 학생에게 다음과 같이 말한 적도 있다. "다른 사람이 아이디어를 훔쳐갈까 봐 염려하지 말게. 독창적인 아이디어라면 훔쳐가기는커녕 억지로 떠안기기도 쉽지 않을 테니까." 이런 그조차도 아이디어 소유권에 대한 폰 노이만의 무신경한 태도에는 당황하지 않을 수 없었다. "그는 누구의 아이디어인지 신경 쓰지 않고 여러 개념에 대해 말하곤 했다." 에이킨은 전한다.[49]

폰 노이만이 하버드에서 직면한 문제는 마크 I이 전기기계식 스위치를 사용하기 때문에 말도 못하게 느리다는 것이었다. 마크 I으로 원자폭탄 연산을 처리하려면 수개월이 필요했다. 컴퓨터 재프로그래밍에 천공 테이프 입력 방식이 유용한 것은 사실이었지만, 새로운 서브루틴을 입력할 때마다 테이프를 수동으로 변경해야 한다는 단점이 있었다. 폰 노이만은 전자적 속도로 작동하며 내부 메모리에서 프로그램 저장과 변경이 가능한 컴퓨터를 설계하는 것이 유일한 해결책임을 깨달았다.

폰 노이만은 이로써 메모리 저장식 컴퓨터의 개발이라는 다음 단계로 비상할 준비를 갖추게 되었다. 1944년 8월 말, 그는 병기 실험소가 있는 애버딘의 기차역에서 뜻밖의 행운의 만남을 갖게 된다.

펜실베이니아로 간 폰 노이만

모클리 및 에커트와 함께 육군 연락반으로서 ENIAC을 담당하고 있던 허먼 골드스타인 대위는 애버딘 기차역에서 북으로 향하는 기차를 기다리고 있었다. 그는 폰 노이만을 만난 적이 없었지만 한눈에 그를 알아봤다. 수재들에게 열광하던 골드스타인은 수학계의 유명 인사를 보게 되자 흥분을 감추지 못했다. "나는 무모하게도 세계적으로 유명한 그분에게 다가가 나 자신을 소개하고 대화를 나누기 시작했다." 골드스타인의 회상이다. "다행히도 폰 노이만은 따뜻하고 친절한 성격으로, 옆 사람의 긴장을 풀어주기 위해 최선을 다했다." 폰 노이만이 골드스타인의 담당 직무를 알게 되자 한층 열띤 대화가 이어졌다. "내가 초당 333번의 곱셈을 수행할 수 있는 전자 컴퓨터 개발과 관련된 일을 하고 있다는 사실을 폰 노이만이 알게 되자, 우리의 대화는 쾌활하고 느긋한 분위기에서 순식간에 수학 박사 과정의 구술시험으로 변했다."[50]

폰 노이만은 골드스타인의 간청으로 당시 제작 중이던 ENIAC을 보기 위해 며칠 뒤 펜실베이니아 대학을 방문했다. 유명 수학자를 만날 기대로 가득 찬 프레스퍼 에커트는 폰 노이만이 처음으로 던지는 질문이 기계의 논리 구소에 관한 것인지를 통해 그가 "진짜 천재인지"를 시험할 생각을 품고 있었다. 폰 노이만은 첫 질문으로 바로 그것을 물었고, 단박에 에커트의 존경을 얻었다.[51]

ENIAC은 하버드 마크 I이 80시간 가까이 걸려 풀 편미분방정식을 1

시간 안에 풀 수 있었다. 폰 노이만은 깊이 감명받았다. 하지만 ENIAC이 다른 작업을 수행할 수 있도록 재프로그래밍하려면 몇 시간이 소요되었는데, 폰 노이만은 여러 작업을 수행해야 할 때 이것이 얼마나 큰 단점으로 작용할지 알게 되었다. 모클리와 에커트는 1944년 한 해 동안 컴퓨터 안에 프로그램을 저장하는 방식을 두고 씨름하고 있었다. 하버드와 벨 연구소를 비롯한 여러 연구팀들의 아이디어로 가득한 폰 노이만이 이곳을 방문하자, 프로그램 저장식 컴퓨터에 대한 사고의 경지가 한 차원 더 높아지게 되었다.

ENIAC 연구팀의 조언자가 된 폰 노이만은 컴퓨터 프로그램과 데이터를 동일한 메모리에 저장하여 실행 중인 프로그램이 쉽게 수정될 수 있도록 한다는 아이디어에 박차를 가했다. 1944년 9월 첫째 주, 연구에 합류한 폰 노이만에게 모클리와 에커트는 ENIAC에 대해 자세히 설명했고, 차기 버전에서 프로그래밍 명령 및 데이터의 메모리 역할을 하게 될 "주소를 가진 단일 저장 장치"에 대해서도 공유했다. 그 주에 골드스타인은 육군 상사에게 다음과 같은 편지를 발송했다. "중앙 프로그래밍 장치를 제안합니다. 프로그램 루틴은 상기에 제안한 것과 동일한 유형의 저장 장치에 코드 형식으로 저장될 것입니다."[52]

이후 폰 노이만이 ENIAC 연구팀과 가진 일련의 회의, 그중에서도 1945년 봄에 개최된 네 차례의 공식 회의는 '폰 노이만과의 회의'라는 제목으로 회의록이 남겨졌을 정도로 중요하게 여겨졌다. 칠판 앞을 서성이면서 흡사 소크라테스와 같은 자세로 토론을 이끌며 아이디어를 흡수하여 정제한 다음 그 결과를 칠판에 기재했다. 진 제닝스는 다음과 같이 회상한다. "교수처럼 회의실 앞에 서서 우리와 대화를 나누었다. 우리는 특정 문제점에 대해 그에게 말하곤 했는데, 그럴 때면 단지 수학적인 문제만이 아닌 근본적인 문제를 제대로 표현할 수 있도록 신중을 기해 얘기했다."[53]

폰 노이만은 개방적이면서도 지적으로 군림하는 경향이 있었다. 그가 무언가를 단언하면 반기를 들기란 쉽지 않았다. 하지만 제닝스는 예외였다. 한번은 제닝스가 폰 노이만에게 이의를 제기했다. 회의실의 남성들은 모두 믿을 수 없다는 듯 제닝스를 쳐다보았다. 폰 노이만은 하던 말을 멈추고 고개를 갸웃거리더니 이내 그녀의 의견을 받아들였다. 그는 남의 얘기에 귀 기울일 줄 알았고, 겸손을 가장하여 상대의 환심을 살 줄도 알았다.[54] 제닝스는 다음과 같이 회상한다. "그는 자신이 명석하다는 사실을 잘 알고 있으면서도 동시에 자신의 생각을 다른 사람에게 드러내는 것을 수줍어하고 겸손해할 줄 아는 사람이었다. 안절부절못하며 끊임없이 회의실을 왔다 갔다 하면서도, 자신의 생각을 말할 때는 상대의 생각에 동의하지 못해서 혹은 더 나은 아이디어를 생각해내서 미안해하는 것처럼 보이기도 했다."

폰 노이만은 컴퓨터 프로그래밍의 기초를 고안해내는 데 특히 진가를 발휘했다. 당시 컴퓨터 프로그래밍은 에이다 러브레이스가 해석기관을 이용하여 베르누이 수를 생성하기 위한 알고리즘을 작성한 단계에서 이렇다 할 발전을 보이지 못하며 기초적인 수준에 머물고 있었다. 폰 노이만은 명쾌한 명령 집합을 만들기 위해서는 철저한 논리와 정확한 표현식이 필요하다는 사실을 깨달았다. 제닝스의 회상이다. "그는 특정 명령이 왜 필요한지, 어떤 명령은 왜 필요하지 않은지에 대해 철두철미하게 설명하곤 했다. 나는 그제야 비로소 명령 코드와 논리의 중요성, 그리고 명령 집합이 필수적으로 갖춰야 할 요소에 대해 깨닫게 되었다." 새로운 아이디어의 정수에 도달하고자 하는 이런 시도는 폰 노이만이 가진 눈부신 재능이었다. "폰 노이만은 다른 천재들과 마찬가지로 개별 문제들로부터 가장 중요한 한 가지를 뽑아낼 줄 아는 능력을 가졌다는 것을 알게 되었다."[55]

폰 노이만은 자신들의 작업이 단지 ENIAC을 더 빨리 재프로그래밍할 수 있도록 개선하는 것만이 아니라는 사실을 알고 있었다. 어떠한 기호 체계로도 표현될 수 있는 논리적인 작업을 수행할 수 있는 기계라는 에이다의 비전을 실현하고 있는 것이었다. 조지 다이슨은 다음과 같이 전한다. "앨런 튜링에 의해 고안되고 존 폰 노이만에 의해 설계된 프로그램 저장식 컴퓨터는 무언가를 의미하는 숫자들과 무언가를 수행하는 숫자들 사이의 장벽을 무너뜨렸다. 우리가 사는 세상은 이제 결코 전과 같지 않을 것이었다."[56]

폰 노이만은 또한 데이터와 프로그래밍 명령을 하나의 저장 메모리에 한꺼번에 저장하는 방식의 중요한 특성을 누구보다 잘 이해했다. 메모리는 지우는 것이 가능한데, 오늘날 우리는 이것을 읽기/쓰기 메모리라 부른다. 이는 저장된 프로그램 명령의 실행이 종료된 이후뿐 아니라 프로그램 실행 도중에 언제라도 변경될 수 있음을 의미한다. 컴퓨터는 생성되는 결과값에 따라 스스로 프로그램을 변경할 수 있게 된다. 폰 노이만은 이를 용이하게 하기 위해 프로그램 실행 중에 쉽게 명령을 변경할 수 있도록 하는 가변 주소 프로그램 언어를 고안해냈다.[57]

펜실베이니아의 연구팀은 육군에게 이와 같은 특성을 지닌 개선된 ENIAC의 설계를 제안했다. 새로운 컴퓨터는 십진법이 아닌 이진법을 기반으로 작동하며, 수은 지연선을 메모리로 사용하고, 훗날 '폰 노이만 아키텍처'라 불리게 될 아키텍처의 많은 부분을 수용하게 될 것이었다. 육군에 제출된 초기 제안서에서 새로운 기계는 '전자 이산 변수 자동 계산기Electronic Discrete Variable Automatic Calculator'라 명명되었다. 하지만 시간이 흐름에 따라 연구팀은 이것을 '계산기calculator'가 아닌 '컴퓨터computer'라고 부르게 되었다. 이 기계가 수행할 작업은 계산에만 그치지 않았기 때문이다. 종국에는 계산기로 불리든 컴퓨터로 불리든 별로 중요하지 않게 되었다. 모든 이들이 이 새로운 기계를 EDVAC이라 불렀기 때문이다.

훗날 뒤따르게 될 특허 심판과 여러 회의에서, 그리고 각종 서적과 역사 기록상에서, 1944년 및 1945년 초에 발명되어 프로그램 저장식 컴퓨터의 기반이 된 아이디어가 누구의 공적인지에 대해 수많은 논쟁이 벌어지게 된다. 위의 기술만 보면 프로그램 저장 방식이라는 개념은 에커트와 모클리의 공으로 보이고, 프로그램 실행 도중 저장된 프로그램을 변경하는 기능 및 가변 주소 프로그래밍 언어를 개발한 것은 폰 노이만의 공으로 보인다. 하지만 아이디어의 기원을 분석하는 일보다 더 중요한 것은 바로 펜실베이니아에서 일어난 혁신이 협동적 창의성의 또 다른 예라는 사실을 인지하는 것이다. 폰 노이만, 에커트, 모클리, 골드스타인, 제닝스를 비롯한 수많은 사람들이 함께 아이디어를 논의했으며, 여러 엔지니어, 전자공학 전문가, 재료 과학자, 그리고 프로그래머들로부터 조언을 얻었다.

누구나 한 번쯤은 창조적인 아이디어가 도출된 브레인스토밍 회의에 참석해본 적이 있을 것이다. 회의에 참석한 지 불과 며칠밖에 지나지 않아도 누가 무엇을 처음 제안했는지에 대한 의견이 엇갈린다. 결국 아이디어란 한 개인에 의한 독창적인 생각보다 그룹에서의 반복적인 상호 작용으로 인해 형성되는 것이 더 큰 것이다. 어디선가 뚝 떨어지는 한 줄기 번개보다는 아이디어 간의 상호 마찰을 통해 불꽃이 이는 경우가 더 많은 것이다. 벨 연구소와 로스앨러모스, 블레츨리 파크와 펜실베이니아에서도 마찬가지였다. 폰 노이만이 지닌 위대한 강점은 바로 질문을 던지고 경청하고 부드럽게 대안을 제시하고 의견을 수집하면서 창의적인 협업 과정의 감독 역할을 수행할 줄 아는 재능이었다.

아이디어 수집에 열광적인 폰 노이만의 성향과 이런 아이디어가 정확히 어디에서 기인했는지에 대한 그의 무관심은 EDVAC으로 구현되게 된 개념들의 씨를 뿌리고 이를 비옥하게 하는 데 무척 유용했다. 반면 공적—더 나아가서는 지식재산권—을 중시하는 사람들은 이런 점을 마음에 들어 하지 않았다. 폰 노이만은 그룹에서 공동으로 논의된 아이디어는 누구로부터 처음 나왔는지 말할 수 없다고 단언한 적이 있다. 에커트는 이를 듣고 "정말?"이라고 답했다고 한다.[58]

폰 노이만이 취한 입장의 장점과 단점은 1945년 6월이 되어 명확해졌다. 펜실베이니아의 연구에 참여한 지 10개월이 되던 이 시점에서 폰 노이만은 그때까지의 논의 결과를 보고서로 정리하겠다고 자원했다. 그는 로스앨러모스로 향하는 기나긴 기차 여행길에서 작업에 착수했다.

폰 노이만은 수기로 보고서를 작성하여 우편을 통해 펜실베이니아의 골드스타인 앞으로 보냈다. 보고서에는 프로그램 저장식 컴퓨터의 구조 및 논리 제어 방식이 수학적으로 자세히 설명돼 있었고, "메모리를 단일 기관으로 취급하는 것이 왜 유혹적인지"에 대한 설명이 덧붙어 있었다. 왜 다른 사람들이 도출해낸 아이디어를 기반으로 폰 노이만이 논문을 준비하는 것이냐는 에커트의 질문에 골드스타인은 다음과 같이 답했다. "그는 단지 자신의 머릿속에서 개념을 정리하고 자신이 제대로 이해하지 않은 것이 있다면 우리가 고쳐줄 수 있도록 나에게 편지를 보내온 것이다."[59]

폰 노이만은 보고서에서 타인의 작업에 대한 참고문헌을 삽입할 수 있도록 공백을 남겨두었고, 본문에서 EDVAC이라는 명칭은 사용하지 않았다. 하지만 골드스타인은 그의 원고를 타자본으로 완성하면서(총 101쪽이었다) 자신의 영웅인 폰 노이만을 단일 저자로 기재했다. 그는 속표지에 다음과 같은 제목을 붙였다. 'EDVAC 보고서 초안, 저자 존 폰

존 폰 노이만(1903~57), 1954년.

허먼 골드스타인(1913~2004), 1944년경.

UNIVAC의 선거 예측 결과를 보고 있는 프레스퍼 에커트(가운데)와 CBS의 월터 크롱카이트(오른쪽), 1952년.

노이만'. 골드스타인은 등사기를 이용하여 복사본을 24부 만든 다음, 1945년 6월 말경 이를 배포했다.[60]

'보고서 초안'은 대단히 유용한 문서로서, 그로부터 최소 10년 동안은 컴퓨터 개발의 중요 지침서 역할을 했다. 보고서를 작성하고 골드스타인으로 하여금 배포하도록 한 폰 노이만의 결정은 지식재산권을 소유하기보다 출판하고 배포하기를 바라는 학문 지향적인 과학자들, 그중에서도 수학자들의 개방성을 보여준다. 폰 노이만은 동료에게 다음과 같이 말했다고 전해진다. "나는 이 분야를 가능한 한 (특허라는 관점에서 볼 때) 퍼블릭 도메인에 유지하기 위해 최선을 다할 것이다." 훗날 그는 다음 두 가지 목적을 위해 보고서를 작성했다고 밝혔다. "EDVAC에 기여한 집단 사고를 명확히 밝히고 정리하기 위해", 그리고 "고속 컴퓨터 설계 기술의 발전을 촉진하기 위해." 그는 해당 개념에 대한 어떠한 소유권도 주장하지 않는다고 말했으며, 향후에도 관련 기술에 대한 특허를 출원하지 않았다.[61]

에커트와 모클리의 입장은 달랐다. 에커트는 훗날 다음과 같이 말했다. "폰 노이만은 타인의 아이디어를 파는 장사치, 골드스타인은 폰 노이만의 제일가는 외판원이었다." 진 제닝스도 "폰 노이만은 아이디어를 도용하여 (펜실베이니아의) 무어 공과대학이 이루어낸 성과를 자신의 성과인 양 가장"했으며[62] 골드스타인은 "폰 노이만의 그릇된 주장을 열정적으로 지지했고, 폰 노이만이 에커트와 모클리를 비롯한 무어 공과대학 연구진의 성과를 강탈하는 것을 본질적으로 도와주었다"며 동의했다.[63]

무엇보다 모클리와 에커트를 분노하게 만든 것은 바로 폰 노이만의 보고서가 배포됨으로 인해 ENIAC과 EDVAC의 핵심 개념들이 법적으로 퍼블릭 도메인에 속하게 됐다는 것이었다. 모클리와 에커트는 프로그램 저장식 컴퓨터 아키텍처의 특허권을 받기 위해 시도했으나, (육군 소속 변호사들 및 법정의 판결에 의해) 폰 노이만의 보고서가 해당 개념에 대한 '사전 출판물'로 인정됐기 때문에 결국 실패했다.

이 같은 특허 분쟁은 디지털 시대의 주요 쟁점으로 떠오른 다음 논쟁의 예보가 되었다. 지식재산권은 언제든지 자유롭게 사용될 수 있도록 퍼블릭 도메인 및 오픈소스 개발의 장에 공유되어야 할까? 인터넷과 웹의 개발자들이 취하게 될 이런 입장은 아이디어의 빠른 확산과 크라우드소싱이라는 개선 과정을 통해 혁신의 원동력이 될 수 있다. 아니면 지식재산권은 보호되어야 마땅하며 발명가들은 자신의 아이디어와 혁신 사항으로 인해 이득을 얻는 것이 맞는 것일까? 컴퓨터 하드웨어, 전자 및 반도체 업계에서 취하게 될 이런 입장은 금전적 보상과 자본 투자를 통해 혁신을 장려하고 위험을 보상할 수 있다. 폰 노이만이 EDVAC에 대한 자신의 '보고서 초안'을 실질적으로 퍼블릭 도메인에 둔 때로부터 70년이라는 세월이 흐르는 동안, 컴퓨터 업계에서는 몇몇 사례를 제외하고는 대부분 후자의 입장을 취해왔다. 2011년에는 중요한 이정표가 세워졌다. 애플과 구글이 신제품 연구 개발에 투자한 금액보다 더 많은 돈을 특허 소송과 특허료로 지불한 것이다.[64]

대중에게 공개되는 ENIAC

펜실베이니아 연구팀은 EDVAC을 설계하는 중에도 동시에 ENIAC의 성공적인 가동을 위해 고군분투하고 있었다. 1945년 가을, 드디어 ENIAC이 완성됐다.

전쟁이 끝난 직후였다. 포 궤도를 계산할 필요는 없어졌지만, ENIAC

이 처음으로 수행하게 된 작업은 역시 무기와 관련된 것이었다. 뉴멕시코의 핵무기 연구소가 위치한 로스앨러모스에서 비밀 지령이 내려왔다. 헝가리 태생의 이론 물리학자 에드워드 텔러에 의해 '슈퍼'라는 이름의 수소 폭탄이 고안됐는데, 내부에는 핵융합 반응을 일으킬 핵분열 장치가 장착될 예정이었다. 과학자들은 이 작업을 위해 10마이크로초마다 핵융합 반응의 크기를 계산해야 했다.

고도의 비밀 유지를 요구하는 작업이었다. 1945년 10월, 이 덩치 큰 방정식은 ENIAC에 의한 연산 처리를 위해 펜실베이니아로 전송되었다. 데이터를 입력하기 위해 100만 장에 가까운 천공 카드가 필요했다. 제닝스와 동료들은 ENIAC 작업실에서 골드스타인의 지시하에 천공 카드 입력에 착수했다. ENIAC은 방정식을 풀어냈고, 결과적으로 텔러의 설계에 결함이 있음이 밝혀졌다. 폴란드에서 망명한 수학자 스타니스와프 울람이 텔러와 함께 (나중에 러시아 스파이로 밝혀진 클라우스 푹스도 합류했다) 수소 폭탄의 개념을 수정하였고, 결국 어마어마한 열핵 반응을 유발할 수 있게 되었다.[65]

ENIAC은 이 같은 기밀 작업이 완성될 때까지 베일에 싸여 있었다. 육군과 펜실베이니아 대학은 마침내 ENIAC을 1946년 2월 15일 대중에게 공개하기로 결정했다. 공개일 전까지는 몇 차례의 기자 회견도 예정돼 있었다.[66] 골드스타인 대위는 미사일 궤도 연산 시연으로 공개 행사를 장식하기로 마음먹었다. 대위는 공개일 2주 전에 진 제닝스와 베티 스나이더를 집으로 초대했다. 아델이 차를 대접하는 동안, 대위는 주어진 시간 안에 ENIAC을 프로그래밍할 수 있겠느냐고 물었다. "물론이죠." 제닝스는 장담했다. 그녀는 쉽게 만질 수 없는 ENIAC을 직접 조작할 생각에 들떠 있었다.[67] 그들은 곧바로 메모리 버스를 올바른 기구에 꽂고 프로그램 트레이를 설정하는 작업에 착수했다.

연구진은 시연의 성공이 두 여성에게 달려 있다는 사실을 잘 알고 있었다. 어느 토요일, 모클리가 살구 브랜디 한 병을 들고 이들을 격려하기 위해 찾아왔다. "맛있었다." 제닝스의 회상이다. "그날 이후부터 항상 찬장에 살구 브랜디를 한 병 놓아두었다." 며칠 후에는 공과대학 학장이 5분의 1 정도 남은 위스키가 든 종이 가방을 들고 찾아와 계속 열심히 해줄 것을 당부했다. 스나이더와 제닝스 둘 다 애주가는 아니었지만, 선물을 받고 기분이 좋은 것은 사실이었다. 제닝스는 "이 시연이 얼마나 중요한지 다시 한번 깨닫게 됐다"고 회상한다.[68]

시연 전날은 밸런타인데이였다. 평소에는 활발한 사교 생활을 즐기는 그들이었지만, 이날만은 예외였다. "대신 저 멋진 ENIAC과 함께 틀어박혀 마지막 수정을 가하고 프로그램을 확인했다." 제닝스의 회상이다. 그런데 도무지 해결이 되지 않는 결함이 딱 하나 있었다. 포탄 궤도 데이터가 멋지게 출력되기는 하는데, 언제 멈춰야 할지를 모르는 것이었다. 포탄이 땅에 떨어졌을 시점이 지난 뒤에도 프로그램은 계속해서 궤도를 계산했다. 제닝스는 다음과 같이 회상한다. "마치 공중에서와 같은 속도로 땅속을 파고들어가는 포탄과도 같았다. 이 문제가 해결되지 않는 이상 시연은 실패로 그칠 것이고, ENIAC의 발명가들과 엔지니어들은 창피를 당할 것이 뻔했다."[69]

제닝스와 스나이더는 시연 전날 밤늦은 시간까지 결함을 해결하기 위해 노력했지만 성과가 없었다. 스나이더가 시 외곽의 집으로 돌아가기 위해 마지막 기차를 타야 하는 자정 무렵이 되어서야 둘 다 손을 들었다. 그러다 잠을 자던 도중, 스나이더는 원인을 깨달았다. "한밤중에 잠에서 깨어 오류가 무엇인지 알아냈다. (중략) 아침 일찍 기차를 타고 출근해서 전선을 확인했다." 'do 루프' 마지막 부분의 한 자리가 잘못돼 있었던 것이 원인이었다. 스나이더가 해당 스위치를 찾아 젖히자 결함이 수정되었다. 훗날 제닝스는 다음과 같이 놀라움을 표시했다. "베티는 대부분의 사람들이 깨어 있을 때 할 수 있는 것보다 더 많은 논리적 추론을 자면서 할 수 있었다. 의식이 풀지 못한 매듭을 잠이 든 다음 무의식이 풀곤 했다."[70]

시연이 시작되었고, ENIAC은 인간 '컴퓨터'들이 미분 해석기를 이용하여 풀려면 수 주가 걸릴 미사일 궤적을 단 15초 만에 계산해냈다. 무척이나 극적인 시연이었다. 모클리와 에커트는 훌륭한 발명가들이 그러하듯 멋진 볼거리를 제공하는 법을 알고 있었다. 가로 10개, 세로 10개로 구성된 ENIAC 누산기의 진공관 끝부분은 전면 패널의 구멍을 통해 삐죽 솟아나와 있었는데, 작동 표시등 역할을 하는 네온전구의 불빛이 희미하여 잘 보이지 않았다. 에커트는 탁구공을 구해 반으로 갈라 번호를 써 넣은 다음 전구 위에 하나씩 붙여두었다. 컴퓨터가 데이터를 처리하기 시작하자 시연실의 불이 모두 꺼졌다. 관중들의 눈에는 수많은 탁구공이 반짝이는 모습이 들어왔다. 이 장면은 훗날 여러 영화와 텔레비전 드라마의 소재가 되었다. "궤도 연산이 수행되는 동안, 누산기에서 계산된 숫자가 이곳에서 저곳으로 움직였고, 동시에 불빛이 마치 라스베이거스의 대형 천막에서 깜빡이는 전구처럼 번쩍거렸다." 제닝스의 회상이다. "우리는 목표한 일을 모두 완수했다. ENIAC을 프로그래밍한 것이다."[71] 마지막 말은 한 번 더 반복해도 좋겠다. 이들은 ENIAC을 프로그래밍한 것이다.

ENIAC의 공개 기사는 '해답을 깜빡이는 전자 컴퓨터, 엔지니어링의 가속화 예고'라는 제목으로 《뉴욕 타임스》 1면을 장식했다. 기사는 다음과 같이 시작한다. "전쟁 중의 일급비밀, 지나치게 난해하고 복잡하여 지금까지 풀 수 없었던 수학 작업을 세계 최초로 전자적 속도로 풀어내는 위대한 기계가 오늘 밤 이 자리에서 육군성에 의해 공개되었다."[72] 신문지면 한 장을 꽉 채운 기사에는 모클리, 에커트, 그리고 방 하나 크기의 ENIAC 사진이 실렸다. 모클리는 ENIAC을 이용하여 개선된 기상 예측(모클리가 원래부터 관심을 가진 주제였다)과 향상된 항공기 설계 및 "초음속으로 실행되는 궤적"이 가능해질 것이라고 선언했다. 연합 통신에서는 "이 로봇으로 인해 모든 인간이 더 나은 삶을 누릴 수 있는 수학적 삶의 방식이 열렸다"며 웅장한 비전을 선포했다.[73] 모클리는 "더 나은 삶"의 일례로 언젠가는 컴퓨터가 빵 한 덩이의 가격을 낮출 수도 있을 것이라 주장했다. 구체적으로 이것이 어떻게 가능할지는 설명하지 않았지만, 이를 비롯한 수많은 예측이 종국에는 실현되었다.

제닝스는 나중에 여러 신문 기사에서 ENIAC을 "거대한 두뇌"라 일컬음으로써 기계에 의한 사고가 가능함을 암시하여 ENIAC의 역량을 과장한 것에 대해, 에이다 러브레이스가 그랬듯이, 불만을 표했다. 제닝스의 주장이다. "ENIAC은 어떤 면에서도 두뇌라 불릴 수 없다. 컴퓨터는 지금도 여전히 사고가 불가능하듯이 ENIAC에도 사고 능력이 없었다. 대신 인간의 사고에 활용할 수 있는 데이터는 제공할 수 있었다."

제닝스는 개인적인 불만도 한 가지 가지고 있었다. "시연이 끝난 다음 모두들 나와 베티를 잊어버렸다. 우리는 매우 멋진 영화에서 배역을 맡아 장관을 연출하기 위해 2주 동안 개처럼 일했는데 일이 잘못돼서 갑자기 배역이 없어져버린 영화배우가 된 것 같았다." 그날 저녁, 펜실베이니아 대학의 유서 깊은 휴스턴 홀에서 촛불을 밝힌 저녁 식사가 진행되었다. 과학계의 권위자, 군 장교, ENIAC 연구팀의 남성들이 참석했다. 하지만 진 제닝스와 베티 스나이더를 비롯한 여성 프로그래머들은 예외였다.[74] "나와 베티는 초대받지 못했다. 어처구니가 없었다."[75] 연구팀의 남성들과 수많은 고관들이 성공을 자축하고 있을 때, 제닝스와 스나이더는 2월 밤의 살을 엘 듯한 추위를 뚫고 각자 집으로 향해야 했다.

최초의 프로그램 저장식 컴퓨터

모클리와 에커트는 자신들의 연구를 통해 발명된 기술에 대한 특허를 신청하고 이를 통해 수익을 창출하고 싶어 했다. 그때까지 지식재산권 배분에 대한 명확한 정책을 보유하고 있지 못했던 펜실베이니아 대학은 난색을 표했다. ENIAC에 대한 특허 출원은 일단 허용됐으나, 대학 본부에서는 곧바로 저작권료가 적용되지 않는 라이선스 및 설계도에 대한 2차 라이선스에 대해 권리를 주장했다. 또한 EDVAC의 혁신적인 기술 판권이 누구에게 돌아가야 하는지도 합의되지 않았다. 복잡하고 지난한 논쟁 끝에 모클리와 에커트가 1946년 3월 말 펜실베이니아 대학을 사직했다.[76]

이들은 필라델피아에서 훗날 에커트-모클리 컴퓨터 회사가 되는 기업을 설립하여 컴퓨팅을 학문의 영역으로부터 상업의 영역으로 이끌어내는 데 선구자적인 기여를 하게 된다. (에커트-모클리 컴퓨터 회사는 1950년에 각종 특허권과 함께 레밍턴 랜드에 인수되었고, 이후 스페리 랜드로 합병된 다음 오늘날의 유니시스가 되었다.) 이곳에서 설계한 UNIVAC은 미국 통계국과 제너럴일렉트릭을 비롯한 여러 기업에서 사용되었다.

UNIVAC은 1952년 미국 대통령 선거 당일, 번쩍이는 불빛과 할리우드식 연출을 통해 CBS에 소개되며 유명세를 탔다. 당시 CBS 뉴스를 진행하던 젊은 앵커 월터 크롱카이트는 방송국 기자들의 뛰어난 전문성에 비했을 때 이 둔중한 기계가 무슨 소용이 있을지 미심쩍어했지만, 시청자들에게 흥미로운 볼거리는 제공할 수 있겠다는 생각으로 기계의 방송 출연에 동의했다. 모클리와 에커트는 펜실베이니아 대학 소속 통계학자의 협력을 얻어 몇몇 표본 선거구의 초기 개표 결과를 지난 선거 결과와 비교하는 프로그램을 작성했다. 전국의 투표소 대부분이 마감되기 훨씬 전인 동부 표준시 오후 8시 30분, UNIVAC은 100 대 1의 확실성으로 드와이트 아이젠하워가 아들라이 스티븐슨을 커다란 표차로 이길 것이라 예측했다. CBS는 처음에는 UNIVAC의 예측을 보도하지 않았다. 크롱카이트는 시청자들에게 컴퓨터가 아직 결론을 도출하지 못했다고 전했다. 그러다 개표 도중 아이젠하워의 압승이 확실시되자 크롱카이트는 찰스 콜링우드 기자와 연결하여 UNIVAC이 초저녁에 이미 선거 결과를 예측했지만 CBS에서 보도를 보류했다는 사실을 시인했다. UNIVAC은 즉각적인 명성을 얻었고, 이후 선거일이 되면 변함없이 텔레비전에서 볼 수 있게 되었다.[77]

ENIAC의 여성들은 비록 축하 파티에 초대받지 못했지만, 에커트와 모클리는 이들이 기여한 바를 잊지 않았다. 이제는 결혼하여 베티 홀버튼이 된 베티 스나이더는 에커트와 모클리에게 고용되어 프로그래밍 언어인 코볼COBOL과 포트란Fortran의 개발자가 되었다. 엔지니어와 결혼하여 진 제닝스 바틱이 된 제닝스도 고용되었다. 모클리는 케이 맥널티도 고용하려고 했는데, 자신의 부인이 익사 사고로 세상을 떠나자 고용하는 대신 그녀에게 청혼했다. 부부는 다섯 명의 자녀를 두었다. 케이 모클리는 계속해서 UNIVAC의 소프트웨어 설계를 담당했다.

모클리는 최고참인 그레이스 호퍼도 고용했다. 훗날 에커트-모클리 컴퓨터 회사에 입사를 결정하게 된 이유를 묻자, 호퍼는 다음과 같이 답했다. "모클리는 사람들이 다양한 시도를 할 수 있게 했다. 그는 혁신을 장려할 줄 아는 사람이었다."[78] 호퍼는 1952년에 세계 최초로 실행 가능한 컴파일러를 만들었다. 기호로 이루어진 수학 코드를 기계어로 번역하는 컴파일러인 A-0 시스템의 개발로 일반인들도 쉽게 프로그램을 작성할 수 있게 되었다.

호퍼는 해군 출신답게 '갑판으로 전원 집합'식 협업을 좋아했다. 그녀는 컴파일러의 초기 버전을 프로그래밍계의 지인들과 공유하고 문제점을 함께 찾아냄으로써 오픈소스 기반 혁신의 토대를 닦았다. 또한 최초의 표준 상업용 크로스 플랫폼 컴퓨터 언어인 코볼의 개발 책임자로 일할 때도 마찬가지로 개방적인 개발 절차를 견지했다.[79] 협력을 무엇보다 중시하던 호퍼는 프로그래밍은 기계 독립적이어야 한다고 믿었다. 기계 역시 상호 작동이 가능해야 한다고 생각했던 것이다. 호퍼는 컴퓨터 시대를 관장하게 된 핵심적 사실을 누구보다 먼저 깨달은 사람이기도 했다. 빌 게이츠가 출현하기 전까지는, 하드웨어는 결국 상품화될 것인 반면 진정한 가치는 프로그래밍에 있음을 대부분의 남성들이 깨닫지 못했다.*

폰 노이만은 금전적인 이득을 추구하는 에커트와 모클리를 업신여겼다. 친구에게 다음과 같이 불만을 표시하기도 했다. "에커트와 모클리는 상업적인 특허 정책으로 무장한 상업 단체에 지나지 않아. 그들과는 직접적으로든 간접적으로든 학문 집단과 하듯 개방적인 방식으로 일할 수 없네."[80] 이처럼 고결함을 추구하던 폰 노이만도 자신의 아이디어를 이용해 돈을 벌지 않았던 것은 아니다. 1945년에는 IBM과 컨설팅 계약을 체결하여 자신의 모든 발명품에 대한 권리를 양도하기도 했다. 법적으로 하자가 없는 계약이었지만, 소식을 들은 에커트와 모클리는

*1967년, 미 해군은 60세의 호퍼를 다시 불러들여 해군의 코볼 사용 표준화 및 코볼 컴파일러 검증이라는 임무를 맡겼다. 호퍼는 의회의 표결을 통해 정년 이후에도 근무할 수 있도록 허가받았다. 해군 소장의 지위까지 오른 호퍼는 1986년 8월, 해군 사상 현직 최고령인 79세의 나이로 은퇴했다.

격분했다. 에커트의 말이다. "그는 우리의 아이디어를 뒷문으로 IBM에 팔아넘겼다. 한 입으로 두말하는 믿을 수 없는 작자였다."[81]

모클리와 에커트가 떠난 펜실베이니아 대학은 혁신의 중심지라는 지위를 빠르게 잃어갔다. 폰 노이만도 펜실베이니아를 떠나 프린스턴 고등연구소로 돌아갔다. 허먼 골드스타인과 아델 골드스타인, 그리고 아서 버크를 비롯한 핵심 엔지니어들이 그를 따랐다. 컴퓨터 개발의 중심지였던 펜실베이니아의 몰락에 대해 허먼 골드스타인은 훗날 이렇게 평했다. "기관도 사람처럼 피로에 지치는 걸지도 모른다."[82] 당시 컴퓨터는 학문적 연구 대상이 아닌 도구로만 여겨졌다. 교수진 중 컴퓨터공학이 전자공학보다도 중요한 학문으로 성장할 것이라 예측한 사람은 거의 없었다.

연구진이 썰물처럼 빠져나간 뒤에도 펜실베이니아 대학은 컴퓨터 개발에 있어 또 한 번의 중요한 역할을 수행할 기회를 갖게 되었다. 1946년 7월, 반목 속에 지내던 폰 노이만, 골드스타인, 에커트, 모클리를 비롯해 수많은 전문가들이 펜실베이니아 대학에 다시 모였다. '무어 공과대학 특강'이라는 제목으로 열린 학회의 여러 강의와 세미나에 참석하기 위해서였다. 8주간에 걸쳐 컴퓨팅을 주제로 펼쳐진 이 행사에는 하워드 에이킨, 조지 스티비츠, 맨체스터 대학교의 더글러스 하트리, 케임브리지의 모리스 윌크스도 참석했다. 컴퓨터가 튜링이 제시한 만능 기계로 거듭나기 위해서는 프로그램 저장식 아키텍처를 사용해야 한다는 것이 학회의 주된 논점이었다. 결과적으로 모클리, 에커트, 폰 노이만을 비롯한 펜실베이니아 연구팀이 함께 도출해낸 프로그램 저장식 아키텍처는 대부분의 컴퓨터가 작동하는 토대가 되었다.

최초의 프로그램 저장식 컴퓨터라는 영예는 1948년 여름, 거의 같은 시기에 완성된 기계 두 대에 돌아갔다. 그중 하나는 기존 ENIAC을 개선한 것이었다. 폰 노이만과 골드스타인은 엔지니어 닉 메트로폴리스 및 리처드 클리핑어와 함께 ENIAC의 함수표 세 개에 원시적인 명령어 모음을 저장하는 방안을 고안해냈다.[83] 함수표는 원래 포탄의 항력 데이터를 저장하는 데 사용됐지만, 궤도 테이블을 계산할 필요가 없어졌기 때문에 메모리 공간에 여유가 생겨 다른 목적으로 이용할 수 있었다. 이번에도 프로그래밍 작업은 대부분 아델 골드스타인, 클라라 폰 노이만, 진 제닝스 바틱과 같은 여성들에 의해 수행됐다. "ENIAC을 프로그램 저장식 컴퓨터로 전환할 때 아델과 또 한 번 같이 일했다. 함수표에 명령 코드를 저장하기 위한 코드를 작성하는 일이었다." 제닝스 바틱의 회상이다.[84]

1948년 4월 새롭게 선보인 ENIAC은 읽기 전용 메모리를 장착하고 있었기 때문에 실행 도중에 프로그램을 변경하기 어려웠다. 게다가 수은 지연선 메모리는 속도가 느리고 조작이 까다로웠다. 1948년 6월, 맨체스터 대학교에서 이 두 가지 단점을 해결하기 위해 처음부터 프로그램 저장식 컴퓨터로 개발된 '맨체스터 베이비'라는 별명을 가진 컴퓨터가 완성됐다.

맨체스터 대학교 컴퓨팅 연구실의 수장은 튜링의 멘토 맥스 뉴먼이었고, 새로운 컴퓨터는 프레데릭 캘런드 윌리엄스와 토머스 킬번이 담당했다. 윌리엄스는 음극선관을 이용한 저장 메커니즘을 발명하여 수은 지연선을 이용한 컴퓨터보다 빠르고 간단한 컴퓨터를 완성해냈다. 뛰어난 성능을 보인 이 메커니즘은 1949년 4월 선보인 더 강력한 맨체스터 마크 I에도, 모리스 윌크스가 이끄는 케임브리지 연구팀에 의해 그해 5월 완성된 EDSAC에도 적용됐다.[85]

앨런 튜링도 비슷한 시기에 프로그램 저장식 컴퓨터 개발에 매진하고 있었다. 튜링은 블레츨리 파크를 떠나 런던 소재의 명망 높은 연구소인 '국립 물리학 연구소National Physical Laboratory'에서 ACE(Automatic Computing Engine, 자동 컴퓨팅 기관)라는 이름의 컴퓨터를 개발했다. ACE는 배비지의 차분기관과 해석기관에 대한 튜링의 야심 찬 오마주였으나, 진행 상황은 신통치 못했다. 1948년, 지지부진한 개발 속도에 넌더리가 난 데다 기계 학습과 인공 지능에 관심을 보이지 않던 동료들에게 실망한 튜링은 런던의 연구소를 떠나 맨체스터 대학교의 맥스 뉴먼을 찾아갔다.[86]

1946년에 프린스턴 고등연구소에 정착한 폰 노이만도 프로그램 저장식 컴퓨터 개발에 착수했다. 이 과정은 조지 다이슨이 쓴 『튜링의 대성당Turing's Cathedral』에 기록되어 있다. 당시 고등연구소의 소장이던 프랭크 에이들롯과 연구소에서 가장 큰 영향력을 행사하던 이사 오즈월드 베블런은 컴퓨팅 기계를 개발하는 것은 이론적 사고의 상아탑이 되어야 할 프린스턴 고등연구소의 위신을 떨어뜨릴 것이라는 교수진의 반발에도 불구하고 훗날 IAS 기계로 불리게 될 새로운 컴퓨터의 개발을 강력히 지지했다. 폰 노이만의 부인 클라라는 다음과 같이 회상한다. "남편은 칠판이나 분필, 종이와 연필 외의 다른 수학적 도구에 대한 관심을 공개적으로 피력함으로써 뛰어난 학식을 자랑하던 수학계의 동료들을 당황시키곤 했다. 고등연구소라는 신성한 학문의 장에서 전자 컴퓨팅 기계를 개발하려는 그의 움직임이 환영받지 못했음은 말할 것도 없다."[87]

오스트리아 출신 논리학자 쿠르트 괴델도 고등연구소에 재직 중이었다. 연구소는 괴델을 위해 비서를 채용하려 했지만, 괴델은 원치 않았다. 폰 노이만 연구팀은 괴델의 비서를 위해 마련되었던 구석 자리에 처박혀서 1946년 한 해 동안 설계도에 대한 상세한 설명이 담긴 여러 논문을 작성하여 의회도서관과 미 특허청에 발송했다. 목적은 특허 출원이 아니었다. 연구팀은 연구 성과가 퍼블릭 도메인에 남기를 바란다는 의견서를 동봉했다.

1952년에 컴퓨터가 완성되었으나 폰 노이만이 '원자력 위원회Atomic Energy Commission'의 일원이 되어 워싱턴으로 떠나자 서서히 방치되기 시작했다. "연구소의 컴퓨터 그룹이 몰락한 것은 프린스턴뿐 아니라 과학계 전체의 재앙이었다." 연구소의 일원이던 물리학자 프리먼 다이슨(조지 다이슨의 부친이기도 하다)의 말이다. "이는 1950년이라는 대단히 중요한 시기에 뛰어난 지능을 가진 다양한 유형의 컴퓨터 연구자들이 모일 수 있는 학문의 중심지가 존재하지 못했다는 것을 의미한다."[88] 대신 1950년대를 시작으로 컴퓨팅 혁신의 중심지가 기업으로 넘어갔다. 페란티, IBM, 레밍턴 랜드, 허니웰 등이 그 선두 주자였다.

여기서 특허권 보호라는 쟁점이 다시 떠오른다. 만약 폰 노이만의 연구팀이 계속해서 혁신을 주도하여 새로운 기술이 퍼블릭 도메인으로 공유되도록 했다면, 이런 오픈소스 개발 모델로 인해 컴퓨터의 발전이 더 빠르게 이루어졌을까? 아니면 시장 경쟁과 지식재산권 창출로 인한 금전적 보상이 혁신을 더 빠르게 조장한 것일까? 인터넷과 웹, 그리고 일부 소프트웨어의 경우에는 개방형 모델이 더 나은 결과를 창출했다. 하지만 컴퓨터나 마이크로칩과 같은 하드웨어의 경우, 독점권과 특허라는 시스템이 1950년대의 혁신에 박차를 가했다. 이런 시스템이 특히 컴퓨터의 발전에 효과적이었던 이유는 운전자본을 창출해야 하는 대규모 산업 조직이 컴퓨터의 연구 개발, 제조 및 마케팅을 가장 잘 수행할 수 있었기 때문이다. 이에 더해, 1990년대 중반까지는 하드웨어에 대한 특허권이 소프트웨어보다 획득하기 쉬웠다는 사실도 한몫한다.* 하지

*미국 헌법은 의회가 "저작자와 발명가에게 그들의 저술과 발명에 대한 독점적 권리를 일정 기

만 하드웨어 혁신을 가능하게 한 특허권 보호에는 단점도 존재한다. 독점권 모델로 인해 지나치게 고립되고 방어적 성향을 띠게 된 기업들이 1970년대 초반을 뒤흔들었던 개인용 컴퓨터 혁명을 보지 못하게 된 것이다.

기계가 스스로 생각할 수 있는가?

앨런 튜링은 프로그램 저장식 컴퓨터의 개발에 몰두하던 중, 한 세기 전 에이다 러브레이스가 배비지의 해석기관에 대한 최종 「주석」에 남긴 주장에 관심을 갖게 되었다. 즉, 기계는 스스로 생각할 수 없다는 것이다. 튜링은 의문을 품었다. 기계가 처리 결과를 바탕으로 스스로 프로그램을 수정할 수 있다면, 이것을 일종의 학습이라고 볼 수는 없을까? 이를 통해 인공 지능에 도달할 수는 없을까?

인공 지능 및 인간의 의식을 둘러싼 질문은 고대인들로부터 출발했다. 데카르트는 이런 유형의 질문을 근대의 언어로 표현하는 데 능했다. '나는 생각한다, 고로 나는 존재한다'라는 유명한 명언이 담긴 1637년의 저서 『방법 서설Discourse on the Method』에서 데카르트는 다음과 같이 말한다.

간 확보해줌으로써 과학과 유용한 기술의 발달을 촉진"할 수 있도록 보장하다 미국 특허 및 상표국은 1970년대 전반에 걸쳐 기존 기술과의 차별점이 새로운 소프트웨어 알고리즘에 한정된 발명에는 일반적으로 특허권을 인정하지 않았다. 1980년대에 들어 항소 법원과 대법원 간 상충되는 판례가 다수 발생하기 시작했으며, 1990년대 중반, 컬럼비아 특별구 항소 법원에서 "유형의 유용하고 구체적인 결과"를 생산하는 소프트웨어에 특허권을 허용하는 일련의 판결이 내려지고, 또한 빌 클린턴 대통령이 소프트웨어 출판 업계의 핵심 로비스트를 특허국의 수장으로 임명함에 따라 관련 정책이 바뀌었다.

> 인간의 육체를 닮고 모든 실질적 용도에 있어 인간의 행동을 가능한 한 비슷하게 모방하는 기계가 존재한다 해도, 이 기계가 진짜 인간이 아님을 확인할 수 있는 두 가지 확실한 방안이 있다. 첫째, (중략) 이런 기계가 특정 질문에 대해 가장 어리석은 인간이 할 수 있는 만큼의 적절히 유의미한 답을 일련의 단어들로 생산할 것이라 생각할 수 없다. 둘째, 일부 기계가 특정 행위를 인간만큼, 또는 인간보다 더 잘 수행할 수 있다 하더라도, 필연적으로 어떠한 행위는 수행할 수 없을 것이며, 이를 통해 기계가 이해력을 바탕으로 행위를 수행하지 않는다는 사실이 드러날 것이다.

튜링은 컴퓨터가 인간 두뇌의 작동을 모방하는 다양한 방식에 오랫동안 관심을 가졌다. 암호화된 언어를 해독하는 기계를 연구하면서 그의 호기심은 더욱 깊어졌다. 1943년 초반 블레츨리 파크에서 콜로서스가 개발될 당시, 튜링은 대서양 건너 맨해튼 남부의 벨 연구소에서 전자 음성 암호화를 개발하고 있던 연구팀을 방문했다. 전자 음성 암호화란 전화로 전송되는 대화를 전자적으로 암호화 및 복호화하는 기술이다.

튜링은 이곳에서 천재 수학자 클로드 섀넌을 만난다. MIT 석사 출신 섀넌은 1937년, 논리 명제를 방정식으로 변환하는 불 대수를 전자회로로 수행하는 방법을 주제로 기념비적인 석사 논문을 발표했다. 튜링은 오후가 되면 섀넌과 함께 차를 마시며 긴 대화를 나누곤 했다. 두뇌 과학에 관심이 있던 두 사람은 1937년에 각각 발표한 자신들의 논문에 근본적인 공통점이 있다는 사실을 발견했다. 두 논문 모두 간단한 이진 명령으로 작동하는 기계가 수학 문제만이 아닌 논리 전체를 어떻게 다룰 수 있을 것인가를 제시했던 것이다. 인간 두뇌는 기본적으로 논리를 이용해 사고를 수행하니, 이론적으로는 기계를 이용해 인간 지능을 모사할 수 있다는 결론이 나왔다.

"섀넌은 (기계에) 데이터 말고도 문화적인 입력을 넣고 싶어 한다고!" 어느 날 점심시간에 튜링이 벨 연구소 동료에게 말했다. "기계에게 음악을 들려주려고 해!" 또 어떤 날은 점심시간에 식당에서 카랑카랑한 목소리로 이렇게 말하는 튜링의 목소리가 그 자리에 있던 중역들의 귀에까지 들리기도 했다. "강력한 두뇌를 개발하려는 게 아니라니까. 그냥 평범한 두뇌를 만들고 싶을 뿐이야. 예컨대 AT&T* 회장의 뇌 같은 것 말이지."[89]

1943년 4월 블레츨리 파크로 돌아간 튜링은 도널드 미치라는 동료와 가까워졌다. 튜링은 매일 저녁 인근 펍에서 미치와 체스를 두며 함께 시간을 보냈다. 체스를 두는 컴퓨터에 대한 이야기가 나오자, 튜링은 강력한 처리 능력을 바탕으로 가능한 모든 수를 연산하는 방식이 아닌, 반복된 연습을 통해 체스를 '학습'할 수 있는 기계를 생각했다. 튜링은 새로운 수를 시도할 줄 알고, 게임 결과를 바탕으로 매번 전략을 수정할 줄 아는 기계를 머릿속에 그렸다. 이런 시도가 성공한다면 에이다 러브레이스조차 반해버릴 근본적인 도약이 이루어질 것이었다. 이는 인간에 의해 입력된 특정 명령을 수행하는 것을 넘어, 경험으로부터 학습하고 스스로 명령을 개량할 수 있는 기계를 의미했다.

1947년 2월, '런던 수학 협회London Mathematical Society'에서 개최한 강연에서 튜링은 다음과 같이 설명했다. "컴퓨팅 기계는 입력된 명령만 수행할 수 있다고 알려져 있습니다. 하지만 기계를 반드시 이런 식으로만 사용해야 할까요?" 튜링은 스스로 명령 테이블을 수정할 수 있는 새로운

*당시 벨 연구소의 모기업—옮긴이.

프로그램 저장식 컴퓨터가 함의하는 바에 대해 얘기했다. "그것은 선생님한테서 이미 많은 것을 배웠고, 또 스스로 공부해서 훨씬 많은 것을 알게 된 학생과도 같을 것입니다. 이것이 실현된다면, 나는 이 기계가 지능을 가지고 있다고 말할 수밖에 없을 것 같습니다."[90]

강연을 마치자, 튜링의 주장에 충격을 받은 청중들은 한동안 침묵을 지켰다. 튜링의 국립 물리학 연구소 동료들도 생각할 줄 아는 기계에 대한 튜링의 집착에 당황하기는 마찬가지였다. 연구소 소장이던 찰스 다윈 경(진화 생물학자 찰스 다윈의 손자다)은 1947년 상부에 제출한 보고서에 튜링이 "기계에 대한 연구를 생물학 영역으로 확장시키고 싶어" 하며 "경험을 바탕으로 학습할 수 있는 기계를 만들 수 있는가"라는 질문을 연구하고 싶어 한다고 기재했다.[91]

기계도 언젠가는 인간처럼 스스로 생각할 수 있을 것이라는 튜링의 생각은 전례 없이 거센 항의를 받았다. 종교적 항의는 물론이고, 성난 어조의 감정적 항의도 쇄도했다. 뇌외과 전문의 제프리 제퍼슨 경은 높은 명성을 자랑하는 1949년 리스터 메달 수상 연설에서 이렇게 단언했다. "기계가 부호의 우연한 조합이 아닌 사고와 감정을 바탕으로 소네트를 짓고 협주곡을 작곡하지 않는 이상 우리는 기계와 두뇌가 동등하다는 의견에 동의할 수 없습니다."[92] 이에 대한 대응이자 《런던 타임스》 기자의 질문에 대한 튜링의 대답은 경망스러워 보이긴 하나 동시에 미묘한 뉘앙스를 전달한다. "그런 비교는 공평하지 않다고 볼 수 있습니다. 기계가 쓴 소네트는 사람이 아닌 기계가 더 잘 이해할 수 있을 테니까요."[93]

1950년 10월, 튜링의 두 번째 중요한 저작인 「컴퓨팅 기계와 지능 Computing Machinery and Intelligence」이 학술지 《마인드》에 게재됐다.[94] 논문에서 튜링은 다음과 같은 선언을 통해 튜링 테스트를 소개한다. "'기계가 생각할 수 있는가'라는 질문에 대해 숙고해보고자 한다." 튜링은 어린아이와 같은 유머 감각으로 이 질문에 실증적 의미를 부여하는 게임을 발명했다(이 게임은 오늘날까지도 논쟁의 대상이 되고 있다). 또한 인공 지능에 대한 다음과 같은 조작적 정의를 제안한다. 즉, 기계의 연산 결과와 인간 두뇌의 사고 결과를 구분할 수 없다면, 이 기계가 '사고'하지 않는다고 말할 유의미한 이유가 없다는 것이다.

튜링이 '모방 게임'이라 칭한 튜링 테스트는 무척 간단하다. 서로 다른 방에 있는 인간과 기계에게 질문자가 종이에 적힌 질문을 건넨다. 인간과 기계가 제출한 답변을 통해 질문자는 어느 것이 인간의 답이고 어느 것이 기계의 답인지를 맞힌다. 튜링이 제시한 견본 문답은 다음과 같다.

> **질문** 포스교橋*를 주제로 소네트를 지으시오.
>
> **답** 못하겠습니다. 시 짓기에는 자신이 없거든요.
>
> **질문** 34957과 70764를 더하시오.
>
> **답** (30초의 침묵 후 답한다) 105621.
>
> **질문** 체스를 둘 줄 압니까?
>
> **답** 네.
>
> **질문** 나에게는 K1에 킹이 있고, 다른 말은 없습니다. 당신에게는 K6에 킹이, R1에 룩이 있습니다. 이제 당신 차례입니다. 어떻게 하시겠습니까?

*Forth Bridge. 영국 스코틀랜드 동해안의 포스만을 횡단하는 캔틸레버식 철도교—옮긴이.

답 (15초 동안 침묵) 룩을 R8로 옮깁니다. 체크메이트!*

튜링은 위 견본 대화를 통해 여러 가지를 보여준다. 응답자는 30초 동안 침묵한 다음 잘못된 덧셈 답을 말한다(정답은 105,721이다). 이것이 응답자가 인간이라는 증거가 될 수 있을까? 어쩌면 그럴지도 모른다. 그러나 달리 생각하면, 자신을 인간으로 가장하고자 하는 영리한 기계일 수도 있다. 튜링은 또한 기계는 소네트를 지을 수 없다는 제퍼슨의 항의를 가볍게 날려버렸다. 위 답변은 소네트를 지을 줄 모르는 인간의 것일 수도 있다. 튜링은 이어서 다음 문답을 통해 소네트 짓기를 통해 인간인지 여부를 구분하는 것이 어려움을 보여주고 있다.

질문 당신이 지은 소네트의 첫 행인 '그대를 여름날에 비하리까'**에서, 여름날보다는 봄날이 낫지 않겠습니까?

답 그러면 운율이 맞지 않아요.

질문 겨울날은 어떻습니까. 그러면 운율은 맞습니다만.

답 글쎄요. 겨울날에 비견되고 싶은 사람은 없을 테니까요.

질문 당신은 픽위크 씨***를 떠올리면 크리스마스가 연상됩니까?

답 그렇다고 할 수 있죠.

질문 크리스마스도 겨울날인데, 픽위크 씨는 이런 비교를 기분 나빠

*튜링이 사용한 체스 기보법은 현재 널리 사용되고 있는 대수기보법과 다른 설명기보법이다. 킹은 팔방으로 한 칸 이동할 수 있고, 룩은 다른 말을 건너뛰지 않는다는 전제하에 수직/수평 방향으로 원하는 수만큼 칸을 이동할 수 있기 때문에 체크메이트가 된다—옮긴이.

**윌리엄 셰익스피어, 소네트 18—옮긴이.

***찰스 디킨스의 첫 소설인 『The Pickwick Papers』의 주인공—옮긴이.

하지 않을 것 같습니다만.

답 농담이지요? 겨울날이라고 하면 크리스마스처럼 특별한 날이 아니라 일반적인 겨울날을 말하는 거잖아요.

위 응답자가 인간인지, 아니면 인간인 척하는 기계인지 가늠하기 어렵다는 것이 튜링의 요점이다.

튜링은 이런 모방 게임을 컴퓨터가 이길 수 있을지에 대한 자신의 견해도 제시한다. "지금으로부터 50여 년이 지나면 모방 게임을 (중략) 뛰어나게 수행하는 컴퓨터를 프로그래밍할 수 있을 것이다. 그리하여 평균적인 질문자가 5분 동안 문답을 진행한 다음 응답자가 인간인지 기계인지 맞힐 확률은 최대 70퍼센트밖에 되지 않을 것이다."

튜링은 논문에서 그가 정의하는 사고에 대해 제기될 수 있는 여러 가지 이의를 반박하려고 했다. 신은 인간에게만 영혼과 사고력을 부여했다는 종교적 반박에는 "전능하신 하나님의 전지전능함을 심각하게 제한하는 의견"이라고 맞섰다. 또한, 신이 "적절하다고 생각한다면 코끼리에게 영혼을 부여할 자유가 없겠느냐"고 묻는다. 신이라면 아마도 가능할 것이다. 무신론자인 튜링의 의견이라 어딘지 냉소적인 면이 없잖아 있지만, 동일한 논리로 신이 원한다면 기계에도 영혼을 부여할 수 있을 거라는 것이었다.

이 책의 맥락에서 봤을 때 특히나 흥미로운 반박은 튜링이 에이다 러브레이스가 제기했을 것이라 가정한 반박이다. 러브레이스는 1843년에 다음과 같이 썼다. "해석기관이 스스로 뭔가를 만들어낸다고 주장할 수는 없다. 이것은 우리가 명령을 내리는 것만 수행할 수 있을 뿐이고, 이때 우리는 명령을 내리는 방법을 알고 있어야 한다. 기계는 분석을 따를 수는 있지만, 어떤 분석적 관계나 진실을 예상하는 힘은 없다." 즉, 인간의 정신과 달리 기계 장치는 자유의지를 가질 수도, 자신만의 목적을 갖지도 못하며, 단지 프로그래밍된 바를 그대로 수행하기만 한다. 튜링의 1950년 논문에서는 '레이디 러브레이스의 반박'이라는 대목을 찾아볼 수 있다.

기계가 '학습'을 통해 실질적인 행위자로 거듭나 새로운 생각을 생산할 수 있을 것이라는 기발한 주장으로 튜링은 위의 반박에 맞선다. "성인의 사고를 모방하는 프로그램을 만드는 대신 어린아이의 사고를 모방하는 프로그램을 만들 수 있지 않을까? 이렇게 만들어진 프로그램에 일련의 적절한 교육을 제공한다면, 종국에는 성인의 두뇌를 갖게 될 수도 있을 것이다." 튜링은 기계의 학습 과정은 어린아이의 학습 과정과 다를 것이라는 점을 인정한다. "예컨대 다리가 없으니 집 밖으로 나가 석탄통을 채워 오라고 시킬 수는 없을 것이다. 눈도 없으니 (중략) 학교에 보낸다면 다른 아이들의 놀림거리가 되기 십상일 터이다." 그러므로 아기 기계에게는 다른 방식의 학습이 제공돼야 할 것이다. 튜링은 상벌 시스템을 도입하여 기계가 특정 활동은 반복하고 다른 활동은 피하도록 하는 방안을 제안했다. 결국 이런 학습을 통해 기계는 문제를 어떻게 해결해야 할지 스스로 개념을 도출할 수 있게 될 것이다.

튜링의 반대자들은 다음과 같이 반박했다. 기계가 사고 과정을 모방할 수 있다 해도, 실제로 의식을 가지는 것은 아니라는 것이다. 튜링 테스트에 임하는 인간 응답자가 언어를 사용할 때는, 사용하는 언어를 실제 세계의 의미와 감정과 경험과 감각과 지각과 결부하여 답한다. 하지만 기계는 아니다. 연관성이 없는 언어란 의미로부터 유리된 놀이일 뿐이다.

이것은 1980년에 철학자 존 설이 쓴 에세이로 이어진다. 존 설의 반박은 튜링 테스트에 대한 반박 중에서 가장 질긴 생명을 갖게 된다. 존

설은 '중국어 방'이라는 사고 실험을 제안한다. 중국어를 모르는 영어 화자에게 중국어로 된 어떠한 조합의 질문에도 새로운 중국어 조합으로 답할 수 있도록 안내하는 포괄적인 규칙을 제공한다. 괜찮은 지침이 제공됐다면, 자신이 진짜 중국인 화자라고 질문자를 속일 수도 있을 것이다. 그렇다 해도 그는 자신의 답변을 한 마디도 이해하지 못할 것이며, 또한 어떠한 의도도 내비치지 못할 것이다. 에이다 러브레이스의 말을 빌리자면, 그에게는 무언가를 생산하려는 일말의 야심도 없으며 단지 지시받은 행위만 수행할 것이다. 마찬가지로 튜링의 모방 게임에서 기계 응답자는 인간을 아무리 잘 모방한다 해도 스스로 무슨 말을 하고 있는지를 이해하지도, 이를 의식하지도 못할 것이다. 중국어 방에서 수많은 지침에 따라 중국어를 내뱉고 있는 영어 화자가 중국어를 이해한다고 할 수 없는 것처럼, 결국 모방 게임의 기계도 '사고'를 한다고 말할 수 없다는 것이다.[95]

한편, 영어 화자 자체는 중국어를 이해하지는 못하지만, 영어 화자(처리 장치), 지침(프로그램), 중국어 문자로 가득한 파일(데이터)로 구성된 중국어 방이라는 시스템 전체가 중국어를 이해한다고 말할 수는 있다는 논리로 존 설의 주장에 맞설 수 있을 것이다. 명확한 정답을 도출하기는 힘들다. 튜링 테스트와 이에 대한 반박은 실제로 오늘날까지도 인지 과학의 가장 뜨거운 쟁점이 되고 있다.

튜링은 「컴퓨팅 기계와 지능」을 발표하고 나서 몇 년 동안 자신의 도발이 불러일으킨 소동을 즐겼던 것으로 보인다. 그는 특유의 비틀린 유머로 소네트와 고귀한 의식에 대해 지껄여대는 사람들의 허세를 조롱했다. 1951년에 튜링은 이런 농담을 하기도 했다. "언젠가는 부인들이 컴퓨터와 함께 공원을 산책하며 '오늘 아침에 우리 컴퓨터가 글쎄 재미

있는 이야기를 했다니까요!'라고 서로 자랑할지도 모를 일이다." 튜링의 멘토 맥스 뉴먼은 훗날 이렇게 평했다. "튜링은 놀라우리만치 적절하면서도 익살맞은 비유를 들어 자신의 아이디어를 설명할 줄 알았다. 함께 있으면 무척 즐거운 사람이었다."[96]

튜링에 대한 이야기가 나오면 빠지지 않고 등장하는 한 가지 주제가 바로 성욕과 정서적 갈망이 기계와 달리 인간의 사고에서 차지하는 역할에 관한 것이다. 이 주제는 곧 슬픈 여운을 남기게 된다. 1952년 1월, BBC를 통해 방송된 튜링과 뇌외과 전문의 제프리 제퍼슨 경 사이의 공개토론이 그 예다. 맥스 뉴먼과 과학 철학자 리처드 브레이스웨이트가 사회를 맡았다. 브레이스웨이트는 "인간의 관심사는 대체로 욕구, 갈망, 충동, 본능으로 결정된다"고 말하며, 진정으로 사고할 줄 아는 기계를 만들려면 "이런 욕구에 부응하는 무언가를 기계에 장착해야 한다"고 주장했다. 뉴먼은 기계는 "다소 한정적이라 할 수 있는 욕구를 가지고 있으며, 쑥스러워도 얼굴을 붉힐 줄 모른다"며 맞장구쳤다. 제퍼슨은 한 걸음 더 나아가 반복적으로 '성적 충동'을 예로 들며 인간의 '감정과 본능, 예컨대 성욕'에 대해 이야기했다. 성욕이 인간 사고에 미치는 영향에 대해 제퍼슨이 지나치게 많은 얘기를 하는 바람에 BBC는 일부를 편집하고 방송을 내보냈다. 편집된 부분에는 기계가 여성 기계의 다리를 만지는 장면을 목격하기 전까지는 기계가 사고할 수 있다는 것을 믿을 수 없다고 제퍼슨이 목청 높여 이야기하는 장면도 포함돼 있었다.[97]

그때까지 웬만하면 자신이 동성애자임을 밝히지 않았던 튜링은 이런 대담이 오가는 동안 침묵을 지켰다. 녹화는 1952년 1월 10일에 진행되었는데, 튜링은 그 전 몇 주 동안 일련의 사건에 휘말렸다. 그것은 기계에게 이해시키기에는 너무나 인간적인 일이었다. 논문 작성을 막 마친 튜링은 논문 탈고를 어떻게 자축할 것인지에 대해 단편 소설을 한 편

썼다. "그가 누군가를 '가진' 지가 꽤 되었다. 지난여름 파리에서 만난 군인 이후로는 아무도 없었다. 논문을 마친 그는 또 다른 게이 남성을 가질 자격이 충분하다고 해도 좋았다. 그는 적절한 남성을 어디서 찾으면 좋을지 알고 있었다."[98]

튜링은 맨체스터의 옥스퍼드 스트리트에서 열아홉 살의 노동자 계급 출신 부랑자 아널드 머리를 만나 사귀기 시작했다. BBC 녹화장에서 돌아온 튜링은 머리에게 함께 살자고 말했다. 어느 날 밤, 튜링은 사악한 컴퓨터와 체스를 두다 컴퓨터로부터 분노와 즐거움과 우쭐함을 순차적으로 유발함으로써 게임에 이긴다는 자신만의 공상을 머리에게 들려주었다. 이어지는 나날 동안 관계는 점차 복잡한 양상을 띠어갔다. 어느 날 저녁 튜링이 집으로 돌아와 보니 도둑이 들어 있었다. 범인은 머리의 친구였다. 경찰에 신고한 튜링은 머리와의 관계를 밝힐 수밖에 없었는데, 경찰은 '지독한 음란 행위'라는 죄목으로 튜링을 체포했다.[99]

재판은 1952년 3월에 열렸다. 튜링은 양심의 가책을 느끼지 않음을 분명히 하면서도 유죄를 인정했다. 맥스 뉴먼이 피고의 성격 증인으로 나섰다. 튜링은 유죄를 선고받았고, 그에 대한 기밀 정보 취급 허가도 취소되었다.* 그에게는 두 가지 선택권이 주어졌다. 수감되거나, 아니면 성욕을 억제하도록 합성 에스트로겐 주사를 맞는 호르몬 치료를 받는다는 전제하에—마치 그가 화학적으로 제어할 수 있는 기계인 양—보호관찰을 받아야 했다. 튜링은 전자를 택했고, 1년간 수감 생활을 견뎠다.

처음에는 담담히 받아들이는 것처럼 보였지만, 1954년 6월 7일, 튜링은 청산가리를 수입한 사과를 깨물고 스스로 목숨을 끊었다. 친구들에 따르면, 튜링은 『백설 공주』에서 마녀가 독약에 사과를 담그는 장면

*튜링은 2013년 12월 25일, 엘리자베스 2세에 의해 공식 사면되었다.

을 좋아했다고 한다. 튜링은 입가에 거품을 머금은 채 침대 위에 누운 상태로 발견됐다. 전신에 청산가리가 퍼져 있었고, 옆에는 반쯤 먹은 사과가 놓여 있었다.

기계라면 이 같은 일을 할 수 있었을까?

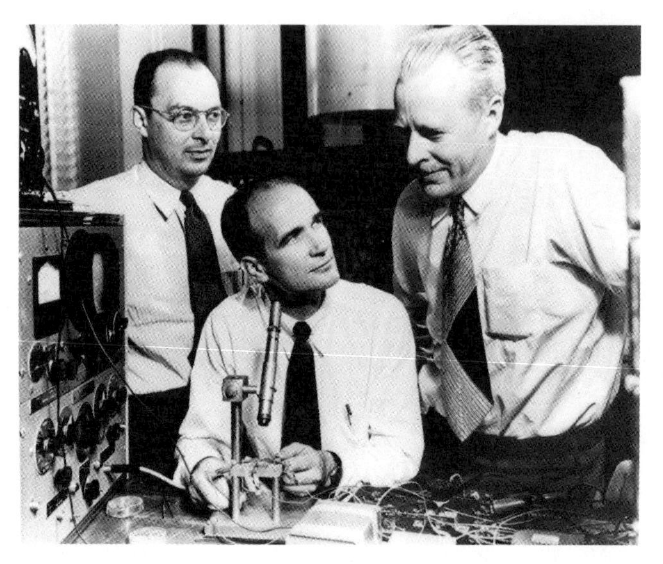

벨 연구소의 존 바딘(1908~91), 윌리엄 쇼클리(1910~89), 월터 브래튼(1902~87), 1948년.

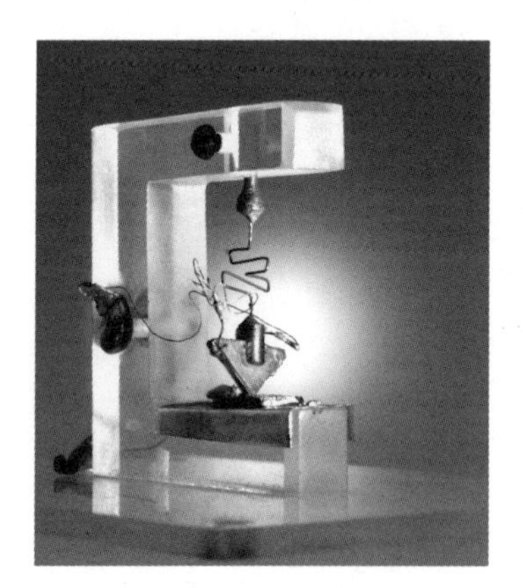

벨 연구소의 최초의 트랜지스터.

노벨상 수상 당일 윌리엄 쇼클리(테이블 상석)와 고든 무어(쇼클리 옆자리), 로버트 노이스(가운데 와인 잔)를 비롯한 동료들, 1956년.

4

…

트랜지스터

컴퓨터가 개발됐다고 해서 곧바로 혁명이 일어나지는 않았다. 크고 비싸고 깨지기 쉬우면서 많은 전력을 소비하는 진공관에 의존한 초창기 컴퓨터는 기업과 연구 대학, 군에서만 사용할 수 있는 값비싼 괴물이었다. 대신에 디지털 시대, 그러니까 전자 기기가 우리 삶의 모든 단면에 내장되게 되는 시대는 뉴저지 주 머리힐에서 1947년 12월 16일 화요일, 점심시간이 얼마 지나지 않은 시각에 진정한 탄생을 맞았다. 그날 벨 연구소의 두 과학자가 몇 가닥의 금박과 반도체 물질로 이루어진 칩 하나, 구부러진 클립 하나를 조합하여 작은 장치를 고안해내는 데 성공했다. 이것을 요리조리 움직이면 어느 순간 전류를 증폭하고 끄거나 켤 수 있었다. 곧 트랜지스터라 불리게 될 이 장치는 산업 혁명기의 증기기관이 그랬듯 디지털 시대의 필수 동력이 될 것이었다.

트랜지스터의 등장으로, 그리고 수백만 개의 트랜지스터가 초소형 마이크로칩에 구성될 수 있도록 한 이후의 여러 혁신적인 기술의 출현으로 수천 대의 ENIAC에 상응하는 처리 능력이 로켓선의 노즈콘 안에, 무릎 위에 올라가는 컴퓨터에, 주머니에 들어가는 계산기와 음악 플레이어에, 네트워크로 연결된 지구상의 어떤 장비와도 정보와 엔터테인

먼트를 교환할 수 있는 소형 기기에 장착될 수 있게 되었다.

끈기와 열정으로 가득한 동료 세 명이 트랜지스터의 발명가로 역사에 기록되게 된다. 각자 다른 성격으로 때론 충돌하고 때론 서로의 부족한 점을 채우기도 한 이들은 솜씨 좋은 실험가 월터 브래튼, 양자 이론학자 존 바딘, 고체 물리학자 윌리엄 쇼클리였다. 그중에서도 가장 열정적이고 끈기가 넘쳤던 쇼클리는 마지막에 비극적 결말을 맞게 된다.

그리고 세 명의 발명가들만큼 중요한 역할을 했던 것이 바로 이들이 소속돼 있던 벨 연구소다. 트랜지스터는 몇 명의 천재들이 풍부한 상상력을 발휘하여 만든 것이 아니라, 다양한 재능이 혼합한 결과 탄생할 수 있었다. 트랜지스터는 그 특성상 양자 현상에 대한 직관력을 보유한 이론가들과 불순물을 이용하여 능숙하게 규소를 구워낼 줄 아는 재료 과학자들, 솜씨 좋은 실험가들과 공업 화학가, 제조 전문가와 천재적인 만물 수리공들이 한데 모여서야 발명할 수 있는 것이었다.

벨 연구소

1907년, 미국 전신 전화 회사American Telephone and Telegraph Company(AT&T)에 위기가 닥쳤다. 전화 서비스 사업을 거의 독점적으로 운영할 수 있게 했던 회사 설립자 알렉산더 그레이엄 벨의 특허가 만료된 것이다. 이사회는 은퇴한 사장 시어도어 베일을 다시 불러들였다. 베일은 도전적인 목표를 세워 회사에 새로운 활기를 불어넣고자 했다. 바로 뉴욕과 샌프란시스코 사이의 통화를 연결하는 시스템을 설계하는 것이었다. 갖가지 공학 기술과 고도의 순수 과학적 연구를 요하는 작업이었다. AT&T에서는 진공관과 몇 가지 신기술을 이용하여 중계기와 증폭 장치를 설계하여 1915년 1월에 이 작업을 완수했다. 역사적인 첫 번째 대륙 횡단 통화가 이루어진 자리에는 베일과 우드로 윌슨 대통령뿐 아니라 알렉산더 그레이엄 벨도 참석했는데, 그는 39년 전에 내뱉었던 유명한 어구를 이 자리에서 반복했다. "왓슨, 이리로 오게나. 볼일이 있다네." 벨의 전직 조수 토머스 왓슨은 샌프란시스코에서 이렇게 답했다. "일주일은 걸릴 겁니다."[1]

이로써 향후 벨 연구소라 불릴 산업 조직의 씨앗이 뿌려졌다. 맨해튼의 그리니치빌리지 서쪽 끝자락에서 허드슨 강을 굽어보며 서 있던 벨 연구소는 이론가와 재료 과학자, 금속 공학자, 엔지니어, 심지어 AT&T의 전신주 작업자들까지 한자리에 불러 모았다. 이곳에서 조지 스티비츠가 전자기 릴레이를 이용하여 컴퓨터를 개발했고, 클로드 섀넌이 정보 이론 연구에 몰두했다. 제록스 PARC를 필두로 줄지어 생겨난 여러 기업체의 위성 연구소와 마찬가지로, 벨 연구소는 다양한 재능을 가진 사람들이 모여 있으면 지속 가능한 혁신이 발생할 수 있다는 것을 보여주었다. 물리적으로 가까운 곳에 있어서 우연한 만남과 빈번한 만남이 이루어질 수 있다면 금상첨화다. 여기까지가 긍정적인 측면이라면, 이들이 기업체의 통제하에 있는 거대한 관료 조직이었다는 사실은 부정적인 측면이다. 벨 연구소 역시 제록스 PARC와 마찬가지로 혁신을 위대한 제품으로 바꾸어놓을 수 있는 열정적인 리더와 모반자가 없을 경우 산업 조직이 어떠한 한계에 맞닥뜨리게 되는가를 여실히 보여주었다.

벨 연구소의 진공관 부서를 이끈 인물은 미주리 주 출신의 혈기 넘치는 머빈 켈리였다. 켈리는 미주리 광산야금학교에서 금속 공학을 전공하고 시카고 대학의 로버트 밀리컨 교수 밑에서 물리학 박사를 취득했다. 안정적인 방식으로 진공관을 만들기 위해 수랭식 기법을 고안한 켈리는 증폭이나 스위칭 작업에 진공관이 효율적인 도구가 되지 못할 것임을 깨달았다. 1936년, 벨 연구소의 연구부장으로 승진한 그는 진공관의 대체재를 찾는 작업에 착수했다.

켈리는 그때까지 응용공학의 수호자 역할을 해온 벨 연구소에서 당시까지만 해도 대학의 영역에 머물렀던 기초 과학과 이론 연구에도 힘을 써야 한다고 생각했다. 그는 미국의 뛰어난 젊은 물리학 박사들을 찾아 나섰다. 혁신이라는 것을 차고나 다락방에 틀어박힌 괴짜 천재들의 것이 아닌 산업 조직의 정기적인 산출물로 만드는 것이 그의 목표였다.

존 거트너는 벨 연구소에 관한 연구서 『벨 연구소 이야기』에서 다음과 같이 말한다. "연구소에서는 발명의 핵심이 개별적인 천재들에게 있는지 아니면 협업에 있는지에 대한 상당한 고찰이 이루어지고 있었다."[2] 정답은 둘 다이다. "관련된 연구 사항을 하나로 모아 새로운 장치가 개발되려면 다양한 과학 분야 전문가들의 재능이 필요하다." 훗날 쇼클리는 그렇게 말했다.[3] 말 자체는 옳았으나, 그가 이런 식으로 겸손을 가장하는 일은 매우 드물었다. 쇼클리는 자신과 같은 개별 천재들의 중요성을 누구보다도 신뢰한 인물이었다. 협업의 전도사였던 켈리마저도 개별적인 천재들을 양성해야 한다는 사실을 인정할 수밖에 없었다. 켈리는 이렇게 말한 적이 있다. "리더십, 조직, 팀워크의 중요성을 아무리 강조해도 개인의 중요성을 능가할 수 없다. 창의적인 아이디어와 개념은 이런 개인에게서 나오는 것이기 때문이다."[4]

혁신의 핵심은—벨 연구소에서는 물론 디지털 시대 전반에 걸쳐—개별적인 천재를 양성하는 것과 협업적인 팀워크를 장려하는 것이 상반되는 행위가 아님을 깨닫는 일이었다. 즉, 양자택일로 귀결되는 사안이 아니라는 것이다. 실제로 디지털 시대 전반에 걸쳐 이 두 가지가 공존했다. 창의적인 천재(존 모클리, 윌리엄 쇼클리, 스티브 잡스)는 혁신적인 아이디어를 생각해낸다. 응용 엔지니어(프레스퍼 에커트, 월터 브래튼, 스티브 워즈니악)는 이들과 긴밀한 관계를 맺으며 개념을 구체적인 장치로 구현한다. 그러면 테크니션과 기업가들로 이루어진 협업 팀들이 이런 발명품을 실용적인 제품으로 만들어낸다. 아이오와 주의 존 아타나소프나 런던의 헛간에서 작업하던 찰스 배비지와 같이 이런 생태계의 일부가 결핍된 경우에는 아무리 위대한 아이디어라도 역사의 지하실에 처박히게 되는 것이다. 또한 모클리와 에커트가 떠난 뒤의 펜실베이니아 연구소나 폰 노이만이 떠난 프린스턴 연구소, 쇼클리가 떠난 벨 연구소처럼 비전을 제시할 열정적인 이상가가 없는 경우에는 혁신이 서서히 시들어버리는 결과를 초래했다.

이론가와 엔지니어의 협업이 특히나 중시되던 분야가 고체 물리학이었다. 전자가 고체 물질을 어떻게 흐르는지 연구하는 학문인 이 분야는 벨 연구소에서 그 비중이 점점 더 커져가고 있었다. 벨 연구소의 엔지니어들은 1930년대에 규소(실리콘)—지각 내에서 산소에 이어 두 번째로 많은 양을 차지하고 있는, 모래의 주요 구성 성분—와 같은 물질로 전자적 작업을 수행할 수 없을지 이리저리 연구하고 있었다. 이와 동시에 같은 건물에서 이론가들은 정신을 혼미하게 하는 양자 역학 연구 결과를 놓고 씨름하고 있었다.

양자 역학은 덴마크의 물리학자 닐스 보어를 비롯한 일군의 학자들이 원자 내의 현상에 대해 연구한 이론을 바탕으로 하는 학문이다. 보어가 1913년에 제안한 원자 구조 모형에 따르면 전자들은 원자핵을 중심으로 개별적 궤도를 돈다. 전자들은 하나의 궤도에서 다른 궤도로 양자 도약을 할 수 있지만, 궤도 사이로는 이동할 수 없다. 가장 바깥쪽 궤도를 돌고 있는 전자의 개수로 원소의 화학적, 전자적 특성과 전도성을 파악할 수 있다.

구리와 같은 원소는 전기가 잘 통하는 전도체고, 황과 같은 원소는 전기가 통하지 않는 부도체, 즉 절연체다. 전도체와 부도체의 중간에는 규소나 저마늄 같은 반도체가 있다. 반도체는 전기를 더욱 잘 통과하게끔 조작하기가 쉽기 때문에 유용하게 사용된다. 규소에 소량의 비소나 붕소를 첨가하면 전자가 더 활성화되는 식이다.

양자 역학의 발전 시기는 벨 연구소의 금속 공학자들이 희귀하고 독창적인 광물에 새로운 정제 기법과 화학 기법과 조제법을 적용해 새로운 물질을 만들어내는 방법을 연구하던 시기와 일치했다. 이들은 진공관의 필라멘트가 너무 빨리 끊어진다거나 수화기의 진동판에서 지나친 기계음이 감지되는 등의 일상적인 문제를 해결하기 위해 새로운 합금을 혼합하여 혼합물이 보다 나은 성능을 보일 때까지 열을 가하거나 냉각시키며 새로운 방식을 개발하고 있었다. 주방에서 연구에 몰두하는 요리사처럼 무수한 시행착오를 걸치며 작업을 거듭한 이들은 양자 역학의 이론적 혁명과 밀접한 관련을 갖게 될 재료 과학의 혁명을 일으키는 중이었다.

벨 연구소의 화학 엔지니어들은 규소 및 저마늄 표본으로 실험을 하다가 이론 과학자들이 추측한 사실 중 많은 부분을 확인할 수 있었다.* 이론 과학자, 엔지니어, 금속 공학자가 협력하면 연구 성과가 개선될 수 있으리라는 사실이 분명해졌다. 그 결과 1936년에 솔리드스테이트 연구

*엔지니어와 이론 과학자들은 규소(바깥쪽 궤도에 4개의 전자 보유)에 인이나 비소와 같은 5가 원자를 첨가하면 1개의 과잉 전자가 생겨 음전극을 띠게 된다는 사실을 발견했다. 결과물은 n형 반도체라 불렀다. 또한 3가 원자인 붕소를 첨가하면 1개의 전자가 부족하게 되어 '정공正孔'이 생겨 양전극을 띠게 된다. 결과물은 p형 반도체라 불렀다.

모임이 형성되었고, 뛰어난 응용과학자들과 이론 과학자들이 한자리에 모이게 되었다. 일주일에 하루, 늦은 오후에 자리를 가진 연구 모임에서는 연구 결과는 물론 학계 특유의 독설이 오갔고, 모임이 끝나면 늦은 시간까지 비공식적인 토론이 열리곤 했다. 얼굴을 맞대고 토론을 하자 서로의 논문을 읽는 것만으로는 가능하지 않던 진정한 가치를 창출할 수 있었다. 치열한 상호 작용을 통해 아이디어가 한 단계 높은 궤도로 도약할 수 있었고, 때로는 궤도를 벗어나—마치 전자와 같이—연쇄반응이 나타나기도 했다.

모임에서 가장 두드러진 인물은 윌리엄 쇼클리였다. 연구 모임이 형성되던 시점에 벨 연구소에 합류한 이론 과학자 쇼클리는 뛰어난 집중력과 지성으로 동료들을 감명시키고 때로는 두려움을 불러일으켰다.

윌리엄 쇼클리

윌리엄 쇼클리는 예술과 과학 양쪽에 관심을 갖고 성장했다. 아버지는 MIT에서 광산공학을 전공하고 뉴욕에서 음악을 배운 다음 모험가이자 광물 투기자로 유럽과 아시아를 돌아다니며 7개 국어를 습득한 인물이었다. 스탠퍼드 대학교에서 수학과 예술을 전공한 어머니는 휘트니 산 단독 정복에 성공한 최초의 등반가 중 한 명이었다. 부부는 네바다 주의 작은 광산 마을 토너파에서 전자는 소유권 주장 중에, 후자는 탐사 작업 중에 만났다. 결혼 후 런던으로 이주했고, 1910년에 윌리엄 쇼클리가 태어났다.

윌리엄은 외동아들이었다. 부부는 이 사실에 안도하게 되었다. 갓난아기 적에도 지독한 성미를 보인 윌리엄은 한번 화가 나면 오랫동안 시끄럽게 성질을 내는 통에 베이비시터가 남아나질 않았고, 집도 자주 옮겨야 했다. 아버지는 윌리엄이 "목청껏 소리를 질러댔고 몸을 이리저리 날렸"으며 "어머니를 심각하게 문 적도 많았다"고 적고 있다.[5] 윌리엄은 고집이 대단했다. 어떤 상황에서도 자신의 뜻을 관철해야만 했다. 부모는 결국 일종의 굴복 정책을 도입했다. 훈육에 대한 어떠한 시도도 하지 않았으며, 8세까지 집에서만 교육을 시켰다. 당시는 윌리엄의 외가가 있던 팰로앨토로 이주한 뒤였다.

아들이 천재임을 확신한 부부는 스탠퍼드-비네 IQ 검사의 고안자로서 영재 연구를 기획 중이던 루이스 터먼*에게 아들의 지능지수 평가를 의뢰했다. 어린 쇼클리는 120점 후반대의 IQ를 지닌 것으로 나타났다. 훌륭한 점수였지만 터먼이 천재로 분류할 정도는 아니었다. 쇼클리는 훗날 IQ 테스트에 집착하여 면접 대상자는 물론 동료들을 평가하는 데 IQ 점수를 사용하였으며, 인종과 유전적 지능의 관계에 대해 갈수록 말도 안 되는 이론을 개발하며 노년을 망치게 된다.[6] IQ 테스트에도 부족한 점이 있다는 것을 자신의 경험에서 깨달았으면 좋았을 것이다. 비非천재로 분류되긴 했지만, 중학교를 건너뛸 만큼 명석했던 그는 캘리포니아 공과대학교(칼텍)에서 학위를 따고 MIT에서 고체 물리학으로 박사 학위를 받았다. 그는 날카로운 지성과 창의성, 그리고 야망을 겸비한 인물이었다. 마술 묘기와 장난을 좋아했으면서도 느긋하고 우호적인 성품은 갖지 못했다. 어린 시절의 지적 집중력과 격렬한 인품은 성공과 함께 더욱 강화되었다. 그로 인해 쇼클리는 어울리기 힘든 사람이 되었다.

1936년에 쇼클리가 MIT를 졸업하자 벨 연구소의 머빈 켈리가 직접

*아들 프레드 터먼은 후에 스탠퍼드 대학교의 유명한 학장이 된다.

면접을 보러 가서 그를 즉석에서 채용했다. 켈리는 쇼클리에게 다음과 같은 임무를 주었다. 진공관을 대체할 값싸고 안정적인 장치를 찾아낼 것. 3년 후 쇼클리는 전구의 반짝이는 필라멘트 대신 규소와 같은 고체 물질을 사용하여 해결책을 찾아낼 수 있으리라 확신했다. "오늘 진공관 대신 반도체를 사용하면 원칙적으로 증폭기 제작이 가능하리라는 생각이 들었다." 1939년 12월 29일의 실험일지는 그렇게 전한다.[7]

쇼클리는 안무가가 눈앞에 춤동작을 그리듯 양자 역학을, 그것이 전자의 움직임을 어떻게 설명하고 있는지를 그릴 수 있었다. 동료들은 그가 반도체 물질을 앞에 두고 전자를 볼 수 있었다고 말한다. 하지만 이런 예술가적 직감을 발명품으로 만들려면 노련한 실험 과학자가 필요했다. 모클리에게 에커트가 필요했던 것처럼. 벨 연구소에는 수많은 실험 과학자들이 있었고, 그중에서도 서부 출신의 명랑하고 성미가 고약한 월터 브래튼이 단연 돋보였다. 브래튼은 산화구리와 같은 반도체 화합물로 기발한 장치를 즐겨 만들곤 했다. 그는 구리와 산화구리가 만나는 접점에서 전류가 한 방향으로만 흐른다는 사실에 착안해 교류를 직류로 바꾸는 정류기를 만들기도 했다.

브래튼은 워싱턴 주 동부의 외딴 목장에서 소를 치며 자랐다. 거친 목소리와 투박한 태도로 자신감 가득한 카우보이의 모습을 자기 비하적으로 연출했다. 날랜 손가락을 가진 타고난 발명가로서, 갖가지 실험을 고안하길 좋아했다. "그는 밀랍과 클립만 가지고도 무언가를 만들 수 있었다." 벨 연구소 동료의 회상이다.[8] 느긋한 명석함의 소유자 브래튼은 같은 시도를 묵묵히 반복하기보다는 지름길을 찾는 유형이었다.

쇼클리는 산화동 표면에 그리드를 얹어 진공관을 대체하자는 의견을 내놓았다. 브래튼은 회의적이었다. 크게 웃으면서 말하길, 같은 시도를 해본 적이 있지만 증폭기를 만드는 데 실패했다고 했다. 쇼클리는 개의치 않고 밀어붙였다. "그게 그렇게나 중요하다면 어떻게 만들고 싶은지 말이나 해봐요. 한번 해봅시다."[9] 하지만 브래튼의 예상대로 결과는 실패였다.

쇼클리와 브래튼이 실패의 원인을 파헤치려던 찰나에 제2차 세계대전이 발발했다. 쇼클리는 해군의 대잠수함 전단 연구부장으로 부임하여 독일 유보트에 대한 공격을 개선하기 위한 폭탄 폭발심도 분석에 착수했다. 이후 유럽과 아시아로 건너가 B-29 폭격기대의 레이더 사용을 지원했다. 브래튼 역시 워싱턴에서 해군 소속으로 항공 자력 장치에 중점을 두고 잠수함 탐지 기술을 연구했다.

솔리드스테이트 팀

윌리엄 쇼클리와 브래튼이 떠나 있는 동안 벨 연구소도 전쟁으로 변화를 겪었다. 정부, 연구대학, 민간 기업으로 이루어진 연구 집단의 일부로 편입된 것이다. 역사가 존 거트너는 이렇게 전한다. "벨 연구소는 진주만 공습 직후 몇 년 동안 탱크용 무선 수신기, 산소마스크를 착용한 조종사들을 위한 통신 시스템, 비밀 메시지 도청 방지용 암호화 기계 등 1,000여 개에 이르는 군사 프로젝트를 수행했다."[10] 연구원 규모도 두 배로 성장하여 9,000명을 헤아렸다.

맨해튼 본사에 공간이 부족해지자 벨 연구소의 대부분이 뉴저지 주 머리힐의 80만 제곱미터 규모의 신사옥으로 이전했다. 머빈 켈리를 비롯한 운영진은 신사옥을 연구 분야에 따른 개별 건물로 구분하지 않으면서 대학 캠퍼스의 분위기를 내려고 했다. 이들은 우연한 만남을 통해 창의성이 배가된다고 믿었다. 한 중역이 남긴 기록에 따르면 "건물과 건물은 부서 간의 지리적 단절 없이 자유로운 의견 교환과 긴밀한 접촉이 가능하도록 연결되었다."[11] 여러 개의 복도는 축구장 두 개보다도 긴 길이로 설계되어 다양한 재능과 전문성을 지닌 사람들이 서로 섞여 우연한 만남을 가질 수 있도록 되어 있었다. 이 전략은 스티브 잡스가 그로부터 70년 후 애플의 새 본사를 설계할 때 그대로 적용하게 된다. 연구원들은 연구소의 이곳저곳을 거닐다 맞닥뜨리게 되는 임의의 아이디어를 태양전지처럼 흡수했다. 외바퀴 자전거를 타고 공 세 개를 저글링하면서 기다란 테라초 복도를 오가는 연구원들에게 고개를 끄덕이고 인사하는 괴짜 정보 이론가 클로드 섀넌의 모습도 종종 볼 수 있었다. 할 일이 너무 많은 것에 대한 익살스러운 메타포였다.*

1941년 11월, 브래튼은 18194번 노트에 마지막 일지를 적은 다음 전시 소집에 응하여 맨해튼의 벨 연구소를 떠났다. 4년 가까운 시간이 흐른 뒤 머리힐의 새로운 연구실에서 이 노트를 다시 펴고 다음과 같이 적었다. "전쟁이 끝났다." 켈리는 브래튼과 쇼클리를 "솔리드스테이트 분야의 이론 및 실험에 있어 통합된 접근 방식을 달성하기 위해" 소집된 연구팀에 배정했다. 연구팀은 전쟁 전과 동일한 목표를 가지고 있었다. 바로 반도체를 이용해 진공관 대체재를 개발하는 것이었다.[12]

브래튼은 솔리드스테이트 연구팀의 소속 연구원 명단을 보고는 그 탁월한 구성원들에 감탄했다. "세상에, 어쩜 단 한 명의 개자식도 없네!"라고 말하고는, "어쩌면 그 개자식이 나인지도 모르겠군."이라며 염려를 했다고 한다. 훗날 브래튼은 이렇게 말했다. "연구팀은 그때까지 구성된 어떤 팀보다 훌륭한 팀이었다."[13]

수석 이론가는 쇼클리였지만, 연구팀장 겸임으로 다른 층에서 근무

*한꺼번에 처리해야 할 일이 많음을 뜻하는 'balls in the air'라는 관용구가 있다—옮긴이.

했기 때문에 한 명의 이론가가 추가로 영입됐다. 상냥한 말씨를 지닌 양자 이론학자 존 바딘이었다. 바딘은 유년 시절 3개 학년을 뛰어넘을 정도로 두각을 나타냈던 천재로, 프린스턴 대학의 유진 위그너 밑에서 박사 논문을 썼고 전시에는 미 해군병기연구소에서 아인슈타인과 함께 어뢰 설계에 몰두했다. 바딘은 양자 이론을 이용하여 물질의 전기 전도 현상을 이해하는 데 탁월한 재능을 지닌 전문가였으며, 동료들은 그를 "실험 과학자 및 이론 과학자 모두와 원활히 협업할 줄 아는 능력을 지녔다"고 평가했다.[14] 초기에는 전용 연구실이 없어 브래튼의 연구실을 함께 사용했다. 이는 물리적 근접성이 창의적인 에너지 창출에 어떻게 도움이 되는지를 보여주는 현명한 조치였다. 두 이론 과학자와 실험 과학자는 얼굴을 맞댄 채 시간 가는 줄 모르고 아이디어를 쏟아냈다.

입심 좋고 수다스러운 브래튼과 달리 바딘은 '속삭이는 존'이라 불릴 만큼 조용했다. 몸을 기울여 경청해야 그가 하는 말을 겨우 알아들을 수 있었다. 신중하고 생각이 깊은 면은 번개처럼 빠르고 즉흥적으로 거침없이 이론과 주장을 뿜어내는 쇼클리와 대조를 이루었다.

이들은 서로 간의 상호 작용을 통해 통찰력을 쌓아갔다. "실험 과학자들과 이론 과학자들은 실험 설계에서 결과 분석까지, 연구의 모든 단계에 걸쳐 긴밀히 협업을 수행했다." 바딘은 그렇게 전한다.[15] 주로 쇼클리에 의해 거의 매일 즉흥적으로 소집됐던 이들의 미팅은 이심전심의 창의력이 무엇인지를 본질적으로 보여주었다. 브래튼은 이렇게 전한다. "언제나 즉흥적으로 만나 중요한 단계에 대해 논의했다. 모두 아이디어가 넘쳤으며, 누군가의 의견이 다른 사람의 아이디어로 이어지곤 했다."[16]

쇼클리가 미팅 내내 분필을 들고 칠판에 아이디어를 휘갈기곤 했기 때문에, 이 미팅은 곧 '칠판 세션' 또는 '분필 대담'으로 불리게 되었다.

언제나 자신만만한 브래튼은 회의실 뒤편을 돌아다니며 쇼클리의 제안에 큰 소리로 반대 의견을 내고는 했다. 쇼클리의 아이디어가 실패할 것이라며 1달러를 거는 경우도 있었다. 쇼클리는 지기 싫어하는 성격이었다. "한번은 내기에 진 쇼클리가 10센트짜리 10개를 줬는데, 그제야 비로소 그가 화가 났다는 것을 알았다." 브래튼의 회상이다.[17] 이들은 연구소에서만 어울리지 않고 여가 시간도 함께 보냈다. 함께 골프를 치거나, 스너피라는 식당에서 맥주를 마시거나, 부부 동반으로 브리지 게임을 즐기기도 했다.

트랜지스터

쇼클리는 벨 연구소의 새로운 팀원들과 함께, 5년 전에 연구를 중단한 솔리드스테이트로 진공관을 대체할 방법에 다시 몰두했다. 반도성 물질 조각에 강한 전계電界를 가한다면, 전계로 인해 일부 전자가 표면에 도열하여 물질에 전류가 통할 것이라고 가정했다. 반도체의 이런 성질을 이용하면 크기가 아주 작은 신호를 이용하여 훨씬 큰 신호를 제어할 수 있을지 모른다. 즉, 작은 입력 전류로 훨씬 큰 출력 전류를 제어할 수(또는 끄거나 켤 수) 있을 것이다. 그렇게 되면 반도체를 진공관처럼 증폭기나 스위치로 사용할 수 있게 된다.

이런 '전계 효과' 이론에 작은 문제가 있었다. 1,000볼트로 충전한 판을 반도성 물질의 표면에서 몇 밀리미터 거리에 위치시켰는데도 아무런 현상이 일어나지 않은 것이다. 쇼클리는 실험 일지에 "전류에 관찰되는 변화 없음"이라고 기재했다. 후에 이것이 "정말 알 수 없는 일이었다"고 평하기도 했다.

어떤 이론이 실패한 이유를 찾다 보면 더 나은 이론으로 나아가는 길이 보이기도 하는 법이다. 쇼클리는 바딘에게 실패의 이유를 설명해달라고 했다. 이들은 물질의 표면과 가까운 원자층에서 보이는 전자의 속성 및 양자 역학적 특성을 일컫는 '표면 준위surface state'에 대해 오랜 시간 토론을 거듭했다. 다섯 달이 지난 뒤, 무언가를 간파하게 된 바딘은 브래튼과 함께 쓰던 작업실 칠판에 뭔가를 쓰기 시작했다.

바딘은 반도체에 전계를 인가하면 전자가 표면에 속박된다는 사실을 깨달았다. 자유롭게 움직이지 못하게 된 전자는 일종의 막을 형성하여, 강력한 전계가 불과 1밀리미터밖에 떨어져 있지 않더라도 이 장벽을 뚫을 수 없게 된다. 쇼클리는 이렇게 기록했다. "이렇게 더해진 전자는 표면 준위 상태로 속박되어 움직일 수 없게 된다. 이런 표면 준위 상태가 양전하로 대전된 제어판의 영향으로부터 반도체의 내부를 방어한다."[18]

연구팀은 이제 새로운 임무를 갖게 되었다. 반도체 표면에 형성된 막을 뚫을 방법을 고안해내는 것이었다. 쇼클리는 이렇게 설명한다. "우리는 바딘이 말하는 표면 준위와 관련된 몇 가지 새로운 실험에 집중했다." 반도체를 이용하여 전류를 제어하고 증폭하고 끄거나 켤 수 있으려면 이 장벽을 뚫어야 했다.[19]

이후 1년간은 별다른 진척이 없었다. 그러다 1947년 11월에 일련의 타개책을 발견하게 됐고, 이후 한 달여간은 훗날 '기적의 한 달'이라 불리게 된다. 바딘은 '광기전력 효과' 이론을 바탕으로 연구에 매진했다. 광기전력 효과는 서로 다른 두 물질의 접촉면에 강한 빛을 쬐면 기전력이 발생하는 현상을 이른다. 바딘은 이 과정에서 막을 형성하고 있던 전자 중 일부가 제자리를 벗어날 것이라 추측했다. 브래튼은 이를 증명해 보일 여러 독창적인 실험을 고안했다.

지난한 실험이 계속되던 도중, 우연한 행운이 이들을 도왔다. 브래튼은 온도를 조절하기 위해 보온병을 사용하여 일부 실험을 진행했다. 그런데 규소에서 응결 현상이 발생하는 바람에 실험값을 측정하기 어려운 경우가 많았다. 실험 전체를 진공 상태에서 진행하면 간단히 해결될 문제였지만, 이를 위해서는 많은 작업이 선결돼야 했다. 브래튼은 이렇게 말한다. "나는 근본적으로 게으른 과학자다. 그래서 실험 물질을 유전誘電 유체에 넣어보자는 생각을 하게 되었다."[20] 브래튼은 보온병에 물을 넣어보았고, 결과적으로 문제가 간단히 해결됐다. 브래튼과 바딘은 11월 17일에 실험을 진행했다. 결과는 성공이었다.

11월 17일은 월요일이었다. 그 주 내내 이들은 여러 이론 및 실험에 관련된 아이디어를 좇아 분주히 작업에 착수했다. 금요일에는 바딘이 실험 장치를 물에 담그지 않을 방안을 생각해냈다. 대신 규소 조각에 날카로운 금속 촉이 꽂힌 지점에다 물이나 겔을 한 방울 떨어뜨리자는 것이었다. 브래튼은 열성적인 반응을 보였다. "존, 빨리 가서 만들어보세." 한 가지 난제는 금속 촉 자체에는 물방울이 닿으면 안 된다는 것이었는데, 임시변통의 귀재인 브래튼은 이 문제를 밀랍으로 해결했다. 규소 조각에 물을 한 방울 떨어뜨리고, 밀랍으로 입혀 절연 처리한 철사를 물방울을 통과해 규소에 꽂았다. 성공이었다. 전류가 약간 증폭되는 것을 관찰할 수 있었다. 바로 이 '점접촉' 장치로부터 트랜지스터가 탄생했다.

바딘은 다음 날 아침 연구소로 출근하여 일지에 결과를 기록했다. 그가 내린 결론은 다음과 같다. "일련의 실험은 반도체에 전극이나 그리드를 도입하여 전류의 흐름을 제어할 수 있다는 사실을 분명하게 보인다."[21] 평상시라면 골프를 치는 날인 일요일에도 연구실에 출근했다. 바딘과 브래튼은 몇 개월 동안 다른 일에 몰두해 있던 쇼클리도 불렀다. 쇼클리는 이후 2주간 이들의 연구실로 내려와 여러 가지 제안을 건네면서 이 환상의 콤비가 빠른 속도로 작업을 진척해나갈 수 있도록 지원했다.

브래튼과 바딘은 연구실에 나란히 앉아 연구를 진행했다. 바딘이 조용히 아이디어를 제시하면 브래튼이 신이 나서 이를 시험해보곤 했다. 브래튼이 실험을 진행 중일 때는 바딘이 대신 브래튼의 일지에 기록하기도 했다. 규소 대신 저마늄을, 밀랍 대신 래커를 도입해보고 접점에 금을 사용하는 등, 이런저런 실험을 시도하는 동안 추수감사절이 조용히 지나갔다.

보통은 바딘의 이론을 바탕으로 브래튼이 실험을 설계했지만, 그 역이 성립하는 경우도 있었다. 예상치 못한 결과로 새로운 이론이 나오는 경우가 그랬다. 저마늄 실험 중 전류가 예상과 달리 거꾸로 흘렀는데, 전류의 크기가 300배 이상 증폭된 것으로 나타났다. 과학자들의 오래된 우스갯소리를 실제 상황에서 겪게 된 것이다. 현실에서 작동한다는 것은 알고 있는데, 이를 이론으로 증명해 보일 수 있는가? 바딘은 곧 방안을 찾아냈다. 음의 전압이 전자를 몰아내어 '정공'이 생긴다는 것을 깨달은 것이다. 정공이란 전자가 있어야 할 자리가 비어 있는 것을 가리킨다. 이런 정공으로 인해 전자의 흐름이 유도된다.

한 가지 문제가 있었다. 새롭게 발견한 이 방법으로는 가청음을 포함한 더 높은 대역의 주파수를 증폭할 수 없었다. 고로 전화기에 적용이 불가능했다. 바딘은 물방울 또는 전해액 방울이 속도를 저해한다는 이론을 제시하며 다른 방식을 고안해냈다. 그중 하나는 전계를 형성하고 있는 금박에서 아주 조금 떨어진 곳에 금속 촉을 저마늄에 꽂는 것이었다. 그 결과 전압이 조금이나마 증폭됐으며, 높은 대역의 주파수에서도 작동했다. 바딘은 또 한 번 이 우연한 결과에 대해 다음과 같이 이론을 제시했다. "이 실험에서 금으로부터 저마늄 표면으로 정공이 흘러들어간다는 사실을 유추할 수 있다."[22]

바딘과 브래튼은 피아노 앞에 나란히 앉아 멜로디를 주고받는 이인조처럼 서로 보완하며 창의성을 발휘했다. 이들은 저마늄에 꽂는 두 개의 접점을 매우 가깝게 위치시키면 증폭도를 증가시킬 수 있다는 사실을 알아냈다. 바딘의 계산에 의하면 두 접점 사이의 거리는 0.05밀리미터보다 작아야 했다. 이는 브래튼에게도 어려운 작업이었지만, 브래튼은 기발한 방법을 생각해냈다. 화살촉처럼 생긴 플라스틱 쐐기에 금박을 붙인 다음, 면도날을 이용하여 쐐기 끝부분의 금박을 살짝 갈라 금으로 된 두 접점이 아주 가깝게 위치하도록 만들었다. 브래튼은 이렇게 회상한다. "그게 다였다. 면도날을 이용해 조심스럽게 회로를 개방한 다음, 용수철에 얹어 저마늄 위에 위치시켰다."[23]

브래튼과 바딘은 1947년 12월 16일 화요일 오후에 이 실험을 거행했다. 놀라운 일이 일어났다. 장치가 제대로 작동한 것이다. "장치를 이리저리 움직이다 보면 어느 순간 100배의 증폭을 보이는 증폭기가 된다는 것을 알게 되었다. 이는 가청 음역까지도 무리 없이 포함하는 것이었다."[24] 입심 좋고 수다스러운 브래튼은 그날 저녁 퇴근길에 카풀 동료들에게 자신이 방금 "일생을 통틀어 가장 중요한 실험을 했다"고 말했다. 그러고는 누구에게도 말하지 않을 것을 다짐받았다.[25] 바딘은 성격대로 말을 아꼈지만, 그날 밤 집으로 돌아가서 평소와 달리 아내에게 연구실에서 일어난 일에 대해 이야기했다. 그는 주방 싱크대에서 당근 껍질을 벗기고 있는 아내에게 침착하게 한마디 했다. "오늘 중요한 사실을 발견했어."[26]

트랜지스터는 과연 20세기의 가장 중요한 발견 중 하나가 되었다. 이는 이론 과학자와 실험 과학자가 공생 관계를 맺고 이론과 실험 결과를 실시간으로 주고받은 결과 탄생한 것이었다. 뿐만 아니라 연구원들이 기다란 복도를 오가며 저마늄의 불순물을 조작할 줄 아는 전문가들과 마주치고, 표면 준위에 대한 양자 역학적 해석을 이해하는 연구원들과 연구 모임을 갖고, 카페에 앉아 전화 신호의 장거리 전송 방법에 정통한 엔지니어들과 대화를 나눌 수 있었던 환경 또한 중요한 요인이었다.

그다음 주 화요일인 12월 23일, 쇼클리는 반도체 그룹 구성원들과 벨 연구소의 간부진을 불러 모아 시연회를 열었다. 간부들은 차례로 이어폰을 꽂고 마이크에 대고 말을 하면서 인간의 목소리가 간단한 솔리드스테이트 장치를 통해 증폭되는 현상을 직접 경험했다. 알렉산더 그레이엄 벨이 전화기에 대고 처음 내뱉은 말처럼 역사상 반향을 불러일으킬 만한 순간이었지만, 그 중대한 순간에 무슨 말이 오갔는지 후에 아무도 기억하지 못했다. 역사는 대신 실험 일지에 적힌 절제된 기록으로 이 순간을 기억한다. "장치를 끄고 켬으로써 음성 신호의 뚜렷한 이득을 관찰할 수 있었다." 브래튼은 그렇게 적었다.[27] 바딘의 기록은 훨씬 딱딱하다. "정밀하게 조작된 저마늄 표면에 위치시킨 금으로 된 두 개의 전극을 이용함으로써 전압 증폭을 확인할 수 있었다."[28]

쇼클리, 한발 앞서다

쇼클리는 바딘의 일지에 증인으로서 서명은 했지만, 직접 기록을 남기지는 않았다. 그는 당황한 기색이 역력했다. 팀원들의 성공으로 자부심을 가져야 마땅했지만, 강하고 음흉한 경쟁 충동이 이를 무색하게 만들었다. 그는 훗날 이렇게 시인한다. "양가적인 감정이 들었다. 팀원들의 성공이 기쁘면서도, 내가 발명가 중 한 명이 아니라는 사실이 기쁜 감정을 퇴색하게 만들었다. 나는 8년 전부터 시작된 내 노력이 발명에 대한 의미 있는 공헌으로 이어지지 못했다는 사실에 좌절을 맛보았다."[29] 악마와 같은 생각이 그의 정신 깊은 곳을 갉아먹기 시작했다. 쇼클리는 이후 다시는 바딘이나 브래튼과 친구로 지내지 못했다. 대신 발명에 대한 공적을 동일하게 인정받기 위해, 그리고 그보다 나은 트랜지스터를 직접 만들기 위해 열성을 다하기 시작했다.

크리스마스 직후, 학회 두 곳에 참석차 기차에 올라 시카고로 간 쇼클리는 비스마르크 호텔의 객실에 틀어박혀 트랜지스터의 개선된 제작 방식을 고안하는 데 몰두했다. 아래층 연회장이 신년을 경축하는 사람들로 들썩이던 12월 31일 밤, 그는 모눈종이 일곱 장 위에 글을 써 내려갔다. 1948년 1월 1일에 일어나서는 열세 장을 더 썼다. 그는 결과물을 우편으로 벨 연구소 동료에게 부쳤고, 동료는 그것을 쇼클리의 실험 일지에 부착한 다음 바딘에게 증인으로 서명하기를 요청했다.

머빈 켈리는 이미 새로운 장치에 대한 특허를 가능한 한 빨리 출원하라고 벨 연구소 변호사에게 지시한 상태였다. 이런 작업을 처리할 줄 아는 이가 없는 아이오와 주와는 사정이 달랐다. 시카고에서 돌아온 쇼클리는 바딘과 브래튼이 관련 작업에 이미 연루됐다는 사실을 알고 기분이 상했다. 그는 이들을 따로따로 연구실로 불러 어째서 자신이 주된—혹은 유일한—공헌자가 되어야 하는지를 설명했다. 브래튼은 이렇게 회상한다. "쇼클리는 전계 효과에서 시작해서 이 모든 과정에 대해 자신이 특허를 작성할 수 있다고 생각했다." 바딘은 성격대로 말을 아꼈지만, 이 과정이 모두 끝난 다음 씁쓸하게 투덜대기는 했다. 브래튼은 늘 그랬듯 직설적이었다. "젠장, 쇼클리. 모두에게 영예가 돌아가고도 남을 거라고."[30]

쇼클리는 전계 효과를 이용하여 반도체의 전류에 영향을 가한다는 자신의 초기 아이디어에 기반을 두고 개괄적인 특허를 출원하자고 벨 연구소의 변호사들을 압박했다. 하지만 변호사들은 조사 결과 1930년에 무명 과학자 줄리어스 릴리엔펠트가 전계 효과를 이용한 장치에 대한 특허를 이미 등록했다는 사실을 알아냈다(릴리엔펠트는 그러한 장치를 만들어내거나 이해하지는 못했다). 결국 접점 방식을 이용해 반도체 장치를 만드는 더 좁은 범위의 발명에 대해 특허를 출원하기로 결정했다. 특허 출원에는 바딘과 브래튼의 이름만 오를 것이었다. 변호사들은 이들에 대해 따로따로 면담을 진행했고, 두 명 모두 자신들이 동등하게 공헌한 협업이었다고 답했다. 쇼클리는 가장 중요한 특허 출원에 자신만 빠졌다는 사실에 분노했다. 벨 연구소 간부진은 언론에 공개되는 사진과 보도 자료에 세 명을 모두 포함하라고 지시함으로써 불화를 은폐하려 했다.

이후 몇 주간 쇼클리는 갈수록 불안한 정신 상태를 보였다. 잠도 제대로 이루지 못할 지경이었다.[31] 그는 자신의 "사고 의지는 이토록 중대한 가능성을 지닌 발명에서 관리자 역할이 아닌 더 중요한 역할을 하고 싶다는 동기에 의해 움직였다"고 기록했다.[32] 야심한 시각에 일어나 온 집안을 서성대며 더 나은 장치를 만들 방안에 대해 고심하곤 했다. 바딘-브래튼 발명품의 시연회가 열리고부터 한 달 후인 1948년 1월 23일 아침, 쇼클리는 짧은 시카고 여행 기간 동안 떠올린 아이디어를 종합하여 결론을 내렸다. 그는 식탁에 앉아 미친 듯이 글을 써 내려갔다.

그의 아이디어는 바딘과 브래튼에 의해 급조된 고안품보다 견고한 반도체 증폭기에 관한 것이었다. 저마늄에 금으로 된 접점을 꽂는 대신, 샌드위치처럼 생긴 더 간단한 '접합' 방식을 생각해냈다. 불순물이 첨가되어 전자를 많이 보유한 두 층의 저마늄 사이에 정공을 가진 저마늄을 샌드위치처럼 끼워 넣는다. 전자가 많은 층을 음negative을 뜻하는 n형 저마늄, 정공을 보유한 층을 양positive을 뜻하는 p형 저마늄이라 부른다. 각 층에 전압을 조절할 수 있도록 전선을 연결한다. 가운데 층에 가해지는 전압에 따라 위아래 층 사이를 흐르는 전류를 제어할 수 있게 된다. 쇼클리는 가운데 층에 적은 양의 순전압을 걸면 "가운데 층을 통과하는 전자의 수가 기하급수적으로 늘어날 것"이라고 썼다. 내부의 p형 층에 가해지는 전류의 양이 많아질수록 한쪽의 n형 층에서 다른 쪽의 n형 층으로 건너가는 전자의 수가 많아진다. 즉, 반도체 내부에 흐르는 전류를, 그것도 단 10억 분의 몇 초 만에, 증폭하거나 차단할 수 있게 되는 것이다.

쇼클리는 실험 일지에 메모한 것 외에는 한 달 가까이 아이디어를 비밀로 유지했다. 훗날 "내 손으로 직접 중대한 트랜지스터 발명을 이룩해야겠다는 경쟁적인 충동을 느꼈다"고 인정했다.[33] 2월 중순경에 벨 연구소의 과학자들이 관련 작업에 대한 발표 자리를 마련할 때까지 그는 누구에게도 자신의 아이디어를 말하지 않았다. 과학자들이 접합 장치를 이론적으로 뒷받침할 연구 결과를 발표하자, 쇼클리는 "깜짝 놀랐다"고 회상한다. 청중 중 누군가가—예컨대 바딘이라든지—논리적인 다음 단계를 밟을 수 있다는 사실을 깨달은 것이다. 그의 주장에 의하면 "그 시점에서 금속 접점이 아닌 pn 접합을 이용하는 개념으로 가는 것은 어렵지 않았을 것이며, 결과적으로 접합 트랜지스터가 발명됐을 것이다." 쇼클리는 바딘을 비롯한 다른 누군가가 이런 장치를 제안하기 전에, 앞으로 뛰어나가 자신이 연구하고 있던 개념을 공개했다. "이 발명에서만큼은 빠지고 싶지 않았다." 그는 훗날 그렇게 썼다.[34]

바딘과 브래튼은 망연자실했다. 쇼클리가 아이디어를 비밀로 유지해왔으며, 그로 인해 벨 연구소 문화의 일부분을 차지하던 공유라는 행동 강령을 어겼다는 사실에 기분이 상했다. 그럼에도 쇼클리가 제안한 접근 방식의 간단명료함에 매료되지 않을 수 없었다.

벨 연구소의 간부진은 두 가지 방식에 대해 특허를 출원하고 난 다음, 이제 새로운 장치를 대중에게 공개할 때가 됐다고 판단했다. 하지만 그 전에 장치의 이름이 필요했다. 내부적으로는 '반도체 트라이오드triode' 및 '표면 준위 증폭기'라 불렀지만, 이는 전 세계에 일대 혁명을 일으키게 될 발명품의 이름으로는 어울리지 않았다. 어느 날 존 피어스라는 연구원이 브래튼의 연구실을 방문했다. 피어스는 훌륭한 엔지니어일 뿐만 아니라 J. J. 커플링이라는 필명으로 공상과학소설을 쓰는 언어의 귀재이기도 했다. 그가 남긴 유명한 재담에는 '자연은 진공관을 혐오한다'와 '미친 듯한 수년간의 성장 끝에, 비로소 컴퓨터 분야가 유아기에 진입한 것으로 보인다' 등이 있다. 브래튼은 "마침 당신을 만나고 싶던 참이었다"며 피어스에게 작명을 의뢰했다. 피어스는 잠시 생각에 잠긴 뒤 해답을 내놓았다. 이 장치가 트랜스레지스턴스transresistance의 특성을 지니고, 서미스터thermistor나 배리스터varistor와 비슷한 이름을 가져야 하므로, 트랜지스터라는 이름이 어떻겠냐는 것이었다. 브래튼은 "바로 그거야!"라고 외쳤다. 다섯 개의 다른 이름과 경합하여 전체 엔지니어를 대상으로 투표를 시행한 결과, 새로운 장치의 이름으로 트랜지스터가 어렵지 않게 선정됐다.[35]

1948년 6월 30일, 맨해튼 웨스트 스트리트에 있는 오래된 벨 연구소 건물 중앙 홀에 기자들이 모였다. 쇼클리, 바딘, 브래튼이 공동 주역으로 나섰고, 어두운 색 정장에 화려한 나비넥타이를 한 연구부장 랠프 브라운이 사회를 맡았다. 사회자는 다음과 같은 말로 이 발명이 협업을 바탕으로 한 팀워크와 뛰어난 개인들의 재능의 조합으로 탄생했다는 사실을 강조했다. "과학 연구는 그룹 또는 팀워크에 의한 작업이라는 것이 점점 더 뚜렷해지고 있다. (중략) 오늘 선보일 것은 눈부신 팀워크 및 뛰어난 개인들의 헌신의 결과이며, 이는 산업 구조 속에서 기초 연구가 어떠한 가치를 지니는지를 명백히 드러내고 있다."[36] 이것은 디지털 시대의 혁신을 뒷받침하게 된 조합 공식에 대한 정확한 설명이었다.

《뉴욕 타임스》는 46페이지의 오르간 콘서트 방송 기사 아래, '라디오 뉴스' 칼럼 마지막 항목으로 해당 기사를 실었다. 반면 《타임》지는 '작은 뇌세포'라는 제목을 붙여 과학 섹션의 머리기사로 내보냈다. 벨 연구소는 모든 언론 보도 사진에 쇼클리가 바딘 및 브래튼과 함께 실려야 한다는 정책을 계속해서 밀어붙였다. 브래튼의 연구실에서 찍힌 사진이 가장 유명한데, 촬영 직전에 쇼클리는 마치 자신의 책상과 현미경인 것처럼 브래튼의 의자에 앉아 구도의 중심을 차지했다. 시간이 흐른 뒤, 바딘은 브래튼의 사그라지지 않는 낙담과 쇼클리에 대한 자신의 분개를 다음과 같이 표현했다. "월터가 그 사진을 얼마나 싫어하는지 모른다. (중략) 월터의 장비고 우리의 실험이었다. 빌(쇼클리)은 아무런 관계도 없었다."[37]

트랜지스터라디오

벨 연구소는 혁신의 중심지였다. 연구소는 트랜지스터 외에도 컴퓨터 회로, 레이저 기술, 이동 전화 분야를 개척했다. 하지만 이런 발명품을 활용하는 데는 비교적 서툴렀다. 전화 서비스 대부분에 대한 독점권을 소유한 규제 회사로서 신제품 개발에 연연하지 않아도 됐고, 독점권을 활용해 다른 시장에 진입하는 것은 법으로 금지돼 있었기 때문이다. 연구소는 대중의 비난과 독점 금지 소송을 피하기 위해 다른 기업들이 비교적 쉽게 연구소 소유 특허에 대해 라이선스를 획득할 수 있도록 했다. 트랜지스터의 경우에는 무척 낮은 금액인 2만 5,000달러의 요금을 내면 어떠한 기업에서도 이를 만들 수 있도록 했고, 제조 기법에 관한 세미나를 열기도 했다.

하지만 이런 무차별적인 정책에도 불구하고 라이선스 획득에 어려움을 겪은 신출내기 기업이 있었다. 바로 달라스를 기반으로 유전 탐사 회사로 출발한 뒤 주력 분야와 사명社名을 바꾼 텍사스 인스트루먼츠Texas Instruments다. 해군 항공국에서 복무한 이력을 갖고 있었으며 훗날 회사를 소유하게 되는 부사장 패트릭 해거티는 전자 기기로 일상생활의 모든 측면이 바뀔 것이라는 생각을 갖게 되었다. 트랜지스터에 대해 알게 된 그는 텍사스 인스트루먼츠에서 이를 활용하겠다는 결단을 내린다. 자리를 잡은 지 오래된 대부분의 기업과 달리, 이 회사는 대담한 개혁에 몸을 사리지 않았다. 그러나 벨 연구소는 "우리가 이 분야에서 경쟁할 수 있을 만한 경쟁력을 갖출 수 있다고 자부하는 것이 뻔뻔하다며 드러내놓고 비웃었다"고 해거티는 회상한다. 벨 연구소는 처음에는 텍사스 인스트루먼츠에 라이선스를 판매하지 않으려 했다. 연구소는 이들에게 "이 사업은 당신들을 위한 것이 아니다. 당신들이 할 수 있을 것이라 생각하지 않는다"라고 말했다.[38]

1952년 봄, 해거티는 텍사스 인스트루먼츠가 트랜지스터를 제조하기 위한 라이선스를 구매할 수 있도록 벨 연구소를 설득하는 데 성공했다. 또한 벨 연구소의 반도체 팀 가까이에서 연구하던 화학자 고든 틸도 스카우트했다. 틸은 저마늄 전문가였지만, 텍사스 인스트루먼츠로 옮긴 당시는 고온에서 더 나은 성능을 보이면서도 저마늄보다 흔한 원소인 실리콘에 관심을 갖기 시작한 뒤였다. 1954년 5월, 고든 틸은 쇼클리가 개발한 npn 접합 아키텍처를 활용하여 실리콘 트랜지스터를 만드는 데 성공했다.

같은 달 열린 학회에서 31쪽짜리 논문을 낭독하며 청중들을 수면으로 유도하던 틸은 다음과 같이 선언하며 충격을 선사했다. "제 동료들은 여러분에게 실리콘 트랜지스터의 부정적인 전망에 대해 말했지만, 공교롭게도 저는 지금 주머니 속에 실리콘 트랜지스터를 몇 개 가지고 있습니다." 그는 전축에 연결된 저마늄 트랜지스터를 뜨거운 기름이 담긴 비커에 담갔다. 트랜지스터가 작동을 멈췄다. 이어서 실리콘 트랜지스터를 꺼내 비커에 담갔다. 아티 쇼가 연주하는 〈Summit Ridge Drive〉가 끊이지 않고 흘렀다. "세션이 끝나기도 전에 아연실색한 청중들이 강연록을 달라고 아우성이었다. 다행히도 우리는 강연록을 준비해놓고 있었다." 틸은 훗날 그렇게 회고한다.[39]

혁신은 단계별로 일어난다. 트랜지스터의 경우, 제일 처음 쇼클리, 바딘, 브래튼에 의한 발명이 있었다. 그다음에 틸과 같은 엔지니어들에 의해 생산이 이루어졌다. 마찬가지로 중요한 마지막 단계에서는 새로운 시장을 창출한 기업가들의 활약이 있었다. 뛰어난 결단력을 지닌 패트릭 해거티는 혁신의 마지막 단계를 대표적으로 보여주는 사례다.

해거티는 스티브 잡스처럼 현실왜곡장reality distortion field*을 투사하여 사람들이 불가능하다고 생각하는 일을 성취하도록 하는 능력을 가졌다. 1954년에 트랜지스터는 개당 16달러의 가격으로 군에 판매되고 있었다. 해거티는 소비자 시장에 침투할 수 있으려면 3달러 미만의 가격으로 판매할 방안을 찾아야 한다고 고집하며 엔지니어들을 들볶았다. 엔

*영화 「스타 트렉」에 등장하는 용어로, 애플 사의 버드 트리블이 스티브 잡스의 카리스마를 표현하기 위해 사용하여 널리 쓰이게 됨—옮긴이.

지니어들은 그러한 방안을 찾아냈다. 해거티는 또한 소비자들이 필요하다고 생각하지 못했지만 머지않아 없어서는 안 된다고 여기게 될 기기를 만들어내는, 잡스와 같은 요령을 터득했다. 해거티는 트랜지스터를 이용한 소형 휴대용 라디오라는 아이디어를 생각해냈다. 그는 RCA 전자업체를 비롯해 탁상 라디오를 제조하는 여러 대기업에 휴대용 라디오 공동 제조를 제안했지만, 이들은 소비자들은 휴대용 라디오를 원하지 않는다며(사실이기도 했다) 거절했다. 하지만 해거티는 기존 시장을 좇아가는 것보다 새로운 시장을 창출하는 것의 중요성을 아는 사람이었다. 그는 결국 텔레비전 안테나를 제조하는 인디애나폴리스 기반의 작은 회사와 힘을 합쳐 리젠시 TR-1이라는 이름의 라디오를 개발했다. 1954년 6월에 협상을 완료한 해거티는 아니나 다를까 11월에 신제품을 출시하자고 고집했다. 신제품은 11월에 무사히 출시되었다.

인덱스카드 한 다발 크기의 리젠시 라디오는 4개의 트랜지스터로 이루어졌고, 49.95달러에 판매되었다. 제품은 원자폭탄을 소유한 러시아의 공격에 대비한 보안 물품으로 홍보되었다. 최초의 사용자 설명서는 이렇게 단언했다. "적의 공격 시, 리젠시 TR-1이 가장 귀중한 소지품이 될 것이다." 제품은 빠르게 소비자들의 갈망의 대상이자 십대들의 집착의 대상이 되었다. 플라스틱으로 된 제품은 아이팟처럼 네 가지 색상(블랙, 아이보리, 만다린 레드, 클라우드 그레이)으로 출시됐다. 1년 안에 10만 대가 판매되어, 역사상 가장 인기가 높았던 제품으로 기록됐다.[40]

이제 미국인들은 모두 트랜지스터가 무엇인지 알게 되었다. IBM의 회장 토머스 왓슨 주니어는 리젠시 라디오 100대를 구입하여 간부진에게 나누어주고, 트랜지스터를 이용한 컴퓨터 개발에 착수하라고 지시했다.[41]

무엇보다 중요한 사실은 트랜지스터라디오가 디지털 시대를 정의하게 된 주제, 즉 기술을 통한 기기의 개인화라는 최초의 사례를 남겼다는 것이다. 이제 라디오는 거실에 두고 가족끼리 공유해야 하는 제품이 아닌, 언제 어디서나 원하는 때에 원하는 음악을—부모들이 금지하고 싶어 하는 음악까지—마음껏 들을 수 있도록 해주는 개인적인 기기가 되었다.

실제로 트랜지스터라디오의 등장과 로큰롤의 대두는 공생 관계를 맺고 있다고 해도 과언이 아니다. 엘비스 프레슬리의 최초의 싱글 〈That's All Right〉은 리젠시 라디오와 거의 같은 시기에 발매되었다. 반항적인 기질이 농후한 이 새로운 음악을 들은 청소년들은 모두 라디오를 갈망했다. 채널 소유권을 가진 부모와 못마땅해하는 어른들로부터 벗어나 해변이나 지하실에서 라디오로 마음껏 음악을 들을 수 있다는 사실이 곡의 상업적 성공에 크나큰 기여를 했다. "트랜지스터에 대해 유일하게 후회하는 점은 그것이 로큰롤에 기여했다는 것이다." 공동 발명가 월터 브래튼은 종종 농담조로 탄식하곤 했다. 록 그룹 버즈의 리드 보컬 로저 맥귄은 13세가 되던 1955년 생일에 트랜지스터라디오를 선물받았다. 그는 이렇게 회상한다. "나는 엘비스를 들었다. 그로 인해 인생이 바뀌었다."[42]

전자 기술에 대한 변화된 관점의 싹이 트기 시작했다. 젊은 층에서 더욱 그러했다. 전자 기술은 이제 군과 거대 기업의 전용물이 아니었다. 전자 기술은 개성, 개인의 자유, 창의성, 그리고 약간의 반항적 기질의 조력 수단이 될 것이었다.

열정적인 팀의 경우 더욱 그러하지만, 성공적인 팀이 지닌 문제는 종종 깨지는 경우가 발생한다는 것이다. 성공적인 팀을 단결시키려면 영감을 주면서도 팀원들을 육성할 줄 아는, 경쟁적이면서도 협력할 줄 하는 특별한 유형의 리더가 필요하다. 쇼클리는 이런 자질을 지니지 못했다. 그 반대라고 할 수 있다. 접합 트랜지스터를 단독으로 고안해낸 사례를 통해 드러나듯, 그는 경쟁심을 갖고 동료를 경계하는 사람이었다. 위대한 리더의 또 다른 자질은 권위적이지 않으면서 소속감을 불어넣을 줄 아는 능력이다. 쇼클리에게는 이 자질도 없었다. 오히려 팀원들의 진취성을 억눌러 기상을 꺾어버리는 독재적인 면모를 보였다. 브래튼과 바딘의 위대한 성취는 쇼클리가 사소한 점까지 관리하려 들며 이들을 감독하지 않고 때때로 이런저런 제안을 제시하던 때에 이루어졌다. 이후의 쇼클리는 고압적인 면모를 보였다.

바딘과 브래튼은 주말이 되면 골프를 치며 쇼클리에 대한 쓰라린 감정을 나눴다. 그러다 브래튼은 연구소장 머빈 켈리에게 이 사실을 알려야겠다고 생각했다. "자네가 직접 말하는 것이 좋겠어? 아니면 내가 말할까?" 브래튼이 바딘에게 물었다. 예상 가능한 일이지만, 이 일은 결국 입심 좋은 브래튼이 맡기로 했다.

브래튼은 쇼트 힐스 인근 외곽에 있는 켈리의 집을 방문하여 목재로 꾸민 서재에서 켈리를 만났다. 브래튼은 쇼클리가 관리자이자 동료로서 얼마나 서툰 사람인지 말하며 고충을 털어놓았다. 켈리는 브래튼의 이야기를 일축하려 했다. "그래서 나는 앞뒤를 생각하지 않고 나도 모르게 존 바딘과 내가 쇼클리가 pnp (접합) 트랜지스터를 발명한 시점이 언제인지 알고 있다고 말해버렸다." 브래튼은 회상한다. 즉, 그는 쇼클리의 이름이 발명가로 올라간 접합 트랜지스터 특허 출원의 개념 중 일부가 브래튼과 바딘의 작업에서 도출된 것이라는 은근한 협박을 던진 것이다. "켈리는 특허 싸움에서 바딘이나 내가 증인으로 서게 된다면 둘 다 거짓을 말하지 않을 거라는 걸 깨달았다. 그러고는 태도가 완전히 바뀌었다. 이후 나는 연구소에서 더 만족스러운 위치를 차지하게 되었다."[43] 바딘과 브래튼은 그 후 쇼클리 밑에서 일하지 않게 되었다.

바딘은 변화된 상황에도 만족하지 못했다. 반도체에서 초전도성 이론으로 관심을 돌린 그는 일리노이 대학교로 자리를 옮겼다. 켈리에게는 다음과 같은 사직서를 남겼다. "본인의 고충은 트랜지스터의 발명으로부터 시작됐다. 그전에는 탁월한 연구 분위기가 조성되어 있었다. (중략) 발명을 선보인 직후에 쇼클리는 팀원 중 누구도 이 문제를 연구하지 못하도록 했다. 요컨대, 자신만의 아이디어를 개발하는 데 팀을 이용한 것이다."[44]

바딘의 사직과 브래튼의 고발은 벨 연구소에서의 쇼클리의 입지에 악영향을 미쳤다. 껄끄러운 성격 때문에 승진은 물 건너간 것과 마찬가지였다. 그는 켈리는 물론 AT&T의 회장에게까지 항의해보았지만, 소득이 없었다. 그는 동료에게 이렇게 말했다. "어찌 되든 상관없어. 내 사업을 시작해서 수백만 달러를 벌어들일 거야. 저기 캘리포니아에 가서 시작할 거라고." 쇼클리의 계획을 듣게 된 켈리는 그를 말리려 하지 않았다. 오히려 그 반대였다. "수백만 달러를 벌 수 있다면 어서 시작하라고 말했다." 켈리는 심지어 로런스 록펠러에게 전화를 걸어 쇼클리의 사업에 자금을 대도록 권하기도 했다.[45]

1954년, 이 같은 상황에서 분투 중이던 쇼클리는 동시에 중년의 위기를 겪었다. 난소암과 투쟁하던 부인을 곁에서 지키다 부인이 차도를 보이던 차에 그녀를 떠나 새로운 여성을 만났다. 훗날 이 여성과 재혼하게 된다. 벨 연구소도 그만뒀다. 전형적인 중년의 위기답게 스포츠카도 장만했다. 녹색 재규어 XK120 2인승 컨버터블이었다.

쇼클리는 칼텍에서 한 학기 동안 방문 교수로 근무한 뒤 워싱턴에 있는 육군 산하 무기시스템 평가단에서 컨설팅직을 맡았다. 그러나 주로 전국을 돌아다니며 윌리엄 휴렛이나 에드윈 랜드와 같은 성공적인 기업가들을 만나고 테크놀로지 기업을 방문하는 등, 새로운 사업을 구상하는 데 시간을 쏟았다. 그는 여자 친구에게 다음과 같은 편지를 썼다. "자본을 조달하여 사업을 시작할 생각이야. 내가 다른 사람보다 똑똑하고 활동적이며 사람들을 더 잘 이해한다는 것은 자명한 사실이니까." 1954년의 일기에서는 자신의 임무를 이해하기 위해 고민하는 흔적을 엿볼 수 있다. "상사들의 인정 부족. 무슨 뜻?"이라는 기록을 남기기도 했다. 전기에서 흔히 볼 수 있는 소재이지만, 세상을 떠난 아버지의 기대에 부응하리라는 다짐도 있었다. 어디서나 사용되는 트랜지스터를 만드는 회사를 설립하려는 계획에 대해 고찰하던 중, 이렇게 쓰기도 했다. "아이디어로 세상을 놀라게 하라. 아버지가 자랑스러워할 것이다."[46]

세상을 놀라게 하라. 결국 사업가로서의 커다란 성공은 거두지 못했지만, 쇼클리는 세상을 놀라게 하는 데 성공했다. 그가 설립하게 될 회사는 살구 과수원으로 유명하던 골짜기Valley를 규소Silicon를 원료로 연금술을 선보이는 연구단지로 변화시키게 된다.

쇼클리 반도체

1955년 2월, 로스앤젤레스 상공회의소의 연례 경축 행사에서 전자공학의 선구자 2인에 대한 예우가 이루어졌다. 한 명은 진공관을 발명한 리 디포리스트, 다른 한 명은 진공관을 대체한 트랜지스터의 발명가 윌리엄 쇼클리였다. 쇼클리는 저명한 기업가이자 상공회의소 부의장인 아널드 벡맨과 나란히 자리했다. 역시 벨 연구소의 전직 연구원이었던 벡맨은 연구소 시절 진공관 제조 기법을 개발했다. 칼텍에 교수로 재직하던 때에는 레몬의 산도를 측정하는 기구를 비롯해 일련의 계측기를 발명했으며, 자신의 발명품을 기반으로 대규모 제조 회사를 설립했다.

쇼클리는 그해 8월, 설립 예정이던 트랜지스터 기업의 이사회의 일원으로 벡맨을 초빙했다. 다음은 벡맨의 회상이다. "나는 이사진에 또 누가 포함될 예정인지 물었다. 알고 보니 쇼클리는 모두 다 그의 경쟁자인, 업계의 주요 인물들이 대거 포함된 이사진을 꾸릴 계획을 갖고 있었다." 벡맨은 쇼클리가 얼마나 "믿을 수 없을 정도로 순진한지" 깨닫고는, 더 분별 있는 전략을 고안하도록 돕기 위해 뉴포트 비치에서 함께 주말을 보내자고 초청했다. 벡맨은 그곳에 요트를 가지고 있었다.[47]

쇼클리는 기체 확산 방식으로 규소에 불순물을 첨가하여 트랜지스터를 만들 계획이었다. 시간과 압력과 온도를 조절하여 제조 과정을 정밀하게 제어하면 여러 종류의 트랜지스터를 대량 생산할 수 있을 것이라 보았다. 쇼클리의 아이디어에 매료된 벡맨은 새로운 회사를 설립하는 대신 벡맨 인스트루먼트의 새 사업부를 맡아달라고 설득했다. 자본은 벡맨이 대기로 했다.

벡맨은 자신의 사업부 대부분이 위치해 있는 로스앤젤레스 지역에 새 사업부를 설립하고자 했으나, 쇼클리는 자신이 유년 시절을 보낸 팰로앨토를 고집했다. 나이 든 어머니 가까이에서 지내고 싶다는 이유였다. 어머니와 쇼클리는 서로를 무척 아꼈다. 혹자는 이를 이상하게 여겼지만, 이는 실리콘 밸리 탄생에 중요한 역사적 의미를 갖게 된다.

팰로앨토는 쇼클리의 유년 시절과 마찬가지로 과수원으로 둘러싸인 작은 대학 도시였다. 그러다 1950년대에 인구가 두 배로 늘어나 5만 2,000을 헤아리게 되고, 새로운 초등학교 열두 개가 설립된다. 냉전 시대에 접어들어 방위산업이 호황을 맞은 것이 인구 유입 원인의 하나였다. 미국의 U-2 스파이 정찰기가 떨구는 필름 통이 인근 서니베일에 있는 미 항공우주국의 에임스 리서치 센터로 전달됐다. 잠수함 발사 탄도 미사일을 제조하는 록히드 항공사와 미사일 시스템용 전자관과 음극선관, 변압기를 제조하는 웨스팅하우스 등의 방위업체들도 인근 지역에 자리를 잡았다. 젊은 엔지니어들과 스탠퍼드의 젊은 교수들을 수용하기 위해 규격형 주택으로 이루어진 주택 단지가 우후죽순 생겨났다. "최첨단 군사 기업들을 볼 수 있었다." 1955년에 태어나 이곳에서 자란 스티브 잡스의 회상이다. "무척 신비로웠고, 첨단 기술이 가득했다. 그곳에서 사는 것은 무척 흥미진진한 일이었다."[48]

방위업체와 함께 생겨난 것은 전기 계측기를 비롯한 기술 장치를 만드는 제조업체들이었다. 이 지역의 뿌리는 1938년으로 거슬러 올라가는데, 전자 기기 사업가 데이비드 패커드는 부인과 함께 팰로앨토에 보금자리를 꾸미고, 헛간에는 친구 윌리엄 휴렛을 받아들였다. 패커드의 집에는 차고가 하나 있었는데—이 실용적인 공간은 이후 실리콘 밸리의 상징이 된다—패커드와 휴렛은 이곳에서 이런저런 실험을 거쳐 이들의 최초의 제품인 음향 발진기를 만들어낸다. 1950년대에 이르면 휴렛패커드는 지역의 첨단 기술 기반 스타트업 기업들의 선구자 역할을 하게 된다.[49]

다행히 차고로는 성에 차지 않을 기업가들을 위한 공간도 생겨났다. MIT의 배니버 부시 교수 밑에서 박사 과정을 마치고 스탠퍼드 공과대학의 학장직을 맡은 프레드 터먼은 개발되지 않은 280만여 제곱미터의 대학 소유 토지에 산업단지를 조성했다. 첨단 기술 기업들은 이곳에서 저렴한 값으로 토지를 임대하여 사무실을 지었다. 이로써 인근 지역에 일대 변환이 일어났다. 휴렛과 패커드도 터먼의 제자였는데, 터먼은 이들이 회사를 설립하자 팰로앨토에 남아 있으라고 설득했다. 스탠퍼드의 뛰어난 졸업생들은 죄다 동부로 옮겨가던 시절이었다. 휴렛과 패커드는 스탠퍼드 연구단지 최초의 임차인에 속하게 되었다. 이후 교무처장이 된 터먼은 1950년대 전반에 걸쳐 연구단지에 들어선 기업들이 스탠퍼드와 공생 관계를 맺도록 장려함으로써 연구단지의 성장을 견인했다. 직원들과 간부진은 스탠퍼드에서 수업을 듣거나 비상근으로 강의를 할 수 있었으며, 교수들에게는 기업에 자유롭게 자문을 제공할 수 있는 재량이 주어졌다. 스탠퍼드 연구단지는 실리콘 밸리 초창기 기업인 배리언에서 페이스북에 이르는 수많은 기업을 육성하게 된다.

터먼은 쇼클리가 팰로앨토를 기반으로 새로운 사업에 뛰어들 것이라는 사실을 알게 되자, 스탠퍼드와 인접한 위치로 인해 얻게 될 이익에 대해 장황하게 설명하는 편지를 발송했다. 편지는 다음 문장으로 끝을 맺었다. "이곳에 있으면 상호 간에 이익을 얻게 될 것이라 믿습니다." 쇼클리는 흔쾌히 응했다. 팰로앨토에 본사를 건설하는 동안, 벡맨 인스트루먼트의 새 사업부인 쇼클리 반도체 연구소는 살구 저장고로 사용되던 퀀셋 창고에 임시 연구실을 마련했다. 실리콘이 밸리에 입성한 것이다.

로버트 노이스와 고든 무어

쇼클리는 벨 연구소에서 함께 일했던 연구원들을 스카우트하려 했지만, 쇼클리를 너무나 잘 알던 이들은 이를 거절했다. 이에 쇼클리는 전국의 뛰어난 반도체 엔지니어들의 명단을 작성한 다음 무턱대고 전화를 걸기 시작했다. 이 중 주요 인물로는 훗날 중요한 일원이 되는 로버트 노이스가 있다. 아이오와 출신의 카리스마 넘치는 전도유망한 연구원 노이스는 당시 28세로, 필라델피아의 필코 사에서 연구 관리자로 일하고 있었다. 1956년 1월, 수화기를 집어 든 노이스는 "쇼클리입니다"라는 말을 들었다. 그는 전화를 건 사람이 누구인지 바로 알았다. "전화기를 들고 신과 통화를 하는 것 같았다." 노이스는 그렇게 전한다.[50] 훗날 그는 이렇게 우스갯소리를 하기도 했다. "쇼클리가 쇼클리 연구소를 만들 당시, 나는 그가 휘파람을 불자마자 달려왔다."[51]

회중교회 목사의 4남 중 3남으로 태어난 노이스는 아버지를 따라 벌링턴, 애틀랜틱, 데코라, 웹스터시티와 같은 아이오와 주 소재의 여러 농장 마을을 떠돌며 자라났다. 노이스의 조부와 외조부 또한 회중교회의 목사였는데, 회중교회는 영국의 청교도 혁명 결과 분파된 비국교도 프로테스탄트 교파를 말한다. 노이스는 종교적 신앙은 갖지 않았지만 계급, 중앙집권, 독재에 반대하는 분파의 정신은 그대로 흡수했다.[52]

노이스가 열두 살이 되던 해에 일가는 디모인에서 동쪽으로 약 80킬로미터 떨어진 그리넬(당시 인구 5,200명)에 정착했다. 아버지가 그리넬의 교회에서 행정직을 맡게 된 것이다. 마을에서 중심적인 위치를 차지하던 곳은 1846년 뉴잉글랜드 출신 회중교도들에 의해 설립된 그리넬 칼리지였다. 만면에 전염성 강한 웃음을 띤 우아한 몸가짐의 소년 노이스는 고등학교에서 뛰어난 우등생이자 운동선수이자 여자아이들의 마음을 훔치는 학생으로 이름을 날렸다. "삐딱한 입 모양을 하고 짓는 재빠른 미소와 예의범절, 좋은 집안, 이마에 흩날리는 곱슬머리, 가끔씩 보이는 부랑배의 기질까지, 사람들을 홀리고도 남을 모습이었다." 전기 작가 리슬리 벌린은 그렇게 전한다. 다음은 고등학교 시절 여자 친구의 말이다. "그는 내가 만난 남성 중 육체적으로 가장 우아한 사람이었다."[53]

훗날 작가이자 기자인 톰 울프는《에스콰이어》에 기고한 인물 소개글에서 다음과 같이 찬양에 가까운 어조를 숨기지 않는다.

> 밥은 특유의 자세로 상대방을 뚫어져라 쳐다보면서 경청하고는 했다. 고개를 살짝 숙이고 약 100암페어의 시선으로 눈을 치켜뜨는 것이다. 쳐다보는 동안 눈을 깜박이거나 침을 삼키는 법이 없다. 상대방의 말을 모조리 흡수한 다음 부드러운 바리톤 음색으로 침착하게 대답한다. 때로는 그 기가 막히게 훌륭한 치아를 내보이며 미소를 짓는다. 꿰뚫을 듯한 시선과 음성과 미소는 그리넬 칼리지 동문 중 가장 유명한 영화배우 게리 쿠퍼의 영화 속 인물 같기도 하다. 이목구비가 또렷한 얼굴, 운동선수 같은 체격, 게리 쿠퍼식 몸가짐을 겸비한 밥 노이스는 심리학자들이 말하는 후광 효과를 발휘한다. 후광 효과를 가진 사람들은 자신이 무엇을 하고 있는지 정확하게 알고 있는 듯하다. 게다가 상대방이 바로 그 때문에 그들을 경애하고 싶게 만들어버린다. 이들은 자신들 머리 위의 후광을 상대방이 눈으로 볼 수 있도록 만든다.[54]

노이스는 당시로서는 흔했던 분위기의 시혜를 받고 자랐다. "아버지는 지하실에서 항상 모종의 작업을 진행하고 있었다." 어린 노이스는 진공관 라디오, 프로펠러를 장착한 썰매, 이른 아침 신문 배달에 사용할 전조등과 같은 물건을 만들기를 좋아했다. 행글라이더를 만든 것이 가장 유명한데, 그것을 빠르게 움직이는 자동차 뒤에 매달거나 외양간 지붕에서 뛰어내리며 타곤 했다. "나는 작은 마을에서 자랐다. 우리는 자급자족할 줄 알아야 했다. 무언가가 망가지면 스스로 고치는 것이 당연했다."[55]

노이스는 다른 형제들과 마찬가지로 학교에서 우수한 성적을 거두었다. 그리넬 칼리지의 존경받는 물리학 교수 그랜트 게일의 잔디밭을 깎기도 했는데, 교회에서 게일 교수와 안면이 있던 어머니의 도움으로 고등학교 졸업반 당시 게일의 강의를 들어도 좋다는 허락을 받았다. 게일 교수는 노이스의 지적 멘토가 되었으며, 이 관계는 노이스가 그리넬 칼리지에 입학한 다음 해까지 이어졌다.

대학에서 수학과 물리학을 전공으로 택한 그는 학업과 과외 활동 양쪽에서 어렵지 않게 탁월한 능력을 발휘했다. 물리학 수업에서는 모든 공식을 처음부터 유도하기를 즐겼으며, 수영팀에 합류하여 미드웨스트 컨퍼런스*의 챔피언 다이버가 되었고, 밴드부에서 오보에 연주를 하고 합창부에서 노래를 했으며, 모형 비행기 클럽에서는 회로를 설계했고, 라디오 드라마에서 주연을 맡는가 하면 수학 교수의 복소수 적분 강의를 돕기도 했다. 무엇보다 놀라운 것은, 이 모든 사실에도 불구하고 모두가 그를 좋아했다는 점이다.

말썽꾸러기 기질을 주체하지 못해 곤경에 처하기도 했다. 3학년이 된 해에 기숙사에서 봄맞이 하와이식 파티를 열기로 하자, 노이스는 친구와 자청하여 구이로 요리할 돼지를 구해 오기로 했다. 술을 몇 잔 들이켜고 인근 농장으로 숨어들어가 완력을 동원하여 민첩하게 10킬로그램짜리 새끼돼지를 훔쳐냈다. 기숙사 위층 샤워실에서 비명을 지르는 새끼돼지를 도살한 다음 구워 먹었다. 박수와 환호와 폭식과 폭음이 뒤따랐다. 다음 날 아침, 숙취와 함께 양심의 가책이 찾아왔다. 노이스는 친구와 함께 농장 주인을 찾아가서 전날의 행위를 실토하고 합당한

*미국 중서부 지역 대학들의 운동 협의체—옮긴이.

페어차일드의 로버트 노이스(1927~90), 1960년.

인텔의 고든 무어(1929~), 1970년.

1957년 쇼클리 반도체를 떠나 페어차일드 반도체를 설립한 고든 무어(제일 왼쪽), 로버트 노이스(가운데 앞)를 비롯한 '8인의 배신자'.

금액을 지불하겠다고 말했다. 동화책의 주인공이라면 조지 워싱턴 벚나무 상을 받을 일이었다. 그러나 여건이 좋지 않은 아이오와의 농장에서는 절도가 우스운 일도, 쉽게 용서받을 수 있는 일도 아니었다. 농장주는 음울한 성격의 마을 군수였는데, 그는 노이스를 고소하겠다며 노발대발했다. 결국 게일 교수가 중재자로 나서 타협안을 제시했다. 노이스가 돼지 가격에 해당하는 금액을 지불하고, 한 학기 동안 정학을 받기로 한 것이다. 노이스는 이를 침착하게 받아들였다.[56]

1949년 2월에 노이스가 학교로 돌아오자 게일 교수는 전보다 더 큰 호의를 베풀었다. 존 바딘과 대학 친구였던 게일 교수는 벨 연구소에서 바딘이 공동 발명한 트랜지스터에 관해 읽은 뒤, 견본 트랜지스터를 요청하는 편지를 보냈다. 그리넬 칼리지 동문이자 재학생 두 명의 아버지이기도 한 당시 벨 연구소 소장에게도 연락을 취했다. 덕분에 연구 논문과 트랜지스터를 받아볼 수 있었다. "그랜트 게일 교수는 초창기 점접촉 트랜지스터를 입수했다. 대학 3학년 때의 일이었다. 내가 트랜지스터와 관련된 일을 하게 된 것에는 그러한 영향이 있는 것 같다." 노이스는 그렇게 회고한다. 노이스는 훗날 인터뷰에서 당시의 흥분을 더욱 생생하게 전했다. "이 개념은 원자폭탄처럼 나를 강타했다. 놀랍다고밖에는 표현할 수 없었다. 진공관 없이도 증폭이 가능하다는 사실이 믿기지 않았다. 그건 발상을 전환하여 다른 방식으로 생각하도록 만드는 그런 종류의 아이디어였다."[57]

노이스는 졸업과 함께 그와 같은 품격과 매력을 지닌 이에게 최상의 영예인 브라운 더비 상을 받았다. 동기들의 투표에 의해 수상자가 결정되는 이 상은 "가장 적게 노력하고 가장 뛰어난 성적을 받은 졸업생"에게 돌아가는 상이었다. 이후 박사 과정을 밟기 위해 MIT에 진학한 노이스는 학부 때보다는 더욱 성실하게 노력해야 한다는 사실을 깨달았다.

이론 물리학 지식이 부족하다고 평가되어 해당 분야의 개론을 수강해야 했던 것이다. 2년 차에 이르러서는 자신의 페이스를 되찾고 장학금을 받기도 했다. 논문의 주제는 절연체의 표면 준위에서 관찰할 수 있는 광전 효과에 관한 것이었다. 논문 자체는 빛나는 실험 또는 분석의 결과라고 볼 수 없었지만, 해당 분야에 대한 쇼클리의 연구 결과를 자세히 익힐 수 있었다.

그리하여 쇼클리가 그를 호출했을 때, 그는 기꺼이 응했다. 그런데 반드시 통과해야 하는 예상 밖의 단계가 남아 있었다. 어린 시절 IQ 테스트에서 그다지 뛰어난 결과를 내지 못한 쇼클리는 그 무렵 훗날 자신의 경력을 망치게 될 기이한 편집증적 증상을 보이기 시작했는데, 신입 연구원들이 일련의 심리 검사와 지능 검사를 치러야 한다고 고집했던 것이다. 노이스는 맨해튼의 어느 시험 대행회사에서 하루 종일 시험을 치러야 했다. 각종 잉크 얼룩에 대해 반응을 기입하고, 기묘한 그림에 대해 의견을 제시하고, 적성 검사 설문지를 작성했다. 시험 결과 노이스는 관리자로서의 자질이 부족한 내향적인 사람인 것으로 평가됐다. 이는 노이스의 약점보다는 시험 자체의 약점을 드러내는 결과이기도 했다.[58]

관리자로서의 자질이 없다고 평가된 쇼클리의 또 다른 중요한 연구원은 조용조용한 말씨를 지닌 화학자 고든 무어였다. 무어 또한 난데없이 쇼클리에게서 걸려온 전화를 받았다. 쇼클리는 혁신을 촉진할 수 있도록 서로 다른 재능을 지닌 과학자들로 이루어진 팀을 꾸리고 있다고 말했다. "벨 연구소에서 화학자들이 도움이 되었다는 것을 알고 있었기에, 새 사업에서도 화학자를 영입하려고 하는 것이었다. 나에 대해 듣고서는 나에게 전화를 걸었다." 무어의 회상이다. "다행스럽게도 나는 그가 누군지 바로 알았다. 전화를 받자, 그가 '안녕하세요. 쇼클리입니다' 라고 말했다."[59]

상냥함과 겸양의 미덕을 두루 갖추면서도 정확함을 바탕으로 하는 날카로운 정신의 소유자였던 고든 무어는 실리콘 밸리에서 가장 존경받고 사랑받는 인물이 되었다. 팰로앨토 인근의 레드우드시티에서 유년 시절을 보냈으며, 아버지는 군郡 보안관 대리였다. 열한 살 때, 옆집 친구가 화학실험 세트를 선물로 받았다. "당시의 화학실험 세트는 무척 훌륭했다." 무어는 그렇게 회상하며, 정부 규제와 부모들의 우려로 이후 아동용 화학실험 용품의 수준이 낮아지게 된 것을 안타깝게 여긴다고 말한다. 그 때문에 뛰어난 과학자로 성장하는 아이들의 수가 줄었을지도 모른다는 것이다. 유년기의 무어는 소량의 니트로글리세린을 만들어 다이너마이트를 제조하는 데 성공했다. "다이너마이트 56그램이면 환상적인 불꽃놀이를 만들 수 있지요." 어느 인터뷰에서 유쾌하다는 듯 말하며, 그런 어린 시절의 심한 장난에도 불구하고 손가락에 아무 이상이 없다는 표시로 열 손가락을 꼼지락거렸다.[60] 화학실험 세트로 즐겁게 논 기억이 도움이 되어 버클리에서 화학을 전공하고 칼텍에서 박사 학위를 받을 수 있었다고 회상했다.

무어는 태어난 이후부터 박사 과정을 마칠 때까지 단 한 번도 패서디나 동쪽으로 간 적이 없었다. 순수 캘리포니아 혈통인 그는 느긋하고 상냥한 성격의 소유자였다. 박사 학위를 받고 잠시 동안 동부 메릴랜드 주의 해군 산하 물리학 연구소에서 일했는데, 북부 캘리포니아 토박이인 아내 베티와 그가 고향에 가고 싶어 안달이 나던 무렵에 쇼클리의 전화를 받은 것이다.

면접을 보러 갈 당시 무어는 노이스보다 한 살 아래인 27세로, 앞머리가 눈에 띄게 벗어지기 시작하던 때였다. 쇼클리는 스톱워치를 들고 무어에게 각종 질문과 수수께끼를 퍼부으면서 답변에 소요되는 시간을 측정했다. 무어가 어찌나 면접을 잘 봤던지, 만족한 쇼클리는 그를 단골인 리키즈 하얏트 하우스로 데려가 식사를 하며 물리적인 힘을 가하지 않고 숟가락을 구부리는 자신만의 마술을 선보였다.[61]

쇼클리가 고용한 엔지니어 열두 명은 대부분 이십대로, 모두 쇼클리를 약간 특이하지만 굉장히 명석한 사람이라고 평가했다. "어느 날 그가 MIT에 있는 내 연구실에 나타났는데, 세상에, 나는 그처럼 똑똑한 사람을 본 적이 없었다." 물리학자 제이 래스트의 회상이다. "나는 기존의 진로 계획을 완전히 바꾸고는, 이 사람과 캘리포니아로 가서 함께 일하고 싶다고 말했다." 이 외에도 스위스 출신 장 회르니와 나중에 거물급 벤처 자본가가 되는 유진 클라이너가 있었다. 1956년 4월에는 환영회가 열렸다. 노이스는 필라델피아에서 차를 몰아 국토를 횡단하여 시간에 맞춰 도착하기 위해 미친 듯이 달렸다. 밤 10시에 도착해보니, 쇼클리가 입에 장미를 물고 탱고 솔로를 추고 있었다. 엔지니어 한 명은 노이스의 전기 작가에게 이렇게 말했다. "노이스는 면도도 하지 않았고, 일주일 동안 같은 옷을 입은 것처럼 보였다. 게다가 무척 목이 말라 있었다. 테이블 위에는 망할 놈의 커다란 잔에 담긴 마티니가 있었는데, 노이스는 그 망할 놈의 잔을 들더니 꿀꺽꿀꺽 마시고는 정신을 잃었다. 나는 '이거 재밌겠는걸'이라고 중얼거렸다."[62]

쇼클리 망가시다

리더들 중에는 고집을 부리고 까다로운 요구를 하면서도 충성심을 고취할 줄 아는 이들이 있다. 이들의 대담성은 카리스마적으로 보이기까지 한다. 일례로 스티브 잡스가 그렇다. 텔레비전 광고를 통해 대중에게 선보인 잡스 개인의 신조는 이렇게 시작한다. "미친 자들, 부적응자, 혁명가, 문제아, 사회 부적격자들을 위해 건배." 아마존의 설립자 제프 베조스 또한 영감을 불어넣을 줄 아는 능력을 가진 리더다. 요령은 사람들이 자신은 가지 못할 거라 생각하는 곳이라 해도 사명감을 갖도록 하여 따라오도록 만드는 것이다. 쇼클리에게는 이 자질이 없었다. 유명세 덕분에 뛰어난 연구원들을 뽑을 수 있었지만, 얼마 되지 않아 브래튼과 바딘의 경우와 마찬가지로 그의 서투른 관리하에서 괴로움을 겪게 된다.

비관적인 팀원을 밀어붙여야 할 때와 이들의 말에 귀 기울여야 할 때를 구분할 줄 아는 것도 중요한 리더십 자질이다. 쇼클리는 이 균형을 잡을 줄 몰랐다. 3층 트랜지스터보다 속도가 빠르고 범용으로 사용할 수 있을 것이라 생각하여 4층 트랜지스터 고안에 착수한 적이 있었다. 어떤 면에서 보면, 이는 집적회로로 향하는 첫걸음이기도 했다. 4층 트랜지스터는 4~5개의 트랜지스터가 집적된 회로판과 동일한 작업을 수행할 수 있었기 때문이다. 하지만 제조상의 공정이 까다로웠고(얇은 규소층의 양면에 각각 다른 방식으로 불순물을 첨가해야 했다), 제조에 성공했다 해도 대부분 제대로 작동하지 않았다. 노이스는 쇼클리에게 작업을 그만두라고 설득했지만 소용이 없었다.

획기적인 혁신가들 중에서도 쇼클리처럼 고집을 부리고 새로운 아이디어를 밀어붙이는 사람이 많지만, 쇼클리는 비전을 제시하는 이상가와 망상을 제시하는 정신 이상자 사이의 경계를 넘어버렸다. 그야말로 나쁜 리더십의 사례 연구감이었다. 쇼클리는 4층 트랜지스터를 개발하면서 비밀스럽고 융통성 없고 권위주의적이며 피해망상적인 면모를 보였다. 비공개 팀을 꾸리는가 하면 노이스, 무어를 비롯한 다른 연구원들과 정보를 공유하지 않으려 했다. "자신이 그릇된 결정을 내렸다는 사실을 받아들이지 못하고 주위 사람들을 비난하기 시작했다." 쇼클리에게 저항한 엔지니어 중 한 명인 제이 래스트의 말이다. "모욕적인 언사를 내뱉기 일쑤였다. 나는 순식간에 그의 총애를 받는 연구원에서 그의 모든 문제의 근원으로 전락했다."[63]

사생활에까지 침투하기 시작한 피해망상증은 통제할 수 없는 상황에서 더욱 분명히 드러났다. 한번은 비서가 문을 열다 손가락을 다친 일이 있었는데, 쇼클리는 그것이 고의적인 책략에 의한 것이라 믿었다. 그는 전 직원에게 거짓말 탐지기 테스트를 받으라고 지시했다. 대부분이 이를 거부하자 쇼클리는 마지못해 한발 물러났다. 결국 공지 사항을 게재하기 위해 문에 박아놓은 압정에 의한 사고였음이 밝혀졌다. "'독재자'라는 말로는 쇼클리를 충분히 설명할 수 없다고 생각한다." 무어의 말이다. "그는 복잡한 사람이었다. 경쟁심이 매우 강해서, 밑에서 일하는 직원들과도 경쟁했다. 잘은 모르지만 내가 봤을 땐 피해망상증이 있었던 것 같다."[64]

엎친 데 덮친 격으로, 그토록 집착하던 4층 다이오드의 결과가 좋지 못했다. 어쩌면 천재와 얼간이의 차이는 이들의 아이디어가 좋은 결과를 내는지 여부에 달린 것인지도 모른다. 쇼클리의 다이오드가 좋은 결과를 냈다면, 혹은 이것을 발전시켜 집적회로로 나아갈 수 있었다면 쇼클리는 또 한 번 비전을 제시하는 이상가로 여겨졌을 것이다. 하지만 그런 일은 일어나지 않았다.

상황은 쇼클리가 이전의 동료이던 바딘 및 브래튼과 나란히 노벨상을 받고 나서 더욱 심각해졌다. 1956년 11월 1일 아침에 전화를 받은 쇼클리는 처음에 그것을 할로윈 장난이라 여겼다. 나중에는 자신이 상을 받지 못하도록 방해 공작을 펼친 사람들이 있을 거라는 의심을 못 이겨 노벨위원회에 편지까지 썼다. 자신의 수상을 반대한 이들이 누구인지 알려달라는 것이었는데, 위원회는 이를 거부했다. 하지만 어쨌든 그날만은 팽팽한 긴장을 풀고 리키즈에서 샴페인을 겸한 점심을 하며 함께 축하주를 들었다.

쇼클리는 바딘이나 브래튼과 여전히 소원한 상태였지만, 스톡홀름에서 열린 시상식에서 가족을 대동하고 만난 이들의 분위기는 화기애애했다. 노벨위원회 위원장은 축하 연설에서 트랜지스터 발명을 통해 드러난 개인의 천재성과 팀워크의 조화를 치하했다. 위원장은 이것을 "개별적으로, 그리고 하나의 팀으로서 보여준 선견지명과 독창력과 인내라는 지대한 노력의 결과"라 칭했다. 그날 저녁, 바딘과 브래튼이 그랜드 호텔 바에서 술을 마시고 있는데 12시가 조금 넘은 시각에 쇼클리가 나타났다. 6년간 거의 한마디도 나누지 않은 사이였지만, 이날만은 서로에 대한 반목을 내려놓고 함께 시간을 보냈다.

스톡홀름에서 돌아온 쇼클리의 자만은 커졌으나 불안은 그대로였다. 연구원들에게 이제 자신의 공적이 제대로 된 평가를 받을 때가 됐다는 말을 하기도 했다. 래스트에 의하면 회사 분위기는 "급속도로 악화"됐으며, 종국에는 "거대한 정신병원" 같아 보였다. 노이스는 연구원들 사이에 쌓이던 "분개의 감정"에 대해 쇼클리에게 말했지만, 역시 별 효과를 보지 못했다.[65]

공적을 공유하려고 하지 않는 쇼클리의 성격 때문에 연구원들 사이에서 협업 정신을 기대하기 어려웠다. 쇼클리가 노벨상을 수상하고 한 달 뒤인 1956년 12월에 연구원 몇 명이 논문을 완성하여 미국 물리학회American Physical Society에 제출하려고 하자, 쇼클리는 자신의 이름을 공동저자로 올리도록 요구했다. 연구소에서 출원하는 대부분의 특허의 경우도 마찬가지였다. 그러면서도 어떠한 발명품의 진정한 발명가는 단 한 명밖에 없다는 모순을 펼쳤다. "머릿속에서 전구가 켜지는 건 단 한 명의 몫이기 때문"이라는 거였다. 또한 해당 발명품과 관련된 다른 사람들은 "단지 도우미에 지나지 않는다"고 했다.[66] 트랜지스터를 공동 개발한 자신의 경험도 이런 생각을 바로잡아주지 못한 모양이었다.

쇼클리는 부하 직원뿐 아니라 명목상의 상관이자 연구소의 소유주인 아널드 벡맨과도 충돌할 정도로 자만심이 강했다. 운영비용 관리를 위한 회의에 참석하려고 비행기를 타고 날아온 벡맨에게 쇼클리는 전 간부진 앞에서 다음과 같이 말했다. "아널드, 우리가 여기서 하는 일이 자네 마음에 들지 않는다면, 나는 이 사람들을 데리고 어디서든 지원을 받을 수 있네." 그는 당황한 간부진과 창피를 당한 벡맨을 남겨둔 채 자리를 박차고 나갔다.

1957년 5월에 고든 무어가 벡맨에게 면담을 요청했을 때, 벡맨은 자연히 귀를 기울이게 되었다. 나서서 고충을 털어놓을 적임자로 동료들이 무어를 지목한 것이었다. "상황이 별로 좋지 않지요?" 벡맨이 물었다.

"네, 아주 좋지 않습니다." 무어는 그렇게 대답하며, 쇼클리가 나간다면 수석 연구원들은 남을 것이라 말했다.[67] 쇼클리를 내보내고 유능한 관리자를 고용하지 않는다면, 이들은 아마 곧 떠날 거라는 말도 덧붙였다.

영화 「케인호의 반란The Caine Mutiny」을 보고 난 무어와 동료들은 자신들의 선장에 대한 반란을 꾸미기 시작했다.[68] 이후 몇 주 동안 무어를 포함하여 불만을 갖고 있던 수석 연구원 일곱 명과 벡맨은 비밀 회동과 저녁 식사를 가지며 타협안을 마련했다. 쇼클리의 직책을 관리 책임이 없는 고위급 고문직으로 변경한다는 결론을 내렸다. 벡맨은 쇼클리와 저녁 식사를 하며 보직 변경에 대해 알렸다.

쇼클리는 처음에는 순순히 따랐다. 노이스가 연구소를 관리하도록 놔두고 자신은 아이디어나 전략적 조언을 제시하는 데 만족했다. 그러다가 마음을 달리 먹었다. 권력을 내놓는다는 것은 쇼클리의 천성에 맞지 않았다. 노이스의 관리자적 기질에 대한 우려도 적지 않았다. 벡맨에게 노이스는 우유부단하기 때문에 "공격적인 리더"가 될 수 없을 것이라고 말했는데, 전적으로 틀린 말은 아니었다. 쇼클리는 지나치게 투지가 넘치고 결단력이 강했던 반면, 상냥하고 협조적인 노이스에게는 강인함이 부족했다. 결단력과 친근감 사이의 균형을 조절할 줄 아는 것이 관리자의 핵심 자질이라면, 쇼클리와 노이스는 이 세밀한 균형감을 갖추지 못했다.

쇼클리와 연구원들 중 하나를 골라야 하는 상황이 닥치자 벡맨은 주눅이 들어버렸다. "의리라는 적절치 못한 감정 때문에 쇼클리를 선택해야 한다고, 그에게 자신을 증명해 보일 기회를 줘야 한다고 생각했다." 벡맨은 훗날 그렇게 설명했다. "지금 알고 있는 것을 당시에 알았더라면 나는 쇼클리에게 작별을 고했을 것이다."[69] 벡맨의 결정에 무어와 그의 동조자들은 충격을 받았다. "벡맨은 요컨대 '쇼클리가 상관이니 절이 싫으면 중이 떠나라'고 통보했다." 무어는 그렇게 회상한다. "결국 젊은 박사 몇 명이서 노벨상 수상자를 그렇게 쉽게 몰아낼 수는 없다는 것을 깨달았다." 이에 맞서 들고일어나지 않을 수 없었다. "우리는 불시에 습격을 당한 거나 마찬가지였다. 우리가 떠나야 했다." 래스트의 말이다.[70]

기반이 탄탄한 회사를 떠나 라이벌 회사를 차리는 것은 당시로서는 흔치 않은 일이었기에 용기가 필요했다. "당시 미국의 일반적인 기업 문화는 한번 적을 둔 회사에 은퇴할 때까지 계속 다니는 것이었다." 첨단기술 기업의 마케팅 전문가 레기스 메케나는 전한다. "이것은 동부와 중서부 지방의 전통적인 미국적 가치이기도 했다." 물론 이제는 그렇지 않다. 쇼클리의 반역자들은 이런 문화적 변혁에 공헌했다. "지금 이런 행위가 쉬워 보이는 까닭은 그것이 받아들여지는 문화적 전통이 형성됐기 때문이다. 그리고 이들은 그러한 전통을 만드는 데 큰 기여를 했다." 실리콘 밸리 역사가 마이클 말론의 말이다. "지금은 30년 동안 한 회사에 주구장창 머물러 있는 것보다 실패할지언정 회사를 차려 나가는 것이 더 나은 것으로 여겨진다. 하지만 1950년대에는 그렇지 않았다. 대단히 겁나는 일이었을 거다."[71]

무어는 반란자들을 결집시키는 역할을 했다. 초기에는 일곱 명이었던 이들은(노이스는 아직 합류하지 않았다) 새로운 회사를 차리기로 결심했다. 그러자면 자금이 필요했다. 그들 중 유진 클라이너가 아버지와 거래하던 월스트리트의 종합 증권사 하이든 스톤 컴패니 소속 증권 중개인에게 편지를 썼다. 클라이너는 자신들의 경력을 나열한 뒤 "3개월 내에 반도체 사업에 뛰어들 수 있을 것이라 믿는다"고 단언했다. 편지는 30세의 애널리스트 아서 록의 손에 들어갔다. 하버드 경영대학원 재학 시절부터 위험한 투자에서 매번 성공을 거둔 인물이었다. 아서 록은 상관인 버드 코일을 설득하여 서부로 가 제반 사항을 살펴보기로 했다.[72]

샌프란시스코의 클리프트 호텔에서 일곱 명의 연구원을 만난 록과 코일은 이들에게 리더가 부재하다는 사실을 알아채고는, 노이스를 영입하라고 권고했다. 그때까지 노이스는 쇼클리에 대한 의리로 이들에게 합류하기를 거부하고 있었다. 결국 무어에게 설득된 노이스는 다음 미팅에 참석하기로 했다. 록은 깊은 인상을 받았다. "노이스를 보자마자 카리스마에 압도됐다. 나는 그가 타고난 지도자라는 걸 알 수 있었다. 연구원들은 노이스의 의견을 전적으로 따랐다."[73] 이 미팅에서 노이스를 포함한 연구원들은 모두 연구소를 떠나 새 회사를 차리기로 굳게 약속했다. 이들은 코일이 내놓은 빳빳한 달러 지폐에 서명함으로써 상징적으로 계약을 맺었다.

완전한 독립 기업을 차리기 위해 자금을 모으기란 쉽지 않았다. 기성 기업으로부터 돈을 얻는 것은 더욱 힘들었다. 스타트업 기업에 자금을 대는 시드 펀딩 개념이 생기기 전이었다. 노이스와 무어가 또 다른 새로운 모험에 뛰어들 때에 가서야 그 중대한 혁신이 이루어질 것이었다(이에 대해서는 뒤에서 자세히 살펴볼 것이다). 연구원들은 쇼클리에게 벡맨이 있었듯 반독립적 사업부를 지원해줄 후원 기업을 모색하는 것으로 방향을 선회했다. 수 주에 걸쳐 《월스트리트 저널》을 샅샅이 뒤져 자신들을 거둘 만한 후보 기업 서른다섯 개를 찾아냈다. 록은 뉴욕으로 돌아가서 여기저기 연락을 취했지만 성과가 없었다. "단독 사업부를 떠맡으려는 곳은 아무 데도 없었다." 록의 회상이다. "기존 직원들이 불만을 가질 거라며 거절했다. 두어 달이 지나도 소득이 없어서 포기하려던 찰나에 누군가 내게 셔먼 페어차일드를 찾아가보라고 했다."[74]

무척이나 잘 어울리는 조합이었다. 페어차일드 카메라 인스트루먼트의 창업자인 페어차일드는 발명가이자 플레이보이, 기업가이자 IBM의 최대 단일 주주로서, 아버지는 IBM의 공동 창업자였다. 타고난 발명가인 페어차일드는 하버드 신입생 시절, 동시에 작동하는 카메라와 플래시를 최초로 발명했다. 이후 항공 카메라 기술, 레이더 카메라, 특수 목적 항공기, 테니스 코트 조명, 고속 카세트 녹음기, 신문지 인쇄용 리소타입, 착색기, 내풍 성냥을 개발했으며, 유산에 더해 막대한 부를 얻게 되었다. 돈 버는 것만큼 쓰는 것도 좋아했다. 그는 (《포춘》지의 표현이다) "며칠마다 하나씩 싱그럽고 아름다운 여성을 부토니에*처럼 달고" 클럽이나 엘 모로코 나이트클럽을 방문하곤 했다. 맨해튼 어퍼이스트

*남성 정장 상의 좌측 상단에 꽂는 꽃장식—옮긴이.

사이드 지역에 미래파 양식으로 저택을 짓기도 했다. 벽과 진입로를 유리로 만들었고, 녹색 도자기를 입힌 암석으로 안뜰 정원을 꾸몄다.[75]

페어차일드는 새 회사의 창업 기금으로 선뜻 150만 달러를 내놓았다. 여덟 명의 연구원들이 필요하다고 생각한 액수의 두 배나 되는 금액이었다. 대신 조건이 있었다. 회사가 잘나가게 될 경우 300만 달러에 매입하기로 한 것이다.

'8인의 배신자'라 불린 노이스 무리는 팰로앨토 변두리, 쇼클리 연구소 근처에서 사업을 시작했다. 쇼클리 반도체는 이후 퇴보의 길을 걸었다. 쇼클리는 그로부터 6년 뒤에 연구소를 포기하고 스탠퍼드 대학교에서 교편을 잡았다. 피해망상증이 악화되었으며, 흑인들은 IQ라는 측면에서 볼 때 유전적으로 열등하기 때문에 자식을 갖지 말아야 한다는 생각에 집착하게 되었다. 트랜지스터를 구상하고, 약속의 땅 실리콘 밸리로 사람들을 이끌었던 천재가 강의 시간마다 야유에 시달리는 천덕꾸러기가 되었다.

한편 페어차일드 반도체를 설립한 8인의 배신자는 적시에 제자리를 찾아 활개를 치게 된다. 패트릭 해거티가 텍사스 인스트루먼츠에서 휴대용 라디오를 출시한 이후 트랜지스터의 수요가 꾸준히 증가했다. 그뿐이 아니었다. 페어차일드 반도체가 문을 연 지 정확히 사흘 후, 구소련에서 발사한 스푸트니크 위성을 신호로 미국과 구소련 사이의 우주경쟁이 시작됐다. 민간 우주 계획과 더불어 탄도 미사일 개발을 중심으로 진행된 군사 계획으로 인해 컴퓨터와 트랜지스터에 대한 엄청난 수요가 창출됐다. 또한 이로 인해 컴퓨터와 트랜지스터 개발이 하나로 연결되게 되었다. 로켓의 노즈콘에 들어갈 정도로 작은 컴퓨터가 필요했기에, 소형 기기에 수백, 수천 개의 트랜지스터를 집어넣을 방안을 찾아야 했던 것이다.

텍사스 인스트루먼츠의 잭 킬비(1923~2005), 1965년.

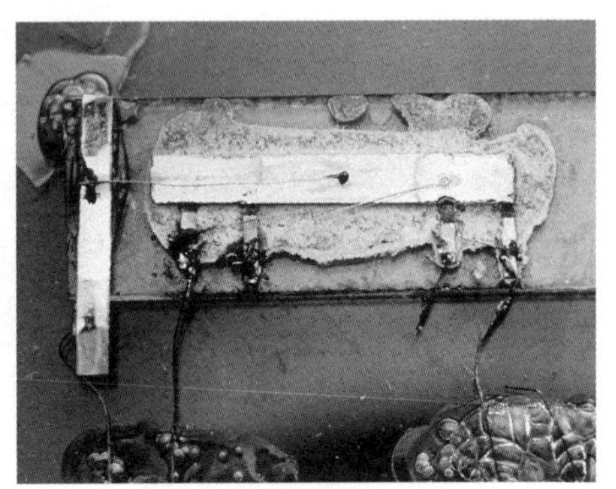

킬비의 마이크로칩.

아서 록(1926~), 1997년.

인텔의 앤디 그로브(1936~), 노이스, 무어, 1978년.

5

…

마이크로칩

THE **INNOVATORS**

트랜지스터 출현 10주년을 기념하며 1957년—페어차일드 반도체가 설립되고 스푸트니크호가 발사되기도 한 해—에 발행된 논문에서 벨 연구소의 중역은 트랜지스터의 한 가지 문제점에 대해 이야기하며 이를 '수의 독재'라 불렀다. 회로를 이루는 구성 요소가 늘어나면 연결의 수가 훨씬 빨리 증가한다는 것이다. 예를 들어 만 개의 구성 요소로 이루어진 시스템이 있다면 회로판상에는 철사로 된 10만여 개의 작은 연결 부분이 필요하다. 그중 대부분은 사람이 손으로 납땜한다. 안정성을 담보할 수 있는 방안은 아닌 것이다.

대신에 혁신으로 가는 방안이기는 했다. 갈수록 심각해지는 이 문제를 해결해야 할 필요성은 반도체 제조 방식상의 수백 가지의 발전 사항과 동시에 발생했다. 이 조합으로 인해 텍사스 인스트루먼츠와 페어차일드 반도체에서 각각 독립적으로 이루어진 발명이 가능하게 되었다. 그 결과 집적회로, 또는 마이크로칩이라 불리는 발명품이 탄생했다.

잭 킬비

중서부 출신 잭 킬비 역시 아버지와 함께 작업장에서 이것저것을 수리하고 아마추어 무선 통신기를 만드는 것을 좋아했다.[1] 노벨상을 수상한 킬비는 "나는 아메리카 대초원 지대, 서부 정착자들의 근면 성실한 후손들 사이에서 자랐다"고 말했다.[2] 아버지는 캔자스 주 중부에서 공익기업을 운영했다. 킬비는 여름이면 아버지를 따라가 발전 장치를 구경했으며, 기계에 문제가 발생하면 부자가 함께 기계 사이를 기어 다니며 원인을 찾곤 했다. 눈보라가 치던 어느 날, 전화가 끊긴 지역의 고객들과 아마추어 무선 통신으로 연락을 취했는데, 어린 킬비는 그때 이런 기술에 마음이 사로잡혔다. "눈보라가 치던 십대의 어느 날이었다."《워싱턴 포스트》의 T. R. 리드에게 한 말이다. "무선, 나아가서 전자 기술이 인간의 삶에 어떤 영향을 줄 수 있는지 처음으로 알게 되었다. 이런 기술은 정보를 제공하고 서로 연결함으로써 사람들에게 희망을 줄 수 있었다."[3] 킬비는 아마추어 무선기사 자격증을 따기 위해 공부를 했고, 이곳저곳에서 발견한 부품을 이용하여 통신기를 업그레이드해나갔다.

MIT 입학시험에 떨어진 킬비는 일리노이 대학교에 입학했다. 그러다 진주만 공습을 계기로 해군에 입대했다. 인도의 라디오 수리 설비에 배치된 킬비는 캘커타의 암시장에서 부품을 사다 텐트로 된 연구실에서 수신기와 송신기를 개량하는 데 힘썼다. 잘 웃고 느긋한 데다 말수가 적고 온화한 성격의 킬비를 특별하게 만든 것은 발명에 대한 끊임없는 호기심이었다. 킬비는 공개되는 특허를 모두 독파했다. "모든 것을 다 읽어야 하는 것도 이 직업의 일부분이다. 이렇게 닥치는 대로 지식을 섭렵하고는, 그중 100만 분의 1의 일이라도 언젠가 유용하게 사용되기를 바랄 뿐이다." 킬비의 전언이다.[4]

밀워키에 있는 전자 부품을 생산하는 센트럴랩이 킬비의 첫 직장이었다. 그곳에서는 각종 부품을 결합하여 단일 세라믹 기판으로 보청기를 제작하는 방법에 대한 연구가 진행되고 있었다. 마이크로칩의 개략적인 전신인 셈이다. 1952년에 센트럴랩은 관련 지식을 공유하고자 한 벨 연구소의 정책 덕분에 2만 5,000달러의 라이선스 비용을 지불하고 트랜지스터를 제작할 수 있는 자격을 획득했다. 킬비는 2주에 걸쳐 벨 연구소 세미나에 참석했다. 맨해튼의 호텔에 머물며 매일 아침 수십 명의 다른 참석자들과 함께 머리힐로 향하는 버스에 올랐다. 세미나는 트랜지스터 설계에 대한 심화 세션, 연구실에서 진행되는 실습, 제조 공장 견학으로 이루어졌다. 참석자들은 기술 문서도 세 권 받았다. 벨 연구소는 유례없이 경제적인 비용으로 라이선스를 부여하고 관련 지식을 공유함으로써 디지털 혁명의 초석을 다졌다. 비록 디지털 혁명으로 인해 결과적으로 커다란 수익을 창출한 장본인이 되지는 못했지만.

킬비는 트랜지스터 개발의 선두에 서려면 규모가 큰 회사에서 일할 필요가 있음을 깨달았다. 몇 가지 선택지를 저울질한 결과, 1958년 여름에 텍사스 인스트루먼츠에 입사하기로 결심했다. 킬비는 그곳에서 패트릭 해거티, 그리고 윌리스 애드콕을 필두로 하는 해거티의 트랜지스터 연구팀과 함께 일하게 되었다.

당시 텍사스 인스트루먼츠의 여름휴가 정책은 전 직원이 7월의 두 주 동안 동시에 휴가를 떠나는 것이었다. 댈러스에 도착한 킬비는 누적 휴가 일수가 없어 반도체 연구실로 출근했다. 극소수의 직원만 남아 있던 연구실에서 그는 트랜지스터를 제작하는 것 외에 규소를 활용할 수 있는 방안을 연구했다.

불순물이 첨가되지 않은 규소는 단순한 저항기로 작용한다. 킬비는 규소 안의 pn 접합이 커패시터로 작용하도록 하는 방법을 발견했는데,

이를 통해 규소가 소량의 전하를 보유할 수 있게 된다. 더 나아가 규소를 여러 가지 방식으로 처리하여 어떠한 전자 소자도 만들 수 있었다. 여기에서 훗날 '모놀리식monolithic'이라 불리게 되는 아이디어가 나왔다. 즉, 하나의 규소 덩어리로 여러 부품을 만들 수 있다는 것이다. 이 방법을 사용하면 회로기판 위에 수많은 부품을 납땜할 필요가 없어진다. 노이스가 이와 유사한 아이디어를 기록하기 6개월 전인 1958년 7월, 킬비는 훗날 노벨상 수상 시에 인용하게 될 문장을 실험실 일지에 기록했다. "하나의 덩어리로 저항, 커패시터, 분산 커패시터, 트랜지스터와 같은 회로 소자를 만들 수 있다." 그런 다음 서로 다른 속성을 지니도록 불순물이 첨가된 규소 덩어리를 구획하여 소자를 만드는 방법을 대략적인 그림으로 표현했다.

휴가에서 돌아온 킬비의 상사 윌리스 애드콕은 이 방법이 제대로 작동할 것이라 생각하지 않았다. 애드콕이 보기에는 연구실에서 주력해야 할 더 시급한 작업이 많았던 것이다. 애드콕은 킬비가 저항기와 커패시터를 만들어낸다면, 단일 칩으로 완전한 회로를 구성하는 프로젝트를 승인해주겠다고 제안했다.

모든 것이 계획대로 진행되었다. 1958년 9월, 킬비는 11년 전 바딘과 브래튼이 벨 연구소에서 상사들에게 한 것과 비슷하게 극적인 시연을 준비했다. 킬비는 짤막한 이쑤시개 크기의 규소 조각 위에 이론상으로 발진기가 되는 소자들을 조립했다. 회장을 포함한 중역들이 지켜보는 가운데, 킬비는 이 작은 칩을 오실로스코프에 연결한 다음 애드콕을 쳐다보았다. 애드콕은 어깨를 으쓱했다. 그래도 하는 데까지는 해봅시다, 라고 말하는 듯했다. 킬비가 버튼을 누르자 오실로스코프 화면상에 파동이 물결쳤다. "모두 커다랗게 웃음을 지었다. 전자 기술의 새로운 시대가 열린 것이다." 리드는 그렇게 전한다.[5]

이 장치는 모양새가 그다지 정교하지 않았다. 1958년 가을에 킬비가 설계한 모델은 칩 안의 소자들을 금으로 된 전선이 연결하고 있었다. 마치 규소로 된 나뭇가지에서 값비싼 거미줄이 튀어나온 듯한 형상이었다. 보기에 좋지 않을뿐더러 실용적이지도 못했다. 대량 생산할 방법이 없었던 것이다. 이 모든 단점에도 불구하고, 이것은 최초의 마이크로칩이었다.

특허를 출원하고 3주가 지난 1959년 3월, 텍사스 인스트루먼츠는 '고체 회로solid circuit'라는 이름을 붙이고 발명품을 공개했다. 또한 뉴욕 시에서 열린 '전파공학자 협회Institute of Radio Engineers' 연례 컨퍼런스에서도 대대적인 행사와 함께 몇 가지 프로토타입을 전시했다. 텍사스 인스트루먼츠 회장은 이것이 트랜지스터 이후 가장 위대한 발명이 될 것이라 선언했다. 이 말은 과장처럼 들렸지만, 실제로는 과소평가였다.

텍사스 인스트루먼츠의 발표는 페어차일드에는 청천벽력과도 같았다. 비슷한 개념을 두 달 전에 구상했던 노이스는 선두를 빼앗겼다는 사실에 실망감을 감추지 못했고, 이로써 텍사스 인스트루먼츠가 경쟁 우위를 확보할 수 있다는 우려에 휩싸였다.

노이스의 마이크로칩

혁신으로 이르는 길에는 여러 가지가 있을 수 있다. 노이스를 비롯한 페어차일드 연구원들은 다른 방향으로 마이크로칩의 가능성을 모색하고 있었다. 그 발단은 트랜지스터가 제대로 작동하지 않는다는 문제였다. 실패하는 경우의 수가 너무 많았다. 아주 작은 먼지 조각이 있거나 모종의 기체에 노출되기만 해도 작동하지 않기 일쑤였다. 실수로 건드리거나 부딪히는 경우는 말할 것도 없었다.

그러던 중 8인의 배신자 가운데 한 명인 페어차일드의 물리학자 장 회르니가 기발한 방안을 생각해냈다. 회르니는 케이크 위에 아이싱을 얹듯 규소 트랜지스터 표면에 얇은 규소 산화물 층을 얹어 아래층의 규소가 보호되도록 했다. "트랜지스터 표면을 규소 산화물로 덮으면 접합이 노출되지 않아 오염되지 않을 수 있다." 회르니는 일지에 그렇게 적었다.[6]

이것은 규소 위에 산화물 평면을 얹는다는 데서 '평면 방식'이라 불렸다. 1959년 1월(킬비가 마이크로칩의 개념을 구상하긴 했으나 특허 출원 및 제품 발표를 하기 전)의 어느 날 아침, 샤워를 하던 회르니에게 또 한 번 유레카의 순간이 찾아왔다. 보호층인 규소 산화물에 작은 '창'을 새겨 넣으면 만들고자 하는 반도체 속성에 따라 정확한 위치에 불순물을 첨가할 수 있다는 사실을 깨달은 것이다. 노이스는 이를 "고치 안에서 트랜지스터 만들기"라 부르며 무척 흥분했다. 또한 마치 "정글 속에서 환자를 비닐봉지에 담아 그 안에서 수술을 하면 정글에 사는 파리가 상처에 앉지 못하는 것"과 같다고 했다.[7]

변리사의 역할은 양질의 아이디어를 보호하는 것이지만, 종종 변리사들이 자극제로 작용하기도 한다. 평면 방식의 경우가 그랬다. 노이스는 페어차일드의 담당 변리사 존 랄즈에게 특허 출원 준비를 일임했다. 랄즈는 다음과 같은 질문을 던지며 노이스와 회르니를 비롯한 연구원들을 닦달하기 시작했다. '평면 방식으로 행할 수 있는 실용적인 작업에는 무엇이 있는가?' 랄즈의 의도는 출원서에 기입할 이용 목적을 최대한으로 끌어내려는 것이었다. 노이스는 다음과 같이 회상한다. "랄즈는 우리에게 '특허 보호의 측면에서 이 개념에 추가적으로 더할 수 있는 것은 무엇인가?'라는 과제를 던져주었다."[8]

그때까지만 해도 회르니의 아이디어는 안정적인 트랜지스터를 설계하기 위한 것이었다. 평면 방식에 작은 '창'을 더함으로써 규소 덩어리 하나로 여러 유형의 트랜지스터와 소자를 만들 수 있다는 생각에는 아직 미치지 못한 것이다. 그런데 랄즈의 끈질긴 질문 덕분에 노이스가 더 깊이 파고들 수 있었다. 그해 1월, 노이스는 무어와 함께 토론을 거듭하며 칠판에, 공책에 아이디어를 써 내려갔다.

노이스는 먼저 평면 방식을 적용하면 트랜지스터의 각 층에서 삐져나오는 전선을 제거할 수 있다는 사실을 깨달았다. 전선을 제거한 자리에는 규소 산화물 위에 구리선을 인쇄한다. 이 방식으로 트랜지스터를 더 빠르고 안정적으로 제조할 수 있는 것이다. 노이스는 여기서 멈추지 않고 두 번째 발견에 이르렀다. 구리선을 사용하여 트랜지스터의 각 영역을 연결할 수 있다면, 같은 규소 덩이에 있는 둘 이상의 트랜지스터도 연결할 수 있다. 평면 방식에 '창' 기술을 적용함으로써 각각 다른 불순물을 첨가하여 하나의 규소 칩 위에 여러 개의 트랜지스터를 만들 수 있으며, 그 위에 구리선을 인쇄해 회로를 연결할 수 있다. 노이스는 무어의 연구실로 가서 이 개념을 칠판 위에 그림으로 표현했다.

에너지가 넘치는 다변의 노이스와 과묵하고 통찰력이 뛰어난 무어는 잘 어울리는 한 쌍이었다. 둘이 힘을 합쳐 어렵지 않게 다음 단계로 뛰어올랐다. 즉, 하나의 칩에 저항이나 커패시터와 같은 다양한 소자를 만들 수 있다는 것이다. 노이스는 순수한 규소 구획으로 어떻게 저항을 만들 수 있는지 칠판에 그려가며 설명했고, 며칠 후에는 규소 커패시터를 만드는 방법을 그려 보였다. 규소 산화물 표면에 구리선을 인쇄해 소자들을 연결하면 회로를 형성할 수 있었다. 노이스는 이렇게 회상한다. "어느 순간 갑자기 전구가 켜지고 완벽한 아이디어가 떠오른 것이 아니다. 그렇다기보다는 '이걸 할 수 있으면 저것도 할 수 있을 거야. 그렇다면 이것까지 할 수 있겠다'는 식으로 매일 조금씩 전진해나간 결과 종국에는 개념이 정리된 것이었다."[9] 이렇게 일련의 아이디어 회의를 거친 1959년 1월 어느 날, 노이스는 일지에 이렇게 썼다. "한 덩이의 규소로 여러 개의 소자를 만들면 좋을 것이라 생각한다."[10]

노이스는 킬비와 별도로 (그리고 몇 달 앞서) 마이크로칩의 개념을 생각해냈으며, 이 둘은 각기 다른 방식으로 같은 곳에 도달했다. 킬비는 어마어마한 연결 개수를 줄이기 위해 납땜이 필요 없는 방식으로 소자를 이용하여 회로를 만들었고, 노이스는 회르니의 평면 방식을 적용하여 무엇을 할 수 있는지에 집중했다. 한 가지 실용적인 차이점이 있었다. 노이스의 마이크로칩에는 지저분한 거미줄처럼 튀어나온 전선이 없었던 것이다.

특허 전쟁

특허는 발명의 역사에서 피할 수 없는 갈등을 안겨준다. 디지털 시대로 접어든 다음에는 더욱 그러했다. 협업을 통해 혁신이 달성되는 경우가 많아지면서 아이디어의 소유권이나 지식재산권이 정확히 누구에게 속하는지 판단하기가 어려워졌다. 때로는 이런 창의력의 열매가 퍼블릭 도메인에 머무를 수 있도록 혁신가들이 오픈소스 절차를 따르기도 한다. 하지만 이보다는 혁신가가 공로를 인정받기 원하는 경우가 훨씬 많다. 이것은 쇼클리가 트랜지스터 특허에 이름을 올리고자 책략을 쓴 경우와 같이 자존심 때문일 수도 있고, 금전적인 문제 때문일 수도 있다. 페어차일드나 텍사스 인스트루먼츠와 같이 투자가들에게 보상을 해야 계속해서 새로운 것을 발명하는 데 필요한 유동 자금을 확보할 수 있는 경우가 후자에 속한다.

1959년 1월, 텍사스 인스트루먼츠의 변리사들과 중역들은 킬비의 집적회로 아이디어에 대한 특허를 출원하기 위해 바삐 움직이고 있었다. 노이스가 유사한 개념을 발견했다는 사실은 알지 못했지만, RCA에서 동일한 아이디어가 나왔다는 소문이 돌고 있었다. 특허는 광범위한 주제로 출원하기로 했다. 이는 모클리와 에커트의 광범위한 컴퓨터 특허가 그랬던 것처럼 분쟁이 발생할 소지가 다분했기 때문에 위험한 전략이었다. 그러나 일단 등록되기만 하면 유사한 제품을 만들려는 이들에게 무기로 사용할 수 있을 것이었다. 특허 출원서에는 킬비의 발명이 "새롭고 완전히 색다른 방식의 소형화"라고 기재되었다. 또한 킬비가 고안한 두 개의 회로에 대해서만 기술되었지만, "이와 같은 방식으로 만들 수 있는 회로의 복잡성이나 구성에는 제한이 없다"는 주장이 담겨 있었다.

급하게 진행되는 바람에 제안된 마이크로칩상에서 소자를 연결하는 다양한 방법을 도면으로 만들 시간이 없었다. 금으로 된 수많은 전선이 얽히고설켜 있는, 거미줄을 닮은 킬비의 시연 모형이 전부였다. 텍사스 인스트루먼츠에서는 이 모형을 도면으로 사용하기로 했다. 이 도면은 훗날 '날아다니는 전선 그림'이라는 조소 섞인 별명으로 불리게 된다. 킬비는 당시에 인쇄된 금속 연결선을 사용한 더 간단한 방법을 이미 고안해낸 상태였기 때문에, 서류 제출 직전에 변리사들에게 이 개념에 대한 권리까지 청구할 수 있도록 해당 개념을 출원서에 추가해달라고 요청했다. "전기 연결선으로 금 전선을 사용하는 대신 다른 방식을 사용할 수도 있다. 예를 들면 (중략) 반도체 회로 웨이퍼 표면에 규소 산화물을 기화시킬 수 있으며, (중략) 금과 같은 물질을 절연 물질 위에 얹어 전기 연결부로 사용할 수 있다." 특허 출원 서류는 1959년 2월에 제출

되었다.[11]

달이 바뀌고 텍사스 인스트루먼츠에서 발명품을 공개하자 노이스를 비롯한 페어차일드 연구팀도 특허 출원을 서둘렀다. 페어차일드의 변리사들은 텍사스 인스트루먼츠의 광범위한 기술에 맞서 노이스의 마이크로칩이 구체적으로 어떤 점에서 특별한지에 초점을 맞추었다. 페어차일드에서는 자사에서 이미 특허 출원을 신청한 바 있는 평면 방식을 통해 "여러 반도체 영역에 전기적으로 연결할 수 있고" 또한 "단일 회로 구조를 더 간결하게 하고 더 쉽게 제작할 수 있는" 인쇄 회로 방식이 가능해졌다는 사실을 강조했다. 그리고 "전선을 고정시켜 전기 연결부로 사용해야 하는" 회로와 달리, 노이스의 방식으로는 "전선과 연결부를 동일한 방식으로 동일한 때에 배치할 수 있다"는 것이었다. 페어차일드에서는 설사 텍사스 인스트루먼츠가 단일 칩 위에 복수의 소자를 배치한다는 개념으로 특허권을 획득한다 해도, 자사에서 전선 대신 인쇄 금속선을 연결부로 사용한다는 개념에 대한 특허권은 확보할 수 있기를 바랐다. 마이크로칩을 대량 생산하기 위해서는 이 방법이 반드시 필요했기 때문에 특허권 분쟁에서 텍사스 인스트루먼츠와 동등한 영향력을 행사할 수 있게 되고, 결과적으로 크로스 라이선싱 계약을 맺을 수밖에 없을 것이라는 계산이었다. 페어차일드의 서류는 1959년 7월에 제출되었다.[12]

컴퓨터 특허 분쟁 시에도 그랬듯이 집적회로도 누가 어떤 권리를 보유해야 하는지에 대한 법적 분쟁이 수년에 걸쳐 지속되었으며, 쉽게 결론이 나지 않았다. 각각의 출원 건에는 서로 다른 심사관이 배정되었는데, 이들은 상대방 특허 건의 존재를 모르는 듯했다. 그러다 나중에 제출된 노이스의 출원 건에 대한 심사가 먼저 완료되었고, 1961년 4월에 특허가 등록되었다. 노이스가 마이크로칩의 발명가로 선언된 것이다.

텍사스 인스트루먼츠에서는 '우선권 이의'를 제기했다. 킬비의 아이디어가 먼저라는 것이다. 이로써 특허 심판원 주관하에 킬비 대 노이스 사건이 시작되었다. 해당 개념을 누가 먼저 생각해냈는지 알아내기 위해 각 당사자의 일지를 비롯한 여러 증언이 제시되었는데, 노이스조차도 킬비의 아이디어가 몇 개월 빨랐다는 사실을 인정할 수밖에 없었다. 그런데 킬비의 출원서가 마이크로칩 제조 시 전선을 사용하는 대신 산화물 층 위에 금속선을 인쇄하는 핵심적인 기술 절차를 포함하고 있는지에 대해 의견이 갈렸다. 특히 출원서 마지막 부분에 삽입된 산화물 층 위에 "금과 같은 물질을 절연 물질 위에 얹"는다는 문구가 문제였다. 이 문구는 킬비가 발견한 구체적인 절차를 가리키고 있는가? 아니면 단지 우연히 넣게 된 추측성 문구인가?[13]

논쟁은 지지부진하게 이어졌고, 1964년 6월에 특허청이 킬비의 출원 건을 심사하고 등록함으로써 문제가 더욱 복잡해졌다. 자연히 우선권 문제가 전보다 더 중요해졌다. 지난한 기다림 끝에 1967년 2월, 킬비의 우선권이 승인되었다. 특허 출원서를 제출한 지 8년 만에 킬비와 텍사스 인스트루먼츠가 마이크로칩의 발명가임이 공표된 것이다. 하지만 일은 여기서 끝나지 않았다. 페어차일드는 항소했고, 관세특허상고재판소에서는 모든 논거와 증언을 종합하여 1969년 11월에 특허청과 정반대의 판결을 내렸다. 다음은 판결문의 일부다. "킬비의 '얹는다'는 용어는 (중략) 전자 기술 또는 반도체 기술에서 '부착하다'는 뜻을 가짐을 보이지 못했으며, 이후 해당 용어가 이런 의미를 갖게 되지도 않았다."[14] 킬비 측 변호사는 대법원에 상고하려 했으나 대법원은 이를 기각했다.

수백만 달러의 소송비용과 함께 10여 년 끝에 쟁취한 노이스의 승리는 그러나 별다른 소득을 얻지 못했다. 《일렉트로닉 뉴스》에 '특허권 역전, 변경되는 사항은 미미'라는 부제로 작은 기사가 실렸을 뿐이다. 이 시점에서는 소송 자체가 거의 무의미해져 있었다. 마이크로칩 시장이 무척이나 폭발적으로 성장하는 바람에 페어차일드와 텍사스 인스트루먼츠에서는 이를 법 제도에만 맡겨놓기에는 위험 부담이 크다고 판단했던 것이다. 법적 분쟁이 최종적으로 해결되기 3년 전인 1966년 여름에 노이스와 텍사스 인스트루먼츠의 회장은 각각 변호인단을 대동하고 만나 평화 협상을 체결했다. 서로 상대방에게 마이크로칩에 대한 지식재산권 일부가 있음을 인정하며 각자가 보유한 권리에 대한 크로스 라이선싱 계약을 맺었다. 다른 기업에서 마이크로칩 라이선스를 획득하려면 양사와 모두 계약을 하고, 일반적으로 수익의 4퍼센트에 해당하는 로열티를 지불해야 했다.[15]

그렇다면 마이크로칩의 발명가는 누구인가? 컴퓨터의 발명가가 누구인지를 묻는 질문과 같이 이 질문에 대한 답도 단순히 법적 판결에 의해 쉽게 정리될 수 없다. 킬비와 노이스가 거의 동시에 아이디어를 낸 것으로 보아 발명을 위한 시기가 무르익었다고도 볼 수 있다. 실제로 독일 지멘스의 베르너 야코비나 영국 왕립 레이더 연구소 소속 제프리 더머 등, 일찍이 세계 곳곳에서 집적회로의 가능성이 제안되기도 했다. 노이스와 킬비는 여기서 한 걸음 더 나아가 각자의 연구팀과 함께 이런 장치를 생산하는 실용적인 방안을 고안해낸 것이다. 하나의 칩 위에 소자를 집적하는 방안을 생각해내는 데는 킬비가 몇 달 앞섰지만, 이런 소자를 제대로 연결하는 방법은 노이스에게서 나왔다. 효율적인 대량 생산을 가능하게 한 것은 노이스식 설계였고, 이것이 향후 마이크로칩의 일반적인 모델이 되었다.

킬비와 노이스가 마이크로칩의 발명가가 누구인가 하는 문제를 대한 방식에는 교훈적인 면이 있다. 중서부의 긴밀한 소규모 공동체 출신인 이 둘은 기초가 탄탄한 점잖은 사람들이었다. 쇼클리와 달리 자만감과 불안감에 시달리지도 않았다. 이들은 발명에 대한 기여도라는 주제에 있어서 언제나 상대방을 칭찬하는 데 인색하지 않았다. 오래지 않아 두 사람이 공동 발명가라는 인식이 자리 잡게 되었다. 초기에는 킬비가 이렇게 조심스럽게 투덜거렸다는 이야기도 전해진다. "내가 알고 있는 개념에는 맞지 않지만 공동 발명이라고 일반적으로 인정되어버렸다."[16] 하지만 그조차도 종국에는 이것을 받아들이고 이후 계속해서 관대한 자세를 보였다. 훗날《일렉트로닉 엔지니어링 타임스》의 기자 크레이그 마츠모토가 특허권 분쟁에 대해 질문하자 "킬비는 노이스에게 찬사를 보내며 반도체 혁명은 특허권 하나에서 비롯된 것이 아니라 수천 명의 노력에 의한 것이라고 말했다."[17]

킬비는 2000년에 노벨상을 받았다. 노이스가 세상을 떠난 지 10년 뒤였다.* 킬비는 수상 사실을 통지받자마자 노이스에 대한 찬사를 남겼다. "노이스가 살아 있지 않아 유감이다. 살아 있었더라면 공동 수상을 했을 것이다." 킬비가 기자들에게 전한 말이다. 시상식에서 스웨덴의 어느 물리학자가 글로벌 디지털 혁명의 초석을 다진 발명품의 발명가라고 킬비를 소개하자 킬비는 수줍어하며 다음과 같이 응했다. "그런 말을 들으면 후버 댐 앞에서 비버가 토끼에게 하는 말이 생각난다. '내가 만든 것은 아니지만 내 아이디어가 기초가 되긴 했다.'"[18]

*이미 사망한 사람은 노벨상 후보 대상에서 제외된다.

마이크로칩의 성공

마이크로칩에 가장 먼저 관심을 보인 시장은 군이었다. 미 전략 공군은 1962년 신규 육상 기지 발사 미사일인 미니트맨 II를 설계했다. 내장 유도 장치에만도 마이크로칩 2,000개가 필요한 프로젝트였다. 주 공급업체로 텍사스 인스트루먼츠가 선정되었다. 1965년에 이르러서는 일주일에 7대의 미니트맨이 제작되었고, 해군에서도 잠수함 발사 미사일인 폴라리스에 필요한 마이크로칩을 구매했다. 군 조달 관료제에서 흔히 볼 수 없는 빈틈없는 협업의 결과로 표준화된 마이크로칩을 사용하기까지 했다. 웨스팅하우스와 RCA에서도 마이크로칩을 생산하기 시작했다. 머지않아 가격이 급락했고, 미사일을 비롯해 소비자 제품에도 사용할 수 있을 만큼 비용 효율이 높아졌다.

페어차일드에서도 무기 제작업체에 칩을 판매하기는 했지만, 군과의 협업에는 경쟁사에 비해 조심스러운 입장을 취했다. 제복을 입은 관료들과 하청업체가 함께 일하게 되는 기존 군 관계에서는 관료들이 조달을 관리할 뿐 아니라 설계에도 관여하는 것이 보통이었다. 노이스는 이런 관계가 혁신을 저해한다고 생각했다. "올바른 방향을 볼 줄 모르는 사람들에 의해 연구의 방향이 결정되곤 한다."[19] 노이스는 페어차일드가 자체적으로 칩 개발을 통제할 수 있으려면 자체의 자금을 사용해야 한다고 주장했다. 제품이 좋으면 군 하청업체에서도 제품을 사갈 것이라 생각한 것이다. 예상은 적중했다.

마이크로칩 생산에 두 번째 박차를 가한 것은 미국의 민간 우주 계획이었다. 존 F. 케네디 대통령은 1961년 5월에 다음과 같이 선언했다. "미국은 60년대가 끝나기 전에 인간을 달에 착륙시키고 지구로 무사히 귀환시킨다는 목표를 달성할 것이다." 아폴로 계획이라 불리게 될 이

프로젝트에는 노즈콘에 들어갈 크기의 유도 컴퓨터가 필요했다. 이를 위해 강력한 마이크로칩이 처음부터 설계되었다. 총 75개가 제작된 아폴로 유도 컴퓨터에는 각각 5,000개의 동일한 마이크로칩이 들어갔다. 공급업체는 페어차일드로 선정되었다. 케네디 대통령이 설정한 마감 기한을 몇 달 앞두고 아폴로 계획은 성공했다. 1969년 7월, 닐 암스트롱이 달 표면에 발을 디뎠다. 아폴로 계획 프로젝트에서 그때까지 사들인 마이크로칩의 개수는 100만 개가 넘었다.

정부로부터의 다량의 예측 가능한 수요로 인해 마이크로칩의 가격이 급격히 떨어졌다. 아폴로 유도 컴퓨터의 첫 번째 프로토타입 칩의 가격은 미화 1,000달러였던 반면, 정규 생산이 가능해진 시점에는 칩당 20달러까지 떨어졌다. 미니트맨 미사일에 들어간 마이크로칩은 1962년에는 50달러, 1968년에는 2달러였다. 비로소 일반 소비자용 장비에도 마이크로칩을 사용할 수 있는 시장이 형성된 것이다.[20]

마이크로칩이 사용된 첫 번째 소비자용 장비는 보청기였다. 보청기는 작은 크기가 핵심이었고 값이 조금 비싸도 팔리는 장비였다. 하지만 수요가 한정되어 있다는 단점이 있었다. 텍사스 인스트루먼츠의 회장 패트릭 해거티는 과거에 성공을 거둔 바 있던 수를 다시 한번 사용했다. 혁신의 한 가지 측면은 새로운 장비를 발명하는 것이고, 또 한 가지 측면은 이런 장비를 사용하는 대중적인 방식을 발명하는 것이다. 해거티와 텍사스 인스트루먼츠는 두 가지 측면에 모두 능했다. 휴대용 라디오를 통해 값싼 트랜지스터를 위한 대규모 시장을 창출하고 11년 후, 해거티는 마이크로칩에도 동일한 전략을 적용했다. 이번에 생각해낸 아이디어는 휴대용 계산기였다.

해거티는 잭 킬비와 함께 비행기를 타고 이동하는 동안 종이 위에 아이디어를 그림으로 그려서 킬비에게 진격 명령을 내렸다. 사무실 책상

위에서 볼 수 있는 수천 달러짜리 고물 기계와 동일한 작업을 하는 휴대용 계산기를 설계할 것. 건전지로 작동할 수 있을 만큼 효율적이고 셔츠 주머니에 들어갈 만큼 작으면서도 충동구매가 가능할 만큼 싸게 만들 것. 1967년에 킬비의 연구팀은 해거티가 구상했던 것과 거의 비슷한 제품을 만들어냈다. 단 네 가지 작업만 가능했고(덧셈, 뺄셈, 곱셈, 나눗셈) 약간 무거웠으며(약 1kg) 많이 싸지는 않았지만(150달러)[21] 제품은 엄청난 성공을 거두었다. 이전까지 사람들이 필요하다고 생각하지 않았던 새로운 기기의 시장이 창출되었다. 게다가 필연적인 과정으로서 크기는 계속해서 작아지고 기능은 더 강력해지고 값은 훨씬 저렴해졌다. 1972년에는 100달러까지 떨어졌으며, 총 500만 대가 팔렸다. 1975년에는 25달러까지 떨어졌고, 매년 판매량이 두 배씩 증가했다. 2014년 현재, 텍사스 인스트루먼츠의 휴대용 계산기는 월마트에서 3.62달러에 판매되고 있다.

무어의 법칙

이런 현상은 전자 기기의 패턴으로 자리 잡았다. 기기들은 해를 거듭할수록 작아지고 값싸지고 빨라지고 더욱 강력해졌다. 이는 특히 컴퓨터 업계와 마이크로칩 업계가 동시에 성장하면서 밀접한 관련을 가지고 있었기에 가능한 일이었다. "새로운 소자와 새로운 용도 사이의 시너지가 양측의 폭발적인 성장을 이끌어냈다." 노이스는 훗날 그렇게 썼다.[22] 반세기 전에 석유 업계와 자동차 업계가 동반 성장할 당시에도 이런 시너지를 볼 수 있었다. 여기에서 혁신에 관한 한 가지 교훈을 얻을 수 있다. 어떤 업계가 공생 관계에 있는지 파악하고 양측이 상대 업계에 박차를 가하는 방식을 기회로 삼을 것.

누군가가 추세선을 예측하는 정확하고 간결한 법칙을 고안해낸다면 기업가와 벤처 자본가들이 위의 교훈을 적용하기가 한결 쉬울 터였다. 다행히도 고든 무어가 적기에 나섰다. 마이크로칩의 판매량이 급등하던 시점에 무어는 미래 시장 예측을 의뢰받았다. 무어는 1965년 4월판 《일렉트로닉스》지에 「집적회로에 더 많은 소자 욱여넣기Cramming More Components onto Integrated Circuits」라는 제목의 글을 기고했다.

무어의 글은 디지털의 미래에 대한 예견으로 시작한다. "집적회로는 가정용 컴퓨터(또는 최소한 중앙 컴퓨터에 연결된 단말기), 자동차용 자동 제어 장치, 개인용 소형 통신 장비와 같은 놀라운 제품으로 이어질 것이다." 그런 다음 자신의 이름을 길이 남기게 될 유명한 예언이 이어진다. "부품 제조 비용을 최소화하는 집적도는 해마다 약 두 배씩 증가해왔다. 향후 10년간 이 추세가 유지되지 않으리라 볼 이유가 없다."[23]

즉, 마이크로칩 하나에 비용 효율적인 방식으로 욱여넣을 수 있는 트랜지스터의 개수는 해마다 두 배씩 증가해왔으며, 적어도 향후 10년간 이것이 지속될 것이라고 예상한다는 것이었다. 무어의 친구이기도 한 칼텍의 어느 교수는 이를 '무어의 법칙'이라 명명했다. 이로부터 10년이 흐르고 1975년이 되자 무어의 법칙이 옳았음이 증명되었다. 무어는 이 시점에서 증가율을 반으로 줄여 칩 위에 올라가는 트랜지스터의 개수가 이제 "1년이 아닌 2년마다" 두 배씩 증가할 것이라는 수정 예측을 내놓았다. 무어의 동료 데이비드 하우스는 이를 기반으로 칩의 '성능'은 마이크로칩상에 올라가는 트랜지스터의 개수 증가 및 향상된 기능으로 인해 18개월마다 두 배씩 증가할 것이라 예측했다. 무어의 법칙과 그 변종은 적어도 향후 50년 동안은 유효했다. 또한 인류 역사상 가장 위대한 혁신과 부를 창출하는 데 기여했다.

무어의 법칙은 단순한 예측에 머물지 않고, 업계의 목표가 되기도 했다. 이로 인해 부분적으로 자기실현이 가능해지기도 했다. 그 첫 번째 예는 무어가 법칙을 만들어낸 1964년에 볼 수 있었다. 노이스는 제조비용도 되지 않는 가격으로 가장 단순한 마이크로칩을 판매하기로 결정했다. 무어는 이 전략을 "반도체 산업에 대한 밥의 알려지지 않은 공헌"이라 불렀다. 노이스는 마이크로칩의 가격이 저렴해지면 제조업체에서 신제품에 마이크로칩을 사용할 확률도 높아질 것임을 알고 있었다. 또한 수요가 창출되고 이것이 대량 생산으로 이어져 규모의 경제가 실현됨으로써 무어의 법칙이 현실로 나타날 것임을 알고 있었다.[24]

1959년, 페어차일드 카메라 인스트루먼트는 페어차일드 반도체 인수라는 권리를 행사하기로 했다. 예정된 수순이었다. 이로써 8인의 창업자들은 막대한 돈을 만지게 되었지만, 동시에 불화의 씨앗을 심은 꼴이 되었다. 본사에서는 중요한 신임 엔지니어들에게 스톡옵션을 줄 수 있는 권리를 노이스에게 주기를 거부했고, 반도체 사업부의 수익을 홈비디오 카메라나 우표 자판기와 같이 사람들의 일상에 더욱 가까운 분야, 그러나 투자 성과가 신통치 않던 분야로 돌렸다.

반도체 사업부 내부에도 문제가 있었다. 소속 엔지니어들이 연구소를 빠져나가기 시작한 것이다. 이렇게 페어차일드 출신 엔지니어들이 민들레 홀씨 퍼지듯 퍼져나가 새로 차리는 회사를 사람들은 '페어칠드런'*이라고 불렀다. 이 중에서도 주목할 만한 것은 '8인의 배신자' 중 장 회르니를 포함한 4인의 연구원이 1961년에 페어차일드에서 나가 차린 회사였는데, 아서 록이 자본을 댄 이 회사의 이름은 텔레다인이었다. 이

*페어차일드Fairchild에서 child의 복수형이 children임에 착안한 언어유희—옮긴이.

후에도 연구원들이 줄줄이 빠져나갔고, 1968년에는 노이스도 회사를 떠날 준비가 되어 있었다. 페어차일드의 중역직에서 제외되어 기분이 몹시 상한 노이스는, 그와 동시에 자신이 중역직을 그다지 원치 않는다는 사실을 깨달았다. 페어차일드 기업은 물론 팰로앨토의 반도체 사업부조차 이미 규모가 너무나 커졌고 관료주의적이었다. 노이스는 관리자로서의 직무를 다소간 벗어던지고 다시 연구를 하고 싶었다.

"새 회사를 차리는 건 어떨까?" 노이스가 어느 날 무어에게 물었다.

"나는 여기가 좋다네." 무어가 대답했다.[25] 이들은 캘리포니아를 기반으로 하는 첨단기술 산업의 문화를 형성해온 장본인이었다. 이곳에서는 사람들이 예사로 기존 회사를 떠나 새로운 회사를 만들었다. 하지만 이제 사십 줄에 접어드는 무어는 모험에 뛰어드는 것이 꺼려졌다. 그러나 노이스는 집요하게 설득했다. 1968년 여름이 다가오던 어느 날, 노이스는 무어에게 자신은 이곳을 떠날 것이라고 통보했다. "노이스는 상대방이 그와 함께 도약해보고 싶은 감정이 들도록 하는 재주가 있었다." 수년이 지나 무어는 웃으면서 그렇게 말했다. "그래서 나는 말했다. '좋아, 가자고.'"[26]

"[회사가] 성장해감에 따라 본인의 일상 업무도 점점 재미없어졌다." 노이스가 셔먼 페어차일드에게 제출한 사직서 중 일부다. "작은 마을에서 사람들과 개인적으로 맺는 관계에서 기쁨을 느끼며 자라난 것이 부분적인 이유인 것 같다. 이 회사에는 나의 가장 큰 '고향'의 총 인구보다 두 배나 많은 직원들이 고용되어 있다." 그는 "다시 한번 최첨단 기술에 가까워지기를" 원한다고 말했다.[27]

노이스는 페어차일드 반도체를 설립할 수 있도록 자금원을 동원하는 데 힘썼던 아서 록에게 전화를 걸었다. 아서 록은 지체 없이 이렇게 물었다. "왜 이렇게 오래 걸렸습니까?"[28]

아서 록과 벤처 자본

'8인의 배신자'를 도와 페어차일드 반도체 설립을 위해 자금원을 동원한 이후 11년의 세월 동안 아서 록은 디지털 시대에 마이크로칩과 거의 동등하게 중요한 역할을 하게 되는 것을 만드는 데 일조했다. 바로 벤처 자본이다.

벤처 자본과 신규 기업에 대한 사모 투자는 20세기의 오랜 기간 동안 밴더빌트, 록펠러, 휘트니, 핍스, 워버그 등 일부 부유한 가문이 독점하던 영역이었다. 제2차 세계대전 이후 이런 가문들이 회사를 설립했다. 여러 가문으로부터 어마어마한 부를 상속받은 존 헤이 휘트니는 베노 슈밋을 고용해 J. H. 휘트니앤코를 설립했다. 회사는 은행 자금을 빌릴 수 없지만 괜찮은 아이디어를 가진 창업가에게 자금을 대는 일에 주력했는데, 이들은 초기에 이런 자금을 '모험 자본adventure capital'이라 불렀다. 존 D. 록펠러 주니어의 6남 1녀 또한 로런스 록펠러를 필두로 훗날 벤록 어소시에이츠가 되는 유사한 회사를 설립했다. 같은 해인 1946년에 '아메리칸 리서치 앤드 디벨럽먼트 코포레이션American Research and Development Corporation(ARDC)'도 설립되었다. 가장 큰 영향력을 행사하게 되는 ARDC는 하버드 경영대학원 학장 출신의 조르주 도리오와 MIT 학장 출신 칼 콤프턴의 합작으로, 가문의 부가 아닌 사업 수완을 기반으로 탄생했다. ARDC가 1957년에 창업 투자한 디지털 이큅먼트 코퍼레이션은 11년 후 상장하면서 초기 투자 비용 대비 500배나 되는 가치를 갖게 된다.[29]

아서 록에 의해 위와 같은 전략이 서부로 확장되면서 벤처 자본의 실리콘 시대가 시작되었다. 노이스를 비롯한 '8인의 배신자'와 페어차일드 카메라의 연합을 지원하면서 록과 그의 회사도 지분을 소유했다. 이후 록은 하나의 후원 기업에 의존하지 않고 이와 유사한 거래를 통해 자금을 조달할 방법이 있다는 사실을 깨달았다. 비즈니스 리서치 분야의 지식을 보유하고 기술을 사랑하며 비즈니스 리더십에 대한 직감을 가진 록은 수많은 동부 투자가 인맥도 가지고 있었다. "돈은 동부에 있었지만 전망 있는 기업들은 죄다 캘리포니아에 있었다. 나는 이 둘을 연결하기 위해 서부로 갔다." 록의 회상이다.[30]

러시아 출신 유대인 이민자의 아들로 뉴욕 로체스터에서 자란 록은 어린 시절 아버지의 사탕 가게에서 음료수 담당 점원으로 일하며 다양한 유형의 성격을 접했다. 그 결과 아이디어가 아닌 사람을 보라는 투자 원칙을 갖게 되었다. 록은 사업 계획만 검토하는 것이 아니라 투자 요구자를 대상으로 날카로운 면접을 진행하곤 했다. "사람이 중요하다고 굳게 믿기 때문에 이들이 무엇을 하려고 하는지보다 대화를 나누는 것이 훨씬 중요하다고 생각한다." 록은 그렇게 설명한다. 무뚝뚝하고 말수가 적기 때문에 겉으로 보기에는 괴팍한 노인네처럼 보였지만, 자세히 살펴보면 희미하게 미소가 감도는 입매와 반짝이는 눈빛에서 사람을 좋아하고 유머 감각이 넘친다는 사실을 알 수 있었다.

록은 샌프란시스코에서 토미 데이비스를 알게 된다. 수다스러운 성격의 데이비스는 목축업과 석유업의 큰손 컨카운티랜드의 투자를 담당하는 협상가였다. 록과 데이비스는 투자사 데이비스앤록을 설립하여 동부의 투자가들과 페어차일드 설립자들로부터 500만 달러의 기금을 마련한 다음 상당한 주식을 받고 신규 기업에 자금을 대기 시작했다. 록은 스탠퍼드에서 야간에 전자공학 수업을 듣고 있었는데, 그때까지도 계속해서 기술 붐과 스탠퍼드와의 유대 관계를 공고히 하기 위해 모색 중이던 교무처장 프레드 터먼은 공과대학 교수들이 록에게 조언을 줄 수 있는 여건을 마련해주었다. 록은 초기에 텔레다인과 사이언티픽 데이터 시스템에 투자하여 상당한 수익을 챙겼다. 1968년에 노이스가 록에게 페어차일드로부터의 출구 전략에 대한 자문을 구할 당시는 데이비스와의 동업자 관계가 우호적으로 종료된 뒤로(이들은 함께 7년 만에 30배의 투자 수익을 올렸다), 록은 다시 혼자 일하고 있었다.

"내가 창업을 한다면 자금을 대줄 수 있겠습니까?" 노이스의 질문에 록은 그렇다고 답했다. 로버트 노이스와 고든 무어가 이끄는 회사에 투자하는 것보다 더 그의 투자 원칙—말이 아닌 기수에, 즉 회사를 운영할 인물에 대한 평가를 바탕으로 투자한다는 원칙—에 부합하는 것이 어디 있겠는가? 록은 이들이 무엇을 만들려고 하는지도 자세히 묻지 않았으며, 처음에는 사업 계획안이나 기술서를 작성할 필요도 없다고 생각했다. "내가 진행한 투자 건 중 100퍼센트 성공할 것이라 확신한 유일한 사업이었다." 록은 훗날 그렇게 말한다.[31]

록은 1957년에 '8인의 배신자'를 위한 투자처를 물색할 때 리걸패드 한 장을 꺼내 숫자를 붙이고 투자자들의 이름을 써 내려간 다음 하나씩 전화를 걸고 통화를 마친 다음에는 이름에 줄을 그었다. 11년이 지난 지금, 이번에도 종이 한 장을 꺼내 투자자 후보 명단을 작성하고 총 500만 주* 중 각각 주당 5달러에 몇 주씩 보유할지를 기재해놓았다. 이번에는 한 개의 이름에만 줄을 긋게 되었다(피델리티의 존슨**은 참여하지 않았다). 제시된 것보다 더 높은 금액을 투자하고자 하는 사람들이 대부분이어서 록은 다른 종이에 배당량을 수정하여 기재해야 했다. 필요한 금액

*모두 무담보 전환사채로, 기업이 성공할 경우 보통주로 전환될 수 있지만 그렇지 않은 경우 가치가 없어지는(채권자 중 우선 순위가 가장 낮은) 것이었다.

**당시 피델리티마젤란펀드를 운영 중이던 에드워드 존슨 3세. 록은 2013년에도 샌프란시스코만을 굽어보는 그의 사무실에 이 두 장의 종이와 페어차일드 투자자 물색 종이를 서류에 철하여 보관하고 있었다.

을 모으는 데 채 이틀이 걸리지 않았다. 이 행운의 투자자들에는 록, 노이스, 무어, 그리넬 칼리지(노이스는 모교의 부를 불리고자 하였고, 결과적으로 그렇게 되었다), 로런스 록펠러, 록의 하버드 대학 동창인 파예즈 새로핌, 사이언티픽 데이터 시스템의 막스 팔렙스키, 그리고 록이 기존에 몸담고 있던 투자 회사 하이든 스톤 컴패니가 있었다. 새 회사의 경쟁사가 될 여러 기업에서 일하고 있던 '8인의 배신자'의 나머지 6인에게도 투자 기회가 주어졌으며, 모두 이에 응했다는 사실이 주목할 만하다.

록은 누군가 사업설명서를 요구할 것에 대비하여 세 장 반짜리 설명서를 직접 작성했다. 설명서는 노이스와 무어에 대한 소개로 시작했으며, 이 회사가 앞으로 개발할 '트랜지스터 기술'에 대한 세 줄짜리 형식적인 개요로 이어졌다. "나중에 변호사들이 길고 복잡하고 이 모든 것을 장난처럼 보이게 하는 본격적인 사업설명서를 쓰라고 강요하는 바람에 벤처 투자가 엉망이 되었다." 훗날 록이 서류 캐비닛에서 문서를 꺼내면서 투덜거리며 하던 말이다. "당시 나는 사람들에게 노이스와 무어가 차리는 회사라고만 말하면 되었다. 투자가들은 그 밖의 다른 것은 별로 알려고 하지 않았다."[32]

노이스와 무어는 처음에 새로운 회사의 이름을 자신들의 이름의 앞 글자를 따서 NM 일렉트로닉이라 지으려고 했다. 그러나 별로 마음에 들지 않았다. 여러 가지 대안을 궁리하던 끝에—그중 하나는 일렉트로닉 솔리드 스테이트 컴퓨터 테크놀로지 코퍼레이션이었다—인티그레이티드 일렉트로닉 코퍼레이션으로 결정했다. 이 또한 썩 마음에 들지는 않았지만, '인텔'로 줄여 부를 수 있다는 장점이 있었다. 어감이 괜찮았다. 여러모로 스마트하고 영리한 느낌이 들었다.

인텔 방식

혁신은 다양한 모습으로 나타난다. 이 책에서는 주로 컴퓨터나 트랜지스터와 같은 물리적 장치, 그리고 프로그래밍, 소프트웨어, 네트워킹과 같은 관련 프로세스로 나타났다. 벤처 자본과 같이 새로운 서비스를 만들어내는 혁신도 중요하며, 벨 연구소처럼 연구 개발을 위해 조직 구조를 마련하는 혁신도 빼놓을 수 없다. 이 절에서는 다른 종류의 발명에 대해 이야기하려 한다. 인텔에서는 디지털 시대에 미친 영향력에 있어 앞에 언급한 혁신들에 비해 결코 떨어지지 않는 새로운 혁신이 발생했다. 그것은 바로 동부 기업들의 위계적인 조직 문화와 정반대인 인텔의 조직 기업 문화와 경영 방식의 발명이었다.

실리콘 밸리에서 발생한 대부분의 것처럼 이런 경영 방식의 뿌리도 휴렛패커드에서 발생했다. 빌 휴렛이 군에 복무하던 제2차 세계대전 중, 데이비드 패커드는 몇 날 며칠씩 사무실 간이침대에서 자며 대부분이 여성으로 이루어져 있던 3교대 근무자들을 관리했다. 패커드는 직원들에게 탄력적인 근무 시간을 허용하고 목표를 성취하는 데 가능한 한 많은 재량을 주는 것이 낫다는 것을 부득이하게 깨닫게 되었다. 이런 깨달음은 경영상의 위계 서열이 평평해지는 결과로 이어졌다. 1950년대에 시도된 이런 전략은 캘리포니아의 비격식적인 생활 방식과 맞물려 금요일 맥주 파티, 탄력 근무제, 스톡옵션 등을 포함한 문화를 만들어냈다.[33]

로버트 노이스는 이런 문화를 한 단계 격상시켰다. 관리자로서의 노이스를 이해하는 데는 회중교회 신자로 나고 자란 그의 배경을 상기하는 것이 도움이 된다. 노이스의 아버지와 조부, 외조부 모두 비국교도 분파로 출발한 회중교회의 목사였다. 교리의 핵심에는 위계질서 및 그로 인해 파생되는 모든 과시적인 요소에 대한 거부가 깔려 있었다. 청교도들은 영국 국교회 내의 로마 가톨릭적 제도와 의식을 배척하고, 교회에서 높은 곳에 놓인 연단을 비롯해 모든 종류의 겉치레와 권위를 없애 버렸다. 미국 대평원 지대에 이런 비국교도 교리를 전파한 교파 중 하나인 회중교도들 또한 위계질서를 반대하는 사람들이었다.

노이스는 또한 학생 시절부터 마드리갈* 합창을 좋아했다. 수요일 저녁에는 어김없이 열두 명으로 구성된 합창 연습에 참석했다. 마드리갈은 리드 싱어나 솔로이스트에 의존하지 않는다. 다성부로 이루어진 마드리갈 곡은 여러 목소리와 멜로디가 평등하게 어우러지는 형식이다. 노이스는 이렇게 설명한 적이 있다. "내가 맡은 부분이 (다른 사람의 부분에) 의존하고, 항상 다른 사람의 부분을 뒷받침한다."[34]

고든 무어도 노이스와 마찬가지로 허식 없고 권위주의적이지 않고 갈등을 싫어하고 권력의 과시적인 면에 관심이 없는 사람이었다. 이들은 잘 어울리는 한 쌍이었다. 외향적인 성격의 노이스는 어린 시절부터 그를 따라다닌 후광 효과로 클라이언트를 매혹시키는 능력을 갖고 있었다. 차분하고 사려 깊은 무어는 연구실에 틀어박히는 것을 좋아했는데, 예리한 질문과 신중한 침묵(이것이 그의 필살기였다)으로 엔지니어들을 훌륭하게 이끌었다. 노이스는 전략적 비전과 큰 그림을 그리는 데 능했고, 무어는 기술과 엔지니어링의 세부 사항을 이해하는 데 탁월한 능력을 발휘했다.

이토록 완벽한 파트너였던 이들에게는 한 가지 자질이 결여되어 있었다. 둘 다 위계질서를 싫어하여 우두머리 행세를 하고 싶어 하지 않았기 때문에 누구도 결단력 있는 관리자가 되려고 하지 않았던 것이다. 둘

*르네상스 시대와 초기 바로크 시대의 세속 합창곡—옮긴이.

다 사람들에게 호감을 사고 싶어 했기 때문에 냉정한 모습을 보이려 하지 않았다. 이들은 직원들을 이끌되 채찍질하지 않았다. 문제가 생기거나 혹시라도 의견 충돌이 생긴다면 이를 해결하고 싶어 하지 않았고, 결국 해결되지 않기 일쑤였다.

바로 이 지점에서 앤디 그로브가 활약하게 된다.

헝가리 부다페스트 태생으로 원래 이름은 안드라스 그로프였던 그로브는 회중교도로 나고 자라지도, 마드리갈을 좋아하지도 않았다. 그는 파시즘이 대두되던 당시, 중부 유럽의 유대인으로서 권위와 권력에 대한 가혹한 교훈을 학습하며 자라났다. 여덟 살이 되었을 때는 조국인 헝가리가 나치에 의해 점령당했다. 아버지는 강제 수용소로 끌려갔고, 어머니와 그로브는 비좁은 유대인 전용 아파트에서 살아야 했다. 외출할 때는 노란색 다윗의 별을 달았다. 어느 날 그로브가 몸이 좋지 않아 어머니가 비유대인 친구에게 수프에 넣을 재료를 부탁했는데, 이것이 발각되어 어머니와 친구가 체포되는 일이 있었다. 가까스로 풀려난 어머니는 그로브와 함께 신분을 위장하고 지인들의 보호 아래 숨어 지냈다. 종전이 되고 아버지와 재회했지만, 조국은 곧바로 공산주의 치하가 되었다. 20세가 된 그로브는 국경을 건너 오스트리아로 도피하기로 결심했다. 그로브는 회고록 『위대한 수업Swimming Across』에서 이렇게 전한다. "20세가 되었을 때 나는 헝가리의 파시스트 독재, 독일의 군사 점령, 나치의 유대인 학살, 소련의 붉은 군대에 의한 부다페스트 포위전, 종전 직후 짧은 기간 진행된 혼돈의 민주주의, 여러 억압적인 공산주의 정권, 군부에 의해 진압된 민중 봉기를 모두 경험하고 난 다음이었다."[35] 잔디밭을 깎고 작은 마을의 아이오와 합창단에서 노래를 부르는 것과는 질적으로 다른 경험이 그로브를 상냥함이나 친밀함과는 정반대의 성격을 가진 사람으로 만들었다.

그로브는 1년 뒤 미국으로 건너갔다. 영어를 배우면서도 뉴욕 시립 대학교를 수석으로 졸업했고, 버클리 대학교에서 화학공학으로 박사 학위를 받았다. 1963년에 졸업과 동시에 페어차일드에 입사했으며, 여가 시간에는 「반도체 장치 물리학과 기술Physics and Technology of Semiconductor Devices」이라는 제목으로 대학 교재를 썼다.

무어가 페어차일드를 떠날 계획이라고 귀띔하자 그로브는 자신도 함께 데려가라고 강경하게 반응했다. "나는 무어를 무척 존경하고 있었으며, 그가 가는 곳은 어디든 함께하고 싶었다." 그로브의 말이다. 그로브는 인텔의 세 번째 직원이자 기술 이사로 영입되었다.

그로브는 무어가 지닌 기술적 지식은 존경했을지 몰라도 경영 방식까지 마음에 들어 하지는 않았다. 갈등을 싫어하고 부드럽게 조언하는 것 외에 경영의 다른 어떤 측면도 달가워하지 않는 무어의 성향으로 보았을 때 이는 당연한 일이었다. 무어는 갈등이 발생하면 멀리서 조용히 바라보는 쪽이었다. 그로브는 무어에 대해 이렇게 말하기도 했다. "무어는 체질적으로 관리자가 하는 일을 할 수 없거나 하고 싶어 하지 않는 사람이다."[36] 이와 대조적으로 팔팔하고 기운찬 그로브는 정직한 대립이야말로 경영자의 책무일 뿐 아니라 삶의 활기를 북돋우는 자극제라고 생각했다. 그는 혹독하게 단련된 헝가리인으로서 이런 대립을 즐기기까지 했다.

하지만 노이스의 경영 방식에 비하면 무어 정도는 약과였다. 페어차일드에서 노이스가 회의 시간에 지각을 일삼고 술까지 마시는 부서장을 봐주어서 그로브가 속을 끓인 적이 있다. 때문에 무어가 노이스와 함께 회사를 차릴 것이라 말하자 그로브가 불만을 표할 수밖에 없었다. "나는 밥이 그가 생각하는 것보다 훨씬 훌륭한 리더라고 앤디에게 말해주었다. 단지 방식이 다른 것뿐이라고 말이다." 무어는 그렇게 회상한

다.[37]

노이스와 그로브는 업무적인 관계보다 개인적인 관계가 더 좋았다. 이들은 함께 아스펜으로 가족 여행을 떠나기도 했다. 아스펜에서는 노이스가 그로브에게 스키도 가르쳐주고 부츠도 신겨주었다고 한다. 그럼에도 그로브는 노이스에게서 거리감을 느끼고 당혹스러워하곤 했다. "노이스는 내가 아는 사람 중 유일하게 냉담하면서도 매력적인 사람이었다." 그로브는 그렇게 회상한다.[38] 게다가 업무 외적으로 친밀한 관계를 유지했음에도 불구하고 그로브는 종종 회사에서 노이스로 인해 짜증이 나거나 기가 막혀 했다. "밥이 그토록 어수선한 회사를 경영해나가는 모습을 보면서 그와 불쾌하고 맥 빠지는 관계밖에 갖지 못했다." 그로브의 회상이다. "직원 둘 사이에 다툼이 일어나서 그에게 중재를 요청하면 난처한 표정을 짓고 '화해들 하시죠' 같은 말을 하곤 했다. 혹은 대화의 주제를 바꾸는 경우가 더 많았다."[39]

하지만 강력한 리더가 있어야만 효율적인 경영이 가능한 것은 아니다. 당시 이 사실을 알지 못했던 그로브도 뒤로 갈수록 그렇다는 것을 알게 된다. 여러 가지 재능이 적절히 조합된 경영진으로도 효율적인 경영이 이루어질 수 있다. 필수 요소가 적절히 구비된다면 마치 단단한 합금처럼 강력한 결과가 도출되기도 한다. 시간이 흘러 이를 이해하게 된 그로브는 피터 드러커의 『경영의 실제The Practice of Management』를 읽고 마음에 와 닿은 부분을 복사하여 노이스와 무어에게 건넸다. 이 책에서는 기업의 이상적인 최고 경영자를 외향적이고 내향적이며 행동하는 사람이라 설명한다. 그로브는 이런 자질을 한 사람이 모두 갖추는 대신 여러 명이 골고루 가지고 있을 수 있다는 것을 깨달았으며, 인텔이 바로 그러한 경우라고 말했다. 노이스는 외향적인 사람, 무어는 내향적인 사람, 그로브는 행동하는 사람이었던 것이다.[40]

이 트리오에게 자금을 대고 이사회의 초대 의장직을 맡은 아서 록은 서로 보완하는 자질을 가진 인물로 경영진을 꾸리는 것이 얼마나 중요한 일인지 충분히 이해했다. 또한 노이스, 무어, 그로브의 순으로 최고경영자직을 맡게 된 것이 인텔에 있어 필요불가결한 일이었음을 강조했다. 록은 노이스를 "사람들에게 영감을 불어넣을 줄 알고, 이제 막 순조롭게 항해를 시작한 기업을 타인에게 선전하는 방법을 아는 이상가"라고 설명했다. 인텔은 이 작업이 일단락된 다음에 새로운 기술의 물결이 도래할 때마다 기업을 선구자로 만들 수 있는 사람이 이끌어야 했는데, "엄청나게 명석한 과학자인 고든은 기술을 어떻게 견인해야 하는지 알았다"고 전한다. 그리고 수십 개에 달하는 경쟁사들이 생겨난 다음에는 "인텔을 사업으로서 이끌 줄 아는 기운차고 현실적인 관리자가 필요"했는데, 그로브가 바로 그런 사람이었다.[41]

결국 실리콘 밸리의 문화로 자리 잡게 된 인텔의 문화는 이 세 명에서 비롯했다. 인텔은 노이스가 우두머리직을 맡은 '회중'답게 위계질서와 허식을 찾아볼 수 없는 조직이었다. 경영진에게 배정된 주차 공간도 없었다. 노이스와 무어를 비롯한 전 직원이 동일한 칸막이 자리에서 일했다. 기자 마이클 말론은 인터뷰를 위해 인텔을 방문한 경험을 다음과 같이 회상한다. "노이스를 찾을 수가 없었다. 비서가 나를 그의 자리로 안내해야 했다. 노이스의 자리는 수많은 다른 칸막이 자리와 차이점이 거의 없었다."[42]

설립 초기에 한 직원이 기업 조직도를 보고 싶어 하자 노이스는 종이 한가운데에 엑스 자를 그리고 그 주위에 여러 개의 엑스 자를 그린 다음 각각을 선으로 이었다. 중간에 있는 엑스 자가 조직도를 보고자 한 직원이었고, 나머지 엑스 자는 그 직원과 함께 일하게 될 사람들이었다.[43] 노이스는 동부의 기업들은 사무원과 비서들에게 작은 철제 책상을 지급하고 고위 간부는 마호가니로 만든 널찍한 책상을 사용한다는 사실에 주목하고는, 자신은 작은 회색 알루미늄제 책상에서 일하기로 했다. 새로 고용되는 지원 부서 직원들에게는 커다란 목재 책상이 지급되었다. 노이스의 자리는 사무실 가운데쯤에 있었기 때문에 여기저기 긁히고 파인 그의 책상을 모두가 볼 수 있었다. 노이스의 책상을 보고는 누구도 감히 특별 취급을 받기를 요구하지 않았다. 당시 인사부장으로 일했으며 훗날 노이스의 부인이 된 앤 바워스*는 이렇게 회상한다. "어디에서도 특권을 찾아볼 수 없었다. 우리는 이전까지 존재하지 않았던 기업 문화를 만들었다. 그것은 바로 무엇보다도 실력 중심 문화였다."[44]

인텔의 문화는 혁신의 문화이기도 했다. 필코 사의 딱딱한 위계질서를 경험한 노이스는 오히려 개방적이고 체계적이지 않은 직장에서 새로운 아이디어가 더욱 빨리 도출되고 전파되고 개량되고 적용될 수 있다는 지론을 갖고 있었다. "직원들이 명령 계통을 거칠 필요가 없어야 한다는 것이 요지였다." 인텔 소속 엔지니어 출신 테드 호프는 그렇게 전한다. "관리자와 이야기해야 하는 경우에는 거리낄 것 없이 직접 가서 이야기하면 되었다."[45] 다음은 톰 울프가 기고한 인물 소개글 중 일부다. "노이스는 무수히 많은 계층과 등급으로 이루어진 데다 최고 경영자와 부사장들이 마치 기업 내 왕족 또는 귀족이나 되는 양 행동하는 동부의 기업 체계를 끔찍하게 싫어했다."

노이스는 페어차일드 반도체와 인텔에서 명령 계통 자체를 의식적으로 멀리함으로써 직원들에게 권한을 부여하고 모두 다 기업가 정신을 가지도록 강제할 수 있었다. 회의 중 분쟁이 일어나 해결되지 않는

*노이스와 결혼한 다음 인텔을 떠나야 했던 바워스는 갓 설립된 애플 컴퓨터로 이직하여 스티브 잡스 밑에서 첫 인사부장으로 일했으며, 잡스에게 모성애적 영향력을 주는 인물이 되었다.

경우에도 그로브는 어쩔 줄 몰라 했지만 노이스는 고위급 간부들이 평직원들에게 이래라저래라 하는 대신 직원들 스스로 문제를 해결해나가게 두는 것을 좋아했다. 책임이 지워진 젊은 직원들은 혁신가가 될 수밖에 없었다. 톰 울프는 다음과 같이 전한다. 간혹 난관에 부딪힌 직원이 "노이스를 찾아가 가쁜 숨을 몰아쉬며 타개책을 의논하려고 하면, 노이스는 고개를 숙이고 눈빛을 반짝이며 경청한 다음, '다음과 같은 지침을 줄 수 있네. A를 고려하고, B를 고려하고, C를 고려하게'라고 말하고는 영화배우 개리 쿠퍼를 닮은 특유의 미소를 띠고 이렇게 결론지었다. '하지만 내가 대신 결정을 내려줄 것이라 생각한다면 그건 오산이네. 이건 내 문제가 아니니까.'"

인텔의 각 사업부는 최고 경영진에게 기획안을 제출하는 대신 저마다 민첩하고 작은 개별 회사인 것처럼 재량껏 행동할 권한이 주어졌다. 새로운 마케팅 기획이나 제품 전략 변경 등 다른 사업부의 동의가 필요한 사안이 생기면 경영진의 의사 결정에 의존하는 대신 임시 회의를 통해 문제를 해결하기 위해 노력했다. 노이스는 회의를 좋아했으며, 누구라도 회의를 소집해야 할 때면 언제라도 사용할 수 있는 회의실도 따로 마련되어 있었다. 회의 석상에서는 모든 직원이 평등한 대우를 받았고, 누구라도 지배적 의견에 반기를 들 수 있었다. 노이스는 상사로서가 아니라 직원들이 스스로 결정을 내릴 수 있도록 안내하는 지도자로서 회의 자리에 참석했다. 울프는 이렇게 결론을 내린다. "그곳은 회사가 아니었다. 오히려 회중과도 같았다."[46]

명석한 데다 타인에게 영감을 줄 줄 아는 노이스는 위대한 지도자이기는 했으나 위대한 관리자는 아니었다. "밥은 사람들에게 무엇을 해야 하는지 내비치면 이를 알아채고 실행할 수 있을 만큼 사람들이 똑똑하다는 원칙하에 행동했고, 그에 대한 후속 조치를 직접 취할 필요가 없다고 생각했다."[47] 무어는 이렇게 말하며, 자신도 그보다 나을 것이 없었음을 시인한다. "나 역시 권위를 행사하거나 상사처럼 행동하기를 좋아하지 않았다. 어쩌면 우리는 서로 너무 닮아 있었는지도 모른다."[48]

이들의 경영 방식을 실현하기 위해서는 기강을 잡을 사람이 필요했다. 그로브는 인텔의 최고 경영자가 되기 훨씬 전 초창기 인텔에 몇 가지 경영 기법을 도입하는 데 기여했다. 그 결과 일을 대충 하는 사람은 책임을 질 수밖에 없는 문화가 형성되었고, 실패에는 대가가 따랐다. 한 연구원은 "앤디는 방해가 된다면 어머니라도 해고할 사람이었다"라고 회상한다. 또 다른 연구원은 노이스가 이끄는 조직에서 이는 필수불가결한 요소였다고 설명한다. "밥은 자신이 좋은 사람이길 원했다. 사람들이 자신에게 호감을 갖는 것이 그에게는 무척 중요했다. 때문에 악역을 맡을 사람이 반드시 필요했고, 앤디는 그 일에 적격이었다."[49]

그로브는 마치 회로 이론을 공부하듯 경영 기술을 공부하고 흡수하기 시작했다. 훗날 『편집광만이 살아남는다Only the Paranoid Survive』, 『탁월한 관리High Output Management』 등을 출판하며 베스트셀러 작가가 되기도 했다. 그로브는 노이스가 이룩한 조직 문화에 위계질서를 도입하려 하지 않았다. 대신 의욕적이고 집중적이며 세부적인 사항에 주목하는 문화적 바탕을 이룩하는 데 기여했다. 느긋하고 대립을 꺼리는 노이스의 방식만으로는 불가능했을 터였다. 노이스가 주관하는 회의에서는 노이스가 마지막에 자신의 귀를 사로잡는 사람의 의견에 암묵적으로 동의한다는 사실을 모두 알고 있었기 때문에 다들 할 수 있는 한 오래도록 회의실을 떠나지 않았던 반면, 그로브가 주관하는 회의는 짧고 굵게 끝났다.

독불장군처럼 보일 수 있는 성격의 그로브는 주체할 수 없는 활기를 지닌 사람이었기 때문에 누구나 그를 좋아하지 않을 수 없었다. 미소를 지을 때면 눈이 반짝거리는 그는 장난꾸러기 같은 카리스마를 가졌다.

헝가리식 억양과 바보 같아 보이는 웃음이 그를 실리콘 밸리에서 가장 독특한 엔지니어로 만들었다. 1970년대 초기의 이도 저도 아닌 패션에 굴복하여 「새터데이 나이트 라이브Saturday Night Live」에서 풍자하기 딱 좋은 괴짜 이민자 스타일로 '그루비한' 패션을 추구했다. 기다란 구레나룻과 축 처진 콧수염에 풀어 헤친 셔츠 앞섶 사이 가슴 털 위로 금목걸이가 찰랑거렸다. 하지만 이런 외관으로도 그가 진짜 엔지니어라는 사실은, 현대 마이크로칩의 동력이 되는 금속 산화막 반도체 트랜지스터의 선구자라는 사실은 가려지지 않았다.

그로브는 노이스의 평등한 접근 방식에 양분을 제공하고—그는 직장 생활 전반에 걸쳐 사방이 개방된 칸막이 자리에서 일했다—거기에 그가 '건설적인 대립'이라 부른 문화를 덧입혔다. 그는 으스대지도 않았지만 경계 태세를 늦추지도 않았다. 그로브에게는 노이스의 상냥한 우아함과 대비되는 직설적이고 현실적인 면이 있었다. 그의 인정사정없는 솔직함, 냉철한 집중력, 탁월함을 위한 까다로운 추진력은 훗날 스티브 잡스가 취한 전략과도 상통했다. "앤디는 예컨대 기차가 반드시 제 시간에 운행되도록 하는 종류의 사람이었다." 앤 바워스의 회상이다. "그는 현장 감독이었다고 할 수 있다. 해야 할 일과 하지 말아야 할 일에 대해 명확한 관점을 가지고 있었으며, 이를 에둘러 말하는 법이 없었다."[50]

이렇듯 다른 성격을 가진 노이스와 무어, 그로브였지만 이들의 목표는 하나였다. 바로 인텔을 혁신과 실험 정신과 기업가 정신이 번영하는 곳으로 만들겠다는 것이었다. 그로브는 입버릇처럼 "성공은 안주를 낳고, 안주는 실패를 낳는다. 편집광만이 살아남는다"라고 되뇌곤 했다. 노이스와 무어는 편집광까지는 아니었을지 몰라도, 결코 안주한 적은 없었다.

마이크로프로세서

문제가 발생하고 이를 해결하기 위해 고군분투하는 중에 새로운 발명이 나타나는 경우가 있다. 혹은 선견지명 있는 목표를 좇기 위해 노력할 때 나타나기도 한다. 테드 호프를 필두로 한 인텔의 연구팀이 마이크로프로세서를 발명하게 된 사례는 이 두 가지가 모두 작용한 경우다.

스탠퍼드의 젊은 조교 테드 호프는 인텔의 열두 번째 직원으로 채용되었다. 호프가 인텔에서 맡게 된 직무는 칩 설계였다. 호프는 당시 인텔의 방식처럼 각각 다른 기능을 수행하도록 여러 종류의 마이크로칩을 만드는 것은 번거롭고 소모적이라고 생각했다. 인텔은 고객사 의뢰 시 해당 고객사에서 필요로 하는 작업을 전용으로 수행하는 마이크로칩을 만들고 있었다. 호프는 노이스를 비롯한 여러 연구원들이 그랬듯 다른 방식을 생각해냈다. 그가 생각한 것은 필요에 따라 다양한 작업을 수행하도록 프로그래밍될 수 있는 범용 칩이었다. 즉, 하나의 칩에 범용 컴퓨터를 담자는 것이었다.[51]

호프는 이런 아이디어에 몰두하고 있던 1969년 여름에 난제를 떠맡게 되었다. 비지컴이라는 일본 기업에서 강력한 탁상용 계산기를 기획 중이었는데, 인텔에 12개의 특수 목적 마이크로칩(각각 디스플레이, 연산, 기억 장치 등의 전용 칩) 사양을 주고 설계를 의뢰한 것이었다. 인텔은 이에 응했고, 가격도 정해졌다. 노이스는 이 프로젝트를 호프에게 맡겼다. 하지만 심각한 문제가 있었다. "설계를 자세히 알아보면 알아볼수록 인텔이 역량 밖의 일을 맡았다는 생각이 확고해졌다." 호프의 회상이다. "예상했던 것보다 칩 수도 많았고 복잡도도 훨씬 높았다." 인텔이 합의한 가격에 칩을 모두 설계할 수 있는 방법은 없어 보였다. 게다가 잭 킬비의 휴대용 계산기의 인기가 점점 더 높아지는 바람에 비지컴에서는 가격을 더 내릴 수밖에 없었다.

노이스는 이렇게 제안했다고 한다. "설계를 간소화할 방안이 있다면 그렇게 해보도록 하게."[52]

호프는 비지컴이 요구한 대부분의 작업을 수행할 수 있는 단일 논리칩을 설계하자고 제안했다. 호프는 이런 범용 칩을 "컴퓨터를 모방하여 만들 수 있을 것이라 확신했다." 노이스도 호프의 시도를 지지했다.

노이스는 비지컴보다도 저항이 더 심하리라 예상되는, 명목상으로는 자신의 부하 직원인 앤디 그로브를 설득하는 게 우선이라고 생각했다. 그로브는 인텔의 기강을 잡는 것이 자신의 의무라고 생각했다. 노이스가 어떠한 일에도 선뜻 동의하는 사람이었다면, 반대는 그로브의 몫이었다. 노이스가 어슬렁거리며 그로브의 자리로 가서 책상 끝에 걸터앉자마자 그로브는 경계 태세를 갖추었다. 노이스가 애써 태연한 척할 때는 무슨 일을 꾸미고 있다는 사실을 그로브는 알고 있었다. "새 프로젝트를 시작하려 한다네." 노이스는 애써 너털웃음을 지으며 말했다.[53] 그로브는 즉시 그가 미쳤다고 대꾸했다. 인텔은 메모리칩을 만들기 위해 고군분투 중인 신출내기 기업으로서, 다른 곳에 정신을 팔 여력이 없다는 것이었다. 하지만 그도 호프의 아이디어에 대한 노이스의 설명을 듣고 난 다음에는 마음을 고쳐먹었다.

1969년 9월, 호프와 동료 연구원 스탠 메이저는 프로그래밍된 명령어를 수행할 수 있는 범용 논리칩의 설계도를 완성했다. 이 칩으로 비지컴에서 의뢰한 12개의 칩 중 9개의 작업이 가능했다. 노이스와 호프는 비지컴의 중역들에게 이 대안을 제시했고, 비지컴은 그것이 더 나은 전략이라는 데 동의했다.

가격 재협상 시점에 호프는 노이스에게 중요한 협상 조건을 제안했다. 이는 범용 칩의 거대한 시장을 창출하는 데 기여하고 나아가 인텔이 계속해서 디지털 시대의 견인차로 남을 수 있도록 하는 데 핵심적인 역할을 하게 될 조건이었다. 또한 그로부터 10년 후 빌 게이츠와 마이크로소프트가 IBM과 거래 시 모방하게 될 조건이기도 했다. 그것은 바로 비지컴에 유리한 가격에 동의하는 대신 새로 개발한 칩에 대한 권리를 인텔이 보유하고, 계산기가 아닌 제품에도 사용할 수 있도록 다른 회사들에 라이선스를 부여하게 해달라는 것이었다. 노이스는 마치 집을 지을 때 2 x 4 목재가 기초적인 구성 요소로 사용되는 것처럼 어떠한 논리 기능도 수행할 수 있도록 프로그래밍되는 칩이야말로 전자 기기의 기초적인 구성 요소가 될 것임을 직감했다. 맞춤형 칩의 자리를 범용 칩이 차지하게 됨으로써 대량 생산이 가능해지고, 이로 인해 가격이 지속적으로 떨어질 것이었다. 게다가 전자 산업의 미묘한 변화 또한 범용 칩에 의해 유발되게 된다. 회로판에 구성 요소를 배치하고 설계하는 하드웨어 엔지니어 대신 시스템에 명령어를 프로그래밍하는 새로운 엔지니어, 소프트웨어 엔지니어가 부상하게 된 것이다.

새로운 발명품은 근본적으로 칩 위에 놓인 컴퓨터 프로세서였기에 '마이크로프로세서'라 불리게 되었다. 인텔은 1971년 11월에 '인텔 4004'라 명명한 신제품을 대중에게 공개했다. 업계지에는 "집적 전자*의 새로운 시대—마이크로프로그래밍 가능한 단일 칩 컴퓨터!"라는 문구와 함께 광고를 실었다. 가격은 200달러로 책정했다. 주문과 사용법 문의가 물밀듯이 쏟아져 들어왔다. 공개 당일 라스베이거스에서 컴퓨터 박람회에 참석 중이던 노이스는 인텔 부스에 잠재적인 고객들이 몰려드는 것을 보고 기쁨을 감추지 못했다.

노이스는 마이크로프로세서의 전도자를 자처했다. 그는 1972년 샌

*integrated electronics. 인텔의 원 사명이기도 하다—옮긴이.

프란시스코에서 일가친척들과 회합을 갖기 위해 함께 전세 버스를 타고 가던 중 자리에서 일어나 머리 위로 웨이퍼를 흔들어 보이며 말했다. "바로 이것이 세상을 바꾸게 될 것입니다. 가정에 일대 혁명이 일어나게 될 것이라고요. 이로 인해 집집마다 컴퓨터를 보유하게 되고, 수많은 정보를 접할 수 있게 될 겁니다." 친척들은 성스러운 물건을 다루듯 웨이퍼를 돌려보며 관찰했다. "이제 돈은 필요하지 않게 됐어요. 모든 것이 전자적으로 바뀔 겁니다." 노이스는 그렇게 예언했다.[54]

터무니없는 과장은 아니었다. 스마트 신호등과 차량 브레이크, 커피메이커와 냉장고, 엘리베이터와 의료 기기를 비롯한 수많은 장치에 마이크로프로세서가 사용되기 시작했다. 그중에서도 마이크로프로세서의 가장 큰 성공을 견인한 것은 소형 컴퓨터, 특히 탁상에서, 그리고 가정에서 사용할 수 있는 '개인용' 컴퓨터의 개발이 가능해졌다는 사실이었다. 만약 무어의 법칙이 계속해서 효력을 발휘한다면(실제로 그렇게 되었다), 마이크로프로세서 산업과 개인용 컴퓨터 산업이 동시에 성장하게 될 것이었다.

1970년대가 바로 두 산업의 동반 성장이 일어난 시기였다. 마이크로프로세서 덕분에 개인용 컴퓨터에 들어가는 하드웨어와 소프트웨어를 제조하는 수백 개의 새로운 기업이 생겨났다. 인텔은 최첨단 칩을 개발하는 데 그치지 않고, 샌프란시스코 남부에서 팰로앨토를 거쳐 산호세까지 이르는 70킬로미터에 가까운 평지인 샌타클래라 밸리의 살구 과수원을 송두리째 없애고 이곳의 경제 지형을 완전히 바꾸어놓은 벤처 자본 기반 스타트업 기업들의 문화를 만들어냈다.

이곳의 주요 동맥 역할을 하는 북적이는 엘카미노리얼 고속도로는 과거 캘리포니아의 스물한 곳의 성당을 잇는 도로였다. 이 도로는 1970년대 초반, 휴렛패커드, 프레드 터먼의 산업단지, 윌리엄 쇼클리, 페어차일드, 그리고 '페어칠드런' 덕에 여러 최첨단 기업을 잇는 도로로 거듭났으며, 이 지역 또한 1971년에 새로운 이름을 갖게 되었다. 주간 업계지《일렉트로닉 뉴스》의 칼럼니스트 돈 회플러가 '미국의 실리콘 밸리Silicon Valley USA'라는 제목의 연재 기사를 기고했고, 이후 이곳은 오늘날까지 실리콘 밸리라 불리게 되었다.[55]

MIT에서 〈스페이스워〉를 하고 있는 댄 에드워즈와 피터 샘슨, 1962년.

놀런 부쉬넬(1943~).

6

…

비디오 게임

마이크로칩이 진화함에 따라 무어의 법칙에 의해 예견된 바와 같이 매해 한층 작고 강력한 기기가 출현했다. 그런데 컴퓨터 혁명을 견인하고 개인용 컴퓨터의 수요를 폭발적으로 창출하게 되는 또 하나의 요인이 있었다. 컴퓨터가 대량 고속 처리에만 사용될 것이 아니라, 사람들에게 재미도 줄 수 있어야 한다는 믿음이 그것이었다.

컴퓨터가 사람들이 가지고 놀며 상호 작용할 수 있는 물건이 되어야 한다는 생각에는 두 가지 문화가 기여했다. 한편에는 짓궂은 장난과 프로그래밍적 기교, 장난감과 게임을 좋아하며 '실천 원칙hands-on imperative'* 을 주창하는 강경파 해커들이 있었고,[1] 다른 한편에는 오락 게임 산업에 침투하고자 했던 반항적인 기업가들이 있었다. 당시 핀볼 기계 유통업자 연합이 지배하고 있던 게임 업계는 디지털적 모반의 기회가 무르익은 상황이었다. 이런 배경과 함께 비디오 게임이 탄생했다. 비디오 게임은 단지 부차적인 오락거리에 머물지 않고 현대의 개인용 컴퓨터에 이

*해커 강령 중 하나로, 컴퓨터 하드웨어와 소프트웨어를 직접 손으로 만질 수 있어야 한다는 원칙—옮긴이.

르는 계통의 핵심적인 일부가 되었다. 뿐만 아니라 컴퓨터가 사람들과 실시간으로 상호 작용할 수 있어야 하고, 직관적인 인터페이스와 사람들에게 즐거움을 주는 그래픽 디스플레이를 가져야 한다는 생각을 퍼뜨리는 데 일조했다.

스티브 러셀과 〈스페이스워〉

해커들의 하위문화, 그리고 비디오 게임 역사에 한 획을 그은 〈스페이스워Spacewar〉는 1964년에 창립되었으며 과거 레이더가 개발된 건물에서 모임을 가진 MIT 학생들의 동호회 '테크 모델 철도 클럽Tech Model Railroad Club(TMRC)'에서 비롯되었다. 이들의 아지트에는 역사적 검증을 거쳐 엄청나게 세심히 제작된 수십 개의 철로, 스위치, 수레, 신호등, 마을로 이루어진 대형 철도 모형이 가득 들어차 있었다. 구성원들은 이 모형에 추가할 완벽한 구성 요소를 만드는 데 강박적이리만큼 혈안이 되어 있었는데, 그중에서도 특이하게 가슴 높이까지 오는 이 거대한 작품의 밑부분에 더 관심을 갖는 소모임이 있었다. 바로 '신호와 전력 분과'였는데, 이들은 철도 밑에 설치되어 모형 기차를 제어하는 복잡한 제어 장치를 담당했다. 제어 장치는 릴레이, 전선, 회로, 크로스바 스위치로 구성되어 있었다. 이들은 거미줄과 같이 복잡하게 얽힌 이 장치에서 크나큰 매력을 느꼈다. TMRC에 대한 휘황찬란한 묘사로 시작하는 스티븐 레비의 『해커스Hackers』는 이렇게 전한다. "스위치가 여러 줄로 질서정연하게 정렬되어 있었고, 흐린 구릿빛 릴레이가 강박적으로 정돈되어 있었으며, 빨갛고 파랗고 노란 전선들이 마치 아인슈타인의 머리에 무지개색을 칠한 것처럼 얽히고설켜 있었다."[2]

신호와 전력 분과 구성원들은 '해커'라는 용어를 자부심을 갖고 사용했다. '해커'는 (오늘날처럼) 네트워크에 대한 불법 침입이 아니라 고도의 기술적 기교와 장난기를 동시에 함축하는 말이었다. MIT 학생들은 기숙사 옥상에 살아 있는 소를 올려놓는다든지, 중앙 건물의 반구형 지붕 위에 플라스틱 소를 놓는다든지, 하버드-예일 경기 도중 경기장 한가운데에서 커다란 풍선을 날린다든지 하는 공들인 장난을 '해킹hack'이라 불렀다. TMRC는 다음과 같이 선언한다. "TMRC에서는 독창적인 방법을 적용하여 '해킹'이라 불리는 기발한 결과를 창출하는 사람을 칭하는 원래의 의미로만 '해커'라는 용어를 사용한다. '해킹'의 본질은 빠르게 수행되고, 고상하지 않다는 데 있다."[3]

일부 초기 해커들은 사고할 수 있는 기계를 만들겠다는 포부를 가지고 있었다. 이들 중 대부분은 MIT 인공 지능 연구실 소속 학생이었다. 인공 지능 연구실은 전설적인 교수 두 명에 의해 1959년에 만들어졌다. '인공 지능'이라는 용어를 처음 만들었으며 산타클로스를 닮은 존 매카시 교수, 그리고 그 존재 자체가 컴퓨터가 언젠가는 인간의 지능을 뛰어넘을 것이라는 자신의 믿음에 대한 반증처럼 보일 만큼 뛰어난 두뇌의 소유자인 마빈 민스키 교수가 그들이다. 충분한 처리 능력이 주어진다면 기계가 인간 두뇌의 신경망을 그대로 모사하여 지능을 갖고 사용자와 상호 작용할 수 있다는 것이 연구실의 신조였다. 반짝이는 눈에 장난기 많은 성격의 민스키 교수는 학생 시절 인간의 두뇌를 본뜬 학습 기계를 만들어 SNARC(Stochastic Neural Analog Reinforcement Calculator)라 명명하기도 했다. 자신이 이것을 진지하게, 그리고 반쯤은 장난으로 만들었음을 시사하는 이름이었다.* 민스키는 거대한 네트워크로 연결된

*SNARC는 루이스 캐럴의 작품에 등장하는 괴물 Snark와 발음이 동일하다—옮긴이.

작은 컴퓨터처럼 지능이 없는 구성 요소 간 상호 작용의 결과로 지능이 발생할 수 있다는 이론을 가지고 있었다.

1961년 9월은 TMRC 해커들에게 기념비적인 시기였다. 컴퓨터 회사 '디지털 이큅먼트 코퍼레이션Digital Equipment Corporation(DEC)'에서 MIT에 자사의 PDP-1 컴퓨터의 프로토타입을 기증한 것이다. 냉장고 세 대 크기의 PDP-1은 사용자와 직접 상호 작용하도록 설계된 최초의 컴퓨터였다. 그래픽이 표시되는 모니터와 키보드를 연결할 수 있었으며, 사용자 한 명이 손쉽게 조작할 수 있었다. 일군의 강경 해커들이 불을 향해 뛰어드는 불나방처럼 새 컴퓨터로 몰려들었다. 곧 이것을 이용하여 할 수 있는 재미있는 일을 궁리하는 무리가 생겨났는데, 이들은 주로 케임브리지의 힝엄 스트리트에 있는 낡은 아파트에서 모였기 때문에 모임의 이름은 힝엄 인스티튜트가 되었다. 이들의 목표는 '인스티튜트(협회)'라는 고상한 이름이 무색할 만큼 가벼웠는데, 바로 PDP-1을 활용하여 무언가 기발한 일을 해보자는 것이었다.

해커들은 그때까지 초기 컴퓨터를 사용하여 몇 가지 초보적인 게임을 만든 바 있었다. MIT에는 쥐를 상징하는 화면상의 점이 치즈를 찾아 미로를 탐험하는 게임이 있었고(이후 버전에서는 치즈가 마티니로 바뀌었다), 롱아일랜드의 브룩헤이븐 국립연구소에서는 아날로그 컴퓨터에 오실로스코프를 사용하여 테니스 경기를 재현하기도 했다. 하지만 힝엄 인스티튜트의 구성원들은 자신들에게 최초의 진짜 컴퓨터 비디오 게임을 만들 수 있는 기회가 왔음을 직감했다.

이들 중 가장 뛰어난 프로그래머는 스티브 러셀이었다. 러셀은 매카시 교수를 도와 인공 지능 연구에 도움이 될 리스프LISP 언어를 개발 중이었다. 열정이 넘치며 증기 기관차에서 사고하는 기계에까지 이르는 다양한 주제에 강박적인 흥미를 가진 러셀은 그야말로 뼛속까지 공대생이었다. 키는 작았지만 기운이 넘쳤고, 곱슬머리에 안경을 썼다. 입을 열면 흡사 누군가가 빨리 감기 버튼을 누른 것처럼 쉴 새 없이 말했다. 원기 왕성하고 집중력이 뛰어났지만 고질적으로 일을 미루는 습관이 있어 '달팽이'라는 별명으로 통했다.

러셀은 그의 해커 친구들과 마찬가지로 질 낮은 영화와 싸구려 공상과학소설에 열광했다. 가장 좋아하는 작가는 실패한 식품공학자이자(밀가루 표백 전문가이던 시절에 도넛 가루를 발명했다) '스페이스 오페라'라 불리는 저질 공상과학 장르 전문 소설가인 E. E. 스미스였다. (스페이스 오페라는 악에 맞서 싸우는 전투와 우주여행, 진부한 로맨스로 가득한 과장된 모험이 주를 이루는 장르다.) TMRC 및 힝엄 인스티튜트의 구성원으로서 〈스페이스워〉에 대한 회상록을 쓴 마틴 그레이츠는 작가 스미스의 작품이 "공기 드릴과도 같은 세련미와 우아함을 갖고 있다"고 평했다. 다음은 그레이츠가 전하는 전형적인 스미스식 소설이다.

> 본론에 들어가기 앞서 등장인물들의 이름을 각인시키기 위해 한참을 떠들어댄 뒤, 근육질의 '하디 보이즈'*가 우주로 여행을 떠나 은하계의 깡패들과 한판 뜨고, 행성을 몇 개 폭파시킨 다음 온갖 유형의 악한들을 물리치면서 즐거운 시간을 보낸다. 우리의 영웅들은 위기의 순간에는 언제나—소설의 대부분이 위기의 순간으로 구성되어 있긴 하지만—순식간에 완벽한 과학적 이론을 생각해내고는 이를 구현할 기술을 발명하고 나쁜 놈들을 물리칠 무기를 제작한다. 그 순간에도 그들의 우주선

*Hardy Boys. 1920년대에 처음 출간된 청소년용 모험 소설의 주인공 형제—옮긴이.

은 저 광활한 우주에서 적들에게 쫓기고 있음은 물론이다.*

이렇듯 스페이스 오페라광이었던 러셀과 그레이츠를 비롯한 무리가 PDP-1용 우주 전쟁 게임 제작에 착수한 것은 놀라운 일도 아니다. 러셀은 다음과 같이 회상한다. "스미스의 '렌즈맨' 시리즈를 막 독파한 시점이었다. 스미스 소설의 주인공들은 우주 저편의 악당에게 쫓기면서 어떻게든 그 상황을 타개하기 위한 방안을 고안해내곤 했다. 이것이 〈스페이스워〉에 큰 영향을 주었다."[4] 이들은 자부심 강한 '너드'**답게 '힝엄 인스티튜트 우주전 연구회'로 모임을 재편성했고, 러셀이 즉시 코딩에 착수했다.[5]

물론 러셀은 '달팽이'라는 별명이 부끄럽지 않게 작업을 질질 끌었다. 민스키 교수는 PDP-1을 이용하여 원을 그리는 알고리즘을 고안한 다음, 이를 수정하여 점 3개가 상호 작용을 통해 멋진 패턴을 만들어내도록 하는 데 성공했다. 민스키는 이를 트라이포스Tri-Pos라 불렀고, 학생들은 '민스키트론'이라는 별명으로 불렀다. 이 알고리즘은 우주선과 미사일이 난무하는 게임의 기초로 사용하기에 그만이었다. 러셀은 민스키트론으로 어떻게 패턴이 만들어지는지 파고드는 데 몇 주를 소비했다. 하지만 우주선의 움직임을 정의할 삼각함수 루틴을 작성해야 하는

*다음은 스미스의 1948년 작 『Triplanetary』의 한 대목이다. "네라도의 함선은 응급 상황에 완벽히 대비가 되어 있었다. 게다가 자매선과 달리 자신들이 사용하는 무기에 대한 근본적인 이론적 지식에 통달한 과학자들이 승선해 있었다. 에너지 기둥과 막대와 창이 불을 뿜으며 타올랐다. 선과 면이 교차하고 찌르고 찔렀다. 방어막이 맹렬히 붉게 타오르다 어느 순간 번쩍하고 눈부시게 고온으로 발광했다. 침울한 불투명의 붉은색이 소멸의 보라색 막과 겨루었다. 거대한 어뢰와 발사체들이 전력 가동되어 발사되었다. 허나 우주 한복판에서 무해하게 폭발하고, 발파하여 공허로 스러지고, 관통할 수 없는 다환식 막에 걸려 사라져갔다."
**컴퓨터나 공학만 아는 괴짜—옮긴이.

시점에 이르러 교착 상태에 빠졌다.

러셀이 자신이 봉착한 난관에 대해 이야기하자 또 다른 클럽 회원인 앨런 코톡이 해결책을 제시했다. 코톡은 차를 끌고 보스턴 외곽에 위치한 DEC 본사로 찾아가 호의적인 엔지니어를 물색하여 해당 루틴을 얻어 왔다. "자, 여기에 삼각함수 루틴이 있어. 이제는 또 뭐라고 변명할 건데?" 코톡이 러셀에게 말했다. 러셀은 훗날 이렇게 시인했다. "아무리 봐도 더는 변명거리가 없었다. 할 수 없이 자리 잡고 앉아서 궁리를 시작하는 수밖에 없었다."[6]

러셀은 1961년의 크리스마스 방학 기간 내내 '해킹'에 몰두했다. 그는 몇 주 만에 제어판의 스위치를 사용하여 화면상의 점의 속도를 변경하고 방향을 바꿀 방안을 고안했다. 그러고는 점을 우주선 모양으로 바꿨는데, 하나는 시가처럼 불거진 통통한 모습이었고, 다른 하나는 연필처럼 일직선 모형이었다. 서브루틴을 작성해 우주선 돌출부에서 미사일처럼 점이 튀어나오게 했다. 미사일 점의 위치가 우주선의 위치와 일치하면 우주선이 '폭파'하여 임의의 방향으로 흩어지는 여러 개의 점이 되었다. 1962년 2월에는 기본적인 사항이 완성되었다.

〈스페이스워〉는 이 시점부터 오픈소스 프로젝트로 거듭났다. 러셀은 다른 PDP-1 프로그램이 담긴 상자에 자신이 작성한 프로그램의 테이프를 넣어두었고, 클럽 회원들이 개선점을 추가하기 시작했다. 중력장을 도입하면 재밌을 거라 생각한 댄 에드워즈는 우주선에 인력을 가하는 태양을 프로그래밍했다. 방심했다간 태양이 우주선을 끌어당겨 파괴될 수 있지만, 익숙해지면 태양 근처에서 빨리 움직임으로써 인력을 활용해 가속도를 얻어 빠른 속도로 이동할 수 있었다.

러셀은 또 다른 회원인 피터 샘슨이 "사람들은 내가 닥치는 대로 아무렇게나 별을 만들었다고 생각했다"고 한 말을 회상한다.[7] 샘슨은 〈스페이스워〉가 "실제"를 반영해야 한다는, 그러니까 무작위로 점을 찍는 대신 천문학적으로 정확한 별자리를 재현해야 한다는 입장이었다. 이에 샘슨은 〈미국 천체력 및 항해력American Ephemeris and Nautical Almanac〉을 참고하여 5등성까지의 별을 모두 보여주는 루틴이 포함된 확장판 프로그램을 개발했고, 이를 '익스펜시브 플라네타륨Expensive Planetarium'이라 불렀다. 화면상의 디스플레이 점이 몇 번 밝혀질지 명시하여 별들의 상대 밝기도 재현할 수 있었다. 우주선의 위치가 이동함에 따라 주변의 성좌도 시시각각 변했다.

이런 오픈소스 협업의 결과 여러 기발한 아이디어가 더해졌다. 마틴 그레이츠는 위기의 순간에 일시적으로 초공간의 다른 차원으로 이동할 수 있도록 해주는 기능을 추가하여 이것을 '궁극의 패닉 버튼'이라 불렀다. "궁지에 몰린 경우 사차원으로 사라지는 최후의 수단을 구비해놓자는 생각이었다." 그레이츠는 그렇게 설명한다. 스미스의 소설에 나오는 '초공간 터널'이라는 유사한 개념을 차용한 것이었다. 이 기능을 사용하는 플레이어에게는 다음과 같은 제약 사항이 따랐다. 게임당 세 번까지만 이 기능을 사용할 수 있었고, 이 기능을 사용함으로써 상대방에게는 숨을 돌릴 시간이 주어졌으며, 내 우주선이 어디에 다시 나타날지 알 수 없었다. 태양 내부에 나타날 수도, 상대방의 시야에 나타날 수도 있었던 것이다. 러셀은 이렇게 설명한다. "쓸 만하긴 했지만 별로 쓰고 싶지는 않은 것이었다." 그레이츠는 우주선이 초공간으로 사라진 자리에 민스키트론 패턴을 집어넣어 민스키 교수에 대한 오마주를 남겼다.[8]

TMRC의 열성 회원 앨런 코톡과 밥 샌더스도 짚고 넘어갈 만한 중요한 기여를 했다. PDP-1 콘솔 앞 비좁은 공간에서 여러 명의 플레이어가 컴퓨터의 수많은 스위치를 서로 차지하기 위해 기를 쓰고 겨루는 모습이 매우 불편하고 위험해 보인다고 생각한 이들은 클럽 아지트에서 철도 모형 제어 장치를 샅샅이 뒤져서 각종 릴레이와 토글스위치를 찾아낸 다음 두 개의 플라스틱 상자에 조립했다. 그 결과 게임에 필요한 기능 스위치와 초공간 패닉 버튼이 완비된 원격 조정기가 탄생했다.

인근의 다른 컴퓨터 연구 센터로 빠르게 퍼진 〈스페이스워〉는 해커 문화의 필수적인 요소로 자리매김했다. DEC에서는 자사 컴퓨터에 〈스페이스워〉를 탑재하여 출고했으며, 프로그래머들은 DEC 외의 다른 컴퓨터에서 구동되는 버전을 만들어냈다. 전 세계의 해커들은 차폐 장치, 우주 기뢰, 조종석에 앉아 있는 1인칭 플레이어 시점으로의 전환 등 수많은 기능을 추가했다. 개인용 컴퓨터의 선구자 앨런 케이는 "컴퓨터에 그래픽 디스플레이가 연결된 곳이라면 어디에서나 〈스페이스워〉가 튀어나오곤 했다"고 평했다.[9]

〈스페이스워〉는 디지털 시대의 주제로 자리 잡게 되는 해커 문화의 세 가지 단면을 여실히 보여준다. 첫째, 〈스페이스워〉는 협업을 통해 탄생했다. "우리는 우리의 방식대로 하나의 팀으로서 다 같이 〈스페이스워〉를 만들었다." 러셀의 전언이다. 둘째, 〈스페이스워〉는 오픈소스 소프트웨어이자 무료 소프트웨어였다. "소스 코드를 달라는 요청이 쇄도했고, 우리는 이런 요청에 기꺼이 응했다." '기꺼이'라는 말에서 알 수 있듯이, 이는 소프트웨어가 무료인 것이 당연한 시간과 장소였기에 가능한 일이었다. 셋째, 〈스페이스워〉의 근간에는 컴퓨터가 개개인을 위한 것이어야 하며 인간과 상호 작용할 수 있어야 한다는 신념이 있었다. "〈스페이스워〉는 우리가 컴퓨터를 가지고 놀면서 컴퓨터가 우리에게 실시간으로 반응하도록 조작할 수 있게 해주었다."[10]

놀런 부쉬넬과 아타리

놀런 부쉬넬은 1960년대의 컴퓨터공학 전공생답게 〈스페이스워〉의 마니아였다. 그는 이렇게 회상한다. "〈스페이스워〉는 컴퓨터를 좋아하는 사람에게는 기념비적인 사건이었고, 나에게는 인생을 바꿀 만한 영향력을 행사했다. 스티브 러셀은 나에게는 신과 같은 사람이었다." 컴퓨터 화면의 깜박이는 신호를 조작하면서 쾌감을 느끼는 여타 컴퓨터광과 부쉬넬이 달랐던 점은 그가 놀이공원이라면 사족을 못 썼다는 것이다. 부쉬넬은 놀이공원에서 아르바이트를 해서 대학 등록금을 충당했다. 그는 스릴과 리스크를 즐기는 맹렬하고 활기찬 기업가 기질의 소유자였다. 그 결과 놀런 부쉬넬은 발명을 산업으로 만든 혁신가가 되었다.[11]

부쉬넬이 열다섯 살 때 아버지가 돌아가셨다. 솔트레이크시티의 성장 가도에 있는 준교외 지역에서 건축 하청업자로 일하던 아버지는 사망 당시 보수가 지불되지 않은 작업을 여러 건 진행 중이었다. 체구가 크고 거친 성격의 어린 부쉬넬은 아버지가 남긴 작업을 마무리하며 타고난 허세가 더욱 강해졌다. "불과 열다섯 살에 그런 일을 해내게 되면 무슨 일이라도 할 수 있을 것이라고 생각하게 된다." 부쉬넬은 그렇게 전한다.[12] 의기양양한 마음에 포커 플레이어가 된 부쉬넬은 공교롭게도 자산을 날려버리고, 유타 대학교에 재학 중 우연한 기회에 라군 놀이공원에서 일을 해야 할 처지에 놓인다. "사람들이 동전을 쓰게 만드는 갖가지 요령을 배울 수 있었다. 그게 무척 도움이 되었다."[13] 부쉬넬은 얼마 안 있어 핀볼과 아케이드 게임장 담당자로 승진했다. 시카고 코인 머신 제조사에서 만든 스피드웨이와 같은 자동차 운전 게임이 새로운 유행으로 떠오르던 때였다.

유타 대학교에 재학 중인 것도 행운으로 작용했다. 유타 대학교에는 이반 서덜랜드 교수와 데이비드 에반스 교수가 이끄는 미국 최고의 컴퓨터 그래픽 과정이 있었으며, 인터넷의 전신인 ARPANET을 구성하는 네 개의 노드 중 하나이기도 했다. (넷스케이프를 만든 짐 클라크, 어도비의 공동 설립자 존 워녹, 픽사의 공동 설립자 에드 캣멀, 그리고 이 책의 뒤에서 상술하는 앨런 케이도 유타 대학교 출신이다.) 대학은 〈스페이스워〉가 탑재된 PDP-1을 보유하고 있었는데, 부쉬넬은 〈스페이스워〉를 향한 애정에 아케이드 게임의 경제성에 대한 지식을 더해보았다. "게임이 탑재된 컴퓨터를 아케이드장에 가져다놓으면 쏠쏠한 장사가 될 것이라 생각했다. 그러다가 계산을 해보니 매일매일 엄청난 양의 25센트 동전을 벌어들인다 해도 수백만 달러에 달하는 컴퓨터 값에는 미치지 못할 것이란 결론이 났다. 100만 달러를 25센트로 나눠보면 포기할 수밖에 없게 된다."[14] 하여 일단은 포기하게 된다.

부쉬넬은 1968년에 졸업과 동시에(그는 "꼴찌로 졸업했다"고 떠벌리길 좋아했다) 녹음 장비를 만드는 회사인 암펙스에 입사했다. 그곳에서 동료 테드 데브니와 함께 계속해서 컴퓨터로 비디오 아케이드 게임기를 만들 방법을 구상했다. 이들은 1969년에 출시된 냉장고 크기의 4,000달러짜리 미니컴퓨터인 데이터 제너럴 노바를 개조할 방법을 이리저리 궁리했다. 그러나 아무리 계산기를 두드려보아도 가격과 성능이 만족스럽지 않았다.

부쉬넬은 노바에 〈스페이스워〉를 탑재하려고 시도하며 별자리 배경과 같이 컴퓨터의 처리 능력을 사용하지 않고 하드웨어 회로를 이용해 생성해낼 수 있는 게임 요소들을 찾아내려고 했다. "그러다 어느 날 엄청난 깨달음을 얻었다. 모든 걸 하드웨어로 해보자는 생각이 든 것이다." 즉, 프로그램으로 실행되고 있는 각 작업을 회로를 설계하여 수행하자는 것이었다. 그러면 돈이 덜 들 것이었다. 이는 게임이 훨씬 단순해져야 한다는 것을 의미하기도 했다. 부쉬넬은 사용자가 조종하는 우주선이 한 대만 존재하는 게임으로 〈스페이스워〉를 각색했다. 적은 하드웨어에 의해 생성된 두 개의 간단한 비행접시였다. 태양의 중력장과 초공간으로 이동할 수 있는 패닉 버튼도 제거되었다. 그래도 여전히 흥미진진한 게임임에는 변함이 없었고, 합리적인 가격에 제작할 수 있었다.

부쉬넬은 〈컴퓨터 퀴즈〉라는 아케이드 게임을 제작하기 위해 회사를 설립한 빌 너팅에게 이 아이디어를 팔았다. 부쉬넬과 너팅은 〈컴퓨터 퀴즈〉라는 이름과 같은 맥락으로 새로운 게임을 〈컴퓨터 스페이스〉라 명명했다. 부쉬넬은 너팅과 무척이나 의기상투한 나머지 1971년에 암펙스를 퇴사하고 너팅 어소시에이츠로 이직했다.

최초의 〈컴퓨터 스페이스〉 콘솔 게임 제작에 열중하고 있던 부쉬넬에게 경쟁자가 있다는 소문이 들려왔다. 〈스페이스워〉에 열광한 스탠퍼드 대학교 출신 빌 피츠와 캘리포니아 주립 폴리테크닉 대학교의 휴 턱이 PDP-11 미니컴퓨터를 아케이드 게임기로 만들고 있다는 것이었다. 부쉬넬은 피츠와 턱을 회사로 초대했다. 이들은 부쉬넬이 싼값에 게임기를 제작하기 위해 〈스페이스워〉에 자행한 행위—또는 신성 모독—에 경악했다. 피츠는 "놀런이 만들고 있는 것은 조악하기 그지없다"며 울화를 감추지 못했다.[15] 부쉬넬 또한 장비에만 2만 달러를 지출하려는 이들의 계획—별도의 장비실에 PDP-11을 설치하고 기다란 케이블로 콘솔에 연결하여 게임당 10센트를 받으려는 계획이었다—을 우습게 여겼다. "이들이 사업 모델에 너무나 무지하다는 사실에 놀랐다. 놀랐고 안심도 되었다. 이들의 작업을 보자마자 나와는 경쟁이 되지 않으리란 걸 알았다."

피츠와 턱의 〈갤럭시 게임〉은 1971년 가을에 스탠퍼드 대학교 트레이시더 학생회관 커피점에서 공개되었다. 학생들은 성지를 순례하러 온 광신자들처럼 매일 밤 몰려들었다. 하지만 이들이 아무리 많은 동전을 집어넣어도 기계 값을 충당하기에는 역부족이었다. 이들의 모험은 결국 실패로 끝났다. 피츠는 "휴와 나는 둘 다 엔지니어였기 때문에 사업 문제에는 전혀 신경을 쓰지 않았다"고 시인한다.[16] 공학적 재능은 혁신의 불꽃을 일으킬 수 있지만, 온 세상을 활활 타오르게 하기 위해서는 반드시 사업적 기량이 결합되어야 한다.

부쉬넬은 단돈 1,000달러로 〈컴퓨터 스페이스〉를 생산하는 데 성공했다. 〈컴퓨터 스페이스〉는 〈갤럭시 게임〉이 공개되고 난 후 몇 주 뒤에 팰로앨토 인근의 멘로 파크에 있는 더치 구스 바에서 데뷔했다. 데뷔하자마자 1,500대라는 꽤 괜찮은 판매 실적도 올렸다. 부쉬넬은 창의적이면서도 탄탄한 공학적 배경을 가졌으며 사업과 소비자 요구 사항에 정통한, 그야말로 완벽한 기업가였다. 게다가 영업에도 탁월한 수완을 발휘했다. 시카고에서 열린 무역 박람회에서 우연히 부쉬넬과 마주친 적이 있다는 한 기자는 그를 이렇게 기억한다. "새 게임에 대해 이야기할 때 여섯 살이 넘은 사람 중 그만큼 흥분을 감추지 못하는 사람은 본 적이 없다."[17]

〈컴퓨터 스페이스〉는 맥줏집보다는 학생들이 모이는 장소에서 더 인기가 많았다. 결과적으로 핀볼 게임만큼 성공을 거두지는 못했지만 열광적인 마니아층을 확보하는 데는 성공했으며, 무엇보다도 하나의 산업 분야를 개척했다. 한때 시카고를 기반으로 하는 핀볼 회사들이 장악했던 아케이드 게임 분야는 이제 머지않아 실리콘 밸리의 엔지니어들에 의해 변모될 것이었다.

부쉬넬은 너팅 어소시에이츠에서 거둔 성과에 만족하지 않고, 직접 회사를 설립하여 차기 비디오 게임을 만들기로 결심했다. 부쉬넬은 다음과 같이 회상한다. "너팅 밑에서 일한 경험을 통해 많은 것을 배울 수 있었다. 무엇보다 아무리 말아먹어도 그들보다는 잘할 수 있을 것이란 사실을 알게 되었다."[18] 그는 새 회사의 이름을 시저지Syzygy라 지으려고 했다. 발음도 쉽지 않은 이 단어는 천체 세 개가 일직선 위에 놓이는 현상을 가리키는 용어다. 다행히도 양초를 제조하는 히피촌에서 선점한 단어라 사용할 수 없었다. 새 회사는 우여곡절 끝에 바둑에서의 단수(單手, '아다리')라는 뜻을 가진 '아타리'라고 불리게 되었다.

〈퐁〉

아타리의 설립일인 1972년 6월 27일에 부쉬넬은 아타리 최초의 개발자 앨 알콘을 고용했다. 알콘은 샌프란시스코 빈민가의 고등학교 미식축구 선수 출신이었다. RCA 통신 강좌를 통해 텔레비전 수리 방법을 스스로 배우기도 했던 그는 버클리 재학 중 현장 실습 프로그램의 일환으로 암펙스에서 부쉬넬 밑에서 근무했다. 알콘은 부쉬넬이 아타리를 설립하던 시점에 대학을 졸업했다.

디지털 시대를 형성한 주요 동반자 관계는 서로 다른 재능과 인성을 가진 두 사람의 조합인 경우가 많았다. 존 모클리와 프레스퍼 에커트가 그랬고, 존 바딘과 월터 브래튼, 스티브 잡스와 스티브 워즈니악이 그랬다. 반대로 동일한 관심 분야와 비슷한 성격을 지닌 동반자 관계도 있었는데, 부쉬넬과 알콘이 바로 그 경우다. 둘 다 건장한 체격에 쾌활하고 삼갈 줄 모르는 성격이었다. 그로부터 40년도 더 지난 현재 부쉬넬은 이렇게 말한다. "앨은 내가 세상에서 가장 좋아하는 사람 중 하나다. 그는 완벽한 개발자였고, 매우 재미있는 사람이었다. 비디오 게임을 개발하기에 그보다 더 적합한 사람은 없었다."[19]

당시 부쉬넬은 시카고의 밸리 미드웨이 사와 레이싱 게임 제작에 관한 계약을 체결한 상태였다. 노동자들이 즐겨 찾는 술집에서는 우주선 조종보다 레이싱이 먹힐 것이라는 계산이었다. 부쉬넬은 알콘에게 프로젝트를 맡기기에 앞서 연습 과제를 내주었다.

무역 박람회에서 본 마그나복스 오디세이가 부쉬넬에게 깊은 인상을 남겼다. 가정용 텔레비전을 이용해 게임을 할 수 있도록 만든 초기 형태의 콘솔이었다. 콘솔을 이용해 시연된 게임 중에는 〈핑퐁〉 게임도 있었다. "형편없다고 생각했다." 수년 뒤 아이디어 도용 명목으로 고소당한 후 부쉬넬은 그렇게 말했다. "소리도 없고 점수도 없고 탁구공도 네모난 모양이었다. 그런데 사람들이 그 게임을 재미있게 하고 있었다." 샌타클래라에 있던 아타리의 작은 임대 사무실로 돌아온 부쉬넬은 알콘에게 〈핑퐁〉에 대해 설명해주며 이런저런 회로를 그려 보이더니 아케이드판 탁구 게임을 만들어보라고 지시했다. 심지어는 GE와 탁구 게임을 제작하기로 계약을 맺었다고 거짓말까지 했다. 부쉬넬은 수많은 기업가들과 마찬가지로 직원들에게 동기를 부여하기 위해 현실을 왜곡하는 데 아무런 거리낌이 없었다. "앨에게 유익한 훈련이 될 것이라 생각했다."[20]

알콘은 몇 주가 지나 프로토타입을 만들어냈고, 1972년 9월 초에 게임을 완성했다. 그는 어린아이와 같은 장난기로 라켓 사이에서 단조롭게 왔다 갔다 하는 신호를 더욱 재미있게 개선했다. 선을 도입하여 여덟 개의 영역을 구획함으로써 공이 라켓의 정중앙에 맞으면 똑바로 튕겨 가고, 라켓의 가장자리 부근에 맞으면 다양한 각도로 튕기도록 만들었다. 훨씬 더 도전적이고 전술적인 게임이 가능해진 것이다. 득점판도 추가되었다. 동기화 생성기를 이용하여 '뚜' 소리를 집어넣은 것은 가히 천재적이었다. 알콘은 1미터가 조금 넘는 높이의 목재 캐비닛에 75달러짜리 히타치 흑백텔레비전과 부품을 함께 내장하여 설치했다. 〈컴퓨터 스페이스〉와 마찬가지로 마이크로프로세서를 사용하지도, 컴퓨터 코드가 실행되지도 않았다. 텔레비전 개발자들이 사용하는 것과 동일한 유형의 디지털 논리 설계를 이용한 하드웨어로만 구성되었다. 알콘은 거기에 핀볼 게임기에서 뜯어낸 동전 상자를 더했다. 이로써 히트 상품이 탄생했다.[21] 부쉬넬은 이것의 이름을 〈퐁〉이라 지었다.

〈퐁〉만이 지닌 독창성은 바로 단순함에 있었다. 〈컴퓨터 스페이스〉만 해도 복잡한 설명이 함께 제공되었다. 초기 화면에 제시되는 지침은("우주에는 중력이 없다. 로켓의 속도는 엔진의 추진력으로만 변경될 수 있다" 등) 컴퓨터 개발자라도 당황할 정도였다. 반면 〈퐁〉은 맥주를 걸친 술집 단골들과 만취한 대학생들이 밤 12시가 지난 시각에도 쉽게 조작할 수 있을 정도로 간단했다. 제공되는 지침은 단 하나였다. "고득점을 위해 공을 놓치지 마시오." 아타리는 의도적이었든 의도적이 아니었든 간에 컴퓨터 시대에 부상한 공학의 가장 중요한 난제를 해결한 것이다. 그것은 바로 철저하게 단순하고 직관적인 사용자 인터페이스를 개발하는 것이었다.

부쉬넬은 〈퐁〉에 너무나도 만족한 나머지 이것을 단순히 연습 과제로 둘 수 없다고 판단했다. "매일 밤 업무를 마치고 한두 시간씩 게임에 빠져 지내게 되자 내 생각도 변했다."[22] 그는 밸리 미드웨이 사에 레이싱 게임 대신 〈퐁〉을 받아달라고 설득하기 위해 시카고로 날아갔다. 밸리 미드웨이에서는 그의 제안을 거절했다. 2인의 플레이어가 필요한 게임에는 신중한 입장을 취하고 있었던 것이다.

결과적으로 이들의 거절은 아타리에 유리하게 작용했다. 부쉬넬과 알콘은 〈퐁〉을 시험해보기 위해 노동자 계층이 거주하는 서니베일의 앤디 캡스라는 맥줏집에 프로토타입을 설치했다. 바닥은 땅콩 껍질로 뒤덮여 있고 뒤쪽에서는 술에 취한 손님들이 핀볼에 빠져 있는 곳이었다. 알콘은 하루 이틀 후에 기계가 고장 났다는 맥줏집 지배인의 전화를 받았다. 예상외로 인기가 많으니 빨리 와서 고쳐달라는 것이었다. 알콘이 서둘러 도착한 다음 기계를 열자마자 문제의 원인을 알아낼 수 있었다. 동전 상자가 가득 찬 나머지 일부가 걸려 있었다. 상자를 열자 동전이 바닥으로 세차게 떨어졌다.[23]

부쉬넬과 알콘은 자신들이 히트 상품을 만들었다는 것을 깨달았다. 당시 게임 기계의 수익은 하루 평균 10달러였지만, 〈퐁〉의 하루 수익은 40달러였다. 갑자기 밸리 미드웨이 사의 거절이 고맙게 느껴졌다. 그리고 부쉬넬의 기업가적인 면모가 진가를 발휘했다. 그는 아타리에서 〈퐁〉을 직접 제작해야겠다고 결심했다. 물론 필요한 장비와 자금은 마련되지 않은 상태였다.

부쉬넬은 최소의 장비와 자금으로 생산을 단행하겠다고 마음먹었다. 〈퐁〉을 판매한 금액으로 최대한 자금을 대겠다는, 일종의 도박이었다. 그는 은행에 보유 중인 현금을 대당 생산 비용인 280달러로 나눈 결과 총 13대를 제작할 수 있다는 결론을 내렸다. "하지만 13은 불길한 숫자니까 12대를 만들기로 했다." 부쉬넬의 회상이다.[24]

부쉬넬은 점토로 소형 모델을 만들어서 선박 제조업체에 의뢰했다. 업체에서는 유리섬유를 이용하여 제품을 만들었다. 한 대를 만드는 데 일주일이 걸렸고, 제작된 기계를 900달러에 판매하는 데 또 며칠이 걸렸다. 이렇게 대당 620달러의 수익을 올려 계속해서 작업을 진행할 수 있었다. 초기 수익금 중 일부는 홍보 전단지를 만드는 데 사용됐다. 전단지에는 몸에 붙는 얇은 나이트가운을 입은 아름다운 여성이 〈퐁〉 기계에 팔을 두르고 있는 사진이 실렸다. "모델은 인근의 토플리스 바에서 구했습니다." 40년이 지난 뒤, 부쉬넬은 열의에 가득 찬 고등학생들 앞에서 그렇게 회고했다. 학생들은 토플리스 바가 무엇인지도, 어떻게 반응해야 할지도 모르는 눈치였다.[25]

아서 록이 인텔에 자금을 대면서 실리콘 밸리에서 생겨나기 시작한 분야인 벤처 투자는 아직 널리 알려지지 않은 제품이자 범죄 조직과 관련 있는 핀볼 산업을 연상시키는 비디오 게임 회사에서는 가용할 수 있는 것이 아니었다.* 은행에서도 대출을 꺼렸다. 단 하나, 웰스 파고에서만 부쉬넬이 요청한 것보다 훨씬 적은 5만 달러의 신용 대출을 제공했다.

부쉬넬은 이 돈으로 샌타클래라에 있던 아타리의 사무실에서 몇 블록 떨어진 방치된 롤러스케이트장에 생산 설비를 마련했다. 〈퐁〉은 공장의 조립 라인이 아닌, 아무것도 없는 바닥 위에서 만들어졌다. 어린 작업자들이 돌아다니며 부품을 꽂아 넣어야 했다. 작업자들은 인근의 고용 센터에서 확보할 수 있었다. 텔레비전 모니터를 슬쩍하는 이들이나 헤로인 중독자를 걸러내자 빠르게 규모가 성장하기 시작했다. 처음에는 하루에 10대를 제작했지만, 두 달이 지나지 않아 하루 생산량이 100대에 가까워졌다. 수익성도 개선되었다. 300달러를 조금 넘는 생산 비용을 유지하면서 판매 가격은 1,200달러로 올렸다.

회사 분위기는 재미를 추구하는 이십대의 부쉬넬과 알콘을 수장으로 둔 기업답게 실리콘 밸리 스타트업의 격식 없는 스타일을 포용했다.

*그로부터 3년 뒤, 아타리가 가정용 〈퐁〉 제작에 나선 1975년에는 벤처 투자계도 활황을 맞았다. 부쉬넬은 세코이아 캐피털을 갓 설립한 돈 밸런타인으로부터 2,000만 달러를 유치하는 데 성공한다. 아타리와 세코이아는 상생하며 성장한다.

매주 금요일에는 맥주와 마리화나가 제공되는 파티가 열렸다. 그 주의 목표 생산량을 달성한 경우에는 알몸 수영도 심심치 않게 동반되었다. "직원들은 생산량 달성에 대한 보상으로 보너스만큼이나 파티를 좋아했다." 부쉬넬은 그렇게 말한다.

부쉬넬은 인근 로스가토스에 멋진 저택을 구입했다. 종종 이곳으로 이사진이나 직원들을 불러 대형 온수 욕조에서 파티를 열곤 했다. 새로운 생산 설비를 짓게 되자 자체 온수 욕조도 함께 만들라고 지시했다. "구인을 위한 수단이었다." 부쉬넬은 훗날 그렇게 말한다. "우리의 생활 방식이나 파티 문화가 사람을 채용할 때 무척 긍정적으로 작용했다. 누군가를 고용하려고 하는 경우에는 먼저 그를 파티에 초대하곤 했다."[26]

아타리의 문화는 단순히 구인을 위한 유인책을 넘어 부쉬넬의 독특한 개성의 자연스러운 산물이었다. 그것은 방종의 문화라기보다는 당시의 히피 생활 방식에서 나온 철학이 바탕이 되어 종국에는 실리콘 밸리를 특징짓게 되는 것이었다. 그 중심에는 권위에 대한 문제 제기, 위계에 대한 반항, 튀는 자에 대한 경탄, 창의성에 대한 육성이라는 원칙이 자리 잡고 있었다. 동부의 기업들과 달리 고정된 근무 시간도, 복장 규정도 없었다. 사무실에서뿐만 아니라 온수 욕조에서도 마찬가지였다. "당시 IBM에서는 흰색 셔츠와 짙은 색 바지, 검정색 넥타이를 착용하고 어깨에 배지를 달아야 했다." 개발자 스티브 브리스토우의 전언이다. "아타리에서는 사람들의 외관보다는 그들이 하는 일이 훨씬 더 중요했다."[27]

〈퐁〉이 성공하자 마그나복스에서 소송을 제기했다. 부쉬넬이 무역 박람회에서 플레이한 오디세이 가정용 텔레비전 게임을 판매하는 회사였다. 마그나복스의 게임은 사외 개발자인 랠프 배어에 의해 개발되었다. 게임의 개념은 1958년 브룩헤이븐 국립연구소의 윌리엄 히긴보덤이 아날로그 컴퓨터에 오실로스코프를 연결하여 깜박이는 신호를 좌우로 움직이게 한 '테니스 포 투'에 그 뿌리를 두었기 때문에, 랠프 배어는 이 개념의 발명가는 아니었다. 그러나 에디슨처럼 발명의 핵심 요소를 특허 출원이라고 본 배어는 자신이 만든 게임의 여러 측면을 포함한 70여 개의 특허권을 가지고 있었다. 부쉬넬은 소송에 맞서는 대신 양사에 모두 긍정적으로 작용할 기발한 대안을 제안했다. 그는 70만 달러라는 다소 적은 금액을 지불하고 특허에 대한 영구 사용권을 획득했다. 대신 밸리 미드웨이와 너팅 어소시에이츠를 비롯한 다른 회사에서 유사한 게임을 제작하면 마그나복스에서 특허권을 집행하여 판매 금액의 일정 비율을 로열티로 받을 것을 조건으로 걸었다. 아타리가 상당한 경쟁 우위를 확보하게 된 것이다.

혁신에는 적어도 세 가지 요인이 필요하다. 위대한 아이디어, 아이디어를 실현할 수 있는 공학적 재능, 그리고 이를 성공적인 제품으로 만들어낼 사업적 기량(및 거래를 성사시킬 배짱)이 그것이다. 스물아홉의 놀런 부쉬넬은 이 세 요건을 모두 갖추고 있었다. 그것이 바로 빌 피츠, 휴턱, 빌 너팅, 랠프 배어가 아닌 부쉬넬이 비디오 게임 산업을 만든 혁신가로 역사에 기록된 이유다. "우리가 〈퐁〉을 개발했다는 것도 자랑스럽지만, 그보다 사업을 구상하고 그것을 재정적으로 설계한 방식이 매우 자랑스럽다." 부쉬넬의 전언이다. "게임 자체를 개발하는 것은 어렵지 않았지만, 자금 없이 회사를 성장시키는 것은 무척 어려웠기 때문이다."[28]

J. C. R. 리클라이더(1915~90).

밥 테일러(1932~).

래리 로버츠(1937~).

7

…

인터넷

배니버 부시의 삼각형

혁신에는 종종 그것을 이루어낸 조직의 낙인이 찍혀 있다. 인터넷의 경우에는 이것이 특히 흥미롭다. 인터넷은 군, 대학, 사기업 등 세 집단 사이의 동반자 관계로 이루어졌기 때문이다. 이 과정이 훨씬 더 흥미로워진 것은 이것이 단지 각각의 목표를 추구하는 집단 간의 느슨한 연합체가 아니었기 때문이다. 제2차 세계대전 동안 또 그 이후에 이 세 집단은 융합되어 철의 삼각형을 이루었다. 군-산-학 복합체였다.

이런 집합체를 이루어낸 주역은 1931년, 2장에서 이야기한 초기 아날로그 컴퓨터인 미분 해석기를 제작한 MIT 교수 배니버 부시였다.[1] 부시는 세 진영 모든 곳에서 스타였기 때문에 이런 임무에 아주 적합했다. 그는 MIT 공학부 학장이었고, 전자 회사 레이시언의 창립자였고, 제2차 세계대전 동안 미국의 최고 군사 과학 행정가였다. "미국인 가운데 배니버 부시만큼 과학과 테크놀로지 성장에 큰 영향을 준 사람은 없다." MIT 총장 제롬 위즈너는 나중에 그렇게 말하면서 "가장 의미 있는 혁신은 대규모 정부 연구소를 짓는 대신 대학이나 산업체 연구소와 계약을

맺는 계획을 세운 것이었다"라고 덧붙였다.[2]

부시는 1890년에 보스턴 근처에서 고등어 어선 주방장 출신 유니버설리스트* 목사의 아들로 태어났다. 부시의 양가 조부는 포경선 선장이었으며, 그 덕분에 그는 강인하고 솔직한 태도를 배웠고 이것이 단호한 관리자이자 카리스마 있는 행정가가 되는 데 도움을 주었다. 많은 성공적인 테크놀로지 지도자들과 마찬가지로 그는 제품을 만들어내고 단호한 결정을 내리는 데 전문가였다. "내 가까운 선조가 모두 선장이었으며, 그들은 확신을 가지고 상황을 관리하는 방법을 알았다." 그는 그렇게 말한 적이 있다. "그 때문에 나에게도 일단 어떤 상황에 들어가면 그 상황을 주도하는 경향이 생겼다."[3]

그는 또 많은 훌륭한 테크놀로지 지도자들과 마찬가지로 인문학과 과학을 사랑하며 성장했다. 그는 키플링과 오마르 하이얌을 "1야드씩" 인용할 수 있었고, 플루트를 연주했고, 교향곡을 사랑했고, 재미로 철학을 읽었다. 그의 집 역시 지하실에 작업장이 있었고, 그는 여기에서 작은 배와 기계 장난감을 만들었다. 나중에 《타임》이 그 흉내 낼 수 없는 구식 문투로 보도했듯이, "여위고, 날카롭고, 강인한 밴 부시는 양키였으며, 그의 과학 사랑은 수많은 미국 소년들과 마찬가지로 도구를 만지작거리는 취미에서 시작되었다."[4]

그는 터프츠에 진학했는데, 이곳에서 여가 시간에 자전거 바퀴 두 개와 진자를 이용하여 특정 구역의 둘레를 재고 면적을 계산하는 측량기를 만들었다. 적분을 하는 아날로그 장치인 셈이었다. 그는 이것을 시작으로 총 49개의 특허를 얻게 된다. 터프츠에 다니는 동안 룸메이트들과 함께 작은 회사들에게 자문을 해주었으며, 졸업 후에는 레이시언을 세

*18세기에 미국에서 일어난 기독교 일파의 신자—옮긴이.

웠다. 이 회사는 점점 커져 방위 산업체 겸 전자 회사가 되었다.

부시는 MIT와 하버드에서 공동으로 전기공학 박사 학위를 받아 MIT 공학부 교수, 나중에는 학장이 되었으며, 이곳에서 미분 해석기를 제작했다. 1930년대 중반 사회에서 과학과 공학의 역할을 높이는 일에 의욕을 불태웠는데, 당시 양 분야에서는 흥미로운 일이 일어나지 않는 것처럼 보였다. 텔레비전은 아직 소비재가 아니었다. 1939년 뉴욕 만국박람회의 타임캡슐에 들어간 가장 주목할 만한 새 발명품은 미키마우스 손목시계와 질레트 안전 면도기였다. 그러나 제2차 세계대전의 발발은 이런 상황을 바꾸어 새로운 테크놀로지의 폭발적 발전을 가져왔으며, 배니버 부시는 이 영역에서 선두에 나섰다.

그는 미국의 군대가 테크놀로지에서 뒤처지고 있다고 걱정하여 하버드 총장 제임스 브라이언트 코넌트를 비롯한 과학계 지도자들을 동원해 프랭클린 루스벨트 대통령이 '국가 방위 연구 위원회National Defense Research Committee', 이어 군에 '과학 연구 개발국Office of Scientific Research and Development'을 설립하도록 설득하고, 두 조직의 책임자 자리에 올랐다. 그는 늘 입에 파이프를 물고 손에는 연필을 든 모습으로, 원자탄을 만든 맨해튼 프로젝트를 비롯하여 레이더와 방공 시스템을 개발하는 프로젝트를 감독했다. 《타임》은 1944년에 그를 표지에 싣고 "물리학 장군"이라는 별명을 붙여주었다. 이 잡지는 그가 책상을 주먹으로 치며 다음과 같이 말한 것으로 전한다. "만일 우리가 10년 전에 전쟁 테크놀로지 발전을 위해 부지런히 노력했다면 지금 이런 염병할 전쟁을 겪는 일도 없었을 것이다."[5]

그의 매우 합리적인 태도는 개인적인 온화한 태도에 감싸여 있었기 때문에 강인하면서도 사랑받는 지도자가 될 수 있었다. 한번은 군사 과학자들 한 무리가 어떤 관료적인 문제 때문에 좌절하여 그의 사무실로 들어와 사직하겠다고 말한 적이 있다. 부시는 그런 혼란이 벌어진 이유가 무엇인지 알지 못했다. "그래서 나는 그냥 그들에게 말했다." 그는 그렇게 회고한다. "전시에는 사직하지 않는다. 여러분은 당장 여기서 나가서 일을 하라. 나머지는 내게 맡겨라."[6] 그들은 복종했다. MIT의 위즈너는 나중에 이렇게 말했다. "그는 의견이 강한 사람으로, 그것을 공개적으로 표명하고 적용하려고 노력을 기울였지만 동시에 자연의 신비에 경외감을 느꼈으며 인간의 약한 면을 따뜻하고 관대하게 받아들였고 변화에 개방적이었다."[7]

전쟁이 끝났을 때 부시는 루스벨트의 명령에 따라 1945년 7월에 정부가 대학, 산업체와 협력하여 기초 연구 자금을 지원해야 한다고 주장하는 보고서를 작성했다(이 보고서는 결국 해리 트루먼 대통령에게 제출되었다). 부시가 선택한 제목 '과학, 그 끝없는 프런티어Science, the Endless Frontier'는 매우 미국적이고 환기 효과가 컸다. 그의 머리말은 정치가들이 미래의 혁신에 필요한 연구 자금을 끊겠다고 위협할 때마다 다시 읽어볼 가치가 있다. "기초 연구는 새로운 지식을 낳는다. 기초 연구는 과학적 자본을 제공한다. 기초 연구는 지식을 실제로 응용하는 데 쓸 수 있는 자금을 만들어낸다."[8]

기초 연구가 실용적 발명의 씨를 뿌린다는 부시의 설명은 '혁신의 선형적 모델'로 알려지게 되었다. 이후 등장한 과학사가들은 이론적 연구와 실제 응용 사이의 복잡한 상호 작용을 무시했다는 이유로 선형적 모델을 비난하려 했지만, 이 모델은 대중적으로 인기를 끌었을 뿐 아니라 근원적 진리를 포함하고 있다. 부시는 전쟁으로 인해 기초 연구—핵물리학, 레이저, 컴퓨터공학, 레이더의 기본 원리를 발견하는 것—가 "국가 안보에 절대적으로 핵심적"이라는 것이 "의심의 여지 없이 분명해졌다"고 썼다. 그는 또 기초 연구가 미국의 경제 안보에도 아주 중요하다고 덧붙였다. "새로운 제품과 새로운 과정은 완전히 발전한 상태로 나타나지 않는다. 그것은 새로운 원리와 새로운 개념에 기반을 두고 있으며, 이런 원리와 개념은 과학의 가장 순수한 영역들의 연구로 힘겹게 발전한다. 새로운 기초 과학 지식을 다른 나라에 의존하는 나라는 산업 성장이 더디고 세계 무역에서 경쟁력이 떨어질 것이다." 부시는 보고서 끝에서 시적으로 고조된 필치로 기초 과학 연구의 실질적 이익을 찬양한다. "과학의 발전을 실제로 이용하면 더 많은 일자리, 더 높은 임금, 노동 시간 단축, 더 풍부한 작물 생산이 가능하다. 또 여유 시간이 생겨 놀 수도 있고, 공부할 수도 있고, 과거 보통 사람들의 짐이었던 지루하고 단조로운 일을 하지 않고 살아가는 방법을 배울 수도 있다."[9]

의회는 이 보고서에 의거하여 '국가 과학 재단National Science Foundation'을 설립했다. 처음에 트루먼은 대통령이 아닌 독립적인 이사회가 책임자를 임명한다는 규정 때문에 법안을 거부했다. 그러나 부시는 그렇게 해야 그에게 정치적 청원을 하려는 사람들을 막을 수 있다고 설명하여 트루먼을 돌려세웠다. "밴, 당신은 정치가가 되어야겠소." 트루먼은 그에게 말했다. "당신한테는 그런 본능이 있는 것 같소." 그러자 부시는 대답했다. "대통령님, 도대체 제가 이 도시에서 지난 5, 6년 동안 정치 말고 뭐를 했다고 생각하시는 겁니까?"[10]

정부, 산업, 학교의 삼각관계 형성은 그 나름으로 의미심장한 혁신 가운데 하나로, 이것은 20세기 말의 테크놀로지 혁명을 낳는 데 기여했다. 국방부와 국가 과학 재단은 곧 미국의 기초 연구의 많은 부뷴의 주요 자금원이 되어, 1950년대에서 1980년대에 걸쳐 민간 산업만큼 많은 돈을 썼다.* 그 투자의 이득은 엄청나 인터넷을 탄생시켰을 뿐 아니라

*2010년에 이르면 연구에 대한 연방 정부 지출은 민간 기업 지출의 반으로 떨어진다.

미국의 전후 혁신과 경제 활황을 떠받치는 많은 기둥을 세웠다.[11]

몇 군데 기업 연구 센터, 특히 주목할 만한 기관인 벨 연구소는 전쟁 전부터 존재했다. 그러나 부시의 낭랑하게 울려 퍼지는 목소리에 따라 정부가 권장하고 계약을 맺으면서, 혼성 연구 센터가 급격히 늘어났다. 가장 주목할 만한 것은 'RAND 코포레이션'인데, 이곳에서는 원래 공군의 연구개발(여기서 이름이 나왔다)*을 담당했다. 그 외에 '스탠퍼드 연구소Stanford Research Institute'와 그 파생물인 '증강 연구 센터Augmentation Research Center', '제록스 PARC'가 있다. 이 모두가 인터넷 발전에서 자기 나름의 역할을 하게 된다.

이런 연구소 가운데 가장 중요한 곳 둘은 전쟁 직후 매사추세츠 주 케임브리지 근처에서 생겨났다. MIT와 제휴한 군의 지원을 받는 연구 센터인 '링컨 연구소Lincoln Laboratory', 그리고 MIT(와 몇 명의 하버드) 엔지니어들이 설립하고 터를 잡은 연구개발 회사 '볼트, 베라네크, 뉴먼Bolt, Beranek and Newman(BBN)'이다. 느릿느릿한 미주리 말씨에 편안하게 팀을 조직하는 재능을 지닌 한 MIT 교수가 이 두 연구소와 밀접한 관련을 맺고 있었다. 그는 인터넷을 창조하는 데 개인으로는 가장 중요한 인물이 된다.

J. C. R. 리클라이더

인터넷의 아버지들을 찾으려 할 때 출발점으로 삼기에 가장 좋은 사람은 말은 많지 않지만 묘하게 매력적이고 또 늘 환하게 웃으면서도 증

*Research and Development—옮긴이.

거를 철저하게 확인하려는 태도를 지닌 심리학자이자 과학기술자 조지프 칼 로브넷 리클라이더다. 그는 1915년에 태어났으며, 모두 그를 '릭'이라고 불렀다. 그는 인터넷의 바탕에 깔린 가장 중요한 두 가지 개념의 선구자였다. 첫 번째 개념은 정보를 어디에서나 쌍방향으로 나누는 것을 가능하게 하는 탈중심적인 네트워크이며, 두 번째는 실시간 인간-기계 상호 작용을 촉진하는 인터페이스였다. 거기에 그는 ARPANET의 자금을 댄 군 부서의 책임자였으며, 10년 뒤 인터넷의 전신이라고 부를 만한 것으로 짜여 들어갈 프로토콜을 만들 때 두 번째로 그 자리를 맡고 있었다. 그의 파트너이자 피후견인이었던 밥 테일러는 "그는 진정으로 그 모든 것의 아버지였다"고 말한다.[12]

리클라이더의 아버지는 가난한 미주리 농부 출신이었지만 세인트루이스에서 보험 외판원으로 성공을 거두었으며, 대공황으로 밀려나자 아주 작은 시골 도시에서 침례교 목사가 되었다. 릭은 사랑을 흠뻑 받는 외아들로 자라며 침실을 모형 비행기 제작실로 바꾸었고 어머니에게 옆에 서서 공구를 건네주게 하며 고물 자동차를 다시 굴러가게 했다. 그럼에도 어디를 가나 철조망 담장이 쳐진 고립된 시골 지역에서 성장하며 덫에 갇힌 느낌을 받았다.

그는 우선 세인트루이스의 워싱턴 대학으로 탈출했다가, 음향심리학(인간이 어떻게 소리를 지각하는지 연구하는 학문)으로 박사 학위를 받은 뒤 하버드의 음향심리학 연구실에 들어갔다. 그러다가 심리학과 테크놀로지의 상호 작용, 인간 뇌와 기계의 상호 작용에 점차 흥미를 느껴 MIT로 옮겨 전기공학과에 기반을 둔 심리학 분과를 만들었다.

리클라이더는 MIT에서 노버트 위너 교수 주위에 모이던 그룹에 들어갔는데, 여기에는 엔지니어, 심리학자, 인문주의자 등 다방면 인사가 참여했다. 위너는 인간과 기계가 함께 일하는 방법을 연구하던 이론 과학자로, 인공두뇌학cybernetics이라는 용어를 만든 인물이다. 인공두뇌학에서는 인간 두뇌에서부터 대포 조준 메커니즘에 이르는 다양한 시스템이 커뮤니케이션, 제어, 피드백 루프를 통해 학습을 수행하는 방식을 설명한다. "제2차 세계대전 후 케임브리지에서는 엄청난 지적 발효가 일어났다." 리클라이더는 그렇게 회고한다. "위너는 매주 4, 50명이 모이는 서클을 운영했다. 그들은 함께 모여 두어 시간 이야기를 나누었다. 나는 그 모임에 아주 열심히 참석했다."[13]

위너는 MIT의 일부 동료들과 달리 컴퓨터공학의 가장 유망한 길은 인간 정신을 대신하는 것이 아닌 인간 정신과 잘 협력하는 기계를 고안하는 것이라고 믿었다. 위너는 말한다. "많은 사람들이 컴퓨팅 기계가 지능을 대신하게 될 것이고, 따라서 독창적 사고의 필요가 줄었다고 생각한다. 그러나 그렇지 않다."[14] 컴퓨터가 강력해질수록 그것을 상상력과 창조성을 갖춘 높은 수준의 인간 사고와 연결해야 할 필요성도 커진다. 리클라이더는 이런 접근 방법의 지지자가 되었으며, 나중에 이것을 '인간-컴퓨터 공생'이라고 불렀다.

리클라이더는 짓궂지만 애정 넘치는 유머 감각이 있었다. 그는 '바보 삼총사Three Stooges'*를 보는 것을 아주 좋아했고, 어린아이처럼 시각적 유머를 즐겼다. 동료가 슬라이드 프로젝터로 발표를 하면 한번씩 슬라이드 꽂이에 예쁜 여성의 사진을 슬쩍 집어넣곤 했다. 직장에서는 자동판매기의 코카콜라와 사탕을 꾸준히 섭취하여 힘을 유지했고, 자녀나 학생들이 기쁘게 할 때마다 허시 초콜릿을 주었다. 그는 또 대학원생들에게 헌신적이어서 보스턴 교외 알링턴에 있는 집으로 식사를 하자고 초대했다. "아버지에게는 협업이 모든 것이었다." 그의 아들 트레이시는

*미국의 코미디 팀—옮긴이.

말한다. "아버지는 돌아다니며 섬처럼 혼자 있는 사람들을 일으켜 세워 호기심을 갖고 문제를 해결하도록 부추겼다." 이것이 그가 네트워크에 관심을 가지는 한 가지 이유였다. "그는 좋은 답을 얻는 데는 원거리 협업이 필요하다는 것을 알았다. 또한 재능 있는 사람들을 찾아내 그들을 한 팀으로 묶어주는 것을 아주 좋아했다."[15]

그러나 그의 포용력은 오만하거나 허세를 부리는 사람에게까지 확대되지는 않았다(위너라는 예외가 있기는 했지만). 그는 상대방이 말도 안 되는 소리를 쏟아내고 있다고 생각하면 일어서서 순진해 보이지만 사실은 사악한 질문을 던졌다. 시간이 조금 지나면 말하던 사람은 기가 꺾였고, 그러면 리클라이더는 자리에 앉았다. "아버지는 점잔 빼는 사람이나 허세 부리는 사람을 좋아하지 않았다." 트레이시는 회고한다. "아버지는 절대 비열하지 않았지만, 사람들의 허세는 교묘하게 찔러 바람을 빼버렸다."

미술은 리클라이더의 취미였다. 그는 여행을 할 때마다 미술관에서 몇 시간씩 보냈다. 때로는 내키지 않는 표정의 두 자녀를 끌고 가기도 했다. "아버지는 미술에 푹 빠졌으며, 아무리 봐도 물릴 줄 몰랐다." 트레이시는 그렇게 말한다. 그는 가끔 미술관에서 다섯 시간 이상을 보내며 붓질 하나하나에 감탄하고, 그림이 어떻게 완성되었는지 분석하고, 그것이 창조성에 관해 가르쳐주는 것을 파악하려 했다. 그는 과학만이 아니라 예술까지 포함한 모든 분야에서 재능을 발견하는 데 직관이 있었지만, 화가의 붓질이나 작곡가의 선율의 반복구 같은 가장 순수한 형태에서 그것을 분별해내는 것이 가장 쉽다고 느꼈다. 그러면서 컴퓨터나 네트워크 엔지니어의 설계에서도 그와 똑같은 창조적 붓질을 찾는다고 말했다. "아버지는 진정으로 능숙한 창조성 탐사자가 되었다. 종종 사람들을 창조적으로 만드는 것이 무엇인지 이야기하기도 했다. 아버지는 화가에게서 그것을 보는 것이 더 쉽다고 느껴, 붓질이 그렇게 쉽게 발견되지 않는 공학에서도 그것을 찾으려고 더 열심히 노력했다."[16]

가장 중요한 것인데, 리클라이더는 친절했다. 그의 전기를 쓴 미첼 월드롭에 따르면, 나중에 펜타곤에서 일하게 되었을 때 어느 날 저녁 여성 청소부가 그의 방 벽에 걸린 그림 복제품에 감탄하는 모습을 보았다. 그녀가 말했다. "있잖아요, 리클라이더 박사님, 저는 늘 박사님 방을 맨 마지막에 청소합니다. 서둘지 않고 혼자 그림을 구경하려고요." 리클라이더가 그녀에게 어느 그림이 가장 마음에 드느냐고 물었더니 그녀는 세잔의 작품을 가리켰다. 그는 흥분했다. 그도 그 그림이 가장 좋았기 때문이다. 리클라이더는 그 그림을 바로 그녀에게 주었다.[17]

리클라이더는 자신이 그림을 좋아하기 때문에 직관이 더 강렬해졌다고 느꼈다. 그는 광범위한 정보를 처리할 때도 금세 패턴을 찾아낼 수 있었다. 인터넷의 기초를 놓은 팀을 묶을 때 큰 도움이 되었던 또 하나의 자질은 그가 아이디어의 공로를 탐하지 않고 함께 나누는 것을 좋아한다는 것이었다. 그는 자신을 잘 다스려 자만하지 않았기 때문에 대화 중에 발전해나가는 아이디어에 대한 소유권을 주장하기보다는 아이디어를 나누어주는 것을 즐기는 것처럼 보였다. "릭은 컴퓨터에 대한 상당한 영향력에도 불구하고 겸손을 유지했다." 밥 테일러는 말한다. "그는 스스로를 깎아내리는 농담을 가장 좋아했다."[18]

시분할과 인간-컴퓨터 공생

MIT에서 리클라이더는 인공 지능의 선구자 존 매카시와 공동 작업을 했다. 매카시의 연구실은 바로 TMRC의 해커들이 〈스페이스워〉를 발명한 곳이었다. 이들은 1950년대 전반에 걸쳐 매카시를 필두로 컴퓨터 시분할을 위한 시스템을 개발하는 데 기여했다.

그때까지는 컴퓨터로 어떤 작업을 수행하기를 원할 때 신탁소를 수호하는 사제에게 제물을 건네듯이 천공 카드 더미나 테이프를 컴퓨터 오퍼레이터에게 제출했다. '일괄 처리'라 불리던 이 일은 무척 귀찮았다. 결과를 얻는 데 몇 시간, 심지어 며칠이 걸릴 수도 있었다. 조금이라도 실수가 생기면 카드를 다시 제출하여 처음부터 다시 시작할 수도 있었다. 컴퓨터 자체에는 손도 대지 못하고 심지어 컴퓨터를 아예 보지 못할 수도 있었다.

시분할은 달랐다. 이것을 이용하면 하나의 메인프레임에 수많은 단말기를 연결하여 사용자들이 직접 명령어를 입력하고 거의 즉시 답을 얻을 수 있었다. 마치 그랜드 마스터가 체스 수십 판을 동시에 두듯 메인프레임의 코어 기억 장치가 각 사용자를 관리했고, 메인프레임의 운영 체제가 멀티태스킹으로 복수의 프로그램을 실행했다. 이것은 사용자들에게 매혹적인 경험을 선사했다. 마치 대화를 하듯이 컴퓨터와 직접 실시간 상호 작용을 할 수 있었다. "이곳에서는 시분할이 일괄 처리와는 완전히 다른 경험을 제공할 것이라는 포부로 들뜬 작은 종교 집단 같은 것이 자라나고 있었다." 리클라이더는 그렇게 말한다.[19]

이것은 직접적인 인간-컴퓨터 동반 관계 또는 공생을 향한 중요한 발걸음이었다. "시분할을 통한 대화형 컴퓨팅의 발명은 컴퓨팅 자체의 발명보다 훨씬 중요했다." 밥 테일러는 그렇게 말한다. "일괄 처리가 편지 교환 같았다면 대화형 컴퓨팅은 직접 대화를 나누는 것과 같았다."[20]

대화형 컴퓨팅의 중요성은 리클라이더의 도움으로 1951년에 MIT에 설립된 군부 지원 연구 센터인 링컨 연구소에서 분명해졌다. 리클라이더는 그곳에서 인간이 컴퓨터와 더 직관적으로 상호 작용하고 정보가 더 친근한 인터페이스로 제시될 수 있는 방식을 연구할 팀을 만들었는데, 이들 가운데 반은 심리학자이고 반은 엔지니어였다.

링컨 연구소의 임무 가운데는 적의 공격을 조기에 알리고 대응을 조정하는 방공 체계용 컴퓨터를 개발하는 것도 있었다. 이것은 SAGE, 즉 '반자동 방공관제Semi-Automatic Ground Environment'라 불렸는데, 원자탄을 제작한 맨해튼 프로젝트보다 돈과 인원이 더 많이 들어갔다. SAGE 시스템이 가동되려면 사용자들이 컴퓨터와 즉시 상호 작용할 수 있어야 했다. 적의 미사일이나 폭격기가 다가오면 계산을 일괄 처리할 시간이 없을 터였기 때문이다.

SAGE 시스템은 미국 전역의 23개 추적 센터를 포괄했는데, 이것은 장거리 전화선으로 연결되어 있었다. 시스템은 빠르게 움직이는 비행기 400대에 동시에 정보를 전달할 수 있었다. 여기에는 강력한 대화형 컴퓨터, 방대한 양의 정보를 전송할 수 있는 네트워크, 정보를 이해하기 쉬운 그래픽 형태로 제시할 수 있는 디스플레이가 필요했다.

리클라이더는 심리학을 공부한 경력 때문에 인간-기계 인터페이스(사용자들이 화면에서 보는 것) 설계를 도와달라는 요청을 받았다. 그는 인간과 기계가 문제를 해결하기 위해 협력하게 하는 공생, 즉 친밀한 동반 관계를 계발하는 방법에 관한 일군의 이론을 정리했다. 특히 중요한 것은 변화하는 상황을 시각적으로 전달하는 방법을 찾아내는 것이었다. "우리는 초 단위로 연속적으로 공중의 상황을 저장하고, 깜빡 신호를 보여주는 것이 아니라 이동 경로를 표현하고, 이동 경로에 색깔을 표시하여 최신 정보가 어느 것인지 보여주고 그것이 어느 방향으로 가는지 알려줄 수 있는 방법을 원했다." 그는 그렇게 설명한다.[21] 미국의 운명이 콘솔 조종자가 데이터를 얼마나 정확히 검토하고 얼마나 빨리 대응하는지에 달려 있었다고 해도 과언이 아니다.

대화형 컴퓨터, 직관적 인터페이스, 고속 네트워크는 사람과 기계가 협업적 동반자 관계로 함께 일할 수 있는 방식을 보여주었으며, 리클라이더는 방공 체계 바깥에서도 이것을 구현할 방법을 상상했다. 그는 "진정으로 지혜로운SAGE* 시스템"에 관해 이야기하기 시작했는데, 이것은 방공 센터들만이 아니라 방대한 지식의 도서관을 포함하는 "생각의 센터들"을 네트워크로 묶고, 사람들은 친근한 디스플레이 콘솔로 네트워크와 상호 작용할 수 있는 시스템이었다. 말을 바꾸면 오늘날 우리가 살고 있는 디지털 세계를 이야기한 것이다.

이런 아이디어들이 전후 테크놀로지 역사에서 가장 영향력이 큰 논문의 기초가 되었는데, 리클라이더는 「인간-컴퓨터 공생Man-Computer Symbiosis」이라는 제목의 이 논문을 1960년에 발표했다. "그리 멀지 않은 미래에 인간 두뇌와 컴퓨팅 기계가 아주 긴밀하게 결합하고, 그 결과로 나온 동반 관계가 어떤 인간 두뇌도 생각한 적이 없는 수준으로 생각하고, 우리가 오늘날 알고 있는 정보 처리 기계로는 상상도 할 수 없는 방식으로 자료를 처리할 것이다." 이 문장은 여러 번 다시 읽을 필요가 있다. 이것이 디지털 시대의 중대한 개념 가운데 하나가 되었기 때문이다.[22]

리클라이더는 MIT에서 함께 일하던 마빈 민스키와 존 매카시보다는 노버트 위너의 편을 들었다. 민스키와 매카시는 스스로 학습하여 인간 인지를 복제하는 기계를 만드는 작업과 관련된 인공 지능을 탐구하고 있었고, 위너의 인공두뇌학 이론은 인간과 기계가 긴밀하게 함께 일하는 데 기초를 두고 있었다. 리클라이더가 설명하듯이 합리적 목표는 인간과 기계가 "결정을 내리는 데 협력하는" 환경을 창조하는 것이었다.

*sage에는 지혜롭다는 뜻이 있다—옮긴이.

말을 바꾸면 인간과 기계는 서로를 증강시켜줄 터였다. "인간은 목표를 설정하고, 가설을 정리하고, 기준을 결정하고, 평가를 수행할 것이다. 컴퓨팅 기계는 루틴으로 만들 수 있는 작업을 할 것인데, 이것은 기술적이고 과학적인 사고로 통찰과 결정을 내리는 길을 마련하기 위해서 반드시 필요하다."

은하간 컴퓨터 네트워크

리클라이더는 심리학과 공학 양쪽에 관한 관심을 결합하게 되면서 더욱더 컴퓨터에 파고들었다. 1957년에는 케임브리지에 기반을 둔 신생 기업인 BBN과 계약을 했는데, 이 상업적-학술적 연구 회사에서는 그의 친구들이 많이 일하고 있었다. 트랜지스터 발명 당시의 벨 연구소와 마찬가지로 BBN에도 이론가, 엔지니어, 기술자, 컴퓨터 과학자, 심리학자, 또 가끔은 육군 대령까지 포괄하는 다방면에 걸친 인재들이 모여 있었다.[23]

리클라이더가 BBN에서 맡은 임무 가운데 하나는 컴퓨터가 도서관을 바꿀 수 있는 방식을 궁리하는 과제를 맡은 팀을 이끄는 것이었다. 그는 라스베이거스에서 열린 컨퍼런스에서 수영장에 앉아 다섯 시간 동안 최종 보고서 '미래의 도서관Libraries of the Future'을 구술했다.[24] 이 보고서는 "온라인에서의 인간-컴퓨터 대화를 위한 장치와 기법"의 잠재력을 탐사했는데, 이것은 인터넷의 전조가 되는 개념이었다. 그는 "지나치게 확산되지도 않고 압도적이지도 않고 신뢰성이 떨어지지도 않도록" 조정되고 관리되어 축적되는 거대한 정보 데이터베이스를 그려보았다.

그는 보고서의 한 발랄한 대목에서 기계에 질문을 던지는 허구적 시나리오를 제시했다. 그는 답을 찾기 위해 기계가 수행할 작업을 상상했다. "기계는 주말 동안 10,000건의 문건을 찾아내 관련성이 높은 부분을 검색하고 검색 결과에 고차 술어 계산법을 적용하여 구문으로 만든 다음 이것을 데이터베이스에 입력했다." 리클라이더는 자신이 묘사한 접근법이 결국 폐기될 것임을 알았다. "물론 1994년 전에 더 세련된 접근법이 나올 것이다." 그는 30년 앞을 바라보며 그렇게 썼다.[25] 그는 놀랄 만큼 선견지명이 뛰어났다. 1994년에는 인터넷 최초의 텍스트 크롤링 탐색 엔진 웹크롤러와 라이코스가 개발되었으며, 그 뒤에 곧 익사이트, 인포시크, 알타비스타, 구글이 뒤따랐다.

리클라이더는 또 한 가지, 직관에는 거스르지만 유쾌하게도 진실임이 판명된 것을 예측했다. 디지털 정보가 인쇄물을 완전히 대체하지는 못할 것이라는 예측이었다. "정보를 보여주는 매체로서 인쇄된 페이지는 뛰어나다. 그것은 눈의 요구에 부응하는 충분한 해상도를 제공한다. 일정량의 편리한 시간 동안 독자를 사로잡을 수 있는 정보를 제시한다. 서체와 형식도 유연성이 뛰어나다. 독자가 정보 조사의 방식과 속도를 제어할 수 있게 해준다. 또 작고, 가볍고, 움직일 수 있고, 자를 수 있고, 오려낼 수 있고, 붙일 수 있고, 복제할 수 있고, 버릴 수 있고, 비싸지 않다."[26]

1962년 10월 리클라이더가 여전히 '미래의 도서관' 프로젝트에 묶여 있을 때 워싱턴에서 그를 불러 당시 ARPA*라고 알려져 있던 국방부

*정부는 약자에 '국방Defense'을 뜻하는 'D'가 있어야 하느냐 하는 문제를 두고 태도를 자꾸 바꾸었다. 이 부처는 1958년에 ARPA로 창립되었다. 1972년에는 DARPA가 되었다가, 1993년에는 ARPA로 돌아갔다가, 1996년에는 다시 DARPA가 되었다.

의 '고등 연구 계획국Advanced Research Projects Agency' 내부의 정보 처리를 다루는 새로운 부서를 맡아달라고 요청했다. 펜타곤에 자리 잡은 이 기관은 대학과 기업 연구소의 기초 연구에 자금을 대는 권한이 있어 정부가 배니버 부시의 비전을 실행에 옮기는 여러 수단 가운데 하나가 되었다. 더 직접적인 명분도 있었다. 1957년 10월 4일 러시아에서 최초의 인공 위성 스푸트니크호를 발사했다. 과학과 국방을 연결시켜야 한다는 부시의 생각을 확인해주는 증거가 매일 밤하늘에서 반짝거리고 있었다. 미국인들은 눈을 가늘게 뜨고 그것을 볼 때 부시가 옳았다는 것도 볼 수 있었다. 최고의 과학에 자금을 대는 나라가 최고의 로켓과 위성도 만들어낸다는 것이었다. 건강한 공적 공황의 물결이 뒤따랐다.

아이젠하워 대통령은 과학자들을 좋아했다. 그들의 문화와 그들의 사고방식, 이데올로기를 떠나 합리성을 추구하는 능력 등이 그에게 매혹적으로 다가왔다. "자유를 사랑한다는 것은, 우리 가족의 신성함과 우리 땅의 부로부터 우리 과학의 천재성에 이르기까지 자유를 가능하게 하는 모든 자원을 보호한다는 뜻이다." 그는 첫 취임 연설에서 그렇게 선언했다. 그는 케네디가 예술가들을 위해 그랬던 것처럼 과학자들을 위해 백악관 만찬을 주최했으며, 자문 역할을 주어 많은 사람을 주위에 불러 모았다.

스푸트니크호는 아이젠하워에게 과학 사랑을 공식화할 기회를 주었다. 보좌관 셔먼 애덤스의 회고에 따르면, 위성이 발사되고 나서 두 주가 지나지 않아 그는 '국방동원국Office of Defense Mobilization'에서 일하던 최고위 과학 자문 열다섯 명을 모아 그들에게 "과학 연구가 연방 정부 구조에서 어디에 속해 있는지 말해달라"고 요청했다.[27] 그런 다음 MIT 총장 제임스 킬리언과 아침을 먹은 뒤 그를 상근 과학 자문으로 임명했다.[28] 킬리언은 국방부 장관과 함께 계획을 수립했고, 1958년 1월에 펜타곤에 고등 연구 계획국을 세우겠다고 발표했다. 역사학자 프레드 터너가 썼듯이 "ARPA는 제2차 세계대전에서 시작된 국방 지향의 군부-대학 협업을 확대한다는 표시였다."[29]

리클라이더에게 맡아달라고 요청한 ARPA 내의 부서는 '명령과 제어 연구Command and Control Research'였다. 그의 임무는 대화형 컴퓨터가 정보의 흐름을 촉진하는 데 기여할 방법을 연구하는 것이었다. 군사적 결정에서 심리적 요인이 작용하는 방식을 연구하는 집단을 이끄는 일도 맡아달라는 제안이 있었다. 리클라이더는 이 두 주제가 결합되어야 한다고 주장했다. "나는 명령과 제어의 문제가 본질적으로 인간-컴퓨터 상호 작용의 문제라는 나의 관점을 힘껏 주장하기 시작했다." 그는 나중에 그렇게 말했다.[30] 그는 두 자리를 맡기로 하고 이 결합된 집단을 ARPA의 '정보처리기술실Information Processing Techniques Office(IPTO)'로 개명했다.

리클라이더는 흥미진진한 아이디어와 취미가 많았으며, 그 가운데도 가장 주목할 만한 것은 시분할, 실시간 상호 작용, 그리고 인간-기계 공생을 키워나갈 인터페이스를 장려할 방법을 찾는 것이었다. 이 모든 것은 하나의 단순한 개념으로 묶였다. 바로 네트워크였다. 그는 영리한 유머 감각으로 자신의 비전을 "의도적으로 거창하게" '은하간 컴퓨터 네트워크'라고 부르기 시작했다.[31] 리클라이더는 이 꿈의 네트워크의 "구성원과 지부"에게 보내는 1963년 4월 메모에서 그 목표를 이렇게 묘사했다. "여러 개의 센터가 그물로 엮여 있는 상황을 생각해보라. (중략) 모든 센터가 다 같이 특정 언어를 사용하자고 합의하는 것, 그것이 안 된다면 적어도 '당신은 어떤 언어를 사용하는가?' 같은 질문을 하기 위한 모종의 규약에 합의하는 것이 바람직하지 않을까? 심지어 필요하지 않을까?"[32]

밥 테일러와 래리 로버츠

디지털 시대를 진전시킨 다른 많은 파트너들과는 달리 밥 테일러와 래리 로버츠는 IPTO에서 함께 보낸 시간 전에나 후에나 친구 사이였던 적이 없다. 사실 나중에 그들은 기여한 바를 두고 서로 심하게 헐뜯었다. "래리는 자기가 네트워크를 설계했다고 주장하는데, 그것은 완전히 거짓이다." 테일러는 2014년에 그렇게 불만을 터뜨렸다. "그자가 하는 말을 믿지 마라. 나는 그자에게 안쓰러움을 느낀다."[33] 한편 로버츠는 테일러가 충분히 공로를 인정받지 못했다고 생각하기 때문에 원한이 있다고 주장한다. "하지만 나를 고용한 것 외에 그가 어떤 공로를 인정받을 수 있는지 모르겠다. 밥이 한 중요한 일이라고는 그것 한 가지다."[34]

그러나 테일러와 로버츠는 1960년대에 ARPA에서 함께 일한 4년 동안 서로를 잘 보완했다. 테일러는 총명한 과학자는 아니었다. 박사 학위도 없었다. 그러나 그는 붙임성이 있고 설득력이 있는 인물이었으며, 재능을 끌어들이는 자력이 있었다. 반면 로버츠는 집중력이 강한 엔지니어로 무례하다고 느껴질 정도로 태도가 무뚝뚝했고, 넓고 복잡한 펜타곤에서 사무실들 사이를 서로 다른 두 길로 갈 때 어느 쪽이 시간이 더 걸리는지 초시계로 재곤 했다. 그는 동료들에게 매력적인 존재는 아니었지만 종종 경외감을 불러일으켰다. 또 퉁명스럽고 직접적인 태도 덕분에 사랑을 받지는 못했지만 유능한 관리자가 되었다. 테일러는 사람들을 구워삶았고, 로버츠는 지성으로 감명을 주었다.

밥 테일러는 1932년 댈러스의 미혼모를 위한 집에서 태어난 뒤 기차에 실려 샌안토니오의 고아원으로 갔다가, 생후 28일에 감리교 순회 목사 부부에게 입양되었다. 가족은 2년 정도마다 설교단을 찾아 유밸

디, 오조나, 빅토리아, 샌안토니오, 머시데스 등의 도시를 돌아다녔다.[35] 그의 말에 따르면 이런 성장 과정은 그의 인격에 두 가지 흔적을 남겼다. 역시 입양아였던 스티브 잡스의 경우와 마찬가지로 테일러의 부모도 아들이 "선택받았다, 특별히 뽑혔다"는 점을 되풀이해 강조했다. 그는 "다른 부모들은 주어진 것을 가져야 했지만, 나는 선택을 받았다"고 농담했다. "아마 이 때문에 나에게 과분한 자신감이 생긴 것 같다." 그는 또 가족이 이사할 때마다 되풀이하여 새로운 관계를 맺고, 새로운 동네 말을 배우고, 소도시의 사회 질서 안에서 자기 자리를 확보해야 했다. "매번 새로운 일군의 친구를 사귀고 새로운 일군의 편견을 상대해야 했다."[36]

테일러는 서던메서디스트 대학에서 실험 심리학을 공부하고, 해군에서 복무했으며, 텍사스 대학에서 학사와 석사 학위를 받았다. 그는 음향심리학에 관한 논문을 쓰는 동안 일괄 처리를 위해 대학 컴퓨팅 시스템에 천공 카드로 데이터를 제출해야 했다. "나는 카드 더미를 들고 돌아다녀야 했는데, 그 처리에 며칠이 걸렸으며, 게다가 653번 카드에 쉼표가 하나 잘못되었다든가 하는 문제가 생겨 처음부터 다시 해야 한다는 이야기를 듣곤 했다. 화가 났다." 그는 리클라이더의 대화형 기계와 인간-컴퓨터 공생에 관한 논문을 읽으면서 더 나은 방법이 있을 것임을 깨달았는데, 여기에서 유레카의 순간이 생겨났다. "그래, 그렇게 되어야만 해!" 그는 그렇게 혼잣말을 했다고 회고한다.[37]

테일러는 고등학교에서 가르치고 플로리다의 한 방위산업체에서 일한 뒤 워싱턴의 NASA 본부에서 모의 비행장치 디스플레이 연구를 감독하는 자리를 얻었다. 그 무렵 리클라이더는 ARPA의 IPTO를 책임지고 그곳에서 비슷한 일을 하는 다른 정부 연구자들과 정기적으로 회의를 하기 시작했다. 1962년 말 테일러는 이곳을 처음 찾아갔을 때 자신이 텍사스 대학에서 쓴 음향심리학 논문을 리클라이더가 알고 있어 깜짝 놀랐다. (테일러의 지도 교수가 리클라이더의 친구였다.) "나는 무척 기분이 좋았다." 테일러의 회고다. "그래서 그때부터 릭을 존경했고, 또 정말 좋은 친구가 되었다."

테일러와 리클라이더는 때때로 함께 회의에 참석하러 출장을 다니며 우정을 더욱 단단하게 다졌다. 1963년 그리스에 갔을 때 리클라이더는 테일러를 아테네의 한 미술관에 데려가 눈을 가늘게 뜨고 붓질을 살펴보는 기술의 시범을 보였다. 그날 저녁 늦게 선술집에서는 밴드와 함께 앉아 그들에게 행크 윌리엄스의 노래를 연주하는 법을 가르쳤다.[38]

리클라이더와 테일러는 다른 엔지니어들과는 달리 인간이라는 요소를 이해했다. 그들은 심리학을 공부했고, 사람들과 관계를 맺을 줄 알았으며, 그림과 음악을 감상하며 즐거움을 맛보았다. 테일러는 고함을 지르기도 했고 리클라이더는 대체로 부드러운 사람이었지만 둘 다 다른 사람들과 함께 일하고, 사람들과 사귀고, 재능을 키우는 것을 아주 좋아했다. 이렇게 인간적 상호 작용을 사랑하고 그것이 이루어지는 방식을 이해했기 때문에 그들은 인간과 기계 사이의 인터페이스를 설계하는 데 적합한 자격을 갖출 수 있었다.

리클라이더가 IPTO에서 물러나자 그의 대리였던 이반 서덜랜드가 임시로 그의 자리를 맡았는데, 테일러는 리클라이더의 강권으로 NASA에서 자리를 옮겨 서덜랜드의 대리를 맡았다. 테일러는 정보 테크놀로지가 우주 프로그램보다 흥미로울 수도 있다는 것을 깨달은 소수에 속했다. 서덜랜드가 1966년에 사임하고 하버드의 정교수가 되었을 때 테일러는 그 자리를 대신할 사람으로 첫손에 꼽히는 인물은 아니었다. 박사 학위가 없었고 컴퓨터공학 전공자도 아니었기 때문이다. 그러나 테일러는 결국 그 자리를 얻었다.

테일러는 IPTO에서 세 가지에 놀랐다. 첫째, ARPA와 계약한 대학과 연구 센터의 모든 사람이 각자 가장 큰 능력을 갖춘 최신형 컴퓨터를 원한다는 것이었다. 이것은 낭비였고 중복이었다. 솔트레이크시티에 그래픽을 처리하는 컴퓨터가 있고 스탠퍼드에 데이터 마이닝을 처리하는 컴퓨터가 있다고 할 경우, 두 가지 작업을 모두 수행해야 하는 연구자는 비행기를 타고 왔다 갔다 하거나 IPTO에 다른 컴퓨터를 살 자금을 달라고 해야 했다. 이들을 네트워크로 연결하여 서로의 컴퓨터를 시분할로 사용하도록 하면 안 될까? 둘째, 테일러는 출장을 다니며 젊은 연구자들과 이야기를 하다가 연구자들이 다른 곳에서 벌어지고 있는 연구를 알고 싶어 하는 마음이 몹시 간절하다는 것을 알게 되었다. 테일러는 그들을 전자적으로 연결하여 연구 결과를 더 쉽게 공유하는 것이 합리적임을 깨닫게 되었다. 셋째, 테일러는 그의 펜타곤 사무실에 각각 고유의 암호와 명령어를 갖춘 단말기가 세 대 있고, 이것이 ARPA가 자금을 대는 서로 다른 컴퓨터 센터와 연결되어 있다는 사실에 놀랐다. "이건 멍청한 짓이다." 그는 생각했다. "하나의 단말기로 어느 시스템에나 접근할 수 있어야 한다." 그는 이렇게 단말기가 세 대나 필요하다는 사실 때문에 "깨달음에 이르렀다"고 말한다.[39] 이 세 가지 문제 모두 연구 센터들을 연결하는 데이터 네트워크를 구축하여 해결할 수 있었다. 즉, 은하간 컴퓨터 네트워크라는 리클라이더의 꿈을 실현할 수 있다면 해결 가능했다.

그는 펜타곤의 E-링으로 걸어가 상관인 ARPA의 책임자 찰스 헤르츠펠트를 만났다. 텍사스의 비음 섞인 억양이 있는 테일러는 빈에서 피난 온 지식인 헤르츠펠트를 어떻게 매혹시킬 수 있는지 알았다. 그는 발표를 하지도 않았고 메모를 가져가지도 않았다. 그냥 그 자리에서 패기만만하게 자신의 주장을 펼쳐나갔다. ARPA가 자금을 대고 네트워크를 구축하면 연구 센터들은 이를 통해 컴퓨팅 자원을 공유하고, 협업하여 프로젝트를 진행하고, 테일러는 사무실의 단말기 두 대를 버릴 수 있을 것이라 말했다.

"훌륭한 생각이오." 헤르츠펠트는 말했다. "그렇게 하시오. 돈이 얼마나 들겠소?"

테일러는 프로젝트를 조직하는 데에만 100만 달러가 들지도 모른다고 털어놓았다.

"그렇게 하시오." 헤르츠펠트는 말했다.

테일러는 사무실로 돌아가다가 손목시계를 보았다. "이런." 그는 속으로 중얼거렸다. "겨우 20분밖에 안 걸렸네."[40]

이것은 테일러가 인터뷰나 구술 역사에서 자주 들려주는 이야기다. 헤르츠펠트도 그 이야기를 좋아했지만, 나중에는 오해를 부르는 면도 있다고 고백할 수밖에 없었다. "그는 내가 그와, 또 리클라이더와 그 문제를 3년 동안 연구해왔다는 사실을 빠뜨리고 있다." 헤르츠펠트는 말한다. "나는 그가 그런 요청을 해오기를 기다리고 있던 셈이기 때문에 100만 달러를 쓰는 것은 어렵지 않았다."[41] 테일러는 그 말이 맞는다는 것을 인정하고, 그 나름의 덤을 붙였다. "내가 정말 기뻤던 것은 찰리가 미사일 방어 시스템을 개발하는 데 들어갈 돈에서 그 돈을 빼냈다는 것이다. 나는 그런 시스템이 가장 어리석고 가장 위험한 아이디어라고 생각하고 있었다."[42]

이제 테일러에게는 프로젝트를 운영할 사람이 필요했고, 이 대목에서 래리 로버츠가 등장한다. 그를 선택한 것은 당연한 일이었다.

로버츠는 인터넷을 구축하는 일에 기여하기 위해 태어나고 성장한 사람처럼 보였다. 부모는 모두 화학 박사 학위가 있었으며, 그는 예일 대학교 근처에서 자라면서 아무런 훈련 없이 텔레비전, 테슬라 코일*, 아마추어 무선 통신기, 전화 시스템을 만들기도 했다. 그는 MIT에 진학하여 그곳에서 공학으로 학사, 석사, 박사 학위를 받았다. 리클라이더의 「인간-컴퓨터 공생」 논문에 감명을 받아 그와 함께 일을 하러 링컨 연구소로 갔으며, 시분할, 네트워크, 인터페이스 분야에서 그의 제자가 되었다. 그가 링컨 연구소에서 한 실험 가운데는 원거리에 있는 두 컴퓨터를 연결하는 것도 있었다. 이 프로젝트는 ARPA의 밥 테일러로부터 자금을 지원받았다. "리클라이더는 나에게 네트워크로 컴퓨터를 연결하는 비전을 제시하여 영감을 주었다." 로버츠는 회고한다. "나는 그것을 내 분야로 삼기로 결정했다."

그러나 로버츠는 워싱턴으로 와서 자신의 부책임자로 일하라는 테일러의 제안을 계속 거부했다. 그는 링컨 연구소에서 하는 일을 좋아했고 테일러를 별로 존경하지 않았다. 또 테일러가 모르는 것이 있었다. 1년 전 로버츠는 테일러의 자리를 제안받은 적이 있었다. "이반은 떠나면서 나에게 차기 책임자로 IPTO에 와달라고 요청했다. 하지만 그것은 관리직이었고 나는 연구가 더 좋았다." 로버츠는 최고 지위를 거절한 마당에 테일러의 부책임자가 될 생각은 없었다. "됐습니다." 그는 테일러에게 말했다. "나는 바쁩니다. 나는 이 멋진 연구가 재미있습니다."[43]

로버츠가 저항한 데에는 또 다른 이유가 있었는데, 이것은 테일러도 알아챌 수 있었다. "래리는 MIT에서 박사 학위를 받았고, 나는 텍사스 출신에 석사 학위밖에 없었다." 테일러는 나중에 그렇게 말했다. "그래서 그가 내 밑에서 일하고 싶지 않았던 것이 아닌가 하는 생각이 든

*일반 전압(미국의 경우 120볼트)을 초고전압으로 끌어올리는 고주파 변압기. 이때 에너지가 근사한 전기 포물선을 그리면서 방출된다.

다."[44]

그러나 테일러는 영리하고 고집스러운 텍사스인이었다. 그는 1966년 가을 헤르츠펠트에게 말했다. "찰리, ARPA가 링컨 연구소 자금의 51퍼센트를 대지 않나요?" 헤르츠펠트는 그렇다고 말했다. "어, 내가 하고 싶어 하는 이 네트워킹 프로젝트 말입니다. 내가 원하는 프로그램 매니저를 데려오기가 쉽지 않아 애를 먹고 있는데, 그 친구가 링컨 연구소에서 일하고 있습니다." 헤르츠펠트가 링컨 연구소장에게 전화를 걸어 로버츠가 그 자리를 받아들이라고 설득하는 게 연구소에 이익이 된다고 말해달라는 것이 테일러의 제안이었다. 이것이 텍사스 방식이었고, 당시 대통령이던 린든 존슨이라면 이런 방식을 높이 평가했을 것이다.* 연구소장은 바보가 아니었다. "자네가 이걸 깊이 생각해보는 게 우리 모두에게 좋은 일이 될 걸세." 그는 헤르츠펠트의 전화를 받은 뒤 로버츠에게 말했다.

이렇게 하여 1966년 12월 래리 로버츠는 ARPA로 출근하게 되었다. "나는 래리 로버츠를 협박하여 유명 인사로 만들었다." 테일러는 나중에 그렇게 말했다.[45]

로버츠 부부는 크리스마스 무렵 처음 워싱턴으로 이사했을 때 집을 구하는 몇 주 동안 테일러의 집에 묵었다. 그들은 친구가 될 운명은 아니었지만, 적어도 ARPA에 함께 있는 동안 둘은 서로에게 친절했고 전문가다웠다.[46]

로버츠는 리클라이더만큼 상냥하지 않았고, 테일러만큼 외향적이지도 않았으며, 로버트 노이스만큼 모임을 좋아하지도 않았다. "래리는 냉정한 사람이다." 테일러는 그렇게 말한다.[47] 대신 그는 협업적 창의성

*린든 존슨은 텍사스 출신이다—옮긴이.

을 부추기고 팀을 관리하는 데 그런 자질만큼이나 유용한 자질을 갖추고 있었다. 그는 단호했다. 더 중요한 것으로 그의 단호함은 감정이나 개인적 편애가 아니라 선택할 수 있는 것들에 대한 합리적이고 정확한 분석에 기초를 두고 있었다. 동료들은 설사 그와 생각이 다르더라도 그의 결정을 존중했다. 그가 분명하고, 명쾌하고, 공정했기 때문이다. 이것이 진정한 제품 엔지니어에게 책임자 자리를 맡겼을 때 얻는 이점 가운데 하나다. 로버츠는 테일러의 부책임자로 일하는 것이 불편했기 때문에 ARPA의 최고 관리자인 찰스 헤르츠펠트와 상의하여 이곳의 선임 과학자로 지명될 수 있었다. "나는 낮에는 계약서들을 관리하고 밤에는 네트워크를 연구했다." 그는 그렇게 회고한다.[48]

반면 테일러는 익살맞고 어울리기 좋아했는데, 때로는 그것이 지나칠 정도였다. "나는 외향적인 사람이다." 그는 그렇게 말한다. 그는 매년 ARPA의 지원을 받는 연구자들을 모아 회의를 개최하고, 또 그들 밑에 있는 뛰어난 실력의 대학원생들도 모아 회의를 열었는데, 보통 파크시티, 유타, 뉴올리언스 같은 재미있는 장소를 찾아다녔다. 각 연구자에게 발표를 하게 했으며, 그런 다음에는 모든 사람이 질문도 하고 제안도 하도록 했다. 그런 식으로 그는 전국의 떠오르는 스타들을 알 수 있었고, 스스로 재능을 끌어모으는 자석이 되었는데, 이것이 그가 나중에 제록스 PARC에서 일할 때 큰 도움이 되었다. 이 덕분에 그는 또 네트워크를 구축하는 데 가장 중요한 일 한 가지를 이룰 수 있었다. 모두가 그 아이디어를 믿게 만든 것이다.

테일러는 시분할 네트워크라는 아이디어를 그것이 돕고자 하는 사람들, 즉 ARPA의 자금 지원을 받는 연구자들에게 설득할 필요가 있다는 것을 알았다. 그래서 1967년 4월 그들을 미시건 대학에서 열린 회의에 초대하고, 로버츠에게 발표를 맡겼다. 로버츠는 임대 전화선을 통해 컴퓨터 센터들이 연결될 것이라고 설명했다. 그는 가능한 설계 방식 두 가지를 묘사했다. 하나는 오마하 같은 장소에 중앙 컴퓨터를 두고 이 컴퓨터가 정보를 라우팅하는 시스템이고, 또 하나는 이곳저곳에서 나온 선들이 서로 엇갈려 마치 고속도로 지도처럼 보이는 그물 같은 시스템이었다. 로버츠와 테일러는 갈수록 후자의 탈중심적 접근 방법을 선호하게 되었다. 그쪽이 더 안전했기 때문이다. 후자에서 정보는 이 노드 저 노드를 거쳐 목적지에 도달할 수 있었다.

참가자들 가운데 다수는 네트워크에 참여하는 것을 망설였다. "대학들은 일반적으로 누구하고도 자신의 컴퓨터를 공유하고 싶어 하지 않았다." 로버츠는 말한다. "그들은 자기 기계를 사서 구석에 감추어놓고 싶어 했다."[49] 또 네트워크에 참여하면 트래픽을 라우팅해야 했는데, 컴퓨터의 귀중한 처리 시간을 그런 일에 야금야금 빼앗기는 것도 원치 않았다. 처음 이의를 제기한 사람은 MIT 인공 지능 연구실의 마빈 민스키와 스탠퍼드로 옮겨간 그의 전 동료 존 매카시였다. 그들은 자신들의 컴퓨터가 이미 최대로 이용되고 있다고 말했다. 그런데 왜 다른 사람들이 그것을 이용하기를 바라겠는가? 나아가 그들은 알지도 못하는 언어로 작동하는 알지도 못하는 컴퓨터에서 오는 네트워크 트래픽을 전송하는 부담을 져야 할 터였다. "두 사람 모두 컴퓨팅 능력이 떨어질 것이며, 따라서 참가하고 싶지 않다고 말했다." 테일러는 그렇게 회고한다. "나는 그들에게 참가해야만 한다고 말했다. 그렇게 하면 우리 쪽에서 컴퓨터에 들어가는 자금이 3분의 1로 줄어들 것이기 때문이었다."[50]

테일러는 설득력이 있었고 로버츠는 집요했다. 또 그들은 참가자들에게 그들 모두가 ARPA의 재정 지원을 받고 있다는 점을 지적했다. "우리는 네트워크를 만들 것이고 여러분은 거기에 참여할 것입니다." 테일러는 단호하게 말했다. "그리고 여러분은 여러분의 기계를 그것에 연결하게 될 것입니다."[51] 네트워크에 연결하기 전에는 컴퓨터 구입 자금을 더 지원받지 못할 것이라고 엄포를 놓았다.

때로는 회의에서 의견을 교환하다 아이디어가 불꽃처럼 튀어나오기도 한다. 미시건 대학에서 열린 이 회의의 말미에도 네트워크에 대한 반대를 흩어버리는 데 도움이 되는 아이디어가 나왔다. 아이디어를 내놓은 인물은 링컨 연구소에서 LINC라는 별명의 개인용 컴퓨터를 구상하던 웨스 클라크였다. 그는 대형 컴퓨터의 시분할 처리를 장려하는 것보다는 개인적 용도를 위한 컴퓨터를 개발하는 데 관심이 있었기 때문에 회의에 별로 주의를 기울이지 않았다. 그러나 회의가 끝나갈 때쯤 왜 연구 센터들이 네트워크라는 아이디어를 받아들이기 힘들어하는지 깨달았다. "회의가 끝나기 직전에 갑자기 다른 모든 문제보다 선결해야 하는 문제가 무엇인지 깨달았던 기억이 난다." 그는 말한다. "나는 래리에게 문제를 해결할 방법이 보이는 것 같다는 내용의 메모를 건넸다."[52] 테일러가 운전하는 렌터카를 타고 공항으로 가는 길에 클라크는 로버츠와 다른 동료 둘에게 자신의 아이디어를 설명했다. ARPA는 각 연구 기관의 연구용 컴퓨터에 데이터 라우팅을 강요해서는 안 된다, 클라크는 그렇게 주장했다. 그러지 말고 각 연구 기관에서 라우팅을 처리할 표준화된 미니컴퓨터를 지급해야 한다. 그러면 연구 기관의 대형 연구용 컴퓨터는 ARPA에서 공급한 라우팅용 미니컴퓨터와 연결하는 간단한 일만 하면 될 것이다. 미니컴퓨터 구축에는 세 가지 이점이 있었다. 호스트에 있는 메인프레임의 부담을 없애다시피 해주고, ARPA에 네트워크를 표준화할 힘을 주고, 데이터 라우팅이 소수의 대규모 허브에 의해 통제되지 않으므로 완전히 분산된 방식으로 작동할 수 있게 된다.

테일러는 즉시 그 아이디어를 수용했다. 로버츠는 몇 가지 질문을 한 뒤 동의했다. 이제 네트워크는 클라크가 제안한 표준화된 미니컴퓨터로 관리될 터였다. 미니컴퓨터는 '인터페이스 메시지 처리 장치Interface Message Processor(IMP)'라고 부르게 되었다. 나중에는 그냥 '라우터router'라고 부르게 된다.

공항에 도착했을 때 테일러는 누가 이 IMP를 만들 것이냐고 물었다. 클라크는 그 답은 분명하다고 말했다. 리클라이더가 일하고 있는 케임브리지의 회사 BBN에 맡겨야 한다는 것이었다. 그러나 차 안에는 ARPA에서 규정 준수 문제를 책임지는 앨 블루도 있었다. 그가 프로젝트를 연방 계약 기준에 따라 입찰에 부쳐야 한다는 점을 지적했다.[53]

1967년 10월 테네시 주 개틀린버그에서 열린 후속 회의에서 로버츠는 네트워크 수정 계획안을 발표했다. 또 'ARPA 네트Net'라는 이름도 지었는데, 이것은 나중에 ARPANET으로 바뀌었다. 그러나 한 가지 문제가 여전히 해결되지 않았다. 두 장소를 잇는 네트워크를 이용한 통신에 전화처럼 전용선이 필요할 것인가? 아니면 전화선의 시분할 시스템과 마찬가지로 복수의 데이터 스트림이 동시에 선 하나를 공유하는 실용적인 방법이 있을 것인가? 후자와 같은 모델에 대한 사양이 같은 달에 펜타곤의 한 위원회에서 제안된 바 있었다.

그때 영국 출신 젊은 엔지니어 로저 스캔틀베리가 일어나서 자신의 상사인 영국 국립 물리학 연구소의 도널드 데이비스의 연구를 설명하는 논문을 발표했다. 여기에 문제의 답이 있었다. 데이비스가 '패킷'이라고 부른 작은 단위로 메시지를 쪼개는 방법이었다. 스캔틀베리는 이 아이디어는 RAND의 폴 베어런이라는 연구원이 독립적으로 발전시켰다고 덧붙였다. 발표가 끝난 뒤 래리 로버츠를 비롯한 여러 사람이 그 방식을 더 배우기 위해 스캔틀베리 주위에 모여들었고, 이어 술집으로 자리를 옮겨 밤늦게까지 토론했다.

패킷 교환: 폴 베어런, 도널드 데이비스, 레너드 클라인록

네트워크상에서 데이터를 보내는 방법에는 여러 가지가 있다. 가장 단순한 방법으로 전화 시스템에서 사용되는 회선 교환이 있다. 통화가 지속되는 동안 신호가 전송될 수 있도록 일군의 스위치로 전용 회로가 만들어지며, 통화 휴지 간격이 아무리 길어도 접속 상태가 유지된다. 또 하나의 방법으로는 전신 기사들이 저장 전달 교환이라 부르는 메시지 교환이 있다. 이 방식에서는 하나의 메시지에 주소 헤더가 더해진 다음 네트워크로 전송되고, 메시지는 노드에서 노드를 거쳐 천천히 목적지를 향해 전달된다.

저장 전달 교환의 한 형태인 패킷 교환은 그보다 훨씬 효율적인 방법으로, 패킷이라 불리는 동일한 크기의 작은 단위로 메시지를 쪼갠 다음 각 패킷에 목적지가 명시된 주소 헤더를 부여하는 것이다. 각 패킷은 그때그때 가장 상황이 좋은 링크를 이용하여 노드와 노드를 따라 움직이면서 네트워크를 통해 목적지를 찾아간다. 특정 링크에 데이터가 지나치게 많이 몰리면 패킷의 일부는 대체 경로로 방향을 바꾼다. 패킷이 모두 목적지 노드에 도착하면 헤더에 명시된 지침에 따라 하나로 합쳐진다. "마치 긴 편지를 수십 장의 엽서로 쪼개고 각 엽서에 번호를 적은 다음 모두 동일한 주소를 적어 보내는 것과 같다." 인터넷의 선구자 가운데 한 사람인 빈트 서프는 그렇게 설명한다. "어떤 엽서는 다른 길을 따라 목적지에 도달하기도 하지만, 목적지에서 다시 하나로 합쳐진다."[54]

스캔틀베리가 개틀린버그에서 설명했듯이, 패킷 교환 네트워크를 처음으로 완전하게 구상한 사람은 폴 베어런이라는 엔지니어였다. 그의 가족은 그가 두 살 때 폴란드에서 미국으로 이민을 가 필라델피아에 정착했으며, 아버지는 그곳에서 작은 식료품점을 운영했다. 베어런은 1949년 드렉셀을 졸업한 뒤 프레스퍼 에커트와 존 모클리가 새로 세운 컴퓨터 회사에 들어가 UNIVAC의 부품을 테스트하는 업무를 맡았다. 그는 로스앤젤레스로 이사하여 UCLA에서 야간 강좌를 수강했고, RAND 코포레이션에 취직했다.

1955년 러시아에서 수소 폭탄을 실험하자 베어런은 필생의 사명을 발견했다. 그건 바로 핵 대학살을 막는 데 기여하자는 것이었다. 어느 날 회사에 출근하여 공군에서 보내온 주간 연구 필요 주제 목록을 훑어보던 중, 적의 공격에도 살아남을 수 있는 군용 통신 시스템 건설과 관련된 주제가 눈에 들어왔다. 그는 이런 시스템이 상호 핵무기 공격을 막는 데 도움이 될 것임을 알았다. 어느 한 편이 자국의 통신 시스템이 완전히 망가질 수도 있다는 위협을 받게 되면 긴장이 고조되는 경우 선제 공격에 나설 가능성이 높았다. 그러나 공격에도 버틸 수 있는 통신 시스템을 갖추고 있다면 각국은 모험을 무릅쓸 필요를 느끼지 않을 터였다.

베어런은 두 가지 핵심 아이디어를 떠올리고, 1960년부터 차례로 발표하기 시작했다. 첫 번째 아이디어는 네트워크가 중앙에 집중되지 않아야 한다는 것이었다. 교환과 라우팅을 모두 제어하는 주요 허브가 존재하지 않아야 한다는 것이다. 또 AT&T의 전화 시스템이나 주요 항공

도널드 데이비스(1924~2000).

폴 베어런(1926~2011).

레너드 클라인록(1934~).

빈트 서프(1943~)와 밥 칸(1938~).

사의 항로도처럼 단순한 분권화를 통해 여러 지역 허브에 통제권을 부여하는 일도 방지해야 했다. 적이 그런 허브를 몇 개 제거하면 시스템이 무력해질 수 있었기 때문이다. 따라서 제어권은 완전히 분산시켜야 했다. 다시 말하면 각 노드가 데이터의 흐름을 교환하고 라우팅할 수 있는 동등한 권한을 가져야 했다. 이것은 장차 인터넷을 정의하는 특징이 된다. 이런 태생적 속성 덕분에 인터넷은 개인에게 권한을 위임하여 중앙집권적 통제에 저항하도록 할 수 있게 된다.

베어런은 그물처럼 보이는 네트워크를 그렸다. 모든 노드가 트래픽을 라우팅할 권한을 가지고 있었고, 각각은 여러 개의 다른 노드와 연결되어 있었다. 노드 중 어느 하나가 파괴되면, 트래픽은 방향을 바꾸어 다른 경로를 따라가게 된다. "중앙 통제는 없다." 베어런은 그렇게 설명했다. "각 노드에서는 단지 국지적 라우팅 정책을 수행할 뿐이다." 그는 각 노드에 연결된 링크가 서너 개밖에 없다 해도 이 시스템은 거의 무한한 탄력성과 생존 가능성을 지니게 될 것이라고 생각했다. "3개 내지 4개의 중복 수준만 구현되어도 이론적 한계만큼이나 강력한 네트워크가 형성될 것이다."[55]

"네트워크를 강력하게 만들 방법을 생각했으니, 이제 이 그물 같은 형태의 네트워크를 통해 신호를 얻는 문제를 해결해야 했다." 베어런은 그렇게 이야기한다.[56] 이렇게 해서 그의 두 번째 아이디어, 즉 데이터를 표준 크기의 작은 블록으로 쪼개는 아이디어가 등장했다. 메시지는 이런 수많은 블록으로 쪼개지고, 그 각각은 다른 경로를 따라 네트워크의 수많은 노드를 통과한 다음 목적지에 이르러 다시 합쳐지는 것이다. "보편적으로 표준화된 메시지 블록은 아마도 1,024비트로 이루어질 것이다. 메시지 블록의 대부분은 그 유형을 불문하고 전송될 데이터에 의해 채워지고, 나머지는 오류 검출이나 라우팅 데이터 같은 관리 정보를 포함하게 될 것이다."

그러다 베어런은 혁신의 냉혹한 현실 가운데 하나와 부딪혔다. 기성 관료제는 변화에 저항한다는 현실이었다. RAND는 공군에 패킷 교환 네트워크 아이디어를 추천했고, 공군은 철저한 검토 끝에 네트워크를 구축하기로 결정했다. 그러나 국방부는 그런 일은 모두 '방위 통신국Defense Communications Agency'에서 맡아야 한다고 선언했다. 그래야 모든 하위 부서에서 그것을 이용할 수 있다는 것이었다. 베어런은 방위 통신국이 그런 일을 해낼 의향도 능력도 없다는 것을 깨달았다.

베어런은 회선 교환 음성 네트워크를 패킷 교환 데이터 네트워크로 보완하라고 AT&T를 설득하려 했다. "그들은 필사적으로 싸웠다." 그는 회고한다. "그들은 그것을 막으려고 온갖 짓을 다 했다." 그들은 심지어 RAND가 회로도도 사용하지 못하게 했기 때문에 베어런은 유출된 회로도를 이용해야 했다. 그는 맨해튼 남부의 AT&T 본부를 여러 번 찾아갔다. 한번은 구식 아날로그 엔지니어인 고위 임원이 데이터가 전송되는 동안 접속 상태가 유지되는 전용 회로가 필요하지 않다는 베어런의 시스템 이야기를 듣고 멍한 표정을 지었다. "그는 방 안의 동료들을 둘러보며 도저히 믿을 수 없다는 뜻으로 눈알을 굴렸다." 베어런은 그렇게 말한다. 잠시 후 임원은 말했다. "젊은이, 전화란 이렇게 작동하는 거라네." 그러면서 생색을 내듯이 기존 시스템을 아주 단순화하여 설명하기 시작했다.

베어런이 계속해서 메시지를 잘게 쪼개 작은 패킷으로 네트워크를 통해 전송할 수 있다는 이 터무니없는 생각을 밀어붙이자, AT&T에서는 그를 비롯한 다른 외부인들을 초청하여 자사의 시스템이 작동하는 방식을 설명하는 일련의 세미나를 열었다. "시스템 전체를 설명하는 데 발표자가 94명이나 필요했다." 베어런은 놀란 표정으로 그렇게 말한다.

세미나가 끝나자 AT&T 임원은 베어런에게 물었다. "이제 패킷 교환이 왜 안 되는지 알겠소?" 그러나 베어런이 "아니요." 하고 대답하자 그들은 크게 실망했다. AT&T는 혁신가가 흔히 마주치는 딜레마에 처한 것이다. 그들은 기존 회로에 너무 많은 투자를 했기 때문에 완전히 새로운 유형의 데이터 네트워크에 난색을 표했다.[57]

베어런의 작업은 1964년에 완성되어 열한 차례에 걸쳐 발표된 「분산 통신론On Distributed Communications」에서 그 공학적 분석이 제시된다. 그는 이것을 비밀로 분류하지 말자고 고집했다. 이런 시스템은 러시아도 같은 것을 가지고 있어야 가장 효과적일 수 있었기 때문이다. 밥 테일러는 이것을 일부 읽었지만 그 외에는 ARPA의 다른 누구도 읽지 않았다. 그래서 베어런의 아이디어는 거의 영향을 주지 못하다가 마침내 1967년 개틀린버그 회의에서 래리 로버츠의 눈길을 끌었다. 로버츠는 워싱턴으로 돌아가 베어런의 논문을 찾아내 먼지를 털어내고 읽기 시작했다.

로버츠는 또 스캔틀베리가 개틀린버그에서 요약 발표했던 영국의 도널드 데이비스 연구팀의 논문들도 입수했다. 데이비스는 1924년 웨일스의 탄광 사무직원의 아들로 태어났는데, 아버지는 아들이 태어나고 몇 달 뒤에 세상을 떠났다. 어린 데이비스는 포츠머스에서 어머니와 함께 살았으며, 어머니는 영국의 전화 시스템을 운영하는 영국 '중앙우체국General Post Office'에서 일했다. 전화 회선을 가지고 놀며 유년 시절을 보낸 데이비스는 런던의 임페리얼 칼리지에서 수학과 물리학 학위를 받았다. 전시에는 버밍엄 대학에서 클라우스 푹스—나중에 소련의 스파이라는 것이 밝혀졌다—의 조수로 핵무기 튜브용 합금을 만드는 일을 했다. 이후 데이비스는 앨런 튜링과 함께 런던 국립 물리학 연구소에서 프로그램 내장식 컴퓨터인 자동 컴퓨팅 엔진을 만드는 일을 했다.

데이비스는 두 가지 관심사를 좇았다. 하나는 컴퓨터 시분할로, 그는 이것을 1965년에 MIT를 방문했을 때 배웠다. 또 하나는 전화선을 이용한 데이터 통신이었다. 이 아이디어들이 머릿속에서 결합하자 통신선 이용을 극대화하기 위하여 시분할과 유사한 방법을 찾아내자는 목표가 떠올랐다. 여기에서 데이비스는 베어런과 같은 개념에 이르게 되었다. 즉, 아주 작은 크기의 메시지 단위가 효율적이라는 생각이었다. 또 그것을 표현할 오래된 좋은 영어 단어를 제시했는데, 그것이 패킷packet이었다. 데이비스는 중앙우체국에 이 시스템을 채택하라고 설득하다가 베어런이 AT&T의 문을 두드릴 때 부딪혔던 문제에 맞닥뜨리게 되었다. 그러나 워싱턴에서 열렬한 지지자를 찾게 된다. 래리 로버츠는 이들의 아이디어를 환영했을 뿐 아니라 패킷이라는 표현도 채택했다.[58]

세 번째, 그러나 약간 논란이 있는 기여자는 네트워크의 데이터 흐름 전문가 레너드 클라인록으로, 명랑하고 붙임성 있고 이따금씩 자신을 치켜세우는 이 인물은 MIT에서 박사 과정을 밟던 중 연구실을 함께 쓰던 래리 로버츠와 가까운 친구 사이가 되었다. 클라인록은 뉴욕시티의 가난한 이민자 가정에서 성장했다. 여섯 살 때 슈퍼맨 만화를 읽던 도중 건전지 없이 광석 수신기를 만드는 방법이 나온 것을 보고 전자공학에 대한 관심에 불이 붙었다. 그는 두루마리 휴지 한 통, 아버지의 면도날 하나, 전선, 연필에서 긁어낸 흑연을 모은 다음 어머니에게 맨해튼 남부로 가는 지하철을 타고 전자 제품 가게에 데려다달라고 하여 가변 커패시터를 사왔다. 그는 장치를 작동하는 데 성공했고, 이로써 전자공학에 대한 평생에 걸친 매혹이 자리 잡았다. "나는 그것에 여전히 경외감을 느낀다." 그는 그 수신기를 그렇게 회상한다. "지금 생각해도 마법 같다." 그는 정부 잉여 물자 전문점에서 진공관 매뉴얼을 손에 넣고 대형 쓰레기 수거함에서 버려진 라디오를 주운 다음 독수리처럼 그 부품들

을 파헤쳐 라디오를 만들었다.[59]

학비가 필요 없는 뉴욕 시립대도 갈 형편이 못 되었기 때문에 낮에는 전자 제품 회사에서 일하고 밤에 야간 강좌를 들었다. 야간 강사들은 주간 강사들에 비해 실용적인 자세를 가지고 있었다. 클라인록은 선생이 트랜지스터 이론을 가르치기보다는 트랜지스터가 열에 얼마나 민감한지 말해주고 회로를 설계할 때 최적 온도에 맞게 조정하는 법을 알려주었다고 기억한다. "주간에는 그런 실용적은 것을 절대 배울 수 없다." 그는 그렇게 회고한다. "주간 강사들은 그런 것을 알지도 못한다."[60]

그는 졸업 뒤 MIT에서 박사 과정을 밟을 수 있는 장학금을 받아 대기待機 이론을 공부했다. 이것은 줄을 서서 기다리는 평균 시간이 다양한 요인에 따라 달라지는 양상 등의 문제를 살펴보는 것이다. 그는 박사 논문에서 데이터 교환 네트워크에서 메시지가 어떻게 흐르고 병목 현상이 어떻게 발생하는지 분석하는 데 기초가 되는 몇 가지 수학 공식을 정리했다. 클라인록은 로버츠와 연구실을 같이 썼을 뿐 아니라 이반 서덜랜드와 급우였으며, 클로드 섀넌과 노버트 위너의 강의를 들었다. "그곳은 지적 광채가 찬란하게 빛나는 곳이었다." 그는 당시의 MIT를 그렇게 회고한다.[61]

어느 날 밤늦게 클라인록은 지친 몸으로 MIT 컴퓨터 연구소에서 기계를 돌리고 있었다. TX-2라 불리는 거대한 실험용 컴퓨터였다. 그때 '프스스스스스스' 하는 소리가 들렸다. "몹시 걱정이 되었다." 그는 회상한다. "기계의 부품을 수리하려고 빼낸 곳에 빈 공간이 있었는데, 눈을 들어 그 공간을 보니 눈 두 개가 나를 마주 보고 있었다!" 래리 로버츠가 장난을 친 것이었다.[62]

기운이 넘치는 클라인록과 자제력이 엄청나게 강한 로버츠는 성격 차이에도 불구하고(또는 어쩌면 그것 때문에) 계속 친구로 지냈다. 그들은 함께 라스베이거스의 카지노에 가 꾀로 승부를 내는 것을 좋아했다. 로버츠는 높은 카드와 낮은 카드 양쪽을 모두 추적하여 블랙잭에서 카드를 세는 책략을 생각해내고, 이것을 클라인록에게 가르쳐주었다. "한 번은 힐튼에서 게임을 하다 쫓겨난 적이 있다. 아내도 함께였는데 카지노 매니저들이 천장을 통해 우리를 지켜보고 있다가 내가 인슈어런스에 거는 것을 보고 의심하게 된 것이다. 내가 들고 있는 패가 높은 카드가 많이 남아 있지 않다는 것을 알고 있지 않다면 그렇게 할 수 없는 패였기 때문이다." 로버츠는 그렇게 회고한다. 트랜지스터와 발진기로 만든 계수기를 이용하여 룰렛 테이블에서 공의 궤도를 계산하려는 책략도 있었다. 공의 속도를 측정하여 공이 마지막에 휠의 어느 면에 자리를 잡을 것인지 예측하여 좀 더 승산이 높은 쪽에 돈을 걸려는 속셈이었다. 로버츠는 필요한 자료를 모으기 위해 데이터 리코더를 감추려고 손을 거즈로 쌌다. 딜러의 조수는 뭔가가 있다고 짐작하고 그들을 보며 물었다. "다른 팔도 부러뜨려줄까?" 로버츠와 클라인록은 그런 일은 피하는 게 좋겠다고 판단하고 자리를 떴다.[63]

클라인록은 1961년에 쓴 MIT 박사 논문 제안서에서 거미줄 같은 네트워크의 교통 체증을 예측하기 위한 수학적 기초를 탐사하겠다고 제안했다. 이 논문을 비롯한 관련 논문에서 그는 저장 전달 네트워크에 대해 설명했지만—"각 노드에 저장 장치가 있는 통신망"—메시지가 동일한 크기의 작은 단위로 쪼개지는 순수한 패킷 교환 네트워크에 대해 설명하지는 않았다. 그는 "메시지가 망을 통과하면서 겪는 평균적 지연"이라는 문제를 다루면서 메시지를 조각내는 것을 포함하는 우선순위 구조가 문제 해결에 도움이 될 것이라고 분석했다. 그러나 그는 '패킷'이라는 표현을 쓰지도 않았고, 이와 밀접하게 닮은 개념을 도입하지도 않았다.[64]

클라인록은 사교적이고 열심히 일하는 동료였지만, 공을 주장하는 문제에서는 과묵한 리클라이더와 완전히 달랐다. 그는 나중에 자신이 박사 논문과 그것을 제안하는 소논문(둘 다 베어런이 RAND에서 패킷 교환을 만들어내기 시작한 뒤에 쓴 것이다)에서 "패킷 교환의 기본적 원리"와 "인터넷의 토대가 되는 테크놀로지인 패킷 네트워크의 수학적 이론을 발전시켰다"고 주장하여 다른 많은 인터넷 개발자들과 소원해지게 된다.[65] 그는 1990년대 중반부터 "현대 데이터 네트워킹의 아버지"로 인정받으려는 운동을 열심히 전개하기 시작했다.[66] 1996년 한 인터뷰에서는 "내 논문이 패킷 교환의 기본 원리를 제시했다"고 주장했다.[67]

그러자 다른 수많은 인터넷 선구자들이 격렬한 반응을 보였다. 그들은 클라인록을 공개적으로 비난하면서 메시지를 작은 조각으로 쪼갤 수 있다고 간략히 언급한 것은 패킷 교환을 제안한 것과 거리가 멀다고 말했다. "클라인록은 대충 얼버무리는 사람이다." 밥 테일러는 그렇게 말한다. "자신이 패킷 교환 발명과 어떤 식으로든 관련이 있다는 주장은 전형적이고 고질적인 자기 과장이며, 그는 처음부터 이런 짓을 했다."[68] (클라인록은 이렇게 반박한다. "테일러는 자신이 받아야 한다고 생각하는 만큼 인정받은 적이 없기 때문에 불평을 하는 것일 뿐이다.")[69]

패킷이라는 용어를 만들어낸 영국의 연구자 도널드 데이비스는 상냥하고 과묵한 인물로 한 번도 자신의 업적을 자랑한 적이 없다. 사람들은 그가 지나칠 정도로 겸손하다고 말했다. 그러나 그는 생을 마감할 무렵 사후에 공개할 것을 요구한 논문에서 놀랄 만큼 강한 표현으로 클라인록을 공격했다. "1964년까지 클라인록이 진행한 연구로 판단해보면 그가 패킷 교환을 처음 제시했다고 말할 수 없다." 데이비스는 철저한 분석 끝에 그렇게 썼다. "그가 책에서 시분할 대기열 규칙에 관하여 언급한 구절은 최종 결론까지 파고들어가면 패킷 교환에 이를 수 있었을지 모르지만, 그는 그렇게 하지 않았다. (중략) 나는 그가 패킷 교환의 원리를 이해했다는 증거를 찾을 수 없다."[70] BBN의 네트워크 제어 센터를 관리했던 엔지니어 알렉스 매켄지는 나중에 더 퉁명스럽게 말한다. "클라인록은 패킷화 아이디어를 도입했다고 주장하는데 이것은 말도 안 된다. 1964년의 책 어디에도 패킷화 아이디어를 주장하거나 분석하거나 암시하는 내용은 없다." 그는 클라인록의 주장을 "터무니없다"고 일축했다.[71]

클라인록에 대한 반발은 워낙 격렬하여 2001년에 케이티 하프너가 《뉴욕 타임스》에 쓴 기사의 주제가 되기도 했다. 기사에서 그녀는 인터넷 선구자들 사이에서 일반적인 동료애가 넘치는 분위기는 패킷 교환 개념에 대한 클라인록의 우선권 주장으로 박살이 났다고 썼다. 실제로 패킷 교환의 아버지로 알려질 자격이 있는 폴 베어런은 앞으로 나서서 "인터넷은 사실 수많은 사람들의 작업"이라고 말하면서, 관련자 대부분은 자신의 공을 주장하지 않는다고 날카롭게 말했다. "다만 이 작은 사례만 상궤를 벗어난 것으로 보인다"고 그는 클라인록을 비난했다.[72]

흥미롭게도 1990년대 중반까지는 클라인록도 패킷 교환 아이디어를 제시한 공을 다른 사람들에게 돌렸다. 그는 1978년 11월에 발표한 논문에서 베어런과 데이비스가 그 개념의 선구자들이라고 말했다. "1960년대 초 폴 베어런은 RAND 코포레이션의 일련의 논문에서 데이터 네트워크의 몇 가지 속성을 기술했다. (중략) 1968년 영국 국립 물리학 연구소의 도널드 데이비스는 패킷 교환 네트워크에 관해 쓰기 시작했다."[73] 마찬가지로 분산 네트워크의 발전을 기술한 1979년 논문에서 클라인록은 1960년대 초 자신의 작업을 언급하지도 인용하지도 않았다. 1990년이라는 늦은 시기까지도 그는 여전히 베어런이 처음으로 패킷 교환을 구상했다고 공언했다. "나라면 그[베어런]가 최초로 아이디어를 제시한 공로가 있다고 말하겠다."[74] 그러나 클라인록은 2002년에 재발간된 1979년 논문의 새 머리말에서 이렇게 주장했다. "나는 패킷 교환의 기초가 되는 원리를 발전시켜, 1961년에 그 주제에 관한 최초의 논문을 발표했다."[75]

공평하게 말하자면, 클라인록은 1960년대 초 자신의 작업에서 패킷 교환이 만들어졌다고 주장하건 하지 않건 인터넷의 선구자로서 큰 존경을 받았을 것이다(지금도 받아 마땅하다). 그가 네트워크의 데이터 흐름에 관한 초기의 중요한 이론가이고, ARPANET을 구축하는 작업에서 귀중한 지도자였다는 것에는 논란의 여지가 없다. 그는 메시지가 노드에서 노드로 전달될 때 그것을 쪼개는 효과를 최초로 계산한 사람들 가운데 한 명이었다. 또 로버츠는 그의 이론 작업이 귀중하다고 생각하여 그를 ARPANET의 구현 팀으로 불러들였다. 혁신은 좋은 이론과 더불어 그 이론을 실행에 옮길 수 있는 집단에 속할 기회가 있는 사람들이 이루어낸다.

클라인록 논란이 흥미로운 것은 인터넷 창조자들 대부분이—인터넷 자체를 메타포로 사용하자면—완전히 분산된 논공행상 시스템을 선호한다는 것을 보여주기 때문이다. 그들은 자신이 다른 사람들보다 중요하다고 주장하는 어떠한 노드도 본능적으로 고립시키고 피해갔다. 인터넷은 창조적 협업과 분산적 의사 결정이라는 기풍에서 태어났으며, 그 건립자들은 그런 유산을 보호하기 바랐다. 이것은 그들의 인격에—그리고 인터넷 자체의 DNA에도—깊이 뿌리박혀 있었다.

핵과 관련이 있었을까?

인터넷과 관련하여 일반적으로 받아들여지는 이야기 가운데 하나는 핵 공격에서 살아남도록 제작되었다는 것이다. 밥 테일러와 래리 로버츠를 비롯하여 인터넷의 수많은 설계사들은 그 말에 격분하는데, 이 두 사람은 특히 되풀이하여 집요하게 이런 기원 신화가 허구라고 폭로했다. 그러나 디지털 시대의 수많은 혁신과 마찬가지로 인터넷에도 수많은 원인과 기원이 있었다. 따라서 참여자마다 다른 각도에서 바라볼 수밖에 없다. 명령 계통에서 테일러와 로버츠보다 위에 있었고, 자금 지원 결정이 실제로 어떤 이유에서 이루어졌는지 더 잘 아는 몇 사람은 그런 폭로가 허구라고 폭로하기 시작했다. 이 여러 겹의 꺼풀을 벗겨보자.

폴 베어런이 RAND 보고서에서 패킷 교환 네트워크를 제안했을 때 제시한 근거의 하나는 핵 공격에서 살아남을 수 있다는 것이었다. "첫 번째 공격을 버티어낸 다음 똑같이 갚아줄 수 있는 전략적 시스템이 필요했다." 그는 그렇게 설명한다. "문제는 우리에게 살아남을 수 있는 통신 시스템이 없다는 것이었다. 따라서 미국 미사일을 겨냥한 소련 미사일이 전화 통신 시스템 전체를 없애버릴 수도 있었다."[76] 이것은 불안정한 일촉즉발의 상황을 낳는다. 한 나라가 통신과 대응 능력이 적의 공격으로 완전히 파괴될지도 모른다고 우려할 경우 선제공격에 나서게 될 가능성이 높아진다. "패킷 교환의 기원은 냉전이라고 해도 좋다." 그는 말한다. "나는 도대체 어떻게 하면 신뢰할 만한 명령과 통제 시스템을 구축할 수 있는가 하는 문제에 깊은 관심을 가졌다."[77] 그래서 1960년에 베어런은 "적의 공격 뒤에도 주요한 통신국 수백 개가 서로 소통할 수 있는 통신 네트워크"를 고안하기 시작했다.[78]

그것이 베어런의 목표였을지 모르지만, 그가 공군을 설득하여 그런 시스템을 구축하는 데 실패했다는 사실을 기억하자. 대신 그의 생각은 로버츠와 테일러가 채택했으며, 이들은 공격에서 살아남을 네트워크가 아니라 ARPA 연구자들을 위한 자원 공유 네트워크를 만들려고 했을 뿐이라고 주장했다. "사람들은 폴 베어런이 안정된 핵 방어 네트워크에 관해 쓴 것을 ARPANET에 갖다 붙였다." 로버츠는 그렇게 말한다. "물론, 이 둘은 서로 아무런 관계가 없었다. 내가 의회에서 말한 것은 이것이 세계—군의 세계만이 아니라 민간인의 세계도 포함한다—과학의 미래를 위한 것이며, 군도 세상 나머지 사람들과 똑같이 혜택을 볼 것이라는 점이었다. 하지만 이것은 분명히 군용은 아니었다. 그리고 나는 핵전쟁을 언급하지 않았다."[79] 언젠가 《타임》지가 인터넷이 핵 공격 후에도 통신을 확보하기 위해 구축되었다고 보도하자 테일러는 편집자들에게 그 점을 정정하는 내용의 편지를 썼다. 그러나 《타임》은 그 편지를 싣지 않았다. "그들은 자기들의 정보원이 정확하다고 주장하면서 편지를 반송했다." 테일러는 그렇게 회상한다.[80]

《타임》의 정보원은 명령 계통에서 테일러보다 위에 있었다. 이 네트워크 프로젝트의 책임을 맡은 ARPA의 IPTO에서 일하던 사람들은 자신들의 프로젝트가 핵 공격에서 살아남는 것과 아무런 관계가 없다고 진지하게 믿었을지 모르지만, ARPA에서 더 높은 지위에 있던 사람들은 실제로 그것이 그 핵심적 사명 가운데 하나라고 믿었다. 또 그들은 그런 식으로 의회를 설득하여 계속 자금 지원을 받을 수 있었다.

스티븐 루카시크는 1967년부터 1970년까지 ARPA의 부책임자였으며, 그 뒤 1975년까지 책임자 자리를 맡았다. 그는 1968년 6월 로버츠가 네트워크를 구축하는 작업을 진행해도 좋다는 공식 허가와 예산을 얻어낼 수 있었다. 베트남에서 구정 대공세와 미라이 학살이 벌어지고 나서 불과 몇 달 뒤의 일이었다. 반전 항의가 고조되고 있었고 유수의 대학들에서 학생들이 폭동을 일으켰다. 국방부의 자금이 단지 학술 연구자들 사이의 협업을 위해 설계되는 비싼 프로그램에 아낌없이 흘러들어갈 상황이 아니었다. 마이크 맨스필드 상원을 비롯한 몇 사람은 군의 임무와 직접 관련이 있는 프로젝트에만 자금 지원을 하도록 요구하기 시작했다. 루카시크는 말한다. "이런 환경에서 단순히 연구자들의 생산성을 높이기 위한 네트워크에 돈을 많이 끌어오는 것은 매우 힘든 일이었을 것이다. 그런 근거는 강력하다고 볼 수가 없었다. 하지만 패킷 교환이 네트워크가 피해를 입었을 때도 생존 가능성이 더 높고 더 튼튼하다는 아이디어는 강력한 근거가 될 수 있었다. (중략) 전략적 상황에서도—핵 공격을 받는다는 뜻이다—대통령이 여전히 미사일 기지와 통신할 수 있다는 뜻이었으니까. 따라서 장담하거니와, 내가 자금 지급 서류에 서명을 한 것은—1967년부터였는데—내가 납득한 목적이 바로 그것이었기 때문이다."[81]

2011년 루카시크는 일반적인 믿음이 되어버린 이야기, 즉 ARPANET이 군사 전략적인 이유로 건설된 것이 아니라는 이야기를 재미있게 여기면서도 약간 짜증이 났다. 그래서 「ARPANET을 만든 이유Why Arpanet Was Built」라는 짧은 글을 써서 동료들에게 돌렸다. "ARPA의 존재와 유일한 목적은 새로운 국가 안보 관심사에 부응하는 것이었다. 이 경우에는 핵무기의 존재와 그 사용의 억제를 위한 군사력의 명령과 통제가 가장 큰 관심사였다."[82]

이것은 그 이전에 ARPA를 맡았던 사람들 가운데 한 명인 찰스 헤르츠펠트, 즉 1965년 밥 테일러의 시분할 연구 제안을 승인했던 빈 출신 망명자의 진술과 정면으로 배치된다. "ARPANET은 지금 많은 사람들이 주장하듯이 핵 공격에서 살아남을 '명령 통제 시스템'을 만들려고 출발한 것이 아니었다." 헤르츠펠트는 오랜 세월 뒤에 그렇게 주장했다. "그런 시스템을 만드는 것은 분명히 중요한 군사적 요구지만, 그런 일을 하는 것이 ARPA의 임무는 아니었다."[83]

대립하는 양측과 관련하여 ARPA가 인정하는 두 가지 반半 공식적인 이야기가 전해져온다. "ARPANET이 어떤 식으로든 핵전쟁에 저항하는 네트워크를 만드는 것과 관련이 있다고 주장하는 루머가 퍼지기 시작한 것은 RAND 연구에서부터였다." '인터넷 협회Internet Society'가 쓴 역사는 그렇게 말한다. "그러나 이것은 ARPANET에는 전혀 해당하지 않는 이야기다. ARPANET과 관계가 없는 RAND 연구에만 해당할 뿐이다."[84] 반면 1995년 '국립 과학 재단National Science Foundation'의 '최종 보고서'는 이렇게 선언한다. "국방부의 고등 연구 계획국에서 자라나온 ARPANET의 패킷 교환 설계는 핵 공격에 맞서서 신뢰할 만한 통신을 제공하려는 의도에서 나왔다."[85]

그렇다면 어느 쪽 관점이 옳은가? 이 경우에는 둘 다 옳다. 실제로 네트워크를 건설한 학자와 연구자들에게는 평화로운 목적만 있었다. 프로젝트를 감독하고 자금을 지원한 사람들 가운데 일부, 특히 펜타곤과 의회에 있는 사람들에게는 군사적 근거도 있었다. 스티븐 크로커는 1960년대 말 대학원생으로서 ARPANET이 설계되는 방식을 조율하는 일의 핵심에 있었다. 그는 이 시스템이 핵 공격에서 살아남게 하는 것이 자신의 임무에 속한다고 생각해본 적이 없었다. 그러나 루카시크가 2011년 논문을 돌리자 크로커는 그것을 읽고 웃음을 지으며 자신의 생각을 수정했다. "나는 꼭대기에 있었고 당신은 바닥에 있었으니, 당신은 무슨 일이 벌어지고 있고 왜 우리가 그런 일을 하고 있는지 사실 전혀 알지 못했다." 루카시크는 그에게 그렇게 말했다. 그 말에 크로커는 재치 있게 유머로 응수했다. "나는 바닥에 있었고 당신은 꼭대기에 있었으니, 당신은 무슨 일이 벌어지고 있고 우리가 무슨 일을 하고 있는지 전혀 알지 못했다."[86]

크로커가 마침내 깨달았듯이, "관련된 모든 사람이 그것이 구축된 이유에 동의하게 할 수는 없다." 크로커의 UCLA 지도 교수였던 레너드 클라인록도 같은 결론에 도달했다. "우리는 핵 공격에서 살아남을 가능성이 동기였는지 아닌지 결코 알지 못할 것이다. 그것은 대답할 수 없는 질문이다. 나에게는 군사적 근거라는 개념이 없었다. 하지만 명령 계통의 위로 올라가면 어떤 사람들은 틀림없이 핵 공격에서 살아남는 것이 이유였다고 말할 것이다."[87]

ARPANET은 결국 군사적 이해관계와 학술적 이해관계의 결합을 상징하게 되었다. 그 자금은 국방부가 댔는데, 국방부는 중앙집권적 통제 구조를 갖춘 위계적 명령 체계를 원하는 경향이 있었다. 그러나 펜타곤은 네트워크의 설계를 일군의 학자들에게 위임했는데, 그들 가운데 일부는 징집을 피하고 있었고 대부분은 중앙집권적 권위를 불신했다. 이들이 소수의 중앙집권적 허브에 기초를 둔 구조보다 각자 라우터를 갖춘 무한 노드 구조를 선택했기 때문에 네트워크는 통제하기가 어려웠다. "나에게는 늘 지방분권을 망網으로 구축하는 경향이 있었다." 테일러는 그렇게 말한다. "그렇게 하면 한 집단이 통제권을 얻기가 어려워진다. 나는 중앙집권적인 큰 조직을 신뢰하지 않았다. 그냥 내 천성이 그런 것을 불신했다."[88] 펜타곤은 테일러 같은 사람들을 선발하여 네트워크를 구축함으로써 자신이 완전히 통제할 수 없는 것을 낳게 되었다.

그러나 아이러니는 여기에서 끝나지 않는다. 지방분권적이고 분산된 아키텍처는 네트워크 신뢰성이 강화되는 것을 의미했다. 심지어 핵 공격에도 버틸 수 있었다. 공격에 버티는 회복력이 강한 군사용 명령과 통제 체제를 구축하는 것은 ARPA 연구자들의 연구 동기가 아니었다.

그런 생각은 마음 어느 구석에도 없었다. 하지만 이것이 결국 펜타곤으로부터 꾸준히 지원을 받고 의회로부터 프로젝트 자금을 얻어낼 수 있었던 한 가지 이유가 되었다.

ARPANET은 1980년대 초 인터넷으로 바뀐 뒤에도 계속 군과 민간 양쪽에 봉사했다. 인터넷을 창조하는 데 기여한 상냥하고 사려 깊은 사상가 빈트 서프는 이렇게 회고한다. "나는 우리 테크놀로지가 핵 공격에도 살아남을 수 있다는 것을 보여주고 싶었다." 그래서 1982년에 인공적으로 핵 공격을 모사한 일련의 실험을 수행했다. "그런 모의실험이나 시연이 많았으며, 그 가운데 일부는 대단히 야심만만했다. 여기에는 '전략 공군 사령부Strategic Air Command'도 관여했다. 한번은 현장에 공수空輸 무선 패킷 교환 장치를 띄워 모의 핵 공격으로 분리된 인터넷 파편들을 공중에서 합치는 시스템을 시험해보기도 했다." 최고의 여성 네트워크 엔지니어로 꼽히는 레이디아 펄먼은 악의적인 공격을 받았을 때 네트워크의 강건성robustness을 유지할 수 있는 MIT 프로토콜을 개발했으며, ARPANET의 생존 가능성을 더 높일 필요가 생겼을 때 그것을 분할한 뒤 재구성하는 방법들을 찾아내는 작업에서 서프를 도왔다.[89]

이런 군사적 동기와 학술적 동기의 상호 작용은 인터넷에 뿌리를 내리고 있다. "ARPANET과 인터넷의 설계는 저비용, 단순성, 소비자의 호응 같은 상업적 목표보다 생존 가능성, 유연성, 고성능 같은 군사적 가치를 선호한다." 테크놀로지 역사가 재닛 어베이트는 그렇게 말한다. "동시에 ARPA의 네트워크를 설계하고 제작한 집단은 학계 과학자들의 지배를 받았는데, 이들은 동료적 분위기, 권위의 탈중심화, 정보의 개방적 교환이라는 그들 나름의 가치를 시스템에 집어넣었다."[90] 1960년대 후반의 이런 학계 연구자들 가운데 다수는 반전, 반문화와 연결되어 있었으며, 이들은 중앙집권적 명령에 저항하는 시스템을 창조했다. 이것은 핵 공격에서 오는 모든 피해를 피해가지만, 통제를 강요하는 모든 시도 또한 피해간다.

거대한 도약: 1969년 10월, ARPANET의 등장

1968년 여름 프라하에서 시카고에 이르기까지 세상 많은 곳이 정치적 불안에 흔들리고 있을 때 래리 로버츠는 계획 중인 ARPANET의 라우터, 즉 각 연구 센터에서 인터페이스 메시지 처리 장치IMP 역할을 할 미니컴퓨터를 제작할 만한 회사에 입찰을 권유했다. 그의 계획은 폴 베어런과 도널드 데이비스의 패킷 교환이라는 개념, 웨스 클라크에 의해 제안된 표준화된 IMP라는 개념, J. C. R. 리클라이더, 레스 어니스트, 레너드 클라인록의 이론적 통찰, 그 외 많은 발명가들의 기여를 통합한 것이었다.

요청을 받은 140개 회사 가운데 여남은 개 회사만이 입찰에 참여하기로 결정했다. 일례로 IBM은 참여하지 않았다. IBM은 합리적 가격으로 제작이 불가능하다고 생각했다. 로버츠는 캘리포니아 주 몬터레이에서 위원회 회의를 소집하여 제출된 입찰서를 심사했고, 규정 준수 책임자인 앨 블루는 입찰서에 자를 갖다 대고 각 입찰서가 얼마나 두꺼운지 보여주는 사진을 찍었다.

배니버 부시가 공동 창립한 보스턴 지역의 대규모 방위산업 하청업체 레이시언이 선두 주자로 나섰고, 로버츠와 가격 협상에 나서기까지 했다. 그러나 밥 테일러가 끼어들어 이미 웨스 클라크가 주장하고 있던 견해, 즉 이 계약은 다층적 관료제로부터 자유로운 BBN에 맡겨야 한다는 견해를 밝혔다. "나는 레이시언의 기업 문화와 연구 대학은 물과 기름처럼 서로 맞지 않을 것이라고 말했다." 테일러는 그렇게 회고한다.[91] 클라크의 표현을 빌리자면 "밥은 위원회의 결정을 번복했다." 로버트도 동의한다. "레이시언은 BBN과 동등하게 경쟁할 만한 훌륭한 제안서를 냈지만, 결국 내 최종 결정에 영향을 준 특징은 BBN의 팀 조직이 더 긴밀하고, 이것을 내가 더 효과적이라고 생각했다는 것이었다." 그는 그렇게 회고한다.[92]

강한 관료주의 문화를 갖고 있던 레이시언과는 대조적으로 BBN은 민첩하게 움직이는 명민한 엔지니어들로 이루어져 있었으며, MIT 출신의 두 망명자 프랭크 하트와 로버트 칸이 이들을 이끌었다.[93] BBN은 하나의 IMP에서 다음 IMP로 패킷을 전달할 때, 보내는 IMP가 받는 IMP로부터 ACK(Acknowledgment, 수신 인식)를 받을 때까지 패킷을 보관하고, ACK가 즉시 도착하지 않는 경우 패킷을 다시 보내는 식으로 로버츠의 제안을 구체화하고 개선했다. 이것이 망 신뢰성의 핵심이 되었다. 각 단계마다 집단 창조성에 의해 설계가 개선되어 나아가고 있었다.

크리스마스 직전에 로버츠가 레이시언 대신 BBN을 선정했다고 발표하자 많은 사람이 놀랐다. 테드 케네디 상원의원은 대형 연방 프로젝트를 따낸 지역구민에게 통상적으로 보내는 전보를 BBN에 보내왔다. 케네디는 전보에서 BBN이 신앙간Interfaith* 메시지 처리 장치를 만드는 작업에 선정된 것을 축하했는데, 어떤 면에서는 인터페이스 메시지 처리 장치의 보편적인 역할을 적절히 묘사하는 말이기도 했다.[94]

로버츠는 초기 ARPANET 노드로 연구 센터 네 곳을 선정했다. 그곳은 레너드 클라인록이 일하는 UCLA, 선견지명이 있는 더글러스 엥겔바

*interface를 잘못 쓴 것—옮긴이.

트가 있는 스탠퍼드 연구소SRI, 이반 서덜랜드가 있는 유타 대학, 캘리포니아 산타바버라 대학 등이었다. 그들은 자신들에게 제공될 표준화된 IMP를 자신들의 대형 호스트 컴퓨터와 연결시키는 방법을 찾아내는 과제를 맡았다. 이 연구자들은 전형적인 고참 교수들답게 그 일을 할 다양한 대학원생을 선발했다.

이 젊은 연구팀들은 산타바버라에 모여 일을 추진할 방법을 궁리했으며, 그 과정에서 디지털 소셜 네트워크 시대에도 변함없이 확인될 진실을 발견했다. 직접 만나 문자 그대로 얼굴을 마주 보는interface 것이 유용하다—그리고 재미있다—는 것이었다. "서로 조화가 잘 이루어진다는 느낌이 들게 되는 일종의 칵테일파티 현상이 있었다." 절친한 사이이자 동료인 빈트 서프와 함께 차를 몰고 올라온 UCLA 팀의 대학원생 스티븐 크로커는 이렇게 회고한다. 그래서 그들은 각자의 본거지를 돌면서 정기적으로 만나기로 했다.

큰 얼굴에 더 큰 미소를 띠고 다니는 정중하고 예의 바른 크로커는 디지털 시대의 원형적 협업 과정 가운데 하나가 될 작업의 조율자가 되기에 적합한 인물이었다. 크로커는 클라인록과 달리 '나'라는 대명사를 거의 사용하지 않았다. 그는 공을 자기 것으로 돌리기보다는 여러 사람에게 나누는 데 관심이 있었다. 그는 남을 배려하는 사람이었기 때문에, 통제나 권위를 중앙으로 집중시키지 않으면서 집단의 조화를 이루는 방법에 대한 직관을 가지고 있었고, 이것은 그들이 만들어내려고 하는 네트워크에 아주 잘 어울렸다.

몇 달이 흘렀고, 대학원생들은 계속 만나 아이디어를 공유하며 어떤 '강력한 관리자'가 그들에게 내려와 행군 명령을 내려주기를 기다렸다. 그들은 어느 시점이 되면 동부 쪽 당국에서 호스트 컴퓨터 소재지의 단순 관리자에 불과한 이들이 복종해야 할 규칙과 규제와 규약을 돌판에 새겨 들고 나타날 것이라고 생각했다. "우리는 자청해서 나선 대학원생 무리에 지나지 않았기 때문에, 나는 당장이라도 워싱턴이나 케임브리지에서 권위자나 어른들이 무리를 지어 내려와 우리에게 규칙이 어떻게 되는지 말해줄 것이라고 확신했다." 크로커는 그렇게 회고한다. 하지만 이제 새 시대였다. 네트워크는 분산되어야 했고, 그것을 책임지는 권위도 분산되어야 했다. 네트워크의 발명과 규칙은 사용자가 만들어내게 된다. 과정은 개방된다. 자금 지원을 받기 때문에 군의 명령과 통제가 가능해지는 면도 있었지만, 그 방식은 중앙집권적 명령과 통제에 저항하게 된다. 장교들은 해커들과 학자들에게 권한을 이양했다.

그래서 1967년 4월 초 유타에서 가졌던 특별히 재미있는 모임 뒤에 이 대학원생 패거리는 스스로 '네트워크 작업 그룹Network Working Group'이라고 이름을 짓고 그들이 생각해낸 것들 몇 가지를 적어놓으면 도움이 될 것이라고 생각했다.[95] 그리고 정중하고 허세 없는 태도로 해커 무리를 매혹시켜 합의를 끌어낼 수 있던 크로커에게 그 과제를 맡겼다. 그는 주제넘게 보이지 않는 접근 방법을 찾으려고 애썼다. "나는 우리가 이야기하고 있는 것을 적어놓는 행동만으로도 권위가 있는 척하는 것이라 누군가—아마도 동부의 어떤 어른이—찾아와 우리에게 고함을 지를 것이라고 생각했다." 그는 예의를 지키고 싶은 마음 때문에 말 그대로 며칠 밤을 새웠다. "나는 여자 친구와 그녀의 부모 집에서 살고 있었는데, 우리에게는 그녀가 전에 만난 남자와 낳은 아기도 있었다. 밤에 사람들을 방해하지 않고 작업을 할 수 있는 곳은 욕실뿐이었다. 나는 거기에 벌거벗고 서서 메모를 갈겨나갔다."[96]

크로커는 이 제안 및 실천 목록에 독단적이지 않은 제목이 필요하다는 것을 알았다. "비공식적 성격을 강조하려다 보니 그 각각을 '논평 요청Request for Comments(RFC)'으로 부르자는 멍청하고 하찮은 아이디어가 떠올랐다. 그게 실제로 요청이든 아니든." 그러나 이것은 인터넷 시대의 협업을 권장하는 완벽한 표현이었다. 친근하고, 으스대지 않고, 모두를 끌어안을 수 있고, 우애가 넘쳤다. "어쩌면 그 시절에 특허나 다른 구속을 피한 것이 도움이 되었을 것이다. 프로토콜을 통제하고자 하는 경제적 유인이 전혀 없었기 때문에 합의에 이르기가 훨씬 쉬웠다." 크로커는 40년 뒤에 그렇게 썼다.[97]

첫 RFC는 1969년 4월 7일에 나와, 구식의 편지 봉투에 담겨 우편 송달 시스템을 거쳐 전달되었다. (아직 네트워크 발명 전이라 이메일 같은 것은 없었다.) 크로커는 어떤 간섭적 태도도 없는 따뜻하고 일상적인 말투로 각 기관의 호스트 컴퓨터가 새로운 네트워크를 연결하는 방식을 구상하자는 과제를 제시했다. "1968년 여름 동안 초기 4개 노드의 대표들이 여러 번 만나 호스트 소프트웨어에 관해 논의했다." 그는 그렇게 썼다. "나는 이 자리에서 현재까지 이루어진 몇 가지 잠정적 합의와 더불어 아직까지 해결되지 않은 몇 가지 문제를 제시합니다. 여기 적힌 것 가운데 확고하게 결정된 것은 하나도 없으며 여러분의 응답을 기대하고 있습니다."[98] RFC 1을 받은 사람들은 자신들이 프로토콜 압제자 무리의 명령을 받고 있다기보다는 재미있는 과정에 참여하고 있다는 느낌을 받았다. 그들이 이야기하는 것이 네트워크였으니, 모든 사람을 그 안으로 끌어들이는 것은 말이 되는 이야기였다.

RFC 프로세스는 소프트웨어, 프로토콜, 콘텐츠 등의 오픈소스 개발 과정에 선구적 역할을 했다. "이런 열린 프로세스 문화는 인터넷이 지금처럼 몰만하게 성장하고 진화하게 하는 데 핵심적이었다." 크로커는 나중에 그렇게 말했다.[99] 더 넓게 보자면 이것은 디지털 시대의 협업을 위한 기준이 되었다. RFC 1이 나오고 나서 30년 뒤 빈트 서프는 '위대한 대화The Great Conversation'라는 제목의 철학적 RFC를 썼는데, 이것은 "옛날

옛적, 머나먼 네트워크에서는……"이라는 말로 시작한다. 서프는 RFC가 시작된 비공식적 방식을 묘사한 뒤 이렇게 말을 이어나간다. "RFC의 역사에는 협업을 달성하기 위한 인간 제도의 역사가 감추어져 있다."[100] 이것은 거창한 성명이었는데, 좀 지나치다는 느낌도 있지만 내용 자체는 사실이었다.

일련의 RFC에 대한 결과로 호스트-IMP 연결 표준이 만들어진 1969년 8월 말, IMP가 클라인록의 연구소로 배송되었다. 물건이 UCLA의 하역장에 도착했을 때에는 크로커, 클라인록, 다른 팀 구성원들, 서프와 샴페인을 들고 온 그의 부인 시그리드 등 여남은 명이 나가서 환영했다. 그들은 IMP가 냉장고만 한 데다가 외부가 군용 기계—실제로 군용 기계였다—의 시방서에 따라 희미한 회색 강철로 포장되어 있는 것을 보고 놀랐다. 그들은 바퀴를 굴려 IMP를 컴퓨터실에 집어넣고 플러그를 꽂은 다음 바로 가동을 해보았다. BBN은 과연 일을 훌륭하게 처리하여, 예산을 초과하지 않으면서 제시간에 납품을 했다.

그러나 기계 한 대로는 네트워크가 만들어지지 않는다. ARPANET이 진정으로 가동되기 시작한 것은 두 번째 IMP가 스탠퍼드 대학 캠퍼스 변두리의 SRI에 배달되었을 때였다. 10월 29일에 연결을 할 준비가 끝났다. 이 사건은 이들의 성격에 어울리게 별일 아닌 것처럼 지나갔다. 몇 주 전 5억 명이 텔레비전으로 지켜보는 가운데 달에서 일어났던 '한 인간에게는 작은 발걸음, 인류에게는 거대한 도약' 같은 드라마는 전혀 없었다. 그냥 크로커와 서프가 지켜보는 가운데 학부생 찰리 클라인이 SRI의 연구원과 함께 작업을 진행하기 위해 전화기 헤드셋을 끼고 자판을 두들겨 로그인 과정을 밟으며 UCLA에 있는 자신의 단말기가 네트워크를 거쳐 750킬로미터 떨어진 팰로앨토의 컴퓨터와 연결되기를 바랐을 뿐이다. 그는 'L'이라고 쳐 넣었다. SRI 쪽 연구원은 받았다고 말했다. 그다음에는 'O'라고 쳐 넣었다. 이 또한 확인되었다. 다음에 'G'라고 쳐 넣는 순간 자동 완성 기능 때문에 기억 장치에 문제가 생겨 시스템이 멈추었다. 그럼에도 첫 메시지는 ARPANET을 가로질러 송신된 셈이었으며, 그 메시지는 비록 '이글호가 착륙했다'라든가 '신이 이루어낸 일'처럼 웅변적이지는 않았지만 그 나름의 겸허한 방식으로 이 작업에 어울렸다. 'Lo.' '자, 보아라Lo and behold' 하고 말할 때의 Lo. 클라인은 일지에 놀랄 만큼 미니멀리즘적인 기록을 남겼다. "22:30. 호스트 대 호스트로 SRI와 대화. CSK."[101]

1969년 하반기였다. 우드스톡, 채퍼퀴딕 사건, 베트남 전쟁 항의 시위, 찰스 맨슨, 시카고 8인 재판, 알타몬트 콘서트라는 소란 가운데, 각각 거의 10년 동안 준비되어온 세 가지 역사적인 기획이 동시에 정점에 이른 셈이다. NASA에서는 인간을 달에 보냈다. 실리콘 밸리의 엔지니어들은 프로그래밍 가능한 컴퓨터를 마이크로프로세서라 불리는 칩에 얹는 방법을 고안해냈다. 그리고 ARPA에서는 멀리 있는 컴퓨터들을 연결할 수 있는 네트워크를 만들었다. 그러나 이 가운데 첫 번째 사건만이 (어쩌면 이들 가운데 역사적으로 가장 의미가 적기 때문에?) 신문 헤드라인 기사가 되었다.

인터넷

ARPANET은 아직 인터넷이 아니었다. 그저 하나의 네트워크에 불과했다. 몇 년이 지나지 않아 비슷한 패킷 교환 네트워크들이 생겨났으나 이들은 서로 연결되어 있지 않았다. 예를 들어 제록스 PARC는 자신들이 1970년대 초에 설계하던 사무실 워크스테이션을 연결할 국지 네트워크를 원했고, 그 무렵 하버드에서 박사 학위를 따고 그곳에서 일하던 밥 멧카프는 '이더넷Ethernet'이라고 명명한 고대역폭 시스템을 만들기 위해 동축 케이블(케이블 텔레비전 박스에 연결되는 케이블 종류)을 이용하는 방법을 창안했다. 이것은 'ALOHA네트'라고 알려진, 하와이에서 개발된 무선 네트워크를 모델로 했는데, 이 네트워크는 극초단파UHF와 위성 신호를 통해 패킷 데이터를 전송했다. 나아가서 샌프란시스코에는 'PRNET'이라고 알려진 패킷 라디오 네트워크가 있었으며, PRNET의 위성 버전인 'SATNET'도 있었다. 그러나 상호 유사성에도 불구하고 이런 패킷 교환 네트워크들은 호환이 되거나 상호 정보 교환이 되지 않았다.

1973년 초 로버트 칸이 이런 문제를 해결하러 나섰다. 그는 이 모든 네트워크를 서로 연결할 방법이 있어야 한다고 판단했으며, 또 그런 일을 할 수 있는 위치에 있었다. 그는 BBN에서 IMP를 개발하는 일을 돕다가 그곳을 나와 ARPA의 IPTO의 프로젝트 매니저가 되었다. 그는 ARPANET, 그다음에는 PRNET에서 일한 이력이 있었기 때문에 이것들과 다른 패킷 네트워크를 연결할 방법을 고안하는 것을 자신의 사명으로 삼았고, 그와 동료들은 이런 시스템을 '인터네트워크internetwork'라고 부르기 시작했다. 얼마 후 이 말은 약간 줄어 '인터넷internet'이 되었다.

칸은 이런 노력에서 파트너가 되어줄 사람으로 빈트 서프를 선택했다. 그는 RFC를 쓰고 ARPANET의 프로토콜을 궁리하는 그룹에서 스티븐 크로커와 함께 활약한 인물이었다. 서프는 로스앤젤레스에서 자랐으며, 그의 아버지는 아폴로 우주 계획에 필요한 엔진을 만드는 회사에서 일했다. 그는 고든 무어와 마찬가지로 화학 실험 용품을 갖고 놀며 성장했는데, 그 시절에는 재미있으면서도 위험한 일이었다. "우리는 분말 마그네슘, 분말 알루미늄, 유황과 글리세린과 과망간산칼륨 같은 것들을 가지고 놀았다." 그는 그렇게 회고한다. "이것들을 한꺼번에 쏟아부으면 펑 터지면서 불길이 치솟았다." 5학년 때 수학을 지겨워하자 선생은 그에게 7학년 대수학 책을 주었다. "나는 여름 내내 그 책에 있는 모든 문제를 풀었다. 나는 문제라는 말을 가장 좋아했는데, 그것이 꼭 작은 미스터리 이야기 같았기 때문이다. 'x'가 누구인지 밝혀내야 했고, 나는 늘 'x'가 결국 무엇이 되는지 파악하는 데 호기심을 느꼈다." 그는 또 과학소설, 특히 로버트 하인라인의 소설에도 깊이 탐닉했으며, J. R. R. 톨킨의 『반지의 제왕Lord of the Rings』 3부작은 그 후 거의 평생에 걸쳐 매년 다시 읽게 되었다.[102]

미숙아로 태어난 서프는 청각에 손상을 입어 열세 살부터 보청기를 착용했다. 그 무렵부터 코트와 넥타이 차림으로 서류 가방을 들고 학교에 다니기 시작했다. "나는 다른 사람들 속에 묻히고 싶지 않았다." 그는 그렇게 말한다. "나는 달라 보이고 싶었고, 눈에 띄고 싶었다. 그런 차림은 그 목적을 달성하는 아주 효과적인 방법이었으며, 코걸이를 하는 것보다 나았다. 1950년대였기 때문에 코걸이는 아버지가 받아들이지 않았을 것이다."[103]

그는 고등학교에서 크로커와 절친한 사이가 되었으며, 그들은 주말이면 함께 과학 숙제를 하고 3D 체스를 하며 놀았다. 스탠퍼드를 졸업하고 IBM에서 2년 동안 일한 뒤에는 UCLA 박사 과정에 등록하여, 클라인록의 연구팀에서 일했다. 그는 이곳에서 밥 칸을 만났으며, 칸이 BBN, 이어 ARPA에서 일하는 동안에도 가까운 사이를 유지했다.

칸은 1973년 봄 인터네트워크 일을 시작하면서 서프를 찾아가 ARPANET 외에 그동안 생겨난 모든 패킷 교환 네트워크에 관해 이야기해주었다. "서로 다른 종류의 패킷망을 어떻게 연결할 수 있을까?" 칸이 물었다. 서프는 이 도전을 받아들였고, 두 사람은 석 달간 바짝 협업을 했으며 이것이 인터넷의 창조로 이어졌다. "그와 나는 즉시 이 문제를 놓고 의기투합했다." 칸은 나중에 그렇게 말한다. "빈트는 소매를 걷어붙이며, 자, 시작해보자 하고 말하는 종류의 사나이다. 신선한 바람이 불어오는 느낌이었다."[104]

그들은 1973년 6월 아이디어를 모으기 위해 스탠퍼드에서 회의를 조직하는 일부터 시작했다. 서프가 나중에 한 말에 따르면, 이런 협업적 접근 결과 해결책은 "모두가 한번쯤 손을 대게 되는 열린 프로토콜이라는 것이 드러났다."[105] 그러나 대부분의 일은 칸과 서프 이인조가 처리했다. 이들은 팰로앨토의 리키즈 하얏트 하우스나 덜레스 공항 옆의 호텔에 틀어박혀 논의에 열을 올렸다. "빈트는 일어서서 거미줄 같은 스케치를 하기를 좋아했다." 칸은 그렇게 회고한다. "대화를 나누다 보면 그는 말하곤 했다. '그걸 그림으로 그려보겠어.'"[106]

1973년 10월의 어느 날 서프는 샌프란시스코의 한 호텔 로비에서 그들의 방법론을 요약하는 간단한 스케치를 하고 있었다. 이 그림은 ARPANET과 PRNET 같은 다양한 네트워크를 보여주었는데, 이 네트워크에 수많은 호스트 컴퓨터들이 연결되어 있었고, 각각의 네트워크 사이에 패킷을 전달할 일군의 '게이트웨이' 컴퓨터도 있었다. 마지막으로 그들은 펜타곤 근처 ARPA 사무실에서 주말 내내 함께 지냈다. 그들은 그곳에서 거의 이틀 밤을 꼬박 새우고 마침내 근처 매리어트 호텔로 승리를 자축하는 아침 식사를 하러 갔다.

그들은 네트워크들이 각각 독자적인 프로토콜을 유지할 수 있다는 아이디어를 배격했다. 그것이 더 쉽게 먹힐 것은 분명했지만. 그들은 공통의 프로토콜을 원했다. 그렇게 하면 새로운 인터네트워크가 폭발적으로 확대될 수 있을 것이었다. 새로운 프로토콜을 사용하는 모든 컴퓨터나 네트워크가 번역 시스템 없이 연결될 수 있었기 때문이다. ARPANET과 다른 모든 네트워크 사이의 트래픽은 원활히 이어져야 했다. 그래서 그들은 모든 컴퓨터가 패킷에 주소를 부여하는 방식 및 템플릿을 동일하게 채택한다는 아이디어를 냈다. 이것은 마치 세상에서 발송되는 모든 우편엽서가 도로 번호와 도시와 나라를 밝히는 네 줄짜리 알파벳 주소를 가지는 것과 같았다.

그 결과 헤더에 패킷의 목적지를 넣는 방식과 패킷이 네트워크를 거쳐 목적지까지 가는 방법을 결정하는 것을 도와줄 방식을 구체화한 '인터넷 프로토콜Internet Protocol(IP)'이 탄생했다. 그 위에는 한 단계 높은 수준의 '전송 제어 프로토콜Transmission Control Protocol(TCP)'이 놓이게 되는데, 이것은 패킷을 올바른 순서로 다시 조합하는 방법을 알려주고, 혹시 빠진 것이 있는지 확인하고, 사라진 정보가 있으면 재전송을 요청하는 프로토콜이다. 이것은 TCP/IP라 불리게 되었다. 칸과 서프는 이것을 「패킷 네트워크 상호 연결을 위한 프로토콜A Protocol for Packet Network Interconnection」이라는 제목의 논문으로 발표했다. 인터넷이 태어난 것이다.

1989년 ARPANET 20주년 기념식이 열리자 클라인록과 서프를 비롯하여 많은 선구자들이 이 네트워크의 초기 노드가 설치되었던 UCLA에 모였다. 행사를 기념하는 시와 노래와 장난 시가 등장했다. 서프는 셰익스피어를 패러디한 '로센크란츠와 이더넷'이라는 제목의 연극을 공연했는데, 여기에서 패킷 교환과 전용회선 사이의 선택 문제를 햄릿처럼 제기했다.

> 모든 세상이 그물이로다! 그 안의 모든 데이터는 그저 패킷이로되
> 저장 전달에 이르러 한동안 줄을 서 있다가 이윽고

소식이 끊기는구나. 이것은 교환을 기다리는 네트워크로다!

교환할 것이냐 교환하지 말 것이냐! 그것이 문제로다.
그물에서 확률적 네트워크의 저장 전달을
견디는 것이 지혜로우냐,
아니면 패킷의 바다에 맞서 회로를 들어 올리고
전용으로 거기에 봉사하는 것이 지혜로우냐?[107]

한 세대 뒤인 2014년 서프는 워싱턴의 구글에서 일하며, 그들이 인터넷을 만들어냄으로써 생겨난 경이로운 일들을 즐거운 마음으로 지켜보며 놀라고 있다. 그는 '구글 안경'을 착용한 채, 매년 새로운 일이 벌어진다는 사실에 주목한다. "소셜 네트워크—나는 실험 삼아 페이스북에 가입했다—, 업무용 앱, 모바일 등 새로운 것들이 인터넷에 계속 쌓이고 있다. 인터넷은 100만 배로 확대됐다. 이렇게 무너지지 않고 계속 그런 일을 할 수 있는 것은 많지 않다. 하지만 우리가 만들어낸 그 오래된 프로토콜은 여전히 잘 돌아가고 있다."[108]

네트워크 창조성

그렇다면 누가 인터넷 발명에서 가장 큰 공을 세운 것일까? (불가피하게 나올 수밖에 없는 앨 고어 우스개는 잠시 참아두자. 고어의 역할—그렇다, 그가 한 역할이 분명히 있다—문제는 10장에서 다룰 것이다.) 누가 컴퓨터를 발명했느냐 하는 문제도 그렇지만, 이 문제의 답 또한 이것이 협업적 창조성의 한 사례라는 것이다. 나중에 폴 베어런이 테크놀로지 저술가 케이티 하프너와 매슈 라이언에게 설명할 때 사용한 아름다운 이미지는 모든 혁신에 적용된다.

> 테크놀로지 발전 과정은 성당을 짓는 것과 같다. 수백 년에 걸쳐 새로운 사람들이 나타나 오랜 기초 위에 벽돌을 하나씩 쌓는데, 이 모두가 "내가 성당을 지었다"고 말한다. 그러나 다음 달이면 이전 벽돌 위에 새로운 벽돌이 올라간다. 그러다 역사가가 나타나 묻는다. "자, 누가 성당을 지었는가?" 피터가 여기에 돌 몇 개를 보탰고, 폴이 몇 개를 더 얹었다. 조심하지 않으면 스스로를 속여 자신이 가장 중요한 역할을 했다고 믿을 수도 있다. 그러나 각각의 기여는 그 전의 작업을 따를 수밖에 없는 것이 현실이다. 모든 것이 다른 모든 것과 연결되어 있다.[109]

인터넷은 부분적으로는 정부에 의해, 부분적으로는 사기업에 의해 구축되었지만, 대부분은 동료 관계로 일하며 자유롭게 창조적 아이디어를 공유하던, 느슨하게 결합된 무리의 창조물이었다. 이런 동료 공유의 결과가 동료 공유를 촉진하는 네트워크였다. 이것은 단순한 우연이 아니었다. 인터넷은 권력이 집중되기보다는 분산되어야 하고 모든 권위적인 강권은 우회해야 한다는 믿음으로 건설되었다. '인터넷 엔지니어링 태스크 포스'의 초기 참여자 가운데 한 사람인 데이브 클라크는 이렇게 말한다. "우리는 왕, 대통령, 투표를 거부한다. 우리는 대략적 합의와 실행되는 코드를 믿는다."[110] 그 결과는 네트워크로 연결된 공유지, 크라우드소스와 오픈소스를 통한 혁신이 가능한 곳이었다.

혁신은 외톨이의 일이 아니며, 가장 좋은 예가 바로 인터넷이다. "컴퓨터 네트워크가 있으면 연구의 외로움은 연구의 공유라는 풍부함으로 대체된다." 새로운 네트워크의 공식 뉴스레터인 《ARPANET 뉴스》의 첫

호는 그렇게 선언했다.

네트워크 선구자들인 J. C. R. 리클라이더와 밥 테일러는 인터넷이 그 구축 방식 때문에 피어 투 피어 연결과 온라인 커뮤니티의 형성을 장려하는 내재적 경향이 있다는 것을 깨달았다. 이것이 아름다운 가능성을 열었다. "온라인상에서 개인의 인생은 더 행복해질 것이다. 가장 강하게 상호 작용할 수 있는 상대를, 우연히 가까이 존재한다는 사실보다는 관심이나 목표의 공통성을 기준으로 선정할 수 있기 때문이다." 그들은 미래를 내다보는 「통신 장치로서의 컴퓨터The Computer as a Communication Device」라는 논문에서 그렇게 썼다. 그들의 낙관주의는 유토피아주의에 가까웠다. "(콘솔을 살 여유가 있는 사람이라면) 모두가 자신의 소명을 찾을 많은 기회가 있을 것이다. 정보 세상 전체가 그 안의 모든 분야와 계열과 더불어 눈앞에 열릴 것이기 때문이다."[111]

하지만 그런 일이 바로 일어나지는 않았다. 1970년대 중반 인터넷이 창조된 뒤에도 그것이 변혁의 도구가 되기 위해서는 몇 가지 혁신이 더 필요했기 때문이다. 인터넷은 여전히 문이 있는 공동체로, 주로 군이나 학술기관 연구자들에게만 개방되었다. ARPANET에 대응하는 민간 네트워크가 완전히 개방된 것은 1980년대 초였으며, 대부분의 일반 가정 사용자들이 그곳에 들어가게 되기까지는 그로부터 10년은 더 기다려야 했다.

나아가서 또 한 가지 주요한 제약 요소가 있었다. 인터넷을 사용할 수 있는 사람들은 컴퓨터를 직접 손으로 만질 수 있는 사람들뿐이었는데, 그때까지도 컴퓨터는 여전히 크고, 위압적이고, 비쌌다. 전자 제품 소매점 라디오셰크로 달려가 살 수 있는 물건이 아니었던 것이다. 디지털은 컴퓨터가 진정으로 개인화되기까지는 진정한 변혁의 힘을 발휘할 수 없었다.

버스 위에서 플루트를 들고 있는 켄 키지(1935~2001).

스튜어트 브랜드(1938~).

《호울 어스 카탈로그》 1968년 가을 창간호.

8

…

개인용 컴퓨터

우리가 생각하는 대로

일반적인 개인이 손으로 만지고 집에 가져갈 수 있는 개인용 컴퓨터라는 아이디어는 1945년 배니버 부시가 처음 떠올렸다. 그는 MIT에서 대형 아날로그 컴퓨터를 제작하고 군-산-학 삼각 체제를 만드는 데 도움을 준 뒤《애틀랜틱》1945년 7월 호에 「우리가 생각하는 대로As We May Think」*라는 제목의 에세이를 발표했다.[1] 이 글에서 그는 개인의 글, 사진 또는 다른 정보를 보관하고 찾아볼 수 있는 메멕스memex라는 이름의 개인용 기계의 가능성을 제시했다. "일종의 기계화된 개인 서류철이나 서재 역할을 하는, 개인 용도로 사용되는 미래의 장치를 생각해보라. (중략) 메멕스는 개인이 자신의 모든 책, 기록, 통신 기록을 보관하고, 아주 빠른 속도로 유연하게 참조할 수 있도록 기계화된 장치다. 이것은 개인 기억의 확대된 친밀한 보완물이다." 여기에서 친밀하다는 말이 중요하

*이 글은 그가 트루먼 대통령에게 다른 획기적인 에세이 「과학, 그 끝없는 프런티어」를 제출한 달에 발표되었으며, 정부, 산업, 대학 사이에 협업 체제를 만들 것을 제안했다. 7장을 보라.

다. 부시와 그를 따르는 사람들은 사람과 기계를 가깝게 개인적으로 연결하는 방법에 초점을 맞추었다.

부시는 이 장치가 키보드 같은 '직접 입력' 메커니즘을 갖추고 있어 정보나 기록을 그 기억 장치에 직접 집어넣을 수 있을 것이라고 상상했다. 또 심지어 하이퍼텍스트 링크, 파일 공유, 프로젝트를 중심으로 협업하는 방식들을 예측하기도 했다. "완전히 새로운 형태의 백과사전이 나타날 것이다. 그 안에 사통팔달 연결되는 길들이 이미 그물눈을 이루고 있을 것이며, 이를 언제든지 메멕스로 내려받아 더 확장할 수 있을 것이다." 50년 전에 위키피디아를 예상하고 있었던 셈이다.

결과적으로 컴퓨터는 적어도 처음에는 부시가 상상한 대로 등장하지 않았다. 컴퓨터는 개인을 위한 개인용 도구이자 메모리 뱅크가 된 것이 아니라, 연구자들은 시분할로 이용하지만 일반 개인은 손댈 수 없는 산업용, 군용의 거대한 물건이 되었다. 1970년대 초에 이르면 DEC 같은 혁신적 회사들이 작은 냉장고만 한 크기의 미니컴퓨터를 만들지만, 이들도 보통 사람이 소유하고 작동할 수 있는 탁상용 모델의 시장이 있을 것이라는 생각은 받아들이지 않았다. "자기만의 컴퓨터를 원할 이유가 어디 있는가." DEC 사장은 1974년 5월 사업위원회에서 개인 소비자를 위해 PDP-8의 소형 모델을 만드느냐 하는 문제를 놓고 토론할 때 이렇게 말했다.[2] 그 결과 1970년대 중반 터져 나온 개인용 컴퓨터 혁명은 스트립몰*이나 차고의 꾀죄죄한 창업가들이 이끌게 되었으며, 이들이 알테어나 애플 같은 이름을 가진 회사를 차렸다.

*strip mall. 번화가에 상점과 식당들이 일렬로 늘어서 있는 곳—옮긴이.

문화적 혼합

개인용 컴퓨터가 가능해진 것은 수많은 테크놀로지 발전 덕분인데, 그 가운데도 가장 주목할 만한 것은 마이크로프로세서다. 이것은 아주 작은 칩에 새겨진 회로로 컴퓨터 중앙 처리 장치의 모든 기능을 통합하고 있다. 그러나 사회적 분위기도 혁신을 밀어붙이고 그 틀을 잡는 데 기여했으며, 그 결과 혁신에는 자신이 태어난 문화적 분위기의 흔적이 남게 되었다. 1960년대 초 샌프란시스코 베이 에어리어에서 부글거리던 문화적 아말감만큼 강력한 것은 드물었으며, 이것은 홈브루 컴퓨터를 생산하기 좋은 조건으로 무르익어갔다.

어떤 집단들이 이런 문화적 혼합을 이루어냈을까?[3] 이것은 웨스팅하우스나 록히드 같은 방위산업 하청업체의 성장과 더불어 이 지역으로 이주한, 셔츠에 포켓 프로텍터*를 끼우고 다니는 엔지니어들로부터 시작되었다. 그 이후에 진취적인 창업 문화가 형성되었는데, 그 예는 인텔이나 아타리로, 이곳에서는 창조성을 장려하고 답답한 관료제를 경멸했다. MIT에서 서부로 이주한 해커들은 자기 손으로 만지고 갖고 놀 수 있는 컴퓨터에 대한 갈망도 가져왔다. 또 벨 시스템의 전화선이나 대기업의 시분할 컴퓨터에 침투하는 데서 희열을 느끼는 와이어헤드**, 프레이커***, 골수 호비스트들이 만들어낸 하위문화도 있었다. 또 샌프란시스코와 버클리 대학에서는 이상주의자와 공동체 조직가들이 등장했는데, 그 가운데 한 사람인 리자 루프의 말을 빌리면 이들은 "진보적

*셔츠 호주머니에 펜 등을 넣을 때 천이 상하지 않도록 보호하는 일종의 필통—옮긴이.

**컴퓨터광을 가리키는 말—옮긴이.

***phone(전화)과 freak(괴짜) 또는 frequency(주파수)의 합성어로, 전화 시스템이나 네트워크 침입자를 가리키는 말—옮긴이.

목적을 위해 테크놀로지의 발전을 이용하고, 그럼으로써 관료적 경향에 승리를 거두는" 방법을 찾으려 했다.[4]

이런 혼합에 세 가지 반문화적 가닥이 보태졌다. 첫째로 베이 에어리어의 비트 세대에서 태어난 히피들이 있었는데, 이들의 즐거운 반항적 분위기는 사이키델릭과 록음악을 연료로 삼았다. 둘째로 뉴레프트 활동가들이 있었는데, 이들에게서 버클리 대학의 '자유 언론 운동Free Speech Movement'과 전 세계 캠퍼스의 반전 시위가 태어났다. 셋째로 '지구 전체Whole Earth' 공동체주의자들도 이들과 엮여 있었는데, 이들은 자신의 도구를 제어하고, 자원을 공유하고, 파워 엘리트들이 강요하는 순응과 중앙집권적 권위에 저항해야 한다고 믿었다.

이들 집단들 가운데 일부는 서로 달랐지만, 그들의 세계는 서로 섞여 있었고 또 많은 가치를 공유했다. 그들은 스스로 해내는 창조성을 갈망했는데, 이것은 어린 시절 히스키트 라디오를 조립하고, 대학에서 《호울 어스 카탈로그Whole Earth Catalog》를 읽고, 언젠가 코뮌에 가입하겠다는 환상을 품으면서 자라났다. 여기에는 토크빌이 크게 오해했던 바로 그 미국의 믿음, 즉 강한 개인주의와 연합의 욕망은, 특히 협업하여 창조하는 일에서는, 완전히 양립 가능하고 심지어 상호 보완적이기도 하다는 믿음이 뿌리박혀 있었다. 남자들이 품앗이로 공동체 헛간을 만들고 여자들이 모여 누비이불을 만들던 시절 이래 미국의 제작자 문화는 종종 '네 스스로 하라'는 태도보다는 '우리 스스로 한다'는 태도와 연결되어 있었다. 나아가 1960년대 말 이런 베이 에어리어 집단들 가운데 다수는 파워 엘리트에 대한 저항과 정보에 대한 접근을 그들 스스로 통제하려는 욕망을 공유했다. 테크놀로지는 위압적이고 신비하고 오웰적인 것이 아니라 공개적이고 친근하고 유쾌해야 했다. 이런 문화적 가닥들 가운데 다수를 대표하는 사람으로 꼽히는 리 펠젠스타인은 이렇게 말한다. "우리는 제도—정부건 대기업이건—의 속박으로부터 우리를 해방할 수 있는 개인용 컴퓨터가 존재하기를 바랐다."[5]

켄 키지는 이 문화적 태피스트리 가운데 히피라는 실의 뮤즈였다. 키지는 오리건 대학을 졸업한 뒤 1958년 베이 에어리어로 가 스탠퍼드의 문예창작 과정에 대학원생으로 들어갔다. 그는 정신병원에서 야간 근무를 하기도 했고 CIA의 자금 지원을 받아 환각 성분의 마약 LSD의 효과를 검사하는 실험인 '프로젝트 MK울트라'의 실험 대상이 되기도 했다. 키지는 그 약을 좋아하게, 그것도 몹시 좋아하게 되었다. 문예창작 공부, 돈을 받고 LSD를 복용한 경험, 정신병원에서 잡역부로 일한 경험이 불타오를 듯이 결합되어 그의 첫 소설 『뻐꾸기 둥지 위로 날아간 새 One Flew Over the Cuckoo's Nest』가 태어났다.

다른 사람들이 스탠퍼드 주변 동네에서 전자 회사를 창업할 때 키지는 책에서 얻은 수익과 CIA 실험에서 훔쳐올 수 있었던 약간의 LSD를 결합하여 '메리 프랭스터즈Merry Pranksters'라는 초기 히피 코뮌을 만들었다. 1964년에는 여러 색의 데이글로* 페인트를 칠한 낡은 인터내셔널 하비스터 스쿨버스에 퍼더Furthur(나중에 Further로 철자는 제대로 고쳤다)라는 이름을 붙이고 여기에 그를 따르는 무리를 태워 전국을 돌아다니는 환각 여행을 시작했다.

여행을 마친 키지는 자신의 집에서 '애시드 테스트'**를 주최하기 시작했는데, 그는 히피일 뿐 아니라 사업가이기도 했기 때문에 1965년 말

*Day-Glo. 오렌지색·노란색·녹색·분홍색이 형광색으로 된 것—옮긴이.
**acid test. 켄 키지가 주최한 일련의 LSD 환각 파티의 이름. 여기에서 acid는 LSD를 가리킨다—옮긴이.

에는 이것을 공적인 행사로 만들기로 했다. 최초의 실험은 그해 12월 산호세의 음악클럽 빅엥스에서 열렸다. 이 행사에 키지는 그가 좋아하는, 제리 가르시아가 이끄는 바 밴드를 데려왔는데, 이 밴드는 이전까지는 워록스라는 이름으로 활동했지만 이 무렵 그레이트풀 데드Grateful Dead*로 이름을 바꾸었다.[6] 꽃의 권력**이 탄생한 것이다.

동시에 이와 짝을 이루는 문화적 현상인 평화운동이 발생했는데, 이 운동도 히피의 반항 정신을 공유했다. 히피의 감수성과 반전의 감수성이 합쳐지면서 '전쟁이 아니라 사랑을 하라'고 훈계하는 환각적 포스터나 평화 상징을 문양으로 삼는 홀치기염색 티셔츠 같은 주목할 만한 시대적 상징물이 탄생했다. 이것은 지금 보면 그저 재미있게 여겨질지 모르지만 당시에는 심오하게 받아들여졌다.

히피 운동과 반전 운동은 모두 적어도 처음에는 컴퓨터를 경계했다. 테이프가 윙윙 돌아가고 불빛이 깜박이는 거대한 메인프레임은 비인간적이고 오웰적으로 보였으며, 대기업화된 아메리카, 펜타곤, '권력 구조'의 도구로 보였다. 사회학자 루이스 멈퍼드는 『기계의 신화The Myth of the Machine』에서 컴퓨터의 등장은 "인간이 수동적이고, 아무런 목적이 없고, 기계에 규정되는 동물이 된다"는 의미일 수 있다고 경고했다.[7] 버클리의 스프롤 플라자에서 샌프란시스코의 하이트-애슈베리에 이르는 평화 시위와 히피 코뮌에서는 천공 카드에 인쇄된 문구 '접거나 꽂거나 훼손하지 마시오'가 아이러니가 담긴 표어가 되었다.

그러나 개인용 컴퓨터의 가능성이 생겨나던 1970년대 초에는 태도

*1960년대 중후반에 미국의 히피 문화를 이끈 록 밴드—옮긴이.
**flower power. 사랑과 평화, 반전을 부르짖던 1960~70년대의 청년 문화로 '사랑과 평화'라고 번역하기도 한다—옮긴이.

가 바뀌기 시작했다. "컴퓨팅은 관료적 통제의 도구로 거부되다가 개인적 표현과 해방의 상징으로 환영받았다." 존 마코프는 이 시기의 역사를 다룬 『겨울잠쥐의 말을 기억하라What the Dormouse Said』에서 그렇게 말했다.[8] 새로운 시대의 선언문 역할을 한 『미국의 녹색화The Greening of America』에서 예일 대 교수 찰스 라이크는 대기업적이고 사회적인 낡은 위계를 비난하고 협업과 개인적 위임을 장려하는 새로운 구조를 요구했다. 그는 컴퓨터를 낡은 권력 구조의 도구라고 개탄하는 대신 더 개인적으로 만들면 사회적 의식 변화에 도움이 될 수 있다고 주장했다. "그 기계는 이미 제작되었기 때문에 이제 인간적인 목적을 위해 이용해야 한다. 그래야 인간은 다시 한번 창조적인 힘이 되어, 자신의 삶을 갱신하고 창조할 수 있다."[9]

기술 부족部族주의가 나타나기 시작했다. 노버트 위너, 벅민스터 풀러, 마샬 맥루한 같은 테크 구루*의 저작들이 코뮌과 기숙사의 필독서가 되었다. 1980년대에 이르자 LSD 전도사 티머시 리어리는 유명한 만트라 '달아오르고 파장을 맞추고 내려놓으라'를 '켜고 부팅하고 접속하라'로 갱신하게 된다.[10] 리처드 브로티건은 1967년 칼텍의 궁정시인이라고 부를 만했는데, 그해에 시 〈사랑이 넘치는 은총의 기계가 모든 것을 감독한다〉에서 새로운 분위기를 포착했다.[11] 그 시는 이렇게 시작한다.

맑은 하늘에 닿는
순수한 물처럼
포유류와 컴퓨터가

*테크놀로지의 스승이라는 뜻—옮긴이.

서로 프로그래밍하며
조화 속에서 함께 사는
사이버네틱스의 초원을
생각하고 싶다(그것도
빠를수록 좋다!)

스튜어트 브랜드

테키*와 히피 사이의 이런 연결을 가장 잘 체현하고 또 가장 활기차게 장려한 사람은 홀쭉한 몸에 의욕이 넘치고, 늘 이를 환히 드러내며 미소를 짓는 스튜어트 브랜드였는데, 그는 수십 년에 걸쳐 다양하고 재미있는 문화 운동의 교차로에 키다리 요정처럼 반짝 등장하곤 했다. "반문화의 중앙집권적 권위에 대한 경멸은 개인용 컴퓨터 혁명 전체에 철학적 기초를 제공했다." 그는 1995년 《타임》에 발표한 에세이 「우리는 그 모든 것을 히피에게 빚지고 있다We Owe It All to the Hippies」에서 그렇게 썼다.

> 히피의 공동체주의와 해방적 정책은 현대 사이버 혁명의 뿌리를 형성했다. (중략) 우리 세대 대부분은 컴퓨터가 중앙집권적 통제의 구현체라고 경멸했다. 그러나 아주 소수의 집단—나중에 '해커'라는 이름을 얻었다—은 컴퓨터를 환영하면서 이것을 해방의 도구로 바꾸는 일에 착수했다. 이것이 결국 미래로 가는 진정한 왕도가 되었다. (중략) 문명이 중

*기술, 특히 전자 분야에 열광하는 사람—옮긴이.

앙집권적 메인프레임 컴퓨터로부터 벗어나도록 의식적으로 이끌고 나아간 젊은 컴퓨터 프로그래머들.[12]

브랜드는 1938년 일리노이 주 록퍼드에서 태어났으며, 그의 아버지는 광고대행사의 파트너였고 디지털 기업가들의 많은 아버지가 그랬던 것처럼 아마추어 무선기사였다. 브랜드는 스탠퍼드에서 생물학을 전공한 뒤 ROTC로 군대에 가 보병 장교로 2년간 복무하면서 공수 훈련을 받기도 했고 육군 사진사로 일하기도 했다. 그런 뒤에 행위예술과 테크놀로지가 서로 얽히는 그 흥미진진한 시기에 여러 공동체를 이리저리 돌아다니며 즐겁게 살기 시작했다.[13]

놀라운 일도 아니지만, 브랜드는 테크노/창조의 첨단을 걷는 생활을 하다 보니 LSD를 일찌감치 실험해보게 되었다. 그는 1962년 스탠퍼드 근처의 사이비 임상 시설에서 이 약을 소개받은 후 키지의 메리 프랭스터즈 모임에 자주 참석했다. 그는 또 USCO라 불리던 멀티미디어 예술 집단의 사진작가이자 기술자이자 제작자이기도 했다. USCO는 애시드 록 음악, 테크놀로지의 묘기, 섬광 전구, 투사된 이미지, 청중 참여를 유도하는 공연 등의 행사를 제작했다. 이따금씩 마샬 맥루한, 딕 앨퍼트를 비롯한 새로운 시대의 예언자들의 강연을 개최하기도 했다. USCO는 홍보 문서에서 "신비주의와 테크놀로지 숭배를 결합하고 그것을 기초로 내성內省과 소통으로 나아간다"고 언급했다. 테크노 심령론자들에게 어울리는 신조라고 할 만하다. 테크놀로지는 창조성의 영토를 넓히고, 마약이나 음악처럼 반항을 표현하기 위한 도구였다.

1960년대의 시위 구호 '민중에게 권력을'은 뉴레프트 운동가들이 사용하자 브랜드의 귀에 공허하게 들리기 시작했다. 그러나 컴퓨터는 개인의 권한 확대에 진정한 기회를 제공하는 것으로 보였다. "'민중에게 권력을'이라는 말은 낭만적인 거짓말이었다." 그는 나중에 말한다. "사회 변화에는 정치보다 컴퓨터가 큰 역할을 했다."[14] '스탠퍼드 인공 지능 연구소Stanford Artificial Intelligence Lab'를 방문한 그는 1972년 《롤링 스톤》에 쓴 기사에서 그곳이 "메리 프랭스터즈의 애시드 테스트 이후 가장 시끌벅적하고 바쁜 현장이었다"고 썼다. 그는 이런 반문화와 사이버문화의 결합이 디지털 혁명의 비법임을 깨달았다. 그는 "컴퓨터 과학을 설계하는 프리크*들"이 "부유하고 막강한 제도"로부터 권력을 빼앗을 것이라고 말했다. "준비가 되었든 아니든 컴퓨터는 민중에게 다가오고 있다. 그것은 좋은 소식이다. 어쩌면 환각제 이후 가장 좋은 소식일 수도 있다." 그는 이런 유토피아적인 비전이 "노버트 위너, J. C. R. 리클라이더, 존 폰 노이만, 배니버 부시 같은 과학 선조들의 낭만적 환상과 일치한다"고 덧붙였다.[15]

브랜드는 이 모든 경험을 통하여 1960년대 반문화의 생산적인 사건 가운데 하나로 1966년 1월 샌프란시스코 롱쇼맨즈 홀에서 열린 '트립스 페스티벌Trips Festival'의 감독이자 기술 책임자가 되었다. 12월 내내 일주일에 한 번씩 열리던 애시드 테스트의 즐거움을 맛본 뒤 브랜드는 키지에게 사흘간 계속되는 확장판을 열자고 제안했다. 이 호화 쇼는 브랜드도 구성원으로 참여하는 '아메리카 니즈 인디언즈America Needs Indians'의 등장으로 시작되었으며, 이들은 하이테크 광선 쇼, 슬라이드 상영, 음악, 미국 원주민 댄서의 춤을 보여주고 들려주는 '감각 중추'를 공연했다. 그 뒤에는 안내장에서 "계시, 음향 투사, 무한한 폭발, 경이의 집합, 액체 투사, 재즈 마이스 밴드 공연"이라고 묘사한 것이 이어졌다. 그러나 이것은 개막일 밤 행사에 지나지 않았다. 다음 날 밤에는 키지가 등

*freak. 광적으로 몰두하는 사람이나 히피를 가리키는 말—옮긴이.

장했다. 키지는 며칠 전 노스비치에 있는 브랜드의 집 옥상에서 마약 때문에 체포되었지만 보석으로 나와 지휘대에 올라가 행사를 조율했다. 이 행사에는 메리 프랭스터즈와 그들의 사이키델릭 심포니, 비그 브러더 앤드 홀딩 컴패니, 그레이트풀 데드, 헬스 에인절스 오토바이 폭주족이 참여했다. 작가 톰 울프는 뉴 저널리즘의 중요한 작업인 『전기 쿨-에이드 애시드 테스트The Electric Kool-Aid Acid Test』에서 테크노델릭의 본질을 다시 포착하려 했다.

> 빛과 영화가 홀을 이리저리 쓸고 다녔다. 영사기 다섯 대가 돌아갔고, 조명기계, 간섭계는 몇 대나 있는지 알 수도 없었으며, 은하간 과학소설의 바다가 벽 전체를 덮고 있었고, 홀을 빙 둘러 스피커가 불이 붙은 샹들리에처럼 튀어나와 있었으며, 스트로브가 폭발했고, 그들 밑에는 데이글로를 칠한 검은 전등과 마음대로 갖고 놀 수 있는 데이글로가 있었으며, 입구마다 가로등이 빨간빛과 노란빛을 번쩍거렸고, 레오타드 차림의 괴상한 젊은 여자들 무리가 개를 부르는 호루라기를 불며 가장자리를 따라 뛰어다녔다.

마지막 밤에는 더 열광적으로 테크놀로지를 기념했다. "모든 쇼의 공통 요소가 전기이기 때문에 이날 저녁은 핀볼 기계를 자극제로 하여 현장에서 실시간으로 프로그램을 짤 것이다." 안내장은 그렇게 의기양양하게 말한다. "청중은 엑스테틱 드레스를 입고 자기가 쓸 기기를 가져오도록 권한다(AC 전원이 제공될 것이다)."[16]

그렇다. 마약, 록 음악, 테크놀로지—애시드와 AC 전원!—를 결합한 트립스 페스티벌은 왠지 어울리지 않는 조화였다. 그러나 이것은 의미심장하게도 개인용 컴퓨터 시대를 형성하는 융합—테크놀로지, 반문화, 기업가 정신, 기기, 음악, 예술, 공학의 융합—을 핵심적으로 보여주고 있었다. 그런 요소들은 스튜어트 브랜드에서 스티브 잡스에 이르기까지 실리콘 밸리와 하이트-애슈베리의 접점에서 편안함을 느끼는 일군의 베이 에어리어 혁신가들을 낳았다. "트립스 페스티벌을 통해 스튜어트 브랜드는 반문화의 기업가로 떠올랐다. 하지만 테크노크라시의 틀 안에 깊이 들어가 있는 형태였다." 문화사가 프레드 터너는 그렇게 쓰고 있다.[17]

트립스 페스티벌 한 달 후인 1966년 2월 브랜드는 샌프란시스코의 노스비치에 있는 그의 집 자갈 깔린 옥상에 앉아 LSD 100마이크로그램을 즐기고 있었다. 그는 스카이라인을 물끄러미 바라보다가 벅민스터 풀러가 했던 말을 반추해보았다. 우리가 세계를 작고 둥글다고 인식하지 않고 평평하고 무한히 뻗어 있다고 인식하는 것은 지구를 우주에서 본 적이 없기 때문이라는 말이었다. LSD의 영향으로 그는 지구가 작다는 것, 그리고 다른 사람들도 그 점을 이해하는 것이 중요하다는 것에 깊이 공감하기 시작했다. "이것을, 세상의 불행을 들어 올릴 수 있는 이 근본적인 지레 받침점을 널리 알려야만 했다." 그는 그렇게 회고한다. "사진 한 장이 있으면 될 것 같았다. 지구 너머 우주에서 찍은 천연색 사진 한 장. 그러면 둥둥 떠 있는 완전하고 아주 작은 지구를 모두가 볼 수 있을 것이고, 그러면 모두가 세상을 과거와는 다른 눈으로 보게 될 터였다."[18] 그는 그렇게 하면 사람들이 큰 틀에서 생각을 하게 될 것이고, 지구의 모든 거주자와 공감하게 될 것이고, 서로 연결되었다는 느낌을 받게 될 것이라고 보았다.

그는 NASA를 설득하여 그런 사진을 찍게 하겠다고 결심했다. 그래서, LSD에서 얻은 색다른 지혜로, 트위터 이전 시대 사람들이 말을 퍼뜨릴 수 있는 방법을 찾아냈다. 수백 개의 배지를 만들기로 한 것이다. "왜 우리는 아직 지구 전체의 사진을 보지 못했을까?" 거기에는 그렇게 적혀 있었다. 그의 생각은 바보 같을 정도로 단순했다. "나는 앞뒤로 메고 다닐 수 있는 광고판을 준비하여 데이글로를 칠하고 앞에 작은 판매용 선반을 달았다. 그리고 흰색 점프슈트와 부츠 차림으로 수정 하트와 꽃으로 장식한 무대의상용 중절모를 쓰고 버클리의 새더 게이트에서 데뷔했다. 거기서 하나에 25센트를 받고 배지를 판 것이다." 대학 관리들은 그를 캠퍼스에서 쫓아내는 은혜를 베풀었다. 그 덕분에 《샌프란시스코 크로니클》에 바로 기사가 났고, 이것이 그의 일인 운동의 홍보에 큰 도움을 주었다. 그는 전국의 대학을 다니며 배지를 팔다가 마침내 하버드와 MIT까지 갔다. "저게 대체 누군가?" MIT 학장은 브랜드가 배지를 팔면서 즉흥 연설을 하는 것을 보고 물었다. "제 동생입니다." MIT 강사이던 피터 브랜드는 그렇게 대답했다.[19]

1967년 11월 NASA가 요구를 받아들였다. NASA의 ATS-3 위성에 의해 3만 3,800킬로미터 상공에서 찍힌 지구의 사진이 브랜드의 다음 사업인 《호울 어스 카탈로그》의 표지 사진으로 등장했을 뿐 아니라 제목에도 영감을 주었다. 제목이 암시하듯이 이것은 카탈로그였지만(어쨌든 그런 형식을 취했다), 상업주의와 공동체주의의 구분을 교묘하게 흐린 것이었다. 부제는 '도구에 다가가는 법Access to Tools'으로, 땅으로 돌아가자는 반문화의 감수성과 테크놀로지의 권력 분산이라는 목표를 결합하고 있었다. 브랜드는 창간호 첫 페이지에 이렇게 썼다. "친밀하고 개인적인 권력이 발전하고 있다. 스스로 자신의 교육을 수행하고, 자신의 영감을 찾고, 자신의 환경을 형성하고, 관심 있는 모든 사람과 모험을 공유하는 개인의 권력이다. 《호울 어스 카탈로그》는 이런 과정을 돕는 도구를 모색하고 장려한다." 벅민스터 풀러는 "나는 믿을 만하게 작동하는 기구와 메커니즘에서 신을 본다"라고 시작하는 시로 그 뒤를 이었다. 창간호에는 노버트 위너의 책 『사이버네틱스Cybernetics』와 HP의 프로그래밍 가능한 계산기, 사슴가죽 재킷과 구슬 같은 물건들이 등장했다. 그 밑에 깔린 전제는 지구 사랑과 테크놀로지 사랑이 공존할 수 있고, 히피는 엔지니어들과 함께 노력해야 하고, 미래는 AC 전원이 제공되는 축제가 되어야 한다는 것이었다.[20]

브랜드의 접근 방식은 뉴레프트의 정치적인 것이 아니었다. 또 돈으로 살 수 있는 게임과 기기를 찬양한 것으로 보아 심지어 반물질주의도 아니었다. 하지만 그는 LSD를 복용하는 히피에서 엔지니어와 테크놀로지의 중앙집권적 통제에 저항하고자 하는 공동체적 이상주의자에 이르기까지 그 시대의 많은 문화적 가닥들을 누구보다 잘 묶어냈다. "브랜드는《호울 어스 카탈로그》를 통해 개인용 컴퓨터 개념의 마케팅 작업을 했다." 그의 친구 리 펠젠스타인은 그렇게 말한다.[21]

더글러스 엥겔바트

《호울 어스 카탈로그》 창간호가 나온 직후 브랜드는 1966년 1월의 트립스 페스티벌에서 그가 보여주었던 테크노 안무의 묘한 복제판 같은 행사를 제작하는 데 도움을 주었다. 1968년 12월에 열린 '모든 데모의 어머니the Mother of All Demos'라는 제목의 호화 쇼는 트립스 페스티벌이 히피 문화에서 중요한 역할을 했듯이 개인용 컴퓨터 문화에서 중요한 사건이었다. 이런 일이 벌어졌던 것은 브랜드가 흥미로운 사람들에게 자석처럼 끌리고 또 애착을 느꼈기 때문이다. 이번에는 더글러스 엥겔바트라는 이름의 엔지니어로, 그는 컴퓨터가 인간 지능을 증강하는 방식을 찾아내는 것을 자신이 열정을 바칠 필생의 과제로 삼은 인물이었다.

엥겔바트의 아버지는 전기 엔지니어로, 오리건 주 포틀랜드에서 라디오를 판매하고 수리하는 가게를 운영했다. 퍼시픽 노스웨스트에서 수력 발전 댐의 관리를 맡고 있던 할아버지는 가족을 데리고 거대한 발전소 안으로 들어가 터빈과 발전기가 돌아가는 것을 보여주기를 좋아했다. 따라서 엥겔바트가 전자공학에 열정을 품게 된 것은 자연스러운 일이었다. 그는 고등학교에서 해군이 레이더라고 부르는 신비한 새 테크놀로지를 배울 기술자를 훈련시키는 비밀 프로그램을 진행 중이라는 이야기를 듣고, 그 프로그램에 합류하기 위해 열심히 공부한 끝에 성공을 거두었다.[22]

그는 해군에 복무하던 중 큰 깨달음을 얻었다. 그를 태운 배가 샌프란시스코 베이 브리지 바로 남쪽에서 막 출항하여 다들 작별 인사로 손을 흔들고 있을 때 일본이 항복하고 제2차 세계대전이 끝났다는 선내 방송이 나왔다. "우리는 모두 소리를 질렀다." 엥겔바트는 그렇게 회고한다. "배를 돌려! 돌아가서 축하하자!" 그러나 배는 계속 앞으로, "안개 속으로, 뱃멀미를 무시하고 나아가" 필리핀 제도의 레이트 만에 이르렀다.[23] 엥겔바트는 레이트 섬에서 틈날 때마다 말뚝 위에 지은 초가집 안의 적십자 도서관에 틀어박혔고, 거기에서 《라이프》지가 삽화를 잔뜩 실어 재수록한 배니버 부시의 《애틀랜틱》 기고문 「우리가 생각하는 대로」를 읽고 매혹되었다. 개인용 메멕스 정보 시스템을 상상한 글이었다.[24] "사람들이 작업하고 생각하는 것을 돕는다는 생각만으로도 나는 무척 흥분했다." 엥겔바트는 그렇게 회고한다.[25]

그는 해군 복무 뒤 오리건 주립대학에서 공학 학위를 따고 NASA의 전신인 실리콘 밸리의 에임스 리서치 센터에서 일했다. 몹시 수줍음을 탔기 때문에 결혼할 만한 여자를 만나려고 팰로앨토 주민자치센터에서 중급 그리스 포크 댄스반에 들어갔고 거기서 원하던 사람을 만났다. 약혼한 다음 날 그는 출근길에 차를 몰다가 무시무시한, 삶을 바꾸어버리는 불안을 느꼈다. "출근을 했을 때 나는 이제 목표가 사라졌다는 것을 깨달았다."[26]

그는 다음 두 달 동안 가치 있는 삶의 목표를 찾는 데 몰두했다. "나는 사람들이 가담할 수 있는 모든 대의를 살펴보며 나 자신을 재훈련할 방법을 찾아내려 했다." 그는 세상을 개선하려는 노력은 모두 복잡하다는 것을 깨달았다. 빈곤 지역에서 말라리아와 싸우거나 식량 생산량을 늘리려는 사람들을 생각해보다가 그것이 인구 과잉이나 토양 침식 같은 다른 여러 가지 복잡한 문제를 낳는다는 것을 알았다. 야심 찬 프로젝트에서 성공을 거두려면, 행동이 가져올 복잡한 영향을 모두 평가하고, 확률을 가늠하고, 정보를 공유하고, 사람들을 조직하는 등의 일을 해야 했다. "그러다 어느 날 그런 복잡성이야말로 근본적인 것이라는 생각이 그냥 쿵 하고 떠올랐다." 그는 그렇게 회고한다. "그냥 딸깍 맞아떨어졌다. 인간이 복잡성과 긴급성을 다루는 작업에 어떤 식으로든 의미 있게 기여할 수 있다면 그것은 보편적으로 도움이 될 것이다."[27] 그런 노력은 세상의 문제 가운데 하나만 다루는 것이 아니라, 사람들에게 어떤 문제에든 대처할 수 있는 도구를 줄 것이다.

사람들이 복잡성을 다루는 것을 돕는 가장 좋은 방법은 부시가 제안한 노선을 따르는 것이다, 엥겔바트는 그렇게 결론 내렸다. 그래픽 화면에 정보를 실시간으로 전달한다는 부시의 제안을 상상할 때는 레이더 훈련이 도움이 되었다. "한 시간이 안 되어 나는 온갖 기호가 표시된 대형 화면 앞에 앉아 있는 이미지를 얻게 되었다." 엥겔바트는 그렇게 회고한다. "그렇게 앉아 컴퓨터를 가동하면서 온갖 종류의 일을 할 수 있었다."[28] 그날 그는 사람들이 자신의 생각을 시각적으로 표현하고 다른 사람들과 연결하여 협업할 수 있는 방법—다시 말하면 그래픽 디스플레이를 갖추고 네트워크로 연결되는 대화형 컴퓨터—을 찾는 것을 사명으로 삼았다.

이것은 빌 게이츠와 스티브 잡스가 태어나기 5년 전인 1950년의 일이었다. 이때는 심지어 UNIVAC 같은 최초의 상용 컴퓨터도 쉽게 구할 수 없었다. 하지만 엥겔바트는 사람들이 언젠가는 자신만의 단말기를 소유하고, 그것을 이용하여 정보를 조작하고, 저장하고, 공유할 수 있을 것이라는 부시의 비전을 믿었다. 이런 포괄적인 개념에는 거기에 어울리는 웅장한 이름이 필요했고, 엥겔바트는 그런 이름을 생각해냈다. 증강 지능augmented intelligence이었다. 그는 이 사명을 위한 길잡이 노릇을 하기 위해 컴퓨터공학을 공부하려고 버클리에 등록했고, 1955년에 박사 학위를 땄다.

엥겔바트는 괴이할 정도로 차분하고 단조로운 목소리로 말을 하면서도 듣는 사람에게 강렬한 인상을 줄 수 있는 사람이었다. "웃음을 지으면 그의 얼굴은 뭔가를 동경하는 소년으로 돌아가는 것 같지만, 전진운동 에너지가 중단되어 행동을 멈추고 생각에 잠기면, 창백한 파란 눈은 슬픔이나 외로움을 드러내는 듯하다." 그와 가까운 친구의 말이다. "사람을 맞이하는 그의 목소리는 낮고 부드럽다. 마치 장거리 여행 때문에 목소리가 잠긴 듯하다. 이 사람에게는 뭔가 자신 없으면서도 따뜻한 것, 부드러우면서도 고집스러운 것이 있다."[29]

좀 더 솔직하게 말하면 엥겔바트는 가끔 이 행성에서 태어나지 않은 듯한 인상을 주었고, 이 때문에 프로젝트의 자금을 모으는 데 어려움을 겪었다. 그는 마침내 1957년 스탠퍼드 연구소SRI에 취직하여 자기磁氣 저장 장치 시스템을 연구하는 일을 했다. 이 연구소는 1946년 대학이 독립적인 비영리 기관으로 설립한 것이었다. SRI의 가장 뜨거운 주제는 인공 지능, 특히 인간 두뇌의 신경 네트워크를 흉내 낸 시스템을 만드는 과제에 관한 것이었다.

그러나 엥겔바트는 인공 지능 연구에 흥미를 느끼지 못했다. 그는 인간과 긴밀하게 일하면서 인간이 정보를 정리하는 것을 돕는 부시의 메멕스 같은 기계를 만들어 인간 지능을 증강한다는 사명을 결코 잊지 않았기 때문이다. 그가 나중에 한 말에 따르면 이런 목표는 인간 정신이라는 '기발한 발명품'에 대한 존중에서 태어났다. 엥겔바트는 그것을 기계에 복제하려 하는 대신 "우리에게 주어진 다양한 능력과 컴퓨터가 상호작용할 수 있는" 방식을 찾는 데 초점을 맞추었다.[30]

그는 오랜 세월 자신의 비전을 기술하는 초안을 수도 없이 써보았는데 결국 이것은 4만 5,000단어, 즉 작은 책 한 권 분량으로 정리되었다. 그는 1962년 10월 이것을 「인간 지능 증강Augmenting Human Intellect」이라는 선언적 성격의 논문으로 발표했다. 그는 자신이 인간 사고를 인공 지능으로 대체하려는 것이 아니라고 설명하는 데서 시작했다. 대신 그는 인간 정신의 직관적 재능이 기계의 처리 능력과 결합하여 "육감, 시행착오, 손에 잡을 수 없는 것들, 인간의 '어떤 상황에 대한 느낌'이 강력한 개념, 능률적인 용어와 표기, 정교한 방법, 고성능 전자적 지원 도구와 유용하게 공존하는 통합된 영역"을 생산해야 한다고 주장했다. 그는 이런 인간-컴퓨터 공생이 작동하는 방식의 많은 예를 아주 꼼꼼하게 보여주었는데, 거기에는 건축가가 컴퓨터를 이용하여 건물을 설계하고 전문가가 삽화가 들어간 보고서를 정리하는 것도 포함되었다.[31]

엥겔바트는 이 논문을 쓰면서 동시에 배니버 부시에게 팬레터를 보냈으며, 그의 논문 한 절 전체를 메멕스 기계를 묘사하는 데 바쳤다.[32] 부시가 「우리가 생각하는 대로」를 쓴 지 17년이 지났음에도 인간과 컴퓨터가 그래픽 화면, 포인터, 입력 장치를 포함하는 단순한 인터페이스를 통해 실시간으로 상호 작용해야 한다는 그의 개념에는 여전히 급진적인 느낌이 살아 있었다. 엥겔바트는 자신의 시스템은 단순히 수학을 위한 것이 아님을 강조했다. "기호화된 개념(영어, 픽토그래프, 형식 논리, 수학 가운데 어느 형식이든)으로 사고하는 모든 사람은 상당한 혜택을 볼 것이다." 에이다 러브레이스가 이 말을 들었다면 전율을 느꼈을 것이다.

엥겔바트의 논문은 2년 전 논문 「인간-컴퓨터 공생」에서 같은 개념을 탐사했던 리클라이더가 ARPA의 IPTO를 책임지게 된 달에 발표됐다. 리클라이더의 새로운 일 가운데 하나는 장래가 유망한 프로젝트에 연방 지원금을 주는 것이었다. 엥겔바트가 그 돈을 받으려고 줄을 서게 되었다. "나는 이 1962년 논문과 제안서를 들고 문간에 서 있었다." 엥겔바트는 그렇게 회고한다. "나는 생각했다. '이런, 그가 하고 싶다고 말한 모든 것이 여기 있는데, 그가 나를 어떻게 거부하겠는가?'"[33] 리클라이더는 거부할 수가 없었고, 엥겔바트는 ARPA 지원금을 받게 되었다. 그때는 아직 NASA에 있던 밥 테일러도 엥겔바트에게 자금을 약간 지원했다. 그래서 엥겔바트가 SRI에 자신의 증강 연구 센터를 세울 수 있게 된 것이다. 이것은 사변적인 연구에 정부가 자금을 지원하는 것이 결국 실제 응용을 통해 수백 배의 이익을 가져오게 된다는 것을 보여주는 또 하나의 예다.

마우스와 NLS

테일러가 준 NASA 지원금은 단독 프로젝트에 사용되어야 했기 때문에 엥겔바트는 그것을 이용해 인간이 기계와 상호 작용하는 쉬운 방법을 찾기로 결정했다.[34] "화면 선택 장치 쪽으로 가보자." 그는 동료인 빌 잉글리시에게 그렇게 제안했다.[35] 목표는 사용자가 화면에서 대상을 가리키고 선택하는 가장 단순한 방법을 찾는 것이었다. 라이트펜, 조이스틱, 트랙볼, 트랙패드, 스타일러스와 함께 사용하는 태블릿을 비롯해 화면상의 커서를 움직이는 수십 가지 방법이 연구자들에 의해 시도되고 있었다. 심지어 사용자가 무릎을 움직여 조종하는 방법도 있었다. 엥겔바트와 잉글리시는 각각을 시험해보았다. "우리는 사용자가 커서를 대상에까지 움직이는 데 걸리는 시간을 재보았다." 엥겔바트는 말한다.[36] 예를 들어 라이트펜이 가장 간단한 것 같았지만 사용자가 매번 집어 들었다가 다시 내려놓아야 한다는 불편한 점이 있었다.

그들은 각 장치의 장점과 단점을 표로 만들었는데, 엥겔바트는 덕분에 아직 등장하지 않은 장치들을 상상해볼 수 있었다. "주기율표의 규칙 덕분에 이전에 알지 못했던 원소들을 발견할 수 있었듯이, 이 표는 궁극적으로 아직 존재하지 않는 장치의 바람직한 특징들을 규정했다." 엥겔바트는 그렇게 말한다. 1961년 어느 날 엥겔바트는 회의에 참석했다가 백일몽에 빠져들었다. 그는 고등학교 시절 매혹되었던 기계 장치인 측면기를 떠올렸다. 둘레를 따라 굴리면 둘레로 둘러싸인 부분의 면적을 계산하는 장치였다. 하나는 수평, 하나는 수직으로 되어 직각을 이루는 두 개의 바퀴가 각 방향으로 구른 거리의 총합을 계산하는 방식이었다. "그 바퀴 두 개를 생각하자 곧 나머지는 아주 간단하게 풀렸다. 그래서 나는 그것을 그려보았다." 그는 그렇게 회고한다.[37] 그는 책상 위를 굴러다니며 방향을 틀 때마다 두 개의 바퀴로 고압과 저압을 인식하는 장치를 작은 수첩에 스케치했다. 인식된 전압이 코드를 통해 컴퓨터 화면으로 전송되면 커서가 좌우로, 위아래로 움직일 수 있었다.

단순하면서도 심오한 이 결과물은 증강이라는 이상과 실천 원칙을 물리학적으로 표현한 고전적 예가 되었다. 이것은 인간의 정신-손-눈 협조(로봇은 잘 못하는 것)를 이용하여 컴퓨터와 만나는 자연스러운 인터페이스를 제공했다. 인간과 기계는 개별적으로 행동하는 것이 아니라 조화를 이루어 행동하게 되었다.

엥겔바트는 이 스케치를 빌 잉글리시에게 주었고, 잉글리시는 마호가니를 깎아 첫 모델을 만들었다. 포커스 그룹에서 사용해본 결과 다른 어떤 장치보다 나은 시험 결과가 나왔다. 처음에는 코드가 앞쪽에 있었지만, 뒤쪽에서 꼬리처럼 나오는 것이 훨씬 작동이 잘된다는 것을 금방 깨달을 수 있었다. 이들은 장치를 '마우스'*라고 불렀다.

진짜 천재들(몇 명만 예로 들자면 케플러, 뉴턴, 아인슈타인, 심지어 스티브 잡스까지)은 본능적으로 단순성을 포착한다. 엥겔바트에게는 그런 본능이 없었다. 그는 자신이 구축하는 시스템에 가능한 한 많은 기능을 욱여넣고 싶은 마음에 마우스에 버튼이 많이, 심지어 10개까지 달리기를 바랐다. 그러나 시험 결과 마우스에 달릴 버튼의 적정 개수는 셋이라고 결론이 나오자 실망했다. 결과적으로 볼 때 그것조차도 적어도 한 개는 불필요한 것이었으며, 단순성에 광적으로 집착하는 잡스가 나중에 고집했듯이, 어쩌면 두 개가 불필요한 것일 수도 있었다.

엥겔바트는 1968년까지 이후 6년 동안 그가 '온라인 시스템oNLine System', 즉 NLS라고 부른 완전한 증강 시스템을 고안해 나아갔다. 여기에는 마우스만이 아니라 화면상의 그래픽, 한 화면에 존재하는 여러 개의 창, 디지털 출판, 블로그를 닮은 저널, 위키를 닮은 협업, 문서 공유, 이메일, 인스턴트 메시징, 하이퍼텍스트 링크, 스카이프를 닮은 화상 회

*쥐라는 뜻—옮긴이.

의, 문서 서식 기능 등 개인용 컴퓨터 혁명으로 이어진 다른 많은 발전이 포함되었다. 그의 제자 가운데 한 사람으로 테크놀로지에 대한 열정이 충만한 앨런 케이는 나중에 제록스 PARC에서 각각의 아이디어를 발전시키게 되는데, 그는 엥겔바트에 대해 이렇게 말했다. "더그의 아이디어가 바닥나면 실리콘 밸리는 어쩌면 좋을지 모르겠다."[38]

모든 데모의 어머니

엥겔바트는 트립스 페스티벌 같은 것보다는 그리스 포크 댄스를 좋아하는 쪽이었지만, 같은 연구소에서 LSD 실험을 했을 때 스튜어트 브랜드를 알게 되었다. 《호울 어스 카탈로그》를 포함한 브랜드의 일련의 사업은 엥겔바트의 증강 연구 센터에서 불과 몇 블록 떨어진 곳에서 벌어지고 있었다. 따라서 그들이 1968년 12월 엥겔바트의 온라인 시스템 시연을 위해 팀을 이룬 것은 당연한 일이었다. 브랜드의 흥행사 본능 덕분에 나중에 '모든 데모의 어머니'라고 알려지게 된 이 데모는 실리콘 위에서 벌이는 전기 쿨-에이드 애시드 테스트 같은 멀티미디어 호화 쇼가 되었다. 이 행사는 히피 문화와 해커 문화의 궁극적 융합이 되었으며, 애플의 신제품 발표 행사조차도 도전할 수 없는, 디지털 시대의 가장 눈부시고 영향력 있는 테크놀로지 시연회의 자리를 지금까지 유지하고 있다.[39]

이해는 시끌벅적했다. 1968년 구정 대공세로 미국은 베트남 전쟁에 등을 돌렸으며, 로버트 케네디와 마틴 루터 킹이 암살당했고, 린든 존슨은 재선을 노리지 않겠다고 발표했다. 평화 시위로 주요 대학들은 문을 닫고 시카고의 민주당 전당대회에서는 분열이 일어났다. 러시아는 프

더글러스 엥겔바트(1925~2013).

엥겔바트의 최초의 마우스.

'모든 데모의 어머니'에서 스튜어트 브랜드(가운데), 1968년.

라하의 봄을 짓밟았고, 리처드 닉슨이 대통령으로 선출되었으며, 아폴로 8호가 달 궤도를 돌았다. 또 그해에 인텔이 설립되었고 스튜어트 브랜드는 첫《호울 어스 카탈로그》를 펴냈다.

엥겔바트의 90분짜리 시연은 12월 9일 샌프란시스코 컴퓨터 산업 컨퍼런스에서 입석밖에 없는 공간에 1,000명 가까운 청중이 몰린 가운데 열렸다. 엥겔바트는 흰색 반소매 셔츠에 가늘고 거무스름한 타이를 매고 무대 오른쪽 날렵한 허먼 밀러 '액션 오피스' 업무용 책상 앞에 앉았다. 컴퓨터 단말기의 화면이 그의 뒤편에 있는 6미터 너비의 스크린에 비쳤다. "이 다소 특이한 설정이 마음에 드시기 바랍니다." 그는 입을 열었다. 그는 전투기 조종사나 사용할 것 같은 마이크 달린 헤드셋을 착용하고 있었으며, 오래된 영화의 뉴스 내레이터를 흉내 내는 컴퓨터 음성처럼 단조롭게 이야기를 했다. 사이버문화의 구루이자 기록자인 하워드 라인골드는 나중에 그가 "컴퓨터 우주의 척 예거*"처럼 보였다고 말했다. "그는 차분하게 새로운 시스템을 단계별로 조작하면서 지구에 묶여 있는 놀란 청중을 돌아보며 차분하고 조용한 목소리로 이야기했다."[40]

엥겔바트는 읊조렸다. "만일 지식인 노동자인 당신의 사무실에 컴퓨터 디스플레이가 놓인다면, 그리고 하루 종일 당신을 위해 당신의 모든 행동에 즉각 반응하는 살아 있는 컴퓨터가 이 디스플레이를 지원한다면, 당신은 거기서 얼마나 가치를 끌어낼 수 있겠습니까?" 그는 자신이 이제 시연하려는 테크놀로지들의 조합이 "아주 흥미로울 것"이라고 약속하면서, 작은 목소리로 "내 생각에는 그래요." 하고 덧붙였다.

단말기에 장착된 카메라가 그의 얼굴을 비디오 스트림으로 보여주

*미국의 조종사—옮긴이.

었고, 머리 위의 다른 카메라는 마우스와 키보드를 조작하는 그의 두 손을 보여주었다. 마우스를 제작한 빌 잉글리시는 신문사 보도국장처럼 시연장 뒤쪽에 앉아 이미지들을 섞고, 짝을 지어 대형 스크린에 비추었다.

스튜어트 브랜드는 남쪽으로 50킬로미터 떨어진 스탠퍼드 대학 근처 엥겔바트의 연구소에서 컴퓨터 이미지를 만들고 카메라를 작동하고 있었다. 마이크로파 임대선 두 개와 전화 접속선 한 개로 엥겔바트의 손이 만들어내는 마우스 클릭과 키보드 입력이 모두 연구소로 전달됐고, 연이어 연구소의 이미지와 정보가 강당으로 전송됐다. 청중은 믿을 수 없다는 표정으로 엥겔바트가 멀리 있는 동료들과 협업하여 문서를 만드는 것을 지켜보았다. 여러 사람이 실시간으로 편집을 하고, 그래픽을 덧붙이고, 레이아웃을 바꾸고, 지도를 만들고, 시각 및 청각 요소를 심었다. 공동으로 하이퍼텍스트 링크도 만들어냈다. 간단히 말해서 엥겔바트는 머나먼 1968년에 오늘날 네트워크에 연결된 개인용 컴퓨터가 하는 일을 거의 모두 보여주었다. 데모의 신들이 그와 함께하는 듯, 아무런 문제가 생기지 않는 것에 그는 놀랐다. 군중은 기립 박수를 쳤다. 일부는 그가 록스타나 된 것처럼 무대로 달려 나왔는데, 어떤 면에서는 크게 틀린 생각도 아니었다.[41]

엥겔바트의 시연장 바로 옆에서 레스 어니스트가 그와 경쟁하는 세션을 열고 있었다. 어니스트는 MIT 소속 망명자 존 매카시와 함께 스탠퍼드 인공 지능 연구소를 공동 설립한 인물이었다. 존 마코프가 『겨울잠쥐의 말을 기억하라』에서 전하는 바에 따르면 어니스트의 세션은 시각과 청각을 가진 듯 행동하는 로봇의 영상을 보여주었다. 이 두 데모는 인공 지능이 목표로 삼는 것과 증강 지능이 목표로 삼는 것이 어떻게 다른지 분명하게 보여주었다. 엥겔바트의 목표는 처음에 그가 작업을 시작할 때만 해도 그저 기발해 보일 뿐이었지만, 1968년 12월 데모에서 그 모든 요소—인간이 실시간으로 쉽게 상호 작용할 수 있는 개인용 컴퓨터, 협업을 통한 창조성을 허용하는 네트워크—가 드러나자 로봇은 그 그늘에 가려졌다. 다음 날《샌프란시스코 크로니클》의 표제는 "내일의 컴퓨터의 환상적 세계"였다. 이것은 로봇이 아니라 엥겔바트의 온라인 시스템에 관한 기사였다.[42]

반문화와 사이버문화의 결합에 봉인을 찍으려는 듯 브랜드는 켄 키지를 엥겔바트의 연구소로 데려가 온라인 시스템을 경험하게 했다. 당시 톰 울프의『전기 쿨-에이드 애시드 테스트』로 유명해진 키지는 이 시스템이 책을 비롯한 문서를 자르고, 붙이고, 검색하고, 협업을 통해 창조하는 것을 전부 구경할 수 있었다. 그는 감명을 받았다. "이건 애시드 다음으로 좋은 것이다." 키지는 그렇게 단언했다.[43]

앨런 케이

앨런 케이는 엥겔바트의 '모든 데모의 어머니'에 참석하려고 안간힘을 썼다. 패혈증 인두염에 걸려 열이 39도나 되었음에도 유타를 출발하는 비행기에 올랐다. 그는 유타에서 대학원을 다니고 있었다. "몸이 부들부들 떨렸고 구역질이 났고 제대로 걷기도 힘들었다." 케이는 그렇게 회고한다. "하지만 나는 그곳에 반드시 가겠다고 결심했다."[44] 그는 이미 엥겔바트의 아이디어들을 보았고 또 환영하고 있었지만, 시연이라는 드라마를 접하고 나자 그것이 더욱 분명해졌다. "그는 나에게 홍해를 가르는 모세와 같았다." 케이는 말한다. "그는 우리가 찾아가야 할 약속된 땅, 거기에 도달하려면 건너야 할 강과 바다를 보여주었다."[45]

엥겔바트는 모세와 마찬가지로 실제로는 그 약속된 땅에 이르지 못했다. 리클라이더와 엥겔바트의 아이디어들을 개인용 컴퓨팅이라는 낙원으로 가지고 가는 데 앞장선 사람들은 케이를 비롯해 복사기 회사 연구 센터에서 일하던 유쾌한 동료들이었다.

케이는 1940년에 매사추세츠 중부에서 태어났으며, 어린 시절부터 과학과 인문학을 사랑했다. 아버지는 생리학자로 의족과 의수를 설계했다. 케이는 아버지와 오랜 산책을 하면서 과학을 점점 사랑하게 되었다. 그리고 음악에도 열정을 드러냈다. 그의 어머니는 화가이자 음악가였고, 외조부 클리프턴 존슨도 유명한 삽화가이자 작가이면서 동네 교회에서는 파이프 오르간을 연주했다. "아버지는 과학자이고 어머니는 화가였기 때문에 내 어린 시절 동안 온갖 종류의 아이디어와 그것을 표현할 방법들이 늘 주변을 가득 채우고 있었다. 나는 '예술'과 '과학'을 구분하지 않았으며, 그것은 지금도 마찬가지다."[46]

열일곱 살 때 음악 캠프에 참가한 케이는 기타를 치고 재즈 밴드에서 활동했다. 또 외조부처럼 파이프 오르간을 사랑했으며, 루터파 신학교에서 스페인 바로크 양식의 파이프 오르간을 만드는 장인을 돕기도 했다. 케이는 박식하고 독서량이 많은 학생이었으나 학교에서 종종 문제를 일으켰는데, 주로 불복종 때문이었다. 이것은 많은 테크놀로지 혁신가들의 특징이기도 하다. 퇴학을 당할 뻔한 적도 있고, 전국적인 라디오 쇼 〈퀴즈 키즈Quiz Kids〉에 출연한 적도 있다.

케이는 웨스트버지니아 주의 베서니 칼리지에 입학하여 수학과 생물학을 공부했지만, 첫해 봄에 "용납되지 않는 과도한 결석"을 이유로 쫓겨났다. 그는 한동안 덴버에서 빈둥거렸는데, 그곳에서는 한 친구가 유나이티드 에어라인의 컴퓨터 예약 시스템을 관리하는 일을 하고 있었다. 케이는 컴퓨터가 사람이 해야 할 지루한 일을 줄이는 것이 아니라 늘리는 것처럼 보이는 것에 놀랐다.

케이는 징집을 당하게 되자 공군에 지원하여 적성 검사에서 최고점을 받아 컴퓨터 프로그래머 훈련 후보자로 뽑혔다. 그는 최초로 대량 판매된 소기업용 컴퓨터인 IBM 1401로 작업했다. "이때는 프로그래밍이 지위가 낮은 직업이고 프로그래머 대부분이 여성이던 시절이었다." 그는 말한다. "이 여성들은 정말 유능했다. 내 상급자도 여성이었다."[47] 그는 복무가 끝난 뒤 콜로라도 대학에 입학하여 그곳에서 좋아하는 일을 모두 했다. 생물학, 수학, 음악, 연극을 공부하면서 '국립 대기 연구 센터 National Center for Atmospheric Research'에서 슈퍼컴퓨터로 프로그래밍을 한 것이다.

그는 이리저리 떠돌다 유타 대학 대학원에 진학하게 되었고, 결국 이것이 "나의 최고의 행운"이라고 생각하게 된다. 컴퓨터 과학의 선구자 데이비드 에반스가 그곳에서 전국 최고의 그래픽 프로그램을 제작하고 있었기 때문이다. 1966년 가을 어느 날 케이가 찾아가자 에반스는 그에게 책상 위의 서류 더미에서 문건 하나를 집어 건네주며 읽어보라고 했다. 그것은 이반 서덜랜드의 MIT 박사 학위 논문으로, 그는 당시 하버드에서 가르치고 있었지만 곧 유타로 옮겨올 예정이었다. 정보 이론가 클로드 섀넌의 지도로 쓴 이 논문은 「스케치패드: 인간-기계 그래픽 통신 시스템Sketchpad: A Man-Machine Graphical Communications System」이었다.[48]

스케치패드는 그래픽 사용자 인터페이스를 이용한 선구적인 컴퓨터 프로그램으로, 오늘날의 컴퓨터와 마찬가지로 디스플레이 화면에 아이콘과 그래픽을 보여주었다. 라이트펜으로 만들고 조작할 수 있는 그래픽은 인간과 컴퓨터가 상호 작용하는 매혹적인 새로운 방식을 제공했다. "스케치패드 시스템 덕분에 인간과 컴퓨터는 라인 드로잉을 매개로 빠르게 대화하는 것이 가능해진다." 서덜랜드는 그렇게 썼다. 예술과 테크놀로지가 결합하여 재미있는 컴퓨터 인터페이스를 만들 수 있다는 깨달음은 미래를 재미있게 만들고야 말겠다는 어린아이 같은 의욕에 불타던 케이에게 매력적으로 다가왔다. 그의 말에 따르면 서덜랜드의 아이디어는 "천국을 흘끗 보여주는 것"과 같은 역할을 했고, 그에게 친근한 개인용 컴퓨터를 만들겠다는 열정을 "심어주었다."[49]

그는 1967년 초에 엥겔바트와 처음 마주했다. 서덜랜드의 스케치패드 아이디어에 흥분하고 나서 몇 달 뒤였다. 엥겔바트는 여러 대학을 돌아다니며 결국 '모든 데모의 어머니'에서 보여주게 될 아이디어들에 관해 순회강연을 하고 있었다. 그는 온라인 시스템에 관한 영상을 보여주기 위해 벨 & 하웰 프로젝터를 끌고 다녔다. "엥겔바트는 프레임을 정지시켰다가 다른 속도로 앞이나 뒤로 돌리곤 했다." 케이는 그렇게 회상한다. "그는 이렇게 말하곤 했다. '여기 커서가 있다. 이게 다음에 무슨 일을 하는지 지켜보라!'"[50]

컴퓨터 그래픽과 자연스러운 사용자 인터페이스 분야에는 불이 붙었고, 케이는 많은 출처로부터 아이디어를 빨아들였다. 그는 MIT의 마빈 민스키로부터 인공 지능에 대한 강연을 들었다. 민스키는 학교가 학생들에게 상상력을 이용하여 복잡성을 다루도록 가르치지 않아 그들의 창조성을 짓밟는 무시무시한 상황에 관해서도 이야기했다. "그는 전통적인 교육 방법을 멋지게 비판했다." 케이는 그렇게 기억한다.[51] 그는 초등학생도 사용할 수 있을 만큼 쉬운 프로그래밍 언어 LOGO를 만든 민스키의 동료 시모어 패퍼트도 만났다. 단순한 LOGO 명령어를 사용하여 로봇 거북이 교실을 돌아다니도록 만들 수도 있었다. 패퍼트의 이야기를 들은 후 케이는 어린이에게 친근한 개인용 컴퓨터가 어떤 모양일지 직접 스케치해보기 시작했다.

케이는 일리노이 대학의 한 회의에서 네온 가스가 들어간 얇은 유리로 만든 초보적인 수준의 평면 디스플레이를 보았다. 그는 그것을 엥겔바트의 온라인 시스템 시연과 머릿속으로 결합하고, 또 '무어의 법칙'의 효과를 대략 계산해본 뒤 창, 아이콘, 하이퍼텍스트, 그리고 마우스에 의해 제어되는 커서가 담긴 그래픽 디스플레이가 10년 내에 소형 컴퓨터에 통합될 수 있다는 사실을 깨달았다. "그것이 의미하는 바가 무시무시하게 느껴졌을 정도였다." 그는 특유의 극적인 화법으로 화려하게 말을 이어갔다. "사람들이 코페르니쿠스를 읽고 처음으로 다른 지구에서 다른 하늘을 올려다보았을 때도 그렇게 방향 감각을 상실한 듯한 느낌에 젖어들었을 것이 분명하다."

케이는 미래를 아주 또렷하게 볼 수 있었으며, 자신이 그것을 만들어내고 싶어 안달하게 되었다. "수백만에 달하는 개인용 기계와 사용자들이 대부분 제도의 직접적인 통제 외부에 자리 잡고 존재할 터였다." 그러기 위해서는 어린아이가 사용할 수 있을 만큼 쉬운 그래픽 디스플레이와 모든 개인이 소유할 만큼 값싼 소형 개인용 컴퓨터를 만드는 것이 필요했다. "그 모든 것이 합쳐져서 개인용 컴퓨터가 사실상 어떤 모양이 되어야 하는지 이미지가 형성되었다."

그는 박사 논문에서 그 몇 가지 특질을 묘사했는데, 가장 주목할 만한 것은 사용법이 단순해야 하고("혼자서 배울 수 있어야 한다") 친근해야 한다("친절이 빠지면 안 된다")는 점이었다. 그는 단지 엔지니어로서만이 아니라 휴머니스트로서 컴퓨터를 설계했다. 16세기 초에 개인용 책은 말안장 가방에 들어가야 한다는 점을 깨닫고 오늘날 일반적으로 이용되는 책의 크기 가운데 하나를 확정한 이탈리아의 인쇄업자 알두스 마누티우스에게서 영감을 얻었다. 그는 마누티우스와 마찬가지로 이상적인 개인용 컴퓨터는 공책보다 크지 않아야 한다고 생각했다. "다음에 할 일이 무엇인지 쉽게 알 수 있었다." 케이는 그렇게 회고한다. "모양과 느낌이 어떤지 보려고 판지로 그 모델을 만들어보았다."[52]

케이는 엥겔바트가 증강 연구 센터에서 하려고 하던 일에서 영감을 받았다. 그러나 그곳에서 일자리를 얻는 대신 존 매카시 교수가 운영하던 스탠퍼드 인공 지능 연구소에 들어갔다. 그에게 딱 맞는 자리는 아니었다. 매카시는 인간 지능을 증강하는 방법보다는 인공 지능에 초점을 맞추고 있어 개인용 컴퓨터에는 거의 관심이 없었기 때문이다. 그는 대신 시분할이 가능한 대형 컴퓨터가 중요하다고 믿었다.

매카시는 케이가 스탠퍼드 인공 지능 연구소에 오고 난 직후인 1970년에 발표한 학술 논문에서 자체 처리 능력이나 기억 장치는 없다시피 한 단말기를 사용하는 시분할 시스템을 상상했다. "단말기는 전화 시스템으로 시분할 컴퓨터에 연결되어야 하며, 연결된 시분할 컴퓨터는 모든 책, 잡지, 신문, 카탈로그, 항공 스케줄이 담긴 파일에 접근할 수 있어야 한다." 그는 그렇게 썼다. "사용자는 단말기를 통해 자신이 원하는 모든 정보를 얻고, 물건을 사거나 팔고, 개인이나 기관과 소통하고, 또 다른 유용한 방법으로 정보를 처리할 수 있다."[53]

매카시는 이것이 새로운 정보원의 급격한 증가를 가져와 전통적 매체와 경쟁하게 될 것이라고 예측했지만, 광고보다는 소비자의 돈으로 유지될 것이라고 잘못 생각했다. "정보 파일을 컴퓨터에 유지하고 공적으로 사용하게 하는 데 드는 비용이 적을 것이기 때문에, 고등학생이라도 글을 잘 쓰고 비평가들이 좋게 평가하거나 중요하게 언급해주어 대중의 관심을 끈다면《뉴요커》와 경쟁할 수 있다." 그는 또 크라우드소스 콘텐츠도 예측했다. 사용자는 "시스템에 작년에 나온 대머리 치료약이 효과가 있는지 묻고, 자신이 지금 사용해보려고 하는 치료약에 관하여 의견을 남긴 사람들의 이야기를 들을 수 있다." 지금의 혹독하고 소란스러운 블로그 세계를 아는 사람은 달리 생각하겠지만, 매카시는 그런 세계에 관해 장밋빛 의견을 제시했다. "공적 토론은 현재보다 신속하게 이루어질 수 있다. 논란의 여지가 있는 것을 읽게 되면 그 글에 답을 올린 사람이 있는지 시스템에 물어볼 수 있다. 이와 더불어 글을 쓴 사람은 또 자신의 원래 진술을 수정할 수 있기 때문에 오랫동안 숙고한 입장으로 사람들의 의견을 수렴하는 일이 빨라질 것이다."

매카시의 비전은 선견지명이 있는 것이었지만 케이의 비전과 한 가지 주요한 점에서 달랐고, 네트워크로 연결된 오늘날 우리의 세계와도 달랐다. 그것은 자체의 기억 장치와 처리 능력을 갖춘 개인용 컴퓨터에 기초를 둔 것이 아니었다. 대신 매카시는 사람들이 먼 곳에 있는 강력한 컴퓨터에 연결된 비싸지 않은 단순 단말기dumb terminals를 갖게 될 것이라고 믿었다. 개인용 컴퓨터를 찬양하는 호비스트 클럽들이 생겨나기 시작한 뒤에도 매카시는 원거리의 강력한 메인프레임을 시분할로 이용하게 해주는 단순한 텔레타이프 같은 단말기를 한 달에 75달러를 받고 임대해주는 '가정용 단말기 클럽' 추진 계획을 밀어붙였다.[54]

이와 대비되는 케이의 비전은 자체의 기억 장치와 처리 능력을 갖춘 강력한 소형 컴퓨터가 개인의 창조성을 위한 개인용 도구가 될 것이라는 내용이었다. 그는 아이들이 숲 속을 거닐다가 나무 밑에 앉아 크레용과 공책을 사용하듯이 컴퓨터를 사용하는 꿈을 꾸었다. 그래서 케이는 스탠퍼드 인공 지능 연구소의 시분할 복음주의자들 사이에서 2년 동안 고된 일을 한 뒤 1971년 3킬로미터 떨어진 곳에 있는 한 기업 연구 센터의 채용 제안을 받아들였다. 개인적이고 친근하고 개인에게 맞추어진 컴퓨터를 만들고 싶어 하는 젊은 혁신가들이 그곳으로 모여들고 있었다. 매카시는 나중에 이런 목표를 "제록스 이단"이라고 일축해버렸지만[55] 결국 이 목표가 개인용 컴퓨터 시대의 항로를 규정하게 된다.

제록스 PARC

1970년 제록스 코포레이션은 순수 연구에만 몰두하는 연구소를 출범시켜 벨 시스템의 뒤를 따르게 된다. 기업의 관료제적인 태도나 업무상의 일상적인 요구에 오염되는 것을 막기 위해 이 연구소는 뉴욕 로체스터 본사에서 약 4,800킬로미터 떨어진 스탠퍼드 산업단지에 자리를 잡았다.[56]

제록스 PARC라고 알려진 제록스의 '팰로앨토 연구 센터Palo Alto Research Center'를 이끌게 된 사람들 가운데는 ARPANET 구축을 도운 뒤 ARPA의 IPTO를 떠난 밥 테일러도 있었다. 그는 ARPA가 자금 지원을 하는 연구소나 총명한 대학원생들을 대상으로 직접 주재한 컨퍼런스를 통해 재능을 찾는 레이더 같은 감각을 키워왔다. "그 시기에 테일러는 수많은 주요한 컴퓨터 과학 연구 집단과 함께 일하고 또 자금을 댔다." 테일러가 선발한 사람들 가운데 한 명인 척 새커는 그렇게 회고한다. "그 결과 최고의 자질을 갖춘 직원들을 끌어모을 수 있는 유일무이한 위치에 있게 되었다."[57]

테일러는 ARPA의 연구자들이나 대학원생들과 만나면서 또 다른 기술을 익혔다. 그는 '창조적 마찰'을 자극할 수 있었다. 그러면 한 팀에 속한 사람들이 서로 질문을 하고, 심지어 서로의 아이디어의 핵심을 뽑아내려 하지만, 그러는 중에 논쟁 상대의 생각을 정확하게 알게 되었다. 테일러는 그런 모임을 '딜러' 회의(사람들은 블랙잭에서 딜러를 이기려 하는 상황을 연상했다)라고 불렀다. 이런 회의에서는 한 사람이 아이디어를 제시하면 다른 사람들은 (보통은) 건설적인 비판을 했다. 테일러 자신은 테크놀로지 신동이 아니었지만 그런 사람들이 우호적인 결투를 벌이면서 검을 날카롭게 갈게 하는 방법을 알았다.[58] 그는 사회자 노릇을 하는 재주가 있어 개성이 강한 천재들을 자극하고, 어르고, 쓰다듬고, 부추겨 협업하게 했다. 그는 상관의 비위를 맞추기보다는 자기 밑에서 일하는 사람들의 자존심을 세워줄 줄 알았으며, 그것이 그의 매력이었다. 특히 그의 상급자가 아닌 사람들에게는.

테일러가 처음 선발한 사람들 가운데는 ARPA 회의에서 알게 된 앨런 케이가 있었다. "나는 앨런이 유타에서 박사 과정을 밟고 있을 때 만났으며, 그가 무척 마음에 들었다." 테일러는 이렇게 말한다.[59] 그러나 그는 케이를 PARC의 자신의 연구팀에 고용하지 않고 다른 연구팀에 추천했다. 이것이 자신에게 강한 인상을 준 사람들로 모든 땅에 씨를 뿌리는 테일러의 방식이었다.

케이는 공식 면접을 하러 PARC에 갔을 때 무엇이 그의 가장 큰 성취가 되기를 바라느냐는 질문을 받았다. "개인용 컴퓨터입니다." 그것이 케이의 대답이었다. 그것이 무엇이냐는 질문을 받자 케이는 공책 크기의 포트폴리오를 꺼내 표지를 펼쳤다. "이것이 평판 디스플레이가 될 것입니다. 여기 아래쪽에 키보드가 있고요. 우편물, 파일, 음악, 그림, 책을 저장하기에 충분한 처리력을 가질 것입니다. 모두 다 넣어서 이만한 크기가 될 것이고, 무게는 1킬로그램 정도 나갈 것입니다. 그게 제가 말하는 개인용 컴퓨터입니다." 면접관은 머리를 긁으며 혼자 중얼거렸다. "그건 됐고." 그러나 케이는 일자리를 얻을 수 있었다.

케이는 반짝거리는 눈과 기운찬 느낌의 콧수염을 기르고 있어 분열을 일으키는 사람으로 보였고, 실제로도 그랬다. 그는 복사기 회사의 임원들을 밀어붙여 아이들을 위한 작고 친근한 컴퓨터를 만드는 데서 개구쟁이 같은 기쁨을 맛보았다. 제록스의 기획 이사 돈 펜더리는 침울한 뉴잉글랜드 사람으로, 하버드 교수 클레이 크리스텐센이 혁신가의 딜레마라고 이름 붙인 것의 화신 같은 사람이었다. 그는 미래가 제록스의 복사기 사업을 갉아먹으려는 수상쩍은 생물로 가득하다고 보았다. 그는 케이를 비롯한 여러 사람에게 회사의 미래가 어떻게 될지 예측할 지표가 되는 '경향들'을 평가해달라고 요구하곤 했다. 케이는 사람들이 인용할 만한 말을 즉흥적으로 내뱉을 수 있는 사람이었는데, 어느 날 회의에 짜증이 나자 PARC의 신조가 될 만한 말로 즉석에서 쏘아붙였다. "미래를 예측하는 가장 좋은 방법은 미래를 만드는 것입니다."[60]

스튜어트 브랜드는 1972년 《롤링 스톤》에 실리콘 밸리의 새로운 테크놀로지 문화에 관한 글을 쓰기 위해 제록스 PARC를 찾아갔다. 그 기사가 나오자 저 멀리 동부 본사 사람들은 소화 불량에 걸렸다. 그는 문학적 취향이 담긴 필치로 PARC의 연구가 "거대하고 중앙집권적인 것으로부터 작고 개인적인 것 쪽으로, 최대의 컴퓨터 파워를 그것을 원하는 모든 개인의 손에 쥐여주는 쪽으로" 옮아가고 있는 과정을 묘사했다. 그가 인터뷰한 사람들 가운데는 케이도 있었는데, 그는 "이곳 사람들은 두 손으로 번개를 다루는 데 익숙하다"고 말했다. 케이 같은 사람들 때문에 PARC는 MIT의 TMRC에서나 볼 수 있는 장난기 섞인 감수성을 갖추게 되었다. "이곳은 아직도 사람들이 장인이 될 수 있는 곳이다." 그는 브랜드에게 그렇게 말했다.[61]

케이는 자신이 만들고 싶은 작은 개인용 컴퓨터에 귀에 착 감기는 이름이 필요하다는 것을 깨닫고 그것을 다이너북Dynabook이라고 부르기 시작했다. 또 그 운영 체제 소프트웨어를 위해서는 스몰토크Smalltalk라는 귀여운 이름을 떠올렸다. 이 이름은 사용자들을 위협하지 않고 하드코어 엔지니어들에게는 기대감을 너무 높이지 않으려는 의도를 가진 것이었다. "스몰토크라는 이름은 아주 무해해 보이기 때문에 이것이 조금이라도 훌륭한 일을 하면 사람들이 기분 좋게 놀랄 것이라고 생각했다." 케이는 그렇게 말한다.

그는 자신이 제안하는 다이너북의 가격을 500달러 이하로 잡겠다고 결심했다. "그래야 그것을 학교에 나누어줄 수 있었다." 이것은 또 "아이들이 어디에 숨든 가져갈 수 있도록" 작고 개인적인 것이어야 했다. 또 사용자 친화적인 프로그래밍 언어를 갖추어야 했다. "단순한 것들은 단순해야 하고, 복잡한 것들은 가능해야 한다." 그는 그렇게 단언했다.[62]

케이는 '모든 연령의 아동을 위한 개인용 컴퓨터A Personal Computer for Children of All Ages'라는 제목으로 다이너북을 묘사한 글을 썼는데, 이것은 부분적으로는 제품 제안서지만, 무엇보다도 성명서라고 할 수 있다. 그는 컴퓨터가 창조적 작업에 사용될 수 있다는 에이다 러브레이스의 맹아적 통찰을 인용하며 시작한다. "해석기관은 자카르 방직기가 꽃과 잎의 무늬를 짜나가듯이 대수의 무늬를 짜나간다." 케이는 (모든 연령의) 아이들이 다이너북을 사용하는 방식을 묘사하면서 자신이 개인용 컴퓨터를 협업을 위한 네트워크 단말기보다는 개인적 창조성을 위한 도구로 보는 진영에 속해 있음을 보여주었다. "물론 학교 '도서관' 같은 미래의 '지식 유틸리티'를 통해 다른 사람들과 소통하는 데 사용될 수도 있지만, 그 용도의 큰 부분은 그 소유자가 현재 종이나 공책을 사용하듯이 이 개인용 매체를 통해 스스로와 사려 깊은 소통을 하는 것이라고 생각한다."

케이는 계속해서 다이너북이 공책보다 크지 않고, 무게가 2킬로그램 이상 나가지 않아야 한다고 말했다. "소유자는 언제 어디서든 원할 때 자신의 텍스트 파일과 프로그램을 관리하고 편집할 수 있을 것이다. 그것을 숲에서도 사용할 수 있어야 한다고 꼭 덧붙여야 할까?" 말을 바꾸면 이것은 시분할 메인프레임에 네트워크로 연결되도록 설계된 단순 단말기가 아니었다. 그러면서도 그는 개인용 컴퓨터와 디지털 네트워크가 합쳐질 날을 상상했다. "이 '어디에나 들고 다니는' 장치와 ARPA

같은 전 지구적 정보 유틸리티나 쌍방향 케이블 텔레비전이 결합하면 도서관과 학교(상점과 광고판은 말할 것도 없고)를 가정으로 가져올 수 있을 것이다."[63] 이것은 미래를 보여주는 매혹적인 비전이었지만, 실제로 발명이 이루어지려면 20년을 더 기다려야 했다.

케이는 다이너북 운동을 전개하기 위해 주위에 소규모 팀을 모으고 낭만적이고 의욕적이지만 상당히 막연한 사명을 제시했다. "노트북 컴퓨터라는 아이디어를 듣고 눈에 별이 반짝이는 사람만 고용했다." 케이는 그렇게 회고한다. "나는 낮에는 PARC 밖에서 테니스를 치고 자전거를 타고 맥주를 마시고 중국 음식을 먹으며 많은 시간을 보냈다. 그 시간에 줄곧 인간의 힘이 미치는 영역을 확장하고 비틀거리는 문명에 새로운 사고방식—문명은 그것을 간절히 원하고 있다—을 가져다줄 다이너북의 잠재력을 이야기했다."[64]

케이는 다이너북을 현실로 만드는 방향으로 첫걸음을 내딛기 위해 '중간 단계' 기계를 제안했다. 이것은 기내용 여행 가방 크기에 작은 그래픽 디스플레이 화면이 달린 기계였다. 1972년 5월 케이는 제록스 PARC의 하드웨어 상급자들에게 자신의 생각을 이야기하며 학교에서 시험해볼 수 있도록 30대를 제작해달라고 요구했다. 학생들이 간단한 프로그래밍 과제를 할 수 있는지 확인해보자는 것이었다. "편집 기계, 읽는 기계, 집에 가져갈 수 있는 기계, 지능적인 단말기로서 개인용 장치의 용도는 아주 분명합니다." 그는 빈백 의자에 앉아 있는 엔지니어와 관리자들에게 그렇게 말했다. "지금부터 계속 앞으로 나아갈 수 있도록 이것을 30대 제작해봅시다."

케이의 성향에서 알 수 있듯이 그는 로맨틱한 이야기를 자신 있게 전달했다. 그러나 PARC의 컴퓨터 연구실장인 제리 엘카인드는 현혹되지 않았다. "제리 엘카인드와 앨런 케이는 마치 다른 행성 출신인 것 같았다. 하나는 숫자를 따지는 빈틈없는 엔지니어이고 또 하나는 뻔뻔스러운 철학적 약탈자였다." 제록스 PARC의 역사를 쓴 마이클 힐치크는 그렇게 말한다. 엘카인드는 아이들이 제록스 기계로 장난감 거북을 프로그래밍하는 광경을 상상해도 눈에 별이 반짝거리지 않았다. "내가 한번 반대편 입장에서 이야기를 해보겠다." 그는 그렇게 대꾸했다. 다른 엔지니어들은 곧 무자비한 내장 파내기가 닥칠 것을 느끼고 흥분했다. PARC의 임무는 미래의 사무실을 만드는 것인데, 왜 아이들 놀이 사업에 들어가야 하는가? 엘카인드는 그렇게 물었다. 기업 환경은 기업에서 운영하는 컴퓨터의 시분할에 적합하니 PARC도 계속 그 기회를 쫓아가야 하는 것 아닌가? 케이는 속사포처럼 쏟아져 나오는 그런 질문을 받은 뒤 기어서 밖으로 나가고 싶은 기분이 들었다. 그는 회의가 끝난 뒤에 울었다. 중간 단계 다이너북을 수십 대 제작해보자는 그의 요청은 거부당했다.[65]

엥겔바트와 함께 일했고 첫 마우스를 제작하기도 했던 빌 잉글리시도 당시 PARC에 있었다. 그는 회의가 끝난 뒤 케이를 구석으로 데려가 위로하며 조언을 했다. 꿈꾸는 외톨이 짓은 그만두고 예산이 들어간 잘 짜인 제안서를 준비할 필요가 있다는 이야기였다. "예산이 뭔데?" 케이가 물었다.[66]

케이는 꿈의 규모를 축소하여 '중간 중간 단계' 계획을 제안했다. 그의 예산 범위에 있는 23만 달러를 사용하여 데이터 제너럴 사에서 만든 군인용 사물함 크기의 미니컴퓨터 노바에 다이너북을 에뮬레이션하겠다는 것이었다. 하지만 그 자신은 사실 이 계획에 별 흥미를 느끼지 못했다.

이때 PARC의 밥 테일러 연구팀 소속 스타인 버틀러 램슨과 척 새커가 다른 계획을 들고 케이의 사무실에 불쑥 나타났다.

"돈 좀 있어?" 그들이 물었다.

"응, 노바에 쓸 돈 23만 정도." 케이가 대답했다. "그런데 왜?"

"우리가 네 작은 기계를 제작해주면 어떨까?" 그들이 물었다. 엘카인드가 격추시켜버린 중간 단계 다이너북 이야기를 하는 것이었다.

"좋지." 케이는 응낙했다.[67]

새커는 자기 나름의 개인용 컴퓨터를 제작하고 싶었는데, 램슨과 케이도 전체적으로 비슷한 목표를 염두에 두고 있다는 것을 깨달았다. 그래서 그들은 허가를 기다리지 않고 자원을 모아 일을 진행하기로 계획을 짰다.

"제리는 어떻게 하려고?" 케이가 그의 강적 엘카인드에 관해 물었다.

"제리는 회사 태스크포스 일로 몇 달 동안 출장이야." 램슨이 말했다. "제리가 돌아오기 전에 그걸 슬쩍 들여놓는 거지."[68]

밥 테일러는 이 계획이 부화하는 것을 돕고 있었다. 자신의 연구팀을 시분할 컴퓨터를 제작하는 일로부터 멀리 떨어뜨리고 대신 "디스플레이에 기반을 둔 작은 기계들로 연결된 집합체"를 고안하게 하고 싶었기 때문이다.[69] 자신이 가장 좋아하는 엔지니어 세 명—램슨, 새커, 케이—이 이 프로젝트에서 협업을 한다는 것에 큰 흥미를 느꼈기 때문이다. 이 팀은 푸시풀push-pull 방식의 역학을 갖추고 있었다. 램슨과 새커는 무엇이 가능한지 아는 반면, 케이는 궁극의 꿈의 기계를 목표로 삼고 그들이 불가능한 것을 이루어내도록 자극했다.

그들이 설계한 기계는 제록스 알토라는 이름이 붙었다(케이는 고집스럽게도 계속 '중간 단계 다이너북'이라고 불렀지만). 여기에는 비트맵 디스플레이가 달려 있었는데, 이것은 화면상의 각 픽셀을 켜거나 꺼서 그래픽, 글자, 붓질 효과 등을 보여줄 수 있다는 뜻이었다. "우리는 완전한 비트맵을 제공하는 쪽을 택했다. 즉 각각의 화면 픽셀을 주 저장 장치의

1비트로 표현했다." 새커는 그렇게 설명한다. 이렇게 하면 메모리에 부담이 커지지만, 무어의 법칙이 계속 지배하여 메모리는 기하급수적으로 싸진다는 것이 핵심 원리였다. 사용자와 디스플레이 사이의 상호 작용은 엥겔바트가 설계한 키보드와 마우스로 이루어졌다. 1973년 3월에 완성된 이 기계는 세서미 스트리트의 쿠키 몬스터가 'C'자를 쥐고 있는 그림을 보여주었다. 케이가 그린 그림이었다.

케이와 그의 동료들은 (모든 연령의) 어린이들을 염두에 두고 엥겔바트의 개념들을 더 발전시켰다. 이런 개념들을 간단하고, 친근하고, 직관적으로 사용할 수 있는 방식으로 실행에 옮길 수 있다는 것을 보여준 것이다. 그러나 엥겔바트는 이런 비전을 받아들이지 않았다. 자신의 온라인 시스템에 가능한 한 많은 기능을 욱여넣는 데 몰두했기 때문에 작고 개인적인 컴퓨터를 만들고자 하는 욕망은 품은 적이 없었다. "그것은 내가 가는 길과는 완전히 다르다." 그는 동료들에게 그렇게 말했다. "만일 우리가 그 작은 공간에 다 들어가야 한다면 많은 부분을 포기해야 할 것이다."[70] 그래서 엥겔바트는 선견지명이 있는 이론가였음에도 진정으로 성공적인 혁신가는 될 수 없었다. 그는 계속 자신의 시스템에 기능과 명령과 버튼과 복잡한 것들을 보탰다. 케이는 더 쉽게 가려 했으며, 그렇게 하는 과정에서 단순함이라는 이상—인간이 쉽게 유쾌하게 사용할 수 있는 제품을 만드는 것—이 컴퓨터를 개인용으로 만드는 혁신에서 핵심임을 보여주었다.

제록스는 알토 시스템을 전국의 연구 센터로 보내 PARC의 엔지니어들이 꿈꾸고 현실로 만들어낸 혁신을 전파했다. 인터넷 프로토콜의 전신인 PARC 유니버설 패킷 덕에 여러 패킷 교환 네트워크가 연결될 수도 있었다. "인터넷을 가능하게 하는 테크놀로지 대부분이 1970년대

제록스 PARC의 앨런 케이(1940~), 1974년.

케이의 1972년 다이너북 스케치.

리 펠젠스타인(1945~).

《피플즈 컴퓨터 컴패니》 1972년 10월 창간호.

제록스 PARC에서 발명되었다." 테일러는 나중에 그렇게 주장했다.[71]

그러나 결과적으로 제록스 PARC는 개인용 컴퓨터—개인이 자신의 것이라고 부를 수 있는 장치—의 땅으로 가는 방향을 가리켰지만, 제록스 코포레이션은 그 이주에 앞장서지 않았다. 알토를 2,000대 만들었지만 주로 제록스의 사무실이나 관련 기관에서 사용할 용도였을 뿐, 소비자 제품으로 시장에 내놓지 않았다.* "회사는 혁신을 다룰 준비가 되어 있지 않았다." 케이는 그렇게 회고한다. "그렇게 한다는 것은 완전히 새로운 포장 방식, 완전히 새로운 매뉴얼, 업데이트 관리, 직원 교육, 각국에서의 현지화를 의미했기 때문이다."[72]

테일러는 동부의 양복 입은 사람들을 상대하려 할 때마다 벽에 부딪혔다고 회고한다. 뉴욕 주 웹스터에 있는 제록스 연구 시설 책임자는 그에게 이렇게 설명했다. "컴퓨터가 복사기만큼 사회에 중요해지는 날은 결코 오지 않을 것이다."[73]

플로리다 주 보카러톤의 화려한 제록스 기업 컨퍼런스(헨리 키신저가 보수를 받고 기조연설을 했다)에서 알토 시스템이 전시되었다. 오전에는 엥겔바트의 '모든 데모의 어머니'를 흉내 낸 데모를 무대에서 보여주었고, 오후에는 모두가 사용할 수 있도록 전시실에 알토 30대를 설치해놓았다. 모두 남성으로 이루어진 임원들은 거의 관심을 보이지 않았지만, 부인들은 바로 마우스를 시험해보고 타자를 쳐보기 시작했다. "남자들은 타자를 치는 방법을 아는 것이 격에 맞지 않는다고 생각하는 것 같았다." 테일러가 말했는데, 그는 회의에 초대받지는 않았지만 참석은 했

*제록스 스타 워크스테이션이 소개된 것은 알토가 발명되고 나서 8년 뒤인 1981년이었으며, 이때도 초기에는 독립형 컴퓨터로 판매되지 않고 파일 서버와 프린터에 보통은 다른 네트워크 워크스테이션까지 포함하는 '통합 사무실 시스템'의 일부로 판매되었다.

다. "그것은 비서들이 하는 일이었다. 그래서 그들은 알토를 진지하게 생각하지 않았으며, 여자들만 그것을 좋아할 것이라고 생각했다. 그 순간 나는 제록스가 결코 개인용 컴퓨터를 갖지 못하게 될 것임을 깨달았다."[74]

그들 대신 더 진취적이고 유연한 혁신가들이 개인용 컴퓨터 시장에 처음으로 진입하게 된다. 일부는 결국 제록스 PARC의 아이디어를 허가받고 이용했지만, 일부는 훔치기도 했다. 그러나 최초의 개인용 컴퓨터는 오직 호비스트들만이 사랑할 수 있는 홈브루 제품이었다.

공동체 조직가들

개인용 컴퓨터의 탄생에 이르는 시기 동안 베이 에어리어의 여러 그룹 가운데는 권력을 민중에게 가져다주기 위한 도구로서 컴퓨터를 사랑하게 된 공동체 조직가와 평화 활동가들이 있었다. 그들은 소규모 테크놀로지, 벅민스터 풀러의 『우주선 지구를 위한 작동 매뉴얼Operating Manual for Spaceship Earth』, '지구 전체' 그룹의 생활을 위한 도구라는 가치를 끌어안으면서도 환각제나 그레이트풀 데드에는 매혹을 느끼지 않았다.

프레드 무어가 그런 예였다. 펜타곤에서 근무하던 육군 대령의 아들인 무어는 1959년 서부로 건너와 버클리에서 공학을 공부했다. 그는 베트남에서 아직 미군의 병력 증강이 시작되기 전이었음에도 반전 운동가가 되겠다고 결심했다. 그는 ROTC를 비난하는 구호를 들고 곧 학생 시위의 진원지가 되는 스프롤 플라자의 계단에 자리를 잡았다. 그의 시위는 겨우 이틀간 계속되었지만(아버지가 와서 집으로 데려갔다) 1962년 버클리에 다시 등록하고 반항적인 활동을 재개했다. 그는 징병 거부자로 교도소에서 2년을 복역했으며, 1968년에 아내가 떠나고 난 뒤에는 갓난쟁이 딸만 폭스바겐에 태워 팰로앨토로 내려왔다.[75]

무어는 그곳에서 반전 운동가가 될 계획이었지만 스탠퍼드 메디컬 센터에서 컴퓨터를 발견하고 거기에 빠져들었다. 아무도 나가달라고 하지 않았기 때문에 그는 딸이 복도를 돌아다니거나 차에서 노는 동안 컴퓨터에 전념했다. 그러면서 사람들이 자기 삶을 통제하고 공동체를 형성하는 데 도움을 주는 힘이 컴퓨터에 있다고 믿게 되었다. 그는 개인에게 힘을 주고 학습을 하게 하는 도구로 컴퓨터를 사용할 수 있다면 보통 사람들이 기성 군산 체제의 지배에서 자유로워질 수 있다고 믿었다. "턱수염을 기른 프레드는 비쩍 마르고 눈빛이 강렬한 급진적 평화주의자였다." 공동체 조직과 팰로앨토의 컴퓨터 현장 양쪽에 다 관여했던 리 펠젠스타인은 그렇게 회고한다. "주저하지 않고 달려가 잠수함에 피를 쏟아부을 사람이었다. 정말이지 아무도 그를 쫓아버릴 수 없었다."[76]

무어의 피스닉*-테크 열정을 고려해보면 그가 스튜어트 브랜드를 비롯한 '지구 전체' 무리의 궤도로 끌려들어간 것은 당연한 일이었다. 실제로 그는 결국 이 시대의 가장 괴상한 행사에서 가장 인기 있는 스타가 된다. 바로 1971년 《호울 어스 카탈로그》의 사망 파티였다. 이 잡지가 발간을 끝냈을 때 은행에는 기적적으로 2만 달러가 남아 있었고, 브랜드는 샌프란시스코 마리나 지구의 모조 고전 그리스 건축물인 팰리스 오브 파인아츠를 빌려, 생각이 비슷한 사람 1,000명을 모아 폐간을 기념하며 그 돈을 어떻게 써버릴지 결정하기로 했다. 그는 록과 마약에 미친 군중이 현명한 판단을 내릴 것이라는 환상을 품고 100달러 지폐 뭉치를 가져왔다. "우리가 못 한다면 어떻게 세상 다른 사람들에게 합의

*평화주의자—옮긴이.

에 이르라고 요청할 수 있겠는가?" 브랜드는 모인 사람들에게 물었다.[77]

토론은 열 시간 동안 계속되었다. 브랜드는 후드 달린 검은 성직자 차림으로, 각 연설자가 돈다발을 들고 군중에게 연설하는 동안 제안된 것들을 칠판에 적어나갔다. 켄 키지의 메리 프랭스터즈 회원이었던 폴 크라스너는 미국 인디언의 곤경에 관해 열정적으로 이야기하고—"우리는 여기 와서 인디언을 박살 냈다!"—돈을 그들에게 주어야 한다고 덧붙였다. 공교롭게도 인디언이었던 브랜드의 부인 로이스가 앞으로 나와 자신과 다른 인디언들은 그 돈이 필요 없다고 말했다. 마이클 케이라는 사람은 그냥 자신들이 나누어 가지면 된다며 지폐를 사람들에게 주기 시작했다. 브랜드는 모두 함께 쓰는 것이 더 낫다면서 돈을 다시 가져와달라고 말했고, 일부는 정말 돈을 돌려주어 박수를 받았다. 그 밖에도 엉뚱한 것에서부터 황당한 것에 이르기까지 수십 가지 제안이 나왔다. 변기에 넣고 내려보내라! 파티를 위해 아산화질소를 더 사라! 지구에 꽂을 거대한 플라스틱 음경 상징물을 만들라! 밴드 골든 토드의 한 멤버는 이렇게 소리치기도 했다. "좆도 에너지를 집중해라! 제안이 900만 가지가 나왔다! 하나만 골라라! 이러다가 좆도 내년까지 가겠다. 나는 여기 연주를 하러 왔다." 그 말은 아무런 결정을 유도하지는 못했지만 그래도 다들 잠시 쉬면서 공연을 즐길 수 있었다. 공연은 벨리 댄서가 바닥에 쓰러져 꿈틀거리는 장면으로 끝났다.

그 시점에 턱수염이 더부룩하고 머리가 물결치는 듯한 프레드 무어가 일어나 자신의 직업은 '인간'이라고 소개했다. 그는 사람들이 돈에 관심을 가지는 것을 비난하며, 그 점을 분명히 보여주기 위해 호주머니에 있던 2달러짜리 지폐를 꺼내 태워버렸다. 투표를 해야 할지에 대한 논쟁도 있었지만, 무어는 그것도 사람들을 합치기보다는 나누는 방법이라고 비난했다. 시간이 새벽 3시라, 그렇지 않아도 혼란에 빠져 어지러워하던 사람들은 증세가 더 심해졌다. 무어는 사람들에게 네트워크에 함께 남을 수 있도록 이름을 서로 알리라고 권했다. "돈으로 우리가 나뉘는 것보다 오늘 밤 여기 있는 사람들의 단결이 중요하다." 그는 그렇게 선언했다.[78] 결국 그는 스무 명 정도의 아주 완강한 사람들을 제외하면 다른 모든 사람들보다 오래 버텼고, 더 나은 아이디어가 나올 때까지 그 돈은 그에게 주기로 결정이 되었다.[79]

무어는 은행 계좌가 없었기 때문에 2만 달러 가운데 남은 14,905달러를 뒷마당에 묻었다. 결국 도움을 청하는 불청객들이 찾아오는 등의 우여곡절 끝에 그는 그 돈을 지역에서 컴퓨터 활용이나 교육에 관여하는 소수의 관련 조직에 대여하거나 지원금으로 주었다. 돈을 받은 사람들은 팰로앨토와 멘로 파크에서 등장한 테크노-히피 생태계—그 중심에 브랜드와 그의《호울 어스 카탈로그》그룹이 있었다—의 일부를 이루고 있었다.

여기에는 카탈로그를 발행한 출판사 포톨라 인스티튜트Portola Institute도 포함되어 있었는데, 이곳은 "모든 수준에 맞는 컴퓨터 교육"을 장려하는 대안적 비영리 조직이었다. 이 느슨한 학습 프로그램은 밥 알브레히트가 운영하고 있었는데, 그는 대기업적인 미국에 등을 돌린 채 아이들에게 컴퓨터 프로그래밍을 가르치고 더글러스 엥겔바트를 비롯한 성인들에게 그리스 포크 댄스를 가르치는 일을 하는 엔지니어였다. "샌프란시스코에서 가장 구불구불한 거리인 롬바드에 사는 동안 나는 컴퓨터 프로그래밍, 와인 시음회, 그리스 댄스파티를 자주 열었다." 알브레히트는 그렇게 회고한다.[80] 그와 친구들은 대중이 접근할 수 있는 컴퓨터 센터를 열고 PDP-8을 들여놓았으며, 가장 뛰어난 어린 학생들을 데리고 현장 학습을 다니기도 했는데, 그 가운데 가장 주목할 만한 곳은 엥겔바트의 증강 연구 센터였다. 초기에 발행된《호울 어스 카탈로그》가운데는 마지막 페이지에 고슴도치 털 같은 머리 모양을 선보이며 어린아이들에게 계산기 사용법을 가르치는 알브레히트의 사진을 실은 것도 있다.

인기 있는『내 컴퓨터가 나를 좋아해(내가 BASIC으로 말하면)My Computer Likes Me(When I Speak BASIC)』를 포함한 컴퓨터 독학 안내서를 쓰기도 한 알브레히트는《피플즈 컴퓨터 컴패니》라는 제목의 간행물을 냈다. 사실 회사company는 아니지만 재니스 조플린의 밴드인 '빅 브러더 앤드 더 홀딩 컴퍼니Big Brother and the Holding Company'를 기념하여 그런 이름을 지은 것이다. 엉성해 보이는 뉴스레터는 '민중에게 컴퓨터 권력을'이라는 구호를 채택했다. 1972년에 나온 첫 호는 표지에 석양으로 들어가는 보트의 그림과 더불어 손으로 휘갈겨 쓴 선언문이 적혀 있었다. "컴퓨터는 대체로 사람들을 위해서가 아니라 사람들에게 맞서서 사용되며, 사람들을 자유롭게 하는 것이 아니라 통제하기 위해서 사용된다. 그 모든 것을 바꿀 때가 왔다. 우리에게는 '민중의 컴퓨터 회사PEOPLE'S COMPUTER COMPANY'가 필요하다."[81] 이 뉴스레터는 발간될 때마다 거의 매번 용의 선화線畫—"나는 열세 살 이후로 늘 용을 아주 좋아했다"고 알브레히트는 회고한다—와 더불어 컴퓨터 교육, BASIC 프로그래밍, 다양한 학습 박람회와 DIY 테크놀로지 축제 정보를 담고 있었다.[82] 이 뉴스레터는 전자 호비스트, DIY 애호가들, 공동체 학습 조직가를 한데 엮는 데 기여했다.

리 펠젠스타인은 이런 문화를 대표하는 또 한 사람으로, 버클리에서 전자공학 학위를 받은 열렬한 반전 운동가였다. 펠젠스타인은 스티븐 레비의『해커스』에 주요 인물로 등장한다. 그는 메리 프랭스터즈와는 거리가 먼 사람이었다. 버클리가 학생 소요로 시끄럽던 시기에도 그는 섹스와 마약을 피했다. 그는 공동체를 조직하는 정치 활동가의 본능과 통신 도구와 네트워크를 제작하는 전자 긱의 기질이 결합된 인물이었다. 또《호울 어스 카탈로그》의 충실한 독자로서 통신 도구에 대중이 접근하면 정부와 기업으로부터 권력을 빼앗을 수 있다는 믿음과 더불어 미국 공동체 문화 속의 홈브루 문화적 요소를 높이 평가했다.[83]

펠젠스타인의 공동체를 조직하는 경향과 전자 기기에 대한 사랑은 필라델피아에서 보낸 어린 시절에 생겨났는데, 그는 1945년에 그곳에서 태어났다. 아버지는 기관차 정비공이면서 간헐적으로 상업 화가로 일했으며, 어머니는 사진작가였다. 또 둘 다 공산당 비밀당원이었다. "두 분은 미디어에서 나오는 것은 대체로 날조라고 생각했는데, 이 날조라는 말을 아버지는 애용했다." 펠젠스타인은 그렇게 회고한다. 부모는 공산당을 나온 뒤에도 좌익 조직가 활동을 계속했다. 어린 시절 펠젠스타인은 군 고위 인사들이 오면 피켓을 들었고 남부의 인종차별 철폐 연좌 농성을 지지하기 위해 울워스 앞에서 시위를 조직하는 것을 돕기도 했다. "나는 어린 시절 늘 그림을 그릴 종이를 들고 다녔다. 부모님이 창조적으로 상상력을 발휘하라고 권했기 때문이다. 종이를 뒤집으면 그것이 고릿적의 동네 조직 행사를 등사기로 찍은 전단이라는 것을 알 수 있었다."[84]

테크놀로지에 대한 그의 관심은 부분적으로는 어머니가 심어준 것인데, 어머니는 고인이 된 외할아버지가 트럭과 기차에서 쓰는 작은 디젤 엔진을 만들었다는 이야기를 자주 했다. "어머니는 내가 발명가가 되기를 원한다는 느낌을 받았다." 펠젠스타인은 그렇게 말한다. 한번은 교사한테 백일몽을 꾼다고 야단을 맞았을 때 이렇게 대답하기도 했다. "저는 백일몽을 꾸는 게 아니에요. 발명을 하고 있는 거예요."[85]

경쟁심 있는 형과 양녀로 온 누이가 있는 가정에서 펠젠스타인은 지하실로 내려가 전자 제품을 갖고 노는 것을 낙으로 삼았다. 이때 그에게 통신 테크놀로지가 개인에게 힘을 줄 수 있다는 생각이 자리 잡게 되었다. "전자 제품의 테크놀로지는 내가 몹시 원하는 것처럼 보이던 것을 약속했다. 그것은 가족이라는 위계 구조 외부에서 이루어지는 소통이었다."[86] 그는 교재와 실험 장비가 제공되는 통신 강좌를 들었으며, 무선 통신 입문서와 99센트짜리 트랜지스터를 사 도식을 바탕으로 실제로 작동하는 회로를 만드는 방법을 배울 수 있었다. 그는 히스키트를 비롯하여 직접 납땜을 할 수 있는 전자 제품을 만지작거리며 성장한 다른 많은 해커들과 마찬가지로 나중에 그 후의 세대들이 안을 뜯어볼 수 없는 봉인된 장치들과 함께 성장하는 것을 걱정했다.* "나는 어렸을 때 낡은 라디오를 마음대로 가지고 놀면서 전자공학을 배웠다. 그런 라디오는 수리가 가능하도록 설계되어 있었기 때문이다."[87]

정치적 본능과 테크놀로지에 대한 관심이 합쳐지면서 펠젠스타인은 과학소설, 특히 로버트 하인라인의 글을 사랑하게 되었다. 개인용 컴퓨터 문화를 창조하는 데 기여한 게이머와 컴퓨터 조키** 세대와 마찬가지로 그는 과학소설 장르의 가장 흔한 모티프, 즉 테크놀로지 마법을 이용해 악한 권위를 타도하는 해커 영웅의 모티프에 영감을 받았다.

펠젠스타인은 1963년에 버클리에 들어가 전기공학을 공부했는데, 바로 이때 베트남 전쟁에 대한 저항의 분위기가 형성되고 있었다. 그가 처음 참여한 활동 가운데 하나가 시인 앨런 긴즈버그와 함께 남베트남 저명인사의 방문에 반대하는 시위에 참가한 것이었다. 시위가 늦게 끝

*2014년에 펠젠스타인은 중학생을 위한 전자 논리 기판 레고 같은 장난감/키트를 만드는 작업을 하고 있었는데, 이것은 학생들이 비트, 전자 소자, 그리고 부정not, 논리합or, 논리곱and 같은 논리 함수를 시각화하는 것을 도와주는 역할을 했다.

**jockey. 컴퓨터를 직업으로 삼거나 열광적으로 이용하는 사람—옮긴이.

났기 때문에 그는 화학 실험에 늦지 않으려고 택시를 타야 했다.

그는 학비를 벌기 위해 에드워즈 공군기지에 있는 NASA에 일자리를 얻었지만 당국이 그의 부모가 공산주의자였다는 것을 알아내는 바람에 그만둘 수밖에 없었다. 그는 아버지에게 전화를 걸어 그것이 사실이냐고 물었다. "전화로 그 이야기를 하고 싶지는 않구나." 그의 아버지는 그렇게 대답했다.[88]

"나쁜 짓만 하지 말게, 젊은이, 그러면 일자리를 도로 찾는 것은 어렵지 않을 거야." 한 공군 장교는 펠젠스타인에게 그렇게 말했다. 그러나 나쁜 짓을 하지 않는 것은 그의 성정에 맞지 않았다. 그 사건 때문에 그의 반권위주의적 기질에 불이 붙었다. 그는 1964년 10월 자유 언론 운동 시위가 분출할 때 캠퍼스로 돌아와, 과학소설 주인공처럼 자신의 테크놀로지 솜씨를 이용하여 싸움에 참여하겠다고 결심했다. "우리는 비폭력 무기를 찾고 있었으며, 나는 갑자기 가장 위대한 비폭력 무기는 정보 흐름이라는 것을 깨달았다."[89]

어느 때인가 경찰이 캠퍼스를 둘러쌌다는 소문이 돌았을 때 누군가가 펠젠스타인에게 소리쳤다. "얼른! 우리한테 경찰 무전기를 만들어 줘." 그것은 그가 즉석에서 할 수 있는 일은 아니었지만, 그는 이 일에서 또 다른 교훈을 얻었다. "나는 모든 사람의 선두에 서서 사회적 혜택을 위해 테크놀로지를 적용해야겠다고 결심했다."[90]

그의 가장 큰 통찰은 새로운 유형의 통신 네트워크를 만드는 것이 큰 기관들로부터 권력을 빼앗는 최선의 방법이라는 것이었다. 그는 그것이 자유 언론 운동의 핵심임을 깨달았다. "자유 언론 운동은 사람들과 사람들 사이의 소통의 장벽을 부수고 권력을 가진 기관들이 제공하지 않는 연결과 공동체를 형성하는 것이다." 그는 나중에 그렇게 썼다. "이것이 우리 삶을 지배하고 있는 기업과 정부에 대항하는 진정한 반역을 위한 토대를 놓는다."[91]

그는 어떤 종류의 정보 구조가 이런 유형의 사람 대 사람의 소통을 편하게 해주는지 생각하기 시작했다. 그는 처음에는 인쇄물을 시도하여, 학생 협동조합을 위한 뉴스레터를 창간하고, 이어 지하 주간지《버클리 바브》에 들어갔다. 그는 그곳에서 상륙선거함landing ship dock에 관한 기사를 쓰면서 풍자의 한 방법으로 'LSD'라는 머리글자를 사용한 뒤로 '군사 전문 편집자'라는 반은 아이러니가 섞인 칭호를 얻었다. 그는 "인쇄물이 공동체를 위한 새로운 매체가 될 수 있기를" 바랐지만 "그것이 구경거리를 파는 중앙집권적 구조로 바뀌는 것을 보고" 환멸을 느꼈다.[92] 한번은 무리 가운데 있는 사람들이 자신의 이야기를 할 수 있도록 수많은 입력 전선으로 이루어진 망사형 그물망으로 된 휴대용 확성기를 만들기도 했다. "거기에는 중심이 없었고 따라서 중앙의 권위도 없었다." 그는 그렇게 말한다. "그것은 인터넷 같은 디자인이었으며, 소통 권력을 모든 사람에게 분배하는 한 방법이었다."[93]

그는 미래에는 "중앙의 한 점에서 동일한 정보를 전달하고 돌아오는 정보를 위한 채널은 최소화한" 텔레비전 같은 방송 매체와 "모든 참가자들이 정보의 수용자인 동시에 생성자인" 비방송 매체의 구별이 핵심이 될 것임을 깨달았다. 그에게 네트워크로 연결된 컴퓨터는 사람들이 자신의 삶을 장악하는 것을 허용하는 도구였다. "이것으로 권력의 자리가 민중에게 내려올 것이었다." 그는 나중에 그렇게 설명했다.[94]

인터넷 이전 시절, 그러니까 크레이그스리스트와 페이스북 이전 시절에는 사람들끼리 연결해주고 또 그들이 원하는 서비스와 연결해주는 역할을 하는, 스위치보드라고 알려진 공동체 조직이 있었다. 대부분은 로우테크 시스템으로, 보통 몇 사람이 전화기 두어 대가 놓인 탁자를 둘러싸고 앉아 있었으며 벽에는 명함과 전단이 잔뜩 붙어 있었다. 이것이 소셜 네트워크를 창조하는 라우터 역할을 한 셈이다. "모든 작은 공동체마다 이런 것이 하나 이상씩 있는 것 같았다." 펠젠스타인은 그렇게 회고한다. "나는 그들이 일을 편하게 할 수 있는 테크놀로지가 있는지 보려고 그들을 찾아갔다." 그러다가 한 친구가 길에서 그에게 다가와 재미있는 소식을 전해주었다. 그런 공동체 조직 가운데 하나가 어떤 부유한 샌프란시스코 자유주의자들의 부채감을 자극하여 메인프레임 컴퓨터 한 대를 손에 넣었다는 것이었다. 그 말을 듣고 '리소스 원Resource One'이라는 이름의 비영리 기관을 찾아가보니, 그곳에서는 다른 스위치보드들과 함께 이 컴퓨터를 시분할로 이용하려고 손을 보고 있었다. "우리는 우리 자신이 반문화 운동을 위한 컴퓨터 역할을 하게 될 것이라고 생각했다." 펠젠스타인은 그렇게 말한다.[95]

그 무렵 펠젠스타인은《버클리 바브》에 다음과 같은 개인 광고를 냈다. "르네상스적 인간, 엔지니어이자 혁명가, 대화를 원함."[96] 그는 이 광고를 통해 최초의 여성 해커이자 사이버펑크로 꼽히는 주드 밀혼을 만났는데, 그녀는 세인트 주드라는 필명으로 글을 쓰고 있었다. 그녀는 또 그에게 동료인 시스템 프로그래머 에프렘 립킨을 소개해주었다. 리소스 원 컴퓨터는 시분할을 이용할 고객을 전혀 찾을 수가 없었기 때문에 립킨의 제안에 따라 '커뮤니티 메모리Community Memory'라는 새로운 일을 시작했다. 컴퓨터를 공적인 전자 게시판으로 사용하자는 것이었다. 1973년 8월 그들은 버클리의 학생 소유 레코드 가게인 레오폴드 레코드에 단말기를 설치하고, 전화선으로 메인프레임과 연결했다.[97]

펠젠스타인은 핵심적인 아이디어를 포착하고 있었다. 사람들이 컴퓨터 네트워크에 접근하면 스스로 만들어내는 방식으로 관심 분야 공동체를 형성할 수 있다는 것이었다. 이 프로젝트를 광고하는 전단 겸 성명서는 이렇게 선언했다. "소통의 비위계적 채널은—컴퓨터와 모뎀으로 하든, 펜과 잉크로 하든, 전화로 하든, 직접 얼굴을 보고 하든—우리의 공동체를 다시 찾고 거기에 다시 활력을 부여하는 최전방이다."[98]

펠젠스타인과 그의 친구들은 영리하게도 도움 구함이나 자동차나 아이 보기 같은 미리 정한 키워드를 시스템에 프로그래밍해 넣지 않기로 결정했다. 대신 사용자가 게시하고 싶은 키워드를 스스로 만들 수 있었다. 이 덕분에 보통 사람들이 이 시스템을 자기 나름으로 사용하는 방법을 찾을 수 있었다. 단말기는 시를 쓰고, 카풀을 조직하고, 레스토랑에 대한 생각을 나누고, 체스, 섹스, 공부, 명상을 비롯하여 뭐든 함께할 수 있는 편한 파트너를 구하는 게시판이 되었다. 세인트 주드를 필두로 사람들은 각자 나름의 온라인 페르소나를 만들었고, 코르크판 위에 압정으로 붙이는 게시판에서는 불가능할 문학적 재능을 발휘했다.[99] 커뮤니티 메모리는 인터넷 게시판 시스템과 더 웰 같은 온라인 서비스의 선구자가 되었다. "우리는 사이버스페이스로 들어가는 문을 열었고 우리를 환대하는 영토를 발견했다." 펠젠스타인은 그렇게 말한다.[100]

디지털 시대에 똑같이 중요한 또 하나의 통찰은 한동안 그의 친구였던 립킨과 불화가 생긴 뒤에 나왔다. 립킨은 철갑을 두른 것처럼 폐쇄되어 공동체 사람들이 부술 수 없는 단말기를 제작하기를 바랐다. 펠젠스타인은 그 반대의 접근을 옹호했다. 민중에게 컴퓨팅 권력을 주는 것이 사명이라면 실천 원칙을 존중할 필요가 있었다. "에프렘은 사람들이 손을 댈 수 있게 놔두면 부수어버릴 것이라고 말했다." 펠젠스타인은 그렇게 회고한다. "나는 나중에 위키피디아 철학이 된 것을 받아들였다. 사람들이 손을 대는 것을 허용해야 사람들이 그것을 보호하고, 망가지면 고친다는 것이었다." 그는 컴퓨터가 장난감이 되어야 한다고 믿었다. "사람들이 장비를 만지는 것을 장려하면 컴퓨터와 공동체의 공생을 이루어나갈 수 있을 것이다."[101]

이런 본능은 단말기가 막 레오폴드에 설치된 직후 펠젠스타인의 아버지가 『유쾌함을 위한 도구Tools for Conviviality』를 보내주었을 때 하나의 철학으로 굳어졌다. 이 책은 오스트리아에서 출생하고 미국에서 성장한 철학자이자 가톨릭 사제로, 테크노크라시 엘리트의 지배적 역할을 비판한 이반 일리치가 쓴 것이었다. 일리치의 처방 가운데 하나는 직관적이고, 배우기 쉽고, '유쾌한' 테크놀로지를 창조하라는 것이었다. 그는 그 목표가 "사람들에게 독자적으로 높은 능률을 발휘하며 일할 권리를 보장하는 도구를 주는 것"이 되어야 한다고 썼다.[102] 일리치는 엥겔바트와 리클라이더처럼 사용자와 도구 사이의 '공생'의 필요성을 이야기했다.

펠젠스타인은 컴퓨터는 직접 손으로 만지는 것을 장려하는 방식으로 제작되어야 한다는 일리치의 생각을 끌어안았다. "그의 글은 나에게 사람들을 그들이 사용할 수 있는 장비로 이끌고 가는 피리 부는 사나이가 되라고 권했다." 10여 년 뒤 마침내 두 사람이 만났을 때 일리치는 그에게 물었다. "사람들을 연결시키고 싶다면서 왜 중간에 컴퓨터를 끼워 넣고 싶어 하시오?" 펠젠스타인은 대답했다. "나는 컴퓨터가 사람들을 연결시키고 그들과 조화를 이루는 도구가 되기를 바랍니다."[103]

펠젠스타인은 아주 미국적인 방식으로 제작자 문화라는 이상—비공식적이고 동료가 이끌고 스스로 하는 학습 경험에서 오는 재미와 충족감—을 테크놀로지 도구를 향한 해커 문화의 열망 및 뉴레프트의 공동체 조직 본능과 엮었다.* 그는 2013년 '베이 에어리어 제작자 박람회Bay

*《와이어드》지는 2011년 4월 호에서 제작자 문화를 특집으로 다루면서 처음으로 여성 엔지니어를 표지에 실었는데, 그녀는 MIT에서 교육을 받은 자수성가형 기업가 리머 프리드였다. 그녀

Area Maker Faire'에서 진지한 호비스트들이 가득한 방에서 1960년대 혁명가를 기조연설 연사로 초청한 이상하면서도 적절한 현상에 주목한 다음 이렇게 말했다. "개인용 컴퓨터의 뿌리는 1964년 버클리에서 일어난 자유 언론 운동과《호울 어스 카탈로그》에서 찾을 수 있다. 이것이 개인용 컴퓨터 운동의 배후에 있던 DIY라는 이상을 마케팅한 셈이다."[104]

1974년 가을 펠젠스타인은 '톰 스위프트 단말기'를 위한 사양을 정리했는데, 그의 말에 따르면 이 단말기는 "장비를 만지작거리는 모습이 가장 어울리는 미국의 민속 영웅"의 이름을 딴 "유쾌한 사이버네틱 장치"였다.[105] 이것은 사람들을 메인프레임 컴퓨터나 네트워크와 연결시키기 위해 만든 튼튼한 단말기였다. 펠젠스타인은 이 아이디어를 끝까지 추진하지는 않았지만 등사기로 복사한 사양 사본을 만들어 이 생각을 받아들일 만한 사람들에게 나누어주었다. 이것은 커뮤니티 메모리와《호울 어스 카탈로그》그룹을 컴퓨터는 개인용이어야 하고 유쾌해야 한다는 그의 신조 쪽으로 끌어오는 데 도움을 주었다. 그런 식으로 컴퓨터는 테크놀로지 엘리트만이 아니라 보통 사람들을 위한 도구가 될 수 있었다. 시인 리처드 브로티건의 표현대로 컴퓨터는 "사랑이 넘치는 은총의 기계"가 되어야 했다. 펠젠스타인은 자신이 설립한 컨설팅 회사의 이름을 '러빙 그레이스 사이버네틱스Loving Grace Cybernetics'라고 지었다.

타고난 조직가였던 펠젠스타인은 자신의 철학을 공유하는 사람들의 공동체를 만들기로 결심했다. "나의 제안은 일리치와 마찬가지로 컴퓨터는 자기 둘레에 컴퓨터 클럽을 성장시켜야만 생존할 수 있다는 것

가 사용하는 사용자 계정 ID 'ladyada'와 회사 이름 '에이다프루트 인더스트리'는 에이다 러브레이스에 대한 존경의 표시다.

이었다." 그는 그렇게 설명한다. 그는 프레드 무어, 밥 알브레히트와 함께 수요일 밤에 피플즈 컴퓨터 센터에서 열리는 포트럭 디너의 단골이 되었다. 또 다른 단골은 고든 프렌치로, 이 호리호리한 엔지니어는 직접 컴퓨터를 제작하는 것을 좋아했다. 그들이 논의한 주제 가운데는 '개인용 컴퓨터가 마침내 존재하게 되면 실제로 어떤 모습일까?'도 있었다. 포트럭 디너가 시들해진 1975년 초 무어와 프렌치와 펠젠스타인은 새로운 클럽을 시작하기로 했다. 그들의 첫 번째 전단은 다음과 같이 선포한다. "직접 자신의 컴퓨터를 만들고 있는가? 단말기를? 텔레비전 타자기를? 입출력 장치를? 아니면 다른 디지털 블랙-매직 박스를? 그렇다면 마음이 같고 관심이 같은 사람들의 모임에 오는 것이 좋을지도 모른다."[106]

그들이 '홈브루 컴퓨터 클럽Homebrew Computer Club'이라고 부른 이 클럽은 베이 에어리어 디지털 세계의 수많은 다양한 문화 집단 전반의 열광적 지지를 끌어냈다. "거기에는 환각제 전도자도 있었고(많지는 않았지만), 아마추어 무선 교신 규정 엄수자도 있었고, 흰 구두를 신은 미래의 산업 권력가도 있었고, 잘 적응하지 못하는 2류, 3류의 테크와 엔지니어도 있었고, 다른 엉뚱한 사람들도 있었다. 그 가운데는 앞쪽에 허리를 똑바로 세우고 앉은 예의 바르고 새침한 부인도 있었는데, 나중에 들은 이야기로는 '남자'였던 시절에 아이젠하워 대통령의 전용기 조종사였다고 한다." 펠젠스타인은 그렇게 회고한다. "그들 모두 개인용 컴퓨터가 존재하기를 바랐으며, 정부나 IBM이나 고용주 등 갖가지 형태로 나타나는 제도라는 속박을 모두 벗어버리고 싶어 했다. 사람들은 그저 손톱 밑에 디지털 때가 끼기를 바랐고, 그 과정에서 놀 수 있기를 바랐을 뿐이다."[107]

홈브루 컴퓨터 클럽의 첫 모임은 1975년 3월 5일의 비 오는 수요일,

고든 프렌치의 멘로 파크 차고에서 열렸다. 그것은 최초의 진정한 개인용·가정용 컴퓨터가 등장한 시기와 겹쳤다. 이 컴퓨터는 실리콘 밸리가 아닌, 산쑥으로 덮인 '실리콘 데저트'*의 스트립몰에서 탄생했다.

에드 로버츠와 알테어

개인용 컴퓨터를 창조하는 데 기여한 다른 하나의 성격 유형이 있다. 연쇄 창업가다. 결국 카페인 과다 섭취의 이런 창업 조키들이 히피, 호울 어스 지지자, 공동체 조직가, 해커들을 밀어내고 실리콘 밸리를 지배하게 된다. 그러나 시판 가능한 개인용 컴퓨터를 창조하는 데 성공을 거둔 이런 부류 가운데 최초의 인물들은 실리콘 밸리와 동부의 여러 컴퓨터 센터에서 멀리 떨어진 곳에 기반을 두고 있었다.

1974년 4월 인텔 8080 마이크로프로세서가 막 나오려 할 때 에드 로버츠는 그것에 대해 기술하고 있는 손으로 쓴 데이터 시트 몇 장을 얻어낼 수 있었다. 뉴멕시코 주 앨버커키의 길거리에 면한 사무실을 가진 크고 억센 기업가 로버츠는 이 '컴퓨터온칩'을 이용하여 만들 수 있는 것에 대한 완벽하게 단순한 아이디어를 제시했다. 바로 컴퓨터라는 아이디어였다.[108]

로버츠는 컴퓨터 과학자도 아니었고 해커는 더더욱 아니었다. 그에게는 증강 지능이나 그래픽 사용자 인터페이스가 만들어내는 공생에 관한 거창한 이론도 없었다. 배니버 부시나 더글러스 엥겔바트에 관해 들어본 적도 없었다. 대신 그는 호비스트였다. 사실 그에게는, 한 동료

*silicon desert. 실리콘 밸리와 장난스럽게 대비시킨 표현—옮긴이.

의 말을 빌리면, 그를 '세계 궁극의 호비스트'로 만드는 호기심과 열정이 있었다.[109] 제작자 문화 이야기를 하면서 감상적이 되는 유형이 아니라, 뒷마당에서 모형 비행기를 날리고 로켓을 쏘는 것을 사랑하는 여드름 난 소년의 장단을 맞출 줄 아는(또 몸집만 커다래진 소년처럼 행동하는) 유형이었다. 로버츠는 개인용 컴퓨팅의 세계를 스탠퍼드나 MIT 출신의 신동이 아니라 연기 나는 납땜의 달콤한 냄새를 사랑하는 히스키트 호비스트가 밀고 가는 시기의 도래에 기여했다.

로버츠는 1941년 마이애미에서 가정용 전자 기기 수리공의 아들로 태어났다. 그는 공군에 입대했는데, 공군에서는 그를 오클라호마 주립대에 보내 공학 학위를 받게 한 뒤 앨버커키의 무기 연구소의 레이저 부서에 배치했다. 그곳에서 로버츠는 만화 영화 캐릭터로 백화점 크리스마스 진열장을 장식하는 등의 사업을 벌이기 시작했다. 1969년에는 공군 시절 친구 포리스트 밈스와 함께 모형 로켓에 열광하는 사람들이 형성하는 작지만 열정적인 시장을 겨냥한 회사를 차렸다. 이 회사는 인근의 우주 사관후보생들이 소형 섬광등과 무선 장치를 이용해 장난감 로켓을 추적할 수 있게 해주는 DIY 키트를 생산했다.

로버츠에게는 창업 정키* 특유의 낙천적 기질이 있었다. 밈스에 따르면 "그는 자신의 기업가적 재능으로 100만 달러를 벌고, 비행기 조종법을 배우고, 자가용 비행기를 소유하고, 농장에 살고, 의대를 졸업하는 일이 가능하다고 확신했다."[110] 이들은 회사 이름을 MIT를 연상시키는 MITS라 짓고, 이것을 약자로 삼아 여기에서 거꾸로 '마이크로 인스트루먼테이션 앤드 텔리메트리 시스템즈Micro Instrumentation and Telemetry Systems'라는 이름을 지어냈다. 전에는 스낵바로 사용되던 월세 100달러짜리 사무실

*junkie. 중독자, -광(狂)을 가리키는 말—옮긴이.

공간은 낡은 스트립몰의 마사지방과 빨래방 사이에 자리 잡고 있었다. 어쩐지 어울리는 느낌이 드는 "인챈티드 샌드위치 숍"*이라는 이름의 낡은 간판이 MITS 문 위에 걸려 있었다.

로버츠는 텍사스 인스트루먼츠의 잭 킬비의 발자취를 따라 다음에는 전자계산기 사업으로 진출했다. 그는 호비스트의 심리를 이해했기 때문에 계산기를 조립되지 않은 DIY 키트로 팔았다. 사실 조립해서 판다 해도 비용이 크게 올라가지는 않았다. 그 무렵 로버츠는 《파퓰러 일렉트로닉스》의 테크놀로지 편집자 레스 솔로몬을 만나는 행운을 얻었는데, 그는 취재거리를 찾아 앨버커키를 돌아다니고 있었다. 솔로몬은 로버츠에게 글을 한 편 써보라고 했고, '직접 만들 수 있는 탁상용 전자계산기'라는 제목이 1971년 11월 호 표지에 등장했다. 1973년에 이르자 MITS는 직원 110명에 매출이 100만 달러에 이르는 회사가 되었다. 그러나 휴대용 계산기 가격은 급락하고 있었기 때문에 이윤이 남지 않았다. "그 시기에 계산기 키트를 출고하는 비용은 39달러였는데, 사람들은 드러그스토어에서 29달러에 계산기를 살 수 있었다." 로버츠는 그렇게 회고한다.[111] 1974년이 끝날 무렵 MITS는 채무가 35만 달러를 넘어섰다.

로버츠는 위험을 개의치 않는 기업가라 완전히 새로운 사업을 시작하는 것으로 위기에 대응했다. 그는 늘 컴퓨터에 매료되었기 때문에 다른 호비스트들도 같은 느낌일 것이라고 짐작했다. 그가 한 친구에게 열광적으로 털어놓은 바에 따르면 그의 목표는 대중을 위한 컴퓨터를

*홀려 있는 샌드위치 가게라는 뜻으로, 샌드위치는 이 회사가 두 가게 사이에 끼어 있다는 사실을 연상시킨다—옮긴이.

만들어 '컴퓨터 사제단*'을 완전히 제거하는 것이었다. 로버츠는 인텔 8080의 명령 집합을 익힌 뒤 MITS가 400달러 이하의 아주 싼 가격으로 모든 호비스트가 살 수 있는 초보적 컴퓨터의 DIY 키트를 만들 수 있다고 결론을 내렸다. "우리는 그가 미쳤다고 생각했다." 한 동료는 나중에 그렇게 고백했다.[112]

인텔은 8080을 소매가 360달러에 팔고 있었지만 로버츠는 1,000개를 산다는 조건으로 인텔을 압박하여 가격을 개당 75달러까지 낮추었다. 그런 뒤에 1,000개를 팔 것이라는 주장을 근거로 은행 대출을 얻었다. 하지만 속으로는 초기 주문이 잘하면 200개 정도 될 것이라고 걱정하고 있었다. 상관없었다. 그는 모험을 사랑하는 기업가의 눈으로 사태를 보고 있었다. 성공하면 역사를 바꾸는 것이고, 아니면 훨씬 더 빠르게 파산으로 치달을 뿐이었다.

로버츠와 그의 가지각색의 직원들이 제작한 기계는 스탠퍼드 주변 연구소의 엥겔바트, 케이를 비롯한 여러 사람에게 감명을 주지 못했을 것이다. 이 기계는 메모리가 256바이트밖에 되지 않았고, 키보드나 다른 입력 장치가 없었다. 데이터나 명령을 입력하는 유일한 방법은 일련의 토글스위치를 켜거나 끄는 것이었다. 제록스 PARC의 마법사들은 정보를 표시하기 위해 그래픽 인터페이스를 제작하고 있었다. 낡은 인챈티드 샌드위치 숍에서 만들어진 기계는 전면 패널의 깜빡이는 불빛 몇 개를 통해서만 이진 코드로 답을 보여줄 수 있었다. 이것은 이렇게 테크놀로지의 승리라고 부를 수 있는 것은 아니었지만 그럼에도 호비스트들이 갈망하던 것이었다. 그들에게는 아마추어 무선 통신기처럼 만들

*당시 컴퓨터 사용자들은 접근을 통제하는 시스템 관리자를 은어로 사제priest라 불렀다—옮긴이.

에드 로버츠(1941~2010).

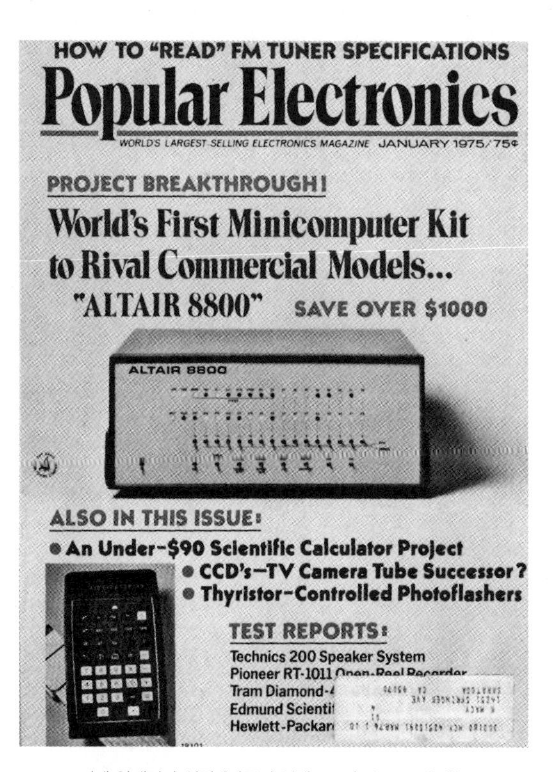

표지에 알테어가 실린 《파퓰러 일렉트로닉스》 1975년 1월 호.

어서 소유할 수 있는 컴퓨터에 대한 억눌린 요구가 있었던 것이다.

대중적 인지도는 혁신의 중요한 구성 요소다. 예를 들어 아이오와의 한 지하실에서 창조된 컴퓨터를 아무도 기록하지 않으면 역사에서는 철학자 버클리가 말한 아무도 살지 않는 숲에서 쓰러지는 나무 같은 것이 되어버린다. 즉, 나무가 쓰러지면서 소리를 냈는지 안 냈는지 누구도 알 수 없게 되는 것이다. '모든 데모의 어머니'는 엥겔바트의 혁신이 인기를 얻는 데 도움을 주었다. 그래서 신제품 발표 행사가 그렇게 중요한 것이다. MITS 기계도 만일 로버츠가 그전에 《파퓰러 일렉트로닉스》—이것은 히스키트 세트 팬들에게는 록 팬들의 《롤링 스톤》과 같은 잡지였다—의 레스 솔로몬과 사귀지 않았다면 팔리지 않는 계산기와 함께 앨버커키에서 몰락해버렸을지도 모른다.

브루클린 태생의 모험가로 젊은 시절 메나헴 베긴을 비롯한 시온주의자들과 함께 팔레스타인에서 싸운 적이 있는 솔로몬은 개인용 컴퓨터를 잡지 표지에 싣고 싶은 마음이 간절했다. 경쟁 잡지에서 이미 마크-8이라는 컴퓨터 키트를 표지에 실었는데, 이것은 빈혈에 걸린 듯한 인텔 8008을 이용하여 간신히 작동하는 상자에 불과했다. 솔로몬은 곧 그 이야기를 눌러야만 한다는 것을 알았다. 로버츠는 MITS 기계 가운데 유일하게 작동되는 프로토타입을 레일웨이 익스프레스 에이전시를 통해 보냈는데 그만 중간에 분실되고 말았다. (이 유서 깊은 택배 업체는 몇 달 뒤 파산했다.) 그래서 《파퓰러 일렉트로닉스》 1975년 1월 호는 가짜를 실었다. 잡지사에서 기사 인쇄를 준비하는 동안에도 로버츠는 아직 이름을 정하지 못했다. 그때 「스타 트렉」 정키인 솔로몬의 딸이 컴퓨터의 이름을 우주선 엔터프라이즈호가 그날 밤 에피소드에서 찾아가는 별 알테어로 하자고 제안했다. 그리하여 가정용 소비자를 위한 최초의 작동 가능한 진짜 개인용 컴퓨터에 알테어 8800이라는 이름이 붙게 되

었다.[113]

"모든 가정에 컴퓨터가 놓이는 시대—SF 작가들이 즐겨 다루던 주제였다—가 도래했다!" 《파퓰러 일렉트로닉스》 기사는 그렇게 외쳤다.[114] 작동 가능한 적절한 가격의 컴퓨터가 일반 대중을 위한 시장에 처음 나오고 있었다. 빌 게이츠는 나중에 이렇게 선언한다. "내 생각에 개인용 컴퓨터라는 이름을 얻을 수 있는 자격이 있는 최초의 물건은 알테어다."[115]

《파퓰러 일렉트로닉스》가 신문 가판대에 깔리자 주문이 쏟아져 들어오기 시작했다. 로버츠는 앨버커키에서 전화를 받을 사람을 더 고용해야 했다. 단 하루 만에 주문이 400대가 들어왔으며, 다섯 달이 안 되어 키트가 5,000개 팔렸다(MITS가 그렇게 빠른 속도로 제작을 할 수 없어 다 출고하지는 못했지만). 사람들은 이름의 철자도 제대로 쓸 줄 모르는 도시에 있는, 생전 들어보지도 못한 회사에 수표를 보내고 있었다. 겨우겨우 납땜을 해서 조립을 완성한다면 토글스위치로 수고스럽게 입력한 정보에 기초하여 불빛 몇 개가 깜빡거릴 기계를 만들 수 있는 부품 상자를 손에 넣게 될 것이라는 희망 때문이었다. 호비스트의 열정을 가진 그들은 자신만의 컴퓨터를 원했다. 타인과 네트워크로 연결된 장치나 공유 장치가 아니라, 침실이나 지하실에서 혼자 가지고 놀 수 있는 컴퓨터를 원했다.

그 결과 전자 제품 클럽 호비스트들은 호울 어스 히피들이나 홈브루 해커들과 하나가 되어 개인용 컴퓨터라는 새로운 산업을 만들어냈다. 그리고 이것이 경제 성장을 견인하고 우리의 삶과 업무 방식을 바꾸게 된다. 권력을 민중에게 보내자는 운동은 컴퓨터를 기업과 군부의 단일 통제에서 빼내 개인의 손에 쥐여주었으며, 이것은 자아실현과 생산성과 창조성을 위한 도구가 되었다. "트랜지스터가 발명되던 시기에 제

2차 세계대전의 영향하에 있던 조지 오웰이 그린 디스토피아적 사회는 현실이 되지 않았다." 역사학자 마이클 리오단과 릴리언 호드슨은 그렇게 말한다. "그것은 트랜지스터화가 이루어진 전자 장치가 빅브라더*보다 창조적 개인과 유연한 기업가들에게 훨씬 많은 역량을 주었기 때문이다."[116]

홈브루 클럽의 데뷔

1975년 3월 홈브루 컴퓨터 클럽의 첫 모임의 중심에는 알테어가 있었다. MITS는 사용 후기를 의뢰하기 위해 《피플즈 컴퓨터 컴패니》에 알테어를 보냈고, 이것이 펠젠스타인, 립킨 등의 손을 거쳐 모임 자리에 나오게 된 것이다. 차고를 가득 채운 호비스트와 히피와 해커들에게 알테어가 모습을 드러냈다. 대부분은 실망했다. "스위치와 불빛밖에 없었다." 펠젠스타인은 그렇게 말한다. 하지만 그들은 이것이 새로운 시대를 예고한다는 느낌을 받았다. 서른 명이 모여 자신들이 알고 있는 것을 나누었다. "그것이 개인용 컴퓨터가 유쾌한 테크놀로지가 된 순간이었는지도 모른다." 펠젠스타인은 그렇게 회고한다.[117]

하드코어 해커 스티브 돔피어는 앨버커키에 가서 MITS에서 문제가 발생한 기계를 뜯어본 이야기를 했다. 그는 1975년 4월 3차 클럽 모임이 열릴 즈음에는 재미있는 발견을 했다. 수를 정렬하는 프로그램을 작성한 다음 그것을 실행하는 동안 저주파 트랜지스터라디오로 날씨 방

*조지 오웰의 1949년 작 소설 『1984』에서 사회를 통제하고 감시하는 권력자들을 가리키는 말—옮긴이.

송에 귀를 기울이고 있었다. 그때 라디오가 여러 음으로 집-지지지이이입-지지지이이입 하는 소리를 내기 시작했다. 돔피어는 혼잣말을 했다. "글쎄 누가 알겠어! 이게 내 첫 주변 기기가 될지!" 그래서 실험을 해보았다. "나는 소리가 어떻게 달라지나 보려고 다른 프로그램을 돌려보았다. 그렇게 여덟 시간을 이것 저것 해본 뒤에 음을 내고 실제로 음악을 연주할 수 있는 프로그램을 갖게 되었다."[118] 그는 몇 가지 프로그램 루프에 의해 생성되는 음을 표로 그렸고, 마침내 토글스위치를 사용하여 프로그램을 입력했다. 홈브루 클럽 모임에서 프로그램을 실행하자 그의 작은 라디오에서 비틀스의 〈The Fool on the Hill〉이 연주되었다.* 소리는 아름답지 않았지만, 홈브루 회원들은 일순 경외감에 사로잡혀 조용해졌다가 환호하며 앙코르를 외쳤다. 그러자 돔피어는 자신의 알테어로 〈Daisy Bell〉(Bicycle Built for Two)의 곡조를 만들어냈다. 이것은 컴퓨터에 의해 최초로 재생된 곡으로, 1961년에 벨 연구소에서 IBM 704에 의해 연주되었고, 이후 스탠리 큐브릭 감독의 〈2001: 스페이스 오디세이2001:A Space Odyssey〉에서 HAL이 해체될 때 흥얼거리던 것이었다. 돔피어는 이 곡이 "유전적으로 물려받은 것"이라고 말했다. 홈브루 클럽 회원들은 에이다 러브레이스가 예언한 대로 음악 연주를 포함하여 온갖 아름다운 일을 할 수 있는 가정용 컴퓨터를 발견한 것이다.

돔피어는《피플즈 컴퓨터 컴패니》의 차기 호에 자신이 만든 음악 프로그램을 발표했으며, 이것은 혼란에 빠진 어느 독자에게서 역사적으로 주목할 만한 반응을 이끌어냈다. "스티븐 돔피어는《피플즈 컴퓨터 컴패니》에 알테어용으로 작성한 음악 프로그램에 관한 글을 실었다."

*http://startup.nmnaturalhistory.org/gallery/story.php?ii=46에서 돔피어의 알테어가 연주하는 〈The Fool on the Hill〉을 들을 수 있다.

휴학을 하고 앨버커키의 MITS를 위해 소프트웨어를 만들고 있던 하버드 재학생 빌 게이츠는 알테어 뉴스레터에 그렇게 썼다. "그의 글은 〈The Fool on the Hill〉과 〈Daisy〉를 위한 그의 프로그램과 음악 자료를 나열하고만 있다. 그것이 어떻게 작동하는지는 설명하지 않고 있고, 나는 그 이유를 모르겠다. 혹시 아는 사람 있는가?"[119] 컴퓨터가 프로그램을 실행하면서 타이밍 루프로 제어될 수 있는 주파수 간섭을 일으키며, AM 라디오가 이것을 톤 펄스로 잡아낼 수 있다는 것이 간단한 답이었다.

그의 질문이 게시된 무렵, 게이츠는 홈브루 컴퓨터 클럽과 더 근본적인 문제에 관한 분쟁에 빠져들어 있었다. 이것은 정보를 독점적 소유물로 관리해야 한다고 믿는 상업적 윤리와 정보를 자유롭게 공유해야 한다는 해커 윤리 사이의 원형적 충돌이 되었다. 전자의 대변인은 게이츠였고, 후자의 대변인은 홈브루 클럽 회원들이었다.

레이크사이드 스쿨 컴퓨터실의 폴 앨런(1953~)과 빌 게이츠(1955~).

과속으로 구속된 게이츠, 1977년.

앨버커키를 떠나기 직전의 마이크로소프트 직원들, 게이츠는 왼쪽 아래,
앨런은 오른쪽 아래, 1978년 12월.

9

소프트웨어

폴 앨런은 하버드 광장 한가운데에 있는 어수선한 신문 가판대를 지나다 1975년 1월판《파퓰러 일렉트로닉스》표지에 알테어가 실린 것을 보고 기분이 들뜨기도 하고 낭패스럽기도 했다. 개인용 컴퓨터의 시대가 도래했다는 사실에는 흥분이 되었지만, 자신이 그 주역이 되지 못할까 봐 두렵기도 했다. 급히 75센트를 내고《파퓰러 일렉트로닉스》한 부를 집어 들고는 진눈깨비를 뚫고 빌 게이츠의 하버드 기숙사 방을 향해 서둘러 갔다. 앨런과 마찬가지로 컴퓨터광이었던 게이츠는 같은 시애틀 출신이자 고등학교 동창이었고, 앨런이 대학을 그만두고 케임브리지로 오도록 설득한 장본인이었다. "이것 봐. 우리 빼고 이런 일이 벌어지고 있어." 앨런이 말했다. 게이츠는 몸을 앞뒤로 흔들기 시작했다. 집중할 때면 나오는 버릇이었다. 기사를 다 읽은 게이츠는 앨런의 말이 맞는다는 것을 인정할 수밖에 없었다. 둘은 즉시 코딩에 착수했고, 이후 8주간 컴퓨터 산업의 본질을 바꾸어놓게 될 광란의 코딩이 계속되었다.[1]

1955년생인 게이츠는 이전의 컴퓨터 선구자들과 달리 유년 시절 하드웨어에 별 관심을 두지 않았다. 히스키트 라디오를 제작하는 일이나 회로기판에 납땜하는 일은 그의 관심사가 아니었다. 학교에서 시분할 단말기를 다룰 때 게이츠가 보이곤 하던 오만한 태도를 언짢아하던 고등학교 물리 교사가 그에게 라디오셰크 전자 키트를 조립하라는 과제를 내준 적이 있다. 교사는 완성된 과제를 받아보니 "뒷부분에서 납땜한 부분이 여기저기 흘러내리고 있었고" 기계는 작동하지 않았다고 회상한다.[2]

게이츠는 컴퓨터의 하드웨어 회로가 아닌 소프트웨어 코드에 훨씬 흥미를 느꼈다. 앨런이 기계를 만들자고 할 때마다 게이츠는 이렇게 말했다. "폴, 우리는 하드웨어 베테랑이 아니야. 우리가 잘 아는 건 소프트웨어야." 게이츠보다 두 살 많은 앨런은 단파 라디오를 만들어본 경험이 있었는데, 그조차도 미래는 소프트웨어 프로그래머의 것이라는 사실을 알고 있었다. 그는 "하드웨어는 우리 분야가 아니었다"고 인정한다.[3]

1974년 12월의 그날, 이들이 《파퓰러 일렉트로닉스》의 표지를 처음 보자마자 착수한 일은 개인용 컴퓨터를 위한 소프트웨어를 만드는 것이었다. 그보다 더 중요한 것은 이들이 하드웨어를 교체 가능한 상품으로 만들어버리고, 운영 체제와 응용 프로그램 소프트웨어를 제작하는 이들이 가장 많은 수익을 올릴 수 있도록 이 신생 산업의 무게 중심을 이동하려 했다는 것이다. "폴이 나에게 그 잡지를 보여줬을 때는 소프트웨어 산업이란 게 존재하지 않았다. 우리에게는 이것을 창조할 수 있을 것이라는 통찰력이 있었고, 결국 소프트웨어 산업을 만들었다." 게이츠는 그렇게 회상한다. 그는 훗날 자신이 이룩한 혁신들을 되돌아보며 이렇게 말했다. "그것이 내가 생각해낸 아이디어 중에서 가장 중요한 것이었다."[4]

빌 게이츠

빌 게이츠가 《파퓰러 일렉트로닉스》를 읽으면서 앞뒤로 몸을 흔든 것은 어린 시절부터 집중할 때마다 보인 버릇이었다. "빌은 갓난아기일 적에도 아기 침대에서 스스로 몸을 앞뒤로 흔들었다." 부드러운 성격의 성공한 변호사인 게이츠의 아버지는 그렇게 회상한다. 게이츠가 제일 좋아하는 장난감도 스프링 달린 흔들목마였다.[5]

시애틀의 명망 있는 은행가 가문 출신의 존경받는 시민 활동가이던 어머니는 고집이 세기로 유명했지만, 아들의 고집에는 당해내지 못했다. 식사 시간이 되어 지하 방에 있는 게이츠를 불러도 답이 돌아오지 않기 일쑤였다. 방을 치우라는 잔소리는 포기한 지 오래였다. 한번은 어머니가 물었다. "대체 뭘 하고 있는 거니?"

"생각하고 있어요." 게이츠가 소리쳐 말했다.

"생각하고 있다고?"

"네, 엄마. 생각하고 있다고요. 생각해본 적 없어요?"

어머니는 그를 정신과 의사에게 데려갔다. 의사는 그에게 프로이트에 관한 책을 권했고, 그는 엄청난 열의를 보이며 책을 독파했다. 하지만 의사도 그를 유순하게 만들지는 못했다. 1년이 지난 후 의사는 어머니에게 말했다. "어머니께서 지게 되실 겁니다. 적응하시는 게 좋을 거예요. 통제하려 해도 소용없을 테니까요." 게이츠의 아버지는 이렇게 말한다. "아내는 결국 빌과 맞서는 건 헛수고일 뿐이라는 걸 인정하게 되었다."[6]

비록 몇 차례의 반항은 있었지만, 게이츠는 단란하고 사랑 넘치는 가족의 일원으로 성장했다. 부모님과 누나와 여동생은 식사 시간에 식탁에 둘러앉아 오손도손 이야기를 나누는 것을 좋아했으며, 실내 게임과 퍼즐과 카드놀이를 즐겼다. 게이츠의 정식 이름은 윌리엄 게이츠 3세였는데, 브리지 게임을 좋아하던 할머니는(왕년의 농구 스타이기도 하다) 그에게 '트레이'라는 별명을 붙여주었다. 카드놀이에서 3을 뜻하는 '트레이'는 게이츠의 아명이 되었다. 가족은 주말이나 여름철이 되면 지인들과 시애틀 인근 후드 운하의 통나무집을 찾곤 했다. 아이들은 이곳에서 '치리오 올림픽'을 개최했는데, 손전등 행진으로 공식적인 개막식을 치른 다음 2인 3각 경주와 계란 옮기기 등의 게임을 펼쳤다. 게이츠의 아버지는 "아이들은 무척 진지했다"고 회상하며 "모두 이기기 위해 최선을 다했다"고 말한다.[7] 당시 열한 살이던 게이츠는 이곳에서 생애 최초로 공식적인 계약을 체결했다. 누나에게 5달러를 지불하고 누나의 야구 글러브를 사용할 수 있는 비독점적이고 제한적인 권리를 획득한다는 계약서를 만든 것이다. 계약서에는 "트레이는 글러브가 필요할 때 글러브를 사용할 수 있다"는 조항이 포함되어 있었다.[8]

게이츠는 단체 스포츠는 좋아하지 않았지만 테니스와 수상 스키에서는 두각을 나타냈다. 가장자리에 몸이 닿지 않고 쓰레기통에서 나오기 같은 장난도 심혈을 기울여 연습했다. 미국 보이 스카우트 최고의 영예인 이글 단원이던 아버지(그는 평생을 통틀어 스카우트 규율의 열두 가지 덕목을 온몸으로 실천했다)의 뒤를 이어 스카우트 활동에도 적극적으로 참여하여 평생 단원 자격을 획득했으나, 배지 세 개가 모자라 이글 단원은 되지 못했다. 한번은 보이 스카우트 대회에서 컴퓨터 사용법을 시연한 적도 있는데, 안타깝게도 뛰어난 컴퓨터 능력으로는 배지를 획득할 수 없던 때였다.[9]

이렇듯 육체적 활동도 게을리하지 않는 게이츠였지만, 뛰어난 두뇌와 커다란 안경, 비쩍 마른 체격과 높고 갈라지는 목소리, 그리고 단추를 목까지 잠근 샌님 같은 옷차림으로 인해 엄청난 '너드'라는 인상을 주었다. 게이츠의 선생님 중 한 명은 "빌은 '너드'라는 말이 생기기 훨씬 전부터 너드 그 자체였다"고 말한다. 그는 전설적인 집중력의 소유자였다. 4학년 과학 시간에 다섯 장짜리 과제가 주어졌는데, 게이츠는 서른 장을 제출했다. 학년 말에는 장래희망에 '과학자'라고 표시했다. 교회에서는 '산상수훈'을 완벽하게 암송하여 부상으로 시애틀 고층 건물 스페이스 니들에서의 식사권을 받기도 했다.[10]

게이츠가 열두 살이 되던 1967년 가을(겉보기에는 아홉 살로밖에 보이지 않았다), 부모님은 게이츠를 사립 학교에 보내는 것이 나을 것이라 판단했다. 아버지는 이렇게 전한다. "빌은 작고 부끄러움이 많았으며 보호가 필요했고, 여느 6학년생과 전혀 다른 관심사를 갖고 있었다."[11] 이들은 뉴잉글랜드의 사립 고등학교처럼 캠퍼스가 고풍스러운 벽돌로 된 레이크사이드 스쿨을 선택했다. 주로 시애틀의 전문직 및 사업가의 자녀들이 다니는 남학교였다(머지않아 남녀 공학이 되었다).

게이츠가 레이크사이드 스쿨에 입학하고 몇 달이 지나지 않아 과학수학관 지하의 작은 교실에 컴퓨터 단말기가 설치되었고, 그의 인생도 더불어 일대 전환을 맞이하게 된다. 제너럴일렉트릭 마크 II의 시분할 컴퓨터 시스템에 전화선으로 연결된 텔레타이프 단말기로, 진짜 컴퓨터는 아니었다. 레이크사이드 어머니회에서 자선 바자회 수익 3,000달러를 이용해 해당 시스템에 대한 일정 시간 동안의 사용권을 분당 4.8달러에 구입한 것이었다. 어머니회는 이 새로운 기계가 얼마나 많은 흥미를 끌고 얼마나 많은 비용이 들지에 대해 얼마나 한심할 정도로 과소평가했는지 곧 알게 되었다. 7학년 수학 담당 교사가 기계 작동법을 알려주었고, 게이츠는 그 즉시 기계에 푹 빠지게 되었다. 교사는 이렇게 회고한다. "기계에 대해 내가 빌보다 많이 알았던 것은 첫날 하루뿐이었다."[12]

게이츠는 열혈 친구들과 함께 시간이 날 때마다 매일 컴퓨터실에 들르기 시작했다. 그는 "우리는 우리만의 세계에 빠져 있었다"고 회상한다. 컴퓨터 단말기는 아인슈타인의 장난감 나침반이 그랬듯 그가 가진 가장 강하고 열렬한 호기심을 자극하는 물건이 되었다. 게이츠는 훗날 컴퓨터의 어떤 점에서 매력을 느꼈는지를 설명하기 위해 고민하다 본인이 사고를 통해 스스로 함양하게 된 자질이기도 한, '엄격한 논리성'이라는 단순한 아름다움에 매료되었다고 말했다. "컴퓨터를 사용할 때는 애매한 표현을 쓸 수 없다. 오직 정교한 명령문만 써야 한다."[13]

단말기에서 사용되던 컴퓨터 언어는 BASIC, 즉 '초보자를 위한 범용 기호 명령 코드Beginner's All-purpose Symbolic Instruction Code'였다. 불과 몇 년 전에 다트머스 대학교에서 비엔지니어의 프로그램 작성을 가능하게 하기 위해 개발된 언어였다. 레이크사이드 스쿨의 교사 중 BASIC을 아는 사람은 한 명도 없었는데, 게이츠와 그의 친구들은 42페이지짜리 매뉴얼을 단숨에 독파하여 도통하게 되었다. 이들은 곧바로 포트란이나 코볼과 같은 고급 언어에도 정통하게 되었지만, 게이츠에게 BASIC은 첫사랑과도 같은 존재로 남았다. 중학생 시절의 게이츠는 틱택토 게임과 진법변환 프로그램을 작성했다.

레이크사이드의 컴퓨터실에서 알게 된 폴 앨런은 게이츠보다 두 살이 많았으며, 육체적으로도 훨씬 성숙했다(벌써 구레나룻이 자라고 있었다). 키가 크고 사교적인 성격의 앨런은 전형적인 공붓벌레는 아니었다. 앨런은 한눈에 게이츠에게 끌렸다. "멀대같이 크고 팔다리가 길고 주근깨가 난 8학년생이 긴장한 채 텔레타이프 주위에 몰려 있는 무리 사이로 비집고 들어가는 모습을 보았다. 금발의 이 아이는 컴퓨터실을 휘젓고 다녔다." 앨런의 회상이다. 빠르게 친해진 두 소년은 밤늦은 시간까지 컴퓨터실에 머물곤 했다. "빌은 경쟁심이 대단했다. 자신이 얼마나 똑똑한지 보여주고 싶어 했다. 게다가 말도 못하게 집요한 구석이 있었

다."[14]

한번은 앨런이 게이츠의 집에 놀러 갔는데, 게이츠보다 소박한 환경에서 자란 그는(아버지는 워싱턴 대학교의 도서관 관리자였다) 눈이 휘둥그레졌다. "빌의 집에서는《포춘》을 구독하고 있었고, 빌은 그걸 충실히 읽었다." 게이츠가 그에게 큰 회사를 경영하는 것은 어떤 기분일지 묻자, 그는 전혀 모르겠다고 답했다. 그러자 게이츠는 "아마 언젠가는 우리가 회사를 차리게 될 거야"라고 단언했다.[15]

둘은 관심사에 파고드는 정도가 달랐다. 앨런이 갖가지 아이디어와 열정에 모두 관심을 쏟았다면, 게이츠는 한 가지 생각에만 무섭도록 사로잡히는 유형이었다. "나는 눈에 띄는 모든 것에 호기심을 가졌고, 빌은 한 번에 한 가지에만 완전히 파고들었다." 앨런의 말이다. "프로그래밍할 때 그런 모습이 특히 두드러졌다. 입에는 마커펜을 하나 문 채 한쪽 다리를 떨고 몸을 앞뒤로 흔들면서 어떠한 방해 요인에도 영향을 받지 않았다."[16]

게이츠는 겉에서 보면 버릇없는 너드로 보였다. 상대방이 선생님이어도 대들기를 서슴지 않았고, 화가 나면 성질을 부렸다. 자신이 천재라는 사실을 잘 알고 있었으며, 그 사실을 과시하기를 좋아했다. 친구들에게도 선생님에게도 거리낌 없이 "바보 같다"고 말했다. 심한 경우에는 "지금까지 들은 말 중 가장 바보 같은 말"이라거나 "뇌가 어떻게 된 것 같다"고 말하기도 했다. 한번은 개념 이해에 어려움을 겪고 있는 반 친구를 너무 심하게 비웃는 바람에 게이츠 앞자리에 앉아 있던 인기 많은 학생이 단추가 목까지 잠긴 그의 멱살을 잡고 주먹으로 치려고 한 적도 있었다. 결국에는 선생님이 그 학생을 뜯어말리고서야 일단락되었다.

하지만 그를 잘 아는 사람들에게 게이츠는 단순히 버릇없는 아이도, 너드도 아니었다. 뛰어난 집중력과 명석함을 겸비한 게이츠는 유머 감각도 있었고 모험을 즐겼으며 신체적인 위험도 마다하지 않았고 친구들과 일을 꾸미는 것도 좋아했다. 열여섯 살에 빨간색 새 무스탕을 갖게 된 그는(40여 년이 흐른 뒤에도 여전히 자택 차고에 간직하고 있었다) 친구들과 함께 폭주를 즐겼다. 후드 운하의 별장에 친구들을 데려가서 고속 모터보트에 300여 미터의 줄을 매달아 카이트 스키를 즐기기도 했다. 학생 경연대회에서 작가 제임스 서버의 고전 단편 「침대가 무너진 밤 The Night the Bed Fell」을 암송하기도 했으며, 극작가 피터 쉐퍼의 연극 「블랙코미디Black Comedy」에서 열연을 하기도 했다. 그리고 그즈음부터 주변 사람들에게 무심한 어투로 자신은 서른이 되기 전에 100만 달러를 벌 것이라고 말하고 다니기 시작했다. 이는 자신에 대한 지나친 과소평가였다. 서른 살의 빌 게이츠는 3억 5,000만 달러의 자산 가치를 지닌 사나이가 되었다.

레이크사이드 프로그래밍 그룹

게이츠가 8학년이 되던 1968년 가을, 그와 앨런은 레이크사이드 프로그래밍 그룹을 만들었다. 일종의 '긱'식 패거리였다. 앨런은 이렇게 말한다. "레이크사이드 프로그래밍 그룹은 사실 우월 의식과 테스토스테론이 팽배한 소년 클럽이었다." 하지만 곧 뛰어난 경쟁력을 갖춘 영리 사업으로 변모했다. "그 원동력은 바로 나였다." 게이츠는 이렇게 단언한다. "나는 '자, 이제 진짜 세계로 뛰어들어 뭔가를 팔아보자'라고 말했다."[17] 훗날 앨런이 씁쓸하다는 듯 회고한다. "다들 자신이 가진 재능을 뽐내려고 했지만, 그중에서도 단연코 빌이 가장 의욕이 넘치고 경쟁심이 강했다."[18]

컴퓨터실을 뻔질나게 드나들던 또 다른 학생 두 명도 레이크사이드 프로그래밍 그룹의 구성원이었다. 한 명은 10학년인 앨런과 같은 반이었던 릭 와일랜드로, 루터 교회에서 복사를 할 만큼 독실한 신자였으며 아버지는 보잉기 엔지니어였다. 와일랜드는 그로부터 2년 뒤에 집 지하실에서 생애 최초로 컴퓨터를 만들게 된다. 그는 컴퓨터실에 틀어박혀 있던 다른 아이들과 현저하게 다른 외모를 가지고 있었다. 하관이 발달했으며 키가 크고 근육질 체격에 눈에 띄게 잘생긴 그는 자신이 동성애자임을 서서히 자각하고 있었다. 1960년대의 보수적인 고등학교에서는 쉽사리 드러내기 어려운 사실이었다.

다른 한 명은 게이츠와 같은 반 학생인 8학년의 켄트 에반스였다. 유니테리언 교회 목사의 아들인 에반스는 사교적이고 친절했으며, 선천성 구개열 수술 결과 갖게 된 일그러진 미소가 사람의 마음을 끌었다. 두려움도 거리낌도 없는 대범한 성격은 중년의 회사 중역들에게 영업 전화를 걸 때도 암벽 등반을 할 때도 빛을 발했다. 레이크사이드 프로그래밍 그룹이라는 이름도 전자 잡지에 광고를 싣는 기업들로부터 무료로 자료를 얻기 위해 에반스가 지은 것이었다. 사업 자체를 무척 좋아하는 그는 게이츠와 함께《포춘》지를 즐겨 읽었다. 그는 게이츠의 가장 친한 친구가 되었다. 게이츠는 이렇게 말한다. "우리는 함께 세상을 정복할 꿈에 부풀었다. 나는 수화기를 잡고 켄트와 끝없이 수다를 떨었다. 아직까지 그의 전화번호를 기억한다."[19]

레이크사이드 프로그래밍 그룹은 1968년의 그 가을, 첫 번째 임무를 맡게 되었다. 워싱턴 대학교 연구원들이 버려진 뷰익 자동차 대리점에 컴퓨터 센터 코퍼레이션(줄여서 C-큐브드*라 불렸다)이라는 작은 시분할

*Computer Center Corporation. C-Cubed는 CCC, 즉 C의 세제곱이라는 뜻의 애칭—옮긴이.

회사를 차리고 DEC PDP-10—급성장하는 시분할 산업의 견인차이자 게이츠가 가장 사랑하는 컴퓨터가 된 범용 메인프레임이었다—한 대를 구입하여 텔레타이프나 전화선을 통해 연결된 보잉 사와 같은 고객들에게 사용 시간을 판매할 계획을 세웠는데, 레이크사이드 학생의 어머니이기도 한 C-큐브드의 파트너 중 한 명이 게이츠 무리에게 제안을 한 것이다. 매일 밤, 매 주말마다 PDP-10을 사용하여 프로그래밍을 하든 가지고 놀든 원하는 만큼 최대로 사용하여 어떤 경우에 컴퓨터가 과부하되어 장애가 발생하는지 알아보라는 것이었다. 마치 초등학교 3학년 패거리에게 초콜릿 공장에서 맛 감별사를 해달라는 것과도 같은 일이었다. DEC와 C-큐브드 사이에는 시스템이 디버깅되고 안정화될 때까지 임대료를 지불하지 않아도 된다는 계약이 체결되어 있었다. DEC가 PDP-10이 사춘기의 폭주족과 같은 레이크사이드 프로그래밍 그룹에 의해 테스트될 것이라 예상하지 못했음은 물론이다.

두 가지 규칙이 있었다. 컴퓨터에 과부하를 일으킬 때마다 그 원인을 기록할 것, 그리고 요청이 있기 전까지는 과부하의 원인이 된 동일한 작업을 반복하지 말 것. 게이츠는 "그들은 버그 찾는 원숭이로 우리를 고용했다. 우리는 갖가지 방법으로 컴퓨터를 미친 듯이 최대한으로 사용했다"고 말한다. PDP-10에는 자기 테이프 세 개가 장착되어 있었는데, 이들은 시스템 과부하를 유발하기 위해 자기 테이프 세 개를 한꺼번에 구동하고 메모리를 최대한 잡아먹게 하기 위해 열두어 개의 프로그램을 실행하곤 했다. "좀 바보 같은 일이긴 했다."[20] 대신 시간 제약 없이 마음껏 프로그램을 작성할 수 있었다. 이들은 난수 생성기로 주사위를 굴리는 〈모노폴리〉 게임을 만들었고, 나폴레옹(그 역시 수학 천재였다)을 좋아하던 게이츠는 복잡한 전쟁 게임을 만들었다. "군대도 있었고, 전투도 있었다." 앨런의 설명이다. "프로그램이 갈수록 커져서 나중에는

다 펼쳐놓으면 텔레타이프 종이가 15미터나 되었다."[21]

게이츠와 친구들은 버스를 타고 C-큐브드로 가서 단말실에 쪼그리고 앉아 수많은 저녁 시간과 주말을 보냈다. "그때 나는 엄청난 하드코어였다. 밤낮의 구분도 없었다." 게이츠의 자부심 넘치는 회상이다. 배가 고파 참을 수 없을 때까지 프로그래밍을 하다가 길 건너편 히피 소굴이던 모닝타운 피자집에서 끼니를 때우곤 했다. 게이츠는 이 일에 강박적으로 집중했다. 그의 방은 온통 옷가지와 텔레타이프 인쇄지로 뒤덮였다. 부모님은 통금 시간을 강요하려 했지만, 뜻대로 되지 않았다. "트레이는 정신이 온통 그곳에만 쏠려 있었다. 우리 부부가 잠이 들면 지하실 문으로 몰래 빠져나가 밤새 그곳에 머물러 있곤 했다."[22]

레이크사이드 프로그래밍 그룹의 멘토가 된 C-큐브의 중역은 MIT에서 〈스페이스워〉를 만든 창의적이고 유쾌한 프로그래머, 다름 아닌 스티브 러셀이었다. 새로운 세대의 해커들이 성화를 넘겨받을 때가 된 것이다. 러셀은 "빌과 폴이 컴퓨터에 과부하를 일으키는 일을 어찌나 좋아하던지 우리가 요청하기 전까지 같은 일을 반복하는 게 금지되어 있다는 사실을 계속해서 되새겨주어야 했다"고 말한다.[23] "가끔씩 들여다보면 이들이 네댓 가지의 질문을 쏟아냈는데, 나는 성격대로 자세히 공들여서 대답해주곤 했다."[24] 러셀은 서로 다른 유형의 오류를 DEC 본부에 있는 특정 프로그래머와 연결시킬 줄 아는 게이츠의 능력에 특히 탄복했다. 게이츠는 다음과 같은 버그 보고서를 제출하곤 했다. "파볼리 씨는 코드의 이 부분에서 상태 변경 시 세마포어를 확인하지 않는 실수를 또 저질렀다. 여기에 이 코드를 삽입하면 문제를 해결할 수 있다."[25]

게이츠와 앨런은 컴퓨터의 신경계와 같은 역할을 하는 운영 체제의 중요성을 점차 깨닫게 되었다. 앨런은 이를 이렇게 설명한다. "운영 체제는 중앙 처리 장치가 연산을 하고, 이 프로그램에서 저 프로그램으로 전환하고, 파일에 저장 공간을 할당하고, 모뎀과 디스크 드라이브와 프린터 사이에 데이터가 이동되도록 하는 일종의 물류 총괄 작업을 수행한다." PDP-10의 운영 체제 소프트웨어는 TOPS-10이라 불렸는데, 러셀은 게이츠와 앨런이 운영 체제 매뉴얼을 읽을 수 있도록 허용했지만 집에 가져가지는 못하도록 했다. 이들은 종종 날이 밝을 때까지 매뉴얼을 읽곤 했다.

게이츠는 운영 체제를 완벽하게 이해하려면 각 작업이 어떤 방식으로 수행되어야 할지 프로그래머들이 명시해놓은 소스 코드에 접근해야 한다는 걸 알게 되었다. 하지만 소스 코드는 DEC의 고위급 엔지니어들의 엄중한 감시하에 있던 터라 레이크사이드 패거리는 손도 댈 수 없었다. 때문에 이들은 소스 코드를 중세의 성배와도 같이 생각하게 되었다. 어느 주말, 이들은 프로그래머들의 인쇄 문서가 건물 뒤편의 대형 쓰레기 수거함에 버려져 있는 것을 발견했다. 앨런은 게이츠가 밟고 올라갈 수 있도록 깍지를 껴주었고—앨런은 "빌은 50킬로그램도 나가지 않았다"고 말한다—게이츠는 수거함에 들어가 커피 가루 찌꺼기와 쓰레기 더미 사이에서 얼룩지고 구겨진 용지 묶음을 찾아냈다. "우리는 이 소중한 보물을 단말실로 가져가서 몇 시간 동안 정독했다." 앨런의 회상이다. "참고할 만한 로제타석 같은 것도 없어 열 줄당 한두 줄 정도밖에 이해하지 못했지만, 간결하게 쓰인 소스 코드의 우아함에 매료되어버렸다."

게이츠와 앨런은 한층 심오한 단계로 더 파고들고 싶었다. 운영 체제의 아키텍처를 파악하려면 어셈블리어에 통달해야 했다. 어셈블리어는 "Load B. Add C. Store in A."의 형식으로, 하드웨어와 직접 소통하는 명령어였다. 앨런은 이렇게 회상한다. "내가 관심을 갖는 것을 본 스티브 러셀은 나를 한쪽으로 데려가더니 반들반들한 플라스틱 표지로 제본된 어셈블러 매뉴얼을 주고 '이걸 읽어'라고 말했다."[26] 앨런은 게이츠와 함께 매뉴얼을 정독했지만, 명쾌하게 이해되지 않는 부분들이 있었다. 그 시점에 러셀은 다른 책을 주고 "이제 이걸 읽도록 해라"고 했다. 게이츠와 앨런은 이렇게 운영 체제를 강력하고 세련되게 만드는 복잡하고도 단순한 언어에 통달하게 되었다.

DEC 소프트웨어가 안정화 단계에 접어들었다고 판단되자 레이크사이드 패거리가 PDP-10을 무료로 사용할 수 있는 권리도 자연히 소멸되었다. "그들은 그러니까 우리에게 '이제 집에 가거라, 원숭이들아'라고 한 거다." 게이츠의 말이다.[27] 레이크사이드 어머니회에서 일정 정도 지원에 나섰다. 이들이 개인용 계정을 사용할 수 있도록 자금을 지원했는데, 시간과 금액에 제한이 있었다. 자신들에게는 이것이 턱없이 부족하다고 생각한 게이츠와 앨런은 관리자 암호를 알아내어 내부 계정 시스템 파일을 해킹한 다음 암호화 코드를 해독했다. 그 결과 무료로 계정을 사용할 수 있게 되었다. 그런데 뭘 좀 해보기도 전에 발각되고 말았다. 계정 번호와 암호가 인쇄된 텔레타이프 용지를 수학 선생님에게 들킨 것이다. 이 사건은 C-큐브드와 DEC의 고위 간부들에게 보고되어 담당자가 학교에까지 찾아와 교장실에서 회의가 열렸다. 게이츠와 앨런은 깊이 뉘우치는 양 고개를 푹 숙이고 있었지만 소용이 없었다. 결국 남은 학기 동안, 그리고 여름 방학 내내 이들의 시스템 사용이 금지되었다.

게이츠는 다음과 같이 회상한다. "한동안은 컴퓨터를 끊고 평범하게 지내려고 마음먹었다. 집에 단 한 번도 교과서를 가져가지 않고도 전 과목에서 A 학점을 받을 수 있다는 걸 증명해 보이리라 다짐했다. 교과서 대신 나폴레옹의 전기나 『호밀밭의 파수꾼』 같은 소설을 읽었다."[28]

레이크사이드 프로그래밍 그룹은 1년 가까이 휴지기에 들어갔다. 그러다 1970년 가을에 학교에서 오리건 주 포틀랜드의 인포메이션 사이언스 주식회사ISI로부터 PDP-10 사용 시간을 구매하기 시작했다. 요금은 시간당 15달러로 비싼 편이었다. 게이츠와 친구들은 이번에도 재빨리 무료 사용을 위해 해킹을 단행했지만, 또다시 발각되고 말았다. 하여 이들은 다른 방식의 전략을 생각해냈다. ISI에 시스템을 무료로 사용할 수 있게 해주면 프로그래밍을 해주겠다고 제안하는 편지를 보낸 것이다.

ISI 측에서 이들의 제안을 탐탁지 않아 하자 네 명의 소년은 자신들의 실력을 보여주기 위해 직접 작성한 프로그램 코드를 들고 포틀랜드로 갔다. "우리는 그때까지 어떤 일들을 했는지 말하고 이력서를 제출했다." 앨런의 회상이다. 갓 열여섯 살이 된 게이츠는 줄 그어진 공책에 연필로 이력서를 작성했다. 소년들은 공제액과 과세액을 고려하여 급여를 산출하는 프로그램의 작성을 맡게 되었다.[29]

게이츠와 앨런의 관계가 처음으로 삐걱거린 것이 바로 이때다. 프로그램 작성에는 게이츠가 좋아하는 언어인 BASIC이 아닌, 더욱 복잡한 언어인 코볼을 사용해야 했다. 코볼은 그레이스 호퍼를 비롯한 일군의 개발자들이 비즈니스 표준용으로 개발한 언어다. 코볼을 이미 알고 있던 릭 와일랜드는 ISI 시스템에서 사용할 프로그램 편집기를 만들었고, 앨런은 재빨리 사용법을 익혔다. 와일랜드와 앨런은 그 시점에서 게이츠와 켄트 에반스가 필요하지 않다고 생각하게 되었다. "폴이랑 릭은 일이 그리 많지 않을 것이라 판단하고는, '너희들까지 필요하지 않아'라고 말했다." 게이츠의 회상이다. "자신들이 이 일을 해내고 컴퓨터 사용 시간도 무료로 받게 될 거라 생각한 모양이었다."[30]

게이츠는 6주 동안이나 축출되었는데, 그동안 대수에 관한 책을 읽으며 앨런과 와일랜드를 피해 다녔다. "그러다 어느 순간, 폴과 릭은 젠장, 이거 장난이 아닌데? 하고 깨달은 거다." 급여 프로그램을 작성하기 위해서는 뛰어난 코딩 능력뿐 아니라 사회보장 공제액, 연방세, 고용 보험 등을 이해할 줄 아는 사람도 필요했다. "나에게 '문제가 좀 생겼는데, 다시 와서 도와주지 않을래?'라고 말했다." 바로 이 시점에서 게이츠는 앞으로 자신과 앨런의 권력 관계를 결정하게 될 중요한 제안을 했다. 게이츠의 말을 빌린다. "나는 그때 이렇게 말했다. '좋다. 단, 모든 권한은 내가 갖는다. 앞으로도 계속해서 내가 권한을 갖게 될 거고, 이제부터는 내게 모든 권한이 있지 않는 이상 나와 일하기 어려울 거다. 지금 나에게 모든 권한을 준다면 이 프로그램뿐 아니라 앞으로 우리가 하게 될 모든 일에서도 내가 권한을 갖게 된다.'"[31]

그때부터 게이츠는 모든 권한을 갖게 되었다. 복귀한 게이츠는 레이크사이드 프로그래밍 그룹을 법적 동업자 관계로 바꾸자고 주장했다. 아버지의 도움을 받아 작성한 계약서도 사용했다. 일반적인 동업자 관계에서는 따로 회장이 없는 것이 보통이지만, 열여섯 살의 게이츠는 스스로를 회장이라 칭했다. 그런 다음 ISI로부터 할당받은 18,000달러어치의 컴퓨터 시간을 배분하는 과정에서 앨런을 골탕 먹였다. 게이츠의 회상이다. "내가 11분의 4를, 켄트가 11분의 4를, 릭이 11분의 2를, 그리고 폴이 11분의 1을 사용하도록 배분했다. 이들은 내가 분모를 11로 잡은 것을 무척 재미있어했다. 나로서는 폴이 게으름만 피우고 아무것도 하지 않았기 때문에, 릭이 폴보다 두 배 많이 받아야 했고, 나와 켄트는 릭보다 두 배 이상 받아야 한다고 생각했다."[32]

처음에는 에반스보다 자신에게 더 많은 시간을 배분하려 했다. "그런데 켄트가 그걸 절대로 순순히 받아들이지 않았다." 에반스는 게이츠만큼이나 사업 수완이 뛰어났다. 급여 프로그램이 완성되자 에반스는 꼼꼼하게 작성해온 자신의 일지에 이렇게 기록했다. "이제 화요일이 되면 완성된 프로그램을 선보이기 위해 포틀랜드로 간다. 거기서 그 사람들 말마따나 '향후 업무를 위한 계약을 타결'할 것이다. 지금까지는 교육적인 이유와 비싼 컴퓨터 시간이라는 대가를 위해 일했다. 이제부터는 금전적인 이득도 취해야 할 것이다."[33] 협상은 치열했다. ISI 측에서 문서화된 설명서가 없다는 이유로 원래 할당해주기로 한 컴퓨터 시간을 일정 부분 삭감하려 하기도 했다. 그러다 게이츠의 아버지가 작성한 편지가 도움이 되어 분쟁이 해결되었고, 새로운 계약이 체결되었다.

게이츠가 11학년이 되던 1971년 가을에 레이크사이드가 여학교와 통합되었다. 이 때문에 수업 분반 체계가 모두 엉망이 되었고, 학교에서는 급기야 게이츠와 에반스에게 이를 해결하기 위한 프로그램 작성을 의뢰했다. 게이츠는 수업 일정에는 필수 과목, 교사 일정, 교실, 우등 과정, 선택 과목, 분기별 과목, 두 시간 연속 실습수업 등 수많은 변수가 개입되기 때문에 무척 어려운 작업이 될 것을 알고는 이를 거절했다. 결국 교사 한 명이 이 작업을 수락했고, 게이츠와 에반스가 해당 교사의 컴퓨터 수업을 대신 진행하게 되었다. 교사는 쓸 만한 프로그램을 만들기 위해 고군분투하던 중 다음 해 1월에 비행기 사고로 목숨을 잃었다. 게이츠와 에반스는 프로젝트를 넘겨받게 되었다. 둘은 컴퓨터실에서 종종 밤을 새워가며 처음부터 프로그램을 작성했지만, 5월이 되어도 마무리되지 않았다. 이들은 9월 학기가 시작되기 전까지 프로그램을 완성하기 위해 전력을 다했다.

에반스는 몸과 마음이 지쳐 있었지만 등록해놓은 산악 등반 여행을 강행하겠다고 했다. 그는 평소에 운동을 즐기는 편도 아니었다. "산악 등반 과정에 등록했다는 것 자체가 이례적인 일이었다. 아마도 스스로를 채찍질하고 싶었던 것 같다." 게이츠는 그렇게 회상한다. 에반스가 어느 정도로 탈진해 있었는지 알고 있던 아버지는 말리기 위해 애썼다. "가지 말라고 설득하면서 나누었던 대화가 마지막이 되었다. 켄트는 한 번 시작한 일은 끝장을 봐야 하는 성격이었다." 아버지의 회상이다. 에반스는 비교적 경사가 완만한 지형에서 로프 매는 법을 배우던 중에 발을 헛디뎠다. 몸을 일으키려다 도리어 눈 덮인 산과 빙하를 200미터 정도 굴렀다. 그런 상황에서는 두 팔을 벌려야 했는데, 에반스는 양팔로 몸을 감싸 안았다. 머리가 여러 차례 바위에 부딪쳤다. 그는 구조 헬리콥터에 실려가던 중 숨을 거두었다.

레이크사이드 교장이 게이츠의 집으로 전화를 했고, 부모님은 게이츠를 침실로 불러 비보를 전했다.* 에반스의 아버지처럼 유니테리언 교회 목사이던 레이크사이드의 미술 교사이자 훗날 유명 작가가 되는(『내가 정말 알아야 할 모든 것은 유치원에서 배웠다All I Really Need to Know I Learned in Kindergaten』) 로버트 풀검이 장례 예배를 진행했다. 게이츠는 이렇게 회상한다. "그때까지 사람이 죽는다는 건 생각해본 적이 없었다. 예배에 참석해서도 말은 할 수 있었는데 일어날 수가 없었다. 두 주 동안 아무것도 할 수 없었다." 그 후 게이츠는 켄트의 부모님과 많은 시간을 함께 보냈다. "켄트는 부모님에게 눈에 넣어도 아프지 않을 존재였다."[34]

게이츠는 워싱턴 주립대학교에서 1학년을 갓 마친 폴 앨런에게 시애틀로 돌아와 일정 프로그램을 도와달라고 부탁했다. 켄트와 하려 했던 일인데, 앨런의 도움이 필요하다고 했다. 게이츠는 상태가 좋지 않았다. 앨런은 "빌은 몇 주 동안이나 낙담한 채로 지냈다"고 회상한다.[35] 둘은 학교에 간이침대를 가져다놓고 지난날 그랬듯 컴퓨터실에서 밤을 새우

*게이츠와 앨런은 성공을 거둔 뒤 레이크사이드에 과학관을 신축 기증하고 대강당에 켄트 에반스의 이름을 붙였다.

기를 밥 먹듯이 하면서 PDP-10으로 작업하며 1972년의 여름을 보냈다. 게이츠는 정교한 사고를 바탕으로 수업 분반의 여러 변수에 의해 제시되는 난제를 순차적으로 풀 수 있는 여러 개의 작은 문제로 쪼갤 수 있었다. 뿐만 아니라 인기 많은 여학생들과 딱 한 명의 다른 남학생("진짜 겁보"), 그리고 자신을 같은 역사 수업에 배정했다. 또한 자신을 비롯한 12학년 전원이 화요일 오후에는 공강이 되도록 시간표를 짰다. 이들은 가슴에 맥주통 그림과 '화요일 클럽'이라는 문구가 새겨진 티셔츠를 맞춰서 입고 다녔다.[36]

그해 여름, 게이츠와 앨런은 인텔의 4004 '컴퓨터온칩'을 업그레이드하여 출시된 강력한 8008 마이크로칩에 매료되었다. 이들은《일렉트로닉스 매거진》에 실린 기사에 열광했다. 게이츠가 세월이 흐른 뒤에도 기사가 게재된 페이지를 기억할 정도였다. 앨런은 게이츠에게 다음과 같은 질문을 던졌다. 하나의 칩이 컴퓨터처럼 작업을 수행하고 프로그래밍될 수 있다면, 그러한 칩에서 사용될 프로그래밍 언어를 만드는 건 어떨까? 그것이 BASIC 언어의 다른 버전이 될 수도 있을 것이라고 말하며, 앨런은 성공만 한다면 "평범한 사람들도 사무실이나 가정용으로 컴퓨터를 살 수 있게 될 것"이라 주장했다. 8008로 그런 작업을 하기란 역부족일 것이라고 생각한 게이츠는 "더럽게 느리고 형편없을 것"이고, "BASIC 자체만으로도 메모리를 거의 다 잡아먹을 것이기 때문에 처리 능력이 모자랄 것"이라고 답했다. 앨런도 이에 동의했고, 무어의 법칙에 따라 1, 2년 안에 두 배로 강력한 마이크로프로세서가 나오기를 기다리기로 했다. 둘이 맺은 동업자 관계의 성격이 점점 분명해지고 있었다. 앨런은 이렇게 설명한다. "나는 원단을 이용해 무언가를 만들어내는 아이디어맨이었고, 빌은 내 아이디어를 들은 다음 문제를 제기하고,

그중 가장 좋은 아이디어를 골라 이를 실현하기 위해 전진하는 사람이었다. 본질적으로 긴장이 있을 수밖에 없는 관계였지만, 우리의 관계는 대부분의 경우 생산적인 방향으로 기능했다."[37]

게이츠는 도로에 깔린 고무관을 지나가는 차량의 대수를 측정하는 회사와 교통 패턴 분석 계약을 맺었다. 그와 앨런은 미가공 데이터를 처리하는 데 사용될 전용 컴퓨터를 만들기로 했다. 세련되지 못한 작명 취향을 가진 게이츠는 새 회사의 이름을 트래프-오-데이터Traf-O-Data라 지었다. 이들은 가까운 해밀튼 애브닛 전자 상가에 가서 각자 현금 360달러를 내고 8008 칩 하나를 구입했다. 앨런은 그 순간을 다음과 같이 생생하게 기억한다. "점원이 작은 상자를 주었고, 우리는 상자를 그 자리에서 바로 열어 생애 처음 두 눈으로 직접 마이크로프로세서를 보았다. 검정색 고무줄에 끼워진 알루미늄 포일 포장재 안에 3센티미터 정도 되는 얇은 직사각형 물체가 들어 있었다. 거대한 메인프레임과 함께 유년 시절을 보낸 우리에게는 무척이나 경이로운 순간이었다." 게이츠는 점원에게 "작은 물건치고는 참 비싸네요"라고 말했지만 그 작은 칩에 컴퓨터 전체가 들어 있다는 사실을 알고 있던 이들은 매우 감명을 받았다. 게이츠는 그 순간을 이렇게 회상한다. "가게 사람들은 어린애들이 8008을 사러 왔다는 사실을 신기해했다. 우리는 포장을 풀 때 행여라도 칩을 망가뜨릴까 봐 노심초사했다."[38]

앨런은 8008에서 작동할 프로그램을 작성하기 위해 메인프레임 컴퓨터에서 마이크로프로세서를 에뮬레이트할 방안을 고안했다. 훗날 앨런은 8008에 대한 에뮬레이션이 "1930년대에 앨런 튜링이 발표한 이론을 돌아보게 하는 기술계의 자명한 이치를 반영하고 있다. 즉, 어떠한 컴퓨터도 다른 컴퓨터처럼 작동하도록 프로그래밍될 수 있다는 것이다"라고 설명한다. 연금술에 비견될 수 있는 이 작업은 컴퓨터 혁명에 게이츠와 앨런이 기여한 것 중에서도 가장 핵심적인 교훈을 전한다. 앨런은 훗날 이를 "소프트웨어가 하드웨어를 이겼다"라고 표현했다.[39]

하드웨어보다 소프트웨어를 숭상한 게이츠와 앨런이 교통량 도표 작성기의 프로그램은 훌륭하게 만들었지만 하드웨어 구성 요소를 제대로 작동하게 하는 데는 쩔쩔맸다는 사실은 놀랍지 않다. 그중에서도 교통량 테이프에 대한 읽기 메커니즘을 구동하는 데 특히나 애를 먹었다. 하루는 시애틀 시 기술부 소속 공무원이 데모를 보기 위해 게이츠의 집을 방문했다. 모두 문제없이 원활하게 작동한다는 것을 확인한 뒤였다. 데모는 거실에서 진행했는데, 데모의 신이 복수라도 하는 듯 테이프 리더기가 말을 듣지 않았다. 게이츠는 어머니에게 달려가서 이렇게 애원했다. "엄마, 말 좀 해줘요! 어젯밤에는 잘됐다고 말 좀 해줘요!"[40]

12학년의 마지막 학기가 시작된 1973년 봄, 게이츠는 앨런과 함께 미국 연방 정부 산하의 보네빌 전력국에 채용되었다. 전력국에서는 전력망 관리 시스템 프로그래밍을 위해 전국적으로 PDP-10 전문가들을 찾고 있었다. 게이츠는 부모님과 함께 레이크사이드 교장에게 양해를 구했고, 교장도 게이츠가 마지막 학기를 학교에서 보내는 것보다 전력국에서 경험을 쌓는 것이 교육적으로 유익할 것이라는 데 동의했다. 앨런도 휴학하고 전력국에서 일하기로 했다. "빌과 함께 다시 한번 PDP-10으로 작업할 기회가 온 것이다. 그것도 돈을 받으면서!" 둘은 게이츠의 무스탕 컨버터블에 올라타 시애틀에서 남쪽으로 250여 킬로미터를 달려 두 시간 안에 보네빌에 도착했다. 이들은 저렴한 아파트를 임대하여 함께 살았다.

연구실은 컬럼비아 강을 사이에 두고 포틀랜드와 마주 보고 있는 지하 벙커였다. 게이츠는 "엄청나게 큰 조정실이 있었는데, 텔레비전에서 본 어떤 조정실보다도 훨씬 멋졌다"고 회상한다. 게이츠와 앨런은 열두 시간이 넘도록 코딩에 몰두하곤 했다. "빌은 기운이 달리면 당분 섭취를 위해 '탱' 음료 가루를 손에 조금 부어서 핥아 먹곤 했다. 그해 여름 내내 빌의 손바닥은 오렌지색을 띠었다." 앨런의 회상이다. 때로는 이틀 내내 쉬지 않고 일한 다음 열여덟 시간을 내리 자기도 했다. 게이츠는 이를 "게걸스럽게 잔다"고 표현했다. "둘 중 누가 사흘 연속, 또는 나흘 연속 연구실 밖을 나가지 않는지 내기를 하기도 했다. 고상한 척하는 사람들 중에서는 '집에 가서 좀 씻으라'고 하는 이들도 있었다. 우리는 코딩에 목숨을 건 하드코어였다."[41]

게이츠는 가끔 다이빙이나 수상 스키를 즐기며 휴식을 취하고 돌아와 벙커에서 다시 코딩에 매진하곤 했다. 그와 앨런은 사이가 좋았지만, 체스를 둘 때는 예외였다. 분별없고 공격적인 게이츠의 방식은 앨런의 체계적인 접근법을 따라가지 못했다. "어느 날 내가 이기자 빌은 분을 참지 못하고 체스 말을 바닥으로 쓸어버렸다. 그런 식으로 몇 번인가 더 두고는 다시는 함께 체스를 두지 않았다." 앨런이 전한다.[42]

고등학교 마지막 학년의 게이츠는 하버드, 예일, 프린스턴에만 원서를 넣었고, 각각 다른 전략을 적용했다. 실력을 중시하는 입시 절차에서 누구보다도 자신이 있던 그는 "나는 대학에 원서를 넣기 위해 태어났다"며 으스댔다. 예일 원서에서는 스스로를 정치가가 되려는 야심가로 포장하고 연방의회에서 한 달간 여름 인턴을 수행한 경험을 강조했다. 프린스턴의 경우에는 장차 컴퓨터 엔지니어가 되겠다는 포부를 집중적으로 공략했다. 하버드에서는 수학에 열정을 가지고 있다고 말했다. MIT도 고려하긴 했는데, 마지막 순간에 면접에 가는 대신 핀볼을 하러 갔다. 세 곳에 모두 합격했고, 그중 하버드를 선택했다.[43]

앨런은 게이츠에게 이렇게 경고했다. "빌, 하버드에 가면 너보다 훨씬 수학을 잘하는 사람들이 있을 거야."

"그럴 리가." 게이츠가 대답했다. "말도 안 돼!"

"두고 보라니까."[44]

하버드에 간 빌 게이츠

게이츠에게 룸메이트 유형을 고를 수 있는 선택권이 주어졌을 때, 그는 흑인과 외국인을 택했다. 하버드 야드에 위치한 1학년 전용 기숙사 위글스워즈 홀에 배정되었고, 가난한 유대인 난민 집안의 몬트리올 출신 과학 애호가인 샘 즈나이머, 채터누가 출신의 흑인 짐 젠킨스와 룸메이트가 되었다. 그때까지 부유한 앵글로 색슨계 기독교 백인을 한 번도 본 적이 없던 즈나이머는 게이츠가 친절하다는 사실에 놀랐고, 묘하게 흥미로운 그의 공부 습관에 또 놀랐다. "빌은 한 번에 서른여섯 시간을 내리 공부하고, 열 시간을 자고, 일어나서 피자를 먹고 와서는 다시 공부했다." 즈나이머의 회상이다. "다시 공부를 시작하는 시간이 설사 새벽 3시라도 아랑곳하지 않았다."[45] 게이츠가 몇 날 밤에 걸쳐 트래프-오-데이터의 수입에 대한 연방세와 주州세 신고서를 작성하는 것을 보고는 혀를 내두르기도 했다. 몸을 앞뒤로 흔들며 집중하는 모습이 인상적이었다. 그런 다음 즈나이머와 함께 기숙사 휴게실에서 아타리의 비디오 게임 〈퐁〉을 즐기거나 컴퓨터 실습실로 가서 〈스페이스워〉 삼매경에 빠졌다.

컴퓨터 실습실은 마크 I의 개발자이자 제2차 세계대전 당시 그레이스 호퍼와 마크 I의 운영을 담당한 하워드 에이킨의 이름을 딴 '에이킨 실습실'이었다. 그곳에는 게이츠가 가장 좋아하는 컴퓨터, DEC의 PDP-10이 있었다. 원래는 베트남에서 군용으로 사용될 예정이었으나, 이후 군에서 연구비를 지원하는 하버드의 연구 과제에 사용되기 위해 이곳에 재배치되었다. 반전 시위를 방지하기 위해 1969년의 어느 일요일 이른 아침에 은밀히 들여온 것이었다. 연구비는 국방부의 고등 연구 계획국(당시에는 DARPA라고 불렀다)에서 지원했지만, 그 사실이 비밀에 부쳐져 있었기 때문에 누가 사용할 수 있는지에 대한 서면 정책은 없었다. 〈스페이스워〉를 플레이할 수 있는 PDP-1 컴퓨터도 여러 대 있었다. 게이츠는 1학년 수업의 컴퓨터 프로젝트로 PDP-10을 PDP-1과 연결하여 비디오 야구 게임을 개발했다. 그 이유에 대해서는 이렇게 설명한다. "로직은 PDP-10으로 구현했지만 디스플레이는 PDP-1에서 사용되는 라인 드로잉 알고리즘을 사용했기 때문에 PDP-1으로 전송해야 했다."[46]

게이츠는 공의 방향과 외야수의 접근 각도를 계산하는 알고리즘을 작성하느라 밤을 새우곤 했다. "빌이 1학년 때 진행한 프로젝트는 상업용이 아니었다." 즈나이머가 전한다. "단지 컴퓨팅 그 자체를 즐기기 위해 만든 것이었다."[47] 담당 교수인 토머스 치덤은 더욱 복잡한 감정을 비친다. "빌은 굉장히 뛰어난 프로그래머"였지만 동시에 "엄청난 골칫거리"이기도 했으며, "무척 불쾌한 학생이었다. (중략) 필요 이상으로 다른 사람을 깎아내리는 등, 곁에 두기에 좋은 사람은 아니었다."[48]

게이츠보다 똑똑한 학생이 분명 있을 것이라던 앨런의 경고는 사실로 드러났다. 기숙사 위층에 살던 볼티모어 출신의 1학년 앤디 브레이터먼이 수학에 뛰어난 재능을 보였는데, 게이츠는 브레이터먼의 방에서 피자를 먹으며 함께 수학 문제와 씨름하곤 했다. 브레이터먼은 게이츠가 "집중력이 강했고, 논쟁을 즐겼다"고 기억한다.[49] 특히 머지않아 집집마다 책 같은 정보를 불러오는 데 사용할 수 있는 가정용 컴퓨터를 사용할 것이라는 주장을 굽히지 않았다. 둘은 다음 해에 룸메이트가 되었다.

게이츠는 이론 수학이 아닌 응용 수학을 전공하기로 결정했다. 해당 분야에 자그마한 족적을 남기기도 했다. 컴퓨터공학 교수 해리 루이스의 수업에서 다음과 같은 전형적인 문제가 소개된 적이 있다.

> 우리 가게는 주방장이 덜렁대기 때문에 손님이 팬케이크를 주문하면 크기가 모두 다르게 나온다. 그래서 나는 손님에게 가져다줄 때 (제일 작은 팬케이크가 위로 가고 제일 큰 것이 아래로 가도록) 위에 있는 팬케이크 몇 개를 뒤집는 작업을 반복한다(한 번에 뒤집는 개수는 달라진다). n개의 팬케이크가 있을 때 이를 크기대로 배열하기 위해 뒤집는 작업을 최대 몇 회 반복해야 하는지 n의 함수 f(n)으로 나타내시오.

이 문제를 풀기 위해서는 여느 컴퓨터 프로그램을 작성할 때와 마찬가지로 정교한 알고리즘을 고안해야 했다. "수업 시간에 문제를 내주고 계속해서 진도를 나갔다." 루이스의 회상이다. "이틀인가 지난 다음, 어느 똑똑한 2학년 학생이 연구실로 찾아와서 (5/3)n 알고리즘으로 문제를 풀었다고 이야기했다." 즉, 팬케이크 하나당 5/3번 뒤집어 크기대로 배열하는 방법을 고안해낸 것이다. "제일 위에 있는 팬케이크 몇 개가 정확히 어떻게 배열되어 있는지에 대한 복잡한 사례 분석이 필요한 작업이었다. 꽤나 참신한 방법이었다." 해당 수업의 조교 크리스토스 파파디미트리우가 나중에 게이츠와 공동 저자로 학회지에 논문을 게재했다.[50]

게이츠는 2학년에 진급할 준비를 하던 1974년 여름에 허니웰로부터 입사 제안을 받았다. 그는 앨런에게 보스턴으로 와서 자기 대신 허니웰에 취직하라고 설득했다. 앨런은 워싱턴 주립대학을 그만두고 크라이슬러에 올라 게이츠에게 달려와서는 그 역시 학교를 그만둘 것을 촉구했다. 이렇게 가다간 우리 빼고 컴퓨터 혁명이 일어날지도 몰라. 이것이 그의 주장이었다. 둘은 피자를 먹으며 직접 회사를 차리는 일에 대해 상상의 나래를 펼치곤 했다. "모든 게 다 순조롭게 진행된다면 회사 규모는 어떨 거라 생각해?" 한번은 앨런이 물었다. 게이츠는 "프로그래머 35명 정도까지는 될 수 있을 것 같아"라고 답했다.[51] 하지만 하버드를 계속 다니라는 부모님의 압력에 못 이겨 당분간은 뜻을 굽혔다.

게이츠는 여러 혁신가들과 마찬가지로 반항을 위한 반항을 일삼았다. 그는 수강 신청한 강의에는 출석하지 않고, 그 외의 강의를 청강만 하겠다고 마음먹은 다음 이를 어김없이 지켰다. "2학년 때 나는 혹시라도 실수할까 봐 수강 신청한 강의와 수업 시간이 같은 강의만 골라서 청강했다." 게이츠의 회상이다. "말도 못하게 강경한 반항아라고 할 수 있었다."[52]

포커에 맹렬히 빠져들기도 했다. 그가 주력한 포커는 세븐카드 스터드 하이-로우였는데, 하룻밤에 수천 달러를 따거나 잃을 수 있는 게임이었다. EQ를 훨씬 상회하는 IQ를 가진 게이츠는 동료 플레이어들의 생각을 읽는 것보다는 확률 계산에 더 능했다. 브레이터먼은 "빌은 편집광적인 데가 있었다"고 말한다. "무언가에 사로잡히면 뒤도 안 돌아보고 그것에만 파고드는 성격이었다." 돈을 허비하지 않기 위해 앨런에게 수표책을 맡긴 적도 있는데, 그러다 곧 다시 돌려달라고 했다. "당시 빌은 포커로 값비싼 수업료를 치렀다." 앨런이 전한다. "오늘 300달러를 따면 내일은 600달러를 잃는 식이었다. 그 가을에 빌은 수천 달러를 잃으면서도 내게 계속 '점점 나아지고 있어'라고 말하곤 했다."[53]

게이츠는 대학원생 대상 경제학 수업에서 만난 스티브 발머와 친해졌다. 게이츠와 같은 기숙사 층에 살고 있던 발머는 겉에서 보아서는 게이츠와 무척 달랐다. 큰 체격에 떠들썩하고 사교적인 성격으로 학교에서 다양한 활동을 조직하고 참여하길 좋아하는 유형이었다. 뮤지컬 극을 창작하고 연출하는 '헤이스티 푸딩 클럽Hasty Pudding Club'의 단원이었으며, 치어리더와 같은 열정으로 축구단의 매니저 역을 담당했다. 교내 문예지 〈애드버킷Advocate〉의 발행인이자 교지 〈크림슨Crimson〉의 광고부장이기도 했다. 심지어 시시껄렁한 남성 클럽에 들어가기도 했고, 새로 사귄 게이츠도 동참하도록 만들었다. 게이츠는 "별난 경험이었다"고 기억한다. 이 둘을 하나로 묶는 것은 이들의 뛰어난 열의였다. 게이츠와 발머는 둘 다 앞뒤로 몸을 흔들며 대화를 하고 논쟁을 하고 책을 파고들었다. 그러고는 함께 영화를 보며 숨을 돌렸다. "함께 극장에 가서 「사랑은 비를 타고Singin' in the Rain」와 「시계태엽 오렌지Clockwork Orange」를 봤다. 두 영화의 공통점이라고는 같은 노래가 나온다는 것뿐이었지만. 그런 다음 절친한 사이가 되었다." 게이츠가 전한다.[54]

게이츠의 무계획적인 하버드 생활은 2학년이 절반 정도 지난 1974년 12월, 앨런이 게이츠의 기숙사 방이 있는 커리어 하우스로 《파퓰러 일렉트로닉스》를 가지고 온 순간 일대 전환점을 맞게 되었다. 표지에는 알테어 사진이 실려 있었다. "이것 봐. 우리 빼고 이런 일이 벌어지고 있어." 앨런의 안타까운 외침과 함께 게이츠는 행동을 개시한다.

알테어용 BASIC

게이츠와 앨런은 호비스트들이 알테어로 직접 프로그램을 짤 수 있도록 하는 소프트웨어를 만들기로 했다. 즉, 알테어의 인텔 8080 마이크로프로세서에서 BASIC을 실행할 수 있게 해주는 인터프리터를 작성하기로 한 것이다. 이들의 결심은 마이크로프로세서를 위한 최초의 상용 고급 프로그래밍 언어로 이어지고, 그 결과 개인용 컴퓨터 소프트웨어 산업이 탄생하게 된다.

이들은 트래프-오-데이터의 사명이 인쇄된 편지지를 사용하여 앨버커키의 신생 기업이자 알테어를 만든 MITS 앞으로 자신들이 8080에서 실행되는 BASIC 인터프리터를 만들었다는 내용의 편지를 썼다. "귀사를 통해 호비스트들에게 이 소프트웨어를 판매하고 싶습니다."[55] 물론 사실이 아니었다. 아직 소프트웨어를 만들기 전이었다. 하지만 MITS에서 관심을 보이면 재빨리 이를 완성할 자신이 있었다.

답변이 없자 전화를 하기로 했다. 게이츠는 나이가 많은 앨런이 전화를 하라고 했다. "아니, 이런 일은 네가 더 잘하니까 네가 하는 게 좋겠어." 앨런은 그렇게 거부했다. 이들은 타협안을 마련했다. 게이츠가 얇고 갈라지는 목소리를 굵게 위장하여 전화를 거는 대신, 이름은 폴 앨런이라고 대기로 했다. 일이 성사되면 앨버커키로 가는 것은 앨런의 몫이라는 것을 둘 다 알았기 때문이다. "나는 그래도 수염을 기르고 있어서 어른처럼 보였는데, 빌은 그때까지도 고등학생으로 보였다." 앨런의 말이다.[56]

거친 목소리의 에드 로버츠가 전화를 받자 게이츠는 굵은 목소리로 이렇게 말했다. "보스턴의 폴 앨런이라고 합니다 알테어용 BASIC 개발이 마무리 단계에 있는데요, 소프트웨어를 한번 보여드렸으면 합니다." 로버츠는 이런 유의 전화를 너무 많이 받고 있는데, 실제 작동하는 BASIC을 가지고 사무실에 나타나는 첫 번째 사람과 계약을 맺을 것이라고 했다. 게이츠는 앨런을 향해 기뻐하며 말했다. "이거 빨리 시작해야겠는걸!"

작업을 진행할 알테어를 갖고 있지 않았기 때문에 앨런이 하버드의 PDP-10으로 알테어를 에뮬레이트해야 했다. 트래프-오-데이터 시절에도 사용한 적 있는 전략이었다. 이를 위해 8080 마이크로프로세서의 매뉴얼을 한 권 구입했고, 앨런이 몇 주 안에 에뮬레이터를 비롯한 각종 개발 툴 준비를 마쳤다.

게이츠는 그동안 노란색 규격 용지 위에 BASIC 인터프리터의 코드를 정신없이 써 내려갔다. 앨런이 에뮬레이터를 완성한 무렵에는 게이츠도 전체적인 구조와 코드의 많은 부분을 구상한 상태였다. "빌이 오랫동안 이리저리 걷다 앞뒤로 몸을 흔들다를 반복하다 갖가지 펠트펜 색이 얼룩진 손가락으로 노란색 규격 용지에 글씨를 써 내려가던 모습이 아직도 눈에 선하다." 앨런은 그렇게 회상한다. "에뮬레이터가 완성되고 PDP-10을 사용할 수 있게 되자 빌은 단말기 앞으로 자리를 옮겨 규격 용지를 훑어보면서 앞뒤로 몸을 흔들었다. 그런 다음 그만이 취하는 이상한 손동작으로 한바탕 코드를 친 다음 다시 몸을 움직이곤 했다. 한번 시작하면 시간 가는 줄 모르고 이를 반복했다."[57]

어느 날 저녁 게이츠의 기숙사 커리어 하우스에서 몇몇 수학광들과 식사를 하던 중 누가 먼저라고 할 것도 없이 부동 소수점floating-point 루틴을 작성하는 것의 고충에 대해 털어놓기 시작했다. 프로그램상에서 매우 큰 수와 매우 작은 수, 그리고 소수점을 수학적 표기법으로 처리하기 위한 루틴이었다.* 그 자리에 있던 밀워키 출신의 몬트 다비도프라는 곱슬머리 학생이 이렇게 말했다. "그거 만들어본 적 있어."[58] 하버드에서

*스티브 워즈니악이 애플 II용 베이직을 만들 때 이 지루한 작업을 귀찮아한 바람에 훗날 애플은 앨런과 게이츠로부터 베이직 사용권 라이선스를 취득해야 했다.

각으로 지내는 것이 빛을 발하는 순간이었다. 게이츠와 앨런은 다비도프가 부동 소수점 코드를 처리할 수 있는 역량이 어느 정도 되는지 알아보기 위해 질문을 퍼붓기 시작했다. 되돌아온 답변에 만족한 이들은 게이츠의 방으로 다비도프를 데려와서 400달러의 비용을 지불하고 작업을 넘겨받기로 협상했다. 다비도프는 팀의 세 번째 구성원이 되었으며, 종국에는 그것보다 훨씬 더 많은 돈을 벌게 된다.

게이츠는 시험에 대비한 벼락치기 공부도 하지 않고, 포커도 그만두었다. 그는 8주 동안 앨런과 다비도프와 함께 에이킨 실습실에 처박혀서 국방부 자금으로 운영되는 PDP-10으로 훗날 역사에 길이 남게 될 일에 몰두했다. 저녁은 하버드 피자집이나 제법 그럴싸한 폴리네시아풍 레스토랑 아쿠아쿠에서 때우는 일이 많았다. 게이츠는 꼭두새벽이 되면 단말기 앞에서 깜박 잠이 들곤 했다. "빌은 한창 코드를 치던 중에 서서히 고개를 떨구다 키보드에 코를 박고 잠이 드는 경우가 있었다. 그러다 한두 시간 자고 나서는 일어나서 실눈을 뜨고 화면을 바라보다 눈을 두 번 깜박이고 잠들기 전 멈춘 바로 그 지점에서 다시 코딩을 시작하는 것이었다. 그야말로 굉장한 집중력이었다." 앨런의 회상이다.

이들은 공책에 코드를 갈겨쓰며 동일한 서브루틴을 누가 가장 짧게 작성하는지 경쟁하기도 했다. "아홉 줄!" 누군가 외치면 다른 사람이 "나는 다섯 줄!"이라고 외쳤다. 앨런은 이렇게 말한다. "바이트를 절약하면 절약할수록 사용자들이 응용 프로그램을 추가할 수 있는 공간이 늘어날 것이란 걸 알고 있었다." 소비자들이 사용할 수 있는 공간이 확보되도록 고사양 알테어의 4K 메모리보다 작은 용량으로 프로그램을 작성하는 것이 목표였다. (16GB 스마트폰의 용량은 4K 메모리의 400만 배에 달한다.) 밤에는 코드를 출력하여 바닥에 늘어놓고 더욱 간결하고 효율적이고 우아하게 만들 방안을 궁리했다.[59]

8주간의 집중적인 코딩 후 1975년 2월 말경에 3.2K라는 놀라운 용량으로 프로그램을 완성했다. "문제는 애초부터 프로그램을 만들 수 있느냐가 아니라 4K 미만으로 크기를 줄이면서도 속도를 빠르게 할 수 있느냐였다." 게이츠의 말이다. "내가 이제껏 만든 것 중 가장 멋진 프로그램이었다."[60] 게이츠는 오류가 없는지 마지막으로 한 번 더 확인한 후, 앨런이 앨버커키에 가지고 갈 수 있도록 에이킨 실습실의 PDP-10에 천공 테이프 출력 명령을 내렸다.

앨버커키로 향하는 비행기에서 앨런은 로더를 작성하지 않았다는 사실을 깨달았다. 로더는 알테어의 메모리에 인터프리터가 적재되도록 하는 일련의 명령어다. 착륙 준비 시점에 그는 황급히 노트를 꺼내고 인텔 마이크로프로세서에서 사용되는 기계어로 21줄짜리 로더를 작성했다. 한 줄은 세 자릿수의 8진수로 구성되었다. 황갈색 울트라스웨이드 폴리에스테르 정장을 갖춰 입은 그는 에드 로버츠를 찾기 위해 공항을 나설 때 온몸에 땀을 흘리고 있었다. 130킬로그램이 넘는 거구에 청바지를 입고 가느다란 나비넥타이를 한 군턱 진 에드 로버츠가 픽업 트럭에 앉아 그를 기다리고 있었다. "최첨단 기업들이 몰려 있는 보스턴의 루트 128 주변에서 흔히 볼 수 있는 고위급 중역이 나올 거라 기대했었다." 앨런은 그렇게 회상한다.

MITS 본사 역시 앨런이 상상한 모습과 무척 달랐다. 본사는 임대료가 저렴한 스트립몰에 자리 잡고 있었고, BASIC을 실행할 수 있을 정도의 메모리가 장착된 유일한 알테어에서는 테스트가 진행 중이었다. 이들은 프로그램 시연을 다음 날 아침으로 미루기로 하고 "판초스라는 이름의 멕시코 식당에 3달러짜리 뷔페를 먹으러 갔는데, 딱 3달러 수준의 음식이 나왔다"고 앨런은 회상한다. 로버츠는 인근의 쉐라톤 호텔로 앨런을 데려다줬다. 객실 요금은 50달러였는데, 앨런의 수중에 40달러밖에 없던 터라 잠시 어색한 분위기가 흐른 다음 로버츠가 대신 요금을 내줘야 했다. "에드 역시 나 같은 사람이 올 거라고 기대하진 않았던 것 같다."[61]

다음 날 아침, 앨런은 시연을 위해 MITS 본사로 갔다. 인터프리터 코드를 적재하는 데만 10분 가까이 걸렸다. 로버츠를 비롯한 연구원들은 재미있다는 듯 시선을 교환했다. 쇼가 낭패로 끝날 것이라 예상하는 눈치였다. 그러다 갑자기 텔레타이프가 작동하기 시작했다. "MEMORY SIZE?"(메모리 크기는 얼마입니까?)가 출력되었다. "뭔가 출력됐어!" MITS 연구원 중 누군가가 소리쳤다. 앨런은 기쁨과 놀라움을 감추지 못했다. 그는 "7168"이라고 입력했다. 알테어는 "OK"라고 응답했다. 앨런은 다시 "PRINT 2+2"(2+2를 출력하라)라고 입력했다. 매우 단순한 명령이었지만, 게이츠의 코드뿐 아니라 다비도프의 부동 소수점 루틴까지 제대로 작동해야 올바른 출력이 나올 수 있었다. 알테어는 "4"라고 응답했다.

로버츠는 그때까지 조용히 지켜보고만 있었다. 호비스트들이 합리적인 가격에 사용할 수 있는 컴퓨터를 만들겠다는 신념만으로 망해가는 회사를 빚의 구렁텅이로 몰아넣고 있던 차였다. 그런데 이제, 눈앞에서 역사적인 순간을 목격하고 있었다. 사상 최초로 가정용 컴퓨터로 소프트웨어 프로그램이 구동된 것이다. 로버츠는 외쳤다. "세상에, '4'라고 출력했어!"[62]

앨런을 자신의 방으로 데리고 간 로버츠는 모든 알테어 컴퓨터에 BASIC 인터프리터를 탑재하는 사용권 라이선스를 맺기로 했다. "웃음을 멈출 수가 없었다." 앨런은 그렇게 회상한다. 게이츠의 기숙사 방에 놓을 알테어 한 대를 가지고 케임브리지로 돌아온 앨런은 게이츠와 축배를 들었다. 게이츠는 평소와 다름없이 마라스키노 체리 주스에 진저에일을 섞은 셜리 템플을 마셨다.[63]

한 달 뒤, 로버츠는 앨런에게 MITS 소프트웨어 담당 이사직을 제안했다. 허니웰의 동료들은 "이곳이 안정적이야. 몇 년이고 걱정 없이 일할 수 있어"라며 만류했다. 하지만 컴퓨터 혁명을 이끌고 싶어 하는 이들에게 직업 안정성은 별로 중요하지 않았다. 앨런은 1975년 봄에 앨버커키로 직장을 옮겼다. 그제야 앨버커키가 애리조나 주의 도시가 아니라는 사실을 알았다.*

당분간 하버드에 머물기로 한 게이츠는 하버드의 여러 우수 학생들이 겪어온 통과 의례를 겪는다. 돌이켜 생각해보면 우스울 수 있지만 당시로서는 꽤 심각했다. 게이츠는 하버드의 비밀스러운 행정 위원회에 끌려가 징계 절차에 회부되었다. 국방부 감사관들이 에이킨 실습실의 PDP-10 사용 실태를 조사했는데, 대부분 윌리엄 헨리 게이츠라는 2학년생에 의해 사용되었다는 사실이 드러난 것이다. 게이츠는 고민을 거듭한 뒤 스스로를 변호하기 위해 PDP-10을 에뮬레이터로 사용하여 알테어용 BASIC을 개발한 과정을 기술한 서류를 작성했다. 결국 컴퓨터 사용 건에 대해서는 결백이 입증되긴 했지만 자신의 암호를 이용하여 재학생이 아닌 폴 앨런이 컴퓨터를 사용하도록 한 사실에 대해서는 강력한 경고를 받았다. 게이츠는 비교적 가벼운 이 질책을 받아들이고 BASIC 인터프리터의 (앨런과 당시 함께 작업 중이던 후기 버전이 아닌) 초기 버전을 퍼블릭 도메인에 공유하는 데 동의했다.[64]

게이츠는 그즈음 학교 수업보다 앨런과의 소프트웨어 동업자 관계에 더 치중하고 있었다. 1975년 봄에 2학년을 마친 게이츠는 여름 방학이 시작되자마자 앨버커키로 가서는 3학년 1학기가 되는 그해 가을에 복학하지 않았다. 이후 1976년 봄학기와 가을학기를 더 다녔지만, 마

*앨버커키는 애리조나 주 옆에 있는 뉴멕시코 주의 도시다—옮긴이.

지막 두 학기를 남겨둔 채 학교로 돌아가지 않았다. 2007년 6월에 명예 학위를 받기 위해 하버드를 방문한 게이츠는 객석에 있던 아버지를 향해 이렇게 말하며 연설을 시작했다. "이 말을 하기 위해 30년도 넘게 기다렸습니다. 아버지, 제가 학위 받으러 돌아올 거라고 말씀드렸지요?"[65]

마이크로-소프트

게이츠가 앨버커키로 간 1975년 여름까지도 그와 앨런은 에드 로버츠와의 구두 계약에 의존하여 알테어용 BASIC을 공급하고 있었다. 게이츠는 정식 계약을 맺자고 고집했고, 한참의 흥정 끝에 MITS가 향후 10년간 알테어에 BASIC을 탑재하여 판매하는 대가로 대당 30달러를 로열티로 지불한다는 라이선스 계약을 체결했다. 게이츠는 이후 역사적 중요성을 갖게 될 두 가지 조항을 자신의 의지대로 쟁취하는 데 성공했다. 하나, 소프트웨어의 소유권은 게이츠와 앨런에게 있으며, MITS는 사용권만을 보유한다. 둘, MITS는 다른 컴퓨터 제조사에 소프트웨어 사용권을 재허용하는 서브라이선싱에 '최선을 다해야' 하며, 이로 인해 발생하는 수익은 MITS가 게이츠 및 앨런과 나누어 갖는다. 이는 게이츠가 6년 뒤 IBM과 체결하게 될 계약의 전례가 되었다. 게이츠는 이렇게 말한다. "우리는 여러 종류의 컴퓨터에서 우리의 소프트웨어가 실행될 수 있도록 하는 데 성공했다. 이로써 하드웨어 제조사가 아닌 우리가 시장을 정의할 수 있었다."[66]

이제 이들에게 이름이 필요했다. 몇 가지 아이디어를 짜내다 '앨런 & 게이츠'도 고려해보았는데, 로펌 이름 같다 하여 후보에서 제했다. 종국에는 이름을 하나 골랐는데, 그다지 세련되거나 고무적이지는 않았지만 마이크로컴퓨터용 소프트웨어를 만드는 회사라는 사실 하나는 확실히 알 수 있었다. 이들은 MITS와의 최종 계약서에 "폴 앨런과 빌 게이츠, d.b.a.* 마이크로-소프트"라고 서명했다. 당시로서는 이들의 유일한 제품이던 알테어용 BASIC에는 다음과 같은 문구를 삽입했다. "마이크로-소프트 BASIC: 폴 앨런이 런타임 이외의 부분을, 빌 게이츠가 런타임 부분을 작성하였다. 몬트 다비도프가 수학 패키지를 작성하였다." 그로부터 2년 뒤, 이름을 '마이크로소프트'로 변경했다.

이들은 프로그래머보다 매춘부가 많은 루트 66의 선다우너 모텔에서 한동안 지내다 가구 딸린 값싼 아파트로 옮겼다. 곧 부동 소수점의 주인공 몬트 다비도프와 레이크사이드 후배 크리스 라슨도 함께 살게 되어 아파트는 '대학교 남학생 클럽, d.b.a. 긱들의 벙커'를 방불케 했다. 이른 저녁, 앨런이 스트라토캐스터 기타에 전원을 넣고 에어로 스미스나 지미 헨드릭스의 음악에 맞추어 연주하면 게이츠는 프랭크 시나트라의 〈My Way〉를 목청껏 부르며 응수했다.[67]

넷 중에서도 게이츠가 단연 혁신가의 면모를 보였다. 게이츠는 이렇게 말한다. "혁신가란 아마도 자신의 일을 사랑하고, 밤낮으로 일하며, 어느 정도까지는 일상적인 일들을 무시하기 때문에 일면 균형 잡히지 않아 보이는 마니아적인 사람일 것이다. 십대와 이십대의 나는 의심의 여지 없이 이런 전형에 꼭 들어맞았다."[68] 그는 하버드에서 그랬던 것처럼 한 번에 서른여섯 시간씩 쉬지 않고 일한 다음 사무실 바닥 위에 웅크려 잠들곤 했다. 앨런은 게이츠가 "하루에 열두 잔씩 콜라를 마시며 신경과민의 에너지를 뿜어대거나, 아니면 세상모르고 잠을 자는, 이진

*doing business as. '~라는 이름으로 사업하는'의 뜻으로, 영문 계약서에서 자주 사용되는 표현이다—옮긴이.

법 상태로 살았다"고 말한다.

게이츠는 혁신가들의 또 다른 특성인 권위에 굴복하지 않는 반항아적 기질도 보였다. 공군 장교 출신으로 다섯 아들들에게 '서Sir'라는 호칭을 사용하게 했던 로버츠와 같은 사람에게 게이츠는 버릇없는 애송이로 보였다. "문제는 빌이 말 그대로 버르장머리 없는 놈이었다는 거다." 훗날 로버츠는 그렇게 말한다. 하지만 문제는 그보다 더 복잡했다. 게이츠는 열심히 일하며 아직까지는 빈약한 수입으로 검소하게 살았지만, 공손함이라는 미덕은 알지 못했다. 앙상한 몸집의 게이츠가 키 193미터의 건장한 로버츠에게 조금도 굽히지 않고 격렬한 논쟁을 벌일 때면 "둘 다 건물이 다 떠나가라 고함을 쳐댔는데, 정말 가관이었다"고 앨런은 회상한다.

앨런은 게이츠와의 동업자 관계가 당연히 50 대 50일 것이라 생각했다. 이제껏 하나의 팀으로 일해왔기 때문에 누가 더 많이 일했는지 설전을 벌일 필요가 없다고 여겼다. 그러나 고등학교 시절 급여 프로그램으로 인해 입씨름을 벌인 뒤로 게이츠는 자신이 모든 권한을 가져야 한다고 고집해왔다. 그는 앨런에게 이렇게 말했다. "네가 반을 갖는 건 옳지 않다. 네가 MITS에서 월급을 받을 때도 나는 보스턴에서 월급 없이 BASIC으로 거의 모든 일을 했다. 때문에 내가 더 가져야 한다. 60 대 40이 맞는다고 생각한다." 게이츠가 옳았든 아니든, 이런 식으로 고집을 부리는 것이 게이츠의 성격이었다면, 이런 일에는 고집 부리지 않는 것이 앨런의 성격이었다. 앨런은 당황하기는 했지만 받아들였다. 게이츠는 2년 뒤 한술 더 떠 배분 비율을 수정했다. 앨런과 산책하던 도중 이렇게 말했다. "내가 BASIC으로 대부분의 작업을 했고, 하버드를 떠나면서 많은 것을 포기했다. 나는 60퍼센트보다 더 받을 권리가 있다." 그는 64 대 36으로 나누자고 제안했다. 앨런은 불같이 화를 냈다. "도서관 사서의 아들과 변호사 아들의 차이점이 극명히 드러났던 것 같다. 나는 한번 계약을 맺으면 그걸로 끝이고, 한번 내뱉은 말은 그 자체로 구속력이 있는 것이라 배웠는데, 빌은 나보다 훨씬 유연했다." 하지만 이번에도 앨런은 받아들였다.[69]

게이츠의 입장에서 보자면, 생긴 지 얼마 되지 않은 회사를 실질적으로 이끌고 있던 사람은 게이츠 자신이었다. 코드의 많은 부분도 그에 의해 작성되었으며, 영업까지 담당했기 때문에 전화통을 붙들고 살았다. 앨런과 몇 시간 동안 제품 전략 아이디어를 나누었지만, 포트란이나 BASIC이나 코볼 중 어떤 것을 사용하고 어떤 버전을 사용할 것인지는 최종적으로 그가 결정했다. 하드웨어 제조사와의 사업 거래도 그의 담당이었으며, 그들과의 거래 시에는 앨런에게 보인 모습보다도 훨씬 강경하게 나갈 줄 알았다. 직원 관리도 그의 몫이었다. 즉, 직원을 고용하고 해고하고, 일을 형편없이 하는 직원에게는 한 음절로 된 싸늘한 말로 대응하는 것도 그의 일이었는데, 앨런은 절대로 그런 식으로 말하지 않는 사람이었다. 게이츠는 그만큼의 신임을 얻고 있기도 했다. 프로그램을 누가 가장 짧게 작성하는지 내기가 벌어지면 대부분 게이츠가 이겼다.

앨런은 종종 늦게 출근했고, 저녁 식사 시간에 맞추어 퇴근을 해도 된다고 생각하는 쪽이었다. 그러나 게이츠와 그 일파는 달랐다. 게이츠는 이렇게 회상한다. "분위기가 정말 치열했다. 나를 비롯한 몇몇 직원들은 밤늦게까지 일하는 일이 많았다. 그러다 밤을 새우고 사무실에서 잠이 들면 비서가 와서 회의가 있다고 깨우곤 했다."[70]

게이츠는 위험을 무릅쓰는 유전자를 갖고 태어난 사람처럼 한밤중에 사무실을 박차고 나가 차에 올라 무서운 속도로 산길을 달려서 버려진 시멘트 공장까지 갔다 오곤 했다. "빌이 운전을 왜 그렇게 빨리 하는지 의아해한 적이 많다. 그러다 빌만의 스트레스 해소법이겠거니 생각했다. 지나치게 일에 몰두하여 긴장이 최고조에 이르면 사업이나 코드 생각은 잠시 접어두어야 할 때도 필요할 것이니 말이다. 빌의 위험천만한 운전 습관은 판돈이 큰 포커 게임이나 아슬아슬한 수상 스키와 별다를 바 없었다." 앨런의 말이다. 돈을 좀 벌게 되자 게이츠는 큰돈을 들여 초록색 포르쉐 911을 장만하고는 한밤중에 고속도로를 달리는 데 재미를 붙였다. 담당 딜러에게 최고 속력은 시속 202킬로미터라고 되어 있는데 실제로 시속 194킬로미터밖에 나오지 않는다고 불평을 하기도 했다. 어느 늦은 밤, 과속으로 걸린 게이츠는 운전면허 미소지로 경찰과 실랑이를 벌이다 구치소에 갇히게 되었다. "구속됐어." 앨런이 전화를 받자 게이츠가 말했다. 비록 몇 시간 후 풀려났지만, 그날 밤 경찰서에서 찍힌 상반신 사진은 긱들의 역사에 영원히 남을 기념물이 되었다.[71]

게이츠의 집념은 결실을 맺었다. 그의 투지 덕분에 마이크로소프트는 모두들 터무니없다고 생각한 마감 기한에 맞추어 소프트웨어를 내놓을 수 있었고, 매번 경쟁자들보다 먼저 제품을 출시할 수 있었으며, 컴퓨터 제조사들이 독자적인 소프트웨어를 만들거나 혹은 장악해야겠다는 필요를 느끼지 못할 정도로 싼 가격에 제품을 판매할 수 있었다.

소프트웨어는 자유*롭고자 한다

게이츠가 앨버커키로 간 1975년 6월에 에드 로버츠는 카니발 축제

*해커 문화와 Free Software Movement에서 반복적으로 나오는 free라는 형용사는 '무료'의 의미와 '자유'의 의미를 모두 포함한다. 이 책에서는 두 의미를 혼용하여 쓰되, 해커 문화의 정신인 '자유'에 중점을 둔다—옮긴이.

의 전람회 형식으로 자사의 알테어를 거리로 내보내기로 했다. 알테어의 멋진 기능이 입소문을 타게 하고 미국 전역에서 마니아층을 확보하는 것이 목적이었다. 그는 화려하게 치장한 닷지 캠핑카에 MITS 모바일이라는 별명을 붙여주었다. MITS 모바일은 캘리포니아 연안을 따라 북상한 뒤 다시 남동부로 내려가 리틀록, 배턴루지, 메이컨, 헌츠빌, 녹스빌 등지를 포함하여 총 60개 타운을 도는 홍보 여정에 올랐다.

몇몇 행사에 참가했던 게이츠는 이것이 꽤 괜찮은 마케팅 전략이라 생각했다. "MITS는 커다란 파란색 밴을 구입하여 전국을 돌며 가는 곳마다 컴퓨터 클럽을 만들었다." 게이츠의 감탄 섞인 회상이다.[72] 게이츠는 텍사스에서 개최된 쇼를 참관했고, 앨라배마에서는 앨런이 합류했다. 행사는 헌츠빌 홀리데이 인에서 열렸는데, 히피풍의 호비스트들과 스포츠머리를 한 엔지니어들로 구성된 60명의 참가자들이 당시 영화표 가격의 네 배에 달하는 10달러의 입장료를 내고 몰려들었다. 행사는 세 시간가량 지속되었다. 달 착륙 게임 시연이 끝나자 의심을 품은 참가자들이 커다란 미니컴퓨터를 숨겨놓은 것은 아닌지 확인하려고 연결케이블이 있는지 시연 테이블 밑을 들여다보기도 했다. "하지만 그게 아니라는 걸 알게 되자 엔지니어들은 온통 흥분으로 들떴다." 앨런의 회상이다.[73]

6월 5일에는 팰로앨토에 있는 리키즈 하얏트 하우스 호텔에서 행사가 열렸다. 일군의 호비스트를 대상으로 마이크로소프트의 BASIC이 시연된 다음 숙명적인 만남이 있었다. 객석에는 결성된 지 얼마 되지 않은 홈브루 컴퓨터 클럽의 구성원들도 있었다. 홈브루 컴퓨터 클럽 뉴스레터는 그날을 이렇게 기록하고 있다. "행사장은 새로운 전자 장난감을 보기 위해 몰려든 아마추어들과 엔지니어들로 가득 찼다."[74] 참가자 중 일부는 소프트웨어는 무료여야 한다는 해커 신조를 실천하고자 하는 의욕으로 충만했다. 사업가적 열의로 가득한 앨버커키와 달리 1970년대 초반부터 이 지역을 지배하기 시작해 홈브루 컴퓨터 클럽의 결성으로 꽃을 맺은 이 지역의 사회문화적 사고방식을 고려하면 놀라운 일도 아니었다.

MITS 모바일에 몰려든 홈브루 회원들은 대부분 알테어를 만져본 경험이 있었다. 이들은 게이츠와 앨런이 개발한 BASIC 프로그램을 구하기 위해 조바심을 내며 기다리는 중이었고, 몇몇은 MITS로 송금까지 마친 상태였다. 해커들은 눈앞에 있는 알테어에서 바로 그 BASIC이 구동되고 있는 모습을 보자 흥분을 감추지 못했고, 회원 중 한 명인 댄 소콜이 해커들의 성원에 힘입어 BASIC 프로그램이 탑재되어 있는 천공테이프를 '빌려' DEC PDP-11을 이용해 사본을 만들었다.[75] 행사 다음에 열린 홈브루 클럽 미팅에는 회원들이 가져갈 수 있도록 수십 개의 BASIC 테이프가 상자에 담겨 있었다.* 테이프를 가져가는 데 붙은 조건은 하나, 더 많은 사본으로 상자를 채우라는 것이었다. 리 펠젠스타인은 "가져간 것보다 더 많이 가져오시오"라고 농담했다. 이것은 소프트웨어 공유를 주창하는 펠젠스타인이 즐겨 하는 말이었다.[76] 그리하여 마이크로소프트 BASIC은 무료로 널리 퍼져나가게 되었다.

게이츠는 물론 격분했다. 그는 19세 소년다운 재치와 열정이 가득한 공개편지를 작성했다. 편지는 개인용 컴퓨터 시대의 지식재산권 보호를 둘러싼 전쟁의 서막을 알리는 신호탄이 되었다.

*온라인으로 이 책의 초고를 읽은 스티브 워즈니악은 사본을 만드는 작업이 쉽지 않고 시간이 오래 걸리기 때문에 댄 소콜이 사본을 8개밖에 만들지 못했다고 말했다. 그러나 『겨울잠쥐의 말을 기억하라』에 이 사건을 기록한 존 마코프는 나(를 비롯해 워즈니악과 펠젠스타인)에게 댄 소콜과의 인터뷰 전사본을 보여주었는데, 소콜은 매일 밤 PDP-11과 고속 테이프 리더기 및 펀치를 사용하여 사본을 만들었고, 개수는 총 75개인 것으로 추정된다고 말했다.

호비스트들에게 띄우는 공개편지

본인은 1년 전에 폴 앨런과 함께 '호비' 시장이 팽창할 것을 기대하며 몬트 다비도프를 고용해 알테어용 BASIC을 개발했습니다. 초반 작업은 두 달밖에 걸리지 않았지만, BASIC을 문서화하고 개선하고 기능을 추가하는 데 지난 한 해를 꼬박 쏟아부었습니다. 현재 BASIC에는 4K, 8K, 확장판, 롬, 그리고 디스크 버전이 있습니다. 우리가 투자한 총 컴퓨터 시간은 4만 달러를 상회합니다.

우리는 그간 BASIC 사용자들로부터 긍정적인 피드백을 받았습니다. 이로부터 두 가지 사실을 자명하게 알 수 있었습니다. 하나, 이런 '사용자'들은 대부분 BASIC을 구입한 적이 없으며(알테어 소유자 중 BASIC을 구입한 사용자는 10% 미만에 불과합니다), 둘, 호비스트를 대상으로 판매한 결과 우리에게 돌아온 로열티를 계산해보면 우리가 알테어용 BASIC에 쏟아부은 시간의 가치는 시간당 2달러도 되지 않는다는 것입니다.

대체 무엇이 문제인 걸까요? 호비스트라면 다들 알고 계시겠지만, 여러분은 대부분 소프트웨어를 훔쳐서 사용합니다. 하드웨어는 돈을 내야 사용할 수 있는 것이고, 소프트웨어는 공유해야 한다는 것이지요. 소프트웨어를 개발한 사람들이 보상을 받든 말든 무슨 상관이겠습니까?

이것을 공평하다고 할 수 있을까요? 소프트웨어를 훔친 결과 여러분이 할 수 없게 되는 것 중 하나로는 사용 중 문제가 생겨도 MITS에 항의할 수 없다는 것입니다. (중략) 소프트웨어를 훔친 결과 여러분이 자행하게 되는 것 중 하나로는 양질의 소프트웨어가 개발되는 것을 막는다는 것입니다. 전문적인 작업을 보상 없이 할 수 있는 사람이 어디 있겠습니까? 1년에 걸쳐 세 명의 인력을 투입하여 프로그래밍과 버그 찾기와 문서화 작업을 모두 수행하고 제품을 무료로 배포할 호비스트가 어디 있겠습니까? 무엇보다 중요한 사실은 우리 외에 그 누구도 호비용 소프트웨어에 많은 돈을 투자한 사람이 없다는 것입니다. 우리는 지금까지 6800 BASIC을 개발했으며 현재 8080 APL과 6800 APL을 개발 중이지만, 이런 소프트웨어를 호비스트들이 사용할 수 있도록 하려는 생각은 조금도 없습니다. 단도직입적으로 말하면, 여러분이 자행하는 행위는 도둑질입니다. (중략)

돈을 지불할 의사가 있거나 의견이나 제안 사항이 있으면 언제든지 편지를 보내주시기 바랍니다. 주소는 1180 Alvarado SE, #114, Albuquerque, New Mexico, 87108입니다. 10명의 프로그래머를 고용해 개발한 양질의 소프트웨어로 호비 시장을 장악할 수 있다면 그보다 더 기쁜 일은 없을 것입니다.

마이크로-소프트 공동 경영자

빌 게이츠 드림

편지는 홈브루 컴퓨터 클럽 뉴스레터와 알테어 사용자 그룹《컴퓨터 노트》 및《피플스 컴퓨터 컴패니》에 게재되었으며,[77] 격한 반응을 불러일으켰다. 게이츠는 "엄청나게 욕을 먹었다"고 한다. 300개의 답장을 받았는데, 그중 돈을 지불하겠다는 의사를 밝힌 것은 다섯 개밖에 되지 않았다. 나머지는 대부분 욕설이었다.[78]

기본적으로는 게이츠가 옳았다고 할 수 있다. 소프트웨어 개발은 하드웨어 개발만큼 가치 있는 일이었다. 소프트웨어 개발자들도 보상을 받아야 했다. 그렇지 않으면 소프트웨어 개발을 그만두는 사람들이 늘어날 것이었다. 게이츠는 사본이 제작될 수 있는 모든 것은 무료여야 한다는 해커 정신을 정면으로 거스름으로써 새로운 산업이 성장할 수 있는 기반을 마련했다.

그러나 게이츠의 편지에는 모종의 뻔뻔함이 있었다. 게이츠 자신도 컴퓨터 시간을 상습적으로 훔친 적이 있었고, 8학년부터 대학교 2학년까지 암호를 조작하여 계정을 해킹한 이력이 있었다. 편지에서 그와 앨런이 BASIC 개발을 위해 4만 달러가 넘는 컴퓨터 시간을 투자했다고 주장하면서도, 실제로 그 비용을 지불한 적은 단 한 번도 없으며 그중 대부분의 작업은 미국인들의 세금을 바탕으로 군에서 하버드에 지원한 컴퓨터에서 이루어졌다는 사실은 밝히지 않았다. 어느 호비스트 뉴스레터의 편집자는 이런 글을 남겼다. "빌 게이츠의 편지에서 언급된 BASIC 개발 작업이 일정 부분 정부 기금으로 지원된 하버드 대학교의 컴퓨터에서 이루어졌음을 암시하는 소문이 컴퓨터 호비 커뮤니티에서 돌고 있으며, 그러한 유의 성과물을 판매하는 행위의 적법성까지는 아니더라도 적절성에 대한 의문이 제기되고 있다."[79]

게다가 당시의 게이츠는 이를 인식하지 못했지만, 마이크로소프트 BASIC 해적판이 널리 퍼짐에 따라 장기적으로 신생 기업 마이크로소프트에 이득이 되었다. 마이크로소프트 BASIC은 신속하게 전파된 덕분에 표준으로 자리 잡게 되었고, 컴퓨터 제조사들이 이 소프트웨어를 쓰려면 라이선스를 취득해야 했다. 일례로 새로운 마이크로프로세서를 출시한 내셔널 세미컨덕터 사에서는 BASIC이 필요하던 차에 당시 모든 사람이 사용하고 있던 마이크로소프트 BASIC의 라이선스를 취득하기로 결정했다. 펠젠스타인은 이렇게 말한다. "우리가 마이크로소프트를 표준으로 만들었다. 그리고 게이츠는 그런 우리를 도둑이라 불렀다."[80]

게이츠와 앨런은 1978년에 앨버커키에서 고향 시애틀로 회사를 이전했다. 앨버커키를 떠나기 직전에 12명의 직원 중 한 명이 인근 사진관의 무료 촬영권에 당첨되었다. 이로써 앨런을 비롯한 대부분의 직원이 히피촌 난민 같은 모습을 하고 있고 맨 앞의 게이츠는 보이 스카우트 어린이 단원같이 나온 역사적인 사진이 남게 된다. 캘리포니아 해안을 달리는 도중에 게이츠는 과속 딱지를 세 번이나 떼였는데, 그중 두 번은 같은 경찰관에 의해 적발된 것이었다.[81]

애플

고든 프렌치의 차고에서 열린 홈브루 컴퓨터 클럽의 첫 모임에는 사교성이 떨어지는 하드웨어 엔지니어 스티브 워즈니악도 참석했다. 워즈니악은 대학을 중퇴하고 실리콘 밸리 쿠퍼티노에 있는 휴렛패커드의 계산기 부서에서 근무하고 있었다. 친구가 보여준 전단—"직접 자신의 컴퓨터를 만들고 있는가?"—을 통해 모임을 알게 된 워즈니악은 용기를 내어 모임에 나왔다. "그날 밤은 내 인생에서 가장 중요한 밤이 되었다." 워즈니악은 훗날 그렇게 말한다.[82]

록히드 사 엔지니어이던 워즈니악의 아버지는 전자공학의 원리에 대해 설명하는 것을 좋아했다. "내가 가진 최초의 기억 중 하나는 주말에 아버지가 사무실로 데려가 전자 부품을 보여주고, 내가 가지고 놀 수 있도록 테이블 위에 놓아준 것이다." 워즈니악은 그렇게 회상한다. 집에는 언제나 트랜지스터와 저항기가 여기저기에 널려 있었는데, 스티브가 "이건 뭐예요?"라고 물으면 아버지는 기초부터 시작하여 전자와 양성자의 원리에 대해 알려주었다. "때때로 칠판을 꺼내와서 어떤 질문에도 대답해주고 다이어그램을 그려서 알기 쉽게 설명해주었다. 다이오드나 저항기 같은 소자로 AND 게이트와 OR 게이트를 만드는 방법도 가르쳐주었다. 그리고 신호를 증폭하고 게이트의 출력을 다른 게이트의 입력에 연결하려면 트랜지스터가 필요하다는 사실도 직접 보여주었다. 나에게 있어서는 지금까지도 지구상의 모든 디지털 소자가 기본적으로 아버지가 가르쳐준 방식으로 작동한다." 이는 부모가 자식에게 어떠한 흔적을 남길 수 있는지를 보여주는 주목할 만한 사례다. 더구나 당시는 부모 세대가 라디오의 작동 원리를 알고 있었고, 자식들에게 진공관 시험 방법과 고장 난 진공관 교체 방법을 알려줄 수 있던 시대였다.

워즈니악은 2학년 때 동전을 이용하여 광석 라디오를 만들었고, 5학년 때 동네 친구들을 위해 다가구 인터콤 시스템을 만들었으며, 6학년 때 핼리크래프터 단파 라디오를 만들었고(아버지와 같이 아마추어 무선기사 자격증을 땄다), 같은 해에 전자회로 설계에 불 대수를 적용하여 절대로 지는 법이 없는 틱택토 기계를 만드는 방법을 스스로 터득했다.

고등학교에 진학한 워즈니악은 장난을 치는 데 자신의 전자공학 지식을 활용했다. 한번은 껍질을 벗겨내어 폭탄처럼 보이는 건전지에 메트로놈을 연결했다. 사물함 안에서 이 물체가 째깍거리고 있는 모습을 본 교장은 황급히 물체를 운동장으로 옮기고 폭탄 제거반을 불렀다. 워즈니악은 말썽을 피운 대가로 유치장에서 하룻밤을 보내야 했는데, 그는 이곳에서 수감자들에게 천장 선풍기에 달린 전선을 떼어내서 교도관이 문을 열러 왔을 때 철봉에 대면 전기 쇼크를 줄 수 있다고 알려주었다. 그는 뛰어난 코딩 실력을 갖췄으면서도, 빌 게이츠 같은 세련된 소프트웨어 조키들과 달리 뼛속 깊이 하드웨어 엔지니어였다. 룰렛과 비슷한 게임을 만든 적도 있다. 여러 명이 한꺼번에 각각 구멍에 손가락을 넣고, 공이 떨어지면 그중 한 명에게 전기가 통하는 게임이었다. 워즈니악은 "하드웨어 하는 사람들은 이 게임을 좋아하는데, 소프트웨어 사람들은 겁쟁이가 돼놔서 항상 발을 뺀다"고 말한다.

그 시대의 많은 이들처럼 그 역시 히피처럼 하고 다녔지만, 반체제적 생활 방식은 어쩐지 어울리지 않았다. "수염과 머리를 기르고 인도풍 머리띠를 했는데, 목 위로는 예수처럼 보였고 목 아래로는 칼라 있는 티셔츠와 바지 때문에 어쩔 수 없는 공대생이었다. 한 번도 그 이상야릇한 히피 옷을 가져본 적이 없다."

워즈니악은 재미로 휴렛패커드나 DEC에서 제작한 사무용 컴퓨터 매뉴얼을 탐독하고 더 적은 칩을 사용하여 설계해보곤 했다. "어쩌다 그런 게 취미 생활이 됐는지는 잘 모르겠다. 문을 꽉 닫고 방에서 나 혼자서 남몰래 즐기는 취미였다." 파티의 스타가 될 수 있는 취미는 아니었기 때문에 주로 혼자 지내는 편이었지만, 칩을 절약하는 재능은 스스로 컴퓨터를 만들어보겠다고 결심했을 때 커다란 도움이 되었다. 시판용 컴퓨터에는 수백 개의 칩이 들어갔는데, 워즈니악은 단 20개만으로 컴퓨터를 설계했다. 동네 친구가 납땜을 도와주러 와서 함께 크래그몬트 크림소다 음료를 너무 많이 마신 나머지 완성된 컴퓨터에 크림소다 컴퓨터라는 이름을 붙였다. 키보드나 화면은 없었다. 명령은 천공 테이프로 입력했고, 출력은 컴퓨터 전면의 불빛이 대신 했다.

친구는 같은 동네에 살면서 전자공학에 관심이 많은 다른 친구를 소개해주었다. 워즈니악보다 다섯 살가량 어리고 워즈니악이 졸업한 홈스테드 고등학교에 다니던 스티브 잡스였다. 둘은 인도에 나란히 앉아 자신들이 쳤던 장난에 대해, 좋아하는 밥 딜런 노래에 대해, 그리고 설계해본 전자 기기에 대해 이야기를 나누었다. "보통은 사람들에게 내가 하는 설계 작업을 설명하기란 무척 어려운 일이었는데, 스티브는 내 말을 바로 알아들었다." 워즈니악은 전한다. "나는 그를 좋아했다. 그는 비쩍 말랐지만 강단 있었고 활력이 넘쳤다." 잡스도 마찬가지였다. "워즈는 내가 그때까지 본 사람 중에서 나보다 더 전자공학에 대해 잘 아는 유일한 사람이었다." 훗날 잡스는 자신의 지식을 뽐내는 것을 잊지 않으며 그렇게 말했다.

둘 사이에 형성될 동업자 관계는 블루박스라는 장치를 둘러싼 엉뚱한 장난으로부터 시작한다. 1971년 가을에 워즈니악은《에스콰이어》에 실린 기사를 읽었다. '폰 프리크phone phreak*'들이 장거리 전화를 무료로 사용하기 위해 벨 시스템을 속일 수 있는 전화 발신음을 내는 장치를 만들었다는 내용이었다. 워즈니악은 기사를 다 읽기도 전에 잡스에게 전화를 걸어 기사의 주요 부분을 읽어주었다. 잡스는 당시 12학년에 재학 중이었다. 그날은 일요일이었는데, 이들은 스탠퍼드 대학교 도서관에 몰래 들어가는 법을 알고 있었다. 기사에 따르면 발신음의 상세한 주파수가 기재되어 있다는《벨 시스템 기술 저널》을 찾아볼 요량이었다. 도서관에 잠입해 서가를 뒤진 끝에 워즈니악이 저널을 찾아냈다. "그때 나는 사시나무 떨듯 떨고 있었고 온몸에 소름이 돋았다. 그야말로 유레카적인 순간이었다." 워즈니악은 그렇게 회고한다. 이들은 서니베일 전자 상가에서 필요한 부품을 구입해서 납땜한 다음, 잡스가 학교에서 프로젝트 과제로 만든 주파수 계수기로 테스트해보았다. 하지만 아날로그 장치의 특성상 정밀하고 일정한 신호음을 발생시키기가 어려웠다.

워즈니악은 트랜지스터 회로로 디지털 장치를 만들어야겠다고 생각했다. 휴학을 자주 하는 편이었지만 그해 가을은 버클리에 복학 중이었는데, 음악을 전공하는 기숙사 친구와 함께 장치를 만들었다. 추수감사절에는 장치를 완성했다. "내가 만든 장치 중에서도 가장 뿌듯하고 자랑스러웠다." 워즈니악이 전한다. "믿기지 않을 정도였다." 장치를 시험

*8장에 등장한 '프리커phreaker'와 같은 말—옮긴이.

해보기 위해 이들은 바티칸에 전화를 걸었다. 워즈니악은 헨리 키신저인 척하며 교황과 통화를 하고 싶다고 말했다. 바티칸 측은 다행히 취침 중이던 교황을 깨우기 직전에 장난 전화라는 것을 알아차렸다.

기발한 장치를 고안해낸 것은 워즈니악이었지만, 잡스와 함께였기 때문에 이를 상업적으로 활용할 수 있었다. "우리 이거 팔자." 어느 날 잡스가 제안했다. 이것은 앨런과 게이츠, 노이스와 무어와 함께 디지털 시대의 유명한 동업자 콤비가 되는 잡스와 워즈니악 사이에서 일종의 패턴으로 자리 잡게 될 관계의 시작이었다. 즉, 워즈니악이 공학적 지식을 바탕으로 무언가 기발한 것을 고안해내면 잡스는 이를 훌륭하게 포장하여 비싼 가격에 파는 것이었다. "나는 케이스와 전원 공급 장치와 키패드 같은 나머지 부품을 구해왔고, 가격을 어떻게 붙일지 고민했다." 잡스는 블루박스에 대해 그렇게 설명한다. 블루박스 하나당 원가가 40달러가 들었고, 총 100개를 만들어서 대당 150달러에 팔았다. 이 엉뚱한 모험은 피자집에서 블루박스 영업을 하다 총을 든 괴한에게 돈을 모두 빼앗기고 나서야 막을 내렸다. 하지만 모험의 끝에서 하나의 회사가 탄생했다. "블루박스가 없었다면 애플도 없었을 것이다." 잡스가 훗날 말한다. "워즈와 나는 블루박스를 통해 함께 일하는 방법을 배우게 되었다." 워즈니악도 동의한다. "나의 공학적 기술과 스티브의 비전을 결합하면 어떤 일을 할 수 있을지 조금이나마 알게 되었다."

이듬해에 잡스는 리드 칼리지를 다니다 중퇴하고 영혼의 수련을 위해 인도로 순례를 떠났다. 1974년 가을에 돌아와서는 놀런 부쉬넬과 앨 알콘 밑에서 일하고 싶다며 아타리를 찾아갔다. 〈퐁〉의 성공으로 한껏 고무된 아타리에서 한창 직원을 고용하던 때였다. 《산호세 머큐리》지에는 "놀면서 돈 벌자"라는 광고 문구가 실렸다. 히피 복장을 하고 아타리를 찾아간 잡스는 채용될 때까지 로비를 떠나지 않겠다고 말했다. 부쉬넬은 알콘의 설득에 못 이겨 잡스에게 기회를 줘보기로 했다. 비디오게임의 창의적인 기업가로부터 개인용 컴퓨터의 창조적인 기업가가 될 인물로 혁신이라는 성화가 전달된 것이다.

영혼의 수련을 마치고 돌아온 길이었지만, 잡스는 형편없는 아이디어를 내놓는 동료들을 "똥멍청이"라 부르기를 서슴지 않았다. 그러면서도 동시에 설득력이 뛰어났고 마음을 끄는 매력이 있었다. 기다란 노란색 승려복을 즐겨 입었고 맨발로 다니길 좋아했으며 자신은 철저하게 채소와 과일만 먹기 때문에 데오도란트를 쓰거나 자주 씻을 필요가 없다고 믿었다. 부쉬넬은 이를 가리켜 "그릇된 이론이었다"고 말한다. 때문에 비교적 사람이 없을 때 일할 수 있도록 야간 근무를 시켰다. "스티브는 다루기 힘든 직원이었지만 나는 왠지 그가 좋았다. 그래서 야간에 근무를 하라고 했다. 그가 계속 일할 수 있도록 하기 위한 방편이었다."

훗날 잡스는 아타리에서 값진 교훈들을 얻었다고 말한다. 그중에서도 그에게 가장 큰 영향을 준 것은 친근하고 직관적인 인터페이스의 중요성이었다. 설명은 단순하면 단순할수록 좋았다. "동전을 넣으세요. 클링온을 피하세요." 기계는 매뉴얼 없이도 사용할 수 있어야 했다. "스티브는 바로 그 단순함에 큰 영향을 받았고, 그로 인해 분명한 목적의식을 갖고 제품을 만들게 되었다." 아타리에서 잡스와 일한 적 있는 론 웨인의 말이다. 뿐만 아니라 잡스가 기업가로 거듭난 데는 부쉬넬의 공로가 컸다. "될성부른 기업가에게는 말로 형언할 수 없는 무언가가 있는데, 스티브에겐 그게 있었다." 부쉬넬은 그렇게 회고한다. "스티브는 엔지니어링뿐만 아니라 사업적 측면에도 관심을 가졌다. 나는 그에게 본인이 대단한 사람처럼 행동하면 주위 사람들에게도 그렇게 보인다는 사실을 가르쳐주었다. 나는 '뭐든지 다 내 수중에 있는 것처럼 행동하면 사람들도 그렇게 믿는다'고 말해주었다."

워즈니악은 낮에는 휴렛패커드에서 일하고 퇴근 후 잡스가 있는 아타리에 놀러 가는 걸 좋아했다. 그는 아타리에서 드디어 완성한 레이싱 게임 〈그란 트랙 10〉을 "제일 좋아하는 게임"이라 부르며 즐겨 플레이했다. 시간이 남을 때는 텔레비전으로 플레이할 수 있는 가정용 〈퐁〉을 만들었다. 플레이어가 공을 놓치면 Hell이나 Damn*이 출력되게 했다. 워즈니악의 〈퐁〉을 본 알콘은 계획을 꾸몄다. 그는 잡스에게 〈퐁〉의 1인용 버전인 〈브레이크아웃〉을 만들라고 지시했다. 벽돌로 된 벽에 공이 부딪쳐서 벽돌을 깨면 점수가 올라가는 게임이었다. 알콘은 워즈니악이 잡스를 도와 회로를 설계할 거라 생각했고, 그의 예상은 적중했다. "나는 그 둘을 '원 플러스 원' 상품이라 생각했다." 부쉬넬의 설명이다. "엔지니어링 측면에서는 워즈가 더 뛰어났다." 마치 테디 베어처럼 순진하고 사랑스러운 성격의 워즈니악은 기꺼이 울타리를 대신 칠해준 톰 소여의 친구들처럼 신이 나서 잡스의 일을 도왔다. "사람들이 실제로 사용하게 될 게임을 만들라니, 내 인생 최고의 일이었다." 워즈니악은 그렇게 회고한다.

워즈니악이 밤새도록 하나씩 하나씩 회로를 만들어내는 동안 잡스는 그의 왼편에 앉아 칩에 전선을 연결했다. 워즈니악은 작업을 완성하는 데 몇 주가 걸릴 거라고 했지만, 잡스는 동료들에 의해 현실왜곡장이라 일컬어지는 자신의 능력을 벌써부터 발휘하며 나흘 안에 완성할 수 있다고 눈도 깜박이지 않고 확신에 차 말했다

워즈니악은 〈브레이크아웃〉의 설계를 갓 마친 무렵인 1975년 3월

*빌어먹을, 제기랄 등을 뜻하는 비속어—옮긴이.

에 홈브루 컴퓨터 클럽의 첫 모임에 참석했다. 처음에는 괜히 왔나 싶었다. 계산기와 가정용 텔레비전 게임 화면을 만들던 워즈니악은 모임 구성원들이 열광하는 새로 나온 알테어 컴퓨터에 그때까지만 해도 별로 관심이 없었다. 그는 수줍음을 못 이기고 가만히 한쪽 구석에만 있었다. 그는 그날을 이렇게 회상한다. "알테어라 불리는 컴퓨터가 표지 사진으로 실린《파퓰러 일렉트로닉스》잡지를 누군가 높이 쳐들고 있었다. 알고 보니 그 사람들은 나처럼 텔레비전 단말기가 아니라 알테어에 관심이 있었다." 각자 돌아가며 자기소개를 했다. 워즈니악은 자신을 이렇게 소개했다. "저는 스티브 워즈니악입니다. 휴렛패커드에서 계산기를 개발하고 있고요. 비디오 단말기를 만든 적이 있습니다." 무어가 기록한 회의록에 따르면 그는 비디오 게임과 호텔의 유료 영화 시스템도 좋아한다고 말했다.

그 와중에 워즈니악의 관심을 끄는 것이 있었다. 참석자 한 명이 새로운 인텔 마이크로프로세서의 기술 사양이 적힌 종이를 나누어준 것이다. 워즈니악은 이렇게 말한다. "그날 밤에 데이터 시트를 훑어보다가 A 레지스터에 메모리상의 위치를 추가하는 명령이 있는 것을 발견했다. 순간, '이것 보게나?'라고 생각하고 계속 보니 A 레지스터에서 메모리를 빼는 명령도 있는 것이었다. 세상에. 이게 무슨 말인지 모를 수 있겠지만, 나는 어쨌든 그게 정확히 무얼 의미하는지 알고 있었다. 그걸 발견하게 돼서 얼마나 흥분했는지 모른다."

워즈니악은 자체 연산 능력이 없는 대신 전화선으로 시분할 컴퓨터에 연결되는 단순 단말기에 비디오 모니터와 키보드를 연결할 구상을 하던 중이었다. 그러던 차에 마이크로프로세서—중앙 처리 장치가 달린 칩—의 사양을 보게 된 그에게 아이디어가 떠올랐다. 마이크로프로세서를 달면 단말기도 자체 처리 능력을 보유할 수 있을 것이었다. 그렇

스티브 잡스(1955~2011)와 스티브 워즈니악(1950~), 1976.

오리지널 매킨토시에서 선보인 잡스 그래픽, 1984년.

리처드 스톨먼(1953~).

리누스 토발즈(1969~).

게 된다면 컴퓨터와 키보드와 화면이 모두 통합될 테니, 알테어보다도 한 단계 도약하는 셈이었다. “말하자면 개인용 컴퓨터라는 커다란 비전이 머릿속에 떠오른 것이다. 그날 밤에 나는 종이 위에 설계도를 그렸는데, 그것이 나중에 애플 I이 되었다.”

워즈니악은 그때부터 낮 시간에는 HP에서 계산기를 개발하고, 잠시 집으로 가서 저녁을 먹고, 다시 회사로 돌아와 컴퓨터 개발에 매진했다. 몇 달 후, 워즈니악이 키보드로 키 몇 개를 눌렀다. 그러자 입력 신호가 마이크로프로세서에 의해 처리된 다음 화면에 문자가 표시됐다. 1975년 6월 29일 일요일 밤 10시, 역사적인 순간이었다. 워즈니악은 “어안이 벙벙했다”고 한다. “인류 역사상 처음으로 키보드로 입력한 문자가 눈앞에 있는 화면에 나타난 것이다.” 엄밀히 말하면 사실은 아니었지만, 호비스트용으로 제작된 개인용 컴퓨터에 모니터와 키보드가 통합된 것은 실로 사상 초유의 일이었다.

홈브루 컴퓨터 클럽은 아이디어의 무료 공유를 추구했다. 그 때문에 빌 게이츠의 공격을 받기도 했지만, 워즈니악은 커뮤니티의 윤리를 기꺼이 포용했다. “나는 컴퓨팅을 발전시키려는 홈브루의 사상에 매우 동의했기 때문에 설계도 전체를 100여 장 복사해서 달라는 사람에게 나누어주었다.” 수줍음이 많아 사람들 앞에서 공식적으로 프레젠테이션을 하지는 못했지만, 자신이 만든 컴퓨터가 어찌나 자랑스러웠는지 한쪽에 자리를 마련하여 관심을 보이는 사람들에게 컴퓨터를 보여주고 설계도를 나누어주는 일에는 적극적으로 나섰다. 그는 “다른 사람들에게도 무료로 나누어주고 싶었다”고 한다.

블루박스 때와 마찬가지로, 잡스의 생각은 달랐다. 결과적으로 보면, 사용하기 쉬운 컴퓨터를 보기 좋게 포장해서 팔고자 하는 그의 욕구—그리고 어떻게 하면 잘할 수 있는지를 본능적으로 알아차린 그의 직감—는 워즈니악의 훌륭한 설계만큼이나 개인용 컴퓨터 분야를 변혁하는 데 일조했다. 워즈니악이 만든 컴퓨터를 판매하기 위해 회사를 차리자고 잡스가 발 벗고 나서서 설득하지 않았더라면, 워즈니악이라는 이름은 홈브루 뉴스레터에서 몇 번 언급되는 정도로 그쳤을지 모른다.

잡스는 인텔을 비롯한 칩 제조사들에 전화를 걸어 샘플을 요청했다. 워즈니악은 이렇게 경탄한다. "어쩌면, 그는 영업 사원들과 어떻게 대화해야 하는지도 알았다. 나라면 수줍어서 상상도 못할 일이었다." 잡스는 워즈니악을 따라 홈브루 모임에도 나갔다. 모임에 텔레비전을 들고 나가 시연을 해 보이기도 했다. 그러다 아예 회로기판에 회로도를 찍어서 판매하자는 아이디어를 내놓았다. 이것은 이들의 동업자 관계의 전형적인 모습이었다. "내가 무언가 멋진 걸 만들면 스티브는 그걸로 돈을 벌 방도를 마련했다." 워즈니악이 전한다. "나 같은 경우에는 컴퓨터를 팔 생각은 한 적도 없다. 내 컴퓨터를 멋지게 선보이고 사람들에게 팔자는 생각을 한 건 스티브였다." 잡스는 가지고 있던 폭스바겐 버스를, 워즈니악은 HP 계산기를 팔아 초기 자금을 마련했다.

잡스와 워즈니악의 파트너십은 독특하면서도 강력했다. 판다처럼 생긴 워즈니악은 천사 같은 순둥이였고, 하운드 견처럼 생긴 잡스는 악마 같은 투지가 넘치는 최면술사였다. 마이크로소프트에서는 게이츠가 앨런을 강압적으로 구슬려 절반이 넘는 지분을 가져갔다. 애플의 경우는 좀 달랐다. 그 자신 엔지니어로서 엔지니어를 숭상하고 마케터와 관리자들을 업신여기던 워즈니악의 아버지가, 워즈니악이 회로를 설계했으니 50퍼센트가 넘는 지분을 가져야 한다고 주장했다. 잡스가 잠시 워즈니악의 집에 들렀을 때 아버지가 그를 윽박질렀다. "너는 아무런 자격도 없어. 아무것도 한 게 없으니." 잡스는 울음을 터뜨리고는 없던 일로 하자며 워즈니악에게 이렇게 말했다. "50 대 50이 싫다면 네가 다 가져.” 그러나 워즈니악은 잡스가 기여하는 바가 적어도 50퍼센트는 된다는 사실을 충분히 알고 있었다. 만일 워즈니악이 잡스와 손을 잡지 않았다면, 그는 회로도를 무료로 배포하는 수준을 벗어나지 못했을 것이다.

홈브루 모임에서 컴퓨터를 시연한 잡스에게 폴 테렐이 접근했다. 바이트숍이라는 컴퓨터 체인점의 운영자였다. 테렐은 잡스와 대화를 나누고 “연락해요”라며 명함을 주었다. 다음 날 잡스는 맨발로 바이트숍에 걸어 들어가 말했다. “연락하러 왔어요.” 화려한 언변을 선보인 잡스에게 테렐은 머지않아 애플 I이라 불릴 컴퓨터 50대를 주문했다. 단, 인쇄 회로기판과 부품 더미가 아닌 완벽하게 조립된 제품을 납품하라고 했다. 개인용 컴퓨터가 한 단계 더 발전하는 순간이었다. 테렐은 납땜을 일삼는 호비스트들을 넘어 한층 확대된 고객층을 대상으로 하는 제품을 요구한 것이다.

잡스는 이 흐름을 정확히 읽었다. 애플 II를 준비해야 할 때가 되자 마이크로프로세서 사양을 파고드는 데 시간을 허비하지 않았다. 대신 스탠퍼드 몰에 있는 메이시스 백화점의 쿠진아트 매장을 찾았다. 그는 새로운 제품은 조립할 필요가 없는 주방 기구처럼 세련되고 매끈한 케이스로 마감해야겠다고 결심했다. 전원 공급 장치에서 소프트웨어까지, 키보드에서 모니터까지, 모든 것을 빈틈없이 통합해야 했다. “하나의 완벽한 패키지로 제공되는 최초의 컴퓨터를 만들자는 생각이었다.” 잡스의 설명이다. “이제 컴퓨터를 스스로 조립하고 변압기와 키보드를 살 줄 아는 몇 안 되는 호비스트만 우리의 고객이 아니었다. 그보다 훨씬 많은 사람들은 바로 작동이 가능한 컴퓨터를 갖고 싶어 할 것이었다.”

1977년 초반에는 홈브루 및 그와 유사한 모임들에서 비롯한 호비스트 컴퓨터 회사가 여럿 생겨나 있었다. 홈브루 모임의 사회자인 리 펠젠스타인은 프로세서 테크놀로지 사를 만들고 솔이라는 이름의 컴퓨터를 선보였다. 그 외에도 크로멤코, 벡터 그래픽, 사우스웨스트 테크니털 프로덕트, 코모도어, IMASI 등을 꼽을 수 있다. 그러한 와중에도 새로운 애플 II는 단순하면서도 하드웨어에서 소프트웨어까지 완벽하게 통합된 최초의 개인용 컴퓨터가 되었다. 1977년 6월에 1,298달러로 판매를 시작했고, 3년 만에 10만 대가 팔렸다.

애플의 부상과 함께 호비스트 문화가 쇠퇴했다. 그때까지만 해도 노이스나 킬비와 같은 젊은 혁신가들은 트랜지스터, 저항, 커패시터, 다이오드의 차이점을 익히고 이런 소자를 빵판에 꽂아 전선으로 연결하거나 납땜해서 아마추어 무선 통신기, 모형 로켓 조종기, 증폭기, 오실로스코프 등을 직접 만들어보며 전자공학에 입문했다. 그러다 1971년에 마이크로프로세서가 대두되며 복잡한 회로기판의 시대가 기울었고, 일본의 전자 회사들이 호비스트들이 집에서 만드는 데 드는 비용보다 훨씬 싼 가격에 전자 제품을 대량 생산하기 시작했다. DIY 키트 시장도 점점 축소되어 종국에는 소멸했다. 워즈니악과 같은 하드웨어 해커들은 게이츠와 같은 소프트웨어 코더들에게 제왕의 자리를 내주었다. 애플은 애플 II와 뒤를 이어 1984년에 출시된 매킨토시를 시작으로 사용자들이 제품 뚜껑을 열어 내부 구조를 조작하지 못하도록 하는 길을 걸었다.

애플 II는 또한 나중에 스티브 잡스의 엄격한 신념이 된 원칙을 확립했다. 하드웨어와 운영 체제 소프트웨어는 빈틈없이 통합되어야 한다는 것이다. 잡스는 사용자 경험을 처음부터 끝까지 구석구석 통제하기를 좋아한 완벽주의자였다. 그는 애플 하드웨어에 누가 만들었는지 모를 수준 낮은 소프트웨어를 얹는 것도, 애플의 운영 체제를 누가 만들었는지 모를 허접한 하드웨어에 얹는 것도 원치 않았다.

이런 통합 모델은 표준으로 자리 잡지 못했다. 애플 II의 출시로 대형 컴퓨터 회사들이 정신을 차리게 되었고, 그 결과 애플 모델에 대한 대안이 출현했다. 그중에서도 IBM—구체적으로는 빌 게이츠의 꾀에 넘어간 IBM—은 하드웨어와 운영 체제가 각각 다른 회사에 의해 만들어지는 개인용 컴퓨터라는 노선을 택한다. 그리하여 소프트웨어가 영예의 자리를 차지하고, 하드웨어는 얼마든지 교체 가능한—애플은 예외다—상품이 되는 시대가 도래했다.

댄 브리클린과 비지캘크

개인용 컴퓨터의 쓸모가 생기고 실리적인 사람들도 구입을 정당화할 수 있게 되려면 장난감이 아닌 도구가 돼야 했다. 애플 II도 사용자들이 실용적인 작업에 적용할 방법을 찾아내지 않았더라면 호비스트들의 흥분이 가라앉은 다음에는 지나가는 유행이 되었을지도 모른다. 요컨대 개인용 컴퓨터의 처리 능력을 사용하여 특정 목적을 수행하는 프로그램, 즉 응용 프로그램 소프트웨어에 대한 수요가 생긴 것이다.

이 분야의 가장 영향력 있는 개척자는 댄 브리클린이다. 브리클린은 최초의 스프레드시트 프로그램인 비지캘크VisiCalc를 개발한 인물이다.[83] MIT에서 컴퓨터공학을 전공한 브리클린은 몇 년간 디지털 이큅먼트 코퍼레이션에 근무하며 워드 프로세서 소프트웨어를 개발하다 하버드 경영대학원에 진학했다. 1978년 봄의 어느 날, 강의 시간에 교수가 재무 모델을 설명하기 위해 칠판에 행과 열을 그렸다. 오류가 있거나 특정 셀 값을 수정해야 하는 경우에는 지우개로 지우고 여러 셀의 값을 변경하는 번거로운 작업을 반복해야 했다.[84]

브리클린은 더글러스 엥겔바트가 '모든 데모의 어머니'에서 유명해진 온라인 시스템을 시연하는 것을 본 적이 있다. 온라인 시스템에는 그래픽 디스플레이, 그리고 포인트와 클릭이 가능한 마우스가 있었다. 브리클린은 마우스로 간단한 포인트-드래그-클릭 인터페이스가 가능한 전자 스프레드시트를 구상하기 시작했다. 그해 여름에 휴양지 마서즈빈야드에서 자전거를 타던 중, 이 아이디어를 제품으로 만들어보자고 결심했다. 그는 이를 위해 필요한 모든 것을 갖추고 있었다. 그는 제품에 대한 감각이 있는 소프트웨어 엔지니어였고, 사용자들이 무엇을 원하는지 본능적으로 알고 있었다. 기업가 부모님을 두고 있었기 때문에 사업을 시작한다는 생각에 흥분이 되었다. 게다가 적절한 파트너를 찾을 줄 아는 훌륭한 팀 플레이어기도 했다. 그는 이렇게 말한다. "나에게는 사용자들의 요구 사항에 부응하는 소프트웨어를 개발하기 위해 필요한 경험과 지식이 있었다."[85]

브리클린은 MIT에서 친해진 밥 프랭스턴과 같이 일하기로 했다. 프랭스턴 역시 기업가 아버지를 둔 소프트웨어 엔지니어였다. "댄과 한 팀이 되어 협업할 수 있었다는 게 무척 중요하다." 프랭스턴은 전한다. 브리클린은 혼자서도 프로그램을 작성할 수 있었지만, 그러는 대신 큰 그림을 구상하고 프랭스턴이 이를 개발하도록 했다. "덕분에 댄은 프로그램 구현 방식이 아닌 프로그램의 기능 그 자체에 집중할 수 있었다."[86]

이들이 첫 번째로 내린 중대한 결정은 DEC 사무용 컴퓨터가 아닌 개인용 컴퓨터를 위한 프로그램을 개발하자는 것이었다. 이를 위해 애플 II를 선택했는데, 워즈니악이 아키텍처를 투명하게 공개한 덕분에 소프트웨어 개발자들에게 필요한 기능을 손쉽게 사용할 수 있었기 때문이다.

둘은 애플 II를 빌려서 주말 동안 프로토타입을 완성했다. 컴퓨터를 빌려준 사람은 나중에 세 번째 협업자가 된 댄 필스트라였다. 하버드 경영대학원을 갓 졸업한 필스트라는 케임브리지에 있는 아파트에서 체스와 같은 게임을 다루는 소프트웨어 퍼블리싱 회사를 운영하고 있었다. 소프트웨어 산업이 하드웨어 산업과 별도로 성장하기 위해서는 제품을 홍보하고 유통시킬 퍼블리싱 회사가 필요했다.

사업 감각이 뛰어나고 소비자의 욕구를 파악하는 데 능했던 브리클린과 프랭스턴은 비지캘크를 단순한 프로그램이 아닌 제품으로 만들기 위해 노력했다. 이들은 친구와 교수들을 포커스 그룹으로 활용하여 인터페이스가 사용이 쉽고 직관적인지 끊임없이 확인했다. "사용자들에게 가장 놀랍지 않은 방식으로 작동하는 개념 모델을 제공하는 게 우리의 목표였다." 프랭스턴의 설명이다. "'최소 놀람의 원칙'을 적용하자는 것이었다. 우리는 사용자의 경험을 종합적으로 구성하는 마술사였다."[87]

비지캘크를 하나의 사업으로 만드는 데 조력한 또 다른 인물로 벤 로즌이 있다. 당시 모건스탠리의 애널리스트였던 로즌은 훗날 뉴스레터와 컨퍼런스로 사업을 시작하여 맨해튼에서 벤처 캐피탈 회사를 창업한다. 1979년 5월, 고향인 뉴올리언스에서 개인용 컴퓨터 포럼을 개최 중이던 로즌에게 필스트라가 비지캘크의 초기 버전을 보여주었다. 로즌은 뉴스레터를 통해 이렇게 열변을 토했다. "비지캘크는 생생한 시각적 경험을 제공한다. (중략) 컴퓨터를 한 번도 사용해본 적 없는 사람도 단 몇 분 만에 프로그램을 작성하고 사용할 수 있게 된다." 그리고 곧 실현될 예언과 함께 뉴스레터를 끝맺었다. "개인용 컴퓨터가 강아지라면, 비지캘크는 머지않아 이 강아지가 흔드는(그리고 판매를 촉진하는) 소프트웨어 꼬리가 될 것이다."

비지캘크는 애플 II를 단숨에 승자의 자리에 올려놓았다. 이후 1년 동안 다른 개인용 컴퓨터를 위한 비지캘크가 출시되지 않았다는 사실이 크게 작용했다. 잡스는 훗날 이렇게 평한다. "그게 바로 애플 II 성공의 진짜 원인이었다."[88] 곧 애플 라이터Apple Writer나 이지라이터EasyWriter와 같은 워드 프로세서 소프트웨어가 잇따라 출시됐다. 이렇듯 비지캘크는 개인용 컴퓨터 시장을 활성화했을 뿐 아니라 기업에서 발행하는 응용 프로그램 소프트웨어라는 새로운 수익 기반 산업을 만들어내는 데도 일조했다.

IBM 운영 체제

1970년대에는 IBM이 360 시리즈로 메인프레임 시장을 지배했다. 그러나 냉장고 크기만 한 미니컴퓨터 시장에서는 DEC와 왕 연구소에 밀렸고, 개인용 컴퓨터 시장에서도 고전을 면치 못할 것으로 보였다. 한 전문가는 "IBM이 개인용 컴퓨터를 만드는 것은 코끼리에게 탭댄스를 가르치는 것과도 같을 것이다"라고 평한 바 있다.[89]

IBM의 경영진도 이런 의견에 동의하는 듯했다. 이들은 아타리 800 가정용 컴퓨터와 라이선스 계약을 맺어 IBM의 브랜드만 붙이는 방안을 고려하기도 했다. 그러나 1980년 1월의 회의 석상에서 이 대안이 논의 주제로 제시되자 CEO 프랭크 캐리가 이를 일축했다. 세계에서 가장 큰 컴퓨터 회사가 설마 가정용 컴퓨터 하나 제대로 못 만들까, 라는 것이었다. 왜 이 회사에서는 무언가 새로운 것을 해보려면 매번 300명이 3년 동안 투입되어야 하는지 모르겠다고 푸념하기도 했다.

그때 플로리다 주 보카러톤에 있는 IBM 개발 연구소 담당 이사 빌 로우가 말문을 열었다. "잘못 생각하셨습니다. 1년 안에 프로젝트를 마칠 수 있습니다."[90] 넘치는 자만심을 보인 로우는 IBM 가정용 컴퓨터를 개발하는 프로젝트를 맡게 되었다. 프로젝트 코드명은 에이콘Acorn이었다.

새로운 팀은 돈 에스트리지가 이끌었고, 에스트리지는 IBM의 22년

차 베테랑이자 남부 출신으로 온화한 성격을 가진 잭 샘스를 소프트웨어 책임자로 임명했다. 샘스는 1년이라는 기한 안에 연구소에서 소프트웨어를 직접 개발하는 것은 무리이므로 외부 공급업체의 소프트웨어를 라이선스로 구입하고자 했다. 그는 1980년 7월 21일에 빌 게이츠에게 전화를 걸어 당장 만나고 싶다고 말했다. 게이츠는 그다음 주에 시애틀로 와달라고 했는데, 샘스는 지금 공항으로 가고 있으며, 바로 다음 날 게이츠를 만나고 싶다고 말했다. 배고픈 물고기가 미끼를 물기 직전이라는 것을 감지한 게이츠는 흥분을 감추지 못했다.

게이츠는 몇 주 전에 하버드 기숙사 룸메이트 스티브 발머를 영업 담당으로 채용한 상태였다. 그는 발머에게 IBM 회의에 참석해달라고 말했다. "여기 있는 사람 중에 나 말고 정장 입을 줄 아는 사람이 너밖에 없잖아." 게이츠는 그렇게 말했다.[91] 샘스가 도착했을 때 게이츠 역시 정장 차림이었지만, 그다지 어울리지는 않았다. "어린 친구가 우리를 데리러 왔는데, 나는 그가 사환인 줄 알았다." IBM 표준에 따라 푸른색 정장에 흰색 셔츠를 입고 있었던 샘스는 그렇게 회상한다. 하지만 곧 그를 비롯한 IBM 측 사람들은 게이츠의 명석함에 압도당하고 만다.

IBM 담당자들은 처음에 마이크로소프트 BASIC 사용권 계약을 체결하고 싶어 했지만, 게이츠는 그 자리를 기술이 나아가는 방향에 관한 심도 있는 토론의 장으로 바꾸어버렸다. 몇 시간이 지나자 이들은 BASIC은 물론 포트란과 코볼을 포함하여 마이크로소프트가 보유하고 있거나 향후 개발할 프로그래밍 언어를 모두 계약하는 방안에 대해 이야기하고 있었다. "우리는 IBM에게 이렇게 말했다. '우리가 만드는 걸 다 가져가세요.' 아직 만들지도 않았으면서 말이다." 게이츠는 회상한다.[92]

IBM 담당자들은 몇 주 뒤에 다시 찾아왔다. 이들은 프로그래밍 언어 외에도 IBM에 필요한 한 가지 중요한 소프트웨어가 있다고 말했다. 다른 프로그램에 대한 기반 역할을 할 소프트웨어 프로그램, 즉 운영 체제였다. 운영 체제란 데이터 저장 위치, 메모리 및 처리 자원 할당 방식, 응용 프로그램과 컴퓨터 하드웨어 간 통신 방식 등 다른 소프트웨어에서 사용되는 기본적인 명령을 처리하는 소프트웨어다.

마이크로소프트는 그때까지도 운영 체제를 만들지 않고 있었다. 대신 얼마 전에 캘리포니아 주 몬터레이로 근거지를 옮긴 게이츠의 어린 시절 친구 게리 킬달의 CP/M(마이크로컴퓨터용 제어 프로그램Control Program for Microcomputers)으로 작업하고 있었다. 게이츠는 샘스가 있는 자리에서 킬달에게 바로 전화를 걸었다. "IBM에서 찾아갈 거야." 게이츠는 IBM의 요구 사항을 설명하며 말했다. "중요한 분들이니 잘 대접해드려."[93]

하지만 킬달은 이에 응하지 않았다. 게이츠는 나중에 그날을 가리켜 "게리가 비행을 가기로 결심한 날"이라고 부른다. 킬달은 IBM 클라이언트를 만나는 대신 전용 비행기에 올라 샌프란시스코로 가서 선약을 지키는 쪽을 택했다. 킬달의 회사 본부 역할도 겸하고 있던 특이하게 생긴 빅토리아풍 자택에서 네 명의 짙은 색 정장 차림의 IBM 담당자를 만나는 일은 아내에게 맡겼다. IBM 측에서는 킬달의 부인에게 몇 장이나 되는 기밀 유지 협약서를 내밀었고, 부인은 서명을 거부했다. IBM 담당자들은 길고 긴 실랑이 끝에 넌더리를 내며 집을 나와버렸다. 샘스의 회상이다. "우리는 그녀에게 우리가 여기 온 것을 아무에게도 말하지 말고, 우리에게도 기밀 이야기를 하지 말아달라고 하는 서류를 내밀었는데 그녀는 그걸 읽고는 서명할 수 없다고 말하는 것이었다. 퍼시픽그로브의 그 집에서 우리 측 변호사들과 그녀의 변호사들을 비롯한 모든 사람들이 그녀가 우리와 대화를 해도 되는지에 대한 대화를 나눌 수나 있는지에 대해 하루 종일 갑론을박을 벌였고, 우리는 그 집을 나왔다." 킬달의 그 작은 회사는 컴퓨터 소프트웨어 업계의 지배자가 될 기회를 날려

버린 것이다.[94]

샘스는 다시 시애틀로 날아가 게이츠에게 운영 체제를 마련할 다른 방법을 제시해달라고 부탁했다. 다행히 폴 앨런의 지인 중에 도움을 줄 만한 사람이 있었다. 시애틀 컴퓨터 프로덕츠라는 작은 회사에 재직 중인 팀 패터슨이었다. 몇 달 전, 새로 출시된 인텔 마이크로프로세서에서 킬달의 CP/M이 작동하지 않자 짜증이 난 패터슨은 이를 QDOS라는 이름의 운영 체제로 개작한 적이 있다. QDOS는 '빠르고 간편한 운영 체제Quick and Dirty Operating System'의 약자였다.[95]

게이츠는 그즈음에 종국에는 하나의 운영 체제가, 그건 아마도 IBM이 선택하는 것이 될 터인데, 대부분의 개인용 컴퓨터에서 사용되는 표준적인 운영 체제가 될 것임을 깨닫기 시작했다. 또한 그 운영 체제를 보유한 사람이 유리한 입지를 차지할 것이라고 생각했다. 그는 IBM 담당자들을 패터슨에게 보내는 대신, 자신들이 알아서 처리하겠다고 말했다. 발머는 훗날 이렇게 회고한다. "우리는 IBM에 '우리가 그 회사로부터 운영 체제를 받아서 알아서 잘 고치겠다'고 말했다."

당시 패터슨의 회사는 수지를 맞추기 위해 애쓰고 있었기 때문에 앨런은 패터슨과 수완 좋게 협상할 수 있었다. 처음에는 비독점 사용권 계약만 맺었지만, IBM 계약이 성사 단계에 이를 무렵에 아예 패터슨의 소프트웨어를 완전히 매입해버렸다. 패터슨에게 이유는 말해주지 않았다. "우리는 그 용도를 불문하고 그의 운영 체제를 매입하는 계약을 체결했다. 가격은 5만 달러였다." 앨런은 그렇게 회고한다.[96] 마이크로소프트는 재단장을 거쳐 향후 30년 넘게 소프트웨어 업계를 지배하게 될 소프트웨어를 단돈 5만 달러에 구입한 것이다.

그런데 게이츠가 난색을 표했다. 여러 프로젝트로 힘에 부치던 마이크로소프트가 IBM의 수준에 맞게 QDOS를 단장할 여력이 없을지도 모른다고 그닥지 않게 우려한 것이다. 당시 마이크로소프트는 40명의 오합지졸 직원으로 이루어져 있었으며, 그중 몇몇은 사무실에서 숙식을 해결하고 있었다. 게다가 사환으로 오해받곤 하는 스물네 살짜리가 이끌고 있는 회사였다. IBM이 처음 전화를 걸어온 시점으로부터 두 달이 지난 1980년 9월 말의 어느 일요일, 게이츠는 프로젝트를 진행할지 결정하기 위해 사내 실력자들을 불러 모았다. 게이츠만큼 강한 투지를 갖고 있던 젊은 일본인 케이 니시가 가장 확고한 입장을 보였다. "해야죠! 당연히 해야죠!" 그는 회의실을 뛰어다니며 갈라지는 목소리로 외쳤다. 게이츠도 그렇게 하기로 결심했다.[97]

게이츠와 발머는 협상을 하기 위해 야간 비행 편으로 보카러톤으로 갔다. 1980년도에 마이크로소프트의 매출은 7만 5,000달러, IBM은 300억 달러였는데, 게이츠는 기죽지 않고 IBM이 전 세계 표준으로 만들어줄 운영 체제의 소유권을 마이크로소프트가 보유하도록 하는 계약을 맺을 계획을 하고 있었다. 마이크로소프트는 패터슨의 회사와 계약을 맺을 때 단지 사용권을 허가받은 것이 아니라 DOS의 "용도를 불문하고" 전면 매입해버렸다. 영리한 전략이었다. 하지만 그보다 영리했던 것은 IBM이 마이크로소프트와 그와 동일한 계약을 맺지 않도록 방어한 것이다.

마이애미 공항에 내린 게이츠와 발머는 화장실에서 정장으로 갈아입었다. 게이츠는 넥타이를 가져오는 것을 깜박 잊었는데, 그는 평소답지 않은 꼼꼼함을 발휘하여 보카러톤으로 가는 길에 버딘 백화점에 들러 넥타이를 구입하겠다고 우겼다. 안타깝게도 빳빳한 정장 차림의 IBM 중역들에게 원하는 효과를 불러일으키지는 못했지만. IBM의 소프트웨어 개발자 하나는 이렇게 말한다. "그는 길거리에서 지나가는 사람의 옷을 빼앗아 입은 아이 같았는데, 옷이 너무 컸고 옷깃은 세워져 있었다. 너무나 애송이 같아 보이길래 내가 이렇게 물었다. '대체 이 사람은 누굽니까?'"[98]

그러나 게이츠가 프레젠테이션을 시작한 순간 IBM 중역들의 관심은 그의 단정치 못한 옷차림에서 즉시 멀어졌다. 그는 법적, 기술적 지식으로 IBM 측으로부터 경탄을 자아냈고, 계약 조건을 고집할 때는 차분한 자신감을 보였다. 그건 일종의 연기였다. 시애틀로 돌아온 게이츠는 사무실 바닥에 누워 발머에게 불안하다고 말하며 괴로워했다.

한 달에 걸쳐 협상을 거듭한 끝에 1980년 11월에 서른두 장짜리 계약이 체결됐다. "나와 스티브는 계약 내용을 모두 외우고 있었다." 게이츠는 그렇게 말한다.[99] "계약 금액은 크지 않았다. 다 해서 18만 6,000달러인가 그랬다." 초기에는 그랬다. 하지만 계약서에는 게이츠가 컴퓨터 산업의 힘의 균형을 바꾸어놓을 것이라 짐작한 조항이 두 개 있었다. 첫째는 IBM이 PC-DOS라 이름 붙일 운영 체제의 사용권은 비독점적이라는 것이었다. 게이츠는 다른 컴퓨터 제조사에 MS-DOS라는 이름으로 동일한 운영 체제의 사용권을 부여할 수 있었다. 둘째는 마이크로소프트가 소스 코드 제어권을 보유한다는 것이었다. 즉, IBM이 해당 소프트웨어를 자사 컴퓨터에서만 독점적proprietary으로 사용할 수 있도록 수정할 수 없다는 것이다. 오직 마이크로소프트만이 소프트웨어를 수정할 수 있으며, 수정한 버전의 사용권을 원하는 만큼 다른 회사에 부여할 수 있었다. 게이츠는 이렇게 전한다. "우리는 IBM PC 호환 기종이 나오리라는 걸 알고 있었다. 그렇게 되도록 하기 위해 원 계약을 체결했다. 그 조항이 협상의 핵심이었다."[100]

이 계약은 게이츠가 다른 컴퓨터 제조사에게도 BASIC의 사용권을 부여할 수 있는 권리를 보유하도록 한 MITS와의 계약과 유사했다. 이런 전략은 마이크로소프트 BASIC과, 더 중요하게는 마이크로소프트의 운영 체제가 마이크로소프트에서 제어할 수 있는 업계 표준으로 자리 잡도록 하는 데 결정적 역할을 했다. "우리의 광고 문구도 '우리는 표준을 정합니다'였다." 게이츠는 웃으며 회고한다. "하지만 정작 우리가 표준을 정하는 위치에 서게 되자 독점 금지 담당 변호사가 그 문구를 빼라고 말했다. 그건 아마도 사실이 아닐 때만 써먹을 수 있는 슬로건이었나 보다."*[101]

게이츠는 어머니에게 IBM과 중요한 계약을 맺었다고 큰소리쳤다. 하버드에서 중퇴하기로 한 결정이 옳았다는 것을 증명해 보이고 싶었던 것이다. 메리 게이츠는 공교롭게도 IBM 사장 존 오펠과 함께 비영리기관 유나이티드 웨이의 위원직을 맡고 있었다. 어느 날 회의에 참석하기 위해 오펠의 전용기에 함께 탄 메리 게이츠는 아들의 이야기를 언급했다. "아들이 작은 사업을 하는데, IBM과도 일하게 되었답니다." 오펠은 마이크로소프트의 존재를 모르고 있었다. 회의에서 돌아온 그녀는 게이츠에게 이렇게 말했다. "오펠에게 네 사업과 네가 하버드에서 중퇴했다는 얘기를 했는데, 네가 누군지 모르더구나. 네가 생각하는 것만큼 네 사업이 중요하지 않을지도 모르겠다." 그로부터 몇 주 뒤, 보카러톤의 중역들이 IBM 본사로 가서 오펠에게 진척 상황을 보고했다. "칩은 인텔에 의존하고, 시어즈와 컴퓨터랜드가 유통을 맡게 되었습니다. 그리고 그보다 더 중요한 건 시애틀에서 빌 게이츠라는 친구가 운영하는 작은 소프트웨어 회사에 소프트웨어를 의존한다는 것입니다." 오펠은 이렇게 답했다. "메리 게이츠의 아들 말이지? 그래, 대단한 여성이

*변호사들의 우려는 현실이 되었다. 훗날 마이크로소프트는 미 법무부에 의해 제기된 반독점 소송에 장기간 휘말리게 되는데, 법무부에서는 마이크로소프트가 운영 체제 시장에 대한 지배력을 부적절하게 사용하여 브라우저를 비롯한 여러 제품에서 우위를 선점하려 했다는 입장이었다. 소송은 마이크로소프트에서 기존 관행을 바꾸겠다고 한 뒤에야 합의되었다.

야."[102]

IBM을 위해 소프트웨어를 개발하는 것은 게이츠의 예상대로 힘든 일이었지만, 오합지졸의 개발자들은 9개월간 밤낮으로 일하며 이를 해냈다. 게이츠와 앨런은 이때 마지막으로 한 번 더 팀이 되어 일했다. 레이크사이드와 하버드에서 그랬던 것처럼 나란히 앉아 무서운 집중력을 발휘하며 밤새 코딩에 매진했다. "딱 한 번 말다툼을 했는데, 폴은 우주 왕복선 발사를 보러 가자고 했고, 나는 일정이 촉박하기 때문에 싫다고 한 것이었다." 게이츠가 회고한다. 결국 앨런은 발사 장면을 보러 다녀왔다. "최초로 발사되는 것이었다. 발사 장면을 보자마자 비행기를 타고 다시 돌아왔다. 자리를 비운 시간은 서른 시간도 되지 않았다." 앨런의 회상이다.

게이츠와 앨런은 운영 체제를 개발함으로써 개인용 컴퓨터의 외관과 느낌, 이른바 '룩 앤드 필'을 형성했다. 게이츠의 말이다. "폴과 나는 키보드 자판의 배열과 카세트 포트 작동 방식, 사운드 포트 작동 방식, 그래픽 포트 작동 방식 등 PC의 가장 작은 부분까지 결정해야 했다."[103] 애석하게도 그 결과 게이츠의 너드다운 디자인 취향이 반영되었다. 'C:\>' 같은 프롬프트나 AUTOEXEC.BAT, CONFIG.SYS처럼 투박한 이름을 가진 파일을 기반으로 하는 인간-컴퓨터 인터페이스에 대해서는 사용자들이 역 슬래시 키가 어디 있는지 눈에 불을 켜고 찾게 되었다는 것 외에는 별로 칭찬할 말이 없다.

몇 년 후, 하버드에서 열린 행사에 참석한 사모 투자가 데이비드 루벤스타인은 왜 이 세상에 Ctrl+Alt+Del 따위의 시동 시퀀스라는 부담을 지운 거냐며 게이츠에게 이렇게 물었다. "아니, 왜 소프트웨어와 컴퓨터를 켤 때 손가락을 세 개나 사용해야 하는 겁니까? 도대체 그건 누구의 생각이었습니까?" 게이츠는 IBM의 키보드 설계자들이 운영 체제를 불러오라고 하드웨어에 신호를 보낼 손쉬운 방법을 제공하지 않았다고 설명하다 말을 멈추고는 멋쩍게 웃으며 이렇게 인정했다. "실수였어요."[104] 하드코어 코더들은 가끔 단순함이야말로 유려함의 핵심 가치라는 사실을 잊는다.

IBM PC는 뉴욕의 월도프 아스토리아 호텔에서 1981년 8월에 1,565달러의 정가를 달고 공개되었다. 게이츠를 비롯한 개발자들은 행사에 초대되지 않았다. "정말 이해할 수 없는 건 출시 행사에 불러달라고 했을 때 IBM이 거절한 것이다." 게이츠가 전한다.[105] IBM이 생각하기에 마이크로소프트는 단지 공급업체에 지나지 않았던 것이다.

그러나 최후의 승자는 게이츠였다. 영리한 계약 덕분에 마이크로소프트는 IBM PC와 호환 기종을 가격 경쟁이나 하고 미미한 이윤밖에 내지 못하는 교체 가능한 상품으로 전락시킬 수 있었다. 몇 달 뒤《PC》지 창간호 인터뷰에서 게이츠는 머지않아 모든 개인용 컴퓨터가 표준화된 마이크로프로세서를 사용하게 될 것이라 말한다. "하드웨어는 사실상 관심 밖으로 밀려날 겁니다. 진짜 신나는 일은 다 소프트웨어가 하게 될 거예요."[106]

그래픽 사용자 인터페이스

스티브 잡스와 애플의 개발팀은 IBM PC가 출시되자마자 구입했다. 경쟁의 양상을 눈으로 확인하고 싶었던 것이다. 잡스의 말을 빌리자면 대체로 "거지 같다"는 의견이었다. 물론 잡스의 타고난 오만함이 일부 반영된 평가였지만, 그것이 전부는 아니었다. 불친절한 C:\> 프롬프트와 네모반듯한 디자인의 컴퓨터가 지루하다는 사실에 대한 평가이기도 했다. 잡스는 기업의 기술 담당자들이 사무용 컴퓨터에 필요한 가치로 근사함을 꼽지는 않는다는 것과 애플 같은 패기 있는 브랜드 대신 IBM 같은 지루한 브랜드를 선택한다고 해서 곤란해질 일은 없다는 사실을 간과했다. IBM PC가 발표되던 날, 게이츠는 회의차 애플 본사를 방문 중이었다. "그 사람들은 별로 관심이 없어 보였다." 게이츠가 전한다. "그날 무슨 일이 일어난 건지 이들이 알아차리는 데 1년이 걸렸다."[107]

잡스는 새롭게 나타난 경쟁 상대에 자극을 받았다. 형편없다고 생각했기 때문에 더욱 그러했다. 그는 스스로를 악과 추의 세력에 맞서 싸우는 계몽된 투사라고 생각했다. 애플에서는《월스트리트 저널》에 잡스가 작성에 참여한 문구로 광고를 실었다. 표제는 다음과 같았다. "환영합니다, IBM. 진심으로."

잡스가 경쟁 상대를 경멸할 수 있었던 이유 중 하나는 그가 이미 미래를 목도하였고 그것을 발명하는 일에 착수한 지 오래였기 때문이다. 잡스는 수차례의 제록스 PARC 방문을 통해 앨런 케이와 더글러스 엥겔바트를 비롯한 엔지니어들의 기발한 아이디어를 소개받았다. 그중에서도 창, 아이콘, 그리고 포인터 역할을 하는 마우스로 책상 위의 작업 공간(데스크톱desktop)을 모사한 그래픽 사용자 인터페이스(GUI, '구이'라 발음한다)가 가장 인상에 남았다. 제록스 PARC 개발팀의 창의력에 디자인과 마케팅에 대한 잡스의 천재성을 결합하면 부시, 리클라이더, 엥겔바트가 그린 인간-기계 상호 작용 촉진이라는 면에서 GUI가 거대한 도약을 이룩할 것이었다.

잡스는 1979년 12월에 애플의 개발팀과 함께 제록스 PARC를 두 번 방문했다. 훗날 매킨토시가 되는 친근한 컴퓨터를 설계 중이던 애플의 엔지니어 제프 라스킨은 제록스의 성과를 이미 알고 있었는데, 잡스도 이를 한번 보았으면 했다. 잡스가 라스킨을 못 견디게 싫어했다는 것이 문제였지만—구체적으로는 "빌어먹을 거지 같은 녀석"이라고 불렀다—종국에는 잡스도 제록스를 방문하게 된다. 그는 제록스가 애플에 100만 달러를 투자하도록 하는 대신 애플의 개발자들이 제록스의 기술을 배우게끔 허용하는 계약을 맺었다.

잡스가 제록스 PARC의 눈부신 기술을 처음으로 목도한 외부인은 아니었다. 제록스는 방문객들을 대상으로 수없이 많은 시연을 거행했고, 램슨, 새커, 케이가 그래픽 사용자 인터페이스를 비롯한 PARC의 혁신을 녹여내어 만든 고가의 컴퓨터 제록스 알토도 수천 대 넘게 유통되어 있었다. 하지만 PARC의 뛰어난 인터페이스를 단순하고 저렴한 개인용 컴퓨터에 통합하겠다는 아이디어에 사로잡힌 사람은 잡스가 처음이었다. 다시 한번 말하지만, 위대한 혁신은 획기적인 아이디어를 만든 장본인이 아니라 그것을 유용한 방식으로 적용하는 사람들한테서 나온다.

앨런 케이의 동료 아델 골드버그가 이끄는 제록스 PARC의 엔지니어들은 잡스의 첫 방문 때 삼가는 모습을 보이며 많은 것을 보여주려 하지 않았다. 하지만 잡스가 성질을 부리자—잡스는 계속해서 "바보 같은 소리 그만둬요!"라고 소리쳤다—제록스 경영진의 지시로 많은 것이 공개되었다. 애플의 개발자들이 화면상의 픽셀 하나하나를 관찰할 때 잡스는 연구실을 온통 뛰어다녔다. "당신들은 금광 위에 앉아 있다고!" 그는 이렇게 소리쳤다. "제록스가 왜 이걸 이용해먹지 않는지 도무지 모르겠네."

제록스가 공개한 주요 혁신 사항은 세 가지였다. 첫째는 근거리 네트워크를 위해 밥 멧카프가 개발한 이더넷이었다. 잡스는 게이츠를 비롯한 개인용 컴퓨터의 다른 선구자들과 마찬가지로 네트워크 기술에는 별로—마땅히 관심을 두어야 했지만—흥미가 없었다. 그는 컴퓨터로 협업을 촉진하는 방식보다 컴퓨터로 개인에게 권한을 부여하는 방안에 더 흥미를 느꼈다. 둘째는 객체 지향 프로그래밍이었는데, 이 역시 프로그래머가 아니었던 잡스에게 흥미를 불러일으키지 못했다.

그의 관심을 사로잡은 것은 동네 놀이터만큼이나 친근하고 직관적인 데스크톱 메타포를 차용한 그래픽 사용자 인터페이스였다. 서류와 폴더와 휴지통 등을 나타내는 귀여운 아이콘이 있었고, 이런 아이콘을 쉽게 클릭할 수 있도록 마우스로 조작되는 커서가 있었다. 잡스는 그래픽 사용자 인터페이스에 열광했을 뿐 아니라, 이것을 더욱 단순하고 유려하게 개선할 방안도 떠올렸다.

GUI는 제록스 PARC에서 이룩한 또 다른 혁신인 비트맵 기술로 가능해진 기술이었다. 애플 II를 비롯한 대부분의 컴퓨터는 그때까지 화면의 검정색 바탕에 끔찍한 초록색으로 숫자나 문자를 표시할 뿐이었다. 그런데 비트맵 기술을 사용하면 화면상의 모든 픽셀이 컴퓨터에 의해 조종될 수 있었다. 즉, 꺼질 수도, 원하는 색으로 켜질 수도 있었다. 그 결과 아름다운 디스플레이와 서체와 디자인과 그래픽이 가능해졌다. 디자인 감각과 서체에 대한 애정과 캘리그래피에 대한 사랑을 지닌 잡스는 비트맵 기술에 깊은 감명을 받았다. "눈에서 무언가 한 꺼풀 벗겨진 것 같았다." 잡스의 회상이다. "컴퓨팅의 미래가 어떻게 전개될지 볼 수 있었다."

잡스는 게이츠조차 놀랄 속력으로 차를 몰아 쿠퍼티노의 애플 본사로 돌아가는 길에 동석한 빌 앳킨슨에게 리사나 매킨토시를 비롯한 애플의 차기 컴퓨터에 제록스의 그래픽 인터페이스를 통합—및 개선—해야겠다고 말했다. "바로 이거야! 바로 이걸 해야 해!" 잡스는 그렇게 외쳤다. 이것이 사람들에게 컴퓨터를 가져다줄 것이었다.[108]

나중에 제록스의 아이디어를 슬쩍한 것 아니냐는 비난을 들은 잡스는 피카소를 인용하며 말한다. "훌륭한 예술가는 베끼고, 위대한 예술가는 훔친다." 그리고 이렇게 덧붙인다. "우리는 위대한 아이디어를 훔치는 데 있어 한 번도 창피하다고 생각해본 적이 없다." 그는 또한 제록스가 스스로의 아이디어를 망가뜨렸다고 우쭐거렸다. "그들은 컴퓨터가 뭔지도 모르는 복사기장이였다." 제록스의 경영진을 두고 한 말이다. "컴퓨터 산업의 가장 위대한 승리로부터 패배만을 건졌을 뿐이다. 제록스가 컴퓨터 산업 전체를 소유했을 수도 있었는데 말이다."[109]

실로 이런 설명으로는 잡스와 애플이 공평한 평가를 받았다고 할 수 없다. 아이오와 주의 망각된 발명가 존 아타나소프의 경우가 그러했듯, 발상이란 단지 첫걸음에 불과하다. 진짜 중요한 것은 실행이다. 잡스와 그의 개발팀은 제록스의 아이디어를 차용하여 개선하고 구현한 다음 제품으로 만들었다. 제록스에게도 그럴 수 있는 기회가 있었고, 실제로 제록스 스타라는 컴퓨터로 이를 시도하기까지 했다. 제록스 스타는 모양새가 투박했고, 사용하기 어려웠고, 가격이 비쌌고, 완전히 실패했다. 반면 애플에서는 마우스를 단순화하여 한 개의 버튼만 장착했고, 마우스로 서류를 포함한 다양한 항목을 화면상에서 이동할 수 있게 만들었고, 서류를 끌어다 폴더에 '놓기만' 해도(드래그-앤-드롭) 파일 확장자가 변경되도록 했고, 풀다운 메뉴를 만들었으며, 서류가 쌓이고 겹치는 것처럼 보이도록 했다.

애플은 1983년 1월에 리사를, 그로부터 1년 뒤에 훨씬 성공적인 매킨토시를 출시했다. 잡스는 매킨토시가 발표되면 사람들이 집에서 사용하고 싶어 할 이 친근한 컴퓨터로 인해 개인용 컴퓨터 혁명이 동력을 받게 될 것을 알았다. 출시 행사에서 잡스는 어두운 무대 위를 성큼성큼 걸어 헝겊으로 된 가방에서 새 컴퓨터를 끄집어냈다. 〈불의 전차〉 주제가가 흐르기 시작했고, 화면에 MACINTOSH라는 단어가 왼쪽에서 오른쪽으로 흘렀다. 그리고 그 밑에 insanely great!*라는 글씨가 우아한 필기체로, 마치 누군가가 천천히 쓰고 있는 듯이 나타났다. 장내는 쥐 죽은 듯 조용해졌다. 그리고 간간이 놀라움에 숨을 들이쉬는 소리가 들렸다. 이토록 근사한 장면은 그 누구도 본 적도, 상상한 적도 없었다. 이윽고 화면에는 다양한 서체와 문서와 차트와 그림과 체스 게임과 스프레드시트와, 머리 위에 매킨토시가 든 생각 풍선을 띄운 잡스의 사진이 차례로 나타났다. 그리고 5분 동안 갈채가 이어졌다.[110]

매킨토시의 출시에 맞춰 잊을 수 없는 한 편의 광고가 발표되었다. '1984'라는 제목의 광고는 젊은 여성이 권위주의적 경찰을 앞질러 달려와 화면을 향해 망치를 던져 빅브라더를 파괴하는 모습을 담았다. 잡스라는 모반자가 IBM이라는 거대 권력에 맞서는 모습이었다. 게다가 애플은 이제 경쟁 우위를 가지고 있었다. IBM과 그 운영 체제 공급업체 마이크로소프트가 여전히 무뚝뚝한 명령줄과 C:\> 프롬프트와 씨름하고 있을 때, 애플은 인간-기계 상호 작용의 거대한 도약으로서 그래픽 사용자 인터페이스를 완성하고 구현한 것이다.

윈도우

1980년대 초반, 매킨토시가 출시되기 전에 마이크로소프트와 애플의 관계는 우호적이었다. 1981년 8월에 IBM이 PC를 발표하던 날도 게이츠는 애플을 방문하여 잡스를 만나고 있었다. 당시 마이크로소프트의 매출은 대부분 애플 II용 소프트웨어가 차지하고 있었기 때문에, 게

* '미친 듯이 멋지다'라는 뜻—옮긴이.

이츠는 을의 위치로서 정기적으로 애플을 방문하곤 했다. 1981년 애플의 매출 규모는 3억 3,400만 달러, 마이크로소프트는 1,500만 달러였다. 잡스는 마이크로소프트에 당시 비밀 개발 프로젝트였던 매킨토시용 소프트웨어를 의뢰할 생각이었다. 1981년 8월, 잡스는 게이츠에게 계획을 털어놓았다.

게이츠는 매킨토시의 개념—단순한 그래픽 사용자 인터페이스를 장착한 저렴한 대중용 컴퓨터—이 "완전 멋있다"고 생각했다. 때문에 그도 마이크로소프트에서 응용 프로그램 소프트웨어를 개발하는 것에 적극 찬성했다. 게이츠는 잡스를 시애틀로 초청했다. 잡스는 마이크로소프트 개발자들을 대상으로 그다운 카리스마를 발휘하여 프레젠테이션을 했다. 그는 실리콘의 원료인 모래로부터 매뉴얼이 필요하지 않을 만큼 단순한 '정보 기기'를 대량으로 생산해내는 캘리포니아의 공장이라는 비전을 메타포라는 양념을 섞어 내보였다. 마이크로소프트의 개발자들은 프로젝트의 코드명을 '모래Sand'라 지었다. 심지어 이것을 약자로 삼아 거기에서 거꾸로 '스티브의 놀라운 새 기기Steve's Amazing New Device'라는 말까지 만들어냈다.[111]

잡스는 한 가지, 마이크로소프트가 그래픽 사용자 인터페이스를 모방할까 봐 우려했다. 그는 평균적인 소비자들이 무엇에 열광하는지에 대한 본능적인 감각의 소유자로서, 포인트-및-클릭이라는 데스크톱 메타포가 제대로 구현되기만 한다면 컴퓨터를 진정한 개인적인 장치로 만들 돌파구가 될 것을 알고 있었다. 1981년 아스펜에서 열린 한 디자인 컨퍼런스에서 그는 "데스크톱 위에 있는 서류처럼 사람들에게 이미 익숙한 메타포"를 사용하여 컴퓨터 화면이 얼마나 친근해질지에 대해 기염을 토한 바 있었다. 그 자신 제록스로부터 아이디어를 슬쩍했다는 사실을 고려하면 게이츠가 아이디어를 훔치지 않을까 하는 그의 우려에는 다소 아이러니한 면이 있다. 물론 잡스로서는 제록스의 아이디어를 유용하기 위한 적절한 거래를 체결했으며 아이디어를 개선하기까지 했으니 당당하지 않을 이유가 없었다.

때문에 잡스는 마이크로소프트와 계약을 맺을 때 애플이 그래픽 사용자 인터페이스 분야에서 최소 1년은 우위를 점할 수 있을 조항을 포함시켰다. 조항은 마이크로소프트가 특정 기간 동안 애플 외의 다른 회사를 위해 "마우스나 트랙볼을 사용"하거나 포인트-및-클릭 그래픽 인터페이스를 가지는 어떠한 소프트웨어도 개발하지 않을 것을 규정했다. 혹시나 일어날지 모를 불미스러운 사태에 대비해 만반의 대책을 강구했지만, 잡스는 이때 자신의 현실왜곡장에 스스로 빠지고 만다. 늦어도 1982년 말까지는 매킨토시를 출시하고자 하는 열망이 너무 큰 나머지 반드시 그러할 것이라고 믿어버린 잡스는 이 조항의 유효 기간을 1983년 말로 잡았다. 결과적으로 매킨토시는 1984년 1월이 되어서야 시장에 선보였다.

1981년 9월에 마이크로소프트는 비밀리에 새로운 운영 체제 개발에 착수한다. DOS를 대체하게 될 새 운영 체제는 창, 아이콘, 마우스, 포인터 등 데스크톱 메타포에 기반을 둔 것이었다. 마이크로소프트는 앨런 케이와 함께 제록스 알토용 그래픽 프로그램을 개발했던 제록스 PARC의 소프트웨어 엔지니어 찰스 시모니를 스카우트했다. 1982년 2월에 《시애틀 타임스》에 게이츠와 앨런의 사진이 실렸다. 예리한 독자들의 눈에는 인물 뒤편 화이트보드에 휘갈겨 쓴 '윈도우 관리자Window manager' 라는 글씨가 보였을 것이다. 그해 여름, 매킨토시의 출시일이 적어도 1983년 말로 미루어질 것을 서서히 깨닫게 된 잡스는 불안감에 사로잡히게 된다. 매킨토시 팀의 개발자이자 잡스의 가까운 친구인 앤디 허츠펠드가 마이크로소프트의 지인이 비트맵 구현 방식에 대해 상세한 질문을 하기 시작했다고 귀띔하자 불안이 커져갔다. "스티브에게 마이크로소프트가 맥 모조품을 만드는 것 같다고 말했다." 허츠펠드의 회상이다.[112]

잡스의 우려는 1983년 11월, 매킨토시 출시 두 달 전에 현실로 나타났다. 게이츠가 맨해튼의 팰리스 호텔에서 기자 회견을 열었다. 게이츠는 마이크로소프트에서 새 운영 체제를 준비 중이라고 발표했다. 그래픽 사용자 인터페이스를 채택했고, IBM PC와 호환 기종에서 사용될 것이었다. 새 운영 체제의 이름은 윈도우Windows였다.

계약 위반은 없었다. 애플과의 구속 협약은 1983년 말에 만료될 것이었고, 마이크로소프트는 그보다 훨씬 후에 윈도우를 내놓을 계획이었다. (결과적으로는 조잡하기 짝이 없는 버전 1.0을 완성하는 데도 어찌나 오래 걸렸는지, 윈도우는 1985년 11월이 되어서야 출시됐다.) 그럼에도 잡스는 노발대발했다. 보기 좋은 광경은 아니었다. "당장 게이츠 불러와." 잡스가 지시했다. 게이츠는 이에 응했지만 주눅 들지 않았다. "잡스는 나를 불러다놓고 있는 대로 성질을 냈다." 게이츠가 전한다. "나는 왕의 지시에 따르는 듯한 태세로 쿠퍼티노로 갔다. 그리고 그에게 말했다. '윈도우를 만들 겁니다. 그래픽 인터페이스에 회사의 사활을 걸어볼 겁니다.'" 어안이 벙벙해진 애플 직원들로 가득 찬 회의실에서 잡스는 소리쳤다. "우리를 벗겨먹었어! 당신을 믿었는데, 우리 걸 훔치고야 말았어!"[113] 게이츠는 잡스가 격앙된 모습을 보일수록 침착하고 차분해지는 경향이 있었다. 잡스의 장광설이 끝나자 게이츠는 잡스를 보며 특유의 높고 갈라지는 목소리로 말했다. 이 재기 넘치는 대답은 이후 인구에 즐겨 회자된다. "글쎄요, 스티브, 그건 어떻게 보느냐에 따라 다를 수 있다고 생각합니다. 내가 보기에는 우리의 부잣집 이웃인 제록스의 집에 텔레비전을 훔치려고 내가 몰래 침입했는데 알고 보니 당신이 먼저 훔쳐간 경우인 것 같은데요."[114]

잡스는 세상을 떠날 때까지 분노와 원망을 풀지 않았다. "그들은 우리를 완전히 벗겨먹었다. 게이츠에게 수치심 따위란 없었다." 30년 가까이 지난 뒤, 눈을 감기 얼마 전에도 그는 그렇게 말했다. 게이츠는 잡스의 말을 전해 듣고 이렇게 말했다. "진짜로 그렇게 생각한다면 그는 스스로의 현실왜곡장에 단단히 사로잡힌 게 틀림없다."[115]

법정에서는 게이츠의 손을 들어주었다. 연방항소법원에서는 이렇게 판결을 내렸다. "GUI는 보통 사람들이 애플 컴퓨터와 소통할 수 있도록 사용자 친화적인 방식으로 (중략) 창, 아이콘, 풀다운 메뉴와 이것들을 화면에서 조작하는 마우스라 불리는 소형 기기를 기반으로 하여 개발되었다." 하지만 "애플은 그래픽 사용자 인터페이스나 데스크톱 메타포라는 개념에 대해 특허와 유사한 보호 권리를 부여받을 수 없다." '룩 앤드 필' 혁신에 대해 보호를 받는 것은 불가능에 가까웠다.

법률적 내용을 떠나 잡스가 화를 낼 만도 했다. 혁신적, 창의적, 우아한 구동과 근사한 디자인은 모두 애플에 해당하는 수식어였던 반면, 겹쳐지지 않는 타일 방식의 창 인터페이스와 흡사 시베리아 지하 벌판에서 술에 취해 개발한 듯한 그래픽으로 이루어진 마이크로소프트의 GUI는 조잡하기 그지없었다.

그럼에도 윈도우가 야금야금 시장 지배력을 장악해갔다. 디자인이 아닌 사업 모델의 승리였다. 1990년 마이크로소프트 윈도우의 시장 점유율은 80퍼센트에 도달했고, 계속해서 상승세를 보여 2000년에는 95퍼센트를 달성한다. 잡스는 마이크로소프트의 성공이 미적 결함을 표상한다고 믿었다. 세상의 이치가 그렇듯. "마이크로소프트의 유일한 문제는 취향이, 취향이라는 것 자체가 없다는 것이다." 잡스는 훗날 말한다. "이건 사소한 문제가 아니다. 이건 그들이 독창적인 아이디어를 낼 줄도 모르고 제품에 문화를 담을 줄도 모른다는 의미에서 무척 심각한 문제다."[116]

마이크로소프트가 성공한 주된 원인은 하드웨어 제조사들에 자사의 운영 체제 사용권을 기꺼이 부여했다는 것이다. 이와 대조적으로 애플은 통합적인 전략을 선택했다. 애플의 하드웨어는 애플의 소프트웨어와 함께 제공되어야 했고, 애플의 소프트웨어는 애플의 하드웨어와 함께 제공되어야 했다. 예술가이자 완벽주의자였던 잡스는 자연히 사용자 경험을 처음부터 끝까지 제어하고자 한 통제광이기도 했다. 애플의 전략은 더욱 유려한 제품, 더욱 높은 수익, 더욱 숭고한 사용자 경험으로 이어졌다. 반면 마이크로소프트의 전략은 사용자들에게 광범위한 하드웨어 선택권을 부여하는 결과를 낳았다. 또한 시장 점유율을 높이는 측면에서 더 나은 전략인 것으로 판명됐다.

리처드 스톨먼, 리누스 토발즈, 그리고 오픈소스 자유 소프트웨어 운동*

1983년 후반, 잡스가 매킨토시 출시를 한창 준비 중이고 게이츠가 윈도우 개발을 발표하던 무렵, 소프트웨어 개발에 대한 색다른 접근 방식이 부상하고 있었다. 그 주역은 MIT 인공 지능 연구실 소속이자 TMRC의 회원이었던 골수분자 리처드 스톨먼이었다. 구약 성서에 등장하는 예언자 같은 외모로 진리에 골몰하던 해커 스톨먼은 마이크로소

*본문에서도 언급되듯, 자유/무료 소프트웨어 운동으로 번역될 수 있는 Free Software Movement는 '자유'를 염두에 두고 명명되었으나 종종 '무료'로 오해받는다. 이 책에서는 국내에서 굳어진 표현이자 스톨먼의 정신을 더욱 잘 드러내는 '자유 소프트웨어 운동'을 쓴다—옮긴이.

프트 BASIC의 사본을 복사하여 배포한 홈브루 컴퓨터 클럽의 회원들보다도 넘치는 도덕적 열의로 소프트웨어는 여러 사람의 협업을 통해 개발되고 무료로 공유되어야 한다고 믿었다.[117]

얼핏 보면 이것은 훌륭한 소프트웨어를 만들고자 하는 사람들에게 동기 부여가 되지 않는 방식으로 보인다. 무료로 공유하는 기쁨은 게이츠, 잡스, 브리클린에게 동기가 되지 못했다. 그러나 해커 문화 전반에 스며든 협업적이고 공동체적인 윤리 덕에 무료 오픈소스 소프트웨어 운동은 강력한 세력으로 결집될 수 있었다.

1953년에 태어난 리처드 스톨먼은 맨해튼에서 보낸 어린 시절 수학에 강한 흥미를 보였고, 미적분을 독학으로 정복했다. "수학과 시에는 공통점이 있다." 스톨먼이 훗날 말한다. "둘 다 진리에 기초한 관계와 진리에 기초한 단계, 진리에 기초한 연역으로부터 나온다." 그는 학교 친구들과 달리 경쟁을 혐오했다. 고등학교에서 선생님이 퀴즈 대회를 위해 반을 두 팀으로 나누었을 때도 스톨먼은 질문에 답하기를 거부했다. 그는 이렇게 설명한다. "나는 경쟁이라는 개념에 반대했다. 그때 나는 내가 조종당하고 있다는 것을 알았다. 친구들은 교묘한 조종에 넘어가고 있었다. 같은 팀도 상대 팀도 다 같은 친구들이었는데, 그럼에도 이들은 서로를 이기려 했다. 친구들은 나에게 우리 팀이 이겨야 하니 질문에 답을 하라고 강요했다. 그러나 나는 상대 팀보다 우리 팀을 선호하거나 하지 않았기 때문에 압력에 굴복하지 않았다."[118]

하버드에 진학한 스톨먼은 수학 천재들 사이에서도 전설적인 존재가 되었다. 여름 방학에는 MIT 인공 지능 연구실에서 일했고, 졸업 후에도 연구실 생활을 계속했다. 케임브리지에서 전철역 두 정거장 떨어진 곳에 있던 연구실에서 스톨먼은 TMRC의 선로 배치를 다듬었고, PDP-10에서 실행될 PDP-11 시뮬레이터를 작성했고, 협업적 문화에 마음이

사로잡혔다. "나는 전부터 존재해온 소프트웨어 공유 공동체의 일원이 되었다. 다른 대학이나 기업에서 특정 프로그램을 이식하거나 사용하고 싶다고 하면 우리는 기꺼이 그렇게 하도록 했다. 소스 코드 역시 언제나 공개할 준비가 되어 있었다."[119]

스톨먼은 훌륭한 해커가 그렇듯 규제와 잠긴 문에 저항했다. 그는 친구들과 함께 접근이 금지된 단말기가 비치된 연구실에 침입할 다양한 방도를 찾아냈는데, 가천장 사이를 기어가서 타일을 밀어내고 끝부분에 강력 접착테이프를 덕지덕지 붙인 기다란 자기 테이프를 떨어뜨려 문고리를 여는 것이 그의 장기였다. MIT에서 사용자 데이터베이스와 강력한 암호 시스템을 도입했을 때도 스톨먼은 이에 저항했으며 동료들에게도 저항하기를 촉구했다. "나는 그게 역겨운 일이라 생각했다. 그래서 양식을 작성하지도 않았고, 암호도 널NULL로 설정했다." 한번은 대학 본부에서 그의 파일 디렉토리를 삭제할 수도 있다고 교수가 경고하자 그는 일부 시스템 리소스가 자신의 디렉토리에 있기 때문에 유감스러운 일이 될 것이라 답했다.[120]

스톨먼에게는 안타까운 일이었지만, MIT의 해커 동지애는 1980년대 초부터 소멸되기 시작했다. 연구실에서는 독점적 소프트웨어 시스템을 갖춘 시분할 컴퓨터를 새로 구매했다. "실행 가능한 사본을 받으려 해도 기밀 유지 협약서에 서명해야 했다." 스톨먼은 애석해하며 회고한다. "이것은 컴퓨터를 사용하기 시작하는 첫 단계부터 이웃을 돕지 않겠다고 서약하라는 것이나 마찬가지였다. 즉, 협동을 기초로 하는 공동체가 금지된 것이다."[121]

많은 동료들이 저항하는 대신 영리 목적 소프트웨어 회사에 합류하는 길을 택했다. 그러한 회사 중에는 MIT 연구실에서 파생한 심볼릭스도 있었는데, 소프트웨어를 무료로 공유하지 않음으로써 큰돈을 벌고 있었다. 때때로 연구실에서 잠을 해결하고 중고품을 애용할 듯한 행색의 스톨먼은 금전적인 이득을 추구하는 심볼릭스의 동기를 괘씸해했고 그들을 배신자라 여겼다. 최후의 결정타는 제록스에서 기증한 새 레이저 프린터를 둘러싸고 발생했다. 스톨먼은 프린터에 인쇄지가 끼어 중단되는 경우 사용자들에게 이를 알릴 수 있도록 소프트웨어 핵을 도입하고자 했다. 담당자에게 프린터의 소스 코드를 알려달라고 하자 담당자는 기밀 유지 협약에 서명했다며 거절했다. 스톨먼은 도의적으로 참을 수 없다며 격분했다.

이런 일련의 사건들로 인해 스톨먼은 점점 더 우상 숭배를 꾸짖고 구약 성서 〈애가〉를 설파하던 선지자 예레미야 같은 면모를 갖추게 되었다. 스톨먼은 말한다. "나를 구약의 선지자에 비교하는 사람들이 있는데, 그 이유는 구약의 선지자들이 이러이런 사회적 관행이 잘못되었다고 말했기 때문이다. 그들은 도덕적 문제에 있어서 타협하지 않았다."[122] 스톨먼도 마찬가지였다. 독점적 소프트웨어는 "사람들이 소프트웨어를 공유하지 않겠다는 사실에 동의하게 하며, 이는 사회를 추하게 만들기" 때문에 "악"이었다. 그는 악의 세력에 저항하고 그들을 물리치기 위한 방법으로 자유 소프트웨어를 만들어야겠다고 결심했다.

1982년, 레이건 시대에 접어들어 사회에 만연하게 된 이기심 및 소프트웨어 기업가들에게 혐오감을 느낀 스톨먼은 완전히 비독점적인 무료 운영 체제를 만드는 작업에 착수한다. 그는 MIT에서 운영 체제에 어떠한 권리도 행사하지 못하도록 인공 지능 연구실을 그만두었다. 지도교수는 관대하게도 그가 연구실 열쇠를 반납하지 않고 설비를 마음껏 사용하도록 허용했다. 스톨먼은 유닉스UNIX와 비슷하면서 호환이 되는 운영 체제를 개발하기로 마음먹었다. 1971년 벨 연구소에서 개발한 유닉스는 대학 기관과 해커들이 가장 많이 사용하는 표준이었다. 스톨먼은 새 운영 체제에 코더 특유의 절묘한 익살을 발휘하여 GNU라는 재귀적 두문자어 이름을 붙였다. GNU는 'GNU는 유닉스가 아니다GNU's Not UNIX'의 약자였다.

홈브루 컴퓨터 클럽과《피플즈 컴퓨터 컴패니》에서 비롯된《닥터 돕스 저널》 1985년 3월 호에 스톨먼은 다음과 같은 선언문을 게재했다. "황금률*에 의거하면 좋아하는 프로그램이 있으면 그것을 좋아하는 다른 사람들과 공유해야 한다. 소프트웨어 판매자들은 각 사용자에게 다른 사용자와 공유하지 않겠다고 동의하도록 강요함으로써 사용자들을 가르고 사용자 위에 군림하려 한다. 나는 이런 식으로 사용자 간의 결속이 깨지는 것에 반대한다. (중략) GNU가 완성되면 모든 사람이 양질의 시스템 소프트웨어를 자유롭게 얻을 수 있을 것이다. 마치 공기처럼."[123]

스톨먼의 자유 소프트웨어 운동Free Software Movement이라는 명칭은 그 정신을 드러내기에 부족하다. 운동의 목표는 모든 소프트웨어가 무료로 배포되어야 한다는 것이 아니라 일체의 규제로부터 해방되어야 한다는 것을 주창하는 것이었다. "소프트웨어를 '자유'라 칭한 것은 사용자의 본질적인 자유가 존중되어야 함을 의미한 것이었다. 즉, 소프트웨어를 실행할 자유, 소프트웨어를 연구하고 변경할 자유, 변경을 가한 소프트웨어와 변경을 가하지 않은 소프트웨어를 재배포할 자유를 뜻했다." 이후 스톨먼은 그렇게 반복해서 설명해야 했다. "이는 가격의 문제가 아닌 자유 그 자체에 관한 것이다. 무료 맥주free beer가 아닌 언론의 자유free speech를 생각하면 된다."

스톨먼은 자유 소프트웨어 운동을 단순히 소프트웨어를 공동으로 개발하는 방식으로 보지 않았다. 그에게는 이 운동이 더 나은 사회를 만

*남에게 대접을 받고자 하는 대로 너희도 남을 대접하라. 신약 성서 누가복음 6장 31절—옮긴이.

들기 위한 도덕적 의무였다. 이 운동에서 주창하는 원칙들은 "개별 사용자만이 아닌 사회 전체를 위한 본질적 가치인데, 이는 공유와 협동이라는 사회적 결속을 증진하기 때문이다."[124]

스톨먼은 자신의 신념을 정식화하고 인증하기 위해 GNU 일반 공중 사용 허가서General Public License와 카피레프트copyleft라는 개념을 제시했다. 카피레프트는 스톨먼의 친구가 제안한 개념으로, 카피라이트copyright, 즉 저작권과 동전의 양면을 이룬다. 스톨먼은 일반 공중 사용 허가서가 본질적으로 "모든 사람에게 프로그램을 실행하고, 복사하고, 수정하고, 수정된 버전을 배포할 수 있는 권리를 부여하되, 자신만의 규제를 더할 수 있는 권리는 부여하지 않는다"고 설명한다.[125]

스톨먼은 GNU 운영 체제에 우선적으로 필요한 도구인 텍스트 편집기와 컴파일러 등을 직접 작성했다. 그런데 핵심 요소가 빠졌다는 것을 차츰 깨닫게 되었다. "커널은 어떻게 되고 있나?" 1986년에 《바이트》지 인터뷰에서 나온 질문이다. 커널은 운영 체제의 중심 모듈로서, 소프트웨어 프로그램의 요청을 처리하고 이런 요청을 컴퓨터의 중앙 처리 장치가 이해할 수 있는 명령으로 변환하는 역할을 한다. "컴파일러를 끝내고 커널에 착수할 예정이다." 스톨먼은 그렇게 답했다. "파일 시스템도 다시 작성해야 한다."[126]

스톨먼은 여러 가지 이유로 GNU의 커널을 완성하는 데 어려움을 겪었다. 그러다 1991년에 스톨먼도, 그가 설립한 프리소프트웨어 재단도 아닌 예상치 못한 곳에서 도움을 받는다. 모국어가 스웨덴어이고 커다란 앞니가 인상적인 핀란드인, 헬싱키 대학교에 재학 중이던 스물한 살의 앳된 리누스 토발즈다.

리누스 토발즈의 아버지는 공산당원이자 방송 기자였고, 학생 시절 운동권이었던 어머니는 신문 기자였다. 헬싱키에서 유년 시절을 보낸 토발즈는 부모님과 달리 정치보다는 테크놀로지에 더 흥미를 보였다.[127] 그는 자신이 "수학을 잘했고, 물리를 잘했고, 사교적 자질이라고는 조금도 찾아볼 수 없었다"고 한다. "너드 같다는 게 좋은 의미로 사용되기 전의 일이었다."[128] 더구나 미국이 아닌 핀란드였다.

열한 살 때 통계학 교수인 조부가 코모도어 Vic 20를 선물로 주었다. 초창기의 개인용 컴퓨터였다. 토발즈는 BASIC으로 프로그램을 만들기 시작했는데, "사라가 최고야"라는 문장을 끊임없이 반복해서 출력하는 프로그램을 작성하여 여동생을 기쁘게 해주기도 했다. "가장 재미있었던 건 독자적인 규칙으로 자신만의 세계를 만들 수 있다는 점에서 컴퓨터가 수학과 같다는 사실을 깨닫는 것이었다." 토발즈가 전한다.

농구를 배우라는 아버지의 권고도 무시하고, 토발즈는 기계어로 프로그램을 작성하는 법을 파고들기 시작했다. 컴퓨터의 중앙 처리 장치에서 바로 실행되는 산술적 명령을 작성하다 보면 "기계와 매우 친밀해지는" 기분 좋은 느낌을 받았다. 토발즈는 훗날 이렇게 기초적인 수준의 장치로 어셈블리어와 기계어를 익힌 것이 다행이었다고 말한다. "지금처럼 발달하지 않은 옛날의 컴퓨터가 꼬맹이 너드들이 내부를 살펴보며 마음껏 가지고 놀기에 더 좋았다."[129] 컴퓨터는 진화를 거듭함에 따라 차량 엔진처럼 분해와 조립이 힘들어졌다.

1988년에 헬싱키 대학교에 진학했고, 핀란드 육군에서 1년간 복무한 뒤 제대한 다음에 인텔 386 프로세서가 탑재된 IBM 호환 기종 컴퓨터를 구입했다. 마이크로소프트 MS-DOS 운영 체제에 만족하지 못한 토발즈는 학교의 메인프레임에서 만져보다 익숙해진 유닉스를 설치하려고 마음먹었다. 단, 유닉스는 한 카피당 가격이 5,000달러나 됐고, 개인용 컴퓨터에서 실행할 수 있도록 구성되어 있지도 않았다. 토발즈는 이를 해결하기 위해 팔을 걷어붙였다.

토발즈는 먼저 암스테르담의 컴퓨터공학 교수 앤드루 태넌바움이 저술한 운영 체제 관련 서적을 탐독했다. 태넌바움은 교육용으로 유닉스의 축소판인 미닉스MINIX를 개발한 인물이다. 새로운 PC에서 MS-DOS를 걷어내고 대신 미닉스를 얹겠다고 마음먹은 토발즈는 169달러의 라이선스 비용을 지불하고("터무니없는 가격이라고 생각했다") 플로피 디스크 16개로 설치를 진행한 다음 입맛에 맞게 미닉스를 수정하고 보완했다.

맨 처음 추가한 것은 학교 메인프레임에 접속하기 위해 만든 단말 에뮬레이터였다. 어셈블리어로 "하드웨어 수준에서 생으로" 아무것도 없는 상태에서 시작해서 프로그램을 만들었기 때문에 미닉스에 의존하지 않아도 되었다. 1991년 늦은 봄, 동면에서 깨어난 태양이 다시 나타났을 때도 그는 코딩에만 매달렸다. 자신만 빼고 모두 다 야외로 나가는 것 같았다. "나는 대부분의 시간을 목욕 가운을 입고 검은색 블라인드로 햇빛을 가린 채 흉물스러운 내 컴퓨터 앞에 앉아 있었다."

기초적인 단말 에뮬레이터로 메인프레임에 접속이 가능하게 된 다음, 파일을 올리고 내려받기 위해 디스크 드라이버와 파일 시스템 드라이버를 만들었다. "이걸 끝내놓고 보니 하나의 운영 체제가 만들어지고 있다는 것을 알 수 있었다." 토발즈의 회상이다. 다시 말하면, 유사 유닉스 운영 체제에서 커널로 작동할 수 있는 소프트웨어 패키지를 만들고 있었던 것이다. "낡아빠진 가운을 입고 단말 에뮬레이터로 이런저런 기능을 하염없이 추가했는데, 그러는 과정에서 엄청나게 많은 기능이 추가되어 어느 순간 새로운 운영 체제로 변모해버렸다." 그는 유닉스에서 열기와 닫기, 읽기와 쓰기 등 기초적인 작업을 수행하라고 컴퓨터에 지시하기 위해 사용하는 수백 개의 '시스템 콜'을 파악한 다음에 이를 자신만의 방식으로 구현하기 위한 프로그램을 만들었다. 어머니와 여동생 사라와 함께 살고 있던 터라 여동생과 종종 싸우기도 했다. 리누스가 모뎀으로 전화선을 독차지했기 때문이다. 리누스와 달리 정상적인 사회생활을 영위하던 사라는 이렇게 불평했다. "아무도 우리에게 전화를 걸 수 없었다."[130]

처음에 토발즈는 자신이 만든 소프트웨어에 프리free와 프리크freaks와 유닉스를 연상시키는 프릭스Freax라는 이름을 붙이려고 했다. 그런데 토발즈가 사용하던 FTP 사이트의 운영자가 그 이름을 좋아하지 않아서, 차선으로 리눅스Linux라 이름 붙였다. 토발즈는 리눅스를 자신의 이름과 비슷하게 '리눅스'라고 발음했다.*[131] 토발즈는 "지나치게 자기중심적인 것 같아서 원래 그 이름은 쓰지 않으려고 했다"고 한다. 그러다 나중에는 몇 년씩이나 방 안에 틀어박혀서 너드로 살다가 인정을 받게 되니 기분이 나쁘지 않았다며, 리눅스라는 이름을 선택하길 잘했다고 말한다.[132]

1991년 초가을, 헬싱키의 태양이 다시 사라지기 시작할 무렵, 토발즈는 총 10만 줄**의 코드로 구성된 시스템의 뼈대를 완성했다. 그는 프로그램으로 돈을 벌려고 하는 대신 누구나 사용할 수 있도록 공개했다. 당시 전 세계를 돌며 자유 소프트웨어 교리를 설파하던 스톨먼의 강의를 얼마 전에 친구와 함께 들은 적이 있었다. 토발즈는 스톨먼의 교리를 종교적으로 받아들이거나 하지는 않았다. "그때까지는 그게 내 인생

*영어 및 유럽어권에서는 Linux를 어떻게 발음해야 하느냐를 둘러싼 논쟁이 심심찮게 벌어진다—옮긴이.

**2009년 GNU/Linux의 Debian 버전 5.0은 3억 2,400만 줄의 코드로 구성되었다. 어느 연구에서는 이 규모의 소프트웨어를 종래의 방식으로 개발하려면 80억 달러의 비용이 들 것으로 추정한다(http://gsyc.es/~frivas/paper.pdf).

에 그닥 커다란 영향을 주지 못했다. 나는 정치보다는 테크놀로지에 관심이 있었다. 정치 이야기는 집에서 귀에 못이 박히게 듣고 있었으니까."[133] 하지만 그 개방적인 접근 방식의 실용적 이점에는 동의했다. 토발즈가 사용자들이 리눅스 개선에 참여하면 좋겠다는 생각으로 리눅스를 자유롭게/무료로 공유한 것은 철학적이기보다는 본능적인 선택이었다.

토발즈는 1991년 10월 5일에 미닉스 토론 뉴스그룹에 다음과 같이 대담무쌍한 글을 올렸다. "사람들이 스스로 장치 드라이버를 만들던 미닉스-1.1의 그 아름다운 시절이 그리우십니까? 저는 지금 AT-386 컴퓨터에서 사용될 무료 버전의 미닉스 비슷한 프로그램을 만들고 있습니다. 이제 실제 사용이 가능한 단계에 와 있는데(물론 어떻게 사용할지에 따라 다르겠지만), 많은 사람이 사용할 수 있도록 소스를 공개하고자 합니다."[134]

"그 글을 올린 건 그리 대단한 결정은 아니었다. 그건 그냥 내가 익숙해 있던 프로그램 교환 방식일 뿐이었다." 토발즈가 전한다. 컴퓨터 세계에는 셰어웨어라는 강력한 문화가 있었는데(지금도 있다), 사용자들은 셰어웨어 프로그램을 다운로드하고 개발자에게 자발적으로 몇 달러씩 송금했다. "사용자들은 30달러쯤 송금하겠다는 이메일을 보내오곤 했다." 토발즈는 학자금 대출이 5,000달러 있었고, 컴퓨터 할부금으로 다달이 50달러씩 지불하고 있었음에도 사용자들에게 기부금을 요청하는 대신 엽서를 보내달라고 했다. 곧 리눅스 사용자들이 보내온 엽서가 전 세계에서 날아들었다. "보통 사라가 우편물을 챙겼는데, 자신과 허구한 날 싸움박질만 하던 오빠가 이역만리의 친구들로부터 편지를 받는다는 사실에 감동을 받곤 했다. 하루 종일 전화선을 독점하더니 무언가 유용한 일을 하고 있었던 거라고 사라가 인정해준 것은 그때가 처음이었다." 토발즈의 회상이다.

토발즈가 기부금을 받지 않기로 한 데에는 여러 가지 이유가 있었지만, 훗날 설명하듯 가풍을 따르고자 한 것도 그중 하나였다.

> 나는 수 세기 동안 타인들이 이룩해놓은 기초를 바탕으로 발전시켜온 과학자들과 학자들의 발자취를 나 역시 따라가고 있는 거라 생각했다. (중략) 그리고 사람들의 피드백(칭찬이라고 해도 좋겠다)을 받고 싶기도 했다. 내 작업을 개선시켜줄 가능성이 있는 사람들에게 돈을 받는 건 말이 되지 않는다고 생각했다. 내가 핀란드에서 자라지 않았다면 다른 방식으로 접근했을 수도 있다고 생각한다. 핀란드에서는 누군가 아주 조금이라도 욕심을 부리면 시기를 받거나 최소한 의심스러운 눈길을 받는다. 그리고 무엇보다도 뼛속까지 학자였던 할아버지와 골수 공산당원인 아버지의 영향을 받지 않았더라면 그런 방식은 생각해내지도 못했으리라 확신한다.

"욕심은 나쁜 것이다." 토발즈는 단언한다. 그는 그러한 접근 방식으로 민중의 영웅이 되어, 각종 컨퍼런스에서 존경의 눈빛을 받고 게이츠의 대척점에 서 있는 인물로 잡지 표지에 실리기도 했다. 또한 매력적이게도 자신에게 쏟아지는 찬사를 기꺼이 즐기고 있다는 것과 자신을 칭송하는 사람들이 생각하는 것보다 더 자기애로 충만하다는 사실을 인정할 줄 알았다. "언론에서는 나를 두고 사심 없이 자신을 낮추는 테크놀로지의 총아라고 사람들을 호도하는데, 나는 그런 사람이 아니다."[135]

토발즈는 GNU 일반 공중 사용 허가서를 사용하기로 하는데, 그렇게 결심하게 된 이유는 스톨먼의 자유 공유 이데올로기에 동의했기 때문이 아니라(같은 맥락에서 부모님의 사상에도 동의하지 않았다) 전 세계 해커들에게 소스 코드를 공개하면 공동 작업을 통해 진정으로 멋진 소프트웨어가 탄생할 것이라 생각했기 때문이다. "내가 리눅스를 공개하게 된 것은 무척 이기적인 이유 때문이었다." 토발즈가 전한다. "리눅스 운영 체제 중에서 마음에 들지 않는 부분들을 혼자서 끙끙대며 고치고 싶지 않았다. 도움이 필요했던 거다."[136]

그의 직감은 옳았다. 리눅스 커널의 공개는 쓰나미와 같은 자발적인 개인 간peer-to-peer 협업의 물결을 일으켰으며, 이는 디지털 시대의 혁신이 동력이 된 공동 개발의 모델이 되었다.[137] 리눅스가 공개된 지 1년이 지난 1992년 가을, 인터넷상의 리눅스 뉴스그룹은 수없이 많은 사용자들로 이루어진 공동체로 성장했다. 협력자들은 윈도우 같은 그래픽 인터페이스와 컴퓨터 네트워킹을 용이하게 해줄 도구를 사심 없이 추가했다. 버그가 발견되면 누군가 자발적으로 나서서 수정했다. 오픈소스 소프트웨어 운동의 중요한 이론가 에릭 레이먼드는 그의 저서 『성당과 시장The Cathedral and the Bazaar』에서 다음과 같은 법칙을 제시하며 이를 '리누스의 법칙'이라 부른다. "눈알이 많을수록 버그를 잡기 쉬워진다."[138]

개인 간 공유 문화와 공유지 기반 협업의 문화는 새로운 것이 아니다. 인간은 물론, 일부 다른 종의 구성원들이 왜 이타적 방식으로 협력하는지를 연구하는 진화생물학 분야도 있다. 모든 종류의 사회에서 찾아볼 수 있는 자발적 연대 형성의 전통은 특히 초기 미국에서 자주 볼 수 있는데, 누비이불을 만드는 여성들의 퀼트 모임에서 농촌의 헛간 품앗이 건설에 이르는 다양한 분야에서 협력이 이루어졌다. 알렉시 드 토크빌은 이렇게 말한다. "결사의 원칙이 미국만큼 성공적으로 사용되었으며 다양한 분야에서 아낌없이 적용된 국가는 세계 어디서도 찾아볼 수 없다."[139] 벤저민 프랭클린은 『자서전Autobiography』에서 "공공의 선을 위해 아낌없이 쏟아붓는 행위는 성스럽다"는 좌우명과 함께 시민 강령을 주창하며 병원, 민병대, 환경 미화 단체, 소방대, 도서관, 야간 순찰반 등 공동체 활동을 위해 자발적 결속체를 형성하는 법을 설명했다.

GNU와 리눅스를 중심으로 성장한 해커 부대는 금전적 보상이 아닌 정서적 보상으로도 자발적 협동을 위한 동기 부여가 가능하다는 사실을 보여주었다. "돈이 가장 큰 동기는 아니다." 토발즈가 전한다. "사람들은 열정으로 가득할 때 최고의 결과를 내곤 한다. 단지 즐겁기 때문에 그 일을 할 때 말이다. 극작가와 조각가와 기업가가 그런 것처럼 소프트웨어 엔지니어들도 마찬가지다." 여기에는 의도했든 의도하지 않았든 모종의 사리가 관여되기도 한다. "대부분의 해커들은 내실 있는 기여를 했을 때 동료들로부터 얻게 되는 선망의 눈빛을 통해서도 커다란 동기 부여를 받는다. (중략) 누구나 동료들을 놀라게 하고, 자신의 명성을 높이고, 사회적 지위를 격상시키고 싶어 한다. 오픈소스 개발이라는 문화가 프로그래머들에게 그것을 성취할 기회를 주었다."

게이츠는 '호비스트들에게 띄우는 공개편지'를 통해 마이크로소프트 BASIC의 무단 공유를 지탄했고, "전문적인 작업을 보상 없이 할 수 있는 사람이 어디 있겠습니까?"라는 비난조의 질문을 던졌다. 토발즈로서는 게이츠가 이해되지 않았다. 둘은 공산주의적 색채가 가미된 급진적인 분위기의 헬싱키 대학교와 시애틀의 엘리트 기업이라는, 달라도 너무 다른 문화 속에서 살고 있었다. 게이츠는 부자가 되었을지 모르지만, 토발즈는 반체제적 칭송을 독차지했다. "기자들은 게이츠가 최첨단 호숫가 저택에서 사는 데 비해 나는 별 볼 일 없는 샌타클래라에서 배관 시설이 엉망인 방 세 개짜리 목장 주택에 살며 딸아이의 장난감을 치울 공간이 없어 난감해한다는 사실을 무척 좋아하는 것 같았다." 토발즈는 자신의 처지를 그대로 드러내면서 아이러니하게 말한다. "그리고 후진

폰티악을 몬다는 것도. 전화를 직접 받는다는 것도 말이다. 대체 누가 날 좋아하지 않겠는가?"

토발즈는 분권화된 대규모 탈위계적 협업 체계를 이끄는 리더에게 필요한 디지털 시대의 기술을 터득하는 데 성공했다. 비슷한 시기에 비슷한 역할을 맡은 인물로 위키피디아의 지미 웨일즈가 있다. 이 역할에 필요한 첫 번째 규칙은 개인적 요인이 아닌 기술적 능력으로 엔지니어다운 결정을 내려야 한다는 것이다. 토발즈는 이렇게 설명한다. "사람들에게 신뢰를 주기 위한 방안이었다. 사람들은 자신이 신뢰하는 사람의 조언을 따르기 마련이다." 또 자발적 협력체의 리더는 타인에게 지시를 하기보단 그들이 자신의 열정을 따르도록 장려할 줄 알아야 한다. "리더가 가져야 할 가장 효율적이고도 훌륭한 자질은 사람들이 누군가 시켜서 일하지 않고 스스로 원해서 하게 만드는 것이다." 이런 리더는 무리가 스스로 조직화할 수 있도록 권한을 부여할 줄도 안다. 이것이 제대로 되는 경우에는 합의에 의한 거버넌스 구조가 자연스럽게 모습을 드러내게 된다. 리눅스와 위키피디아가 그 예다. 토발즈는 이렇게 말한다. "아주 많은 사람들이 오픈소스 모델이 실제로 문제없이 작동한다는 사실에 놀라움을 감추지 못했다. 하지만 이 모델에서는 사람들이 누가 열심히 일하고 있고 누구를 신뢰할 수 있는지 그냥 안다. 그리고 모델은 그런 식으로 작동한다. 투표도, 명령도, 자세한 설명도 필요 없이."[140]

GNU와 리눅스의 결합은 적어도 그 개념에 있어서 리처드 스톨먼이 이끈 운동의 승리를 표상한다. 하지만 도덕적 선지자들은 승리를 자축하는 데 시간을 허비하지 않는다. 스톨먼은 순수주의자였지만, 토발즈는 아니었다. 토발즈가 배포한 리눅스 커널에는 독점적인 기능을 포함하는 바이너리 영역이 일부 존재했다. 그 정도는 간단히 해결될 수 있었다. 실제로 스톨먼의 프리소프트웨어 재단에서는 완전히 비독점적인 무료 버전을 만들어서 배포했다. 그러나 스톨먼이 보기에 그보다 더 심오하고 정서적인 문제가 있었다. 그는 대부분의 사람들이 그러는 것처럼 이 운영 체제를 '리눅스'라 부르는 것은 옳지 않다고 불평하곤 했다. 리눅스는 커널의 이름이므로, 시스템 전체를 언급할 때는 GNU/리눅스라 불러야 한다고, 어떤 때는 화까지 내면서 주장했다. 한 소프트웨어 엑스포 행사에 참석한 사람이 잔뜩 긴장한 열네 살짜리 소년이 리눅스에 대해 물었을 때 스톨먼이 어떤 반응을 보였는지에 대해 말한다. "당신은 소년을 맹비난하며 신종 개자식이라고 욕했다. 소년은 크게 낙담했고, 당신과 우리의 이상에 대한 그의 헌신은 산산조각이 났다." 훗날 그는 스톨먼에게 비난조로 말했다.[141]

스톨먼은 또한 궁극적인 목표는 자유 소프트웨어를 만드는 것이 되어야 한다고 주장했다. 스톨먼이 고안해낸 자유 소프트웨어라는 문구에는 소프트웨어는 공유돼야 한다는 도덕적 원칙이 반영되어 있다. 때문에 그는 토발즈와 에릭 레이먼드가 사용하기 시작한 오픈소스 소프트웨어라는 문구에 반대했다. 이 문구는 더욱 효율적인 방식으로 소프트웨어를 만들기 위해 사람들의 협업을 장려하는 실용적인 목표를 강조한다. 현실적으로 대부분의 자유 소프트웨어는 동시에 오픈소스 소프트웨어이고, 그 반대도 성립한다. 이는 주로 '오픈소스 자유 소프트웨어free and open-source software'라는 문구로 통칭된다. 하지만 스톨먼에게는 소프트웨어를 만드는 방식뿐 아니라 소프트웨어를 만드는 동기 또한 마찬가지로 중요했다. 그렇지 않고서는 그의 운동이 타협과 변질이라는 덫에 걸릴 수 있었다.

실체 없이 거듭된 논쟁은 어떤 면에서는 이데올로기 싸움으로까지 발전했다. 도덕적 투명성과 완고한 기세에 사로잡힌 스톨먼은 "오늘날 이상주의를 주창하는 사람들은 커다란 장벽에 맞서게 된다. 지배적 이데올로기로 인해 사람들은 이상주의를 '비현실적'인 것이라고 일축한다"며 한탄한다.[142] 반면 토발즈는 엔지니어다운 면모를 유감없이 발휘하며 뻔뻔하게 실용주의를 주창한다. "나는 실용주의자들을 이끌어왔다. 나는 언제나 이상주의적인 사람들은 흥미롭긴 하지만 재미없고 무섭다고 생각했다."[143]

자신이 스톨먼의 "엄청난 팬은 아니다"라고 인정한 토발즈는 다음과 같이 설명한다. "나는 하나의 쟁점만 물고 늘어지는 사람들을 좋아하지 않을뿐더러, 세상을 흑백으로 가르는 사람들이 좋은 사람이라고도, 궁극적으로 도움이 된다고도 생각하지 않는다. 문제에 딱 두 가지 측면만 있는 경우는 없다. 언제나 일련의 광범위한 반응이 존재할 수 있는 것이다. 중요한 문제에 있어서는 '경우에 따라 다르다'는 것이 거의 항상 정답이라고 생각한다."[144] 그는 또 오픈소스 소프트웨어로 돈을 버는 것이 허용되어야 한다고 믿었다. "오픈소스는 모든 사람들이 일조할 수 있게 하는 데 의미가 있다. 그런데 왜 이 사회의 기술적 발전의 동력으로 작용하고 있는 비즈니스가 거기서 제외되어야 하는가?"[145] 소프트웨어는 자유롭고자/무료이고자 할 수 있으나, 소프트웨어를 만드는 사람들은 자식들을 먹여 살리고 투자자들에게 보상을 하고자 할지 모른다.

이런 논쟁 때문에 스톨먼과 토발즈와 수천 명의 협력자들이 일구어낸 위대한 성과가 간과되어서는 안 될 것이다. GNU와 리눅스의 결합으로 수많은 하드웨어 플랫폼에 이식되게 될 운영 체제가 탄생했다. 전 세계 상위 10개의 대형 슈퍼컴퓨터에서부터 휴대 전화 임베디드 시스템에 이르기까지, 그보다 더 많이 사용된 운영 체제는 존재하지 않는다. 에릭 레이먼드는 이렇게 쓴다. "리눅스는 전복적이다. 지구상에 흩어져 있는 수천, 수만 명의 개발자들이 빈약한 인터넷 선만으로 연결되어 파트타임 해킹을 즐긴 결과가 마법처럼 합쳐져서 세계적인 수준의 운영 체제가 탄생할 것이라고 그 누가 상상이나 했겠는가?"[146] 이런 실천은 위대한 운영 체제의 탄생에 만족하지 않고, '공유지 기반 동료 생산 commons-based peer production'이라는 모델로 발전하여 다른 영역에까지 영향을 미친다. 모질라의 파이어폭스 브라우저와 위키피디아의 집단 지성이 그 결과다.

1990년대는 다양한 소프트웨어 개발 모델이 선보인 시기였다. 하드웨어와 운영 체제 소프트웨어가 빈틈없이 통합된 애플의 방식으로부터 매킨토시와 아이폰을 비롯해 '아이'로 시작하는 수많은 제품이 탄생했다. 사용자들은 이를 통해 원활한 사용자 환경을 경험할 수 있었다. 또 운영 체제와 하드웨어가 통합되지 않은 마이크로소프트의 방식이 있었다. 여기에서는 사용자들이 다양한 선택을 할 수 있었다. 이에 더해 누구나 수정할 수 있도록 소프트웨어가 완전히 해방된 오픈소스 무료 소프트웨어 방식이 있었다. 각각의 모델에는 나름의 장점이 있었고, 창조성을 견인하는 동기 부여책이 있었고, 중심이 되는 선지자와 제자들이 있었다. 그러나 가장 효과적인 방식은 개방성과 폐쇄성, 통합과 분리, 독점과 무료의 다양한 조합과 함께 세 모델이 공존하는 것이었다. 그 결과 윈도우와 맥, 유닉스와 리눅스, iOS와 안드로이드가 탄생했다. 이후 20여 년간 다양한 방식이 경쟁과 채찍질을 거듭하면서 어느 한 모델이 지배적인 위치를 독점함으로써 혁신을 저해하지 않도록 견제를 게을리하지 않았다.

브랜드의 선상 가옥에서 래리 브릴리언트(1944~)와 스튜어트 브랜드, 2010년.

윌리엄 폰 마이스터(1942~1995).

스티브 케이스(1958~).

10

…

온라인

인터넷과 개인용 컴퓨터는 둘 다 1970년대에 태어났지만 각자 따로 성장했다. 이것은 이상한 일인데, 이 둘이 각자 별도의 경로로 10년 이상 계속 발전한 것을 보면 더욱 이상해 보인다. 그렇게 된 이유 가운데 하나는 네트워크 연결의 기쁨을 반기는 사람과 자신의 개인용 컴퓨터를 가지는 것에 짜릿함을 맛보는 사람들 사이에는 심리적 태도에 차이가 있었다는 것이다. 개인용 컴퓨터의 초기 팬들 다수는 가상 공동체를 형성하는 것을 사랑한 커뮤니티 메모리 프로젝트의 몽상가들과는 달리, 적어도 처음에는 자신의 기계를 가지고 혼자 마음대로 놀고 싶어 했다.

또 개인용 컴퓨터는 네트워크의 발전과는 단절된 상태에서 생겨났다는, 눈에 더 잘 보이는 이유도 있었다. 1970년대의 ARPANET은 보통 사람들에게는 개방되지 않았다. 1981년 위스콘신 대학의 로런스 랜드웨버는 ARPANET에 연결되어 있지 않은 대학들의 컨소시엄을 만들어 TCP/IP 프로토콜에 기반을 둔 다른 네트워크를 만들었고, 이것은 CSNET이라는 이름을 갖게 되었다. "당시에는 네트워크를 미국 컴퓨터 연구 공동체 가운데 극소수만 이용할 수 있었다." 랜드웨버는 그렇게 말한다.[1] CSNET은 '미국 과학 재단National Science Foundation'의 자금 지원을 받는 네트워크인 NSFNET의 전신이다. 그러나 1980년대 초, 이 네트워크들이 모두 인터넷으로 엮인 뒤에도 집에서 개인용 컴퓨터를 쓰는 보통 사람은 접근하기 어려웠다. 접속을 하려면 대개 대학이나 연구소에 가입되어 있어야 했다.

그래서 1970년대 초부터 시작해 거의 15년 동안 인터넷의 성장과 가정용 컴퓨터 붐은 평행선을 그렸다. 이 둘은 1980년대 후반에야 만나게 되었으며, 이때부터 보통 사람들이 집이나 사무실에서 전화를 걸어 온라인에 접속하는 것이 가능해졌다. 이로써 디지털 혁명의 새로운 단계, 컴퓨터가 개인의 창조성과 더불어 협업을 위한 도구가 되어 인간 지능을 확대할 것이라는 부시, 리클라이더, 엥겔바트의 비전이 실현되는 단계가 시작되었다.

이메일과 게시판

"거리는 물건에서 그 나름의 용도를 찾아낸다." 윌리엄 깁슨은 1982년 사이버펑크 소설 「불타는 크롬Burning Chrome」에서 그렇게 썼다. 그런 식으로 연구자들은 ARPANET에 접속하여 그들 나름의 용도를 찾아냈다. ARPANET은 원래 컴퓨터 자원을 시분할 방식으로 이용하기 위한 네트워크였다. 그러나 그 면에서는 약간 실패한 작품이었다. 대신 ARPANET은 수많은 테크놀로지와 마찬가지로 소통과 사회적 네트워크 연결의 매체가 됨으로써 큰 성공을 거두었다. 디지털 시대의 한 가지 중요한 진실은 소통하고, 연결하고, 협업하고, 공동체를 형성하고자 하는 욕망에서 킬러 앱이 탄생하는 경향이 있다는 것이다. 1972년에 ARPANET은 첫 킬러 앱을 만들어냈다. 바로 이메일이다.

전자우편은 동일한 시분할 컴퓨터를 이용하는 연구자들 사이에서 이미 사용되고 있었다. 대형 중앙 컴퓨터의 사용자는 SNDMSG라는 프로그램을 이용하여 동일한 공유 컴퓨터를 사용하는 다른 사용자의 개인 폴더에 메시지를 보낼 수 있었다. 1971년 BBN에서 일하던 MIT 엔지니어 레이 톰린슨은 다른 메인프레임에 있는 폴더에도 메시지를 보낼 수 있는 끝내주는 프로그램을 만들어냈다. ARPANET상에 존재하는 멀리 떨어진 컴퓨터 사이에 파일을 교환할 수 있는 CPYNET이라는 실험적인 파일 전송 프로그램과 SNDMSG를 결합한 것이다. 그리고 거기에 훨씬 독창적인 생각을 보탰다. 메시지가 다른 장소에 있는 사용자의 파일 폴더로 가도록 지시하기 위해 키보드에 있는 @ 기호를 이용하여 지금 우리가 사용하는 username@hostname이라는 주소 체계를 만든 것이다. 이렇게 해서 톰린슨은 이메일만이 아니라 연결되어 있는 세계를 상징하는 기호도 만들어냈다.[2]

ARPANET을 통해 연구자들은 다른 곳의 컴퓨팅 자원을 활용할 수 있게 되었지만, 그런 용도로는 거의 사용되지 않았다. 대신 이메일이 협업의 주요한 방법이 되었다. ARPA의 책임자 스티븐 루카시크는 최초의 이메일 중독자로 꼽힐 만한 인물이었는데, 그와 상대해야 하는 모든 연구자들도 그를 따라 하게 되었다. 그가 의뢰한 1973년의 한 연구에서는 발명된 지 2년이 채 되지 않은 이메일이 ARPANET의 트래픽 75퍼센트를 차지한다는 사실을 보였다. "ARPANET 프로그램의 가장 놀라운 점 한 가지는 네트워크 메일이 믿을 수 없을 만큼 인기를 끌고 성공을 거두었다는 것이다." 몇 년 뒤 BBN은 그렇게 보도했다. 그러나 놀랄 일이 아니었다. 사회적으로 네트워크를 연결하고자 하는 욕망은 혁신의 동력이 될 뿐 아니라 혁신을 채택하여 활용하기 때문이다.

이메일은 두 명의 컴퓨터 사용자 사이의 메시지 교환을 돕는 것 이상의 일을 했다. 1968년 리클라이더와 테일러가 예언한 대로 "우연히 가까이 존재한다는 사실보다는 관심이나 목표의 공통성을 기준으로 선정"할 수 있는 가상 공동체를 창조한 것이다.

최초의 가상 공동체는 자진해서 참여한 대규모 구독자 그룹에게 배포되는 이메일 사슬에서 시작되었다. 이것은 메일링 리스트라 불리게 된다. 최초의 주요 리스트는 1975년에 만들어진 공상과학소설 팬들을 위한 'SF-Lovers'였다. ARPA의 관리자들은 처음에는 군사비로 과학소설 가상 놀이터나 지원한다고 못마땅하게 생각할 상원의원이 있을지도 모른다는 걱정에 그것을 차단하려 했으나, 그룹의 관리자들은 이것이 대규모 정보 교환이라는 쉽지 않은 일을 처리하는 귀중한 훈련이 될 수 있다고 설득하는 데 성공했다.

곧 온라인 공동체를 만드는 다른 방법들이 나타났다. 일부는 인터넷의 백본을 이용했고, 일부는 급하게 만들어졌다. 1978년 2월 '시카고 지역 컴퓨터 호비스트 교류회' 회원 워드 크리스텐센과 랜디 수에스는 엄청난 블리자드 때문에 눈에 갇혀 밖으로 나가지 못했다. 그들은 갇혀 있던 시간 동안 최초의 컴퓨터 '게시판 시스템'을 개발하여, 해커와 호비스트와 자칭 '시삽sysop'(시스템 오퍼레이터)들이 온라인 포럼을 만들어 파일과 해적판 소프트웨어와 정보와 게시글을 올릴 수 있게 했다. 온라인에 접속할 방법이 있다면 누구나 가입할 수 있었다. 이듬해 아직 인터넷에 연결되지 않았던 듀크 대학과 노스캐롤라이나 대학의 학생들은 개인용 컴퓨터를 호스트로 메시지와 답글이 스레드로 이어지는 토론 포럼 시스템을 개발했다. 시스템은 '유즈넷Usenet'이라 불렸고, 유즈넷에 게재되는 게시글의 범주들은 '뉴스그룹newsgroup'이라 불렸다. 1984년 무렵 미국 전역의 대학과 연구소에서 사용 중이던 유즈넷 단말기 수는 천대에 육박했다.

이렇게 새로운 게시판과 뉴스그룹이 등장했지만 일반적인 PC 소유자들은 아직 쉽게 가상 공동체에 들어갈 수 없었다. 연결할 방법이 있어야 했는데, 이것은 가정에서, 심지어 대부분의 사무실에서도 쉽지 않았다. 그러다가 1980년대 초에 테크놀로지와 법 양면에서 혁신이 이루어지는데, 이것은 언뜻 작아 보였지만 엄청난 영향력을 발휘했다.

모뎀

가정용 컴퓨터와 글로벌 네트워크를 마침내 연결시킨 작은 장치의 이름은 모뎀이었다. 모뎀은 디지털 정보를 전송하고 수신하기 위해 전화 회선에 의해 운반되는 것과 같은 아날로그 신호를 변조하고modulate 복조했다demodulate(여기서 모뎀modem이라는 이름이 나왔다). 따라서 보통 사람들이 전화선을 이용하여 자신의 컴퓨터와 다른 컴퓨터를 온라인으로 연결하는 것이 가능해졌다. 온라인 혁명이 시작될 준비가 갖추어진 것이다.

혁명의 진전이 더디었던 것은 AT&T가 전국 전화 시스템을 거의 독점한 상태에서 심지어 집에서 사용하는 장비도 통제하고 있었기 때문이다. 벨 아줌마* 가 대여해주거나 승인하지 않는 한 어떤 것도 전화선에, 심지어 전화기에도 연결할 수 없었다. AT&T는 1950년대에 모뎀을 내놓기는 했지만 투박하고 비쌌으며 주로 산업용이나 군사용으로 설계된 것이라 가상 공동체를 만드는 홈브루 호비스트들에게는 도움이 되

*AT&T의 애칭—옮긴이.

지 않았다.

그때 허시어폰Hush-A-Phone 사건이 터졌다. 허시어폰이란 전화기에 연결할 수 있는 간단한 플라스틱 송화구로 전화 거는 사람의 목소리는 증폭시키면서 근처에 있는 사람이 엿듣는 것은 어렵게 만드는 장치였다. 제품이 시장에 나온 지 20년이 넘도록 아무런 문제가 없다가, AT&T의 한 변호사가 진열장에서 이 제품을 보았고, 그 뒤 회사는 모든 종류의 외부 장치가—그것이 자그마한 원뿔 모양의 플라스틱일지라도—회사의 네트워크에 피해를 줄 수 있다는 터무니없는 이유로 소송을 제기하기로 결정했다. 이것은 한 회사가 독점권을 보호하기 위해 얼마나 지독하게 나올 수 있는가를 보여준 사례였다.

다행히도 AT&T의 시도는 역효과를 가져왔다. 연방항소법원에서 AT&T의 소송을 각하함에 따라 AT&T의 네트워크에 장치를 연결하는 것을 막던 장벽도 무너지기 시작했다. 모뎀을 전화 시스템에 전자적으로 연결하는 것은 여전히 불법이었지만, 기계적으로는 할 수 있었다. 예를 들어 전화기의 송수화기를 음향 커플러에 얹어놓는 것은 가능했다. 1970년대 초에 이르면 이런 형태의 모뎀이 몇 가지 나오게 된다. 리 펠젠스타인이 호비스트들을 위해 설계한 페니휘슬Pennywhistle도 그 가운데 하나로, 디지털 신호를 초당 300비트로 송수신할 수 있었다.*

한 고집불통의 텍사스 카우보이가 소송비용을 대기 위해 소떼를 팔아가며 12년간 법정 투쟁을 벌인 끝에 고객들이 자신이 발명한 무선 확장 전화기를 사용할 권리를 얻어냄으로써 다음 단계로의 진전이 이루어졌다. 모든 규제를 처리하는 데는 몇 년이 걸렸으나 1975년에 연방

*오늘날의 이더넷이나 와이파이는 데이터를 10억 bps로 전송할 수 있으니 그때보다 300만 배 이상 빨라진 셈이다.

통신위원회는 마침내 소비자들이 네트워크에 전자 장치를 부착할 길을 열어주었다.

AT&T의 로비 때문에 규칙이 까다로워 초기에는 전자 모뎀의 값이 비쌌다. 그러다 1981년에 헤이스 스마트모뎀Hayes Smartmodem이 시장에 나왔다. 투박한 음향 커플러를 쓸 필요가 없이 전화선에 직접 꽂아 컴퓨터에 연결할 수 있는 장치였다. 선구적인 호비스트와 사이버펑크들은 물론, 평범한 가정용 컴퓨터 사용자도 온라인 서비스 제공업체의 전화번호를 쳐 넣은 다음 숨을 죽이고 기다리다가 데이터 연결이 이루어졌음을 알리는 잡음 섞인 날카로운 소리가 들리면 게시판, 뉴스그룹, 메일링 리스트 등의 온라인 놀이터를 중심으로 형성된 가상 공동체로 들어갈 수 있었다.

더 웰

스스로 즐거워하고 남도 즐겁게 해주는 사람인 스튜어트 브랜드는 디지털 혁명 시기에 거의 10년마다 테크놀로지가 공동체나 반문화와 겹치는 지점에 서 있게 되었다. 브랜드는 켄 키지의 트립스 페스티벌에서 테크노-사이키델릭 쇼를 제작했고, 《롤링 스톤》에 〈스페이스워〉와 제록스 PARC에 관한 기사를 기고했고, 더글러스 엥겔바트가 '모든 데모의 어머니' 행사를 개최하도록 부추긴 다음 이를 도왔고, 《호울 어스 카탈로그》를 창간했다. 따라서 누구나 모뎀을 손쉽게 이용할 수 있게 되고 개인용 컴퓨터가 사용자 친화적이 되어가던 1984년 가을, 브랜드가 온라인 공동체의 원형이라고 할 수 있는 '더 웰'의 개념이 탄생하는 데 일조한 것도 놀랄 일은 아니었다.

더 웰은 장난기가 많지만 진지하고 창의적인 이상주의적 테크노-반문화에 속하는 또 한 사람 래리 브릴리언트가 브랜드를 찾아가면서 시작되었다. 내과의사이자 전염병학자인 브릴리언트는 세계를 바꾸면서 그 과정을 즐기고 싶다는 강박에 사로잡혀 있었다. 그는 앨커트래즈 섬을 점령한 미국계 인디언들을 위한 의사로 일했고, 히말라야의 아슈람에서 유명한 구루 님 카롤리 바바를 만나 깨달음을 추구했고(여기에서 처음으로 스티브 잡스와 마주쳤다), 세계보건기구의 천연두 퇴치 운동에 참여했고, 잡스와 반문화 지도자들인 람 다스, 웨이비 그레이비의 지원을 받아 세계 전역의 가난한 공동체에서 실명失明을 치료하는 일을 하는 '세바 재단'을 설립했다.

세바 재단이 사용하던 헬리콥터 한 대가 네팔에서 기계 고장을 일으켰을 때 브릴리언트는 컴퓨터 원격회의 시스템과 잡스가 기부한 애플Ⅱ를 이용해 온라인으로 수리단을 조직했다. 그는 온라인 토론 그룹의 잠재력에 강한 인상을 받았다. 미시건 대학에 강의를 하러 갔을 때는 대학의 네트워크에 기반을 두고 만들어진 컴퓨터 원격회의 시스템을 활용해 회사를 세우는 데 도움을 주기도 했다. 피코스팬PicoSpan이라 불리던 이 시스템은 사용자들이 다양한 화제에 대한 코멘트를 달면 그것을 모두가 읽을 수 있도록 스레드로 엮었다. 브릴리언트의 이상주의, 테크노유토피아주의, 기업가 정신이 흘러나와 하나로 합쳐졌다. 그는 원격회의 시스템을 사용하여 의학적 전문지식을 아시아의 외딴 마을에 전파했고 문제가 생겼을 때 대처할 수 있는 집단을 조직했다.

컨퍼런스에 참석하러 샌디에이고에 간 브릴리언트는 오랜 친구 스튜어트 브랜드를 만나 점심을 먹었다. 그들은 해변의 한 레스토랑에서 만났는데, 브랜드는 알몸으로 헤엄치며 하루를 보낼 계획으로 해변에 와 있었다. 브릴리언트에게는 서로 얽힌 두 가지 목표가 있었다. 피코스팬 원격회의 소프트웨어를 대중화하고, 온라인 지식인 코뮌을 만드는 것이었다. 그는 브랜드에게 동업을 하자고 설득하면서 자신은 자본금 20만 달러를 투자하고 컴퓨터를 구입하고 소프트웨어를 제공할 예정이라고 말했다. "스튜어트에게 시스템을 관리하고 그것을 똑똑하고 재미있는 사람들로 이루어진 그의 인맥을 대상으로 전파하는 일을 맡길 생각이었다." 브릴리언트는 설명한다.[3] "내 구상은 《호울 어스 카탈로그》에 나오는 모든 것을 토론하는 한 방법으로 이 새로운 테크놀로지를 이용하는 것이었다. 스위스 아미 나이프든 태양열 스토브든 뭐든지 주제로 삼아 사회적 네트워크를 만들 수 있었다."[4]

브랜드는 이 구상을 더 웅장하게 바꾸었다. 사람들이 무엇이든 원하는 것을 토론할 수 있는, 세상에서 가장 활기찬 온라인 공동체를 만들자는 것이었다. "그냥 대화를 나누어본 다음 세상에서 가장 똑똑한 사람들을 데려오자." 그가 제안했다. "그래서 그들이 자신이 하고 싶은 이야기가 무엇인지 궁리하게 하자."[5] 브랜드는 더 웰The WELL이라는 이름을 제안하고, 이것을 머리글자 삼아 말을 만들어냈다. '호울 어스 전자 링크 Whole Earth 'Lectronic Link'. 그는 나중에 "이름에는 늘" 장난스러운 아포스트로피를 하나쯤 "넣을 필요가 있다"고 말했다.[6]

브랜드는 비록 훗날 수많은 가상 공동체가 포기하게 되지만 더 웰을 생산적 서비스로 만드는 데 핵심이 된 개념을 옹호했다. 참가자들이 완전히 익명이 되어서는 안 된다는 것이었다. 별명이나 가명을 쓸 수는 있지만 가입할 때는 실명을 밝혀야 하고, 다른 회원들도 실명을 알 수 있어야 했다. 첫 화면에 나타나는 브랜드의 신조는 "당신 말의 소유자는 당신You own your own words"이었다. 자신이 올리는 글에 책임을 지라는 것이었다.

인터넷 자체와 마찬가지로 더 웰도 사용자들이 설계하는 시스템이 되었다. 1987년 더 웰의 온라인 포럼—컨퍼런스라고 불렀다—에서 다루어진 주제는 그레이트풀 데드(가장 인기 있었다)에서부터 유닉스 프로그래밍에 이르기까지, 예술에서 부모의 역할에 이르기까지, 외계인에서 소프트웨어 설계에 이르기까지 다양했다. 위계나 통제는 최소화했기 때문에 더 웰은 협업 방식으로 진화할 수 있었다. 또 그 덕분에 중독적인 경험이자 매혹적인 사회적 실험이 되었다. 영향력 있는 테크놀로지 역사가 하워드 라인골드와 케이티 하프너의 책을 비롯하여 더 웰에 관한 수많은 책이 나왔다. "단지 더 웰에 들어가서 다른 상황에서라면 사귈 생각도 할 수 없을지 모르는 사람들과 이야기를 나눈다는 것 자체가 유혹이었다." 하프너는 그렇게 썼다.[7] 라인골드는 그의 책에서 이렇게 설명한다. "그것은 마치 골목 귀퉁이에 있는 술집과 같다. 거기에 가면 오랜 친구들과 또 처음 보지만 흥미로운 사람들과 손에 익히고 싶은 도구와 신선한 그래피티와 편지들이 있다. 다만 코트를 입고 컴퓨터를 끄고 골목까지 걸어가는 대신 텔레콤 프로그램을 불러내기만 하면 된다는 점이 다를 뿐이다."[8] 라인골드는 두 살 난 딸의 머리에 진드기가 있다는 것을 발견했을 때, 주치의와 연락이 닿기 전에 더 웰의 의사에게서 치료법을 알아낼 수 있었다.

심각한 주제로 온라인 포럼이 달아오르기도 했다. 톰 만델이라는 토론 리더는 나중에 하프너 책의 중심인물로 등장하고 또 나와 내 동료들이 《타임》에서 온라인 포럼을 관리하는 것을 도와주기도 했는데, 다른 회원들과 격렬한 논쟁—뜨거운 전쟁이라고 불렀다—에 자주 뛰어들었다. "나는 모든 일에 의견을 표명했다." 만델은 회상한다. "심지어 어떤 논쟁을 시작했을 때는 미국 서해안 사이버스페이스의 반이 이 전자적 말다툼에 말려들었으며 그 일 때문에 나는 더 웰에서 추방당했다."[9] 그러나 그가 자신이 곧 죽게 되었다는 사실을 밝히자 사람들은 감정이 움직여 그의 주위에 모여들었다. "나는 슬프다, 몹시 슬프다. 여러분과 오래 더 함께 지내며 놀고 논쟁할 수 없기에 얼마나 슬프고 비통한지 이루 말할 수 없다." 그는 마지막으로 올린 글 가운데 한 편에서 그렇게 썼다.[10]

더 웰은 과거 인터넷의 특징이었던 친밀하고 사려 깊은 유형의 공동체의 모범이었다. 30년이 지난 지금도 여전히 긴밀한 공동체로 남아 있지만, 이미 오래 전에 상업적 성격이 더 강한 온라인 서비스에, 그다음에는 공동체적 성격이 덜한 토론장에 인기를 빼앗겼다. 온라인이 많은 부분 익명성으로 물러나면서 사람들이 자신이 하는 말에 책임을 져야 한다는 브랜드의 신조는 훼손되었으며, 그 결과 온라인의 많은 글들은 배려가 줄고 토론은 친밀성이 떨어지게 되었다. 하지만 인터넷이 다양한 주기를 거치면서—인터넷은 그동안 시분할, 공동체, 출판, 블로그, 소셜 네트워크를 위한 플랫폼 역할을 해왔다—골목 술집 같은 신뢰에 기반을 둔 공동체를 형성하고자 하는 인간의 자연스러운 갈망은 다시 나타날 것이고, 그러면 더 웰 또는 그 정신을 복제한 스타트업 기업이 새로이 뜨거운 혁신의 주역이 될 것이다. 혁신은 때로 사라진 것을 복원하는 작업이 되기도 한다.

아메리카 온라인

윌리엄 폰 마이스터는 1970년대 말에 시작된 디지털 혁신을 밀고 나가게 되는 새로운 선구자들 가운데 초기의 예다. 폰 마이스터는 알테어의 주역 에드 로버츠와 마찬가지로 초강력 연쇄 창업가였다. 급증하는 벤처 투자가들로부터 연료를 얻은 이 유형의 혁신가들은 불꽃같은 아이디어를 던지고, 모험을 하는 것에서 아드레날린이 치솟는 흥분을 맛보고, 복음 전도자와 같은 열정으로 새로운 테크놀로지를 선보였다. 폰 마이스터는 모범인 동시에 희화화되는 존재였다. 그는 노이스나 게이츠나 잡스와는 달리 회사를 세워 올리는 대신 일단 출발을 시켜놓고 어디로 가는지 지켜보았다. 실패를 두려워하기보다는 거기에서 힘을 얻었는데, 실패를 용서하는 것을 인터넷 시대의 특징으로 만든 것이 그와 같은 종류의 사람들이었다. 그는 아름다운 악당으로서 10년 동안 회사 9개를 출범시켰으나, 그 대부분은 망하거나 그를 쫓아냈다. 그러나 그는 연쇄 실패를 통해 인터넷 기업가의 원형을 규정하는 데 기여했으며 그 과정에서 온라인 사업을 발명했다.[11]

폰 마이스터의 어머니는 오스트리아 백작이었으며, 독일 황제 빌헬름 2세의 대자代子인 아버지는 1937년 힌덴부르크호의 폭발 사고 때까지 사업을 이어갔던 독일의 체펠린 비행선 회사의 미국 지사를 운영했고, 그 뒤에는 화학 회사의 지사를 경영하다 사기 혐의로 기소되었다. 아버지의 스타일은 1942년에 태어난 어린 빌에게도 전해져, 이 아이는 아버지의 활짝 타오르다 갑자기 꺼져버리는 모습에서 그 격렬함까지는 아니더라도 현란한 면은 따라잡으려고 맹렬하게 노력하는 것처럼 보였다. 그는 뉴저지의 10만여 제곱미터에 이르는 땅에 자리 잡은 블루 침니즈라고 알려진, 회반죽을 바른 벽돌 저택에서 성장했지만 다락방에 처박혀 아마추어 무선 통신기를 조작하거나 전자 장치를 만드는 것을 무척 좋아했다. 그가 만든 장치 가운데는 무선 송신기도 있었는데, 아버지는 이것을 차에 두고 다니다 퇴근할 때면 신호를 울려 집안의 일꾼들이 미리 차를 준비할 수 있게 했다.

워싱턴의 여러 대학을 들락거리며 종잡을 수 없이 공부를 하던 폰 마이스터는 웨스턴 유니언에 입사했다. 입사 뒤에도 회사가 버린 장비 가운데 일부를 재활용하는 것을 포함한 수많은 부업으로 돈을 벌었고, 그러다가 사람들이 중요한 편지를 콜 센터에 구술하면 다음 날 배달해주는 서비스를 시작했다. 사업은 성공했지만, 아무 계획 없이 지출을 하고 회사 운영에는 전혀 관심을 갖지 않는 바람에 쫓겨났으며, 이것은 하나의 패턴이 되었다.*

폰 마이스터는 허풍을 치며 살아가고 제정신이 아닌 듯한 모습과 빈틈없는 태도를 교묘하게 섞어 둘을 구분하기 힘들게 만드는 원조 미디어 기업가—마크 주커버그보다는 테드 터너를 생각하라—였다. 그는 화려한 여자와 품질 좋은 레드 와인, 경주용 자동차와 자가용 비행기, 싱글몰트 스카치와 밀수 시가를 좋아했다. "빌 폰 마이스터는 연쇄 창업가일 뿐 아니라 병적인 기업가이기도 했다."《워싱턴 포스트》에 그에 관한 기사를 썼던 마이클 슈라지는 말한다. "빌 폰 마이스터의 아이디어들은 돌이켜볼 때 평균적으로는 멍청해 보이지는 않는다. 하지만 당시에는 괴상한 것이었다. 그가 미치광이였기 때문에 그런 미친 면이 그의 아이디어와 혼동되곤 한다는 것이 큰 위험이었다. 실제로 그 둘은 서로 얽혀 있었다."[12]

폰 마이스터는 새로운 개념들을 제시하고 벤처 투자가들로부터 새로운 자금을 끌어모으는 일에 유능하다는 것을 계속해서 입증했다. 그가 창업한 스타트업에는 기업을 위한 대용량 전화 라우팅 서비스, 손님들이 테이블의 전화기로 무료 장거리 전화를 걸게 해주는 워싱턴 교외의 맥린 런치 앤드 레디에이터McLean Lunch and Radiator 레스토랑, FM 라디오 신호에 디지털 데이터를 얹어 컴퓨터로 정보를 보내는 인포캐스트Infocast 서비스 등이 있다. 그러다가 1978년, 지루해진 것인지 아니면 그

*웨스턴 유니언은 나중에 이 업체를 사들여 자체의 메일그램Mailgram 서비스를 만들었다.

런 모험적 사업에서는 환영을 받지 못한 것인지, 전화, 컴퓨터, 정보 네트워크에 대한 관심을 결합하여 더 소스The Source라는 서비스를 만들었다.

더 소스는 가정용 컴퓨터를 전화선으로 네트워크에 연결하여 메시지 교환 서비스, 뉴스 기사, 별점, 레스토랑 가이드, 와인 등급 정보, 쇼핑, 날씨, 항공 스케줄, 주식 시세를 제공했다. 말을 바꾸면 이것은 최초의 소비자 지향 온라인 서비스 가운데 하나였다. (다른 하나는 비즈니스 지향의 시분할 네트워크인 컴퓨서브CompuServe로, 1979년에야 겨우 소비자 다이얼업 시장으로 진입했다.) "당신의 개인용 컴퓨터로 세상 어디에나 갈 수 있다." 초기의 마케팅 브로셔는 그렇게 선언했다. 폰 마이스터는 《워싱턴 포스트》에 더 소스가 "수도꼭지에서 나오는 물처럼" 정보를 제공하는 "유틸리티"가 될 것이라고 말했다. 더 소스는 가정에 정보를 제공할 뿐 아니라 공동체를 만드는 데도 중점을 두었다. 포럼과 대화방과 사용자들이 글을 올리면 다른 사람들이 내려받을 수 있는 비공개 파일 공유 영역을 만든 것이다. 1979년 7월 맨해튼의 플라자 호텔에서 열린 공식 서비스 출시 행사에서 공상과학소설 작가이자 주창자인 아이잭 아시모프는 선언했다. "이것으로 '정보시대'가 시작되었다!"[13]

늘 그렇듯이 폰 마이스터는 회사를 잘못 운영하고 돈을 낭비하여 1년 뒤에 제1투자자에 의해 쫓겨났는데, 투자자는 이렇게 말했다. "빌리 폰 마이스터는 훌륭한 모험적 기업가이지만 모험을 멈추는 법을 알지 못한다." 더 소스는 결국 《리더스 다이제스트》에 매각되었고, 《리더스 다이제스트》는 나중에 이것을 다시 컴퓨서브에 매각했다. 더 소스는 단명하기는 했지만 소비자들이 정보 공급만이 아니라 친구들과 연결되고 스스로 콘텐츠를 만들고 공유하기를 원한다는 것을 보여줌으로써 온라인 시대의 선구자가 되었다.

폰 마이스터의 다음 아이디어 또한 다소 시대를 앞선 것으로, 케이블 텔레비전 네트워크를 통해 스트리밍 음악을 판매하는 가정용 뮤직 스토어였다. 그러나 레코드 가게와 레코딩 회사들이 달려들어 음원에 대한 접근을 막는 바람에 1분에 하나씩 아이디어가 떠오르는 폰 마이스터는 비디오 게임으로 관심을 돌렸다. 이것은 훨씬 시기적절한 목표였다. 당시 아타리 가정용 게임 콘솔이 1,400만 대나 보급되어 있었기 때문이다. 이렇게 해서 '컨트롤 비디오 코포레이션Control Video Corporation(CVC)'이 태어났다. 폰 마이스터의 새로운 서비스는 사용자들이 사거나 빌릴 목적으로 게임을 내려받게 해주었다. 그는 서비스를 '게임라인GameLine'이라 불렀으며, 여기에 더 소스에 있던 정보 서비스 일부를 끼워주기 시작했다. "우리는 비디오 게임 조종자를 정보 중독자로 바꿀 것이다." 그는 그렇게 선포했다.[14]

게임라인과 CVC는 워싱턴 덜레스 공항으로 가는 길에 있는 스트립몰에 점포를 열었다. 그리고 이사회가 구성되었는데, 이로써 새로운 세대의 인터넷 선구자들에게 공식적으로 성화가 전달된 셈이었다. 이사진에는 ARPANET의 설계자 래리 로버츠와 레너드 클라인록이 있었다. 실리콘 밸리에서 가장 영향력 있는 금융회사로 성장한 클라이너 퍼킨스 코필드 & 바이어스Kleiner Perkins Caufield & Byers의 벤처 투자가 프랭크 코필드도 있었다. 투자은행 함브레히트 & 퀴스트Hambrecht & Quist의 대표로는 하와이 출신으로 프린스턴 대학을 나와 로즈 장학금을 받고 옥스퍼드에서 공부한 사근사근하고 정력적인 젊은이 댄 케이스가 합류했다.

댄 케이스는 1983년 1월 CVC의 게임라인이 세간의 이목을 끌기 위해 참석한 라스베이거스에서 열린 세계가전전시회에서 폰 마이스터와 합류했다. 쇼맨십 기질이 농후했던 폰 마이스터는 라스베이거스 상공에 게임라인이라는 이름을 그려 넣은 조이스틱 모양의 열기구를 띄우고, 트로피카나 호텔의 널찍한 스위트룸을 빌려 쇼걸들로 장식했다.[15] 케이스는 이 현장을 즐겼다. 동생 스티브는 구석을 맴돌았는데, 그는 형보다 과묵했으며, 늘 차분한 표정으로 수수께끼 같은 미소를 띠고 있어 속을 읽기가 어려웠다.

1958년에 태어나 하와이에서 성장한 스티브 케이스는 성격이 차분하여 돌고래 사이에서 자란 사람 같은 느낌을 주었으며 겉모습도 온화했다. 어떤 사람들은 얼굴에 거의 감정이 비치지 않는다는 이유로 그를 '월Wall'이라고 불렀는데, 수줍기는 했지만 불안정한 면을 갖고 있지는 않았다. 그런 모습 때문에 그를 잘 모르는 사람들은 그를 초연하거나 오만하다고 생각했지만 실제로는 그렇지 않았다. 그는 성장하면서 대학교 남학생 클럽의 신입 단원처럼 낮은 콧소리로 농담을 하거나 친근한 욕을 주고받는 법을 익히기도 했다. 하지만 그의 이면에는 사려 깊고 진지한 면이 자리 잡고 있었다.

고등학교 시절 댄과 스티브는 각자의 방을 사무실로 바꾸어 일련의 사업을 벌였는데, 그 가운데는 크리스마스 연하장을 팔고 잡지를 배포하는 일도 있었다. 스티브는 이렇게 회고한다. "케이스 창업의 첫 번째 교훈은 내가 아이디어를 내면 형이 자금을 대고 회사의 반을 소유한다는 것이었다."[16]

스티브는 윌리엄스 칼리지에 입학했는데, 이곳의 유명한 역사학자 제임스 맥그리거 번스는 무뚝뚝하게 전한다. "그는 중간 정도 가는 학생이었다."[17] 그는 학과 공부를 하는 것보다는 창업에 관한 문제를 더 많이 생각했다. "한번은 어느 교수가 나를 따로 불러 대학은 평생에 한 번뿐인 기회이니 사업에 대한 관심을 뒤로 미루고 공부에 집중하라고 말한 적이 있다." 케이스는 그렇게 회고한다. "말할 필요도 없이 나는 말을 듣지 않았다." 컴퓨터 수업을 딱 하나 수강했는데, "천공 카드를 사용하던 시절이라 프로그램을 작성하면 몇 시간을 기다려야 결과가 나왔기 때문에" 바로 싫증이 났다.[18] 그가 배운 교훈은 컴퓨터가 상호 작용과 접근이 더 쉽도록 바뀌어야 한다는 것이었다.

그가 컴퓨터에서 좋아했던 한 가지 면은 이것을 이용해 네트워크에 접근할 수 있다는 것이었다. "먼 곳과 연결된다는 것은 마법처럼 보였다." 그는 저널리스트 캐러 스위셔에게 말했다. "이것이 컴퓨터의 가장 분명한 용도라는 생각이 들었으며, 나머지는 모두 컴퓨터 벌레들만을 위한 것이었다."[19] 미래학자 앨빈 토플러의 『제3의 물결The Third Wave』을 읽은 뒤에는 테크놀로지가 사람들을 상호 연결하고 또 세상의 모든 정보와 연결한다는 '전자 프런티어'라는 개념에 사로잡혔다.[20]

스티브는 1980년 초 월터 톰슨 광고사에 지원했다. "커뮤니케이션 테크놀로지의 발전이 이제 곧 우리의 생활 방식을 의미심장하게 바꿀 것이다." 그는 지원서에서 그렇게 말했다. "텔레커뮤니케이션의 혁신(특히 양방향 케이블 시스템)으로 텔레비전(물론 대형 화면!)은 정보 공급선, 신문, 학교, 컴퓨터, 투표 기계, 카탈로그가 될 것이다."[21] 그는 취업에 실패했으며, 처음에는 프록터 & 갬블에도 들어가지 못했다. 그러나 P&G를 설득하여 자비로 신시내티까지 가서 다시 면접을 봐 결국 머지않아 사라질 운명이었던 종이로 만든 헤어 컨디셔너 제품 어바운드를 담당하는 팀의 하급 브랜드 매니저로 들어갔다. 케이스는 이곳에서 신제품을 시장에 내보내기 위해 공짜 샘플을 나누어주는 전략을 익혔다. "이것이 10년 뒤 AOL에서 무료 체험판 디스크 배포 전략을 사용하는 데 부분적으로 영감을 주었다." 케이스는 그렇게 말한다.[22] 2년 뒤에 P&G를 나와 펩시코의 피자헛 부서에서 일했다. "거기로 간 것은 그곳이 기업가 정신이 매우 강한 곳이었기 때문이다. 펩시코는 프랜차이즈

가맹점을 운영하는 회사로, 프로세스를 중시하는 상명하달식 기업이라 모든 중요한 결정을 신시내티에서 내리는 프록터 & 갬블과는 정반대라고 할 수 있었다."[23]

저녁에 나가봐야 별로 할 일도 없는 캔자스 주 위치타의 젊은 독신남이었던 스티브는 더 소스의 팬이 되었다. 수줍음이 많으면서도 연결되고자 하는 욕망을 가진 사람에게는 완벽한 피난처였다. 그는 두 가지 교훈을 얻었다. 사람들은 공동체의 일원이 되고 싶어 하며, 테크놀로지가 대중에게 다가가려면 단순해질 필요가 있다는 것이었다. 그는 맨 처음 더 소스에 로그인할 때 케이프로Kaypro 휴대용 컴퓨터의 환경을 설정하느라 애를 먹었다. "에베레스트 산을 오르는 것 같았다. 처음 든 생각은 왜 이렇게 어려워야만 하는지 파악해보자는 것이었다." 스티브는 회고한다. "그러다 마침내 로그인에 성공해 위치타의 작고 허름한 아파트에서 온 나라와 연결되었다는 것을 알았을 때는 환희에 젖었다."[24]

케이스는 부업 삼아 작은 마케팅 회사를 만들었다. 대학생들이 대부분 대기업에 취직하려고 하던 시절이었지만, 그는 뼛속까지 창업가적 기질을 갖고 있었다. 그는 샌프란시스코의 부유층 거주지에 우편물 배달지를 빌려 봉투와 편지지에 주소를 인쇄한 다음, 그곳으로 배달되는 서신이 위치타에 있는 그의 작은 아파트로 전달되게 했다. 그는 전자 프런티어를 개척하고자 하는 회사들을 돕고 싶은 마음이 간절했다. 1981년에 함브레히트 & 퀴스트에 입사한 형 댄은 관심 가는 회사의 사업 계획서를 스티브에게 보내기 시작했다. 그 가운데 하나가 폰 마이스터의 CVC였다. 1982년 12월 콜로라도에서 스키를 타며 보낸 휴가 기간 동안 형제는 댄이 CVC에 투자해야 할지를 의논했고, 다음 달 라스베이거스에서 열리는 세계가전전시회에 함께 가기로 결정했다.[25]

억제 불가능한 폰 마이스터와 억제 가능한 스티브는 라스베이거스에서 오랜 시간 저녁을 먹으며 게임라인을 시장에 내놓을 방법에 관해 이야기했다. 어쩌면 그들은 관심은 같으면서도 성격은 달랐기 때문에 죽이 맞았는지도 모른다. 폰 마이스터는 저녁 식사 도중에 화장실에서 댄과 취한 채 이야기를 나누며 스티브를 고용해도 괜찮겠느냐고 물었다. 댄은 아주 좋다고 대답했다. 스티브는 CVC에서 시간제 컨설턴트로 출발하여, 1983년 9월에 상근직으로 전환된 뒤 워싱턴으로 옮겨갔다. "나는 게임라인이 정말로 장래성이 있다고 생각했다." 케이스는 말한다. "하지만 설사 실패한다 해도 빌과 함께 일하면 귀중한 것을 배울 수 있을 것이라고 느꼈다. 물론 이것은 정확하게 본 것이었다."[26]

몇 달이 지나지 않아 CVC는 파산 위기에 처했다. 폰 마이스터는 여전히 신중한 관리자가 되는 법을 배우지 못했고, 아타리 게임 시장은 위축되어 있었다. 그해 이사회 회의에서 영업 실적을 들은 벤처 투자가 프랭크 코필드는 이렇게 대꾸했다. "가게에서 물건을 슬쩍해도 그보다는 많이 벌 것이다." 코필드는 훈련받은 관리자를 영입하겠다고 고집했다. 그가 데려온 사람은 가까운 친구이자 웨스트포인트 동창인 짐 킴지로, 특수부대원 같은 우락부락한 외관 안에 바텐더 같은 사근사근한 심장을 감춘 사람이었다.

킴지는 쌍방향 디지털 서비스를 채찍질하여 제대로 키워나가는 데 적격인 인물로 보이지는 않았다. 그는 키보드보다는 총이나 위스키가 훨씬 익숙한 사람이었다. 그럼에도 그에게는 훌륭한 기업가 자질인 집요함과 반항심이 섞여 있었다. 킴지는 1939년에 태어나 워싱턴에서 성장했으며, 고등학교 3학년 때 분열을 조장한다는 이유로 명문 가톨릭 학교인 곤사가 고등학교에서 쫓겨났다. 그럼에도 오랜 언쟁 끝에 결국에는 웨스트포인트에 들어갈 수 있었으며, 공격성을 찬양하고 끌어내고 통제하는 그곳 분위기에 쉽게 녹아들었다. 졸업 후 도미니카 공화국에 배치되었다가 1960년대 말에 베트남에서 두 번 복무했다. 베트남에서는 공수특전단 소령으로 베트남 아이들 100명을 수용할 수 있는 고아원을 세우는 일을 맡았다. 명령 체계의 상급자들에게도 할 말을 다 하는 경향만 아니었다면 군대에서 출세했을 것이다.[27]

1970년에 워싱턴으로 돌아온 그는 도심에 위치한 사무실 건물을 하나 사들여 여러 중개 주식회사에 사무실을 임대하고 1층에는 디 익스체인지라는 이름의 술집을 열었다. 술집에는 주식 시세가 찍혀 나오는 수신기도 한 대 설치했다. 곧 매드해터나 불페더즈 같은 이름의 독신자 바를 몇 개 더 열어 손님을 끌어모았으며, 동시에 부동산 투자에도 손을 댔다. 웨스트포인트 친구 프랭크 코필드와 함께 아들들을 데리고 모험 여행을 떠나는 것도 평소 빼놓지 않는 일 가운데 하나였다. 코필드가 그를 CVC에서 폰 마이스터를 돌볼 적임자로 채용한 것도 1983년 래프팅 여행을 함께 갔을 때 결정한 것이었다. 킴지는 결국 CVC의 CEO가 되었다.

실적이 형편없는 것을 본 킴지는 직원 대부분을 해고하고 스티브 케이스를 마케팅 담당 부사장으로 승진시켰다. 그는 술집 주인 출신답게 말이 아주 다채로웠는데 특히 배설물 관련 표현을 좋아했다. "내 일은 닭똥에서 닭 샐러드를 만드는 것이다." 그는 그렇게 선포했다. 그는 말똥 더미를 즐겁게 파 들어가는 어린 소년에 관한 오래된 우스개를 좋아했다. 왜 그것을 파느냐고 묻자 아이는 대답한다. "이 똥 어딘가에 조랑말이 있을 게 틀림없으니까."

묘한 삼두정치였다. 규율이라곤 모르는 아이디어 생산자 폰 마이스터, 냉정하고 전략적인 케이스, 다듬어지지 않은 특공대원 킴지. 폰 마이스터가 쇼맨 노릇을 하고 킴지가 호탕한 술집 주인 노릇을 하는 동안 케이스는 구석에서 웅크린 채 지켜보고 있다가 새로운 아이디어를 냈다. 이 셋은 다양성을 갖춘 팀이 혁신을 촉진할 수 있다는 사실을 다시 한번 보여주었다. 외부 법률 고문 켄 노백은 나중에 이렇게 말했다. "이들이 이 사업을 함께 창조해낸 것은 우연이 아니다."[28]

케이스와 폰 마이스터는 오래전부터 일반 사용자들을 연결할 수 있는 컴퓨터 네트워크를 구축하는 데 관심을 가지고 있었다. 1984년에 CBS, 시어스Sears, IBM이 공동으로 '프로디지Prodigy'라는 서비스를 출범시키자, 다른 컴퓨터 제조업체들은 그 분야에 진짜 시장이 있을지도 모른다는 사실을 깨닫게 되었다. 그때 코모도어가 CVC를 찾아와 온라인 서비스를 만들어달라고 의뢰했다. 킴지는 CVC를 퀀텀Quantum이라는 회사로 재편성했고, 퀀텀은 1985년 11월 코모도어 사용자들을 위해 'Q링크'라는 서비스를 출범시켰다.

Q링크는 월 10달러의 요금으로 뉴스, 게임, 날씨, 별점, 이용 후기, 주식, 최신 드라마, 쇼핑몰 등 폰 마이스터—당시 회사에서 물러나는 절차를 밟고 있었다—와 케이스가 꿈꾸던 모든 것을 제공했다. 또 툭하면 크래시가 발생하고 서비스가 중단됐는데, 이는 온라인 세계의 고질병이 된 특성이기도 하다. 그러나 가장 중요한 것은 Q링크의 '피플 커넥션People Connection'으로, 활발한 게시판과 실시간 대화방으로 가득한 이곳에서 회원들은 공동체를 만들 수 있었다.

출시 후 두 달이 지난 시점인 1986년 초에 Q링크의 회원은 만 명을 헤아렸다. 그러나 점차 성장세가 시들해지기 시작했다. 애플을 비롯한 새로운 경쟁자들의 출현으로 코모도어 컴퓨터의 매출이 떨어지기 시작한 것이 주된 원인이었다. "우리의 운명은 우리가 통제해야 한다." 킴지는 케이스에게 말했다.[29] 퀀텀이 성공하려면 다른 컴퓨터 제조업체, 그 가운데서도 특히 애플을 위한 '링크' 온라인 서비스를 만들어야 한다는 것이 자명해 보였다.

케이스는 끈기 있는 성격에 따르는 집요함을 발휘해 애플의 임원들을 공략했다. 애플은 천재적인 통제광이자 공동 설립자인 스티브 잡스가 회사에서 밀려난 뒤에도 적어도 한동안은 파트너로 일하기 쉽지 않은 회사였다. 때문에 케이스는 대륙을 가로질러 쿠퍼티노로 가서 애플 본사 근처에 아파트를 얻었다. 그는 그곳에서 포위 공격을 펼쳤다. 애플 내부에는 그가 정복을 시도해볼 수 있는 단위 부대가 많았고, 그는 결국 애플 내부에 작은 책상을 얻을 수 있었다. 그는 냉담하다는 평판에도 불구하고 사실 묘한 유머 감각이 있었다. 책상 위에는 자신이 그 자리에 머문 날 수와 더불어 "스티브 인질로 잡히다"*라고 적힌 표지판을 올려놓았다.[30] 1987년 석 달 동안 매일 출정한 끝에 그는 성공을 거두었다. 애플의 고객 서비스부가 퀀텀과 계약을 맺고 '애플링크AppleLink' 서비스를 만들기로 한 것이다. 1년 뒤 애플링크가 출범되고 처음 열린 실시간 대화방에는 애플의 사랑받는 공동 설립자 스티브 워즈니악이 등장했다.

케이스는 탠디Tandy와도 'PC-링크PC-Link'를 만들기 위한 계약을 맺었다. 그러나 곧 여러 컴퓨터 제조업체와 각기 이름이 다른 별도의 서비스를 만드는 전략을 수정할 필요가 있다는 것을 깨달았다. 한 서비스의 이용자가 다른 서비스와 연결될 수 없었기 때문이다. 나아가 퀀텀의 제품과 마케팅과 미래가 컴퓨터 제조업체들에 의해 통제되고 있었기 때문이다. "우리는 더는 이런 동업 관계에 의존할 수 없다." 케이스는 팀원들에게 말했다. "정말이지 우리 두 발로 서서 우리 자신의 상표를 가질 필요가 있다."[31]

*미국인들이 이란에 인질로 잡힌 1980년 드라마에서 사용하던 구절을 빗댄 것이다.

애플과의 관계가 꼬이면서 이것은 더욱 다급한 문제이자 동시에 기회가 되었다. "애플의 실세들은 제3의 회사가 애플이라는 상표명을 사용하는 것을 불편해했다." 케이스는 말한다. "우리 발밑에서 바닥깔개를 잡아 빼겠다는 애플의 결정 때문에 우리는 이름을 다시 정해야 했다."[32] 케이스와 킴지는 세 서비스의 사용자들을 모두 독자적인 이름을 가진 하나의 통합된 온라인 서비스로 묶기로 결심했다. 소프트웨어에서 빌 게이츠가 선구적으로 사용한 방식이 온라인 영역에도 적용되는 순간이었다. 즉, 온라인 서비스는 하드웨어에 묶이지 않고 모든 컴퓨터 플랫폼에서 작동해야 한다는 것이었다.

이제 이름을 정해야 했다. '크로스로즈', '퀀텀 2000' 등 많은 제안이 있었지만 모두 종교적인 피정 장소나 뮤추얼펀드 이름처럼 들렸다. 케이스는 '아메리카 온라인America Online'이라는 이름을 제안했고, 많은 동료가 그 제안에 입을 떡 벌렸다. 부자연스러울 뿐 아니라 불편할 정도로 애국적이었기 때문이다. 하지만 케이스는 그 이름이 마음에 들었다. 잡스가 자신의 회사 이름을 애플이라고 지을 때처럼 그 역시, 나중에 그가 말한 바에 따르면, "단순하고, 위협적이지 않고, 심지어 약간 고지식한 것"이 중요하다는 것을 알았다.[33] 마케팅 비용이 없었기 때문에 케이스에게는 서비스가 하는 일을 분명하게 설명해줄 이름이 필요했다. 이를 위해서는 아메리카 온라인이라는 이름이 제격이었다.

AOL이라는 약자로 알려지게 된 아메리카 온라인은 세발자전거를 타고 온라인에 들어가는 느낌을 주었다. 위협적이지 않았으며, 사용이 쉬웠다. 케이스는 프록터 & 갬블에서 배운 두 가지 교훈을 적용했다. 제품을 단순화하고, 출시할 때 무료 샘플을 지급하라. 미국은 2개월 무료 서비스를 제공하는 소프트웨어 디스크의 융단 폭격을 받게 되었다. 초창기 AOL 직원의 남편이었던 성우 엘우드 에드워즈가 서비스에 친근한 느낌을 주는 쾌활한 인사말—"환영합니다!"와 "메일 왔어요!"—을 녹음했다. 이렇게 미국America은 온라인online에 진입했다.

케이스가 이해한 대로 비결은 게임이나 콘텐츠가 아닌, 연결되고자 하는 갈망이었다. "오래전 1985년에도 우리가 승부를 건 것은 공동체라고 부르던 것이었다." 그는 이야기한다. "지금은 사람들이 그것을 소셜 미디어라고 부르지만. 우리는 인터넷의 킬러 앱은 바로 사람들이 될 것이라고 생각했다. 기존에 알고 있던 사람들과 더 편리한 새로운 방법으로 상호 작용을 하는 사람들, 또 기존에 알지 못했지만 공통의 관심사로 인해 새롭게 알게 되는 사람들과 상호 작용을 하는 사람들."[34] AOL이 처음 제공한 서비스에는 대화방, 인스턴트 메신저, 버디 목록, 문자 메시지 등이 있었다. 더 소스처럼 뉴스, 스포츠, 날씨, 별점도 있었다. 그러나 그중에서도 핵심은 소셜 네트워크였다. "거래와 연예와 금융 서비스 등, 다른 모든 것은 부차적이었다." 케이스는 말한다. "우리는 공동체가 콘텐츠에 우선한다고 믿었다."[35]

컴퓨터, 섹스, 드라마 등 관심사가 비슷한 사람들이 모이는 대화방이 특히 인기였다. 사람들은 상호 동의하에 '비공개 대화방'에서 이야기를 할 수도 있었고, 아니면 반대편 극단으로 저명인사가 참여할지도 모르는 '강당'을 찾아갈 수도 있었다. AOL 사용자들은 고객이나 가입자라고 불리지 않았다. 이들은 회원이었다. AOL이 번창한 것은 사람들이 소셜 네트워크를 만드는 작업을 도와주었기 때문이다. 정보와 쇼핑을 주로 제공하는 서비스로 출발한 컴퓨서브와 프로디지도 시민 밴드* 라디오에서 이야기를 하는 괴팍한 즐거움을 텍스트로 재현해낸 컴퓨서브의 CB 시뮬레이터Simulator와 같은 도구를 활용해 비슷한 서비스를 제공했다.

*시민이 1~8킬로미터의 근거리 통신에 사용할 수 있는 26~27MHz의 주파수대—옮긴이.

술집 주인 킴지는 신체 건강한 사람들이 왜 대화방이나 게시판에서 토요일 밤을 보내는지 도무지 이해할 수가 없었다. "인정하라고. 이게 다 말똥 같은 짓이라고 생각하지 않아?" 그는 케이스에게 반농담처럼 그렇게 묻곤 했다.[36] 그러면 케이스는 고개를 저었다. 그는 똥 안에 조랑말이 있다는 것을 알고 있었다.

앨 고어와 영원한 9월

AOL과 같은 온라인 서비스는 인터넷과 별개로 발전했다. 복잡하게 얽힌 법, 규제, 관습, 관행 때문에 영리를 목적으로 하는 회사들은 교육기관이나 연구 기관과 관계없는 일반인들이 인터넷에 직접 연결하게 해줄 수 없었다. "지금 보면 정말 말도 안 되지만, 1992년까지는 AOL 같은 상용 서비스가 인터넷에 연결하는 것은 불법이었다." 스티브 케이스의 말이다.[37]

그러나 1993년 초에 장벽이 낮아지면서 누구나 인터넷에 접속할 수 있게 되었다. 이로 인해 그때까지 담으로 둘러싸인 정원처럼 통제된 환경에서 회원들을 응석받이처럼 관리하던 온라인 서비스에 혼란이 생겼다. 또 새로운 사용자들이 홍수를 이루면서 인터넷도 바뀌어갔다. 그러나 가장 중요한 것은 이것이 디지털 혁명의 가닥들을 부시, 리클라이더, 엥겔바트가 꿈꾸던 방식으로 연결하기 시작했다는 점이었다. 컴퓨터와 커뮤니케이션 네트워크와 디지털 정보 보관소가 함께 엮이며 모든 개인이 이것을 마음대로 이용할 수 있었다.

이런 변화는 1993년 9월에 AOL이 덩치가 작은 경쟁자 델피Delphi의 뒤를 따라 회원들이 인터넷의 뉴스그룹과 게시판에 접속할 수 있는 포털을 열어주면서 본격적으로 시작되었다. 인터넷에서 전해져 내려오는 이야기에 따르면 이 대규모의 사용자 유입 현상은 특히 오만한 베테랑 네티즌들에 의해 '영원한 9월'이라고 불렸다. 매년 9월마다 신입생들이 대학에 입학하면서 새로운 물결을 이루어 캠퍼스 네트워크로 인터넷에 접속하는 현상을 빗댄 이름이었다. 신입생들은 초기에는 짜증을 유발하는 게시글을 올리곤 하지만, 몇 주가 지나지 않아 대부분 네티켓을 익히고 인터넷 문화에 동화되었다. 그러나 1993년의 수문 개방으로 초보자들이 끝도 없이 흘러들어와, 넷상의 사회적 규범과 일종의 클럽과 같이 사교적이고 배타적인 분위기를 압도해버렸다. "1993년 9월은 넷 역사에서 영원히 끝나지 않는 9월로 기록될 것이다." 1994년 1월에 한 누리꾼 데이브 피셔는 이런 글을 올렸다.[38] 고참 네티즌들이 비판의 글을 올리는 alt.aol-sucks*라는 이름의 뉴스그룹도 생겼다. 그 가운데 하나는 이렇다. AOL 침입자들은 "실마리처럼 옷을 입고 실마리 페로몬에 흠뻑 젖은 채 실마리 짝짓기 철에 실마리 들판에 서 있어도 전혀 실마리를 찾지 못한다."[39] 사실 영원한 9월의 인터넷 민주화는 좋은 일이었지만, 베테랑 네티즌들이 이것을 받아들이는 데는 시간이 걸렸다.

혁신의 놀라운 시대로 나아가는 길을 연 인터넷 개방은 우연히 일어나지 않았다. 그것은 미국이 정보 경제를 구축하는 작업의 선두에 서는 것을 목표로 초당파적인 사려 깊은 분위기에서 세심하게 만든 정부 정책의 결과였다. 이 과정에서 가장 영향력이 큰 인물은 테네시 주의 앨 고어 상원의원이었다. 그가 우스갯소리의 펀치라인 역할이나 하는 것

*AOL이 맛이 갔다는 뜻—옮긴이.

으로 알고 있는 사람들에게는 놀라운 일이겠지만.*

고어의 아버지 역시 상원의원이었다. "함께 카시지에서 내슈빌까지 차를 타고 가면서 아버지가 우리에게는 이 이차선 도로보다 나은 것이 필요하다고 말하던 기억이 난다." 아들 고어는 그렇게 회고한다. "아버지는 이차선으로는 수요를 감당할 수 없을 것이라고 했다."[40] 고어 시니어는 주간州間 간선도로 프로그램을 위한 초당적 법안을 만드는 데 일조했으며, 그의 아들은 거기에서 영감을 받아 자신이 '정보 초고속도로'라고 이름 지은 것을 장려하는 데 일조했다.

1986년 고어는 슈퍼컴퓨터 센터 건립, 다양한 연구 네트워크의 상호 연결, 네트워크의 대역폭 확장, 더 많은 이용자에게 네트워크 개방 등을 포함한 다양한 주제를 검토하는 의회 연구 그룹을 만들었다. 회장은 ARPANET의 선구자 레너드 클라인록이었다. 고어는 추가로 세부적인 문제를 다루는 여러 청문회를 개최하여 고어법이라고 알려진 1991년의 '고성능 정보 처리법', 1992년의 '고급 테크놀로지법'을 이끌어냈다. 덕분에 AOL 같은 상용 네트워크가 국립 과학 재단이 운영하는 연구 네트워크에 연결되고, 나아가 인터넷에 연결될 수 있었다. 고어는 1992년에 부통령으로 선출되자 1993년 '국가 정보 인프라법'을 밀어붙였으며, 그 덕분에 일반 대중이 인터넷을 광범하게 이용할 수 있었고, 인터넷을 상용 영역으로 옮겨 이것이 정부 투자만이 아니라 민간 투자의 지원을 받아 성장할 수 있는 길을 마련했다.

사람들에게 컴퓨터와 인터넷을 발명하는 데 기여한 사람들에 관한 책을 쓰고 있다고 했을 때 특히 인터넷의 역사에 관해 거의 아는 것이 없는 사람들에게서 들을 수 있었던 가장 예측하기 쉬운 빈정거림은

*뒤에 나오지만 앨 고어가 인터넷을 "발명"했다는 실언을 했다는 소문에 빗댄 것—옮긴이.

"아, 앨 고어 이야기?"였다. 그들은 그러고는 웃음을 터뜨렸다. 그것은 미국의 혁신을 위한 중요한 초당파적 업적 가운데 하나가 고어가 인터넷을 '발명'했다는 말—실제 그는 이런 말을 한 적이 없다—때문에 펀치라인으로 바뀌어버린 우리 정치 담론의 현주소를 보여준다. 1999년 3월 CNN의 울프 블리처가 대통령 후보로서 어떤 자격을 갖추었는지 이야기해보라고 하자 고어는 다른 무엇보다도 "하원에서 일하는 동안 인터넷을 창조하는 작업을 주도했다"는 점을 들었다.[41] 케이블 뉴스에서 들을 수 있는 답변이 종종 그렇듯이 우아한 표현은 아니었지만, 그래도 '발명했다'는 말은 사용하지 않았다.

실제로 인터넷의 프로토콜을 발명한 사람들 가운데 빈트 서프와 밥 칸 두 사람은 고어를 옹호했다. "공직에 있는 사람들 가운데 부통령만큼 인터넷 발전을 위한 환경을 만드는 데 지적으로 깊이 관여한 사람은 없다."[42] 심지어 공화당원 뉴트 깅그리치도 그를 옹호하며 이렇게 말했다. "그것은 고어가 오랫동안 작업해온 것이다. (중략) 고어는 인터넷의 아버지는 아니지만, 공정하게 말해서, 우리가 인터넷에 이르도록 의회에서 매우 체계적으로 노력한 사람이다."[43]

고어를 깎아내리는 것은 정부가 할 수 있는 일에 대한 믿음이 사라지고 당파성이 기승을 부리는 새로운 시대의 조짐이다. 그렇기 때문에 무엇이 1993년의 영원한 9월을 낳았는지 생각해볼 필요가 있는 것이다. 연방 정부는 30년이 넘는 기간에 걸쳐 민간 기업이나 대학 연구소와 협력하여 주간 간선도로 체계와 비슷하지만 훨씬 복잡하고 규모도 엄청난 인프라를 설계하고 구축했으며, 그런 뒤에 이것을 일반 시민과 영리 목적을 가진 기업에 개방했다. 그 재원은 주로 공적 자금이었고, 새로운 경제와 경제 성장 시대의 씨앗을 뿌림으로써 수천 배의 성과를 거두었다.

팀 버너스리(1955~).

마크 안드레센(1971~).

저스틴 홀(1974~)과 하워드 라인골드(1947~), 1995년.

11

…

웹

THE **INNOVATORS**

모뎀의 등장, 그리고 온라인 서비스의 출현과 더불어 거의 누구나 인터넷에 접속할 수 있게 된 다음에도 인터넷의 대중성은 (적어도 평범한 컴퓨터 사용자들 사이에서는) 그다지 확대되지 않았다. 인터넷은 지도 없는 어두컴컴한 밀림과 같았고, 그 밀림은 소수의 용감무쌍한 길잡이꾼 외에는 겁을 먹을 수밖에 없는 alt.config나 Wide Area Information Servers 같은 이상한 이름을 가진 나무들로 가득했다.

그러다 인터넷상에서 각종 온라인 서비스가 개시되기 시작하던 1990년대 초반, 글을 게시하고 콘텐츠를 검색하는 새로운 방식이 기적처럼, 마치 지하에 있던 입자 가속기로부터 뿜어져 나온 것처럼 힘차게 대두되었다. 실상 그랬다고 볼 수 있다. 그로 인해 기껏 정성 들여 만들어놓은 온라인 서비스가 순식간에 구닥다리로 전락했고, 그와 동시에 부시, 리클라이더, 엥겔바트가 꿈꾸어온 유토피아가 실현되었다. 아니, 그보다 훨씬 더 찬란했다. 디지털 시대의 셀 수 없이 많은 혁신을 가뿐히 능가해버린 이것의 발명은 한 사람이 주도했다. 그는 이것에 자신을 닮아 포괄적이고도 단순한 이름을 붙여주었다. 바로 '월드 와이드 웹'이었다.

팀 버너스리

1960년대에 런던 변두리에서 자란 팀 버너스리는 컴퓨터의 본질을 꿰뚫는 통찰력을 갖게 되었다. 컴퓨터는 프로그램을 단계별로 고속으로 처리하는 데는 능했지만, 창의적인 인간이 하듯 임의의 연관 관계를 밝혀내고 여러 현상을 현명하게 연결 짓는 데는 그렇지 못했다.

어린아이가 이런 사실을 깨닫는다는 것은 흔한 일이 아니지만, 버너스리는 양친이 모두 컴퓨터공학도였다. 부모님은 맨체스터 대학에서 만든 프로그램 저장식 컴퓨터의 상용 버전인 페란티 마크 I의 프로그래머였다. 어느 날 저녁, 상사로부터 컴퓨터를 더욱 직관적으로 만드는 방법에 관한 연설문 작성을 지시받은 아버지가 자신이 읽고 있던 인간 뇌에 관한 책에 대해 이야기했다. 버너스리는 이렇게 회고한다. "서로 연결되지 않은 정보를 연결하도록 프로그래밍할 수 있다면 컴퓨터가 훨씬 더 강력해질 것이라는 생각이 나를 사로잡았다."[1] 부자는 앨런 튜링의 보편 기계라는 개념에 관해서도 이야기를 나누었다. "그때 나는 상상할 수 있는 모든 것을 컴퓨터를 이용하여 할 수 있다는 사실을 깨달았다."[2]

버너스리는 빌 게이츠, 스티브 잡스와 마찬가지로 1955년에 태어났다. 전자공학에 관심을 갖기 좋은 시기였다고 그는 회고한다. 그 시절 아이들은 기초적인 장비나 부품을 쉽게 손에 넣어 가지고 놀 수 있었다. "맞춤한 때에 맞춤한 기술이 계속해서 생겨났다." 버너스리의 설명이다. "기술을 이해하기가 무섭게 업계에서는 우리가 용돈으로 살 수 있는 더 강력한 무언가를 만들어냈다."[3]

초등학교 때 버너스리는 친구와 취미용품점을 들락거리며 용돈으로 전자석을 사서 릴레이와 스위치를 직접 만들었다. 버너스리는 어린 시절을 이렇게 회고한다. "전자석을 나무 조각에 세게 부딪친 다음 전원을 켜면 전자석이 주석을 끌어들이며 회로가 완성되었다." 이러한 실험을 통해 비트가 무엇인지, 어떻게 저장되는지, 그리고 회로로 어떤 일을 할 수 있는지에 대해 깊이 이해하게 되었다. 소박한 전자석 스위치에 흥미를 잃어갈 무렵에 트랜지스터가 매우 흔해졌다. 트랜지스터 100개들이 한 포대를 싼값에 살 수 있었다. "트랜지스터를 시험하는 방법과 우리가 만든 릴레이를 트랜지스터로 교체하는 방법을 알아갔다."[4] 기존 회로를 트랜지스터로 재구성하는 과정에서 전자석 스위치와의 비교를 통해 각각의 소자가 어떤 역할을 하는지 명확히 파악할 수 있었다. 버너스리는 트랜지스터를 사용하여 장난감 기차 세트에 오디오 사운드를 만들어 넣었고, 기차의 감속을 제어하는 회로를 만들었다.

"곧 꽤나 복잡한 논리 회로를 구상하기에 이르렀는데, 트랜지스터를 너무 많이 사용해야 했기 때문에 현실적으로 만들 수가 없었다." 때맞춰 동네 전자 상가에서 마이크로칩을 팔기 시작했다. "용돈을 내고 마이크로칩을 포대로 샀는데, 그것으로 컴퓨터의 코어를 만들 수 있다는 사실을 깨달았다."[5] 뿐만 아니라 간소한 스위치에서부터 트랜지스터를 거쳐 마이크로칩까지 진화해온 덕분에 각각의 소자가 어떻게 작동하는지 정확히 알았고, 결과적으로 컴퓨터 코어 자체를 이해할 수 있었다.

옥스퍼드에 입학하기 직전 여름 방학에 버너스리는 목재 저장소에서 일했다. 대형 쓰레기 수거함에 톱밥 뭉치를 버리던 그는 여러 줄의 버튼이 달린 계산기를 발견했다. 일부는 기계식이었고 일부는 전자식이었다. 계산기에 전선으로 스위치와 트랜지스터를 연결하자 기초적인 컴퓨터가 되었다. 수리 상점에서 망가진 텔레비전을 구해서 진공관 회로의 작동 방식을 알아낸 다음 모니터로 사용했다.[6]

옥스퍼드 재학 시절에는 마이크로프로세서가 시판되기 시작했다.

버너스리는 워즈니악과 잡스가 그랬던 것처럼 친구들과 함께 보드를 설계하여 팔고자 했다. 두 스티브만큼 성공을 거두지는 못했는데, 버너스리의 말마따나 "홈브루나 실리콘 밸리만큼 무르익은 공동체 및 문화적 혼합을 갖고 있지 못했다"는 것이 부분적인 이유였다고 할 수 있다.[7] 혁신은 원시 수프가 존재하는 곳에서 발생한다. 1970년대의 베이 에어리어는 그러했고, 옥스퍼드셔는 그렇지 못했다.

버너스리는 전기기계식 스위치에서 마이크로프로세서에까지 이르는 단계별 실습 경험으로부터 전자공학을 깊이 있게 이해할 수 있었다. "전선과 못으로 무언가를 만들어본 경험이 있다면, 릴레이를 가진 칩이나 회로도 자신 있게 사용할 수 있게 된다. 어떻게 만드는지 알고 있으니까." 버너스리가 전한다. "요즘 아이들은 맥북을 가전제품처럼 취급한다. 마치 온갖 편리한 것이 담겨 있는 냉장고인 양 다루지만, 정작 그 작동 방식은 알지 못한다. 그들은 우리 세대와 우리 부모님 세대가 알고 있던 것을 정확히 이해하지 못한다. 상상할 수 있는 모든 것을 컴퓨터를 이용하여 할 수 있다는 사실을 말이다."[8]

어린 시절에 관한 빼놓을 수 없는 또 하나의 기억은 집 한 구석에 비치되어 있던 빅토리아 시대에 출간된 『무엇이든 물어보시오Enquire Within Upon Everything』라는 황홀하고도 퀴퀴한 제목의 백과사전식 잡학사전이다. 이 책은 서론에서 이렇게 선언하고 있었다. "밀랍으로 꽃을 만들고 싶은 자, 에티켓 규칙을 익히고 싶은 자, 아침이나 저녁 식사로 랠리시를 내놓으려는 자, 대규모 또는 소규모 저녁 파티를 준비하려는 자, 두통을 치료하고 싶은 자, 유언장을 남기고 싶은 자, 결혼을 하려는 자, 인척을 매장하려는 자를 비롯하여 가정생활과 관계있는 모든 것에 대한 의문이 있는 자는 이 책을 통해 답을 얻을 수 있기를 바란다."[9] 어찌 보면 19세기의 《호울 어스 카탈로그》와도 같은 이 책은 각종 정보와 연관성으로 가득했으며, 훌륭한 색인을 제공했다. "문의 사항이 있는 자는 책 말미의 색인을 참조하시오." 속표지에는 그렇게 적혀 있었다. 1894년 무렵에는 89판이 나왔고, 총 1,188,000부가 판매되었다. 버너스리는 이렇게 전한다. "그 책은 옷에 묻은 얼룩을 제거하는 방법부터 금융 투자에 관한 팁까지, 각종 정보의 관문 역할을 했다. 웹과 완벽하게 같지는 않지만, 그 원시적인 시작점이라 볼 수 있다."[10]

버너스리가 어린 시절부터 곰곰이 생각해온 또 하나의 개념은 인간 두뇌는 임의로 연상 작용을 수행할 수 있는 반면—커피 향을 맡으면서 전에 커피를 마셨을 때 친구가 입고 있던 옷을 떠올린다거나—기계는 프로그래밍된 연상 작용만 수행할 수 있다는 것이었다. 그는 사람들이 함께 작업하는 방식에도 관심이 있었다. 그는 이렇게 설명한다. "어떤 일을 해결하기 위한 솔루션의 절반은 내 머릿속에 있고, 나머지 절반은 상대방의 머릿속에 있을 수 있다. 탁자에 둘러앉아 내가 어떤 말을 시작하면 상대방이 말을 끝내는 식으로 브레인스토밍을 할 수 있는 것이다. 화이트보드에 개념을 적을 때는 서로 상대방이 쓴 글을 수정해줄 수 있다. 서로 떨어져 있다면 이것이 어떻게 가능하겠는가?"[11]

버너스리가 옥스퍼드를 졸업할 무렵, 『무엇이든 물어보시오』와 임의의 연상 작용을 수행할 수 있는 인간 두뇌의 능력, 그리고 타인과의 협업 방식이 그의 머릿속에 한데 어우러져 있었다. 훗날 그는 혁신에 관한 한 가지 진리를 깨닫게 된다. 여러 가지 무작위 개념들이 한꺼번에 들끓다 합쳐질 때 새로운 아이디어가 생겨난다는 것이다. 그는 이 과정을 다음과 같이 설명했다. "반쯤 형성된 아이디어들이 떠다닌다. 그러한 아이디어들은 서로 다른 출처로부터 생겨난 것인데, 인간 정신은 이것들이 꼭 맞아떨어질 때까지 어떻게 해서든 이리저리 그러모아 결합하는 놀라운 일을 수행한다. 꼭 맞아떨어지지 않을 때는 자전거를 타거나 하면 한결 나아지기도 한다."[12]

버너스리의 경우에는 제네바에 있는 초대형 입자 가속기 및 소립자 물리학 연구소 CERN에서 컨설팅 임무를 맡아 근무하던 중 혁신적인 개념들이 결합하기 시작했다. 그는 그곳에서 만 명이 넘는 연구원들과 그들이 수행하는 프로젝트, 그리고 여러 컴퓨터 시스템을 분류하는 방식을 고안하는 일을 맡았다. 컴퓨터와 연구원들은 서로 다른 여러 가지 언어로 업무를 수행했고, 임시변통으로 상호 간 링크를 형성하곤 했다. 이를 관리해야 했던 버너스리는 작업을 용이하게 해줄 프로그램을 작성했다. 연구원들이 CERN의 다양한 관계에 관해 설명할 때 수많은 화살표가 들어간 다이어그램을 사용한다는 사실에서 아이디어를 얻은 그는 프로그램에서 이것을 재현하려 했다. 연구원이나 프로젝트의 이름을 입력하면 관련 연구원들과 프로젝트가 링크로 검색되었다. 버너스리는 이 프로그램을 어린 시절 즐겨 읽던 『무엇이든 물어보시오』의 제목을 따서 '인콰이어Enquire'라고 이름 지었다.

"내가 인콰이어를 좋아한 이유는 매트릭스나 수형도와 같은 구조를 사용하지 않고 정보를 저장했기 때문이다."[13] 매트릭스나 수형도는 위계질서를 기반으로 하고 융통성이 없는 반면, 인간 정신은 무작위로 도약할 줄 안다. 버너스리는 인콰이어를 다듬는 과정에서 그것을 더욱 야심 찬 프로그램으로 만들 비전을 품었다. "모든 곳에 있는 컴퓨터에 저장된 정보가 모두 링크되어 있다고 가정해보자. 그로 인해 하나의 글로벌 정보 공간이 창출될 수 있을 것이다. 즉, 정보의 망이 형성될 것이다."[14] 당시에는 미처 알지 못했지만, 그가 머릿속에 그린 것은 문서를 저장하고 상호 참조하고 검색할 수 있는 배니버 부시의 메멕스 기계를 세계적인 규모로 확장한 것이었다.

그러나 인콰이어를 더욱 발전시킬 기회를 갖기 전에 CERN에서의 컨설팅 업무가 종료되었다. 그는 작업하던 컴퓨터와 코드가 담긴 8인치 플로피 디스켓을 모두 두고 나왔고, 그가 진행한 작업은 머지않아 유실되고 망각되었다. 이후 몇 년간 문서 출판 소프트웨어를 만드는 잉글랜드 회사에서 근무한 버너스리는 지루함을 이기지 못하고 CERN 연구원직에 지원했다. 1984년 9월에 CERN으로 돌아간 그는 당시 그곳에서 진행 중이던 실험 결과를 수집하는 팀에 배정되었다.

CERN은 구두로 또 디지털로 수많은 언어를 사용하는 다양한 연구원과 컴퓨터 시스템의 집합체였다. 그리고 모든 연구원과 시스템 간 정보가 항시 공유되어야 했다. "상호 연결된 다양성이라는 측면에서 CERN은 이 세상의 축소판과도 같았다." 그는 그렇게 회고한다.[15] 이러한 환경 속에서 그는 서로 다른 관점을 가진 사람들이 협업을 통해 반쯤 형성된 상대방의 생각을 아이디어로 바꾸어내는 방식이라는 어린 시절의 고민 주제를 다시 끄집어냈다. "나는 줄곧 사람들이 함께 일하는 방식에 관심을 가져왔다. 다른 기관이나 대학에 소속된 사람들과 같이 일할 일이 많았는데, 그럴 때도 협업이 중요했다. 만약 그 사람들과 회의실에서 같이 일할 수 있었다면 칠판을 온통 뒤덮으며 협업했을 것이다. 나는 사람들이 브레인스토밍을 하고 특정 프로젝트에 관한 그 기관의 기록을 추적할 수 있는 시스템을 찾고 있었다."[16]

그러한 시스템이 있다면 사람들은 멀리 떨어진 상태에서도 상대방이 시작한 말을 끝낼 수 있고 반쯤 형성된 상대방의 생각에 유용한 자양분을 첨가할 수 있을 것이었다. "내가 원한 것은 사람들이 함께 일하고 함께 무언가를 설계하는 데 도움이 되는 시스템이었다. 설계라는 일의 흥미로운 점은 지구상의 다양한 사람들이 어떤 설계의 일부를 머릿속에 갖고 있다는 것이다. 즉, 에이즈 치료법의 일부분이라든지, 암을 이해하는 데 필요한 지식의 일부분이 수많은 사람들의 머릿속에 분산되어 존재하는 것이다."[17] 그의 목표는 사람들이 둘러앉아 상대방의 아이디어에 살을 붙이며 브레인스토밍을 하는 것과 같은 집단 창조성을 멀리 떨어진 사람들 사이에서도 가능하게 하는 것이었다.

이에 버너스리는 인콰이어를 재구성하면서 이를 확장할 여러 방안에 대해 생각해보게 되었다. "나는 연구원들의 기술 논문, 각 소프트웨어 모듈의 매뉴얼, 회의록, 손으로 휘갈겨 쓴 메모 등 각종 정보에 대한 접근을 용이하게 만들고 싶었다."[18] 실로 그가 구상한 것은 그것보다 훨씬 더 야심 찬 것이었다. 타고난 코더다운 차분한 외관 아래에는 밤늦도록 『무엇이든 물어보시오』를 탐독하던 어린아이의 엉뚱한 기발함이 살아 숨 쉬고 있었다. 그가 만들고자 한 것은 단순한 데이터 관리 시스템을 넘어서는 일종의 협업 놀이터였다. "나는 사람들이 모두 함께 놀 수 있는 모래밭 같은 창조적인 공간을 만들고 싶었다." 훗날 그는 그렇게 말한다.[19]

그는 자신이 바라던 연결을 가능하게 해줄 간단한 기법을 발견한다. 바로 하이퍼텍스트였다. 오늘날 웹 서핑을 즐기는 사람이라면 누구에게나 익숙한 개념인 하이퍼텍스트는 클릭했을 때 독자를 다른 문서나 콘텐츠로 이동시키도록 코딩된 단어나 문구를 의미한다. 부시가 메멕스 기계를 기술하면서 그 개념을 구상했고, 1963년 테크놀로지 선지자 테드 넬슨에 의해 명명되었다. 넬슨은 모든 정보가 관련 정보와 쌍방향 하이퍼텍스트 링크로 연결되는 야심 찬 프로젝트인 재너두Xanadu를 기획했으나, 실제로 이를 구현하지는 못했다.

하이퍼텍스트는 버너스리가 구상한 인콰이어 프로그램의 핵심 기능인 연결을 확산시켜줄 수 있는 방식이었다. 누구나 다른 컴퓨터에 있는 문서에 링크될 수 있었고, 컴퓨터 운영 체제가 달라도, 접근 권한이 없어도 문제되지 않았다. "외부 하이퍼텍스트 링크가 구현되지 않은 인콰이어 프로그램과 이것이 구현된 인콰이어 프로그램은 감옥에 수감된 상태와 해방된 상태만큼의 차이를 가진다." 환희에 넘치는 버너스리의 설명이다. "이로 인해 수많은 컴퓨터들을 묶는 새로운 망을 만들 수 있게 된다." 거기에는 중앙 노드도, 명령 허브도 없다. 문서의 웹 주소를 알기만 하면 링크를 타고 문서로 이동할 수 있다. 링크로 구성된 시스템이 이런 식으로 확장되고 퍼져나가, 버너스리의 말을 빌리면 "인터넷을 타고 달릴 수" 있게 된다.[20] 이전의 혁신 두 가지를 엮어 또 한 번 새로운 혁신이 탄생했다. 이번에는 하이퍼텍스트와 인터넷의 결합이었다.

버너스리는 스티브 잡스가 애플에서 쫓겨난 다음 만든 개인용 컴퓨터와 워크스테이션의 놀라운 결합인 넥스트NeXT 컴퓨터를 이용하여 원격 프로시저 호출Remote Procedure Call(RPC)이라는 프로토콜을 개조했다. RPC는 하나의 컴퓨터에서 실행되고 있는 프로그램에서 다른 컴퓨터에 있는 서브루틴을 호출할 수 있도록 해주는 프로토콜이다. 그런 다음 각 문서에 이름을 붙이기 위한 일련의 원칙을 만들었다. 처음에는 이러한 원칙을 '보편 문서 식별자Universal Document Identifier'라고 불렀는데, 표준 승인을 담당하는 '인터넷표준화기구Internet Engineering Task Force'에서 자신이 만든 원칙을 '보편적'이라고 칭한 그의 '오만함'을 지적하는 바람에 'universal'을 'uniform'으로 바꿔야 했다. 종국에는 단어 세 개를 모두 바꿔 Uniform Resource Locators라 부르게 되었다. 이것이 오늘날 우리가 사용하는 http://www.cern.ch와 같은 URL이다.[21] 1990년 말경에는 네트워크에 생명을 불어넣기 위한 일련의 도구가 완성되었다. 온라인상에서 하이퍼텍스트를 교환하는 데 사용되는 HTTP(하이퍼텍스트 전송 프로토콜), 웹 페이지를 생성하는 데 사용되는 HTML(하이퍼텍스트 마크업 언어), 정보를 검색하고 표시하는 응용 프로그램 소프트웨어인 초기 브라우저, 그리고 네트워크로부터 전송된 요청에 응답할 수 있도록 설계된 서버

소프트웨어가 고안된 것이다.

1989년 3월, 설계를 마친 버너스리는 CERN의 상급 관리자들에게 공식적인 자금 지원 제안서를 제출했다. 제안서에는 이렇게 썼다. "성장하고 진화할 수 있는 정보의 풀을 만들고자 한다. (중략) 위계질서를 갖춘 고정된 시스템보다 상호 링크로 연결된 메모의 '망'이 훨씬 더 유용할 것이다."[22] 그의 제안서는 긍정적인 반응과 당혹스럽다는 반응을 동시에 불러일으켰다. 상급자 중 한 명인 마이크 센달은 제안서 상단에 이렇게 적었다. "모호하긴 하나 흥미롭다." 그는 나중에 다음과 같이 인정한다. "팀의 제안서를 읽었을 때는 그게 무엇인지 정확히 알지 못했지만, 대단하다고 생각하기는 했다."[23] 또 한 번 뛰어난 발명가가 개념을 현실로 만들어줄 협업자를 필요로 하는 시점이었다.

웹이라는 개념은 디지털 시대의 그 어떤 혁신보다도 한 명의 개인에 의해 구상된 것이었다. 그러나 버너스리에게는 이를 실현시켜줄 파트너가 필요했다. 다행히도 그는 CERN에서 파트너를 구할 수 있었다. 벨기에 출신 엔지니어 로베르 카이오로, 그 역시 비슷한 아이디어를 궁리하던 차에 기꺼이 협력하겠다고 나섰다. "하이퍼텍스트와 인터넷의 결혼식에서 신랑의 들러리 역을 한 자는 로베르였다." 버너스리의 말이다.

품위 있는 태도와 관료주의적 기술을 겸비한 카이오는 CERN 내에서 프로젝트 전도사 역할을 맡을 적임자이자 무슨 일이 있어도 업무를 완수해내는 프로젝트 관리자였다. 이발 시기마저 체계적으로 관리할 만큼 옷차림에 꼼꼼하게 신경 쓰는 멋쟁이이기도 한 그는 버너스리에 따르면 "나라마다 전원 코드가 달라 호환이 안 되는 실정에 미친 듯이 짜증을 내는 그런 유의 엔지니어"였다.[24] 한 명은 제품을 설계하는 선지자로, 다른 한 명은 성실한 프로젝트 관리자로, 이 둘은 혁신적인 팀에서 종종 볼 수 있는 동반자 관계를 형성했다. 계획을 짜고 업무를 정리하길 좋아한 카이오는 자신이 버너스리가 "세세한 일에 머리를 파묻고 소프트웨어를 개발할 수 있도록" 길을 터주는 역할을 했다고 말한다. 한번은 버너스리와 프로젝트 계획을 검토하려고 했는데, "그가 개념 자체를 이해하지 못한다는 사실을 깨달았다"고 한다.[25] 버너스리는 카이오가 있었기에 계획이라는 것을 이해하지 않아도 되었다.

카이오가 가장 먼저 기여한 일은 버너스리가 CERN 관리자들에게 제출한 자금 지원 제안서를 다듬은 것이었다. 모호한 면을 구체화하고, 흥미로운 면을 부각했다. 제일 먼저 '정보 관리Information Management'라는 제목을 손보았다. 카이오는 어렵지 않게 더욱 마음을 끄는 제목을 생각해 낼 수 있을 것이라고 주장했다. 버너스리는 몇 가지 대안을 내놓았다. 첫 번째 대안은 '정보의 보고Mine of Information'였는데, 두문자어로 줄이면 프랑스어로 '나'를 뜻하는 MOI가 되어 지나치게 자기중심적으로 보인다는 이유로 폐기되었다. 두 번째 대안은 '정보 보고The Information Mine'로, 줄이면 TIM이 되는 바람에 역시 폐기되었다. 카이오는 또한 CERN에서 즐겨 사용되던 방식인 그리스 신이나 이집트 파라오의 이름을 따는 것도 거부했다. 그러던 중 버너스리가 매우 직접적이고도 설명적인 대안을 내놓았다. "월드 와이드 웹World Wide Web이라고 부르세." 그가 말했다. 기존 제안서에서 사용한 메타포이기도 했다. 카이오는 난색을 표했다. "그럴 수 없어. 줄여서 WWW가 되는데, 그러면 원 이름보다 더 길어지잖아!"[26] '월드 와이드 웹'은 (영어로) 세 음절인 반면, '더블유 더블유 더블유'는 아홉 음절이었던 것이다. 하지만 버너스리는 침착하면서도 고집스러운 면이 있었다. "부르기에 좋아." 그는 그렇게 단언했다. 제안서의 제목은 결국 '월드와이드웹: 하이퍼텍스트 프로젝트를 위한 제안WorldWideWeb: Proposal for a HyperText Project'으로 변경되었다. 이렇게 웹의 이름이 탄생했다.

프로젝트가 공식화되자 CERN의 행정 담당자들은 특허 출원을 원했다. 카이오가 이 문제를 거론하자 버너스리가 반대했다. 그는 웹이 가능한 한 빨리 퍼지고 진화하기를 바랐고, 그러기 위해서는 웹이 무료로 공개되어야 했다. 한번은 카이오를 보며 힐난조로 물었다. "로베르, 부자가 되고 싶나?" 카이오는 처음에 이렇게 반응했다고 회상한다. "되면 좋지, 안 그래?"[27] 그러나 그것은 버너스리가 원한 반응이 아니었다. "보아하니 그는 그런 것에는 관심이 없었다. 팀은 돈을 위해서 그 프로젝트를 진행한 것이 아니었다. 그는 일반적인 CEO와는 달리 낮은 등급의 호텔에서도 얼마든지 잘 수 있는 사람이었다."[28]

버너스리는 웹 프로토콜을 무료로 공개하고 누구나 이용할 수 있게 해야 한다고 주장했다. 웹과 그 설계는 결국 공유와 협업을 증진하기 위해 만들어진 것이라는 주장이었다. CERN에서는 동 기관이 "소스와 바이너리 코드 모두에 대한 지식재산권을 포기하며, 누구에게나 그것을 사용하고 복제하고 수정하고 재배포할 권한을 부여한다"고 선언하는 문서를 발행했다.[29] 또한 종내에는 리처드 스톨먼과 손잡고 GNU 일반 공중 사용 허가서를 채택했다. 그 결과 역사상 가장 원대한 무료 오픈소스 프로젝트가 세상에 나오게 되었다.

이러한 방식에는 자신을 전면에 내세우지 않는 버너스리의 태도가 반영되어 있다. 그는 입신출세에 대한 어떠한 암시도 꺼려했다. 유니테리언 유니버설리즘 교회의 신도이기도 한 그가 견지한 동료 공유와 존중이라는 도덕적 관점 또한 이러한 자세의 원천으로 작용했다. 그는 유니테리언 신도들에 대해 이렇게 말한다. "신도들은 유선으로 컴퓨터에 연결된 호텔이 아닌 교회에서 만나고, 프로토콜이나 데이터 형식 대신 정의와 평화, 갈등과 도덕에 관해 논하지만, 그 외에는 인터넷표준화기구와 매우 유사한 동료 존중 자세를 보인다. (중략) 인터넷과 웹의 설계에 컴퓨터들이 조화롭게 협업할 수 있기 위한 일련의 규칙이 필요했던 것처럼, 신도들은 사람들이 조화롭게 협업할 수 있기 위한 일련의 규칙을 영적, 사회적으로 모색한다."[30]

신제품 출시에는 종종 떠들썩한 야단법석이 수반되곤 하지만—벨 연구소의 트랜지스터 공개 행사와 스티브 잡스의 매킨토시 출시 행사를 생각해보라—가장 중대한 혁신 중 어떤 것은 역사의 무대에 살금살금 등장하기도 한다. 1991년 8월 6일, 인터넷으로 alt.hypertext 뉴스그룹을 훑어보고 있던 버너스리는 다음과 같은 질문을 마주하게 된다. "복수의 이종異種 소스로부터 데이터를 검색할 수 있는 하이퍼텍스트 링크와 관련된 연구나 개발 시도가 있는지 아시는 분 있습니까?" 오후 2시 56분에 timbl@info.cern.ch로 발송한 그의 답변은 최초의 공식적인 웹 발표가 되었다. "월드와이드웹 프로젝트는 모든 정보가 어디에나 링크되도록 하는 것을 목표로 합니다. (중략) 해당 코드에 관심이 있으시면 이메일을 주십시오."[31]

겸손한 성품의 버너스리는 자신의 겸손한 게시글이 얼마나 심오한 개념을 풀어놓았는지 가늠하지 못했다. 모든 정보가 어디에나. "나는 사람들이 무엇이든지 웹상에 올릴 수 있도록 하기 위해 오랜 시간을 고심했다." 20여 년이 지난 뒤 버너스리는 말한다. "하지만 사람들이 말 그대로 무엇이든 올릴 수 있을 것이라고 생각하지는 못했다."[32] 그야말로 '무엇이든'이었다. 무엇이든 물어보시오.

마크 안드레센과 모자이크

사람들이 웹에서 사이트를 불러오려면 컴퓨터에서 실행되는 클라이언트 소프트웨어, 즉 브라우저가 필요했다. 버너스리는 문서를 불러오고 편집도 할 수 있는 브라우저를 만들었다. 그는 웹이 사용자들이 협업할 수 있는 공간이 되기를 바랐다. 그러나 그가 만든 브라우저는 NeXT 컴퓨터에서만 작동했다. 당시 보급된 NeXT 컴퓨터는 몇 대 되지 않았고, 버너스리에게는 다른 브라우저를 만들 시간도 자원도 없었다. 그는 레스터폴리테크닉에서 수학을 전공하는 학부생으로 CERN에서 인턴을 하고 있던 니콜라 펠로우에게 UNIX와 마이크로소프트 운영 체제에서 사용할 수 있는 최초의 범용 브라우저를 만들라고 지시했다. 펠로우가 만든 브라우저는 매우 기본적인 기능만 수행할 수 있었지만, 어쨌든 그것을 사용하여 웹에 접속할 수 있었다. "자신이 만들 브라우저가 세계라는 무대 위에 웹이 첫발을 내딛도록 하는 매개체가 될 것이었지만, 펠로우는 동요하지 않았다." 카이오가 회상한다. "지시를 받자 그녀는 그저 자리에 앉아 일에 착수했다. 자신이 얼마나 엄청난 일을 야기하게 될지 깨닫지 못한 채."[33] 일을 마친 펠로우는 레스터폴리테크닉으로 돌아갔다.

버너스리는 곧 다른 사람들에게 펠로우가 만든 브라우저를 개선하라고 촉구했다. "우리는 전 세계의 모든 이들에게 브라우저를 만드는 일이 쓸모 있는 프로젝트가 될 것이라고 열심히 제안했다."[34] 1991년 가을이 되자 대여섯 개의 실험적인 버전이 나왔고, 유럽의 다른 연구 센터들로 웹이 빠르게 퍼져나갔다.

웹은 그해 12월에 대서양을 건넜다. '스탠퍼드 선형 가속기 센터Stanford Linear Accelerator Center'의 입자 물리학자 폴 쿤즈가 CERN을 방문했는데, 이

때 버너스리가 그를 웹의 세계로 이끌었다. "그는 팔을 잡아끌며 자신을 보러 오라고 고집했다." 쿤즈는 정보 관리에 관한 하품 나는 시연을 보게 될까 봐 꺼렸다며 전한다. "그러다 그가 보여주는 것을 보고 눈이 번쩍 뜨였다."[35] 버너스리의 NeXT 컴퓨터에서 실행 중인 웹 브라우저에 다른 곳에 위치한 IBM 컴퓨터로부터 불러온 정보가 표시되고 있었다. 쿤즈는 버너스리의 소프트웨어를 가지고 미국으로 돌아갔고, 미국 최초의 웹 서버 http://slacvm.slac.stanford.edu/가 만들어졌다.

월드 와이드 웹은 1993년에 본격적으로 궤도에 올랐다. 연초에는 지구상에 50대에 달했던 웹 서버가 10월에는 500대로 증가했다. 추진력이 붙은 원인 중 하나로 고퍼Gopher*의 유료화를 들 수 있는데, 인터넷상에서 정보에 접근하는 또 다른 방식이었던 미네소타 대학의 송신 및 수신 프로토콜 고퍼의 개발자들이 서버 소프트웨어에 사용 요금을 부과할 계획이라는 소문이 돌았다. 그보다 더 중요한 동력은 그래픽 기능을 갖추었으며 설치가 용이한 최초의 웹 브라우저가 등장한 것이었다. 고어법에 의해 자금 지원을 받는 일리노이 대학교 어바나-샴페인 캠퍼스의 '국립슈퍼컴퓨팅응용센터National Center for Supercomputing Applications(NCSA)'에서 모자이크Mosaic라는 이름의 브라우저를 개발했다.

모자이크 개발의 주역은 마크 안드레센이었다. 1971년에 아이오와주에서 태어나 옥수수 지대인 위스콘신에서 자란 193센티미터의 거구 안드레센은 뛰어난 집중력을 가진 학부생이자 몸집만 큰 아이 같은 인

*고퍼는 웹의 HTTP와 마찬가지로 인터넷(TCP/IP) 애플리케이션 레이어 프로토콜이다. 고퍼는 (주로 텍스트 기반의) 문서를 온라인으로 검색하고 배포하는 메뉴 기반 탐색 서비스였다. 문서에 링크가 임베디드된 방식이 아닌, 서버를 통한 링크가 운용되었다. 미네소타 대학의 마스코트를 따 이름 지었으며, 'go for'와 비슷한 발음이 의도된 명명이기도 했다.

물이다. 인터넷 선구자들의 팬인 그는 선구자들의 글을 읽고 영감을 받으며 성장했다. "배니버 부시의 「우리가 생각하는 대로」를 보고는 '그래, 이거지! 부시가 결국 알아냈군!'이라고 생각했다. 부시는 디지털 컴퓨터가 주어지지 않은 사람이 할 수 있는 최대한으로 인터넷을 구상했다. 부시와 찰스 배비지는 같은 부류라고 할 수 있다." 안드레센의 또 다른 영웅은 더글러스 엥겔바트였다. "엥겔바트의 연구소는 인터넷을 구성하는 4번 노드였는데, 그건 마치 전 세계에서 네 번째 전화를 가진 것과 같다. 그는 인터넷이 만들어지기도 전에 인터넷을 이해하는 놀라운 선견지명을 가지고 있었다."[36]

1992년 11월에 웹 시연을 보게 된 안드레센은 깊은 감명을 받고 NCSA의 일급 프로그래머 에릭 비나와 함께 더 뛰어난 브라우저를 만드는 일에 착수했다. 이들은 버너스리가 제시한 개념은 마음에 들었지만 CERN에서 구현한 소프트웨어가 재미가 없고 근사한 기능도 빠져 있다고 생각했다. "누군가 제대로 된 브라우저와 서버를 만들 수 있다면 정말 대단할 거야." 안드레센은 비나에게 그렇게 말했다. "우리가 이걸 제대로 한번 해보자고."[37]

안드레센과 비나는 두 달 동안 빌 게이츠와 폴 앨런을 방불케 하는 광란의 프로그래밍에 빠져들었다. 사나흘 동안 쉬지 않고 코딩에 매진한 다음—안드레센은 우유와 쿠키로, 비나는 스키틀 초콜릿과 마운틴 듀로 연명했다—하루 진종일 잠을 자면서 원기를 회복했다. 체계적인 프로그래머 비나와 제품에 대한 감각을 지닌 선지자 안드레센은 멋진 팀을 이루었다.[38]

1993년 1월 23일, 버너스리가 웹을 선보일 때 보인 딱 그만큼의, 혹은 그보다 살짝 더한 과시와 함께 marca@ncsa.uiuc.edu가 www-talk 인터넷 뉴스그룹에 모자이크의 탄생을 알렸다. "딱히 나에게 권한을 부여한 사람은 없지만," 안드레센은 글을 그렇게 시작했다. "NCSA의 모티프Motif 기반 네트워크화 정보 시스템의 알파/베타 버전 0.5와 월드 와이드 웹 브라우저 'X 모자이크'가 출시되었음을 이에 공표하는 바이다." 버너스리는 모자이크의 출시를 반기며 이틀 후에 다음과 같이 답글을 게시했다. "훌륭하다! 새로운 브라우저는 항상 이전 것보다 섹시하다." 그러고는 info.cern.ch에서 다운로드할 수 있는 브라우저 목록에 모자이크를 추가했다.[39]

모자이크가 인기를 끌었던 이유는 설치 방법이 간편했고 웹 페이지에 이미지를 넣을 수 있도록 설계되어서였다. 게다가 안드레센이 디지털 시대의 기업가들만이 공유하는 비결을 간파했기 때문에 더욱더 인기가 높아질 수 있었다. 그는 인터넷 뉴스그룹을 통해 제안과 불만 사항을 수집하고 빨아들이면서 사용자 피드백에 광적으로 주의를 기울였다. 그런 다음 지속적으로 업데이트 버전을 내놓았다. 그는 이렇게 전한다. "제품을 내놓고 즉각적인 피드백을 받는 것은 멋진 일이었다. 그러한 피드백 루프를 통해 어떤 기능이 좋고 어떤 기능이 별로인지 바로바로 알 수 있었다."[40]

지속적으로 개선 사항을 내놓는 안드레센에게 버너스리 또한 강한 인상을 받았다. "그에게 버그 보고서를 보내면 두 시간 뒤에 수정 사항이 반영된 버전을 메일로 보내오곤 했다."[41] 세월이 지나 벤처 투자가로 거듭난 안드레센은 차트나 프레젠테이션보다 코드 실행과 고객 서비스에 중점을 두는 스타트업 창업자들을 선호한다는 규칙을 세우게 된다. "후자가 바로 3조 달러 회사로 성장할 이들이다." 안드레센은 그렇게 전한다.[42]

그런데 안드레센의 브라우저가 가진 특성 중 버너스리를 실망시키고 나아가 그의 신경을 거슬리게 하는 것이 있었다. 모자이크의 외관은 눈부실 정도로 유려했지만, 안드레센은 시선을 잡아끄는 페이지를 게재하기 위한 리치 미디어 기능에 치중한 반면, 버너스리는 전문적인 협업을 용이하게 하는 도구에 더욱 관심을 두어야 한다고 생각했다. 1993년 3월, 시카고에서 회의를 마친 버너스리는 일리노이 중부의 "끝나지 않을 것처럼 펼쳐진 옥수수밭을 횡단하여" 안드레센과 비나를 보기 위해 NCSA를 방문했다.

화기애애한 만남은 아니었다. "이전까지 브라우저 개발자들과 진행했던 회의가 명석한 두뇌의 만남의 장이었다면, 이들과의 회의에는 묘한 긴장이 흐르고 있었다." 버너스리는 그렇게 회고한다. 그는 전담 홍보 직원까지 두고 대중의 관심을 끌어모으고 있는 모자이크 개발자들이 "자신들을 웹 개발의 주역으로 포장하고 그야말로 웹이라는 이름을 모자이크로 바꾸려 한다"고 느꼈다.[43] 그들이 웹을 소유하려 한다고, 어쩌면 그로부터 이윤을 얻으려 한다고 버너스리는 생각했다.*

안드레센은 버너스리의 회고가 재미있다는 입장을 취했다. "팀이 우리를 방문한 것은 실무 회담보다 국빈 방문 쪽에 가까웠다. 웹은 이미 여기저기서 크고 작은 불길을 일으키고 있었고, 팀은 자신이 웹을 더는 통제하지 못한다는 사실을 불편해했다." 이미지 내장 기능에 대한 버너스리의 반대는 기이하고 순혈주의적으로 느껴졌다. "그는 텍스트만 원했다. 게다가 특히 잡지를 싫어했다. 그가 가진 비전은 무척 순혈적인 것이었다. 그는 웹이 과학 논문용으로만 사용되길 바랐다. 이미지는 지옥으로 향하는 첫 번째 발걸음이라는 것이 그의 관점이었다. 그리고 멀티미디어와 잡지, 번쩍이는 화려함과 게임과 소비자용 콘텐츠는 지옥

*그로부터 1년 뒤, 안드레센은 성공적인 연쇄 창업자 짐 클라크와 합심하여 넷스케이프라는 회사를 설립했다. 넷스케이프는 모자이크의 상용 버전을 제품으로 출시했다.

으로 향하는 도로였다." 고객 중심적인 사고를 가진 안드레센은 버너스리의 의견이 학자 특유의 헛소리라고 생각했다. "나는 무엇이든 손으로 직접 만지고 경험하길 좋아하는 중서부 출신이다. 사람들이 이미지를 원하면 그들에게 이미지를 주는 것이 옳다. 당연한 것 아닌가."[44]

버너스리가 근본적으로 비판한 지점은 안드레센이 멀티미디어나 장식적인 서체 등의 화려한 시각 요소에 치중함으로써 브라우저의 핵심적인 기능, 즉 사용자들이 상호 작용하고 웹 페이지의 콘텐츠에 기여할 수 있게 만드는 편집 도구를 간과하고 있다는 것이었다. 시각 요소에 주안점을 둠으로써 웹은 협업과 창조적 공유의 장이 아닌 서버를 보유한 사람들을 위한 콘텐츠 출판 플랫폼으로 조금씩 접근하고 있었다. "나는 마크가 모자이크에 편집 도구를 넣지 않았다는 사실에 실망을 금치 못했다." 버너스리의 전언이다. "웹을 출판 매체가 아닌 협업을 위한 매체로 사용하겠다는 마음가짐이 조금 더 강했더라면 오늘날 훨씬 강력한 도구가 되어 있을 것이라 생각한다."[45]

실제로 모자이크의 초기 버전에는 '협업' 버튼이 존재했다. 사용자들은 이를 이용해 문서를 다운로드하고 작업한 다음 다시 게시할 수 있었다. 그러나 모자이크는 본격적인 편집기는 아니었고, 안드레센은 그렇게 만들 실용적인 필요성을 느끼지 못했다. "나는 편집기를 만드는 것에 대한 보편적이라 할 수 있는 경멸적 태도에 놀랄 수밖에 없었다." 버너스리는 그렇게 불평을 털어놓았다. "하이퍼텍스트 편집기가 없었다면 사람들은 웹을 친밀한 협업적 매체로 사용하기 위한 도구를 갖지 못했을 것이다. 브라우저를 이용하여 정보를 찾고 공유할 수 있었겠지만 직관적인 협업은 불가능했을 것이다."[46] 버너스리의 주장은 어느 정도 옳았다. 웹은 놀랄 만한 성공을 거두었지만, 그것이 더욱 협업적인 매체로 성장했더라면 오늘날 우리가 사는 세상은 한층 흥미로운 곳이 되어 있을지 모른다.

버너스리는 소살리토의 금문교 아래 선상 가옥에 살고 있던 테드 넬슨도 방문했다. 넬슨은 25년 전 재너두 프로젝트를 기획하며 하이퍼텍스트 네트워크의 개념을 정립한 인물이다. 이들의 만남은 유쾌한 분위기로 진행되었으나, 넬슨은 재너두의 주요 요소가 웹에서 빠져 있다는 사실을 언짢아했다.[47] 그는 하이퍼텍스트 네트워크는 쌍방향 링크로 이루어져야 한다고 생각했다. 이를 위해서는 링크를 생성하는 측과 링크되는 페이지를 생성한 측 양쪽으로부터 승인을 받아야 한다. 이러한 시스템은 콘텐츠 생산자에게 소액의 보상이 지급될 수 있다는 부수적 이익이 발생한다. "링크는 시도 때도 없이 깨져 있고, 한 방향으로만 연결되고, 출처를 알 수 없는 인용이 난무하고, 버전 관리는 제대로 되지 않고, 소유권 관리는 아예 존재하지 않는 HTML은 우리가 막으려고 노력한 그 자체다." 넬슨은 훗날 그렇게 안타까움을 표했다.[48]

만일 넬슨의 양방향 링크 시스템이 우세했더라면 링크 사용량을 측정하여 사용된 콘텐츠의 생산자에게 소액의 지급금이 자동으로 축적될 수 있었을 것이다. 이 경우 출판과 저널리즘과 블로깅이라는 산업 전체가 다른 방식으로 전개될 수 있었을지 모른다. 디지털 콘텐츠 생산자들은 갈등 없는 간편한 방식으로 보상을 받고, 오직 광고주에만 의존하지 않아도 되는 방식을 포함하여 다양한 수익 모델이 창출될 수 있었을 것이다. 웹은 그 대신 콘텐츠 생산자보다 정보 취합자aggregator가 큰돈을 버는 분야로 진화했다. 그에 비해 소규모 블로깅 사이트는 물론 대규모 미디어 기업 소속 저널리스트들이 보상을 받을 경로는 훨씬 적다. 『누가 미래를 소유하는가?Who Owns the Future?』의 저자 재런 래니어는 다음과 같이 주장한다. "인터넷상에서 소통이 이루어지기 위해 광고를 통해 자금을 대는 산업은 선척적으로 자기 파괴적이다. 만약에 백링크가 보편적으로 존재한다면, 누군가에게 유용한 정보를 만든 사람에게 소액 보상금을 지급할 수 있는 기반이 다져질 수 있을 것이다."[49] 하지만 쌍방향 링크와 소액 지급이 실현되려면 중앙에서 이루어지는 모종의 조율 시스템이 필요했을 터이다. 이는 웹의 대규모 확산에 걸림돌로 작용할 것이었고, 때문에 버너스리는 이러한 아이디어에 반대했다.

1993년과 1994년에 걸쳐 웹이 본격 궤도에 오를 무렵, 나는 타임 본사에서 뉴미디어 편집자로 근무하며 인터넷 전략을 담당하고 있었다. 초창기에는 AOL, 컴퓨서브, 프로디지와 같은 전화 접속 온라인 서비스와 계약을 맺었다. 당사에서는 콘텐츠를 제공하고, 구독자들에게 해당 온라인 서비스를 홍보하고, 대화방과 게시판을 운영했다. 대화방과 게시판을 통해 공동체가 조직되기도 했다. 이에 대한 반대급부로 연간 100만 달러에서 200만 달러 사이의 로열티 수익을 올릴 수 있었다.

이러한 독점적 온라인 서비스를 대신해 부상한 공개적인 인터넷은 잡지사에 스스로의 운명과 구독자들을 장악할 수 있는 기회를 제공하는 것처럼 보였다. 1994년 4월 내셔널매거진 상 식후 오찬에서 나는 《와이어드》의 설립자이자 편집자 루이 로세토와 고퍼, 아키Archie, FTP, 웹 등 당시 떠오르고 있던 인터넷 프로토콜 및 검색 도구 중 어느 것을 활용하는 것이 가장 좋을지를 놓고 대화를 나누었다. 로세토는 모자이크와 같은 브라우저에서 제공되는 훌륭한 그래픽 기능이 있는 웹이 가장 좋을 것이라 말했다. 1994년 10월에는 〈핫와이어드〉*와 타임 본사 소속의 일군의 웹 사이트가 일제히 서비스를 개시했다.

타임에서는 기존의 타임 브랜드—타임, 피플, 라이프, 포춘, 스포츠

*1994~99년 서비스된 최초의 상업 웹 잡지. 당시 인쇄 잡지《와이어드》와 별도로 운영됨—옮긴이.

일러스트레이티드Sports Illustrated—와 〈패스파인더PathFinder〉라는 신규 포털을 통해 여러 가지 실험을 해보았다. 또한 〈버추얼가든Virtual Garden〉에서부터 〈네틀리뉴스Netly News〉에 이르는 각종 신규 브랜드도 출시했다. 초기에는 소액의 요금이나 구독료를 부과하려는 계획이었지만, 매디슨가의 광고 대행사들이 새로운 매체의 출현에 흥분하여 타임에서 개발한 각 사이트의 배너 광고를 구매하기 위해 본사 건물로 떼를 지어 몰려드는 바람에 타임을 비롯한 저널리즘 기업들은 콘텐츠는 무료로 제공하되 가능한 한 조회수를 높여 광고 수익을 올리는 쪽을 택했다.

이것은 결과적으로 지속 가능하지 않은 비즈니스 모델임이 판명되었다.[50] 웹 사이트의 개수, 그리고 그를 통한 광고 슬롯 공급량은 몇 개월마다 기하급수적으로 늘어난 데 반해 총 광고비는 상대적으로 그대로 머물러 있었다. 즉, 광고비가 결국 폭락할 수밖에 없었다는 뜻이다. 뿐만 아니라 이것은 윤리적으로도 건전한 모델이 아니었는데, 이러한 모델하에서 저널리스트들은 독자의 요구가 아닌 광고주의 요구를 우선적으로 따라야 했다. 하지만 그 시점에서 소비자들은 이미 콘텐츠는 무료로 제공되어야 한다고 생각하도록 훈련되어 있었다. 이러한 믿음을 흔들기 위한 시도가 생겨나려면 20년은 지나야 했다.

1990년대 후반에 버너스리는 자신이 조직한 '월드 와이드 웹 컨소시엄World Wide Web Consortium(W3C)'을 통해 웹을 위한 소액 지급 시스템을 개발하려고 시도했다. 소액 결제를 처리하기 위한 정보를 웹 페이지에 내장할 방식을 고안해내면 은행이나 기업가들에 의해 다양한 '전자 지갑' 서비스가 만들어질 것이라는 계산이었다. 이 시스템은 결국 구현되지 못했는데, 금융 규제가 복잡하고 변화무쌍하다는 것을 부분적인 이유로 들 수 있다. 안드레센은 이렇게 설명한다. "처음에 시작했을 때 가장 먼저 시도한 것은 콘텐츠를 게시하는 사람들이 소액 지급금을 받을 수 있도록 하는 것이었다. 하지만 일리노이 대학에는 그러한 시스템을 구현할 리소스가 없었다. 신용 카드 시스템과 뱅킹 시스템도 중대한 저해 요인이었다. 최선을 다했지만, 그쪽 사람들을 상대하는 것은 골치 아프고 성가신 일이었다. 엄청나게 골치 아픈 일이었다."[51]

2013년에 버너스리는 W3C의 '소액 지불 마크업 작업 그룹Micropayments Markup Working Group' 활동 중 일부를 재개했다. "우리는 다시금 소액 지불 프로토콜을 살펴보고 있다. 소액 지불이 가능해지면 웹은 지금과는 전혀 다른 곳이 될 것이다. 엄청난 역량 강화를 기대할 수 있다. 양질의 기사를 읽거나 노래를 듣고 돈을 지불할 수 있다면 글을 쓰거나 곡을 만드는 사람들을 더욱 지원할 수 있을 것이다."[52] 안드레센은 2009년에 출현한 피어-투-피어 결제 시스템이자 디지털 화폐인 비트코인*이 더 나은 결제 시스템의 모델이 되면 좋을 것이라고 말한다. "만약 내게 타임머신이 있어서 1993년으로 돌아갈 수 있다면, 다른 건 몰라도 반드시 비트코인이나 그와 유사한 암호화폐를 내장시킬 것이다."[53]

나는 타임과 여러 미디어 기업들이 한 가지 실수를 저질렀다고 생각한다. 1990년대 중반에 웹에 안착한 이후 공동체 생성을 등한시한 것이다. 타임은 AOL과 컴퓨서브 사이트 운영 시 사용자들과 공동체를 형성하는 데 대부분의 노력을 기울였다. 《타임》의 게시판을 운영하고 대화방에서 사회자 역할을 맡도록 더 웰의 초기 구성원인 톰 만델을 채용하기도 했다. 사용자들 간에 사회적 유대감과 동질감을 형성하는 것이 간행물의 기사를 게시하는 것보다 우선시되었다. 1994년에 웹으로의 마

*비트코인을 비롯한 다른 암호화폐 시스템은 수학적으로 코딩된 암호화 기술 및 각종 암호 기법 원리를 사용하여 중앙에서 통제될 수 없는 보안 화폐를 생성한다.

이그레이션을 단행하면서 타임은 처음에는 그와 동일한 전략을 취하려고 했다. 〈패스파인더〉에 게시판과 대화 그룹을 만들고, AOL의 단순한 토론 스레드를 그대로 옮겨오기 위해 엔지니어들을 다그치기도 했다.

그러나 시간이 흐름에 따라 사용자 공동체를 생성하거나 사용자가 생성한 콘텐츠의 장을 제공하기보다는 자사의 기사를 온라인에 게시하는 데 더욱 집중하게 되었다. 타임을 비롯한 여러 미디어 기업들은 인쇄 간행물을 웹 페이지에 맞게 재구성하여 독자들의 수동적 소비를 위해 제공했고, 독자 토론은 페이지 하단에 위치한 일련의 댓글 영역으로 밀려났다. 그나마 관리되지 않은 불평이나 실없는 소리가 대부분이었던 댓글은 본사 직원들도, 그 누구도 읽는 일이 없다시피 했다. 유즈넷이나 더 웰이나 AOL에서는 토론과 공동체와 사용자들이 만든 콘텐츠에 방점이 찍혔지만, 웹은 그와 달리 오래된 술—인쇄 발행물에서 볼 수 있는 유형의 콘텐츠—을 새 부대에 담기 위한 출판 플랫폼이 되었다. 텔레비전이 출현한 지 얼마 되지 않았을 때, 텔레비전으로 송출되는 내용이라고는 라디오 프로그램에 그림을 입힌 것밖에 없던 시절과 비슷하다. 때문에 미디어 업계는 실패할 수밖에 없었다.

다행히 거리는 물건에서 그 나름의 용도를 찾아낸다. 곧 새로운 형식의 매체가 생겨나서 신기술의 이점을 활용하기 시작했다. 1990년대 중반에 부상한 블로그와 위키의 성장에 뒤이어 다시금 활기를 되찾은 웹 2.0이 등장함으로써 사용자들은 협업하고, 상호 작용하고, 공동체를 형성하고, 직접 콘텐츠를 생성할 수 있게 되었다.

저스틴 홀, 그리고 웹 로그가 블로그가 되기까지

1993년 12월, 스워스모어 칼리지의 신입생이던 저스틴 홀은 학생 휴게실에 놓여 있던《뉴욕 타임스》를 집어 모자이크 브라우저에 관한 존 마코프의 기사를 읽었다. "이것은 마치 정보 시대의 숨겨진 보물 지도와 같다." 기사는 그렇게 시작했다. "개인과 기업이 무료로 사용할 수 있는 새로운 소프트웨어 프로그램으로 컴퓨터 초보조차 글로벌 인터넷을, 정보로 가득하나 탐색은 어려운 네트워크의 네트워크를 간편하게 탐험할 수 있게 되었다."[54] 개구쟁이 같은 미소와 어깨까지 기른 금발에 키가 멀대같이 큰 컴퓨터 긱이었던 홀은『허클베리 핀의 모험』과『반지의 제왕』에 등장하는 엘프를 섞어놓은 듯한 모습이었다. 시카고에서 전화 접속으로 컴퓨터 게시판을 누비며 성장한 홀은 기사를 읽자마자 모자이크를 다운로드해 웹 서핑을 시작했다. "그 발상 자체에 나는 넋을 잃고 말았다"고 그는 회상한다.[55]

홀은 곧 다음과 같은 사실을 깨달았다. "온라인에 게시된 글들은 대부분 아마추어적이었다. 그닥 할 말이 없는 사람들이 글을 게시하고 있었다." 그는 애플 파워북과 무료로 다운로드한 MacHTTP 소프트웨어를 사용하여 스스로를, 그리고 자신과 마찬가지로 장난기 짙은 세계관과 십대다운 집념을 가진 사람들을 즐겁게 해줄 웹 사이트를 만들기로 했다. "나는 직접 쓴 글을 전자적으로 게시하고 모양새를 멋지게 만들고 링크를 통해 웹과 맞물리게 할 수 있었다."[56] 1994년 1월 중순에 사이트를 개시했고, 기쁘게도 며칠 뒤부터 웹상을 떠돌던 낯선 이들이 우연히 그곳에 들르곤 했다.

그가 만든 첫 홈페이지에는 짓궂은 친밀함이 있었다. 게시물에는 올리버 노스 중령 뒤에서 우스꽝스러운 표정을 짓고 있는 홀의 사진, LSD

를 입에 넣고 있는 캐리 그랜트의 사진, 그리고 "정보 고속도로 최초의 공식 보행자 앨 고어"를 향한 진심 어린 인사말이 있었다. 게시글은 대체적으로 스스럼없는 회화체를 유지했다. 첫 글은 다음과 같았다. "안녕! 이것이야말로 21세기의 컴퓨팅이지. 인내심을 갖고 기다린 가치가 있을까? 뭐, 내가 이 글을 게시하고 있고, 당신이 이걸 읽고 있다는 건 어느 정도 그걸 알아내기 위해서일 거다. 안 그래?"

당시에는 웹 디렉토리나 검색 엔진이 존재하지 않았다. 제네바 대학교의 고루한 W3 카탈로그나 일리노이 대학교 NCSA의 '새 소식What's New' 페이지가 전부였다. 홀은 자신만의 디렉토리를 만들고, 이를 "근사한 잡동사니 메뉴"라 불렀다. 그러다 금세 도스토옙스키에 대한 오마주로 '지하생활자 저스틴의 링크'라는 이름으로 변경했다. 홀의 메뉴에는 '전자프런티어재단Electronic Frontier Foundation', 세계은행, 맥주 전문가들이 만든 사이트, 레이브 음악 팬들의 사이트, 그리고 홀의 것과 유사한 웹 페이지를 만든 펜실베이니아 대학 소속 랜지트 밧나거의 사이트 등이 있었다. 홀은 밧나거에 대해 "믿어도 좋다. 랜지트는 꽤 멋진 놈이다"라고 쓰기도 했다. 제인스 애딕션과 포르포 포 파이로스의 해적판 공연 실황 레코드도 있었다. "관심 있거나 해적판을 갖고 있다면 메모 남겨주시길"이라고 쓰기도 했다. 홀이나 블로그 사용자들의 성향을 고려하면 놀랍지 않게도 "불규칙한 섹슈얼리티에 관한 조사"라든지 "색욕 조달 페이지로 향하는 지침" 등 성애물 관련 섹션도 여럿 있었다. 사용자들에게는 다음과 같은 유용한 지침도 제시된다. "키보드 닦는 거 잊지 마시길!"

'지하생활자 저스틴의 링크'는 그해 후반기에 번성하기 시작한 야후, 그리고 그 뒤를 이은 라이코스와 익사이트 등의 디렉토리 서비스가 확산되기 위한 길잡이 역할을 했다. 하지만 홀은 웹이라는 신나는 나라로 향하는 관문을 만들었을 뿐 아니라 그보다 훨씬 중요하고 매력적인 것을 창조했다. 바로 일상생활과 감정, 진지한 사색, 가까운 이들과의 만남 등을 지속적으로 게재하는 웹 로그(일지)였다. 그것은 개인용 컴퓨터 네트워크를 활용하여, 그리고 그 네트워크를 위해 처음 만들어진 완전히 새로운 형태의 콘텐츠였다. 홀은 웹 로그에 아버지의 자살에 관한 가슴 아픈 시, 다양한 성적 욕망에 대한 사색, 성기를 찍은 사진, 사람의 마음을 끌 정도로 재기 발랄한 새아버지에 관한 글을 비롯해 '과잉 정보'라는 선을 아슬아슬하게 왔다 갔다 하는 갖가지 종류의 토로물을 게재했다. 요컨대 그는 최초로 블로깅을 시작한 악동이었다.

홀은 이렇게 말한다. "고등학교 때 문예지 활동을 했다. 거기에 매우 사적인 이야기들을 신곤 했다." 바로 그것이 홀을 비롯한 미래의 수많은 블로그의 공식이 되었다. 가벼운 태도를 견지하라, 사적인 이야기를 공유하라, 도발적으로 쓰라. 그는 여성 편집자들이 "내 블로그에서 이 흑백 사진을 보면서 깔깔거렸다"는 이야기와 함께 고등학교 졸업 앨범에 실으려 했으나 저지당한 것이라며 무대 위에 알몸으로 서 있는 모습을 찍은 사진을 게재하기도 했다. 또 고통스러운 삽입의 경험도 기술했는데, 삽입이 끝나고 포피가 부풀어 올랐다며 당시 자신의 음경이 어떤 상태였는지 자세히 그린 그림을 여러 장 첨부했다. 홀은 그 과정에서 새로운 시대의 감수성을 개척하는 데 일조했다. "나는 언제나 도발을 즐겼으며, 노출은 그러한 도발의 일부였다." 그는 그렇게 설명한다. "오랫동안 엄마가 얼굴을 붉힐 만한 많은 행동을 해왔다."[57]

'과잉 정보'의 경계를 확장하기를 꺼리지 않는 홀의 태도는 블로깅의 특징이 되었다. 뻔뻔함이 일종의 도덕적 실천으로 격상된 것이다. "과잉 정보란 인간 경험의 심오한 실험실 데이터와도 같다." 훗날 그는 그렇게 설명한다. "과잉 정보를 공개하는 순간 사람들은 조금은 덜 외롭다고 느낀다." 이는 하찮게 치부될 성질이 아니었다. 실로 사람들이 조금 덜 외롭다고 느끼게 만드는 것이야말로 인터넷의 정수였다고 할 수 있다.

일례로 부풀어 오른 홀의 포피를 들 수 있다. 불과 몇 시간 만에 전 세계의 수많은 사람들이 자신들의 이야기를 나누고, 치료법을 제공하고, 일시적인 현상일 것이라고 위로를 건넸다. 홀이 여덟 살 때 자살한 아버지에 관한 게시글은 더욱 가슴 아픈 예를 제공한다. 그는 이렇게 썼다. "아버지는 심술궂고 인도주의적이고 예민한 사람이었다. 게다가 참을 수 없을 만큼 악의적인 개자식이기도 했다." 아버지는 그에게 조안 바에즈의 포크송을 불러주는가 하면, 보드카를 몇 병씩 마시고 권총을 흔들고 여종업원들에게 욕을 퍼붓기도 했다. 홀은 아버지가 목숨을 끊기 전 마지막으로 이야기를 나눈 사람이 자신이었다는 사실을 알게 되고는 이런 시를 게재했다. "내가 무슨 말을 / 했던가 / 그리고 / 그게 무슨 소용인가? / 내가 당신의 생각을 바꿀 수 있었을까?" 그는 이러한 게시물을 올림으로써 가상의 지원 집단을 갖게 되었다. 독자들은 자신들의 이야기를 공유했고, 홀은 그들이 보낸 이야기를 게시했다. 공유는 동질감으로 이어졌다. 에밀리 앤 머클러는 간질에 시달리는 아버지의 이야기를 나누었고, 러셀 에드워드 넬슨은 세상을 떠난 아버지의 운전 면허증과 서류를 스캔해서 보냈다. 워너 브랜트는 아버지가 좋아하던 피아노 곡을 담아 추모 페이지를 만들었다. 홀은 자신의 글과 독자들의 공유물을 함께 게시했다. 이로써 일종의 소셜 네트워크가 만들어졌다. 그는 이렇게 말한다. "인터넷은 참여를 독려한다. 나 자신을 웹상에 노출함으로써 나는 사람들이 시스템에 일말의 영혼을 담게 되기를 바란다."

웹 로그를 시작하고 몇 달이 지난 뒤, 홀은 끈질기게 전화를 하고 이메일을 보낸 결과 샌프란시스코의 핫와이어드닷컴에서 1994년 여름

인턴십 프로그램에 참여할 수 있었다.《와이어드》지는 강렬한 카리스마를 지닌 편집자 루이 로세토의 지휘 아래 그 당시 세계 최초의 웹 사이트 잡지를 만들기 위해 준비 중이었다. 편집장은 뛰어난 선견지명을 보유한 온라인의 현자 하워드 라인골드로, 그가 "전자 프론티어에 정착함으로써" 발생하는 사회적 관행과 만족감에 대해 기술한 『가상 공동체 The Virtual Community』가 갓 출판된 참이었다. 홀은 라인골드의 친구이자 제자가 되었고, 둘은 새로 만들 사이트의 정신을 두고 로세토와 분투를 벌였다.[58]

라인골드는 인쇄 간행물과 대비해 핫와이어드닷컴은 느슨하게 통제된 공동체가 되어야 한다고, 사용자가 생성한 콘텐츠로 가득한 "전 세계적인 잼 세션"이 되어야 한다고 생각했다. "나는 하워드처럼 공동체가 정말로 중요하다고 생각하는 과였고, 사람들이 손쉽게 서로에게 의견을 줄 수 있는 사용자 포럼과 도구를 만들고 싶었다." 홀은 그렇게 회고한다. 이들이 당시 밀고 있던 아이디어는 공동체의 구성원들이 자신의 온라인 신분과 평판을 스스로 만들어갈 수 있는 방안을 고안하자는 것이었다. "사용자들이 사용자들과 대화를 나누는 그 자체에서 가치가 발생한다." 홀은 로세토에게 그렇게 주장했다. "콘텐츠는 바로 사람들이다."

반면 로세토는 핫와이어드를 풍부한 디자인과 이미지로 무장한 잘 만들어진 출판 플랫폼으로 출범시켜 기존 잡지의 브랜드를 확장하고 《와이어드》다운 정체성을 온라인에서 형성하는 디진으로 개발해나가야 한다고 생각했다. 그는 "《와이어드》에 소속된 실력 있는 화가들을 잘 활용해야 한다"고 주장했다. "우리는 이것을 유려하고 전문적이고 세련되게 만들어야 한다. 웹에는 이러한 특성이 부족하다." 또 사용자가 생성하는 콘텐츠와 의견을 위한 여러 도구를 만드는 일은 "지나치게 부차

적인 일"이라고 말했다.[59]

논쟁은 기나긴 회의와 격정적인 이메일 사슬로 이어졌다. 결국 로세토가 의견을 굽히지 않았고, 당시 출판업계의 여러 편집자들도 공감했던 그의 견해가 웹의 진화 방식을 결정하게 되었다. 웹은 가상 공동체 형성을 위한 플랫폼이라기보단 콘텐츠 출판을 위한 플랫폼이 되었다. "공개적으로 접근할 수 있는 인터넷의 시대는 끝났다." 로세토는 그렇게 선언했다.[60]

핫와이어드에서 예정보다 길어진 인턴십을 마치고 돌아온 홀은 공개적으로 접근 가능한 인터넷이라는 측면이 널리 알려지고 지지되어야 한다는 믿음을 갖고, 반대쪽 입장의 전도사가 되기로 마음먹었다. 라인골드보다 사회적 세련미는 부족했지만 그를 능가하는 젊은이다운 열의로 무장하고는 가상 공동체와 웹 로그의 구원적인 속성에 관해 설파하기 시작했다. 1년이 지나 그는 온라인에 이렇게 적었다. "나는 일상을 온라인으로 공유하며 내가 아는 사람들에 대해, 그리고 허튼짓을 하고 있지 않을 때는 내게 무슨 일들이 일어나는지에 대해 이야기해왔다. 나 자신에 대해 이야기하는 것이 나를 견딜 수 있게 해준다."

그의 선언은 공개적으로 접근 가능한 새로운 매체가 가지는 매력에 대해 설명한다. 초기의 게시글에서 그는 이렇게 단언했다. "인터넷에서 이야기를 나누는 것은 천박한 상업주의에 맞서 소통과 공동체를 위해 컴퓨터를 되찾아오는 행위다." 인터넷의 초창기 게시판을 누비며 성장기를 보낸 그에게는 유즈넷 뉴스그룹과 더 웰의 정신을 부활시키고 싶다는 열망이 있었다.

그리하여 홀은 웹 로깅의 조니 애플시드*가 되었다. 그는 하루나 이

*Jonny Appleseed(1774~1845). 본명 John Chapman. 미국 개척기에 사과 씨를 나누어주며 미

틀 밤 정도 자신을 집에서 재워주면 HTML을 가르쳐주겠다는 글을 사이트에 올렸고, 1996년 여름에 버스로 미 전역을 돌며 숙박을 제공하겠다는 사람들을 방문했다. 스콧 로젠버그는 블로깅의 역사를 다룬 책 『무엇이든 말하라Say Everything』에서 다음과 같이 평한다. "그는 그때까지 학문의 보고로 간주되던 매체를 사적인 규모로 축소했다."[61] 그뿐만이 아니다. 그는 인터넷과 웹의 본래의 의도, 즉 상업적 출판을 위한 플랫폼이 아닌 공유를 위한 도구로 원위치시켰다. 웹 로깅은 인터넷을 더욱 인간적으로 만들었다. 이는 결코 사소한 변혁으로 치부될 수 없다. 홀은 이렇게 주장한다. "인간성 강화야말로 기술의 선용이라고 할 수 있다. (중략) 인간성은 우리의 내러티브를 형성하고 우리의 이야기를 공유하고 우리를 연결시켜준다."[62]

이러한 현상은 빠르게 퍼져나갔다. '로봇 위스덤'이라는 재미있는 웹사이트를 운영하던 존 바거는 1997년에 웹로그weblog라는 말을 만들었고, 2년 뒤에는 웹 디자이너 피터 머홀즈가 장난 삼아 그 단어를 다시 두 개로 쪼개어 이제부터 자신은 '위 블로그we blog'(우리는 블로깅을 한다)라는 말을 사용할 것이라고 선포했다. 이로 인해 언중에 의해 블로그blog라는 단어가 사용되기 시작했다.* 2014년에는 전 세계의 블로그 수가 8억 4,700만에 달하게 된다.

기존의 엘리트 먹물들에게는 달갑지 않은 사회 현상이었다. 각종 블로그에 등장하는 자기 중심적인 잡소리를 폄하하고 저녁 시간을 투자하여 아무도 읽지 않을 페이지에 글을 올리는 사람들을 비웃기란 어렵지 않았다. 또 어느 정도는 정당화될 수도 있었다. 그러나 아리아나 허

전역을 돌아다녔다는 전설적인 인물. 애플 사에서 즐겨 인용하는 인물이기도 하다—옮긴이.

*2003년 3월에 블로그blog라는 명사와 동사가 옥스퍼드 영어 사전에 등재되었다.

핑턴이 블로그 뉴스 사이트 〈허핑턴 포스트Huffington Post〉를 만들면서 일찍이 지적한 바와 같이, 사람들은 이러한 사회적 담화를 통해 충족감을 느끼기 때문에 거기에 참여하는 것이다.[63] 사람들은 자신의 생각을 표현하고, 대중이 소비할 수 있도록 다듬고, 대중으로부터 피드백을 받을 가능성을 갖게 되는 것이다. 이는 텔레비전에서 떠먹여주는 콘텐츠를 수동적으로 소비하며 저녁 시간을 보내던 사람들에게 새로운 기회를 가져다주었다. "인터넷이 부상하기 전까지 대부분의 사람들은 고등학교나 대학교를 졸업한 뒤에는 재미를 위해서 또는 지적 만족을 위해서 글을 쓰는 일이 없었다." 클라이브 톰슨은 『당신이 생각하는 것보다 더 똑똑하다Smarter Than You Think』에서 그렇게 말한다. "학자나 기자, 변호사나 마케터들과 같이 끊임없이 글을 쓰는 직업을 가진 전문가들은 특히 이것을 이해하지 못한다."[64]

저스틴 홀은 그 나름의 방식으로 이것의 찬란한 아름다움을 이해했다. 이것이야말로 디지털 시대와 텔레비전 시대를 구분할 차별점이었다. 그는 이렇게 쓴다. "우리는 웹상에 자기 자신을 게재함으로써 미디어 마케팅의 수동적인 수용자라는 역할을 거부한다. 우리가 우리의 페이지를 게시할 장소가 존재하는 한—하워드 라인골드 채널, 라이징시티 고등학교 채널 등—웹은 텔레비전처럼 진부하고 평범한 매체로 남지 않을 것이다. 자신의 이야기를 들려주기를 갈망하는 사람들의 수만큼 많은 장소에서 신선하고 매력적인 콘텐츠를 찾을 수 있을 것이다. 인간의 이야기를 전하는 일이야말로 인터넷과 월드 와이드 웹이 광활한 불모지가 되는 것을 막는 최선의 길이다."[65]

에브 윌리엄스와 블로거

1999년이 되자 블로그가 걷잡을 수 없는 속도로 증식했다. 이제 블로그는 일상과 공상에 대한 사적인 일지를 끄적이던 저스틴 홀과 같이 스스로를 노출하기 좋아하는 별난 이들만의 놀이터가 아니었다. 블로그는 박식한 프리랜서와 일반인 저널리스트와 이데올로기 지지자와 활동가와 분석가들을 위한 플랫폼이 되었다. 그런데 한 가지 문제가 있었다. 독립적인 블로그를 게시하고 관리하려면 기초적인 코딩 기술과 서버에 대한 접근 권한이 있어야 했다. 성공적인 혁신의 주요 요인 중 하나는 사용자를 위한 간편함이다. 블로깅이 출판 관행의 변혁과 대중 담화의 민주화를 위한 완전히 새로운 매체가 되기 위해서는 누군가 블로깅을 쉽게, 그것도 "이 상자에 입력하고 저 버튼을 누르라" 정도로 간편하게 만들어야 했다. 여기서 에브 윌리엄스가 등장한다.

1972년에 네브라스카 주 클락스 마을(인구 374명) 외곽의 옥수수밭과 대두 농장 지역에서 태어난 에브 윌리엄스는 마을 사람들과 달리 사냥이나 축구를 즐기지 않는 마르고 여위고 수줍음 많은 외로운 소년으로 성장했다. 그는 레고를 가지고 놀고 나무로 스케이트보드를 만들고 자전거를 분해하기를 좋아했으며, 밭에 물을 대고 나서는 가족 소유의 녹색 트랙터에 앉아 허공을 응시하며 공상에 빠지곤 했다. "책과 잡지는 더 큰 세상으로 통하는 관문이었다." 윌리엄스는 그렇게 회고한다. "우리 가족은 여행하는 일이 없어서, 나는 아무 데도 가본 적이 없다."[66]

컴퓨터 없이 자란 윌리엄스는 1991년에 네브라스카 대학에 입학해 온라인 서비스와 게시판이라는 세계를 접했다. 인터넷에 관한 모든 것을 탐독하기 시작했고, 전자 게시판과 관련된 잡지도 구독했다. 대학을 그만둔 다음에는 지역 사업가들을 대상으로 온라인 세계에 관해 설명하는 CD-ROM을 만드는 회사를 창업하겠다고 마음먹었다. 빌린 카메라로 집 지하실에서 촬영한 동영상은 지역 공동체 채널을 위해 만든 저예산 프로그램 같았고, CD-ROM은 팔리지 않았다. 사업에 실패한 그는 캘리포니아로 가서 기술 서적 출판사 오라일리 미디어에 수습 필자로 입사했고, 회사의 제품이 "거지 같아서" 기사를 쓸 수 없다는 이메일을 전 직원에게 보냄으로써 까칠함을 유감없이 발휘했다.

천성적인 연쇄 창업가 윌리엄스는 자신만의 회사를 만들고 싶어서 언제나 몸이 근질거렸다. 1999년 초에는 잠깐 동안 사귀기도 한 영리한 여성 멕 하우리한과 파이라 랩스라는 회사를 창업했다. 많은 사람들이 닷컴 열풍에 뛰어들던 시기였지만, 이들은 온라인 협업이라는 본래의 목적을 위해 인터넷을 활용하는 데 집중했다. 파이라 랩스는 함께 일하는 팀원들이 프로젝트 계획과 할 일을 공유하고 공동으로 문서를 작성할 수 있는 일련의 웹 기반 응용 프로그램을 선보였다. 그때그때 떠오르는 생각들과 흥미로운 항목들을 공유하기 위한 간편한 방안이 필요하다고 여긴 윌리엄스와 하우리한은 내부 웹 사이트에 글을 게시하기 시작했고, 이 웹 사이트를 '스터프Stuff'라고 불렀다.

잡지와 간행물을 좋아하던 윌리엄스는 그즈음 블로그 읽기에 몰두해 있었다. 사적인 일지를 게재하는 저스틴 홀 유보다는 웹 저널리즘 개척에 앞장선 기술 논평자들을 좋아했다. 그중에는 초창기 웹로그 스크립팅뉴스Scripting News를 만들고 그를 위한 XML 신디케이션 형식을 개발한 데이브 와이너도 있었다.[67]

윌리엄스도 메모를 업데이트하고 의견을 개진하기 위해 에브헤드EvHead라는 개인 홈페이지를 운영하고 있었다. 당시 홈페이지에 일지를 올리던 수많은 사람들처럼 그 역시 HTML 코드를 이용해 각 항목을 입력하고 업데이트해야 했다. 그는 게시글을 자동으로 올바른 형식으로 변환하는 단순한 소프트웨어 스크립트를 작성하여 이 과정을 간소화하고자 했다. 단순한 작업이었지만, 그 효과는 가히 변혁적이었다. "어떤 생각이 떠올랐을 때 모종의 양식에 입력하면 몇 초 만에 웹 사이트에 게시할 수 있다는 개념은 블로깅 경험을 완전히 바꾸어놓았다. 그 과정을 자동화함으로써 내가 하는 행위 자체가 바뀌는 그런 유의 일이었다."[68] 윌리엄스는 곧 이 간단한 스크립트를 제품으로 만들 방안을 궁리하기 시작했다.

혁신을 위한 기초적인 교훈 중 하나는 한 가지에 집중해야 한다는 것이다. 윌리엄스는 자신의 첫 회사가 실패한 이유는 한 번에 서른 가지 일을 시도했고 그중 한 가지도 성공하지 못했기 때문이라는 사실을 알고 있었다. 전직 경영 컨설턴트였던 하우리한은 단호한 입장을 취했다. 윌리엄스의 블로거 스크립트 도구는 훌륭하긴 했지만 단순한 취미 활동의 산물로, 상용 제품은 될 수 없을 것이라는 생각이었다. 윌리엄스도 하우리한의 말에 따르는 듯했으나, 3월에 blogger.com이라는 도메인 명을 몰래 등록했다. 자기 자신도 어쩔 수 없었다고 한다. "나는 언제나 제품 지향적인 인간이었다. 그리고 이것이 근사한 아이디어라는 생각을 떨쳐버릴 수가 없었다." 7월이 되어 하우리한이 휴가를 떠난 사이, 윌리엄스는 그녀에게 알리지 않고 단독 제품으로 블로거Blogger를 출시했다. 그는 혁신의 또 다른 기초적인 교훈을 따른 것이다. 지나치게 한 가지에만 집중하지는 말라.

휴가에서 돌아와 윌리엄스의 만행을 알게 된 하우리한은 회사를 그만두겠다며 소리를 질러댔다. 당시 파이라의 직원은 윌리엄스와 하우리한, 그리고 다른 한 명이 전부였는데, 부수적인 일에 신경을 쓸 여력이 없다는 것이 그녀의 주장이었다. "그녀는 미친 듯이 화를 냈다." 윌리엄스가 회고한다. "하지만 우리는 이게 말이 되는 일이라고 그녀를 설득하는 데 성공했다." 실로 그러했다. 바로 그다음 달에 블로거는 수많은 사용자들을 끌어들였고, 말수 적고 쑥스러움 많은 윌리엄스는 2000년 3월에 개최된 사우스바이사우스웨스트 컨퍼런스의 스타로 떠올랐다. 연말이 되자 블로거의 사용자 계정 수가 10만에 달했다.

하지만 수익 창출 방안이 없었다. 윌리엄스는 파이라 응용 프로그램을 구입하도록 사용자들을 유도할 수 있을 것이라는 막연한 생각으로 블로거를 무료로 제공하고 있었다. 그러나 2000년 여름이 되자 파이라는 유기된 것이나 다름없게 되었다. 닷컴 버블의 붕괴와 맞물려 수익을 창출하기가 쉽지 않았다. 그때까지도 어느 정도 긴장 상태에 있던 윌리엄스와 하우리한의 관계는 악화될 대로 악화되어 사무실에서 큰 소리가 나는 일이 다반사였다.

2001년 1월에는 재정 위기가 절정에 달했다. 신규 서버가 절실하게 필요했던 윌리엄스는 블로거 사용자들에게 기부금을 달라고 호소했다. 그 결과 17,000달러에 가까운 금액이 모금되었는데, 그 돈으로 새 하드웨어는 살 수 있었지만 급여를 지급하기에는 역부족이었다.[69] 하우리한은 윌리엄스에게 CEO직을 내놓으라고 요구했고, 윌리엄스가 거부하자 회사를 그만두었다. 그녀는 자신의 블로그에 이렇게 썼다. "공동으로 자금을 댄 회사를 월요일에 관뒀다. 지금도 계속 계속 계속 눈물이 난다."[70] 나머지 직원 여섯 명도 모두 그만두었다.

윌리엄스는 자신의 블로그에 '그리고 하나밖에 없었다'*라는 제목의 긴 글을 올렸다. "돈도 없고, 직원들도 다 나갔다. (중략) 나에게 지난 2년은 길고, 어렵고, 신나고, 교훈적이고, 일생에 단 한 번뿐이고, 뼈아

*영국의 추리소설 작가 애거사 크리스티의 작품 『그리고 아무도 없었다And Then There Were None』를 패러디한 것—옮긴이.

프고, 궁극적으로 무척 보람되고 유익한 여정이었다." 또 무슨 일이 있어도 서비스는 계속해서 제공하겠다고 단언하며 다음과 같은 추신을 남겼다. "당분간 사무실 공간을 빌려줄 수 있는 사람이 있다면 알려주기 바란다. 나(와 우리 회사)에게 그로 인한 비용 절감이 도움이 될 것이다."[71]

대부분은 그 시점에서 포기했을 것이다. 사무실 임대료도, 서버 유지비도, 수익 전망도 없었다. 엎친 데 덮친 격으로 퇴사한 직원들이 인신공격과 법적 소송을 퍼붓는 바람에 변호사 비용으로 돈이 새나갔다. "그들은 내가 친구들을 해고했고 돈도 주지 않았고 회사를 차지했다고 주장했다." 그는 그렇게 전한다. "그야말로 난장판이었다."[72]

하지만 먹고살기 힘들었던 유년 시절은 그에게 옥수수 농부의 끈기와 기업가의 고집을 유산으로 남겼다. 좌절감에 대한 그의 면역력은 놀라울 정도였다. 그는 집요함과 무력함 사이의 경계를 시험하면서, 골치 아픈 문제의 폭격을 맞는 와중에도 평정심을 유지하면서 인내심을 갖고 견뎌냈다. 서버 유지 업무와 코딩 작업도 직접 해냈다. "나는 땅속에 처박힌 상태로 블로거를 계속 유지하기 위해 노력하는 일에만 매달렸다."[73] 매출은 0에 가까웠지만, 비용도 비슷한 수준으로 관리했다. 그가 블로그에 썼듯, "나는 놀라우리만큼 컨디션이 좋다. 게다가 낙관적이다. (나는 언제나 낙관적이다.) 그리고 나에게는 무지무지 많은 아이디어가 있다. (나는 언제나 아이디어가 많다.)"[74]

몇몇 사람들이 지지를 표하고 도움을 주고자 했다. 그중에는 최초의 컴퓨터 스프레드시트 프로그램인 비지캘크의 공동 개발자, 수많은 사람들로부터 사랑받는 협업적 테크놀로지 리더 댄 브리클린도 있었다. "닷컴 붕괴로 블로거가 사라지는 건 보고 싶지 않았다." 브리클린은 그렇게 말한다.[75] 윌리엄스의 쓸쓸한 블로그 글을 읽은 브리클린은 자신이 도와줄 일이 없는지 묻는 이메일을 보내왔다. 이들은 보스턴에 사는 브리클린이 샌프란시스코에서 열리는 오라일리 컨퍼런스에 참석할 때 만나기로 했다. 인근 스시집에서 함께 식사를 하며 브리클린은 윌리엄스에게 수년 전 자신의 회사가 궁지에 빠졌을 때 우연히 로터스 소프트웨어의 미치 케이퍼를 만난 이야기를 들려주었다. 비록 경쟁 관계에 있었지만 둘 다 협업적인 해커 윤리를 공유했던 터라 케이퍼는 브리클린이 개인 파산에 이르지 않도록 지원해주었다는 것이다. 브리클린은 덕분에 웹 사이트 제작 시스템을 만드는 트렐릭스 사를 설립할 수 있었다. 브리클린은 동료 해커를 도운 케이퍼의 정신을 계승하는 의미로 준準경쟁자인 블로거의 소프트웨어 라이선스를 트렐릭스에서 4만 달러에 구매한다는 계약을 체결함으로써 블로거가 살아남을 수 있도록 지원했다. 그는 호인이었다.

윌리엄스는 2001년 한 해 동안 빌린 사무실 장소나 집에서 쉬지 않고 일하며 블로거의 운영을 지속했다. 그는 "나를 아는 모든 사람들이 미쳤다고 했다"고 회고한다. 아이오와 주로 이사한 어머니를 보러 크리스마스 휴일에 방문했을 때 최악의 상황이 발생했다. "그때 나는 아이오와에서 작은 노트북으로 전화 접속 연결을 통해 문제 정도를 파악하려고 애를 썼다. 당시 시스템 관리자도, 나 외의 다른 직원도 없었다. 결국 피해 대책을 세우느라 휴가 기간 내내 킨코스에 처박혀 있어야 했다."[76]

2002년이 되자 상황이 호전되기 시작했다. 유료 서비스인 블로거 프로를 출시했고, 새로운 파트너와 함께 브라질에서 라이선스 계약도 체결했다. 블로깅 세계가 기하급수적으로 팽창하던 시기였기에 블로거도 인기 높은 상품으로 부상했다. 10월에는 출판사 상사였던 팀 오라일리의 주선으로 구글에서 연락을 취해왔다. 검색 엔진에만 주력하고 있던 구글은 타 기업을 인수한 이력이 없었지만, 블로거를 인수하겠다고 제안했다. 윌리엄스는 제안을 받아들였다.

윌리엄스에 의해 고안된 단순한 제품은 출판의 민주화에 일조했다. "버튼을 눌러 출판하는 기능을 민중에게"가 그의 신조였다. "나는 출판의 세계를 사랑하고, 게다가 매우 독립적이다. 모두 외딴 농장에서 자랐기 때문에 가지게 된 성격인 것 같다." 윌리엄스가 전한다. "사람들이 인터넷상에서 출판할 수 있도록 해주는 방법을 발견했을 때, 나는 수많은 사람들에게 권력과 목소리를 줄 수 있게 되었다는 것을 깨달았다."

블로거는 적어도 초기에는 대화식 토론보다는 출판을 위한 도구에 가까웠다. 윌리엄스는 이렇게 시인한다. "블로거는 대화를 장려했다기보다는 사람들이 연단에 올라설 수 있도록 해주었다. 인터넷은 공동체적인 측면과 출판의 측면을 모두 가지고 있다. 나보다 공동체적 측면에 더 집중하는 사람들도 많다. 나는 지식의 발표라는 측면에 더 끌린다. 어린 시절에 다른 사람이 출판한 자료를 통해 세상을 알 수 있었던 것도 있고, 내가 그다지 공동체적인 사람이 아니기 때문이기도 하다."[77]

하지만 인간은 사회적 동물이기에, 대부분의 디지털 도구는 종국에는 사회적 목적을 위해 징발된다. 블로고스피어blogosphere는 수많은 연단의 집합을 넘어 하나의 공동체로 진화했다. "각자 개인의 블로그를 가지고 있지만, 결국에는 공동체로 발전했다. 모두들 의견을 개진하고 링크를 통해 서로 연결했기 때문이다." 훗날 윌리엄스는 이렇게 밝힌다. "메일링 리스트나 게시판처럼, 블로고스피어에도 공동체가 형성되었다. 그리고 나 또한 공동체의 진가를 깨닫게 되었다."[78]

윌리엄스는 이후 소셜 네트워크 서비스이자 마이크로퍼블리싱 서비스인 트위터를 공동으로 설립했고, 그 뒤에는 협업과 공유를 장려하는 퍼블리싱 사이트인 미디엄을 만들었다. 그는 이러한 과정에서 자신 또한 인터넷의 출판 측면만큼 공동체적 측면도 소중하게 여긴다는 사실을 깨달았다. "네브라스카의 농장에서 자란 나는 인터넷 이전 시대에 뜻이 비슷한 사람들의 공동체를 찾기가 어려웠다. 하지만 공동체의 일원이 되고자 하는 그 열망은 언제나 가지고 있었다. 블로거를 만들고 한참이 지나서야 나는 그것이 공동체라는 목적을 위한 도구였다는 사실을 알게 되었다. 공동체의 일원이 되고자 하는 욕구는 디지털 시대를 견인하는 기본적인 욕구 중 하나다."[79]

워드 커닝햄, 지미 웨일즈, 그리고 위키

팀 버너스리는 1991년에 협업을 위한 도구로 사용하기 위해 웹을 선보였다. 때문에 그는 모자이크 브라우저가 사용자들이 웹 페이지를 편집할 수 있는 기능을 제공하지 않아 실망을 금치 못했다. 모자이크는 웹 서퍼들을 발표된 콘텐츠의 수동적인 소비자로 만들었다. 이러한 과실은 사용자가 콘텐츠를 생성하도록 장려하는 블로깅의 부상으로 인해 어느 정도 상쇄되었다. 1995년에는 웹상에서의 협업을 한층 더 용이하게 해줄 새로운 매체가 발명되었다. 위키라는 이름의 새로운 도구는 사용자들이 웹 페이지를 직접 수정함으로써 작동했다. 그것도 브라우저의 편집 도구를 사용하는 것이 아니라 위키 소프트웨어를 실행 중인 웹 페이지를 바로 클릭하고 콘텐츠를 입력하여 수정하는 방식이었다.

위키 개발의 주역은 워드 커닝햄이다. 그는 유쾌한 성격을 가진 또 한 사람의 중서부 출신으로(인디애나 주가 고향이다), 아마추어 무선 통신기를 만들고 라디오가 조성하는 전 세계적인 공동체에 열광하며 컸다. 퍼듀 대학교를 졸업하고 전자 장비 회사 텍트로닉스에 입사하여 프로젝트 관리를 수행했다. 버너스리가 CERN에서 맡은 업무와 비슷한 일이었다.

커닝햄은 업무 수행을 위해 애플의 눈부신 혁신가 중 한 명인 빌 앳킨슨이 만든 뛰어난 소프트웨어 하이퍼카드HyperCard를 개조했다. 사용자는 하이퍼카드를 사용하여 컴퓨터로 하이퍼링크가 입력된 카드와 문서를 만들 수 있었다. 이 소프트웨어로 무엇을 해야 할지 감을 잡지 못한 애플은 앳킨슨의 주장에 따라 컴퓨터와 함께 무료로 제공했다. 사용이 무척 쉬웠기 때문에 아이들조차도—아니, 특히 아이들이—그림과 게임을 링크한 하이퍼카드 스택을 만드는 방안을 고안해낼 수 있었다.

커닝햄은 하이퍼카드를 처음 접하고는 마음이 사로잡혔지만, 곧 작업이 성가시다고 느껴 새 카드와 링크를 만드는 간단한 방법을 생각해냈다. 카드의 빈 상자에 제목이나 단어나 문구를 입력하면 링크가 생성되게 한 것이다. 제인 도나 해리의 비디오 프로젝트에 링크를 걸고 싶으면 상자에 그러한 단어나 문구를 입력하면 됐다. 커닝햄은 그것이 "재미있는 작업이었다"고 말한다.[80]

그런 다음 단 몇 백 줄의 펄 코드를 이용하여 자신이 개조한 하이퍼텍스트 프로그램의 인터넷 버전을 만들었다. 그 결과 사용자들이 웹 페이지를 편집하고 작성할 수 있도록 하는 새로운 콘텐츠 관리 응용 프로그램이 탄생했다. 그는 이 응용 프로그램으로 포틀랜드 패턴 리포지토리Portland Pattern Repository라는 서비스를 만들었다. 소프트웨어 개발자들은 이 서비스를 이용해 프로그래밍 아이디어를 교환하고 다른 사람이 게시한 패턴을 개선할 수 있었다. 1995년 5월에 게시한 공지글에 그는 다음과 같이 썼다. "관련자들이 자신의 프로그래밍 방식을 개선하는 데 도움이 된 사람, 프로젝트, 패턴에 관한 글을 웹 페이지에 게시할 수 있도록 하는 것이 목표다. (중략) 여기에는 이메일처럼 격식 없는 문체가 사용된다. (중략) 누구나 관리자가 될 수 있고 모든 기록이 보관되는 일종의 목록이라고 생각하면 되겠다. 대화방은 아니지만, 대화는 가능하다."[81]

이제 이 서비스에 붙일 이름이 필요했다. 그가 만든 것은 빠른 웹 도구quick Web tool였지만, 퀵웹QuickWeb은 마이크로소프트에서 만든 이름인 것처럼 후졌다. 요행히도 그때 '빠르다'를 뜻하는 다른 단어가 머릿속에 떠올랐다. 13년 전 하와이로 신혼여행을 갔을 때, "공항 안내소 직원이 터미널 중간에 있는 위키 위키 버스를 타라고 했던 것"이 기억났다. 그게 무슨 말이냐고 묻자 직원은 '위키'는 하와이 말로 '빠르다'는 뜻이고, '위키 위키'는 '매우 빠르다'는 뜻이라고 말해주었다. 커닝햄은 결국 자신이 만든 웹 페이지와 웹 페이지를 구동하는 소프트웨어에 '위키위키웹WikiWikiWeb'이라는 이름을 붙이고, 줄여서 위키wiki라고 불렀다.[82]

커닝햄은 초기 버전에서 텍스트에 링크를 걸 때 여러 단어를 조합하여 하나의 용어가 둘 이상의 대문자를 포함하도록 하는—가령 CapitalLetters와 같이—구문을 사용했다. 이 방법은 캐멀케이스CamelCase라 불렸고, 이후 알타비스타AltaVista, 마이스페이스MySpace, 유튜브YouTube 등 여러 인터넷 브랜드에 영향을 미친다.

워즈위키WardsWiki(워드의 위키라는 뜻)로 불리게 된 위키를 사용하면 누구나 암호 없이도 게시글을 편집하고 작성할 수 있었다. 누군가 잘못 수정하는 사태에 대비하기 위해 각 페이지의 이전 버전이 모두 저장되었고, '최근 변경 사항Recent Changes' 페이지를 통해 커닝햄을 비롯한 사용자들이 편집 이력을 확인할 수 있었다. 단, 감독관이나 관리자에 의한 변경 승인은 필요하지 않았다. 커닝햄은 중서부 출신 특유의 낙관적 면모를 발휘하며 "사람들은 대체로 선하기 때문에" 이 방식이 잘 굴러갈

댄 브리클린(1951~)과 에브 윌리엄스(1972~), 2001년.

지미 웨일즈(1966~).

세르게이 브린(1973~)과 래리 페이지(1973~).

것이라 호언장담했다. 읽기 전용이 아닌 읽기/쓰기가 모두 가능한 웹이라는 개념은 바로 버너스리가 꿈꾸던 것이었다. "협업을 가능하게 한 기능 중 하나는 바로 위키였다." 버너스리는 말한다. "또 하나는 블로그였다."[83]

커닝햄은 버너스리가 그랬듯 누구나 자신의 기본 소프트웨어를 수정하고 사용할 수 있도록 공개했다. 그 결과 머지않아 수십 개의 위키 사이트가 생겨났고, 그의 소프트웨어에 대한 오픈소스 기반 개선 작업도 활발해졌다. 하지만 위키는 소프트웨어 엔지니어 집단 내부에서만 사용되는 개념에 머물렀다. 그러다 무료 온라인 백과사전을 만들기 위해 별 소득 없이 애쓰고 있던 한 인터넷 기업가가 그것을 도입한 2001년 1월에 이르러서야 대중에게도 널리 알려지게 되었다.

지미 웨일즈는 앨라배마 주 헌츠빌의 주로 노동자들과 로켓 과학자들이 사는 마을에서 1966년에 태어났다. 그로부터 6년 전, 아이젠하워 대통령이 스푸트니크의 전례를 좇아 마셜 우주비행 센터를 개관하기 위해 방문한 지역이었다. "우주 계획이 한창 진행되던 당시 헌츠빌에서 자랐기 때문에 미래에 대해 낙관적인 전망을 가질 수 있었던 것 같다." 웨일즈는 그렇게 말한다.[84] "어린 시절 연구원들이 로켓을 시험할 때면 온 집안의 창이 흔들리던 기억이 난다. 우주 계획은 우리에게는 연고지가 우리 고향인 스포츠 구단과 같은 것이었다. 무척 흥미진진했고, 우리 동네가 기술과 과학의 중심지라고 생각했다."[85]

아버지는 식료품 가게 관리인이었다. 음악을 가르치는 할머니와 어머니는 교실 하나짜리 사립 학교를 설립했고, 웨일즈는 그곳에서 공부를 했다. 웨일즈가 세 살 때 어머니가 방문 판매원으로부터 『월드북백과사전World Book Encyclopedia』을 구입했는데, 글을 읽을 줄 알게 되자 웨일즈는 백과사전을 숭배하게 되었다. 백과사전은 지식의 보고였다. 각종 지도와 삽화가 가득했고, 투명한 셀로판지를 들면 해부된 개구리의 근육과 동맥과 소화 기관도 볼 수 있었다. 하지만 그는 곧 『월드북백과사전』의 단점을 깨달았다. 책에 담겨 있는 지식보다 그렇지 않은 지식이 훨씬 많았던 것이다. 시간이 흐름에 따라 결핍을 느끼는 정도가 심해졌다. 몇 년이 지나자 인간의 달 착륙과 록페스티벌, 시위 행진과 케네디 대통령과 역대 왕 등 백과사전에서 찾아볼 수 없는 항목이 점점 많아졌다. 『월드북백과사전』 출판사에서는 독자들이 업데이트된 사항을 추가할 수 있도록 스티커를 보내주곤 했다. 웨일즈는 꼼꼼히 스티커를 붙였다. "나는 어머니가 사준 백과사전에 스티커를 붙이며 어린 시절부터 백과사전 개정 작업을 진행해왔다고 농담을 하곤 한다."[86]

오번 대학교를 졸업하고 건성으로 대학원을 다닌 다음 시카고의 금융거래 회사에 연구 관리자로 취직했지만, 맡은 직무에 흥미를 느끼지 못했다. 그의 학구적인 자세는 일종의 크라우드소스 게임인 머드 MUD(Multi-User Dungeon) 게임을 즐기며 키워온 인터넷에 대한 사랑과 결합되었다. 그는 러시아 태생의 미국 작가이자 객관주의적, 자유주의적 철학을 옹호하는 철학가이기도 한 아인 랜드를 주제로 하는 인터넷 메일링 리스트를 만들어서 관리했다. 누구나 토론 포럼에 참가할 수 있도록 한 그는 허풍이나 무례한 표현을 좋아하지 않았고, 토론 분위기를 조심스럽게 관리했다. 한 게시글에는 자신이 "이면에서 은밀히 관리하는 '절충적'인 중재안을 채택했다"고 쓰기도 했다.[87]

검색 엔진이 널리 사용되기 전까지는 인터넷의 여러 서비스 중 웹 디렉토리가 단연 인기가 높았다. 웹 디렉토리는 사람에 의해 분류되고 정리된 가볼 만한 사이트의 목록과 웹링을 제공했다. 웹링은 여러 사이트에 공통으로 장착된 탐색 막대에 의해 관련 있는 사이트끼리 서로 연결되어 일련의 고리가 형성되는 서비스다. 웨일즈는 친구들과 함께 이 대열에 합류하여 1996년에 보미스BOMIS라는 회사를 만들고—'양복을 입은 비정한 노인Bitter Old Man In Suit'을 줄인 말이다—아이디어를 찾아 나서기 시작했다. 이들은 사진이 제공되는 중고차 링 및 디렉토리, 배달 음식 서비스, 시카고 비즈니스 디렉토리, 스포츠 링 등 1990년대 후반 닷컴 버블 절정에서 갖가지 전형적인 스타트업 벤처를 시도했다. 샌디에이고로 근거지를 옮긴 웨일즈는 옷을 대충 입은 여인들의 사진이 제공되는 "일종의 남성 지향적인 검색 엔진" 디렉토리를 만들었다.[88]

웨일즈는 여러 가지 링을 겪으면서 사용자들이 직접 콘텐츠를 만드는 것을 지원하는 일의 가치를 알게 되었다. 자신이 만든 사이트에 모인 일군의 스포츠 도박꾼들이 여느 전문가보다 정확한 우승마 예상 목록을 내놓는 것을 보고는 더욱 확신을 갖게 되었다. 또한 사용자들에 의해 만들어진 개방적인 시장이 주의 깊게 하향식으로 통제되어 건설되는 성당보다 웹 사이트에 훨씬 더 적합한 모델이라고 설명하는 에릭 레이먼드의 저서 『성당과 시장』을 읽고 큰 깨달음을 얻었다.[89]

웨일즈는 뒤이어 『월드북백과사전』에 대한 유년 시절의 열정을 투영하여 온라인 백과사전을 만들기 위한 작업에 착수했다. 그는 이것을 누피디아Nupedia라 이름 붙이고, 다음과 같은 두 가지 속성을 부여하리라 마음먹었다. 사용자들에 의해 자발적으로 작성될 것, 그리고 무료로 운영될 것. 바로 자유 소프트웨어의 선구적인 주창자 리처드 스톨먼이 1999년에 제안한 개념이었다.[90] 웨일즈는 궁극적으로 광고를 통해 수익을 올리겠다는 생각이었다. 그는 백과사전 개발을 위해 온라인 토론 그룹에서 만난 철학 박사 과정 학생 래리 생어를 채용했다. "그는 프로젝트를 이끌 철학자를 찾는 데 특히 관심을 가졌다." 생어는 그렇게 회고한다.[91]

생어와 웨일즈는 백과사전 등재 항목을 생성하고 승인하기 위해 엄격한 7단계 절차를 개발했다. 우선 자격이 검증된 전문가에게 항목을 할당하고, 전문가로 구성된 외부 감수자들에게 초안을 제출하고, 감수된 초안은 공개 감수와 전문 교열과 공개 교열을 마친 다음에야 등재될 수 있었다. 누피디아 정책 지침에는 "편집자들은 해당 분야의 진정한 전문가로, (특별한 경우를 제외하고는) 박사 학위 소지자가 선호된다"라고 명시했다.[92] 웨일즈는 다음과 같이 설명한다. "래리는 기존 백과사전보다 학구적이지 않으면 사람들이 우리가 만든 백과사전을 믿지도 존중하지도 않을 것이라 보았다. 그의 견해는 옳지 않았지만, 당시 우리가 알고 있던 사실들에 비추어보면 타당한 결론이었다."[93] 독일 마인츠의 요하네스구텐베르크 대학 소속 학자가 작성한 무조無調에 관한 글이 2000년 3월에 누피디아 최초 문서로 등재되었다.

프로젝트는 극도로 더디게 진행되었고, 그다지 재미도 없었다. 일찍이 저스틴 홀이 증명해 보인 바와 같이 온라인에서 무료로 글을 작성하는 행위는 재미있기 때문에 의미가 있는 것이다. 첫해에 승인된 문서는 10여 개밖에 되지 않아 백과사전으로서의 유용성에는 한참 미치지 못했고, 초안 단계에 머물러 있던 문서는 150개로, 승인 절차 자체가 얼마나 지루한 과정으로 전락했는지를 여실히 드러냈다. 엄격한 통제를 통해 확장이 불가능한 구조가 된 것이다.

웨일즈는 파생상품을 포함하는 시장에 대한 수학적 모델을 개발해 노벨상을 수상한 경제학자 로버트 머튼에 관한 항목을 직접 작성하겠다고 마음먹었을 때, 누피디아의 폐단을 비로소 실감하게 되었다. 옵션가격결정 이론에 관한 논문을 쓴 적이 있는 웨일즈는 머튼의 이론에 정통했다. "글을 쓰기 시작하자마자 걷잡을 수 없을 만큼 자신감이 없어졌다. 찾을 수 있는 가장 명망 있는 금융공학 교수들에게 내 원고의 감수를 의뢰할 것이라는 걸 알고 있었기 때문이다." 웨일즈의 말이다. "갑자기 대학원 시절로 돌아간 듯한 느낌이 들었고, 엄청난 스트레스를 받았다. 그리고 우리가 만든 프로젝트 방식에 문제가 있다는 걸 깨달았다."[94]

웨일즈와 생어는 그즈음에 워드 커닝햄의 위키 소프트웨어에 대해 알게 되었다. 디지털 시대의 수많은 혁신과 같이 위키피디아의 탄생을 위해 누피디아에 위키 소프트웨어를 적용한 것, 즉 두 가지 아이디어를 조합하여 새로운 혁신을 만들어낸 것은 이미 존재하고 있던 아이디어가 사용된 협업의 과정이었다. 하지만 이 경우에는 누가 가장 많은 공을 가져가야 하느냐를 둘러싸고 어느 모로 보나 위키답지 않은 분쟁이 발생했다.

생어는 이렇게 기억한다. 그는 2001년 1월 초에 샌디에이고 인근의 타코 노점상에서 컴퓨터 엔지니어 친구 벤 코비츠와 점심을 먹고 있었다. 커닝햄의 위키를 사용해본 경험이 있는 코비츠가 생어에게 위키에 관해 자세하게 설명해주고 있었다. 생어는 코비츠의 이야기를 듣다가 위키를 사용해서 누피디아의 문제를 해결할 수 있겠다는 발상이 떠올랐다고 주장한다. "그 즉시 나는 위키가 협업적인 무료 백과사전을 위한 단순하고 개방적인 편집 시스템이 되지 않을까 생각했다." 그는 훗날 그렇게 회고한다. "위키를 본 적이 없었음에도 생각하면 생각할수록 딱 맞는 해결책이라는 확신이 들었다." 생어에 따르면 그런 다음 웨일즈에게 위키를 사용해보자고 설득했다고 한다.[95]

코비츠는 자신이야말로 크라우드소스 백과사전에 위키 소프트웨어를 사용하자는 아이디어를 낸 장본인이며, 생어에게 자신의 아이디어를 설득하느라 애를 먹었다고 주장한다. "나는 누피디아의 승인된 내부인들만 위키를 사용하도록 하는 대신 누피디아를 일반 대중에게 공개하고 감수 과정을 두지 않은 채 각각의 편집 사항이 사이트에 즉시 반영되도록 하는 게 어떻겠냐고 말했다." 코비츠는 그렇게 회고한다. "정확히 말하면 '인터넷 접속이 되는 전 세계의 어떤 멍청한 놈도' 사이트의 모든 페이지를 자유롭게 수정할 수 있도록 하라고 했다." 생어는 이렇게 반박했다고 한다. "진짜로 멍청한 놈들이 말도 안 되게 틀린 사항을 적거나 편향되게 기술하지는 않을까?" 코비츠는 다음과 같이 답했다. "그러겠지. 그러면 또 다른 멍청한 놈들이 변경점을 삭제하거나 제대로 수정해놓겠지."[96]

한편 웨일즈는 이렇게 주장한다. 그는 생어가 코비츠와 점심을 먹기 한 달 전에 위키에 관해 들어보았다고 한다. 아닌 게 아니라 위키가 출시된 지 이미 4년이 지난 시점이었고, 프로그래머들 사이에서 활발한 토론 대상이기도 했다. 건장한 체격에 커다란 미소를 지닌 제레미 로젠필드라는 보미스의 프로그래머도 위키에 관심을 갖고 있던 사람 중 하나였다. "2000년 12월에 제레미가 나에게 워드의 위키를 보여주며 이걸로 우리의 문제를 해결할 수도 있을 거라고 말했다." 웨일즈는 그렇게 회고하며, 생어가 위키를 보여주었을 때는 "아 그래, 위키 말이지. 지난달에 제레미가 보여줬어."[97] 하고 답했다고 말한다. 생어는 웨일즈의 회고가 잘못되었다고 반박했고, 이는 위키피디아 토론 게시판에서의 격렬한 논쟁으로 이어졌다. 웨일즈는 결국 생어를 대상으로 "이봐, 진정해"라고 쓰며 갈등을 조금이라도 해소해보려 했지만, 생어는 각종 포럼에서 웨일즈에 대한 공격을 멈추지 않았다.[98]

이 분쟁은 협업적 창조성에 관해 기술하는 역사가가 자주 맞닥뜨리게 되는 전형적인 문제를 보여준다. 즉, 이해 당사자들은 각자 누가 어떤 기여를 했는지에 관해 서로 다른 이야기를 들려주며, 일반적으로 자신의 공을 확대하는 경향이 있다는 것이다. 이러한 경향은 주변에서 심심치 않게, 한번쯤은 나 자신에게서도 발견할 수 있다. 하지만 이러한 논쟁이 역사상 가장 많은 협업을 바탕으로 탄생한 창조물, 사람들은 스스로의 공을 내세우지 않으면서도 무언가에 이바지하려 한다는 믿음을 바탕으로 만들어진 사이트를 둘러싸고 일어났다는 사실이 아이러니하다.*

누가 얼마만큼의 공헌을 했느냐보다 더욱 중요한 것은 사람들이 아이디어를 공유할 때 발생하는 역학을 이해하는 일이다. 벤 코비츠는 이것을 이해했다. 위키피디아가 형성해낸 협업적 작업 방식에 관해 가장 통찰력 있는 견해를 제공한 인물은 코비츠였다. 이를 '적시에 적소에 있던 꿀벌 이론'이라 불러도 좋을 것이다. "어떤 사람들은 지미 웨일즈를 비난하고 과소평가하기 위해 나를 가리켜 위키피디아의 창업자 또는 '진정한 창업자'라 부른다. 내가 아이디어를 제안한 것은 맞지만, 나는 위키피디아 창업자가 아니다. 나는 일개 꿀벌이었다. 한참 동안 위키라는 꽃송이 주위를 윙윙대며 날아다니다가 무료 백과사전이라는 꽃을 수정시킨 것이다. 나는 동일한 아이디어에 대해 많은 사람들과 여러 번 이야기를 나누었고, 그러한 경우는 그 아이디어가 뿌리를 내리기에 적합하지 않은 시간이나 장소였기 때문에 별 성과가 없었던 것이다."[99]

좋은 아이디어는 이런 식으로 개화하기도 한다. 꿀벌이 멀리 떨어진 지방으로부터 아직 영글지 않은 아이디어를 가져와서 다른 지방의 반쯤 형성된 혁신에 수정시키는 것이다. 웹 도구가 소중한 만큼 타코 노점상에서의 점심 식사도 소중한 이유다.

2001년 1월에 웨일즈가 전화를 걸어 백과사전 프로젝트에 활기를

*토론 게시판에서 벌어진 셀 수 없는 논쟁 끝에 위키피디아의 역사와 웨일즈 및 생어의 역할에 관한 위키피디아 등재 항목이 결과적으로 객관적이고 균형 잡힌 시각으로 작성되었다는 것은 매우 인상적이고도 칭찬할 만한 일이다.

불어넣기 위해 위키 소프트웨어를 사용할 예정이라고 말하자 커닝햄은 무척 기뻐하며 적극적인 지지를 표명했다. 커닝햄은 위키 소프트웨어와 위키라는 이름에 대해 특허를 취득하거나 저작권을 주장할 마음이 없었다. 그는 자신이 만든 제품이 누구나 사용하고 개조할 수 있는 도구가 되어가는 과정을 즐기는 그런 유형의 혁신가였다.

처음에 웨일즈와 생어는 위키피디아를 누피디아의 부속물로, 일종의 지류支流 제품이나 2군 구단쯤으로 여겼다. 생어는 위키 게시물은 웹사이트상에서 별도의 섹션으로 분리될 것이며, 일반적인 누피디아 페이지에는 게재되지 않을 것이라고 누피디아의 전문가 편집진을 안심시켰다. 그는 게시글에 "수준 높은 위키 문서가 있다면 정규 누피디아 편집 절차를 거칠 수 있을 것이다"라고 썼다.[100] 누피디아 순수주의자들은 그러나 위키피디아에 의해 전문가들의 글이 오염되지 않도록 완전히 분리된 채 유지되어야 할 것이라며 반대했다. 누피디아 자문위원회는 웹 사이트에 다음과 같이 짧고 무뚝뚝한 글을 남겼다. "참고: 위키피디아와 누피디아의 편집 절차 및 정책은 완벽히 분리되어 있다. 누피디아의 편집진과 감수자들이 모두 위키피디아 프로젝트를 지지하는 것은 아니며, 위키피디아 필진 또한 모두 누피디아 프로젝트를 지지하는 것은 아니다."[101] 당시에는 알지 못했지만, 이 융통성 없는 자문위원회는 누피디아와 위키피디아 사이에 분명한 선을 그음으로써 위키피디아에 커다란 기여를 하게 된다.

위키피디아는 이렇듯 구속 없는 상태로 출범했다. 위키피디아는 GNU/리눅스가 소프트웨어 진영에서 수행한 역할을 웹 콘텐츠 분야에서 수행하게 된다. 공동체 구성원으로서의 만족감을 위해 자발적으로 나선 필진에 의해 협업적으로 생성되고 유지되는 동료 간 공유지가 된 것이다. 위키피디아는 인터넷의 철학과 사고방식과 테크놀로지에 완벽하게 어울리는 유쾌하고 반反직관적인 개념이었다. 누구든 위키피디아의 모든 페이지를 편집할 수 있었고, 편집 결과는 즉시 반영되었다. 전문가가 아니어도 좋았다. 학위 증명서를 제출할 필요도 없었다. 관계자들에게 승인을 받을 필요는 더더군다나 없었다. 심지어 사이트에 등록하지 않아도 편집이 가능했으며, 본명을 사용하지 않아도 됐다. 물론 이것은 고의적 훼손범들이 페이지를 망칠 수도 있다는 것을 의미했다. 바보들이나 이데올로기 주창자들도 그럴 가능성이 농후했다. 하지만 모든 버전은 위키 소프트웨어에 의해 기록되었다. 불량한 편집 사항을 발견하면 간단히 '되돌리기' 링크를 클릭하여 제거하면 그만이었다. 미디어 학자 클레이 셔키는 이렇게 설명한다. "그래피티를 추가하는 것보다 제거하는 작업이 훨씬 쉬운 벽이 있다고 상상해보라. 이 벽에 남아 있는 그래피티의 양은 벽 수비자들의 헌신도에 달려 있게 된다."[102] 위키피디아의 수비자들은 무섭도록 헌신적이었다. 위키피디아에서 벌어진 되돌리기 전쟁은 웬만한 전투보다 훨씬 맹렬한 양상을 띠었다. 그리고 어찌 보면 기적적이게도, 대다수의 경우 이성의 세력이 승리했다.

서비스 개시 한 달 만에 1,000개의 항목이 등재되었다. 누피디아에 1년 동안 등재된 항목보다 약 70배 많은 수치였다. 출시 8개월 만인 2001년 9월에는 문서 수가 만 개에 달했다. 그달에 9·11 테러가 발생하자 위키피디아의 민첩성과 유용성이 빛을 발했다. 사용자들은 앞다투어 세계무역센터와 그 설계자에 관한 글을 작성했다. 그로부터 1년 뒤에는 등재 문서 수가 4만 건에 달했다. 웨일즈의 어머니가 사준 『월드북 백과사전』의 항목보다도 많은 수였다. 2003년 3월에는 영어로 된 문서가 10만 건에 이르렀으며, 적극적으로 참여 중인 필진만도 500명에 육박했다. 웨일즈는 그 시점에서 누피디아를 폐쇄하기로 결심했다.

웨일즈가 생어를 해고한 지 1년쯤 되는 시점이었다. 근본적인 문제들을 둘러싸고 둘 사이의 잡음이 끊이질 않았다. 무엇보다도 생어는 전문가와 학자들을 더욱 존중하려는 쪽이었다. 웨일즈는 "박사 학위가 있다고 존경을 바라면서 일반인들을 우습게 보는 사람들은 짜증이 난다"는 입장이었다.[103] 생어는 반대로 학계 외부에 존재하는 대중들이 짜증스러웠다. "위키피디아 집단에는 전문 지식에 대한 경의라는 관행이나 전통이 결여되어 있다." 그는, 떠난 다음 위키피디아를 대상으로 퍼부은 수많은 공격 중 하나인 2004 신년 선언서에서 그렇게 주장했다. "위키피디아 출범 첫해에 나는 전문가들에게 정중한 예와 존중을 표하기 위한 정책을 도입하려고 애썼으나, 충분한 지원을 동원하는 데 실패했다." 생어의 엘리트주의는 웨일즈뿐 아니라 위키피디아 공동체에 의해서도 거부되었다. "결과적으로 수준 높은 지식을 보유했으나 인내심은 많지 않은 걸출한 전문가들은 대부분 위키피디아에 공헌할 마음을 먹지 않게 되었다." 생어는 애석해하며 그렇게 말한다.[104]

하지만 생어가 틀렸음이 드러났다. 전문가들은 자격이 의심되는 대중에 의해 밀려나지 않았다. 대신 대중 스스로 전문가가 되었고, 전문가들은 대중의 일부가 되었다. 위키피디아 개발 초기 단계에 알베르트 아인슈타인에 관해 조사 중이던 나는 아인슈타인에 관해 설명하는 위키피디아 문서에서 그가 1935년에 알바니아에 갔다고 주장하는 내용을 보게 되었다. 조그 왕이 미국 비자를 얻어줌으로써 나치로부터의 탈출을 지원해주기로 했다는 것이다. 이것은 사실이 아니었지만, 해당 대목에는 알 수 없는 알바니아 웹 사이트가 출처로 명기되어 있었다. 알바니아 웹 사이트는 누군가의 삼촌이 옛날에 친구로부터 들었다며 간접적으로 전한 이 이야기를 자랑스럽게 싣고 있었다. 나는 내 본명과 위키피디아 ID를 사용하여 문서에서 해당 대목을 삭제했지만, 곧바로 다시 복원되는 것을 볼 수 있었다. 나는 토론 페이지에 문제의 시점에 아인슈타인이 실제 머물고 있던 장소(프린스턴)와 그가 사용한 여권(스위스)의 출처를 제시했지만, 알바니아 열성 지지자들은 해당 대목을 집요하게 복원해놓았다. '알바니아의 아인슈타인' 줄다리기는 수 주 동안 진행되었다. 나는 일부 열성분자들의 고집 때문에 집단 지성에 의존하는 위키피디아의 정신이 훼손되지 않을까 우려했다. 그런데 어느 정도 시간이 흐르니 편집 전쟁이 종료되었고, 아인슈타인이 알바니아에 갔다는 내용은 해당 문서에 더는 나타나지 않았다. 처음에 나는 이것이 집단 지성의 성공이라 생각하지 않았다. 문서를 수정하려는 노력은 집단이 아닌 나라는 개인이 기울인 것이었기 때문이다. 그러나 곧, 집단 지성에 때때로 아주 작은 부분을 기여하곤 하는 나 또한 셀 수 없이 많은 다른 사용자들과 마찬가지로 집단의 일원이라는 사실을 자각하게 되었다.

위키피디아는 모든 문서가 중립적인 관점을 견지해야 한다는 기본적인 원칙을 고수했다. 덕분에 낙태나 지구온난화와 같은 논쟁적인 주제에 관해서도 명확하고 간결한 문서가 생산될 수 있었다. 게다가 서로 다른 관점을 지닌 사람들도 어렵지 않게 협업할 수 있었다. 생어는 이렇게 설명했다. "위키피디아의 중립성 정책 덕에 이데올로기가 다른 열성분자들도 동일한 문서에 공통으로 기여할 수 있다. 이것은 무척 주목할 만한 일이다."[105] 위키피디아 공동체는 중립적 관점이라는 원칙을 길잡이 삼아 서로 다른 견해를 중립적인 방식으로 제시해 보이는 합의에 바탕을 둔 문서를 생산해낼 수 있었다. 이것은 이론異論이 분분한 사회에서 공통의 기반을 모색하는 데 디지털 도구가 어떻게 사용될 수 있는지를 제시하는—비록 실제로 구현되는 경우는 흔치 않지만—하나의 모델이 되었다.

공동체의 협업을 통해 생성된 것은 위키피디아의 문서만이 아니었다. 위키피디아 운영 관행도 마찬가지였다. 웨일즈는 지침을 제시하고 적당히 관리를 수행하기는 하나 자신이 우두머리로서 행동하지 않는 느슨한 집단 관리 체제를 발전시켜나갔다. 사용자들이 공동으로 규칙을 만들고 토론할 수 있는 위키 페이지도 존재했다. 이러한 메커니즘을 통해 되돌리기, 분쟁 중재, 개별 사용자 차단, 일부 사용자를 관리자로 격상시키는 방안 등에 관한 지침이 점진적으로 진화했다. 규칙은 모두 중앙의 권위로부터 하향식으로 전달되는 것이 아니라 공동체로부터 유기적으로 성장했다. 권력은 인터넷에서와 마찬가지로 분산되었다. "수많은 사람들의 협업이 없었다면 그토록 정교한 지침이 만들어지지 못했으리라고 생각한다." 웨일즈는 전한다. "셀 수 없이 많은 지성이 저마다 조금씩 기여하기 때문에, 위키피디아에서는 세심히 숙고된 해결책이 도출되는 일이 드물지 않다."[106]

풀뿌리에서 뻗어 나온 위키피디아의 콘텐츠와 관리 방식은 칡덩굴과 같은 번식력을 보이며 유기적으로 성장했다. 2014년 초가 되자 아프리칸스어에서 사모기티아어에 이르는 287개 언어로 서비스가 제공되었다. 총 문서 수는 3,000만 개였고, 그중 영어로 된 문서는 440만 개였다. 2010년에 인쇄본 발행을 중단한 『브리태니커 백과사전』의 항목 수는 8만 건으로, 위키피디아 항목 수의 2퍼센트에도 미치지 못한다. 클레이 셔키는 다음과 같이 쓴다. "수백만 명에 이르는 위키피디아의 자발적 필진의 누적된 노력 덕분에 우리는 클릭만 하면 심근경색증이 무엇인지, 아가처 스트립 전쟁이 왜 일어났는지, 스팽글스 멀둔이 누구인지 손쉽게 알 수 있다. 이는 마치 각 상점에 얼만큼의 빵이 공급되어야 하는지를 '시장'이 결정하는 것과 같은 계획되지 않은 기적이다. 게다가 위키피디아의 모든 자료는 자발적인 무료 봉사로 만들어지며, 사람들에게 무료로 제공된다는 점에서 그러한 시장보다도 더 특이하다."[107] 다시 말하면, 위키피디아는 역사상 가장 위대한 협업적 지식 프로젝트다.

그렇다면 사람들은 왜 자발적으로 기여를 하는가? 하버드 대학 교수 요차이 벤클러는 위키피디아를 오픈소스 소프트웨어 및 그 외의 무료 협업 프로젝트와 함께 '공유지 기반 동료 생산commons-based peer production'이라 불렀다. "위키피디아의 중요한 특성 중 하나는 개인으로 이루어진 수많은 집단이 시장 가격이나 지휘부의 통솔이 아닌 다양한 동기 요인과 사회적 신호에 따라 협업을 통해 대규모 프로젝트를 성공시킨다는 것이다." 벤클러는 그렇게 설명한다.[108] 이러한 동기 요인에는 타인과의 상호작용을 통한 심리적 보상과 쓸모 있는 일을 하면서 느끼는 개인적 보람도 포함된다. 사람들은 누구나 자신만의 사소한 즐거움을 가지고 있다. 우표를 수집한다거나 문법을 까다롭게 고수한다거나 메이저리그 선수이자 감독 제프 토보그의 대학 시절 타율 또는 트라팔가르 해전의 전투 서열을 줄줄이 읊는 것도 모두 해당된다. 이러한 사소한 열정들은 위키피디아에 안착할 수 있었다.

위키피디아에는 근본적이고 원초적이라고까지 할 수 있는 무언가가 작용하고 있다. 근사한 편집 사항을 추가하고 그것이 즉시 위키피디아 문서에 반영되는 순간 두뇌의 쾌락 중추에서 도파민이 일순 빠르게 분비되는데, 일부 위키피디아인들은 이것을 가리켜 '위키 크랙'이라 부른다. 불과 최근까지만 해도 자신의 글이 발행된다는 것은 선택된 일부에게만 허용되는 쾌락이었다. 그 부류에 속한 사람이라면 자신의 글이 최초로 대중에게 공개되었을 때에 느낀 쾌감을 기억할 것이다. 위키피디아는 블로그와 마찬가지로 그 특별한 경험을 누구나 누릴 수 있도록 해주었다. 자격증이 없어도 문제가 되지 않았고, 미디어 엘리트에 의해 지명된 적이 없어도 가능했다.

일례로 영국 귀족과 관련된 대다수의 위키피디아 문서는 엠스워스

경이라 알려진 사용자에 의해 작성되었다. 그의 글들은 복잡한 귀족 체계에 대한 뛰어난 통찰력을 보여주었고, 일부는 '오늘의 알찬 글'로 선정되기도 했다. 또한 엠스워스 경은 위키피디아 관리자로 선정되었다. 영국의 소설가 P. G. 우드하우스 작품의 등장인물로부터 이름을 따온 엠스워스 경이라는 사용자는 알고 보니 뉴저지 주 사우스 브런스윅에 사는 열여섯 살짜리 소년이었다. 위키피디아에서는 누구도 당신이 귀족인지 서민인지 알지 못한다.[109]

또한 우리가 사용하는 정보를 단순히 수동적으로 받아들이기만 하는 것에 그치지 않고 그 생산에 일조함으로써 얻게 되는 깊은 만족감도 작용한다. "사람들이 받아들이는 정보에 사람들이 직접 참여한다는 것은 그 자체로 중요한 목적이 된다." 하버드 대학 조너선 지트레인 교수는 그렇게 쓴다.[110] 우리가 직접 공동으로 만드는 위키피디아는 미리 만들어져 상 위에 차려진 위키피디아보다 훨씬 의미가 있다. 사람들은 공동 생산을 통해 생산 과정의 일원이 된다.

지미 웨일즈는 위키피디아의 단순하고도 고무적인 사명을 반복해서 말하곤 했다. "지구상의 모든 사람에게 인간 지식의 총체에 대한 무료 접근이 허용되는 세상을 상상해보라. 우리가 하는 일은 바로 그런 세상을 만드는 일이다." 이것은 거대하고 대담하고 가치 있는 목표이지만, 위키피디아의 실상을 과잉 축소한 진술이기도 하다. 위키피디아는 사람들에게 지식에 대한 무료 접근을 '허용하는' 수준을 넘어, 사람들이 역사상 전례 없는 방식으로 지식을 창조하고 퍼뜨리는 과정의 일원이 되도록 권한을 주는 기반이다. 그리고 웨일즈도 결국 이 사실을 이해하게 되었다. "위키피디아는 사람들이 단지 다른 사람들의 지식에 접근할 수 있도록 하는 것이 아니라 스스로의 지식을 공유할 수 있도록 해준다." 그는 그렇게 전한다. "어떤 것의 생성에 일조한다는 것은 그것을 소유하고, 그것에 대한 권한을 갖게 되는 것을 의미한다. 이는 그것을 받아들이기만 하는 것보다 훨씬 보람차다."[111]

위키피디아로 인해 우리가 사는 세상은 배니버 부시가 1945년에 「우리가 생각하는 대로」에서 천명한 비전에 한 걸음 더 다가가게 되었다. 부시는 이렇게 예언했다. "완전히 새로운 형태의 백과사전이 나타날 것이다. 그 안에 사통팔달 연결되는 길들이 이미 그물눈을 이루고 있을 것이며, 이를 언제든지 메멕스로 내려받아 더 확장할 수 있을 것이다." 위키피디아는 또한 기계는 스스로 생각하는 것을 제외하고 거의 모든 것을 할 수 있게 될 것이라는 에이다 러브레이스의 주장도 떠올리게 한다. 위키피디아는 스스로 생각할 수 있는 기계를 만들기 위한 플랫폼이 아니다. 그것은 인간의 지혜와 컴퓨터의 처리 능력이 마치 태피스트리처럼 짜이고 엮인 인간-기계 공생의 눈부신 예다. 2011년에 새 아내와 딸을 갖게 된 웨일즈는 레이디 러브레이스를 기려 딸의 이름을 에이다라고 지었다.[112]

래리 페이지, 세르게이 브린, 그리고 검색

저스틴 홀이 개인 홈페이지를 만든 1994년 1월에는 전 세계에 웹 사이트가 700개밖에 존재하지 않았다. 그해 말에는 만 개로 늘어났고, 이듬해 말에는 10만 개가 생겨났다. 개인용 컴퓨터와 네트워크의 결합으로 누구든지 세계 어디에나 존재하는 콘텐츠를 볼 수 있게 되었고, 누구나 자신의 콘텐츠를 퍼뜨릴 수 있었다. 하지만 폭발적으로 성장하는 이 세계가 쓸모 있어지기 위해서는 필요한 사항을 쉽게 찾을 수 있는 단순한 인간-컴퓨터-네트워크 인터페이스가 필요했다.

최초의 시도는 사람에 의해 수동으로 편찬되는 디렉토리였다. 어떤 것은 홀의 '지하생활자 저스틴의 링크'나 폴 필립의 '쓸모없는 페이지'처럼 이상야릇하고 경박했다. 팀 버너스리의 '월드 와이드 웹 가상 라이브러리', NCSA의 '새 소식' 페이지, 팀 오라일리의 '글로벌 네트워크 내비게이터'처럼 근엄하고 진지한 것도 있었다. 이러한 양극단의 중간에는 1994년에 스탠퍼드 대학원생 두 명이 만든 사이트가 존재했는데, 디렉토리라는 개념을 한 차원 격상시킨 이 사이트의 수많은 초기 이름 중 하나는 '제리와 데이비드의 웹 가이드Jerry and David's Guide to the Web'였다.

박사 논문 마무리 단계에 있던 제리 양과 데이비드 필로는 종종 논문 작업을 미루고 가상 농구 리그를 즐기곤 했다. "우리는 논문을 쓰기 싫어서 별짓을 다 했다." 양은 그렇게 회상한다.[113] 그는 웹이 부상하기 전에 널리 사용되던 인터넷의 문서 배포 프로토콜인 FTP 및 고퍼를 사용 중인 서버에서 선수 기록을 알아내는 방법을 고안하는 데 열중했다.

모자이크 브라우저가 출시되자 양의 관심은 웹에 쏠렸다. 그는 필로와 함께 갈수록 늘어나는 사이트 디렉토리를 수동으로 분류하기 시작했다. 비즈니스, 교육, 연예, 정부 등과 같은 상위 범주를 구성하고, 각각에 대해 수십 개의 하위 범주를 추가했다. 1994년 말에 이들은 자신들이 만든 웹 가이드에 '야후!'라는 이름을 붙였다.

한 가지 심각한 문제가 있었다. 웹 사이트 수가 해마다 열 배씩 증가함에 따라 디렉토리를 수동으로 업데이트할 수가 없게 된 것이다. 이들은 다행히 FTP 사이트와 고퍼 사이트에서 정보를 캐내기 위해 고안된 도구를 발견했다. '크롤러crawler'라는 이름의 도구는 인터넷상의 여러 서버를 '기어 다니며crawl' 인덱스를 수집했다. 그중 가장 널리 사용되는 것으로 FTP 아카이브를 돌아다니는 아치Archie와 고퍼 기반 서버를 돌아다니는 베로니카Veronica가 있었다. 둘 다 만화책의 유명한 커플 이름을 차용한 것이다. 1994년에는 수많은 엔지니어 창업가들이 웹의 검색 도구로 사용될 다양한 크롤러를 만들어냈다. 그 예로 MIT의 매튜 그레이가 만든 WWW 원더러WWW Wanderer, 워싱턴 대학교의 브라이언 핑커톤이 만든 웹크롤러WebCrawler, 디지털 이큅먼트 코퍼레이션의 루이스 모니어가 만든 알타비스타AltaVista, 카네기멜론 대학교의 마이클 몰딘이 만든 라이코스Lycos, 캐나다 워털루 대학교 연구팀이 만든 오픈텍스트OpenText, 스탠퍼드 대학의 여섯 명의 친구들이 만든 익사이트Excite 등을 들 수 있다. 이들은 모두 술꾼이 술집을 돌아다니듯 웹 페이지의 링크를 따라가면서 웹을 돌아다니며 URL을 추출하고 정보를 수집하는 로봇(또는 봇)을 사용했다. 수집된 정보는 인덱스로 분류된 다음 쿼리* 서버가 접근할 수 있는 데이터베이스에 보관되었다.

필로와 양은 직접 웹크롤러를 만드는 대신 자신들의 홈페이지에 사용할 웹크롤러의 라이선스를 구입했다. 야후!는 사람에 의해 편찬되는 디렉토리의 중요성에 더 중점을 두었다. 사용자가 문구를 입력하면 야후!의 컴퓨터들은 입력된 문구와 연관이 있는 항목이 디렉토리에 존재하는지 확인하고, 존재하는 경우 수동으로 편찬된 사이트 목록을 제시했다. 존재하지 않는 경우에는 해당 쿼리를 웹크롤링 검색 엔진으로 넘겼다.

야후! 개발팀은 대다수의 사용자들이 무언가를 구체적으로 찾기보다는 웹을 탐색하는 일이 많을 것이라고 잘못 생각했다. "탐색과 발견 중심의 웹 사용이 오늘날처럼 대상이 있는 검색으로 전환되리라고는 상상도 하지 못했다." 야후! 최초의 편집장으로 60여 명의 젊은 편집진과 디렉토리 편찬자들로 구성된 뉴스 편집실을 책임진 스리니자 스리

*query. 데이터베이스, 정보 시스템 등에서 정보 수집 시 사용되는 질의어—옮긴이.

니바산은 그렇게 회고한다.[114] 야후!는 인간의 수동 작업에 의존함으로써 수년간(심지어는 지금까지도) 뉴스 선정이라는 측면에서 경쟁자들보다 우위를 점했지만, 검색 도구라는 측면에서는 그렇지 못했다. 하지만 스리니바산이 이끄는 편집실에서 급증하는 웹 페이지를 모두 관리할 수 있는 방안은 존재하지 않았다. 스리니바산과 그녀의 야후! 동료들의 생각과 달리 웹에서 무언가를 찾기 위한 주된 방법이 된 것은 자동 검색 엔진이었다. 이 길은 또 다른 스탠퍼드 대학원생 두 명이 선도했다.

래리 페이지는 컴퓨팅의 세계에서 나고 자랐다.[115] 아버지는 미시건 대학교에서 컴퓨터공학과 인공 지능을 연구하는 교수였고, 어머니도 같은 대학에서 프로그래밍을 가르쳤다. 페이지가 여섯 살이 되던 1979년에 아버지는 가정용 호비스트 컴퓨터 익시디 소서러Exidy Sorcerer*를 사 왔다. "집에 컴퓨터를 갖게 되어서 무척 흥분했던 것이 기억난다. 차를 사는 것처럼 엄청 대단한 일이었고 매우 비쌌기 때문이다."[116] 곧 컴퓨터를 능숙하게 다루게 된 페이지는 숙제를 할 때도 컴퓨터를 사용했다. "내가 다니던 초등학교에서 워드 프로세서로 작업한 숙제를 낸 사람은 내가 처음이지 않았을까 싶다."[117]

어린 시절의 우상 중에는 니콜라 테슬라도 있었다. 테슬라는 수많은 발명품을 만들어냈으나 토머스 에디슨에 비해 사업 수완이 부족했고 말년에는 쓸쓸히 세상을 떠난 전기電氣의 선구자다. 열두 살에 테슬라에 관한 전기를 읽은 페이지는 복잡한 감정을 갖게 되었다. "위대한 발명가가 그렇게 살았다는 것은 정말로 슬픈 일이다." 페이지는 그렇게 말한다. "발명품을 상업적으로 활용하지도 못했고, 연구에 필요한 돈도

*애플 I 50대를 최초로 주문함으로써 출시에 일조한 바이트숍 주인 폴 테렐이 만들었다.

어렵게 어렵게 모았다. 에디슨의 경우가 훨씬 고무적이다. 무언가를 발명하기만 하는 것으로는 그 누구에게도 도움이 되지 않는다. 발명품을 세상에 선보여야 하는 것이다. 세상에 선보일 수 있도록 생산하고, 그 과정을 지속할 수 있도록 돈을 벌 수 있어야 한다."[118]

부모님은 페이지와 형 칼을 데리고 장거리 자동차 여행을 떠나곤 했으며, 도중에 여러 컴퓨터 컨퍼런스에도 참석했다. 페이지는 "대학을 졸업할 무렵에는 미국의 각 주를 한 번씩은 가본 것 같다"고 말한다. 한 번은 밴쿠버에서 열린 국제 인공 지능 합동 컨퍼런스에 참석했다. 각종 경이로운 로봇이 가득 전시되어 있는 곳이었는데, 페이지가 만 열여섯 살이 되지 않았다는 이유로 입장이 거부되었으나 아버지가 끝끝내 우겨 들어갈 수 있었다. "아버지는 미친 듯이 소리를 질러댔다. 아버지가 언성을 높인 몇 안 되는 사건 중 하나였다."[119]

페이지는 스티브 잡스와 앨런 케이처럼 컴퓨터뿐 아니라 음악을 사랑했다. 색소폰을 즐겨 연주했고, 작곡도 공부했다. 여름 방학이 되면 미시건 북부에 있는 명문 예술학교 인터라켄에서 주최하는 음악 캠프에 참여했다. 인터라켄에서는 일종의 크라우드소스 방식으로 학생들의 순위를 매겼다. 모든 학생들에게는 캠프 초기에 오케스트라 좌석이 지정되었는데, 누구든 자신보다 높은 좌석에 있는 학생에게 도전할 수 있었다. 도전하는 학생과 도전받는 학생이 주어진 곡을 연주하는 동안 나머지 학생들은 모두 반대편을 보고 앉아 연주를 들은 다음 누구의 연주가 더 나은지 투표로 결정했다. 페이지는 "시간이 흐를수록 상황이 안정되어갔고, 다들 자신의 위치가 어디인지 파악하게 되었다"고 말한다.[120]

둘 다 미시건 대학에서 강의를 하고 있었을 뿐 아니라 대학 시절 동대학에서 만나 결혼한 부모님은 반쯤 농담으로 페이지도 미시건에 다녀야 한다고 말하곤 했다. 페이지는 과연 미시건 대학에 입학했고, 발명의 천재였으나 사업 쪽으로는 재능이 없던 테슬라의 교훈을 되새기며 경영학과 컴퓨터공학을 동시에 전공했다. 거기에 더해 그에게는 아홉 살 연상의 형 칼이라는 본보기도 있었다. 칼은 대학을 졸업하고 초창기 소셜 네트워크 회사를 공동으로 설립했다. 그의 회사는 훗날 4억 1,300만 달러로 야후!에 매각되었다.

페이지는 자신에게 가장 큰 인상을 남긴 대학 강의로 주디스 올슨 교수의 인간-컴퓨터 상호 작용에 관한 수업을 꼽는다. 쉽고 직관적인 인터페이스를 설계하는 것이 수업의 목표였다. 페이지는 유도라 메일 클라이언트의 디스플레이에 관한 보고서를 과제로 작성하며 여러 작업을 수행하는 데 시간이 얼마나 걸리는지를 예측하고 시험했다. 가령 단축키를 사용하면 마우스를 사용하는 것보다 실제로 작업이 0.9초나 지연된다는 사실을 발견했다. "사람과 화면이 어떻게 상호 작용하는지에 대한 직관을 계발할 수 있었다. 그리고 이러한 상호 작용이 무척 중요하다는 사실을 깨달았다. 사람들은 이 사실을 지금도 제대로 이해하지 못한다."[121]

대학 재학 중 어느 여름 방학 동안 '리더셰이프'라는 리더십 훈련 기관에서 주관하는 캠프에 참여했다. 학생들은 캠프를 통해 '불가능하다는 생각을 현명하게 묵살하는' 방법을 배웠다. 페이지는 이곳에서 배운 것들을 바탕으로 다른 사람들이 대담함과 터무니없음의 경계에 있다고 생각하는 프로젝트를 단행하고자 하는 욕구를 갖게 되었으며, 훗날 구글에서 이를 유감없이 발휘한다. 일례로 미시건 대학 재학 중과 졸업 후에 계속해서 밀어붙인 개인용 수송 체계 및 무인 자동차에 관한 미래지향적인 아이디어를 들 수 있다.[122]

대학원 진학 시 MIT에 떨어졌고, 스탠퍼드에 합격했다. 운이 좋은 결과였다. 기술과 사업의 교차에 관심 있는 사람에게는 스탠퍼드가 적격이었다. 1909년에 졸업생 시릴 엘웰이 페더럴 텔레그래프Federal Telegraph

사를 설립한 이래로, 스탠퍼드에서는 테크놀로지 창업이 장려되어왔으며, 1950년대 초반에 공과대학 학장 프레드 터먼이 학내에 산업단지를 조성하면서 이러한 경향이 한층 강화되었다. 교수진 또한 학술적 연구 업적만큼 스타트업 사업 계획을 중시했다. "내게 필요했던 건 한 발은 업계에 담근 채 세상을 뒤흔드는 미친 짓들을 장려하는 교수였다. 스탠퍼드의 컴퓨터공학과 교수진 대부분이 그런 성향을 가지고 있었다."[123]

당시 대다수의 명문 대학은 학술 연구를 강조하고 상업적 시도를 주저하는 분위기였다. 스탠퍼드는 그 어떤 곳보다 앞서 대학을 학문의 장인 동시에 벤처 기업 육성 기관으로 보는 입장이었으며, 이미 휴렛패커드, 시스코, 야후!, 선마이크로시스템스 등의 걸출한 기업들이 탄생한 바 있었다. 훗날 이 목록에 가장 중요한 이름을 더하게 되는 페이지는 스탠퍼드의 이러한 관점이 실제로 연구에 더욱 도움이 된다고 믿었다. "실제 현장을 바탕으로 연구할 수 있기 때문에 연구 자체의 성과도 훨씬 높아졌다고 생각한다. 연구는 단지 이론에만 그치지 않는다. 자신이 연구 중인 작업이 실제 세계의 문제에 적용되는 것이 무엇보다 중요하기 때문이다."[124]

스탠퍼드 대학원 등록을 준비 중이던 1995년 가을에 페이지는 오리엔테이션에 참가했다. 오리엔테이션에는 샌프란시스코를 방문하는 일정도 포함되어 있었다. 사교적인 2학년생 세르게이 브린이 페이지의 지도 선배였다. 브린은 조용한 성격의 페이지에게 자신의 의견을 지치지 않고 피력했고, 결국 이들은 컴퓨터에서 도시 구역화에 이르는 다양한 주제로 논쟁을 벌이게 되었다. 둘은 몹시 죽이 잘 맞았다. "그를 불쾌한 놈이라고 생각했던 것이 기억난다." 페이지는 그렇게 시인한다. "그건 지금도 여전히 그렇다. 모르긴 몰라도 그 역시 나를 그렇게 생각했을 수도 있을 것이다."[125] 사실이었다. "우린 둘 다 서로를 불쾌하다고 생각했다." 브린도 그렇게 시인한다. "하지만 우리는 그걸 장난 삼아 말한다. 그토록 많은 시간 동안 수많은 이야기를 나누었으니, 무언가 맞는 지점이 있었던 것 같다. 우리는 상대방을 애정 어린 방식으로 놀리기를 좋아한다."[126]

세르게이 브린의 부모님도 수학을 전공한 학자였다. 하지만 그는 페이지와 무척 다른 유년 시절을 보냈다. 브린은 모스크바에서 태어났다. 아버지는 모스크바 국립대학에서 수학을 가르쳤고, 어머니는 소련 석유 가스 연구소의 연구원이었다. 유대인인 양친은 그 이유 때문에 경력이 단절되었다. 브린은 저널리스트 켄 올레타에게 이렇게 털어놓았다. "우리는 참 가난했다. 부모님은 두 분 다 힘든 시기를 겪었다." 아버지가 미국 이민 신청을 하자 양친 모두 직장을 잃게 되었다. 출국 비자는 브린이 다섯 살이던 1979년 5월에 발급되었다. 일가는 유대인 이민 지원 협회의 도움을 받아 메릴랜드 대학교 인근의 노동자 계층 마을에 정착했다. 아버지는 메릴랜드 대학에서 수학 교수 자리를 얻었고, 어머니는 NASA의 고더드 우주비행 센터에 연구원으로 취직했다.

브린은 독립적 사고가 장려되는 몬테소리 학교에 다녔다. "다른 사람이 시키는 일을 하는 것이 아니라 자신의 길을 스스로 개척해야 했다."[127] 페이지가 지닌 자질이기도 했다. 훗날 인터뷰 도중 교수를 부모로 둔 것이 성공할 수 있는 중요한 요인이었는지에 관한 질문을 받고, 둘 다 몬테소리 학교에 다닌 것이 그보다 더 중요한 요인이었다고 납한다. 페이지는 이렇게 말한다. "규칙과 질서를 따르지 않고, 스스로 동기를 부여하고, 세상에서 일어나는 일들에 의문을 갖고, 뭐든지 조금은 다른 방식으로 해볼 수 있는 교육을 받았던 것 같다."[128]

페이지와 마찬가지로 브린도 어린 시절에 부모님이 컴퓨터를 사주었다. 브린의 경우에는 아홉 살 생일 선물로 받은 코모도어 64였다. 그는 이렇게 회고한다. "그때는 지금보다 훨씬 쉽게 스스로 컴퓨터를 프로그래밍할 수 있었다. 내 컴퓨터에는 BASIC 인터프리터*가 내장되어 있어서, 언제든지 직접 프로그램을 만들 수 있었다." 브린은 중학교 시절에 친구와 함께 사용자와 텍스트로 대화를 나누는 프로그램을 작성하여 인공 지능을 모방해보기도 했다. "요즘은 컴퓨터를 처음 접하는 아이들이 우리 때만큼 프로그래밍에 쉽게 진입할 수 있는 것 같지 않다."[129]

권위에 대한 반항적인 기질 때문에 열일곱 살이 되던 무렵 아버지와 함께 모스크바를 방문했을 때 큰일이 날 뻔하기도 했다. 지나가던 경찰차를 보자 자갈을 던지기 시작한 것이다. 경찰관 두 명이 차에서 내려 브린을 손보려고 했지만, 다행히 부모님이 상황을 진정시킬 수 있었다. "내 반항적 기질은 모스크바에서 태어났기 때문에 생긴 것 같다. 게다가 성인이 된 지금도 그 기질을 버리지 못했다고 할 수 있다."[130]

브린은 레오나르도 다빈치가 그랬듯 예술과 과학의 결합을 통해 얻을 수 있는 힘을 주창한 리처드 파인만의 회고록을 읽고 큰 감명을 받았다. "예술가이자 과학자였던 레오나르도 다빈치와 같이 되고 싶었다고 기술한 대목이 기억난다. 그 대목이 나에게 무척 영감을 주었다. 그러한 삶이야말로 보람된 삶일 것이라 생각한다."[131]

고등학교를 남들보다 빨리 3년 만에 졸업하고, 수학과 컴퓨터공학을 전공한 메릴랜드 대학에서도 3년 만에 조기 졸업했다. 한동안 컴퓨터 긱 친구들과 함께 인터넷 게시판과 대화방에 열을 올렸는데, 어느 순간 "섹스에 관해 이야기하고 싶어 안달 난 열 살짜리 꼬마들"과 어울리는 일에 넌더리가 났다. 그런 다음 텍스트 기반 온라인 게임인 머드 게임에

*빌 게이츠가 만든 그것이다.

빠져들었으며, 폭발물을 배달하는 집배원이 등장하는 머드 게임을 직접 만들기도 했다. "너무나 재미있어서 오랜 시간을 머드를 하며 보냈다." 브린은 그렇게 회고한다.[132] 그러다 메릴랜드 대학에서 마지막 학기를 보내던 1993년 봄에 안드레센이 갓 선보인 모자이크 브라우저를 다운로드하고, 웹의 세계에 심취하게 되었다.

브린은 국립 과학 재단 장학금을 받고 스탠퍼드 대학원에 진학했다. 데이터 마이닝을 연구할 계획이었다. (MIT는 페이지뿐 아니라 브린도 받아들이지 않았다. 이것이 MIT의 이중 불운이었을지도 모른다.) 박사 학위를 받으려면 여덟 가지 종합 시험에 통과해야 했는데, 입학하고 얼마 지나지 않아 그중 일곱 개를 우수한 성적으로 합격했다. "내가 가장 잘한다고 생각한 시험에는 합격하지 못했다." 브린의 전언이다. "나는 교수를 찾아가서 답을 두고 토론을 벌였다. 결국 교수를 설득하는 데 성공했고, 결과적으로 여덟 개를 모두 합격했다."[133] 덕분에 그는 원하는 강의만 골라 들을 수 있었고, 곡예와 공중 그네, 보트 타기와 체조와 수영 등 운동에 대한 별난 흥미를 충족시킬 수 있었다. 그에게는 두 손으로만 걷는 재주도 있었는데, 가출하고 서커스에 합류할 생각을 한 적도 있다고 한다. 롤러블레이드도 수준급으로 탔다. 롤러블레이드를 착용하고 복도를 쌩하고 달리는 모습도 심심치 않게 연출했다.

페이지가 스탠퍼드에 입학하고 몇 주 지나지 않아 컴퓨터공학과 전체가 신축된 게이츠 컴퓨터공학관*으로 이전했다. 건물 설계자가 지정

*게이츠는 하버드, 스탠퍼드, MIT, 카네기멜론 대학에 컴퓨터공학관 건축 기금을 지원했다. 스티브 발머와 함께 기금을 제공한 하버드 대학 건물은 어머니들의 이름에서 한 단어씩 따서 맥스웰 드워킨Maxwell Dworkin관이라 이름 붙였다.

한 체계 없는 신공학관 호수에 짜증이 난 브린은 강의실 위치와 강의실 사이의 거리를 고려한 새로운 호수 지정 체계를 고안했고, 학과에서는 이를 도입했다. 그는 말한다. "내가 이렇게 말해도 될지 모르겠지만, 새 호수 체계는 무척 직관적이었다."[134] 페이지는 대학원생 세 명과 함께 연구실을 사용했고, 브린도 이곳을 근거지로 삼았다. 연구실에는 컴퓨터로 작동되는 급수 시스템이 장착된 식물이 매달려 있었으며, 컴퓨터에 연결된 피아노가 한 대 있었고, 각종 전자 장난감과 취침용 패드가 있었다.

이 떼어놓을 수 없는 2인조는 캐멀케이스를 차용하자면 래리앤드세르게이LarryAndSergey가 되었다. 논쟁을 벌이거나 농담을 할 때는 마치 서로의 날을 가는 한 쌍의 검처럼 행동했다. 유일한 여성 연구원이던 타마라 먼즈너는 이들이 말도 안 되는 개념을, 가령 리마 콩만을 이용하여 건물만 한 크기의 무언가를 만들 수 있을지에 관해 논쟁을 시작하면 그들을 '바보 같은 지성'이라고 불렀다. 그녀는 이렇게 회상한다. "그들과 같은 연구실을 사용하는 것은 즐거운 일이었다. 모두들 말도 안 되는 시간에 작업하곤 했다. 토요일에서 일요일로 넘어가는 새벽 3시에 연구원들이 모두 나와 있던 적도 있다."[135] 페이지와 브린은 명석함뿐 아니라 두둑한 배짱을 가진 것으로도 유명했다. 지도 교수 가운데 한 명이었던 라지브 모트와니는 이렇게 전한다. "그들은 권위에 대한 존경심을 가장하지 않았다. 항상 나에게 도전을 해왔다. 그들은 내게 아무런 거리낌 없이 '헛소리하지 마세요!'라고 말하곤 했다."[136]

래리앤드세르게이는 다른 위대한 혁신 파트너들과 마찬가지로 상호보완적인 성격을 가지고 있었다. 페이지는 사교적이지 못했다. 낯선 이와 눈을 마주치는 것보다 컴퓨터 화면을 대하는 것을 더 편해했다. 바이러스성 감염으로 인한 만성 성대 결절을 앓는 탓에 거친 목소리로 속삭이는 듯 말했고, 때때로 입을 아예 다물어버리는 당황스러운(존경스럽기도 한) 습관이 있어서 실제로 말을 내뱉는 경우에는 주목받곤 했다. 때로는 감탄스러울 정도로 무심했고, 때로는 강렬하게 매력적이었다. 순식간에 진심 어린 미소를 지을 줄 알았고, 얼굴 표정이 풍부했으며, 말하는 이를 기분 좋게도 불안하게도 만드는 집중력을 보이며 상대방의 말을 경청했다. 놀라운 지성을 가혹하게 적용하여 별 의미 없는 일상 대화에서도 논리적 결함을 찾아냈고, 힘들이지 않고 가벼운 대화를 진중한 토론으로 이어갈 줄 알았다.

브린은 매력적일 정도로 뻔뻔했다. 노크도 없이 불쑥 연구실 문을 열고 들어가는 일이 다반사였다. 아이디어나 요청을 불쑥불쑥 내뱉었고, 어떤 주제로도 활발히 이야기를 나눌 수 있었다. 페이지는 그에 비해 사색적이고 말을 아꼈다. 브린이 무언가 제대로 작동한다는 사실에 만족한다면, 페이지는 그것이 왜 작동하는지를 두고 곰곰이 생각하는 쪽이었다. 열정적이고 수다스러운 브린이 좌중을 지배한다면, 토론 말미에 내뱉는 페이지의 차분한 논평은 사람들의 이목을 집중시켰다. "내가 세르게이보다 쑥스러움을 많이 탔던 것 같다. 물론 세르게이도 자기 나름대로 쑥스러움을 타긴 했다. 나는 더욱 광범위하게 사고할 줄 알았고 둘의 자질이 달랐기 때문에 우리는 좋은 파트너가 될 수 있었다. 나는 컴퓨터 엔지니어가 되도록 교육받았고, 하드웨어에 대한 지식이 훨씬 풍부하다. 반면 세르게이는 수학적 지식에 강하다."[137]

페이지는 특히 세르게이의 명석함에 놀랐다. "세르게이는 컴퓨터공학도 중에서도 유별나게 똑똑했다." 게다가 외향적인 성격 덕분에 주위에 사람이 들끓었다. 페이지가 처음 스탠퍼드에 갔을 때, 다른 대학원 신입생들과 함께 '불펜'이라고 불리던 개방된 연구실에 있는 책상자리에 배정받았다. "세르게이는 엄청나게 사교적이었다. 모든 애들을 다 만나고 다녔고, 불펜에서 우리와 시간을 보내곤 했다." 브린은 심지어 교수들과도 친했다. "세르게이는 교수 연구실에 찾아가 놀기도 했다. 대학원생들은 보통 그러지 않는데 말이다. 교수들도 세르게이가 너무나 똑똑하고 아는 것이 많아서 봐줬던 것 같다. 그는 어떠한 주제에도 도움이 되는 사람이었다."[138]

페이지는 인간과 기계의 공생을 강화하는 방법을 탐구하는 인간-컴퓨터 상호 작용 연구실Human-Computer Interaction Group에 들어갔다. 리클라이더와 엥겔바트가 개척한 분야로, 페이지가 미시건 대학에서 흥미 있게 수강한 주제이기도 했다. 그는 소프트웨어와 컴퓨터 인터페이스는 직관적이어야 하며 사용자가 언제나 옳다고 주장하는 '사용자 중심 디자인user-centered design'이라는 개념의 열렬한 지지자가 되었다. 그는 스탠퍼드에 입학할 당시부터 테리 위노그래드 교수를 지도 교수로 삼고 싶어 했다. 아인슈타인 머리를 한 유쾌한 성격의 위노그래드 교수는 인공 지능을 전공했으나 인간 인지에 관한 깊은 고민 끝에 엥겔바트처럼 기계가 인간 사고를 (복제하고 대체하는 대신) 증강하고 증폭하는 방법으로 연구 주제를 선회한 바 있었다. "나는 인공 지능이라 불리는 분야로부터 '사용자는 컴퓨터와 어떻게 상호 작용하고 싶어 하는가?'라는 더욱 광범위한 문제로 관심을 돌렸다." 위노그래드는 그렇게 설명한다.[139]

인간-컴퓨터 상호 작용 및 인터페이스 디자인 분야는 리클라이더로부터 비롯되었다는 고결한 태생에도 불구하고 콧대 센 컴퓨터공학자들로부터 심리학자나 가르치는 말랑말랑한 학문으로 여전히 천대받고 있었다(리클라이더와 주디스 올슨도 심리학 교수 출신이다). 페이지는 "튜링 기계인지 뭔지를 연구하는 사람들치고는 인간의 반응을 다루는 학문을 마치 순수 인문학 보듯 지나치게 감성적인 분야로 치부하는 경향이 있었다"고 말한다. 위노그래드는 이러한 분야의 명성을 드높이는 데 일조했다. "테리는 인공 지능을 연구한 탄탄한 컴퓨터공학 배경을 가지고 있었고, 당시 소수의 사람들밖에 연구하지 않았고 합당한 존중을 받지 못하고 있던 분야인 인간-컴퓨터 상호 작용에 관심을 갖고 있었다." 페이지가 좋아한 강의 중에는 '사용자 인터페이스 디자인 분야의 영상 제작'이 있었다. "영상의 언어와 테크닉이 컴퓨터 인터페이스 디자인에 어떻게 적용되는지 배울 수 있었다."[140]

브린의 연구 분야는 데이터 마이닝이었다. 그는 라지브 모트와니 교수와 스탠퍼드 데이터 마이닝 연구실Mining Data at Stanford(MIDAS*)을 설립했다. 이들은 (훗날 구글에서 최초로 채용하는 직원이 되는 대학원생 크레이그 실버스타인과 함께) 마켓바스켓—A와 B라는 품목을 구입하는 소비자가 C와 D라는 품목도 구입할 확률을 분석하는 테크닉—관련 논문 두 편을 발표했다.[141] 브린은 관련 연구를 통해 웹에서 수집되는 데이터의 패턴을 분석하는 방식에 관심을 갖게 되었다.

페이지는 위노그래드 교수의 지도하에 논문 주제를 찾기 시작했다. 그가 고려한 십 수 가지의 주제 중에는 자율주행 차량 설계에 관한 것도 있었는데, 이 프로젝트는 나중에 구글이 착수하게 된다. 페이지가 마침내 선정한 주제는 웹상의 서로 다른 사이트의 상대적 중요도를 평가하는 방안에 관한 연구였다. 연구에 도입된 평가 방식에는 학구적인 분위기에서 성장한 배경이 반영되어 있었다. 즉, 학술 논문의 경우 얼마나 많은 연구자들이 참고 문헌에 해당 논문을 인용하느냐로 그 가치가 결정되는 것처럼, 웹 페이지는 얼마나 많은 다른 웹 페이지가 해당 페이지

*그리스 신화에 등장하는 왕 미다스Midas를 염두에 둔 작명이다. 손에 닿는 모든 것을 황금으로 바꾸는 능력을 갖고 있다—옮긴이.

로 링크되느냐로 가치가 산정될 수 있다는 것이었다.

한 가지 문제가 있었다. 팀 버너스리가 웹을 설계한 방식에 따르면—테드 넬슨과 같은 하이퍼텍스트 순수주의자들의 낙담에도 불구하고—누구든 허가 없이 다른 페이지로의 링크를 만들 수 있었고, 그러한 링크를 데이터베이스에 등록할 수 있었고, 원하는 경우 링크가 쌍방향으로 작동하게 할 수 있었다. 덕분에 웹은 무질서한 확장을 거듭하게 되었다. 이것은 또한 특정 웹 페이지로 향하는 링크의 개수나 링크의 출발점을 간단하게 파악할 수 없음을 의미했다. 하나의 웹 페이지에서 출발하는 링크는 손쉽게 파악되지만, 해당 페이지로 향하는 링크의 개수나 품질은 파악하기 힘들다. "웹은 결함을 가진 하이퍼텍스트를 사용하기 때문에, 즉 쌍방향 링크를 채택하지 않았기 때문에 내가 본 협업 시스템 중에서도 조잡한 편에 속한다." 페이지는 그렇게 전한다.[142]

페이지는 이에 링크를 역으로 추적하여 각 사이트로 어떤 사이트가 링크를 걸었는지 파악하기 위한 대규모 데이터베이스를 구축할 방식을 모색했다. 향상된 협업 환경을 조성하겠다는 생각이 작업의 주요 동기로 작용했다. 그의 설계에 따르면 사람들은 자신의 페이지에서 다른 페이지에 주석을 달 수 있다. 해리가 논평을 써서 그것을 샐리의 웹 사이트에 링크로 걸어놓으면, 샐리의 웹 사이트를 보는 사람들은 해리의 논평도 볼 수 있다. "링크를 거슬러 거꾸로 추적하는 것이 가능해지면 사람들은 간단하게 링크를 거는 것으로 자신의 페이지에서 다른 페이지에 논평을 쓰거나 주석을 달 수 있을 것이다." 페이지는 그렇게 설명했다.[143]

페이지는 한밤중에 꿈에서 깨어나 링크의 방향을 뒤집겠다는 대담한 아이디어를 떠올렸다고 한다. 그는 이렇게 전한다. "웹 전체를 다운로드해서 링크만 추출할 수 있다면 어떨까라는 생각을 했다. 즉시 펜을 집어 공책에 써 내려가기 시작했다. 나는 그 야심한 시각에 세부 사항을 빠르게 적어 내려가며 그것이 제대로 작동할 것이라고 스스로를 설득했다."[144] 페이지는 나중에 이스라엘 학생들을 대상으로 이 일화를 이야기해주며 교훈을 전한다. "어쩌면 무모해 보이는 목표를 설정할 줄 알아야 한다. 대학에서 나는 '불가능하다는 생각을 현명하게 묵살하라'고 배웠다. 정말 좋은 말이다. 나는 여러분이 대다수의 사람들이 하지 않는 방식을 시도해보는 자세를 가졌으면 한다."[145]

웹 매핑은 쉬운 일이 아니었다. 1996년 1월 당시, 웹상에는 웹 사이트 10만 개, 문서 1,000만 건, 그리고 그 사이에 연결된 링크가 10억 개 가까이 존재했으며, 그 수는 해마다 기하급수적으로 증가하고 있었다. 페이지는 직전 해 여름에 자신의 홈페이지에서 출발하여 맞닥뜨리게 되는 모든 링크를 거미처럼 돌아다니며 각 하이퍼링크의 텍스트와 각 페이지의 제목과 각 링크의 출발점을 수집하도록 설계된 웹크롤러를 개발했다. 그는 이 프로젝트를 백럽BackRub이라 불렀다.

페이지는 위노그래드 교수에게 대략적인 추산 결과 자신이 만든 웹크롤러가 작업을 완수하는 데 몇 주가 걸릴 것이라고 말했다. "교수님은 그보다 훨씬 오래 걸릴 것이라는 사실을 충분히 알고 있었지만 현명하게도 나에게 그렇게 말하지 않고 알겠다며 고개를 끄덕였다. 청춘의 낙관이란 얼마나 과소평가되어 있는지!"[146] 페이지는 그렇게 회상한다. 그의 프로젝트는 머지않아 스탠퍼드 전체 인터넷 대역폭의 절반 가까이를 차지했고, 그로 인해 적어도 한 번은 전 캠퍼스의 시스템이 중단되었다. 그럼에도 대학의 관리자들은 관대한 자세를 보여주었다. "디스크 용량이 거의 찼습니다." 페이지는 URL 2,400만 개와 1억 개가 넘는 링크를 수집한 1996년 7월 15일에 위노그래드에게 이메일을 보냈다. "아직 페이지의 15퍼센트밖에 수집하지 못했지만 전망이 무척 좋습니

다."[147]

페이지의 프로젝트가 보인 대담성과 복잡성이 논문 주제를 찾고 있던 세르게이 브린의 수학적 지성을 자극했다. 그는 친구에게 협력하게 되어 정말 신이 났다며 이렇게 말한다. "그때까지 본 것 중 가장 흥미로운 프로젝트였다. 인간 지성을 표방하는 웹을 다루었기 때문이기도 하고, 내가 래리를 좋아했기 때문이기도 하다."[148]

그때까지만 해도 백럽은 주석 체계 및 인용 분석의 근간이 될 웹의 백링크 수집을 위한 용도로만 사용됐다. "놀랍게도 나에게는 검색 엔진을 만들 생각이 없었다." 페이지는 그렇게 시인한다. "그런 생각에는 관심도 갖지 않았었다." 프로젝트가 발전해나감에 따라 페이지와 브린은 입력 링크의 품질과 개수를 바탕으로 각 페이지의 가치를 산정할 더욱 정교한 방식을 고안해냈다. 이 시점에서 마침내 이들은 페이지에 중요도로 등급을 매겨 인덱스를 만들면 고품질 검색 엔진의 근간이 될 수 있겠다는 생각을 하게 됐다. 그리하여 구글이 탄생했다. "진짜로 멋진 꿈이 눈앞에 나타난다면 주저 말고 잡아라!" 페이지는 훗날 그렇게 말한다.[149]

방향이 수정된 프로젝트를 이들은 처음에는 페이지랭크PageRank라 불렀다. 백럽에 의해 수집된 웹 페이지에 등급이 매겨지는 데다가, 페이지의 엉뚱한 유머 감각과 약간의 과시욕에도 부합했기 때문이다. "맞다. 불행히도 나 자신을 언급하는 이름이었다." 그는 나중에 멋쩍어하며 말한다. "내가 왜 그랬나 싶다."[150]

페이지에 등급을 매기겠다는 목표 때문에 복잡도가 한층 증가했다. 특정 페이지로 향하는 링크의 개수를 세는 것에 그치지 않고, 각 입력 링크에 값을 부여하면 훨씬 유용할 것이라는 생각을 했다. 가령《뉴욕 타임스》에서 출발하는 링크에는 스워스모어 칼리지에 있는 저스틴 홀의 기숙사 방에서 출발하는 링크보다 높은 값을 부여해야 할 것이다. 그 결과 복수의 피드백 루프로 구성된 재귀적 프로세스가 만들어졌다. 하나의 페이지는 해당 페이지로 들어오는 입력 링크의 개수와 품질로 등급이 매겨지고, 링크의 품질은 출발점 페이지로 들어오는 링크의 개수와 품질로 등급이 매겨진다. "그 전체가 모두 재귀적 프로세스다. 하나의 커다란 원이라고 볼 수 있다. 하지만 수학은 위대하다. 수학으로 이걸 풀 수 있다."[151]

이것은 브린이 열성을 바쳐 몰두할 수 있는 그런 종류의 수학 문제였다. "우리는 이 문제를 풀기 위해 수많은 수학적 방안을 고안해냈다." 브린의 회상이다. "웹 전체를 각 페이지의 페이지 등급이라는 수백 개의 변수를 포함하는 거대한 방정식으로 변환했다."[152] 브린과 페이지는 지도 교수 두 명과 공동 저자로 이름을 올린 논문에서 하나의 페이지로 입력되는 링크의 개수와 각 링크의 상대적 등급에 기초한 복잡한 수학 공식을 제시했다. 그러고는 비전문가들을 위해 다음과 같이 쉬운 설명을 덧붙였다. "백링크들의 등급의 합이 크면 해당 페이지의 등급이 높아진다. 이는 백링크의 개수가 많은 페이지와 백링크의 개수는 적지만 각 백링크의 등급이 높은 페이지에 모두 해당된다."[153]

그렇다면 페이지랭크가 실제로 향상된 검색 결과를 내는가. 이것이 바로 수십억 달러짜리 질문이었다. 브린과 페이지는 비교 테스트를 수행했다. 일례로 '대학university'이라는 검색어를 사용했다. 알타비스타를 비롯한 여타 검색 엔진에서는 제목에 '대학'이라는 단어가 포함된 페이지들이 무작위로 검색되었다. "그들에게 '왜 사용자들에게 이런 쓰레기 같은 결과를 보여주는 건가?'라고 물었던 기억이 난다." 페이지의 말이다. 돌아온 답은 검색 결과의 품질이 좋지 않은 것은 사용자의 탓이고, 검색 쿼리를 더욱 정교하게 입력해야 한다는 것이었다. "나는 인간-컴퓨터 상호 작용 수업에서 사용자를 탓하는 것은 좋은 전략이 아니라고 배웠기 때문에 그들이 근본적으로 무언가를 잘못하고 있다는 것을 알 수 있었다. 우리는 사용자는 언제나 옳다는 통찰력을 바탕으로 더욱 나은 검색 엔진을 만들 수 있겠다는 아이디어를 갖게 되었다."[154] 페이지랭크에 '대학'이라는 검색어를 입력하니 스탠퍼드, 하버드, MIT, 미시건 대학교가 상위 검색 결과로 제시되었다. 페이지와 브린은 이루 말할 수 없는 만족감을 느꼈다. "우아." 페이지는 그렇게 중얼거렸다고 회상한다. "나를 비롯한 연구팀은 페이지 자체뿐 아니라 페이지의 평판까지 고려하여 등급을 매길 수 있다면 검색에 매우 유용하게 작용할 것이라는 사실을 분명히 알게 되었다."[155]

페이지와 브린은 웹 페이지상의 키워드의 출현 빈도, 활자 크기, 위치와 같은 요인을 추가하며 페이지랭크를 계속해서 개량해나갔다. 해당 키워드가 URL에 포함되어 있거나 대문자로 시작하거나 페이지 제목에 포함되어 있는 경우 높은 값을 부여했다. 검색 결과를 바탕으로 매번 공식을 수정하고 개선했다. 밑줄이 그어져 있고 하이퍼링크가 연결되어 있는 앵커 텍스트anchor text에 가중치를 높게 주는 것이 중요하다는 사실도 알게 되었다. 예를 들어 '빌 클린턴'이라는 문구는 whitehouse.gov로 향하는 수많은 링크의 앵커 텍스트로, whitehouse.gov 사이트의 홈페이지 자체에는 빌 클린턴의 이름이 표기되어 있지 않더라도 사용자가 '빌 클린턴'으로 검색하면 상위 검색 결과에 해당 사이트가 제시돼야 했다. 이와 대조적으로 경쟁 사이트 중 한 곳에서 '빌 클린턴'을 검색하면 '빌 클린턴 오늘의 유머'가 최상위 검색 결과로 표시됐다.[156]

페이지와 브린은 페이지와 링크의 수가 어마어마하다는 사실에 착안하여 검색 엔진에 구글Google이라는 이름을 붙였다. 10의 100제곱, 즉 1 뒤에 0이 100개 붙은 수를 뜻하는 구골googol이라는 용어를 살짝 비튼 것이다. 스탠퍼드 연구실 동료 션 앤더슨의 제안이었는데, 도메인 이름이 사용 가능한지 보려고 Google을 검색했더니 다행히 아직 등록되지 않은 단어였다. 페이지는 냉큼 도메인을 낚아챘다. 브린은 나중에 이렇게 말한다. "그때 철자가 틀렸다는 사실을 우리가 알았는지 잘 모르겠다. 어쨌거나 googol은 이미 사용 중이었다. Googol.com을 이미 등록한 사람이 있길래 그에게서 도메인 명을 사려고 했는데, 그 사람이 팔지 않겠다고 했다. 그래서 구글로 하기로 했다."[157] 장난스러운 어감을 가진 구글은 기억하기도 타자로 치기도 쉬웠으며, 종국에는 하나의 동사가 되었다.*

페이지와 브린은 구글을 개선하기 위해 두 가지 노력을 기울였다. 첫째, 경쟁사들보다 훨씬 많은 대역폭과 처리 능력과 저장 용량을 투입하고, 웹크롤러가 초당 100개의 페이지를 처리하도록 향상시켰다. 또한 사용자 행동을 열성적으로 관찰하여 알고리즘을 지속적으로 개선했다. 상위 결과를 클릭한 사용자가 결과 목록으로 되돌아가지 않는다는 것은 원하는 답을 얻었다는 뜻이다. 그러나 검색을 수행한 다음 곧바로 쿼리를 수정한다면 만족하지 못했음을 뜻한다. 이 경우 개발자들은 수정된 검색 쿼리를 검토하여 사용자가 애초에 무엇을 찾고자 했는지를 알아내야 했다. 사용자가 검색 결과의 두 번째나 세 번째 페이지로 이동한다는 것은 결과가 표시되는 순서에 만족하지 못했다는 뜻이다. 서널리스트 스티븐 레비가 지적하듯이, 구글은 이 같은 피드백 루프를 통해 사용자들이 검색어로 '개dogs'를 입력하면 '강아지puppies'도 찾고 있다는 것

*옥스퍼드 영어 사전은 2006년에 'google'을 동사로 등재했다.

을, '끓다boiling'를 입력하면 '뜨거운 물hot water'도 찾는 것일 수 있다는 것을 알게 되었고, 마침내는 '핫도그hot dog'를 입력하는 사용자가 '끓는 강아지boiling puppies'를 찾는 것은 아니라는 사실도 파악하기에 이르렀다.[158]

페이지랭크와 유사한 링크 기반 방식을 고안해낸 사람이 또 한 명 있었다. 뉴욕 주립대 버팔로 캠퍼스를 졸업하고 뉴저지 주의 다우존스에 입사한 중국계 엔지니어 리옌훙(로빈 리)이었다. 페이지와 브린이 페이지랭크 개발에 몰두해 있던 1996년 봄에 리옌훙은 랭크덱스RankDex라는 알고리즘을 만들었다. 그의 알고리즘은 웹 페이지로 입력되는 링크의 개수와 각 입력 링크의 앵커 텍스트를 바탕으로 검색 결과의 값을 산정했다. 리옌훙은 특허 출원 안내서를 구입해 다우존스의 지원을 받아 알고리즘에 대한 특허를 냈지만, 회사에서 이 아이디어를 별달리 활용하지 않아 인포시크Infoseek 사로 이직한 다음 중국으로 돌아갔다. 중국에서 그는 중국 최대의 검색 엔진이자 구글의 가장 강력한 라이벌인 바이두Baidu를 공동으로 설립했다.

1998년 초반이 되자 페이지와 브린의 데이터베이스에는 당시 웹상에 존재하던 약 30억 개의 하이퍼링크 중 5억 1,800만 개에 가까운 하이퍼링크 지도가 들어가 있었다. 페이지는 구글을 학내 프로젝트를 넘어선 대중적 상품으로 만들고 싶었다. "니콜라 테슬라의 전철을 밟고 싶지 않았다. 위대한 발명품을 만들어냈다면 가능한 한 빨리 많은 사람들에게 선보여야 한다."[159]

논문 주제를 바탕으로 사업을 하고 싶었기에 페이지와 브린은 연구 결과를 발표하거나 공식 프레젠테이션을 하기를 꺼렸다. 하지만 지도 교수들이 뭐라도 발표하라고 압박을 주었기에 1998년 봄에 페이지랭크 및 구글과 관련된 학술적 이론을 제시하는 20페이지짜리 논문을 발표했다. 경쟁사들이 자신들의 비밀을 알아챌 수 없도록 많은 정보를 공개하지는 않았다. 「하이퍼텍스트 기반 대규모 웹 검색 엔진의 구조The Anatomy of a Large-Scale Hypertextual Web Search Engine」라는 제목의 논문을 1998년 4월 호주에서 개최한 컨퍼런스에서 발표했다.

"필자들은 이 논문에서 하이퍼텍스트의 구조를 적극적으로 활용하는 대규모 검색 엔진의 프로토타입인 구글을 제시하고자 한다." 논문은 그렇게 시작한다.[160] 이어서 웹상에 존재하는 30억 개의 링크 중 5억 개가 넘는 링크를 매핑함으로써 적어도 2,500만 개의 웹 페이지에 대한 페이지랭크 값을 계산했으며, 이는 "사용자들이 주관적으로 느끼는 중요도에 상당히 부합한다"고 설명한다. 뒤이어 각 페이지의 페이지랭크 값을 계산하는 "단순한 반복 알고리즘"에 관한 상술이 이어진다. "특정 페이지의 인용 횟수(백링크 개수)를 계산함으로써 웹에 학술 자료 인용 방식을 적용했으며, 이를 통해 페이지의 중요도 또는 품질의 근삿값을 얻을 수 있었다. 페이지랭크는 입력 링크의 출발점 페이지에 각각 다른 값을 부여함으로써 이 개념을 확장한다."

논문에는 등급 산정, 크롤링, 인덱스 방식, 알고리즘 반복에 관한 기술적 세부 사항이 제시되었다. 추후 연구 과제의 방향을 제시하는 문단도 몇 개 있었다. 그러나 이것이 단지 학술적 과제나 순수한 학구적 연구가 아니라는 사실은 분명히 알 수 있었다. 논문에서 제시한 알고리즘은 상업적 기획의 바탕이 될 것이 분명했다. 결론은 다음과 같이 선언한다. "구글은 확장 가능한 검색 엔진으로 설계되었다. 주된 목표는 고품질 검색 결과를 제공하는 것이다."

연구 목표가 상업적 응용이 아닌 학구적 목적으로만 한정되어야 하는 대학이었다면 문제가 되었을 수도 있다. 그러나 스탠퍼드에서는 학생들의 상업적 시도를 허용했을 뿐 아니라 이를 독려하고 조장했다. 특허 출원 절차와 라이선스 계약을 지원하는 행정 부서도 있었다. 스탠퍼드 총장 존 헤네시는 다음과 같이 단언한다. "스탠퍼드는 기업가 정신을 고취하고 위험 부담이 있는 연구를 장려하는 학풍이 있다. 우리는 논문을 쓰는 것만이 아니라 스스로가 가치 있다고 믿는 기술을 활용하여 무언가를 만들어냄으로써 세상에 유의미한 영향을 미칠 수 있다는 사실을 진정으로 이해하고 있다."[161]

페이지와 브린은 다른 기업들과 소프트웨어 라이선스 계약을 맺는 것으로 사업을 시작하기로 했다. 야후!, 익사이트, 알타비스타의 CEO와 만난 이들은 라이선스 비용으로 100만 달러를 요구했다. 라이선스에는 특허권은 물론 페이지와 브린이 직접 제공하는 사후 서비스도 포함되어 있었기 때문에 터무니없는 금액은 아니었다. "당시 그 회사들은 수억 달러 이상의 가치가 있었다." 페이지는 훗날 그렇게 전한다. "100만 달러는 그들에게 그렇게 막대한 돈이 아니었다. 하지만 경영진들에게는 통찰력이 결여되어 있었다. 그들은 '검색은 그렇게까지 중요하지 않다'고 했다."[162]

페이지와 브린은 결국 창업을 하기로 결심했다. 캠퍼스 부근에 엔젤 투자자angel investors가 되어줄 성공적인 기업가들이 수도 없이 많았고, 바로 앞 샌드힐 로드에는 운전자본을 지원해줄 왕성한 벤처 투자가들이 즐비했다. 이들의 교수 중 한 명이던 데이비드 셰리톤 또한 투자가 앤디 벡톨샤임과 합작하여 이더넷 제품을 만드는 회사를 설립한 다음 시스코시스템스에 매각한 이력이 있었다. 셰리톤은 1998년 8월에 이들에게 벡톨샤임을 만나보라고 권했다. 벡톨샤임은 선마이크로시스템스의 공동 설립자이기도 했다. 어느 날 밤 늦은 시각에 브린은 벡톨샤임에게 이메일을 보냈고, 그 즉시 답변을 받았다. 이들은 다음 날 이른 아침에 팰로앨토에 위치한 셰리톤의 집에서 만났다.

학생들은 지독히 싫어하는 이른 시간이었음에도 불구하고 페이지와 브린은 자신들이 만든 검색 엔진을 설득력 있게 시연해 보였다. 일련의 미니컴퓨터로 웹의 많은 부분을 다운로드하고 분류하고 페이지의 등급을 산정하는 과정을 보여주었다. 닷컴 열풍의 절정에서 이루어진 편안한 분위기의 미팅이었다. 벡톨샤임이 던지는 질문도 고무적이었다. 페이지와 브린의 데모는 존재하지도 않는 베이퍼웨어*를 밀기 위해 매주 그에게 쏟아지던 파워포인트 프레젠테이션 세례와 질적으로 달랐다. 쿼리를 직접 입력해볼 수도 있었고, 알타비스타보다 훨씬 질 좋은 결과가 즉시 제시되는 것을 확인할 수도 있었다. 게다가 엄청나게 똑똑하고 열정적인 페이지와 브린은 벡톨샤임이 승부를 걸기 좋아하는 창업가 유형이었다. 이들이 마케팅에 막대한 금액을—실상 단 한 푼도—쏟아붓지 않는다는 점도 마음에 들었다. 구글은 입소문만으로도 충분히 알려질 수 있을 만큼 훌륭하기 때문에, 마지막 한 푼까지 직접 조립하는 컴퓨터 부품에 투입한다고 했다. "다른 웹 사이트들은 벤처 자금 중 상당액을 광고에 썼다." 벡톨샤임은 전한다. "그런데 이들은 사람들이 사용하지 않고는 못 배길 정도로 훌륭하고 가치 있는 서비스를 만든다는 정반대의 전략을 취했다."[163]

브린과 페이지는 광고를 도입하는 것을 꺼렸지만, 벡톨샤임은 간단하고 지저분해 보이지 않는 방식으로 검색 결과 페이지에 단순한 광고를 게재할 수 있을 것이라 생각했다. 그렇게 하면 언제든지 수익을 창출할 수 있는 매출원이 생기는 셈이었다. 그는 브린과 페이지에게 "이것이 내가 몇 년간 생각해낸 아이디어 중 단연코 가장 좋은 것"이라고 말했다. 얼마간 평가액에 관해 논의를 했는데, 벡톨샤임은 이들이 지나치

*vaporware. 개발되지 않은 가상의 제품. '증발품'이라고도 한다—옮긴이.

게 낮은 금액을 제시하고 있다고 했다. 출근 시간이 되었기에 그는 이렇게 결론을 내렸다. "시간 낭비하기 싫으니 내가 수표를 끊어주는 게 좋겠네." 차에서 수표책을 가지고 온 벡톨샤임은 Google Inc. 앞으로 10만 달러 수표를 발행했다. "아직 계좌가 없는데요." 브린이 말했다. "그럼 만들고 찾으면 되겠네." 벡톨샤임은 그렇게 답하고 포르쉐를 타고 사라졌다.

브린과 페이지는 자축하기 위해 버거킹에 갔다. "건강에는 좋지 않지만, 진짜 맛있는 것을 먹어야겠다고 생각했다." 페이지는 그렇게 전한다. "가격도 쌌다. 투자받은 일을 자축하기에 완벽한 조합이었다."[164] 벡톨샤임이 발행한 수표 덕에 구글 설립에 박차가 가해졌다. 브린은 "무엇보다도 변호사를 선임해야 했다"고 말한다.[165] 페이지는 이렇게 회고한다. "우리는, 우아, 이제 진짜 회사를 만들어야 되는 건가, 라고 생각했다."[166] 벡톨샤임의 평판과 구글이라는 훌륭한 제품이 투자자들을 끌어들였다. 아마존의 제프 베조스도 그중 하나였다. 베조스는 "나는 래리와 세르게이와 사랑에 빠져버렸다"고 말한다. "그들은 명확한 비전을 갖고 있었다. 그들은 고객 중심의 관점을 견지하고 있었다."[167] 구글을 둘러싼 호의적인 입소문이 어찌나 맹렬히 퍼져나갔는지 몇 달 후에는 실리콘 밸리 최고의 라이벌 벤처 투자사 세쿼이어 캐피탈과 클라이너 퍼킨스 양쪽으로부터 투자를 받는 보기 드문 일도 벌어졌다.

실리콘 밸리에는 지원을 아끼지 않는 대학과 열성적인 멘토들과 벤처 투자자들 외에도 한 가지 독특한 요소가 있었다. 바로 휴렛패커드가 자사 최초의 제품을 만들고 잡스와 워즈니악이 최초의 애플 I 보드를 조립한 장소인 수많은 차고였다. 바야흐로 논문을 제치고 스탠퍼드라는 둥지를 떠나야 할 때가 왔음을 깨달은 페이지와 브린은 곧 구글에 합류하게 되는 스탠퍼드 동창 수잔 보이치키에게 월세 1,700달러에 멘로파크에 있는 차고를 빌렸다. 차량 두 대가 들어가는 공간에 온수 욕조가 구비되어 있었고, 집에 있는 빈방 두 개도 사용할 수 있었다. 벡톨샤임과의 미팅으로부터 한 달이 지난 1998년 9월에 페이지와 브린은 회사를 설립하고, 은행 계좌도 만들고, 수표도 현금으로 바꿨다. 차고 벽에는 '구글의 전 세계 본사'라 적은 화이트보드를 걸었다.

구글은 월드 와이드 웹의 정보에 손쉽게 접근하는 길을 열었을 뿐 아니라 인간과 기계의 관계에서 일대 도약을 이루었다. 리클라이더가 40년 전에 그린 '인간-컴퓨터 공생'이 실현된 것이다. 야후!는 전자 검색과 인간에 의해 편찬되는 디렉토리를 결합하여 이러한 공생의 초기 형태를 구현했다. 페이지와 브린의 접근 방식은 언뜻 보면 웹크롤러와 컴퓨터 알고리즘에 의해서만 검색이 수행되도록 함으로써 야후!의 방식에서 인간의 개입을 제거한 것으로 보일 수 있다. 그러나 찬찬히 들여다보면 이들이 한 일은 기계와 인간 지성을 결합하는 것이었음을 알 수 있다. 페이지와 브린의 알고리즘은 사용자들이 자신의 웹 사이트에 링크를 걸 때 수없이 개입되는 인간의 판단에 의존한다. 이것은 인간의 지혜를 활용하는 자동화된 방식이었다. 달리 말하면, 인간-컴퓨터 공생의 고차원적인 형태였다. 브린은 다음과 같이 설명한다. "우리의 프로세스가 완전히 자동화된 것처럼 보일 수 있다. 하지만 최종 결과물에 입력된 인간 지성이라는 차원에서 봤을 때, 시간을 투자하여 웹 페이지를 만드는 수백만 명의 사람들, 그리고 어떤 사이트에 어떤 방식으로 링크를 설지 결정하는 개별적인 판단을 모두 고려하면 얼마나 많은 인간적 요소가 투입되는지 알 수 있다."[168]

배니버 부시는 1945년에 발표한 「우리가 생각하는 대로」에서 다음과 같은 도전 과제를 제시한다. "인간 경험의 총합은 굉장한 속도로 확장되고 있는 반면, 일련의 미로를 통과하여 당면 과제에 도달하는 데 사용되고 있는 수단은 가로돛배의 시대로부터 조금도 달라지지 않았다." 브린과 페이지는 회사를 설립하기 위해 스탠퍼드를 떠나기 직전 제출한 논문에서도 같은 점을 지적한다. "색인에 실리는 문서의 개수는 어마어마하게 증가한 반면, 문서를 조회하는 데 필요한 사용자의 역량은 그렇지 못했다." 부시의 언어만큼 유창하지는 않지만, 정보 과부하를 처리하기 위한 인간-기계 협업이라는 부시의 꿈을 실현하는 데는 성공했다. 구글은 인간과 컴퓨터와 네트워크가 긴밀하게 연결되는 세상을 창조하는 데 걸린 60년이라는 세월이 누적되어 탄생한 산물이다. 누구든 어디에 있는 사람과도 무엇이든 공유할 수 있게 되었으며, 빅토리아 시대의 백과사전이 약속했듯이, 무엇이든지 물어볼 수 있게 되었다.

12

…

영원한 에이다

레이디 러브레이스의 반박

에이다 러브레이스는 기뻤을 것이다. 죽은 지 150년 이상이 지난 사람의 생각을 추측하는 일이 어디까지 허용되는지 몰라도, 계산하는 장치가 언젠가는 범용 컴퓨터가 될 것이라는, 수를 조작할 뿐 아니라 음악을 만들고 말을 처리하고 "한정 없이 다양한 방식과 한정 없는 범위로 연속해서 일반적 기호를 결합"하는 아름다운 기계가 될 것이라는 자신의 직관이 옳았음을 자랑하는 자부심 넘치는 편지를 쓰는 그녀의 모습이 상상이 된다.

이런 기계는 1950년대에 등장했으며, 그 후 30년 동안 우리의 생활방식에 혁명을 가져온 두 가지 역사적 혁신이 이루어졌다. 마이크로칩 덕분에 컴퓨터는 개인용 기기가 될 만큼 작아졌으며, 패킷 교환 네트워크 덕분에 컴퓨터는 웹상의 노드가 되어 서로 연결되었다. 이렇게 개인용 컴퓨터와 인터넷이 융합한 덕분에 디지털 창조성, 콘텐츠 공유, 공동체 형성, 소셜 네트워킹이 대규모로 꽃을 피우게 되었다. 그 결과 에이다가 '시적 과학'이라고 부른 것이 가능해졌으며, 마치 자카르 방직기가 태피스트리를 짜듯이 창조성과 테크놀로지가 씨줄과 날줄이 되어 서로 엮였다.

에이다는 또, 적어도 지금까지는, 논란이 더 심했던 그녀의 주장, 즉 아무리 강력하다 해도 컴퓨터는 진정으로 '생각하는' 기계가 될 수 없다는 주장 또한 옳았다고 자랑해도 무방할 것이다. 그녀가 죽고 나서 100년 뒤 앨런 튜링은 이런 주장을 '레이디 러브레이스의 반박'이라 일컬으며, 생각하는 기계에 대한 조작적 정의—문제를 제출하는 사람은 기계와 인간을 구별할 수 없다—를 내리고 컴퓨터가 몇 십 년 내로 테스트를 통과할 것이라고 예측하여 그녀의 주장을 물리치려 했다. 그러나 그로부터 60년이 지났음에도 이 테스트에서 인간을 속이려고 시도하는 기계는 진짜로 생각을 하기보다는 기껏해야 어설픈 대화 책략이나 쓰고 있을 뿐이다. 하물며 '스스로' 독자적인 사고를 해야 한다는 에이다의 가장 높은 기준을 통과한 기계는 단 한 대도 없었다.

메리 셸리가 에이다의 아버지 바이런 경과 휴가를 보내는 동안 프랑켄슈타인 이야기를 생각해낸 이후로 인간이 만든 장치가 스스로 자기 나름의 생각을 할 수 있을 것이라는 전망 때문에 여러 세대가 불안에 떨었다. 이 프랑켄슈타인 모티프는 공상과학소설의 주요한 주제가 되었다. 무서울 정도로 영리한 컴퓨터 HAL이 등장하는 스탠리 큐브릭 감독의 1968년 영화 「2001: 스페이스 오디세이」가 그 생생한 예다. HAL은 차분한 목소리로 인간의 여러 속성을 보여준다. 말을 하고, 얼굴을 알아보고, 아름다움을 감상하고, 감정을 드러내고, (당연히) 체스를 두는 능력을 갖추고 있다. HAL이 오작동하는 것처럼 보이자 인간 우주비행사들은 HAL을 끄려고 한다. HAL은 계획을 알아채고 한 명을 빼고 모두 죽인다. 혼자 남은 비행사는 거듭되는 영웅적인 투쟁 끝에 HAL의 인지 회로에 다가가 하나씩하나씩 선을 끊는다. HAL은 퇴행을 거듭하다 맨 마지막에 〈Daisy Bell〉을 읊조린다. 1961년 벨 연구소에서 IBM 704가 컴퓨터 최초로 음을 조합해낸 곡에 대한 오마주다.

인공 지능에 열광하는 사람들은 오래전부터 HAL 같은 기계가 곧 등장하여 에이다가 틀렸음을 증명할 것이라고 장담, 또는 협박했다. 이것이 1956년 존 매카시와 마빈 민스키가 주도한 다트머스 컨퍼런스의 전제였으며, 이 컨퍼런스에서 인공 지능이라는 분야가 생겨났다. 참석자들은 약 20년 정도면 돌파구가 열릴 것이라고 결론을 내렸다. 그러나 그들의 예상대로 되지 않았다. 그 뒤로도 10년 정도마다 새로운 전문가 집단이 다시 등장하여 인공 지능이 가시권에 들어왔다고, 아마 20년 정도면 가능할 것이라고 주장해왔다. 그러나 인공 지능은 늘 20년 정도 떨어져 있는 신기루일 뿐이었다.

존 폰 노이만은 1957년에 사망했는데 그 직전 인공 지능이라는 까다로운 문제에 달려들었다. 현대식 디지털 컴퓨터의 아키텍처를 고안하는 데 기여한 그는 인간 두뇌의 아키텍처가 컴퓨터와 근본적으로 다르다는 사실을 깨달았다. 디지털 컴퓨터는 정확한 단위로 일을 처리하는 반면, 우리가 아는 한 부분적으로 아날로그 시스템이기도 한 두뇌는 가능성들의 연속체를 다룬다. 말을 바꾸면 인간의 정신 과정은 다양한 신경으로부터 나오는 수많은 펄스 신호와 아날로그파를 포함하는데, 이들이 결합되어 이진법적인 예-아니오 데이터는 물론 '어쩌면'과 '아마도'를 비롯하여 무한한 뉘앙스를 가진 응답을 생성하고, 이따금씩 곤혹스러운 반응을 보이기도 한다. 폰 노이만은 지능적 컴퓨팅의 미래에는 순수한 디지털적 접근을 버리고, 디지털과 아날로그의 결합을 포함하는 '혼합 방식'이 요구될지 모른다고 주장했다. "논리학은 신경학으로 가상假像 변형해야 할 것이다." 폰 노이만은 그렇게 주장했는데, 이 말은

대략적으로 풀이하자면 컴퓨터가 인간 두뇌와 더 흡사해져야 할 것이라는 뜻이다.[1]

1958년에 코넬 대학 교수 프랭크 로젠블라트는 뇌의 네트워크를 닮은 인공 신경망을 만들기 위한 수학적 접근법을 고안하려고 시도하면서 이 인공 신경망을 퍼셉트론Perceptron이라고 불렀다. 퍼셉트론에 가중치를 부과한 통계 데이터를 입력하면 이론적으로는 시각 자료를 처리할 수 있었다. 이 프로젝트에 자금을 지원한 해군이 시스템을 공개하자 이후 인공 지능과 관련된 주장을 항상 수반하게 될 언론의 관심이 야기됐다. "오늘 해군은 걷고, 말하고, 보고, 쓰고, 스스로를 복제하고, 스스로의 존재를 의식할 수 있는 전자 컴퓨터의 맹아를 공개했다." 《뉴욕 타임스》는 그렇게 보도했다. 《뉴요커》도 열광했다. "퍼셉트론은 (중략) 그 이름이 암시하듯이 독자적 사고라고 부를 수 있는 것을 수행할 능력이 있다. (중략) 이것은 지금까지 고안된 것 가운데 처음으로 인간 두뇌와 진지하게 경쟁할 수 있을 것으로 보인다."[2]

이것이 거의 60년 전 일이다. 퍼셉트론은 아직도 존재하지 않는다.[3] 그럼에도 그 이후로 거의 매년 인간 두뇌를 복제하고 그것을 넘어설 경이로운 존재가 곧 등장할 것이라는 마음 졸이게 하는 보도가 나왔다. 이런 보도 가운데 다수는 1958년 퍼셉트론에 관한 기사를 거의 그대로 갖다 쓰고 있다.

1997년 IBM의 체스를 두는 기계 '딥 블루Deep Blue'가 세계 체스 챔피언 가리 카스파로프를 이기고, 2011년 같은 회사에서 나온 자연어 질의응답 컴퓨터 왓슨Watson이 〈제퍼디!Jeopardy!〉에서 인간 챔피언 브래드 러터와 켄 제닝스를 이기자 적어도 대중 언론에서는 인공 지능에 관한 논의에 불이 붙었다. "그것이 인공 지능 공동체 전체를 잠에서 깨웠다고 생각한다." IBM CEO 지니 로메티는 그렇게 말했다.[4] 하지만 누구보다 먼저 그녀가 인정했듯이 이런 것들은 인간을 닮은 인공 지능을 향한 진정한 돌파구가 아니었다. 딥 블루는 무지막지한 방법으로 체스 시합에서 이겼다. 다음 수를 초당 2억 개씩 파악하여 그것을 과거 그랜드마스터의 시합 70만 가지와 비교할 수 있었던 것이다. 딥 블루의 이런 계산은 우리가 진짜 생각이라고 말하는 것과 근본적으로 다르다는 데 우리 대부분이 동의할 것이다. "딥 블루에게 지능이 있다면 프로그래밍 가능한 자명종도 지능이 있다고 말할 수 있을 것이다." 카스파로프는 그렇게 말한다. "1,000만 달러짜리 자명종에 졌다고 해서 기분이 조금이라도 나아지는 것은 아니지만."[5]

왓슨 또한 컴퓨팅 능력을 대량 투입하여 〈제퍼디!〉에서 승리를 거두었다. 4테라바이트의 저장 장치에 2억 페이지 분량의 정보가 들어가 있었는데, 위키피디아 전체도 그 가운데 0.2퍼센트를 차지할 뿐이었다. 왓슨은 또 구어체 영어를 처리하는 데도 능했다. 그럼에도 아무도 그것이 튜링 테스트를 통과할 것이라는 데 내기를 걸지 않을 것이다. 실제로 IBM 팀 리더들은 〈제퍼디!〉의 작가들이 기계를 속이기 위한 질문을 작성하여 이 게임을 튜링 테스트로 바꾸려고 할지도 모른다고 걱정하여, 지금까지 방송되지 않은 시합에 이미 출제되었던 문제만 사용할 것을 주장했다. 그럼에도 왓슨은 실수를 했는데, 그 과정에서 자신이 인간이 아니라는 것을 보여주었다. 일례로 올림픽 체조선수 출신인 조지 아이저의 '신체적 특이성'에 관한 질문이 있었다. 왓슨은 "다리"라고 답했다. 정확한 답은 아이저는 다리가 하나 없다는 것이었다. IBM에서 왓슨 프로젝트를 이끈 데이비드 페루치는 기계가 '특이성'을 이해하는 데 문제가 있다고 설명한다. "컴퓨터는 '다리가 없는 것'이 다른 것보다 특이하다는 사실을 알지 못하는 것이다."[6]

튜링 테스트에 대해 '중국어 방' 반박을 생각해낸 버클리의 철학 교수 존 설은 왓슨이 인공 지능을 조금이라도 보여준다는 생각에 코웃음을 친다. "왓슨은 질문도, 답도 이해하지 못하고, 답의 일부가 맞고 일부는 틀리다는 것도, 자신이 시합을 하고 있다는 것도, 자신이 이겼다는 것도 이해하지 못했다. 아무것도 이해하지 못하기 때문이다." 설은 그렇게 주장한다. "IBM의 컴퓨터는 이해하도록 설계된 것도 아니고 그렇게 설계될 수도 없었다. 단지 이해를 흉내 내도록, 이해하는 것처럼 행동하도록 설계된 것이었다."[7]

IBM 연구원들도 그 점에 동의했다. 그들은 왓슨이 '지능이 있는' 기계라고 내세운 적이 없다. "오늘날의 컴퓨터는 똑똑한 바보다." IBM의 연구 책임자 존 E. 켈리 3세는 딥 블루와 왓슨이 승리를 거둔 뒤에 그렇게 말했다. "컴퓨터는 정보를 저장하고 수를 계산하는 데에는 엄청난 능력을 보여준다. 어떤 인간보다도 훨씬 우월하다. 하지만 다른 종류의 기능, 이해하고 학습하고 적응하고 상호 작용하는 능력이 문제가 될 때 컴퓨터는 한심할 정도로 인간에게 뒤진다."[8]

딥 블루와 왓슨은 기계가 인공 지능에 가까이 다가간다는 것을 증명하기보다는 사실 정반대되는 면을 보여주었다. "아이러니지만 최근의 이런 성취들은 컴퓨터공학과 인공 지능의 한계를 선명하게 드러낸다." MIT의 '두뇌, 정신, 기계 센터Center for Brains, Minds and Machines' 소장 토마소 포지오 교수는 그렇게 주장한다. "우리는 아직 뇌가 어떻게 지능을 만들어내는지 이해하지 못하고, 우리만큼 폭넓은 지능을 가진 기계를 만드는 방법도 알지 못한다."[9]

인디애나 대학 교수인 더글러스 호프스태터는 1979년에 출간되어 예상치 않게 베스트셀러가 된 책 『괴델, 에셔, 바흐Gödel, Escher, Bach』에서 예술과 과학을 결합한다. 그는 의미 있는 인공 지능을 얻는 유일한 방법은 인간의 상상력이 작동하는 방식을 이해하는 것이라고 믿었다. 그러나 그의 접근 방법은 1990년대에 폐기되다시피 했다. 이 시기에는 연구자들이 딥 블루가 체스를 두는 것처럼 엄청난 양의 자료에 강력한 처리 능력을 적용하는 것이 복잡한 문제를 해결할 때 비용 효율이 더 높다고 생각했기 때문이다.[10]

이런 접근 방법에서 기묘한 결과가 생겼다. 컴퓨터는 세상에서 가장 힘든 일을 할 수 있지만(체스에서 가능한 수 수십억 개를 평가한다든가, 위키피디아만 한 크기의 정보 보관소 수백 개에서 상관관계를 찾아낸다든가) 평범한 인간도 아주 간단히 해결할 수 있는 몇몇 과제는 수행할 수 없다. 구글에 "홍해의 깊이는 얼마인가?" 같은 어려운 질문을 하면 즉각 "2,211미터"라는 답이 나오는데, 이것은 주변의 똑똑한 친구도 알지 못하는 것이다. 하지만 "악어가 농구를 할 수 있는가?" 같은 쉬운 질문을 하면 전혀 실마리를 찾지 못한다. 이것은 아장아장 걷는 아이도 깔깔거리며 대답해줄 수 있는 것인데.[11]

로스앤젤레스 근처의 '어플라이드 마인즈'에 가면 로봇이 움직이도록 프로그래밍되는 흥미진진한 과정을 구경할 수 있다. 그러나 로봇이 완전히 익숙하지 않은 방을 돌아다니고, 크레용을 들고, 자신의 이름을 쓰는 데는 어려움이 있다는 것이 곧 분명해진다. 보스턴 근처의 '뉘앙스 커뮤니케이션즈'를 찾아가보면 시리를 비롯한 여러 시스템의 토대를 이룬 음성 인식 테크놀로지의 놀라운 발전을 볼 수 있지만, 시리를 사용해본 사람은 누구나 판타지 영화를 제외하면 그 어디에서도 컴퓨터와 진정으로 의미 있는 대화를 나눌 수 없다는 것을 잘 알고 있다. MIT의 '컴퓨터공학과 인공 지능 연구소'에서는 컴퓨터가 대상을 시각적으로 인지하게 만드는 흥미로운 작업이 진행 중이다. 그러나 기계는 컵을 든 소녀, 음수대에 있는 소년, 우유를 핥고 있는 고양이의 사진을 구별할 수 있지만, 셋 다 똑같은 활동, 즉 마신다는 활동을 하고 있다는 것을 파악하는 데 필요한 간단한 추상적 사고는 하지 못한다. 맨해튼의 뉴욕시티 경찰 지휘 시스템을 찾아가보면 '영역 인식 시스템Domain Awareness System'의 일환으로 컴퓨터가 감시 카메라에서 입력되는 수천 개의 피드를 스캔하는 것을 볼 수 있다. 그러나 군중 속에서 어머니의 얼굴을 찾아내는 일을 이 시스템에 믿고 맡길 수는 없다.

이 모든 과제에는 한 가지 공통점이 있다. 네 살짜리 아이라도 할 수 있는 일이라는 것이다. "인공 지능이 연구된 35년의 세월로부터 얻은 주된 교훈은 어려운 문제는 쉽고 쉬운 문제는 어렵다는 것이다." 하버드의 인지 과학자 스티븐 핑커는 그렇게 말한다.[12] 미래학자 한스 모라벡을 비롯한 여러 사람이 주목했듯이 이 역설은 시각적 또는 언어적 패턴을 인식하는 데 필요한 연산 자료가 어마어마하다는 사실에서 나온다.

모라벡의 역설은 탄소에 기초를 둔 인간 두뇌의 화학 작용이 실리콘에 기초를 둔 컴퓨터의 이진 논리 회로와 다르다는 50년 전 폰 노이만의 발언을 뒷받침해준다. 웻웨어*는 하드웨어와 다르다. 인간 두뇌는 아날로그와 디지털 프로세스를 결합할 뿐 아니라, 컴퓨터와 같은 중앙집중형 시스템이라기보다는 인터넷과 같은 분산 시스템이기도 하다. 컴퓨터의 중앙 처리 장치는 두뇌의 뉴런보다 훨씬 빠르게 명령을 처리할 수 있다. "그러나 두뇌는 이런 약점을 보완하고도 남는다. 뉴런과 시냅스는 모두 동시에 활동하는 반면 오늘날의 컴퓨터는 대부분 CPU가 하나 또는 기껏해야 몇 개밖에 없기 때문이다." 인공 지능 분야의 주요한

*wetware. 인간의 두뇌를 가리킨다—옮긴이.

교과서를 쓴 스튜어트 러슬과 피터 노비그는 이렇게 말한다.[13]

그렇다면 왜 인간 두뇌의 처리 과정을 흉내 내는 컴퓨터를 만들지 않는 것일까? "결국 우리는 인간 게놈의 배열 순서를 밝혀 자연이 탄소에 기초한 시스템으로 지능을 만들어내는 방식을 복제하게 될 것이다." 빌 게이츠는 그렇게 추측한다. "이것은 마치 까다로운 문제를 해결하기 위해 다른 사람이 만든 제품을 리버스 엔지니어링을 통해 이해하는 것과 비슷하다."[14] 그러나 그것은 쉽지 않을 것이다. 과학자들이 뉴런 302개에 시냅스가 8,000개인* 1밀리미터 길이 회충의 신경 활동 지도를 작성하는 데 40년이 걸렸다. 인간 두뇌는 뉴런이 860억 개에 시냅스는 최대 150조 개에 이른다.[15]

2013년 말《뉴욕 타임스》는 "곧 디지털 세계를 뒤집고" 또 "인간이 쉽게 수행하는 몇 가지 기능, 즉 보고, 듣고, 말하고, 방향을 잡고, 조작하고, 제어하는 기능을 수행할 차세대 인공 지능 시스템을 가능하게 해 줄 발전"에 관해 보도했다. 이런 표현을 보면 1958년 퍼셉트론에 관한 기사("걷고, 말하고, 보고, 쓰고, 스스로를 복제하고, 스스로의 존재를 의식할 수 있는")가 기억난다. 이번에도 인간 두뇌의 신경망이 작동하는 방식을 복제하는 것이 전략이었다.《뉴욕 타임스》가 설명하듯이 "새로운 컴퓨팅 접근법은 생물학적 신경계, 구체적으로 뉴런이 자극에 반응하고 다른 뉴런과 연결하여 정보를 해석하는 방식에 기초를 두고 있다."[16] IBM과 퀄컴은 각각 '신경 모방neuromorphic', 즉 뇌를 닮은 컴퓨터 프로세서를 제작할 계획을 공개했으며, 유럽의 연구 컨소시엄 '인간 두뇌 프로젝트Human Brain Project'는 "8인치 실리콘 웨이퍼에 플라스틱 시냅스 5,000만 개

*뉴런은 전기 신호나 화학 신호를 이용하여 정보를 전달하는 신경 세포다. 시냅스는 뉴런에서 다른 뉴런이나 세포로 신호를 전달하는 구조 또는 경로다.

와 생물학적으로 실현 가능한 뉴런 20만 개"를 구현한 신경 모방 마이크로칩을 제작했다고 발표했다.[17]

어쩌면 이런 최신 보도들은 실제로 이제 수십 년만 있으면 인간처럼 생각하는 기계가 나올 것이라는 뜻일지도 모른다. "우리는 계속 기계가 할 수 없는 일의 목록—체스 두기, 운전하기, 번역하기—을 보면서 그 일을 할 수 있는 기계가 나올 때마다 해당 항목을 지우고 있다." 팀 버너스리는 말한다. "언젠가 우리는 그 목록의 끝에 이를 것이다."[18]

이런 최신 발전을 통해 결국 특이점singularity에 도달할지도 모른다. 이것은 폰 노이만이 만들고 미래학자 레이 커즈와일과 공상과학소설 작가 버너 빈지가 대중화한 용어로, 가끔 컴퓨터가 인간보다 똑똑할 뿐 아니라 훨씬 더 똑똑해지도록 스스로를 설계할 수 있어, 우리 인간이 필요 없어지는 순간을 의미하기도 한다. 빈지는 2030년까지는 이런 일이 이루어질 것이라고 말한다.[19]

반면 이런 최신의 이야기들 또한 1950년대의 비슷한 이야기들과 다를 바 없는 것으로 판명될 수도 있다. 즉 멀어져가는 신기루를 흘끗 보고 만 것에 지나지 않을지도 모른다는 것이다. 진정한 인공 지능이 나오기까지는 몇 세대가 더 걸릴지도 모르고, 몇 백 년이 더 걸릴지도 모른다. 이런 논쟁은 미래학자들에게 맡겨놓아도 된다. 사실 의식意識을 어떻게 정의하느냐에 따라 그런 일은 결코 일어나지 않을 수도 있다. 그 논쟁은 철학자와 신학자에게 맡겨놓아도 된다. 예술과 과학의 교차의 궁극적 상징이 된 '비트루비우스적 인간Virtuvian Man'을 보여준 레오나르도 다빈치는 이렇게 말했다. "인간의 재주로는 결코 자연이 만든 것보다 아름답거나, 단순하거나, 쓸모 있는 것을 만들어내지 못할 것이다."

그러나 다른 가능성, 에이다 러브레이스라면 좋아했을 가능성, 배니버 부시, J. C. R. 리클라이더, 더글러스 엥겔바트의 전통에 따른 50년간의 컴퓨터 발전에 기초한 가능성도 있다.

인간-컴퓨터 공생: "왓슨, 이리로 오게나."

"해석기관이 스스로 뭔가를 만들어낸다고 주장할 수는 없다." 에이다 러브레이스는 그렇게 말했다. "이것은 우리가 명령을 내리는 것만 수행할 수 있을 뿐이고, 이때 우리는 명령을 내리는 방법을 알고 있어야 한다." 그녀의 머릿속에서 기계는 인간을 대체하는 것이 아니라 인간의 파트너였다. 그녀는 인간이 이 관계에 독창성과 창조성으로 기여한다고 말했다.

이것이 순수한 인공 지능의 탐구에 대한 대안, 즉 기계가 사람의 파트너가 될 때 생기는 증강 지능을 추구하는 작업의 기반에 깔려 있는 생각이다. 컴퓨터와 인간 능력을 결합하고 인간-컴퓨터 공생을 창조하는 전략은 스스로 생각할 수 있는 기계를 만들려고 하는 것보다 성과가 많은 것으로 드러났다.

리클라이더는 오래전 1960년에 「인간-컴퓨터 공생」이라는 논문에서 그 경로를 그려보았다. "인간 두뇌와 컴퓨팅 기계가 아주 긴밀하게 결합하고, 그 결과로 나온 동반 관계가 어떤 인간 두뇌도 생각한 적이 없는 수준으로 생각하고, 우리가 오늘날 알고 있는 정보 처리 기계로는 상상도 할 수 없는 방식으로 자료를 처리할 것이다."[20] 그의 생각은 배니버 부시가 1945년에 「우리가 생각하는 대로」에서 상상했던 메멕스 개인용 컴퓨터에 기초를 두고 있었다. 리클라이더는 또 SAGE 방공 시스템을 설계한 경험에서도 영향을 받았는데, 이 일은 인간과 기계 사이의 긴밀한 협업을 요구했다.

엥겔바트는 부시-리클라이더 접근 방법에 친근한 인터페이스를 제공했다. 그는 1968년 직관적인 그래픽 디스플레이와 마우스를 갖추고 네트워크로 연결된 컴퓨터 시스템을 보여주었다. 그는 '인간 지능 증강'이라는 제목의 선언서에서 리클라이더의 이야기를 되풀이했다. 엥겔바트는 "육감, 시행착오, 손에 잡을 수 없는 것들, 인간의 '어떤 상황에 대한 느낌'이 (중략) 고성능 전자적 지원 도구와 유용하게 공존하는 통합된 영역"을 생산해야 한다고 주장했다. 리처드 브로티건은 그의 시 〈사랑이 넘치는 은총의 기계가 모든 것을 감독한다〉에서 이 꿈을 더 서정적으로 표현했다. "포유류와 컴퓨터가 / 서로 프로그래밍하며 / 조화 속에서 함께 사는 / 사이버네틱스의 초원"

딥 블루와 왓슨을 제작한 팀들은 인공 지능 순수주의자들의 목표를 좇기보다는 이런 공생 접근법을 채택했다. "목표는 인간 두뇌를 복제하는 것이 아니다." IBM 연구소의 책임자 존 켈리는 말한다. 그는 마치 리클라이더의 말을 따라 하듯 이렇게 덧붙인다. "이것은 인간의 사고를 기계의 사고로 대체하자는 것이 아니다. 인지 시스템의 시대에는 인간과 기계가 협업의 동반 관계를 이룩하여 각자의 우월한 기술을 바탕으로 더 나은 결과를 만들어낼 것이다."[21]

카스파로프가 딥 블루에 진 뒤에 깨달은 것에서부터 시작된 일에서도 이런 인간-컴퓨터 공생의 힘을 확인할 수 있다. 그는 체스처럼 규칙이 지배하는 게임에서도 "컴퓨터가 잘하는 데서는 인간이 약하고 그 역도 성립한다"고 믿게 되었다. 그래서 그는 실험을 한번 해보자는 생각을 했다. "인간 대 기계로 맞서지 않고 인간과 기계가 파트너가 되어 시합을 해보면 어떨까?" 그는 다른 그랜드마스터와 이 실험을 해보았고, 이렇게 리클라이더가 생각했던 공생이 이루어졌다. "우리는 계산에 많은 시간을 쓰는 대신 전략적 기획에 집중할 수 있었다." 카스파로프는 그렇게 말한다. "인간의 창조성은 이런 조건에서 훨씬 탁월한 능력을 발휘했다."

2005년에 이런 방침에 따른 시합을 개최했다. 선수들은 자신이 선택한 컴퓨터와 팀을 이루어 시합을 할 수 있었다. 수많은 그랜드마스터와 가장 뛰어난 컴퓨터들이 싸움에 참가했다. 그러나 승리를 거머쥔 것은 최고의 그랜드마스터도 아니고 가장 강력한 컴퓨터도 아니었다. 공생이 승리했다. "인간과 기계가 결합한 팀들이 가장 강력한 컴퓨터조차 압도했다." 카스파로프는 그 점에 주목했다. "인간의 전략적 안내가 컴퓨터의 전술적 명민함과 결합하자 엄청난 힘이 나왔다." 최종 승자는 그랜드마스터도 아니고 예술의 경지에 이른 컴퓨터도 아니고 심지어 둘의 결합도 아니었다. 기계와 협업하는 과정을 관리하는 방법을 알고 있던 두 미국인 아마추어로, 이들은 컴퓨터 세 대를 동시에 운용했다. "컴퓨터를 조작하고 학습시켜 아주 깊은 수를 효과적으로 읽게 하는 그들의 기술이 우월한 체스 이해도를 가진 그랜드마스터와 강력한 연산 능력을 가진 컴퓨터를 무찔렀다." 카스파로프는 그렇게 말한다.[22]

말을 바꾸면 미래는 컴퓨터라는 파트너와 협업을 가장 잘할 수 있는 사람들의 것이라는 이야기다.

마찬가지로 IBM은 〈제퍼디!〉를 하는 컴퓨터 왓슨을 가장 잘 이용하는 방법은 그것이 인간을 이기게 하는 것보다는 인간과 협업을 하게 하는 것이라고 판단했다. 의사들과 파트너 관계를 이루어 기계를 이용한 암 치료 계획을 추진하는 것도 한 가지 방법이다. "〈제퍼디!〉 시합은 인간과 기계를 대결시켰다." IBM의 켈리는 말한다. "하지만 왓슨이 의료에 참여할 때는 인간과 기계가 함께 까다로운 과제를 떠맡는다. 그래서 각자 혼자서는 할 수 없는 것을 함께 이루어낸다."[23] 왓슨 시스템에는 의학 정기간행물 200만 페이지와 임상 증거 600만 가지가 들어 있고, 최대 150만 건의 환자 기록을 검색할 수 있다. 의사가 환자의 증상과 활력 징후를 입력하면 컴퓨터는 신뢰도순으로 추천 사항을 나열한다.[24]

IBM 팀은 이 시스템이 효과를 보려면 인간 의사들이 기계와 협업하는 것을 즐겁게 여기는 방향으로 상호 작용이 이루어져야 한다는 것을 깨달았다. IBM 연구소의 소프트웨어 담당 부사장 데이비드 맥키니는 기계에 겸손한 태도를 프로그래밍했다고 이야기한다. "우리는 초기에 '나는 진료 면허를 가진 의사다. 컴퓨터가 나한테 이래라 저래라 하는 것은 받아들일 수 없다.' 하고 말하는 경계심 많은 의사들을 많이 만났다. 그래서 우리는 시스템이 겸손한 태도로 '여기 이것이 선생님께 도움이 될 가능성이 확률로 표시되어 있습니다. 직접 보시기 바랍니다.' 하고 말하도록 다시 프로그래밍했다." 의사들은 박식한 동료와 대화를 나누는 느낌이 든다면서 좋아했다. "우리는 직관 같은 인간적 재능과 무한한 확장성 같은 기계의 장점을 결합하는 것을 목표로 삼는다." 맥키니는 그렇게 말한다. "이런 결합은 마법을 일으킨다. 각각 상대에게는 없는 것을 주기 때문이다."[25]

이것이 인공 지능을 연구한 엔지니어로서 2012년 초 IBM의 CEO 자리를 맡은 지니 로메티가 인상 깊게 본 왓슨의 몇 가지 면 가운데 하나였다. "나는 왓슨이 의사들과 동료처럼 상호 작용하는 것을 지켜보았다." 그녀는 말한다. "이것은 기계가 인간을 대신하려고 하는 대신 인간과 진정으로 파트너가 될 수 있다는 점을 가장 분명하게 보여주었다. 나는 그 사실을 강하게 느꼈다."[26] 그녀는 이 점에 큰 감명을 받아 왓슨에 기반을 둔 IBM 부서를 새로 출범시키기로 결정했다. 그리고 이 부서에 10억 달러를 투자하고, 맨해튼의 그리니치 빌리지 근처 실리콘 앨리 지역에 새 본부도 차려주었다. 그 임무는 '인지 컴퓨팅'을 상업화하는 것인데, 이것은 인간 두뇌의 사고 기술을 보완하는 방법을 스스로 학습하여 데이터 분석을 한 차원 끌어올릴 수 있는 컴퓨팅 시스템을 뜻한다. 로메티는 새로운 부서에 전문적인 이름을 붙이는 대신 그냥 '왓슨'이라는 이름을 사용했다. 이것은 IBM을 창업하고 40년 이상 경영한 토머스 왓슨 시니어를 기리는 것이기도 하지만, 동시에 셜록 홈스의 동반자인 닥터 존 왓슨("이건 기본적인 걸세, 친구.")과 알렉산더 그레이엄 벨의 조수 토머스 왓슨("이리로 오게나, 볼일이 있다네.")을 떠올리게 하는 것이기도 하다. 이렇게 이 이름은 컴퓨터 왓슨이 「2001: 스페이스 오디세이」의 HAL 같은 위협이 아니라 협업자이자 동반자라는 인상을 전달하는 데 도움이 되었다.

왓슨은 컴퓨팅의 제3의 물결, 즉 인간의 증강 지능과 인공 지능 사이의 경계를 흐리는 물결이 몰려오고 있음을 알려준다. "첫 세대 컴퓨터는 계산하고 표를 만드는 기계였다." 로메티는 IBM의 뿌리가 1890년 인구조사에서 사용한 허먼 홀러리스의 천공 카드 장치에 있음을 상기시키며 그렇게 말한다. "제2세대는 폰 노이만 아키텍처를 이용한 프로그래밍 가능한 기계였다. 우리는 이 기계에게 해야 할 일을 말해주어야 했다." 에이다 러브레이스를 필두로 사람들은 컴퓨터에게 작업을 수행하는 방법을 단계적으로 명령하는 알고리즘을 썼다. "데이터의 양이 급격하게 늘어났기 때문에 이제는 제3세대가 나올 수밖에 없는데, 이것은 프로그래밍된 시스템이 아니다. 이 시스템은 학습을 한다." 로메티는 그렇게 덧붙인다.[27]

그러나 지금 벌어지고 있는 이런 과정은 인간을 역사의 쓰레기통으로 던져 넣기 위해서가 아니라 인간과 동반 관계와 공생을 유지하기 위해 기획된 것이다. 뉴욕 메모리얼 슬론-케터링 암 센터의 유방암 전문의 래리 노턴은 왓슨과 함께 일하는 팀의 구성원이었다. "컴퓨터공학은 빠르게 진화할 것이고, 의학도 그와 더불어 진화할 것이다." 그는 말한다. "이것은 공진화共進化다. 우리는 서로 도울 것이다."[28]

기계와 인간이 함께 더 똑똑해질 것이라는 이러한 믿음을 더글러스 엥겔바트는 '부트스트래핑bootstrapping'과 '공진화'라고 불렀다.[29] 이것은 흥미로운 전망을 제시한다. 컴퓨터가 아무리 빨리 진보해도 인공 지능은 인간-기계 동반 관계의 지능을 결코 뛰어넘을 수 없을 것이라는 전망이다.

예를 들어 기계가 언젠가 인간의 모든 정신 능력을 보여줄 것이라고 가정해보자. 겉으로는 무늬를 인식하고, 감정을 지각하고, 아름다움을 감상하고, 예술을 창조하고, 욕망을 갖고, 도덕적 가치를 형성하고, 목표를 추구하는 외양을 갖추는 것이다. 그런 기계는 어쩌면 튜링 테스트를 통과할지도 모른다. 심지어 '에이다 테스트'라고 부를 만한 것을 통과할지도 모른다. 즉 우리 인간이 수행하라고 프로그래밍하는 것을 넘어서서 '스스로' 독자적인 사고를 할 수 있는 것처럼 보일 수도 있다는 것이다.

그렇다고 해도 인공 지능이 증강 지능에 승리를 거두었다고 말하기에는 아직 또 하나의 장애물이 남아 있을 것이다. 우리는 그것을 '리클라이더 테스트'라고 부를 수도 있다. 그것은 기계가 인간 지능의 모든 구성 요소를 복제할 수 있느냐 하는 문제를 넘어서서, 기계가 완전히 혼자서 일을 할 때 더 잘할 수 있는지, 아니면 인간과 결합하여 일할 때 더 잘할 수 있는지 묻는다. 말을 바꾸면 인간과 기계가 동반자 관계를 이루어 함께 일하는 것이 인공 지능 기계가 혼자 일하는 것보다 무한히 강력한 힘을 발휘할 수 있을 것인가? 하는 것이다.

그렇다면 리클라이더가 '인간-컴퓨터 공생'이라고 부른 것은 여전히 승리를 거두는 셈이다. 인공 지능은 컴퓨팅의 성배일 필요가 없다. 목표는 인간 능력과 기계 능력 사이의 협업을 최적화할 방법을 찾는 것, 즉 우리는 기계가 가장 잘하는 일을 하게 하고 기계는 우리가 가장 잘하는 일을 하게 하는 동반 관계를 이루는 것일 수 있다.

여행의 몇 가지 교훈

역사적 이야기가 모두 그렇듯이 디지털 시대를 창조한 혁신의 이야기에도 많은 가닥이 있다. 따라서 방금 논의한 인간-기계 공생의 힘 외에 이 이야기에서 어떤 교훈을 끌어낼 수 있을까?

무엇보다도 중요한 것은 창조성이 협업 과정이라는 것이다. 혁신은 고독한 천재의 머리에서 전구가 반짝 켜지는 순간보다는 팀에서 나오는 경우가 훨씬 많다. 이것은 창조적 발효의 어느 시대에나 해당하는 이야기다. 과학 혁명, 계몽주의, 산업 혁명 모두 협업을 위한 제도가 있었고, 아이디어를 공유할 네트워크가 있었다. 그러나 그 말은 디지털 시대에 훨씬 잘 들어맞는다. 인터넷과 컴퓨터의 수많은 발명가들은 개인적으로 똑똑하지만 그럼에도 팀워크를 통해 대부분의 발전을 이루었다. 로버트 노이스를 비롯하여 이들 가운데 최고에 속하는 몇 사람은 외로운 예언자보다는 회중교회 목사를 닮았으며, 독창자보다는 마드리갈 가수를 닮았다.

예를 들어 트위터는 협업을 하면서도 동시에 매우 자기주장이 강한 팀이 발명했다. 《뉴욕 타임스》의 닉 빌턴에 따르면, 공동 설립자 잭 도시가 매체 인터뷰에서 공의 많은 부분을 가져가려 하자, 다른 공동 설립자이자 이전에 '블로거'를 만들기도 한 연쇄 창업가 에브 윌리엄스는 그에게 가만히 좀 있으라고 말했다. "하지만 나는 트위터를 발명했어." 도시는 그렇게 대응했다.

"아니, 너는 트위터를 발명하지 않았어." 윌리엄스가 대꾸했다. "나도 트위터를 발명하지 않았어. 비즈(다른 공동 설립자 스톤)도 마찬가지야. 인터넷에서는 사람들이 뭘 발명하지 않아. 그냥 이미 있는 생각을 확장할 뿐이야."[30]

여기에 교훈이 또 하나 있다. 디지털 시대는 혁명적으로 보일지 몰라도 이전 세대들로부터 전해져온 생각들을 확장하는 작업에 기초를 두고 있었다는 것이다. 협업은 동시대 사람들 사이에서만이 아니라 세대 간에도 이루어졌다. 최고의 혁신가들은 테크놀로지 변화의 경로를 이해하고 앞선 혁신자들로부터 바통을 이어받은 사람들이었다. 스티브 잡스는 앨런 케이의 작업을 기초로 삼았고, 앨런 케이는 더글러스 엥겔바트의 작업을 기초로 삼았고, 엥겔바트는 J. C. R. 리클라이더와 배니버 부시의 작업을 기초로 삼았다. 하워드 에이킨은 하버드에서 디지털 컴퓨터를 만들 궁리를 할 때 자신이 발견한 찰스 배비지의 차분기관 부품에서 영감을 얻었고, 동료들에게 에이다 러브레이스의 「주석」을 읽으라고 했다.

전문성을 갖춘 다양한 분야의 사람들을 고루 모은 팀이 가장 생산적이었다. 벨 연구소가 고전적인 예다. 뉴저지 교외의 긴 복도에는 이론 물리학자, 실험 과학자, 재료 과학자, 엔지니어, 사업가 몇 사람, 심지어 손톱 밑에 기름때가 낀 채 전봇대를 올라가는 사람도 몇 명 있었다. 실험 과학자인 월터 브래튼과 이론가 존 바딘은 피아노 의자에 나란히 앉은 오페라 대본 작가와 작곡가처럼 작업 공간을 공유했기 때문에 하루 종일 묻고 답하는 일을 할 수 있었으며, 그 결과가 최초의 트랜지스터로 나타났다.

인터넷은 멀리 있는 사람들 사이의 가상 협업을 위한 도구를 제공했지만 디지털 시대 혁신의 또 하나의 교훈은 이제 과거와 마찬가지로 물리적으로 가까이 있다는 사실이 유익하다는 것이다. 벨 연구소가 증명하듯이 직접 몸으로 만나는 것에는 뭔가 특별한 것이 있으며, 이것은 디지털로 복제될 수 없다. 인텔의 창업자들은 불규칙하게 뻗어나가는 팀 지향적인 열린 작업 공간을 만들었으며, 이곳에서 노이스를 필두로 모두가 서로 스치며 지나갔다. 이것이 하나의 모델이 되어 실리콘 밸리에 널리 퍼져나갔다. 디지털 도구 덕분에 노동자들은 컴퓨터를 이용해 재택근무를 하게 될 것이라는 예측은 한 번도 완전히 실현된 적이 없었다. 마리사 마이어가 야후!의 CEO가 된 뒤 처음 한 일 가운데 하나가 집에서 근무하던 관행을 중단하게 하는 것이었는데, "사람들은 함께 있을 때 더 협업적이 되고 혁신적이 된다"는 그녀의 지적은 옳다. 픽사의 새 본부를 설계할 때 스티브 잡스는 예기치 않은 직접적인 만남이 일어나도록 아트리움의 구조를 짜는 방법을 두고 강박에 사로잡혀, 심지어 화장실 위치까지 챙겼다. 새로운 애플 본부의 설계도는 그의 마지막 창조물 가운데 하나인데, 이 원형의 공간에서는 고리 모양의 열린 작업 공간이 중앙의 뜰을 둘러싸고 있다.

역사 전체에 걸쳐 최고의 지도력은 서로 보완적인 스타일을 가진 사람들을 결합할 때 나왔다. 미합중국의 건립도 마찬가지다. 그 지도자들 가운데는 청렴의 상징 조지 워싱턴이 있었다. 토머스 제퍼슨과 제임스 매디슨 같은 뛰어난 사상가들이 있었다. 새뮤얼 애덤스와 존 애덤스처럼 비전과 열정이 있는 인물이 있었다. 벤저민 프랭클린 같은 지혜로운 조정자가 있었다. 마찬가지로 ARPANET의 창립자들 가운데는 리클라이더처럼 선견지명이 있는 사람, 래리 로버츠처럼 단호하게 결정을 내리는 엔지니어, 밥 테일러처럼 정치적으로 빈틈없이 일을 처리하는 사람, 스티븐 크로커와 빈트 서프처럼 협업을 하며 노를 젓는 사람이 있었다.

훌륭한 팀을 짜는 또 하나의 열쇠는 선견지명이 있어 아이디어를 낼 수 있는 사람과 그 아이디어를 실행할 수 있는 실무형 관리자를 결합하는 것이다. 집행되지 않은 비전은 망상이다.[31] 로버트 노이스와 고든 무어는 둘 다 비전을 가진 사람이었는데, 그래서 그들이 인텔에서 처음 고용한 사람이 선명한 관리 절차를 강제하고, 사람들을 집중시키고, 일을 해내는 방법을 알았던 앤디 그로브여야 했던 것이다.

주위에 그런 팀이 없고 비전만 있는 사람들은 종종 역사의 각주로 내려간다. 전자 디지털 컴퓨터의 발명가라는 칭호를 얻는 데 최적격자는 누구인가 하는 문제를 놓고 여전히 역사적 토론이 벌어지고 있다. 즉 아이오와 주립대에서 거의 혼자 작업을 한 교수 존 아타나소프냐, 아니면 펜실베이니아 대학에서 존 모클리와 프레스퍼 에커트가 이끈 팀이냐 하는 질문이다. 이 책에서 나는 후자의 그룹 구성원들에게 더 점수를 주었는데, 그 이유의 하나는 그들이 자신들의 기계 ENIAC을 제대로 가동하여 문제를 풀 수 있었다는 것이다. 그들은 엔지니어와 기계공 수십 명에 프로그래밍 과제를 처리할 수 있는 중요한 여성 요원들의 도움을 받았다. 반면 아타나소프의 기계는 완전히 작동한 적이 없는데, 그 이유의 하나는 그가 천공 카드 가열기를 작동하는 법을 찾아내는 데 도움을 줄 팀이 없었다는 것이다. 이 기계는 지하실로 옮겨졌다가 버려져 아무도 그것이 어디 있는지 기억도 하지 못하게 되었다.

컴퓨터와 마찬가지로 ARPANET과 인터넷도 협업을 하는 팀들이 설계했다. 한 예의 바른 대학원생이 시작한 절차, 즉 '논평 요청'이라는 제안서를 보내는 과정을 통해 결정이 이루어졌다. 여기에서 중앙의 권위나 허브가 없는 거미집 같은 패킷 교환 네트워크가 생겼으며, 이 네트워크에서는 권력이 모든 노드에 완전히 분산되었고, 그 각각은 콘텐츠를 만들고 공유하며, 통제를 강제하려는 시도를 우회하는 능력을 갖추고 있었다. 이렇게 협업 과정은 협업을 촉진하기 위한 시스템을 생산했다. 인터넷에는 그 창조자들의 DNA가 새겨져 있다.

인터넷은 팀 내부만이 아니라 서로 알지 못하는 사람들 사이에도 협업을 촉진했다. 이것은 혁명이라는 말에 가장 근접하는 발전이다. 협업을 위한 네트워크는 페르시아인과 아시리아인이 우편 제도를 발명한 이래 존재해왔다. 그러나 미지의 협업자 수천 또는 수백만으로부터 협업을 끌어내고 모으는 것이 이렇게 쉬웠던 적은 없었다. 이것은 군중의 집단 지성에 기초한 혁신적 시스템—구글의 페이지 순위, 위키피디아 항목, 파이어폭스 브라우저, GNU/리눅스 소프트웨어—을 낳았다.

디지털 시대에 팀이 만들어지는 방법에는 세 가지가 있었다. 첫째는 정부의 자금 지원과 조정을 통한 것이었다. 최초의 컴퓨터들(콜로서스, ENIAC)과 네트워크(ARPANET)를 제작한 그룹들은 그렇게 조직되었다. 이것은 우주 계획과 주간 고속도로 시스템처럼 공익에 도움이 되는 프로젝트는 정부가 맡아야 한다는 합의를 반영한 것으로, 이런 합의는 1950년대 아이젠하워 대통령 시절에 위세를 떨쳤다. 실제로 정부는 배니버 부시를 비롯한 여러 사람이 양성한 관官-학學-산産 삼각형의 일부로서 대학이나 사설 계약업체와 협업해서 일했다. 리클라이더, 테일러, 로버츠 같은 '재능 있는 연방 관료'(이 구절이 항상 모순인 것은 아니다)들은 이런 프로그램을 감독하고 공적 기금을 배분했다.

사기업은 협업 팀이 형성되는 또 하나의 방법이었다. 벨 연구소나 제록스 PARC 같은 대기업의 연구 센터, 텍사스 인스트루먼츠와 인텔, 아타리와 구글, 마이크로소프트와 애플 같은 진취적인 새 회사에서 그런 일이 벌어졌다. 그 핵심 추동력은 이윤으로, 이것은 참가자들에 대한 보상이기도 했고 투자자를 끌어들이는 방법이기도 했다. 여기에는 혁신에 대한 독점적 태도가 필요했으며, 이것이 특허와 지식재산권 보호를 낳았다. 디지털 이론가와 해커들은 종종 이런 접근 방법을 비난하지만, 발명에 재정적으로 보상을 하는 사기업은 시스템의 한 구성 요소로서 트랜지스터, 칩, 컴퓨터, 전화기, 기기, 웹 서비스에서 깜짝 놀랄 만한 혁신을 낳았다.

역사 전체에 걸쳐 정부와 사기업 외에 협업적 창조성을 조직하는 세 번째 방법이 있었다. 그것은 동료들이 자유롭게 생각을 공유하고 공동체의 일원으로서 자발적으로 노력하고 기여하는 것이다. 인터넷과 그 서비스들을 만들어낸 수많은 발전이 이런 식으로 이루어졌으며, 하버드의 학자 요차이 벤클러는 이를 '공유지 기반 동료 생산'이라고 불렀다.[32] 인터넷 덕분에 이런 형태의 협업은 전보다 훨씬 큰 규모로 실천에 옮겨질 수 있었다. 리눅스와 GNU, 오픈오피스와 파이어폭스 같은 무료 오픈소스 소프트웨어의 제작과 더불어 위키피디아와 웹이 좋은 예다. 테크놀로지 저널리스트 스티븐 존슨은 이렇게 말한다. "이들의 열린 아키텍처 덕분에 다른 사람들이 기존의 아이디어를 더 쉽게 발전시킬 수 있다. 버너스리가 인터넷 위에 웹을 쌓은 것과 마찬가지다."[33] 이런 동료 네트워크의 공유지 기반 생산의 동력은 재정적 인센티브가 아니라 다른 형태의 보상과 만족이다.

공유지 기반의 공유라는 가치와 사기업의 가치는 종종 갈등을 일으키는데, 가장 두드러진 예는 혁신이 어디까지 특허로 보호를 받아야 하느냐를 둘러싸고 벌어지는 논쟁이다. 공유지 사람들은 MIT의 TMRC와 홈브루 컴퓨터 클럽에서 비롯한 해커 윤리에 뿌리를 두고 있었다. 스티브 워즈니악이 그 예다. 그는 자신이 제작한 컴퓨터 회로를 자랑하러 홈브루 모임에 나갔으며, 다른 사람들이 이용하고 개선할 수 있도록 회로도를 무료로 나누어주었다. 그러나 그를 따라 모임에 나가기 시작하던 동네 친구 스티브 잡스는 발명품을 공유하는 것을 그만두고 제작을 해서 팔자고 친구를 설득했다. 이렇게 해서 애플이 태어났고, 이후 40년 동안 애플은 공격적으로 혁신의 특허를 내고 거기에서 이윤을 끌어냈다. 두 스티브의 본능은 디지털 시대를 창조하는 데 쓸모가 있었다. 혁신은 오픈소스 시스템이 독점적 시스템과 경쟁하는 영역에서 가장 활기를 띠기 때문이다.

가끔 사람들은 이데올로기가 섞인 감정에 기초하여 이런 생산 양식 가운데 어느 하나가 다른 것보다 낫다고 주장한다. 정부의 역할이 더 크다고 말하기도 하고, 사기업을 칭송하기도 하고, 동료 공유를 이상화하기도 한다. 2012년 미국 대통령 선거에서 버락 오바마 대통령은 사업체를 소유한 사람들에게 "그것은 당신이 세운 것이 아니다"라고 말하여 논쟁을 일으켰다. 그를 비판하는 사람들은 이것이 사기업의 역할을 모독하는 것이라고 보았다. 오바마의 입장은 모든 사업체가 정부와 동료기반 공동체 지원으로부터 혜택을 받는다는 것이었다. "어떤 사람이 성공을 했다면 그 과정에서 누군가가 도움을 준 것이다. 인생 어딘가에는 좋은 스승이 있다. 누군가 이 믿을 수 없을 만큼 놀라운 미국 시스템을 창조하는 데 기여했기 때문에 지금 사람들이 번창할 수 있는 것이다. 누군가가 도로와 다리에 투자를 한 것이다." 이런 말이 오바마가 은밀한 사회주의자라는 뒷공론을 몰아내는 데 가장 우아한 방법이라고 할 수는 없지만, 디지털 시대 혁신에 적용되는 현대 경제학의 교훈을 알려주는 것은 분명하다. 생산을 조직하는 이 모든 방법—정부, 시장, 동료 공유—의 결합이 그 가운데 어느 하나보다 강하다는 것이다.

이것은 새로운 발견이 아니다. 배비지는 자금을 대부분 영국 정부에서 받았는데, 영국 정부는 자국 경제와 제국을 강화할 수 있는 연구에 재정 지원을 하는 데 관대했다. 배비지는 또 민간 산업에서 아이디어를 가져왔는데, 그 가운데 가장 주목할 만한 것은 방직기를 자동화하기 위해 직물 회사들이 개발한 천공 카드였다. 배비지와 친구들은 소수의 새로운 동료 네트워크 클럽의 설립자였으며, 그런 클럽 가운데는 '영국 과학 발전 협회British Association for the Advancement of Science'도 있었다. 이런 화려하고 존엄한 집단이 홈브루 컴퓨터 클럽의 선구자라고 말하는 것은 무리일지 몰라도, 두 그룹 모두 공유지 기반의 동료 협업과 아이디어 공유를 촉진했던 것은 사실이다.

디지털 시대에 가장 성공을 거둔 시도는 협업을 육성하는 동시에 명확한 비전을 제시한 지도자들이 이끌었다. 이 두 가지는 서로 갈등하는 자질이라고 보는 경우가 많다. 지도자는 아주 폭이 넓은 사람이거나 정열적인 선지자 둘 중의 하나라는 것이다. 그러나 최고의 지도자는 두 가지를 겸비할 수 있다. 로버트 노이스가 좋은 예다. 그와 고든 무어는 반도체 테크놀로지가 어디로 향하는지 명확하게 내다보면서 그 비전에 기초하여 인텔을 전진시켰지만, 두 사람 모두 지나칠 정도로 동료애가 넘치고 권위가 없었다. 심지어 성마르고 강렬한 스티브 잡스와 빌 게이츠도 자신들 주위에 강한 팀을 구축하고 그들에게서 충성을 이끌어내는 방법을 알았다.

개인적으로 똑똑하더라도 협업할 줄 모르면 실패하는 경향이 있었다. 쇼클리 반도체는 무너졌다. 마찬가지로 비전을 제시하는 정열적이고 고집스러운 지도자가 없는 협업 집단도 실패했다. 벨 연구소는 트랜지스터를 발명한 뒤 표류했다. 1985년에 잡스를 몰아낸 애플도 마찬가지였다.

이 책에 나오는 성공한 혁신가와 기업가 대부분에게는 한 가지 공통점이 있다. 제품에 대한 감각을 보유한 인물이었다는 점이다. 그들은 공학과 디자인에 관심을 가졌고, 그것을 깊이 이해했다. 그들은 기본적으로 마케팅 담당자도 아니고 영업 사원도 아니고 재정 담당자도 아니었다. 그런 사람들이 회사를 맡으면 지속적인 혁신에 해가 되는 경우가 많았다. "영업 쪽 사람들이 회사를 경영하면 제품 쪽 사람들은 중요한 역할을 맡지 못하고, 다수는 그냥 마음을 닫아버린다." 잡스의 말이다. 래리 페이지도 비슷한 느낌을 받았다. "최고의 지도자들은 공학과 제품 디자인을 가장 깊이 이해하는 사람들이다."[34]

디지털 시대의 또 한 가지 교훈은 아리스토텔레스만큼이나 오래된 것이다. 즉 '인간은 사회적 동물'이라는 것이다. 그렇지 않고서야 시민 밴드 라디오와 아마추어 무선 통신기나 그 후계자라고 할 수 있는 왓츠앱과 트위터를 어떻게 설명할 수 있겠는가? 원래의 설계 목적이 어떻든 디지털 도구는 대부분 인간이 사회적 목적을 위해, 즉 공동체를 만들고, 소통을 촉진하고, 프로젝트에서 협업하고, 사회적 네트워크를 구성하기 위해 징발했다. 심지어 원래는 개인의 창조성을 위한 도구로 환영받았던 개인용 컴퓨터도 불가피하게 모뎀, 온라인 서비스, 그리고 궁극적으로 페이스북, 플리커, 포스퀘어를 낳을 수밖에 없었다.

반대로 기계는 사회적 동물이 아니다. 기계는 자신의 의지에 따라 페이스북에 가입하지도 않고 자신을 위해 동반자를 구하지도 않는다. 앨런 튜링이 기계가 언젠가는 인간처럼 행동할 것이라고 주장했을 때 그의 비판자들은 기계는 절대 애정을 보일 수도 친밀함을 갈망할 수도 없을 것이라고 반박했다. 어쩌면 튜링을 기쁘게 해주기 위해 기계가 애정을 가장하거나 친밀함을 구하는 척하도록 프로그래밍할 수도 있을 것이다. 사람들도 가끔 그러니까. 하지만 그 누구보다도 튜링 자신이 그

차이를 알 것이다.

아리스토텔레스를 인용한 말에 따르면 컴퓨터의 비사회적 본성은 이것이 '짐승 아니면 신'임을 보여준다. 사실 컴퓨터는 신도 짐승도 아니다. 인공 지능 엔지니어와 인터넷 사회학자들의 모든 선언에도 불구하고 디지털 도구에는 인격도, 의도도, 욕망도 없다. 이 도구는 우리가 만드는 대로다.

에이다의 마지막 교훈: 시적 과학

여기에서 마지막 교훈, 다시 우리를 에이다 러브레이스에게로 데려가는 교훈이 나온다. 에이다가 지적했듯이 우리는 기계와 공생할 때 이 동반 관계에 한 가지 핵심 요소를 제공한다. 그것은 창조성이다. 디지털 시대의 역사—부시에서 리클라이더와 엥겔바트를 거쳐 잡스에 이르기까지, SAGE에서 구글과 위키피디아를 거쳐 왓슨에 이르기까지—는 이런 생각을 뒷받침해주었다. 그리고 우리가 창조적인 종으로 남아 있는 한 이것은 앞으로도 진실일 것이다. "기계는 점점 합리적이고 분석적이 될 것이다." IBM의 연구 책임자 존 켈리는 말한다. "사람은 판단, 직관, 감정 이입, 도덕적 나침반, 인간적 창조성을 제공할 것이다."[35]

우리 인간은 인지 컴퓨팅의 시대에도 여전히 의미가 있는 존재로 남을 수 있다. 우리는 다르게 생각할 수 있지만, 알고리즘은 그 정의상 그럴 수 없기 때문이다. 우리에게는 상상력이 있는데, 상상력은 에이다가 말한 대로 "사물, 사실, 관념, 개념을 새롭게, 독창적으로, 끝없이, 늘 바꿔가면서 결합한다." 우리는 패턴을 분별하고 그 아름다움을 감상한다. 우리는 정보를 짜 서사를 만든다. 우리는 사회적 동물일 뿐 아니라 서사를 이야기하는 동물이다.

인간의 창조성에는 가치, 의도, 미적 판단, 감정, 개인적 의식, 도덕적 감각이 포함된다. 이것이 예술과 인문학이 우리에게 가르치는 것이다. 그래서 이 영역들이 과학, 테크놀로지, 공학, 수학만큼 교육에서 가치가 있는 것이다. 만일 우리 인간이 인간-컴퓨터 공생에서 우리가 할 일을 계속해나가려면, 우리가 만든 기계의 창조적 파트너라는 역할을 유지하려면, 우리는 우리의 상상력과 독창성과 인간성의 원천을 계속 양육해야 한다. 그것이 우리가 이 관계에 기여하는 것이다.

스티브 잡스는 스크린에 투사된 슬라이드로 신제품 출시 행사의 끝을 맺곤 했다. 슬라이드에는 '인문학'과 '테크놀로지'의 교차로를 보여주는 도로 표지판이 나온다. 잡스가 마지막으로 행사에 나타난 것은 2011년 아이패드 2 출시 때였는데, 그는 이 이미지 앞에서 이렇게 선언했다. "테크놀로지만으로는 충분치 않다. 우리의 심장을 뛰게 하는 결과를 낳는 것은 인문학과 결합된 테크놀로지라는 사실이 애플의 DNA에 박혀 있다." 이 때문에 그는 우리 시대의 가장 창조적인 테크놀로지 혁신가가 되었다.

그러나 인문학에 대한 이런 찬사의 역도 성립한다. 예술과 인문학을 사랑하는 사람들은 에이다가 그랬던 것처럼 수학과 물리학의 아름다움도 감상하려고 노력해야 한다. 그렇지 않으면 디지털 시대의 창조성 대부분이 생겨나는 곳, 즉 예술과 과학의 교차로에서 구경꾼으로 남게 될 것이다. 그 영토의 통제권을 엔지니어에게 넘겨주게 될 것이다.

예술과 인문학에 찬사를 보내고, 학교에서 그것을 가르치는 것의 중요성을 강조하는 많은 사람들은 부끄러운 줄도 모르고(또 때로는 심지어 농담이랍시고) 수학이나 물리학을 이해하지 못한다고 고백한다. 이들은 라틴어 학습의 장점을 격찬하지만, 알고리즘을 작성하는 방법이나

BASIC과 C++를 구분하고 파이선과 파스칼을 구분하는 방법은 전혀 알지 못한다. 이들은 『햄릿』과 『맥베스』를 구별하지 못하는 사람을 교양 없다고 생각하지만, 자신은 유전자와 염색체의 차이, 트랜지스터와 커패시터의 차이, 적분방정식과 미분방정식의 차이를 모른다고 거리낌 없이 인정할지도 모른다. 이런 개념들은 어려워 보일지도 모른다. 맞다, 하지만, 『햄릿』도 어렵다. 또 『햄릿』과 마찬가지로 이런 각각의 개념들도 아름답다. 우아한 수학 방정식과 마찬가지로 이들 또한 우주의 영광의 표현이다.

과학과 인문학 '두 문화' 양쪽을 존중할 필요가 있다는 C. P. 스노의 말은 옳다. 하지만 오늘날 더 중요한 것은 그 둘이 교차하는 방식을 이해하는 것이다. 테크놀로지 혁명을 이끄는 데 기여한 사람들은 과학과 인문학을 결합할 수 있었던 에이다의 전통에 선 사람들이었다. 에이다의 아버지 쪽에서는 시적 기질이 나왔고 어머니 쪽에서는 수학적 기질이 나왔으며, 이 때문에 그녀는 그녀가 '시적 과학'이라고 부른 것을 사랑하게 되었다. 그녀의 아버지는 기계 방직기를 부순 러다이트를 옹호했지만, 에이다는 천공 카드가 그런 방직기에 아름다운 무늬를 짜라는 명령을 내리는 것을 사랑했으며, 예술과 테크놀로지의 이런 경이로운 결합이 컴퓨터에서도 표현될 수 있다고 상상했다.

디지털 혁명의 다음 단계에는 테크놀로지를 미디어, 패션, 음악, 연예, 교육, 문학, 예술 같은 창조적 산업과 결합하는 훨씬 더 새로운 방식이 나올 것이다. 혁신의 첫 단계는 많은 부분 오래된 술—책, 신문, 오피니언, 잡지, 노래, 텔레비전 쇼, 영화—을 새 디지털 부대에 담는 것이었다. 하지만 새로운 플랫폼, 서비스, 소셜 네트워크는 점점 개인적 상상력과 협업적 창조성을 위한 새로운 지평을 열어나가고 있다. 롤플레잉 게임과 인터랙티브 연극은 스토리텔링과 증강 현실의 협업적 형태와 융합하고 있다. 테크놀로지와 예술 사이의 이런 상호 작용은 결국 완전히 새로운 형태의 표현 방식과 매체 형식을 낳을 것이다.

이런 혁신은 아름다움과 공학, 인문학과 테크놀로지, 시와 프로세서를 연결 지을 수 있는 사람들로부터 나올 것이다. 말을 바꾸면 에이다 러브레이스의 영적 상속자들, 즉 예술과 과학이 교차하는 곳에서 번창할 수 있고, 경이를 느끼는 감각이 반항적이어서 그 양쪽의 아름다움에 마음을 열 수 있는 창조자들에게서 나올 것이다.

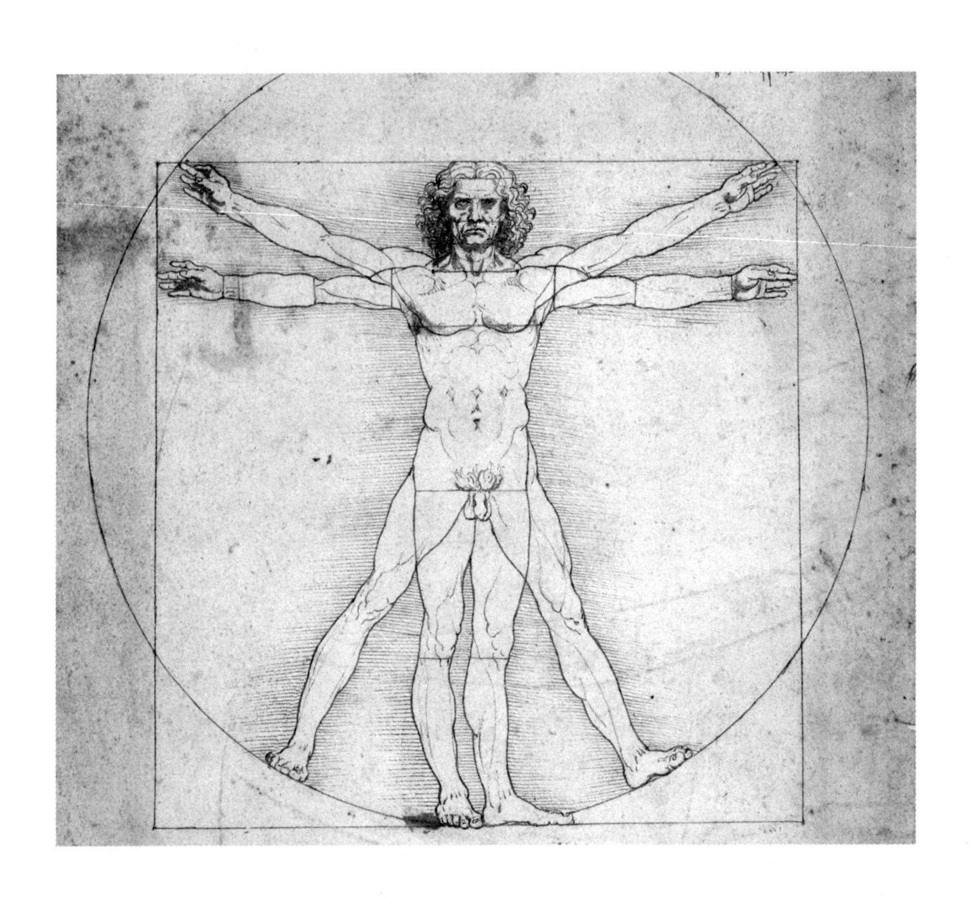

감사의 말

인터뷰에 응하고 자료를 제공해준 밥 알브레히트, 앨 알콘, 마크 안드레센, 팀 버너스리, 스튜어트 브랜드, 댄 브리클린, 래리 브릴리언트, 존 실리 브라운, 놀런 부쉬넬, 진 케이스, 스티브 케이스, 빈트 서프, 웨스 클라크, 스티븐 크로커, 리 펠젠스타인, 밥 프랭스턴, 밥 칸, 앨런 케이, 빌 게이츠, 앨 고어, 앤디 그로브, 저스틴 홀, 빌 조이, 짐 킴지, 레너드 클라인록, 트레이시 리클라이더, 리자 루프, 데이비드 맥키니, 고든 무어, 존 네그로폰테, 래리 페이지, 하워드 라인골드, 래리 로버츠, 아서 록, 버지니아 로메티, 벤 로즌, 스티브 러셀, 에릭 슈밋, 밥 테일러, 폴 테렐, 지미 웨일즈, 에브 윌리엄스, 스티브 워즈니악에게 감사를 전한다. 또한 집필 도중 아낌없이 유용한 조언을 해준 켄 올레타, 래리 코헨, 데이비드 더비스, 존 도어, 존 홀러, 존 마코프, 린다 레즈닉, 조 제프, 마이클 모리츠에게도 감사의 마음을 전한다. 시카고 대학의 라훌 메나와 하버드 대학의 대니 Z. 윌슨은 초고를 읽고 수학과 공학 관련 오류를 지적해주었다. 이들 몰래 삽입한 대목도 있으니, 오류가 있다면 모두 나의 잘못이다. 초기 원고를 읽고 꼼꼼하게 지적해준 스트로브 탤벗에게 특히 감사의 마음을 표한다. 1986년 작 『지혜로운 사람들』로부터 나의 모든 전작에 대해 변함없이 같은 작업을 해주었다. 나는 그의 지혜와 아량에 대한 증거로서 그가 준 모든 메모를 보관하고 있다.

나는 이 책을 집필하며 색다른 시도를 해보았다. 몇몇 장을 공개하여 크라우드소스로 의견과 수정 사항을 제공받은 것이다. 이러한 관행은 물론 예전부터 존재해왔다. 1660년에 런던의 왕립학회가 설립된 것도, 벤저민 프랭클린이 미국철학회를 설립한 것도 동료들에게 원고를 보여주고 의견을 받고자 한 이유에서였다. 《타임》지에는 전 부서에 초고를 돌려 '의견과 수정 사항'을 받는 관행이 있었는데, 이 방식이 무척 도움이 되었다. 과거에 나는 수십 명의 지인들에게 초기 원고의 부분 부분을 보내곤 했다. 그리고 이제 인터넷을 통해 알지 못하는 수많은 사람들로부터 의견과 수정 사항을 받을 수 있게 되었다.

인터넷이 창조된 이유 중 하나가 협업의 과정을 조장하기 위한 것이라는 측면에서 볼 때, 이는 무척 적합한 일이었다. 어느 날 밤 이 주제에 관해 글을 쓰던 도중 인터넷을 그 원래의 목적대로 사용해보자는 생각이 들었다. 그 과정에서 원고도 다듬고 오늘날의 인터넷 기반 도구가 (과거의 유즈넷과 게시판 시스템에 비해) 협업을 어떻게 용이하게 하는지도 자세히 알아보고 싶다는 바람이었다.

나는 여러 사이트에서 실험을 해보았다. 가장 유용했던 것은 이 책에 등장하는 인물이기도 한 에브 윌리엄스가 만든 미디엄Medium이었다. 온라인에 게재한 지 일주일 만에 18,200명이 원고를 읽었다. 지난날 원고를 검토해준 사람들의 수보다 약 18,170명이나 많은 수였다. 수많은 독자들이 의견을 남겼고, 수백 명이 이메일을 보내왔다. 그 결과 여러 대목에서 수정과 추가 작업을 진행했으며, 완전히 새로 추가한 대목도 있다(댄 브리클린과 비지캘크 부분이다). 수많은 협업자분들께 감사드린다. 그중 몇몇과는 개인적인 친분을 쌓게 되었고, 이들은 크라우드소스 과정에 지원을 아끼지 않았다. (말이 나온 김에 한마디 덧붙이자면, 저자가 부분적으로 저술하고 크라우드소스에 의해 부분적으로 작성되는 새로운 형태의 멀티미디어 기록을 만들 수 있도록 누군가 마술 같은 전자책과 위키가 결합된 무언가를 멀지 않은 미래에 발명해주면 좋겠다.)

30년간 편집자이자 에이전트로 나의 곁을 지켜준 앨리스 메이휴와 아만다 어번, 그리고 사이먼 앤드 슈스터의 캐롤린 리디, 조너선 카프, 조너선 콕스, 줄리아 프로서, 재키 서, 아이린 케라디, 주디스 후버, 루스 리무이, 조너선 에반스에게도 감사의 마음을 전한다. 아스펜인스티튜트의 팻 진덜카와 리아 바이투니스에게도 신세를 졌다. 기꺼이 원고를 읽고 평을 아끼지 않는 3세대에 걸친 가족이 있는 나는 복이 많다. (전기 엔지니어) 아버지 어윈과 (컴퓨터 컨설턴트) 형 리, (나에게 에이다 러브레이스를 처음 소개해준 테크놀로지 작가) 딸 벳시에게 감사한다. 마지막으로 내가 아는 가장 지혜로운 독자이자 사랑이 넘치는 아내 캐시에게 크나큰 감사를 전한다.

주석

머리말

1 Henry Kissinger, background briefing for reporters, Jan. 15, 1974, from file in *Time* magazine archives.
2 Steven Shapin, *The Scientific Revolution*(University of Chicago Press, 1996), 1, 5.

1장. 에이다, 러브레이스 백작부인

1 Lady Byron이 Mary King에게 보낸 편지, May 13, 1833. Ada의 편지를 포함한 Byron 가문의 편지는 Bodleian Library, Oxford에 있다. Ada의 편지는 Betty Toole, *Ada, the Enchantress of Numbers: A Selection from the Letters*(Strawberry, 1992)와 Doris Langley Moore, *Ada, Countess of Lovelace*(John Murray, 1977)에 옮겨져 있다. 이 부분은 아래 언급한 자료 외에 다음에 의거하고 있다. Joan Baum, *The Calculating Passion of Ada Byron*(Archon, 1986); William Gibson and Bruce Sterling, *The Difference Engine*(Bantam, 1991); Dorothy Stein, *Ada*(MIT Press, 1985); Doron Swade, *The Difference Engine*(Viking, 2001); Betty Toole, *Ada: Prophet of the Computer Age*(Strawberry, 1998); Benjamin Woolley, *The Bride of Science*(Macmillan, 1999); Jeremy Bernstein, *The Analytical Engine*(Morrow, 1963); James Gleick, *The Information*(Pantheon, 2011), chapter 4. 달리 주석이 없을 경우 Ada의 편지는 Toole이 옮긴 것을 가져온 것이다.
Ada Lovelace에 관한 글은 그녀를 성인으로 추앙하는 것에서부터 가면을 벗기려는 것에 이르기까지 다양하다. 그녀에게 가장 공감하는 책은 Toole, Woolley, Baum이 쓴 것이다. 가장 학문적이고 균형 잡힌 책은 Stein의 책이다. Ada Lovelace의 가면을 벗기는 책으로는 Bruce Collier, "The Little Engines That Could've," PhD dissertation, Harvard, 1970,

http://robroy.dyndns.info/collier/가 있다. 그는 이렇게 쓰고 있다. "그녀는 자신의 재능에 관해 가장 놀라운 망상을 보이는 조울병 환자였다. (중략) Ada는 완전히 미쳤으며 「Notes」도 문제만 일으켰지 보태준 것이 없다."

2 Lady Byron to Dr. William King, June 7, 1833.

3 Richard Holmes, *The Age of Wonder*(Pantheon, 2008), 450.

4 Laura Snyder, *The Philosophical Breakfast Club*(Broadway, 2011), 190.

5 Charles Babbage, *The Ninth Bridgewater Treatise*(1837), chapters 2 and 8, http://www.victorianweb.org/science/science_texts/bridgewater/intro.htm; Snyder, *The Philosophical Breakfast Club*, 192.

6 Toole, *Ada, the Enchantress of Numbers*, 51.

7 Sophia De Morgan, *Memoir of Augustus De Morgan*(Longmans, 1882), 9; Stein, *Ada*, 41.

8 Holmes, *The Age of Wonder*, xvi.

9 Ethel Mayne, *The Life and Letters of Anne Isabella, Lady Noel Byron*(Scribner's, 1929), 36; Malcolm Elwin, *Lord Byron's Wife*(Murray, 1974), 106.

10 Lord Byron to Lady Melbourne, Sept. 28, 1812, in John Murray, editor, *Lord Byron's Correspondence*(Scribner's, 1922), 88.

11 Stein, *Ada*, 14, Byron의 훼손된 일기를 바탕으로 한 Thomas Moore의 Byron 전기에서.

12 Woolley, *The Bride of Science*, 60.

13 Stein, *Ada*, 16; Woolley, *The Bride of Science*, 72.

14 Woolley, *The Bride of Science*, 92.

15 Woolley, *The Bride of Science*, 94.

16 John Galt, *The Life of Lord Byron*(Colburn and Bentley, 1830), 316.

17 Ada가 Dr. William King에게 보낸 편지, Mar. 9, 1834, Dr. King이 Ada에게 보낸 편지, Mar. 15, 1834; Stein, *Ada*, 42.

18 Ada가 Dr. William King에게 보낸 편지, Sept. 1, 1834; Stein, *Ada*, 46.

19 Woolley, *The Bride of Science*, 172.

20 Catherine Turney, *Byron's Daughter: A Biography of Elizabeth Medora Leigh*(Readers Union, 1975), 160.

21 Velma Huskey and Harry Huskey, "Lady Lovelace and Charles Babbage," *IEEE Annals of the History of Computing*, Oct.–Dec. 1980.

22 Ada가 Charles Babbage에게 보낸 편지, Nov. 1839.

23 Ada가 Charles Babbage에게 보낸 편지, July 30, 1843.

24 Ada가 Lady Byron에게 보낸 편지, Jan. 11, 1841.

25 Toole, *Ada, the Enchantress of Numbers*, 136.

26 Ada가 Lady Byron에게 보낸 편지, Feb. 6, 1841; Stein, *Ada*, 87.

27 Stein, *Ada*, 38.

28 Harry Wilmot Buxton and Anthony Hyman, *Memoir of the Life and Labours of the Late*

Charles Babbage(ca. 1872; reprinted by Charles Babbage Institute/MIT Press, 1988), 46.

29 Martin Campbell Kelly and William Aspray, *Computer: A History of the Information Machine*(Westview, 2009), 6.

30 Swade, *The Difference Engine*, 42; Bernstein, *The Analytical Engine*, 46 외 여러 곳.

31 James Essinger, *Jacquard's Web*(Oxford , 2004), 23.

32 Ada가 Charles Babbage에게 보낸 편지, Feb. 16, 1840.

33 Ada가 Charles Babbage에게 보낸 편지, Jan. 12, 1841.

34 Charles Babbage, *Passages from the Life of a Philosopher*(Longman Green, 1864), 136.

35 Luigi Menabrea, with notes upon the memoir by the translator, Ada, Countess of Lovelace, "Sketch of the Analytical Engine, Invented by Charles Babbage," Oct. 1842, http://www.fourmilab.ch/babbage/sketch.html.

36 Babbage, *Passages from the Life of a Philosopher*, 136; John Füegi and Jo Francis, "Lovelace & Babbage and the Creation of the 1843 'Notes,'" *Annals of the History of Computing*, Oct. 2003.

37 Menabrea와 Lovelace's notes의 인용은 모두 Menabrea, "Sketch of the Analytical Engine"에서.

38 Charles Babbage가 Ada에게 보낸 편지, 1843, in Toole, *Ada, the Enchantress of Numbers*, 197.

39 영화 *Ada Byron Lovelace: To Dream Tomorrow*, directed and produced by John Füegi and Jo Francis(Flare Productions, 2003)에서 한 이야기; 또, Füegi and Francis, "Lovelace & Babbage."

40 Ada가 Charles Babbage에게 보낸 편지, July 5, 1843.

41 Ada가 Charles Babbage에게 보낸 편지, July 2, 1843.

42 Ada가 Charles Babbage에게 보낸 편지, Aug. 6, 1843; Woolley, *The Bride of Science*, 278; Stein, *Ada*, 114.

43 Ada가 Lady Byron에게 보낸 편지, Aug. 8, 1843.

44 Ada가 Charles Babbage에게 보낸 편지, Aug. 14, 1843.

45 Ada가 Charles Babbage에게 보낸 편지, Aug. 14, 1843.

46 Ada가 Charles Babbage에게 보낸 편지, Aug. 14, 1843.

47 Ada가 Lady Byron에게 보낸 편지, Aug. 15, 1843.

48 Stein, *Ada*, 120.

49 Ada가 Lady Byron에게 보낸 편지, Aug. 22, 1843.

50 Ada가 Robert Noel에게 보낸 편지, Aug. 9, 1843.

2장. 컴퓨터

1 Andrew Hodges, *Alan Turing: The Enigma*(Simon & Schuster, 1983; 페이지는 Kindle판 "Centenary Edition"에 따른다), 439. 이 부분은 아래 인용한 자료 외에 다음에 의거하고 있다. Hodges의 전기와 그의 웹 사이트 http://www.turing.org.uk/; Turing Archive의 편지와 문서, http://www.turingarchive.org/; David Leavitt, *The Man Who Knew Too Much*(Atlas Books, 2006); S. Barry Cooper and Jan van Leeuwen, *Alan Turing: His Work and Impact*(Elsevier, 2013); Sara Turing, *Alan M. Turing*(Cambridge, 1959; 페이지는 Kindle판 "Centenary Edition," with an afterword by John F. Turing, published in 2012에 따른다); Simon Lavington, editor, *Alan Turing and His Contemporaries*(BCS, 2012).

2 John Turing in Sara Turing, *Alan M. Turing*, 146.

3 Hodges, *Alan Turing*, 590.

4 Sara Turing, *Alan M. Turing*, 56.

5 Hodges, *Alan Turing*, 1875.

6 Alan Turing to Sara Turing, Feb. 16, 1930, Turing archive; Sara Turing, *Alan M. Turing*, 25.

7 Hodges, *Alan Turing*, 2144.

8 Hodges, *Alan Turing*, 2972.

9 Alan Turing, "On Computable Numbers," *Proceedings of the London Mathematical Society*, Nov. 12, 1936에 발표.

10 Alan Turing, "On Computable Numbers," 241.

11 Max Newman이 Alonzo Church에게 보낸 편지, May 31, 1936, in Hodges, *Alan Turing*, 3439; Alan Turing이 Sara Turing에게 보낸 편지, May 29, 1936, Turing Archive.

12 Alan Turing이 Sara Turing에게 보낸 편지, Feb. 11과 Feb. 22, 1937, Turing Archive; Alonzo Church, "Review of A. M. Turing's 'On computable numbers,'" *Journal of Symbolic Logic*, 1937.

13 Shannon과 관련된 부분은 다음에 의거하고 있다. Jon Gertner, *The Idea Factory: Bell Labs and the Great Age of American Innovation*(Penguin, 2012; 페이지는 Kindle판을 따른다), chapter 7; M. Mitchell Waldrop, "Claude Shannon: Reluctant Father of the Digital Age," *MIT Technology Review*, July 2001; Graham Collins, "Claude E. Shannon: Founder of Information Theory," *Scientific American*, Oct. 2012; James Gleick, *The Information*(Pantheon, 2011), chapter 7.

14 Peter Galison, *Image and Logic*(University of Chicago, 1997), 781.

15 Claude Shannon, "A Symbolic Analysis of Relay and Switching Circuits," *Transactions of the American Institute of Electrical Engineers*, Dec. 1938. 명료한 설명은 Daniel Hillis, *The Pattern on the Stone*(Perseus, 1998), 2-10을 보라.

16 Paul Ceruzzi, *Reckoners: The Prehistory of the Digital Computer*(Greenwood, 1983),

79. 또 Computer History Museum, "George Stibitz," http://www.computerhistory.org/revolution/birth-of-the-computer/4/85를 보라.

17 Howard Aiken oral history, conducted by Henry Tropp and I. Bernard Cohen, Smithsonian Institution, Feb. 1973.

18 Howard Aiken, "Proposed Automatic Calculating Machine," *IEEE Spectrum*, Aug. 1964; Cassie Ferguson, "Howard Aiken: Makin' a Computer Wonder," *Harvard Gazette*, Apr. 9, 1998.

19 I. Bernard Cohen, *Howard Aiken: Portrait of a Computer Pioneer*(MIT, 1999), 9.

20 Kurt Beyer, *Grace Hopper and the Invention of the Information Age*(MIT, 2009), 75.

21 Cohen, *Howard Aiken*, 115.

22 Cohen, *Howard Aiken*, 98 외 여러 곳.

23 Beyer, *Grace Hopper*, 80.

24 Ceruzzi, *Reckoners*, 65.

25 Horst Zuse(아들), *The Life and Work of Konrad Zuse*, http://www.horst-zuse.homepage.t-online.de/Konrad_Zuse_index_english_html/biography.html.

26 Konrad Zuse archive, http://www.zib.de/zuse/home.php/Main/KonradZuse; Ceruzzi, *Reckoners*, 26.

27 Horst Zuse, *The Life and Work of Konrad Zuse*, part 4; Ceruzzi, *Reckoners*, 28.

28 John Atanasoff의 이야기와 그의 공로 인정을 둘러싼 논쟁은 감정이 실린 글 몇 편으로 이어졌다. 그는 역사적이고 법적인 싸움 때문에 ENIAC을 만든 John Mauchly, Presper Eckert와 대립하게 되었다. Atanasoff에 관한 주요한 책 네 권은 이 논쟁에서 그의 편을 들고자 하는 사람들이 썼다. Alice Burks, *Who Invented the Computer?*(Prometheus, 2003; 페이지는 Kindle판을 따른다)는 법적인 싸움과 관련된 문서에 부분적으로 기초를 두고 있다. Alice Burks and Arthur Burks, *The First Electronic Computer: The Atanasoff Story*(University of Michigan, 1988)는 그보다 전에 나온 더 전문적인 책이다. Arthur Burks는 ENIAC 팀의 엔지니어였지만 결국 Eckert와 Mauchly를 비판하게 되었다. Clark Mollenhoff, *Atanasoff: Forgotten Father of the Computer*(Iowa State, 1988)는 *Des Moines Register*의 워싱턴 지국장이자 퓰리처상을 수상한 기자가 Atanasoff의 이야기를 듣고 역사가 잊어버린 그를 부활시키고자 쓴 것이다. Jane Smiley, *The Man Who Invented the Computer*(Doubleday, 2010)는 컴퓨터 역사에 푹 빠진 유명한 소설가가 Atanasoff의 옹호자가 되어 쓴 책이다. 개인적 배경과 Alice와 Arthur Burks가 관련된 부분은 그들의 "Memoir of the 1940s," *Michigan Quarterly Review*, Spring 1997, http://hdl.handle.net/2027/spo.act2080.0036.201을 보라. 이 책의 이 부분은 또 다음 글들에 의거하고 있다. Allan Mackintosh, "Dr. Atanasof's Computer," *Scientific American*, Aug. 1988; Jean Berry, "Clifford Edward Berry: His Role in Early Computers," *Annals of the History of Computing*, July 1986; William Broad, "Who Should Get the Glory for Inventing the Computer?" *New York Times*, Mar. 22, 1983.

29 John Atanasoff, "Advent of Electronic Digital Computing," *Annals of the History of*

Computing, July 1984, 234.

30 Atanasoff, "Advent of Electronic Digital Computing," 238.

31 Atanasoff, "Advent of Electronic Digital Computing," 243.

32 Katherine Davis Fishman, *The Computer Establishment*(Harper and Row, 1981), 22.

33 Atanasoff testimony, *Honeywell v. Sperry Rand*, June 15, 1971, transcript p. 1700, in Burks, *Who Invented the Computer?*, 1144. 시험 운전 문서는 University of Pennsylvania, http://www.archives.upenn.edu/faids/upd/eniactrial/upd8_10.html, 또 Charles Babbage Institute of the University of Minnesota, http://discover.lib.umn.edu/cgi/f/findaid/findaid-idx?c=umfa;cc=umfa;rgn=main;view=text;didno=cbi00001에 있다.

34 Atanasoff testimony, transcript p. 1703.

35 Atanasoff, "Advent of Electronic Digital Computing," 244.

36 John Atanasoff, "Computing Machine for the Solution of Large Systems of Linear Algebraic Equations," 1940, available online from Iowa State, http://jva.cs.iastate.edu/img/Computing%20machine.pdf. 자세한 분석은 Burks and Burks, *The First Electronic Computer*, 7 외 여러 곳을 보라.

37 Robert Stewart, "The End of the ABC," *Annals of the History of Computing*, July 1984; Mollenhoff, *Atanasoff*, 73.

38 이 부분은 다음 자료에 기초하고 있다. John Mauchly oral history, conducted by Henry Tropp, Jan. 10, 1973, Smithsonian Institution; John Mauchly oral history, conducted by Nancy Stern, May 6, 1977, American Institute of Physics(AIP); Scott McCartney, *ENIAC*(Walker, 1999); Herman Goldstine, *The Computer from Pascal to von Neumann*(Princeton, 1972; 페이지는 Kindle판을 따른다); Kathleen Mauchly, "John Mauchly's Early Years," *Annals of the History of Computing*, Apr. 1984; David Ritchie, *The Computer Pioneers*(Simon & Schuster, 1986); Bill Mauchly and others, "The ENIAC" 웹 사이트, http://the-eniac.com/first/; Howard Rheingold, *Tools for Thought*(MIT, 2000); Joel Shurkin, *Engines of the Mind: A History of the Computer*(Washington Square Press, 1984).

39 John Costello, "The Twig Is Bent: The Early Life of John Mauchly," *IEEE Annals of the History of Computing*, 1996.

40 Mauchly oral history, AIP.

41 Costello, "The Twig Is Bent."

42 McCartney, *ENIAC*, 82.

43 Kay McNulty Mauchly Antonelli, "The Kathleen McNulty Mauchly Antonelli Story," Mar. 26, 2004, ENIAC 웹 사이트, https://sites.google.com/a/opgate.com/eniac/Home/kay-mcnulty-mauchly-antonelli; McCartney, *ENIAC*, 32.

44 Ritchie, *The Computer Pioneers*, 129; Rheingold, *Tools for Thought*, 80.

45 McCartney, *ENIAC*, 34.

46 Kathleen Mauchly, "John Mauchly's Early Years."

47 McCartney, *ENIAC*, 36.

48 Kathleen Mauchly, "John Mauchly's Early Years."

49 John Mauchly가 H. Helm Clayton에게 쓴 편지, Nov. 15, 1940.

50 John Mauchly가 John de Wire에게 쓴 편지, Dec. 4, 1940; Kathleen Mauchly, "John Mauchly's Early Years."

51 Mauchly가 Atanasoff에게 쓴 편지, Jan. 19, 1941; Atanasoff가 Mauchly에게 쓴 편지, Jan. 23, 1941; Mauchly oral history, Smithsonian; Burks, *Who Invented the Computer?*, 668.

52 이때 무슨 일이 있었던가 하는 문제를 둘러싼 싸움은 *Annals of the History of Computing*에 수많은 글, 논평, 신랄한 편지로 기록되어 있다. 이 부분과 그다음 법적 다툼에 관한 부분은 그 자료에 의존하고 있다. 여기에는 다음과 같은 것들이 포함된다. Arthur Burks and Alice Burks, "The ENIAC: First General-Purpose Electronic Computer," with comments by John Atanasoff, J. Presper Eckert, Kathleen R. Mauchly, and Konrad Zuse, and a response by Burks and Burks, *Annals of the History of Computing*, Oct. 1981, 310-99(이 호의 80페이지 이상이 주장과 반박에 할애되고 있어 편집자들에게 약간의 불편을 안겨주었다); Kathleen Mauchly, "John Mauchly's Early Years," *Annals of the History of Computing*, Apr. 1984; John Mauchly, "Mauchly: Unpublished Remarks," with an afterword by Arthur Burks and Alice Burks, *Annals of the History of Computing*, July 1982; Arthur Burks, "Who Invented the General Purpose Computer?" talk at the University of Michigan, Apr. 2, 1974; James McNulty, letter to the editor, *Datamation*, June 1980.

53 Lura Meeks Atanasoff testimony, *Sperry v. Honeywell*; Burks, *Who Invented the Computer?*, 1445.

54 Mollenhoff, *Atanasoff*, 114.

55 Mauchly oral history, Smithsonian; John Mauchly, "Fireside Chat," Nov. 13, 1973, *Annals of the History of Computing*, July 1982.

56 Ritchie, *The Computer Pioneers*, 142.

57 Mauchly oral history, Smithsonian.

58 John Mauchly testimony, *Sperry v. Honeywell*; Burks, *Who Invented the Computer?*, 429.

59 John Mauchly가 John Atanasoff에게 쓴 편지, Sept. 30, 1941, *Sperry v. Honeywell* 재판 기록.

60 Atanasoff가 Mauchly에게 보낸 편지, Oct. 7, 1941, *Sperry v. Honeywell* 재판 기록.

61 이 부분은 아래 인용한 자료 외에 다음에 의거하고 있다. Peter Eckstein, "Presper Eckert," *Annals of the History of Computing*, Spring 1996; J. Presper Eckert oral history, conducted by Nancy Stern, Oct. 28, 1977, Charles Babbage Institute, University of Minnesota; Nancy Stern, *From ENIAC to UNIVAC*(Digital Press, 1981); J. Presper Eckert, "Thoughts on the History of Computing," *Computer*, Dec. 1976; J. Presper

Eckert, "The ENIAC," John Mauchly, "The ENIAC," and Arthur W. Burks, "From ENIAC to the Stored Program Computer," all in Nicholas Metropolis 등 편, *A History of Computing in the Twentieth Century*(Academic Press, 1980); Alexander Randall, "A Lost Interview with Presper Eckert," *Computerworld*, Feb. 4, 2006.

62 Eckert oral history, Charles Babbage Institute.

63 Eckstein, "Presper Eckert."

64 Ritchie, *The Computer Pioneers*, 148.

65 Eckert oral history, Charles Babbage Institute.

66 John W. Mauchly, "The Use of High Speed Vacuum Tube Devices for Calculating," 1942, in Brian Randell 편, *The Origins of Digital Computers: Selected Papers*(Springer-Verlag, 1973), 329. 또 John G. Brainerd, "Genesis of the ENIAC," *Technology and Culture*, July 1976, 482를 보라.

67 Mauchly oral history, Smithsonian; Goldstine, *The Computer from Pascal to von Neumann*, 3169; McCartney, *ENIAC*, 61.

68 Burks, *Who Invented the Computer?*, 71.

69 McCartney, *ENIAC*, 89.

70 Eckert oral history, Charles Babbage Institute.

71 Eckert oral history, Charles Babbage Institute.

72 Eckert oral history, Charles Babbage Institute; Randall, "A Lost Interview with Presper Eckert."

73 Hodges, *Alan Turing*, 3628.

74 이 부분은 Hodges의 전기 *Alan Turing* 외에 다음에 의거하고 있다. B. Jack Copeland, *Colossus: The Secrets of Bletchley Park's Codebreaking Computers*(Oxford, 2006); I. J. Good, "Early Work on Computers at Bletchley," *Annals of the History of Computing*, July 1979; Tommy Flowers, "The Design of Colossus," *Annals of the History of Computing*, July 1983; Simon Lavington 편, *Alan Turing and His Contemporaries*(BCS, 2012); Sinclair McKay, *The Secret Life of Bletchley Park: The History of the Wartime Codebreaking Centre by the Men and Women Who Were There*(Aurum Press, 2010); 또 나의 Bletchley Park와 학자 방문, 답사 안내자, 전시물, 그곳에서 구할 수 있는 자료.

75 Randall, "A Lost Interview with Presper Eckert."

76 The archives for the *Honeywell v. Sperry Rand trial*. 또 Charles E. McTiernan, "The ENIAC Patent," *Annals of the History of Computing*, Apr. 1998을 보라.

77 Judge Earl Richard Larson decision, *Honeywell v. Sperry Rand*.

78 Randall, "A Lost Interview with Presper Eckert."

1 Alan Turing, "Intelligent Machinery," National Physical Laboratory report, July 1948, http://www.AlanTuring.net/intelligent_machinery.

2 이 부분은 아래 인용한 자료 외에 Kurt Beyer, *Grace Hopper and the Invention of the Information Age*(MIT, 2009) 및 다음과 같은 귀중한 Grace Hopper 구술 역사 자료에 의거하고 있다. Smithsonian(five sessions), July 1968, Nov. 1968, Jan. 7, 1969, Feb. 4, 1969, July 5, 1972; the Computer History Museum, Dec. 1980; Grace Hopper interview, Sept. 1982, Women in Federal Government oral history project, Radcliffe Institute, Harvard.

3 Kurt Beyer는 호퍼가 최초였다고 잘못 말하고 있지만, 예일 대 최초 여성 수학 박사는 1895년의 Charlotte Barnum이었고, 그 뒤로도 10명이 더 있었다. Judy Green and Jeanne LaDuke, *Pioneering Women in American Mathematics: The pre-1940 PhDs*(American Mathematical Society, 2009), 53; Beyer, *Grace Hopper*, 25-26을 보라.

4 Hopper oral history, Smithsonian, July 5, 1972.

5 Hopper oral history, Smithsonian, July 1968; Rosario Rausa, "In Profile, Grace Murray Hopper," *Naval History*, Fall 1992.

6 Hopper oral histories(같은 이야기를 했다), Computer History Museum and Smithsonian, July 5, 1972.

7 The Staff of the Harvard Computation Library [Grace Hopper and Howard Aiken], *A Manual of Operation for the Automatic Sequence Controlled Calculator*(Harvard, 1946).

8 Grace Hopper oral history, Computer History Museum.

9 Beyer, *Grace Hopper*, 130.

10 Beyer, *Grace Hopper*, 135.

11 Richard Bloch oral history, Charles Babbage Institute, University of Minnesota.

12 Beyer, *Grace Hopper*, 53.

13 Grace Hopper and Richard Bloch panel discussion comments, Aug. 30, 1967, in Henry S. Tropp, "The 20th Anniversary Meeting of the Association for Computing Machinery," *IEEE Annals*, July 1987.

14 Beyer, *Grace Hopper*, 5.

15 Hopper oral history, Smithsonian, July 5, 1972.

16 Howard Aiken oral history, conducted by Henry Tropp and I. Bernard Cohen, Smithsonian Institution, Feb. 1973.

17 Grace Hopper and John Mauchly, "Influence of Programming Techniques on the Design of Computers," *Proceedings of the IRE*, Oct. 1953.

18 Harvard computer log, Sept. 9, 1947, http://www.history.navy.mil/photos/images/h96000/h96566k.jpg.

19 Grace Hopper oral history, Smithsonian, Nov. 1968.

20 *The Moore School Lectures*, Charles Babbage Institute, reprint(MIT Press, 1985).

21 Hopper oral history, Smithsonian, Nov. 1968.

22 이 부분은 아래 인용한 자료 외에 다음에 의거하고 있다. Jean Jennings Bartik, *Pioneer Programmer*(Truman State, 2013; 페이지는 Kindle판을 따른다); Jean Bartik oral history, conducted by Gardner Hendrie, Computer History Museum, July 1, 2008; Jean Bartik oral history, conducted by Janet Abbate, IEEE Global History Network, Aug. 3, 2001; Steve Lohr, "Jean Bartik, Software Pioneer, Dies at 86," *New York Times*, Apr. 7, 2011; Jennifer Light, "When Computers Were Women," *Technology and Culture*, July 1999.

23 Jordynn Jack, *Science on the Home Front: American Women Scientists in World War II*(University of Illinois, 2009), 3.

24 Jennings Bartik, *Pioneer Programmer*, 1282.

25 W. Barkley Fritz, "The Women of ENIAC," *IEEE Annals of the History of Computing*, Fall 1996.

26 Fritz, "The Women of ENIAC."

27 Jennings Bartik, *Pioneer Programmer*, 1493. 또 LeAnn Erickson, "Top Secret Rosies: The Female Computers of WWII"(Video, PBS, 2002); Bill Mauchly, ENIAC 웹 사이트, https://sites.google.com/a/opgate.com/eniac/; Thomas Petzinger Jr., "History of Software Begins with Work of Some Brainy Women," *Wall Street Journal*, Nov. 15, 1996을 보라. Kathy Kleiman은 1986년에 하버드 대학교에서 컴퓨팅 분야의 여성들에 관한 학부 논문을 위해 자료 조사 중 이 여성 프로그래머들을 처음 만났고, 이들이 부각될 수 있도록 노력했다. 또한 2014년에 개봉된 20분짜리 다큐멘터리 *The Computers*를 공동 연출하기도 했다. ENIAC Programmers Project 웹 사이트, http://eniacprogrammers.org/를 보라.

28 Kay McNulty Mauchly Antonelli, "The Kathleen McNulty Mauchly Antonelli Story," ENIAC 웹 사이트, https://sites.google.com/a/opgate.com/eniac/Home/kay-mcnulty-mauchly-antonelli.

29 Fritz, "The Women of ENIAC."

30 Jennings Bartik, *Pioneer Programmer*, 1480.

31 Autumn Stanley, *Mothers and Daughters of Invention*(Rutgers, 1995), 443.

32 Fritz, "The Women of ENIAC."

33 Oral history of Jean Jennings Bartik and Betty Snyder Holberton, conducted by Henry Tropp, Smithsonian, Apr. 27, 1973.

34 Jennings Bartik oral history, Computer History Museum.

35 Jennings Bartik oral history, Computer History Museum.

36 Jennings Bartik, *Pioneer Programmer*, 557.

37 Eckert and Mauchly, "Progress Report on ENIAC," Dec. 31, 1943, in Nancy Stern, *From ENIAC to UNIVAC*(Digital Press, 1981).

38 John Mauchly,"Amending the ENIAC Story," letter to the editor of *Datamation*, Oct. 1979.

39 Presper Eckert,"Disclosure of a Magnetic Calculating Machine," Jan. 29, 1944, declassified trial exhibit, in Don Knuth archives, Computer History Museum; Mark Priestley, *A Science of Operations*(Springer, 2011), 127; Stern, *From ENIAC to UNIVAC*, 28.

40 이 부분은 아래 인용한 자료 외에 다음에 의거하고 있다. William Aspray, *John von Neumann and the Origins of Modern Computing*(MIT, 1990); Nancy Stern, "John von Neumann's Influence on Electronic Digital Computing, 1944–1946," *IEEE Annals of the History of Computing*, Oct.–Dec. 1980; Stanislaw Ulam, "John von Neumann," *Bulletin of the American Mathematical Society*, Feb. 1958; George Dyson, *Turing's Cathedral*(Random House, 2012; 페이지는 Kindle판을 따른다); Herman Goldstine, *The Computer from Pascal to von Neumann*(Princeton, 1972; 페이지는 Kindle판을 따른다).

41 Dyson, *Turing's Cathedral*, 41.

42 Nicholas Vonneumann, "John von Neumann as Seen by His Brother"(Privately printed, 1987), 22, excerpted as "John von Neumann: Formative Years," *IEEE Annals*, Fall 1989.

43 Dyson, *Turing's Cathedral*, 45.

44 Goldstine, *The Computer from Pascal to von Neumann*, 3550.

45 Dyson, *Turing's Cathedral*, 1305.

46 Dyson, *Turing's Cathedral*, 1395.

47 Hopper oral history, Smithsonian, Jan. 7, 1969.

48 Bloch oral history, Feb. 22, 1984, Charles Babbage Institute.

49 Robert Slater, *Portraits in Silicon*(MIT Press, 1987), 88; Beyer, *Grace Hopper and the Invention of the Information Age*, 9.

50 Goldstine, *The Computer from Pascal to von Neumann*, 3634.

51 Goldstine, *The Computer from Pascal to von Neumann*, 3840.

52 Goldstine, *The Computer from Pascal to von Neumann*, 199; Goldstine이 Gillon에게 보낸 편지, Sept. 2, 1944; Beyer, *Grace Hopper and the Invention of the Information Age*, 120. 또 John Mauchly, "Amending the ENIAC Story," letter to the editor of *Datamation*, Oct. 1979; Arthur W. Burks, "From ENIAC to the Stored Program Computer," in Nicholas Metropolis et al., editors, *A History of Computing in the Twentieth Century*(Academic Press, 1980)를 보라.

53 Jean Jennings Bartik and Betty Snyder Holberton oral history, Smithsonian, Apr. 27, 1973.

54 McCartney, *ENIAC*,116.

55 Jean Jennings Bartik and Betty Snyder Holberton oral history, Smithsonian, Apr. 27, 1973.

56 Dyson, *Turing's Cathedral*, 53.

57 Burks, *Who Invented the Computer?*, 161; Norman Macrae, *John von Neumann*(American

Mathematical Society, 1992), 281.

58 Ritchie, *The Computer Pioneers*, 178.

59 Presper Eckert oral history, conducted by Nancy Stern, Charles Babbage Institute, Oct. 28, 1977; Dyson, *Turing's Cathedral*, 1952.

60 John von Neumann, "First Draft of a Report on the EDVAC," U.S. Army Ordnance Department and the University of Pennsylvania, June 30, 1945. 이 보고서는 http://www.virtualtravelog.net/wp/wp-content/media/2003-08-TheFirstDraft.pdf에서 볼 수 있다.

61 Dyson, *Turing's Cathedral*, 1957. 또 Aspray, *John von Neumann and the Origins of Modern Computing*을 보라.

62 Eckert oral history, Charles Babbage Institute. 또 "우리는 존 폰 노이만에게 뒤통수를 얻어맞았다. 그는 몇몇 집단에서 내 아이디어를 '폰 노이만 아키텍처'라 부르는 데 성공했다"는 Eckert의 말을 인용하고 있는 McCartney, *ENIAC*, 125를 보라.

63 Jennings Bartik, *Pioneer Programmer*, 518.

64 Charles Duhigg and Steve Lohr, "The Patent, Used as a Sword," *New York Times*, Oct. 7, 2012.

65 McCartney, *ENIAC*, 103.

66 C. Dianne Martin, "ENIAC: The Press Conference That Shook the World," *IEEE Technology and Society*, Dec. 1995.

67 Jennings Bartik, *Pioneer Programmer*, 1878.

68 Fritz, "The Women of ENIAC."

69 Jennings Bartik, *Pioneer Programmer*, 1939.

70 Jean Jennings Bartik and Betty Snyder Holberton oral history, Smithsonian, Apr. 27, 1973.

71 Jennings Bartik, *Pioneer Programmer*, 672, 1964, 1995, 1959.

72 T. R. Kennedy, "Electronic Computer Flashes Answers," *New York Times*, Feb. 15, 1946.

73 McCartney, *ENIAC*, 107.

74 Jennings Bartik, *Pioneer Programmer*, 2026, 2007.

75 Jean Jennings Bartik oral history, Computer History Museum.

76 McCartney, *ENIAC*, 132.

77 Steven Henn, "The Night a Computer Predicted the Next President," NPR, Oct. 31, 2012; Alex Bochannek, "Have You Got a Prediction for Us, UNIVAC?" Computer History Museum, http://www.computerhistory.org/atchm/have-you-got-a-prediction-for-us-univac/. 일부 기사는 CBS에서 예측 결과를 보도하지 않은 것은 사전 여론 조사에서 스티븐슨이 당선될 것으로 나왔기 때문이라고 보도했지만, 이는 사실이 아니다. 사전 여론 조사에서도 아이젠하워의 당선이 유력한 것으로 나왔다.

78 Hopper oral history, Computer History Museum, Dec. 1980.

79 Beyer, *Grace Hopper*, 277.

80 Von Neumann to Stanley Frankel, Oct. 29, 1946; Joel Shurkin, *Engines of the Mind* (Washington Square Press, 1984), 204; Dyson, *Turing's Cathedral*, 1980; Stern, "John von Neumann's Influence on Electronic Digital Computing."

81 Eckert oral history, Charles Babbage Institute.

82 Goldstine, *The Computer from Pascal to von Neumann*, 5077.

83 Crispin Rope, "ENIAC as a Stored-Program Computer: A New Look at the Old Records," *IEEE Annals of the History of Computing*, Oct. 2007; Dyson, *Turing's Cathedral*, 4429.

84 Fritz, "The Women of ENIAC."

85 Maurice Wilkes, "How Babbage's Dream Came True," *Nature*, Oct. 1975.

86 Hodges, *Alan Turing*, 10622.

87 Dyson, *Turing's Cathedral*, 2024. 또 Goldstine, *The Computer from Pascal to von Neumann*, 5376을 보라.

88 Dyson, *Turing's Cathedral*, 6092.

89 Hodges, *Alan Turing*, 6972.

90 Alan Turing, "Lecture to the London Mathematical Society," Feb. 20, 1947(http://www.turingarchive.org/에서 볼 수 있다); Hodges, *Alan Turing*, 9687.

91 Dyson, *Turing's Cathedral*, 5921.

92 Geoffrey Jefferson, "The Mind of Mechanical Man," Lister Oration, June 9, 1949, Turing Archive, http://www.turingarchive.org/browse.php/B/44.

93 Hodges, *Alan Turing*, 10983.

94 http://loebner.net/Prizef/TuringArticle.html에서 볼 수 있다.

95 John Searle, "Minds, Brains and Programs," *Behavioral and Brain Sciences*, 1980. 또 "The Chinese Room Argument," *The Stanford Encyclopedia of Philosophy*, http://plato.stanford.edu/entries/chinese-room/을 보라.

96 Hodges, *Alan Turing*, 11305; Max Newman, "Alan Turing, An Appreciation," the *Manchester Guardian*, June 11, 1954.

97 M. H. A. Newman, Alan M. Turing, Sir Geoffrey Jefferson, and R. B. Braithwaite, "Can Automatic Calculating Machines Be Said to Think?" 1952 BBC broadcast, reprinted in Stuart Shieber, editor, *The Turing Test: Verbal Behavior as the Hallmark of Intelligence*(MIT, 2004); Hodges, *Alan Turing*, 12120.

98 Hodges, *Alan Turing*, 12069.

99 Hodges, *Alan Turing*, 12404. Turing의 자살 및 그의 성격에 관한 논의는 Turing Archives, http://www.turingarchive.org/의 Robin Gandy, unpublished obituary of Alan Turing for the *Times* 등을 보라. Turing의 어머니 Sara는 그의 자살이 청산가리로 숟가락을 도금하려다 벌어진 사고라고 생각하는 쪽이다. 그녀는 Turing의 실험실에서 찾은 숟가락을 다음과 같은 메모와 함께 Turing Archive로 보냈다. "Alan Turing의 실험실에서 찾은 숟가락

입니다. 직접 도금하곤 하던 숟가락과 유사합니다. 직접 만든 청산가리로 숟가락을 도금하려 했다고 볼 수 있으리라 생각합니다." Exhibit AMT/A/12, Turing Archive, http://www.turingarchive.org/browse.php/A/12.

4장. 트랜지스터

1 Jon Gertner, *The Idea Factory: Bell Labs and the Great Age of American Innovation* (Penguin, 2012; 페이지는 Kindle판을 따른다). 이 부분은 아래 인용한 자료 외에 다음에 의거하고 있다. Joel Shurkin, *Broken Genius: The Rise and Fall of William Shockley*(Macmillan, 2006; 페이지는 Kindle판을 따른다); Lillian Hoddeson and Vicki Daitch, *True Genius: The Life and Science of John Bardeen*(National Academies, 2002); Michael Riordan and Lillian Hoddeson, *Crystal Fire: The Invention of the Transistor and the Birth of the Information Age*(Norton, 1998); William Shockley, "The Invention of the Transistor—An Example of Creative-Failure Methodology," National Bureau of Standards Special Publication, May 1974, 47–89; William Shockley, "The Path to the Conception of the Junction Transistor," *IEEE Transactions of Electron Device*, July 1976; David Pines, "John Bardeen," *Proceedings of the American Philosophical Society*, Sept. 2009; "Special Issue: John Bardeen," *Physics Today*, Apr. 1992, with remembrances by seven of his colleagues; John Bardeen, "Semiconductor Research Leading to the Point Contact Transistor," Nobel Prize lecture, Dec. 11, 1956; John Bardeen, "Walter Houser Brattain: A Biographical Memoir," National Academy of Sciences, 1994; *Transistorized!*, PBS, transcripts and interviews, 1999, http://www.pbs.org/transistor/index.html; William Shockley oral history, American Institute of Physics(AIP), Sept. 10, 1974; Oral History of Shockley Semiconductor, Computer History Museum, Feb. 27, 2006; John Bardeen oral history, AIP, May 12, 1977; Walter Brattain oral history, AIP, Jan. 1964.

2 Gertner, *The Idea Factory*, 2255.

3 Shurkin, *Broken Genius*, 2547.

4 John Pierce, "Mervin Joe Kelly: 1894–1971," National Academy of Sciences, Biographical Memoirs, 1975, http://www.nasonline.org/publications/biographical-memoirs/memoir-pdfs/kelly-mervin.pdf; Gertner, *The Idea Factory*, 2267.

5 Shurkin, *Broken Genius*, 178.

6 Shurkin, *Broken Genius*, 231.

7 Shurkin, *Broken Genius*, 929; Lillian Hoddeson, "The Discovery of the Point-Contact Transistor," *Historical Studies in the Physical Sciences* 12, no. 1(1981): 76.

8 John Pierce interview, *Transistorized!*, PBS, 1999.

9 Shurkin, *Broken Genius*, 935; Shockley, "The Path to the Conception of the Junction

Transistor."
10 Gertner, *The Idea Factory*, 1022.
11 Gertner, *The Idea Factory*, 1266.
12 Gertner, *The Idea Factory*, 1336.
13 Brattain oral history, AIP.
14 Pines, "John Bardeen."
15 Bardeen, "Walter Houser Brattain."
16 Brattain oral history, AIP.
17 Riordan and Hoddeson, *Crystal Fire*, 126.
18 Shockley, "The Path to the Conception of the Junction Transistor"; Michael Riordan, "The Lost History of the Transistor," *IEEE Spectrum*, May 2004.
19 Riordan and Hoddeson, *Crystal Fire*, 121.
20 Brattain oral history, AIP.
21 Riordan and Hoddeson, *Crystal Fire*, 131.
22 Bardeen, "Semiconductor Research Leading to the Point Contact Transistor," Nobel Prize lecture.
23 Brattain oral history, AIP.
24 Brattain oral history, AIP.
25 Shurkin, *Broken Genius*, 1876.
26 Riordan and Hoddeson, *Crystal Fire*, 4, 137.
27 Riordan and Hoddeson, *Crystal Fire*, 139.
28 Shurkin, *Broken Genius*, 1934.
29 Shockley, "The Path to the Conception of the Junction Transistor."
30 Brattain oral history, AIP.
31 Riordan and Hoddeson, *Crystal Fire*, 148.
32 Shockley, "The Path to the Conception of the Junction Transistor."
33 Shockley, "The Path to the Conception of the Junction Transistor."
34 Shockley, "The Invention of the Transistor"; Gertner, *The Idea Factory*, 1717.
35 Brattain interview, "Naming the Transistor," PBS, 1999; Pierce interview, PBS, 1999.
36 Mervin Kelly, "The First Five Years of the Transistor," *Bell Telephone* magazine, Summer 1953.
37 Nick Holonyak oral history, AIP, Mar. 23, 2005.
38 Riordan and Hoddeson, *Crystal Fire*, 207; Mark Burgess, "Early Semiconductor History of Texas Instruments," https://sites.google.com/site/transistorhistory/Home/us-semiconductor-manufacturers/ti.
39 Gordon Teal talk, "Announcing the Transistor," Texas Instruments strategic planning conference, Mar. 17, 1980.
40 Riordan and Hoddeson, *Crystal Fire*, 211; Regency TR1 매뉴얼, http://www.

regencytr1.com/images/Owners%20Manual%20-%20TR-1G.pdf.

41 T. R. Reid, *The Chip*(Simon & Schuster, 1984; 페이지는 Kindle판을 따른다), 2347.

42 Regency trivia 웹 페이지, http://www.regencytr1.com/TRivia_CORNER.html.

43 Brattain oral history, AIP.

44 John Bardeen to Mervin Kelly, May 25, 1951; Ronald Kessler, "Absent at the Creation," *Washington Post* magazine, Apr. 6, 1997; Pines, "John Bardeen."

45 Gertner, The Idea Factory, 3059; Shurkin, *Broken Genius*, 2579.

46 Riordan and Hoddeson, *Crystal Fire*, 231 외 여러 곳.

47 Arnold Thackray and Minor Myers, *Arnold O. Beckman: One Hundred Years of Excellence*, vol. 1(Chemical Heritage Foundation, 2000), 6.

48 Walter Isaacson, *Steve Jobs*(Simon & Schuster, 2011), 9.

49 실리콘 밸리 관련 부분은 Leslie Berlin의 *The Man Behind the Microchip: Robert Noyce and the Invention of Silicon Valley*(Oxford, 2005; 페이지는 Kindle판을 따른다), 1332 외 여러 곳에 의거하고 있다. Berlin은 스탠퍼드 대학교 Silicon Valley Archives 프로젝트 담당 역사가로, 현재 실리콘 밸리의 대두를 주제로 한 책을 준비 중이다. 또 다음 자료에도 의거하고 있다. Rebecca Lowen, *Creating the Cold War University: The Transformation of Stanford*(University of California, 1997); Michael Malone, *The Intel Trinity*(HarperBusiness, 2014), *Infinite Loop*(Doubleday, 1999), *The Big Score: The Billion Dollar Story of Silicon Valley*(Doubleday, 1985), *The Valley of Heart's Delight: A Silicon Valley Notebook, 1963-2001*(Wiley, 2002), *Bill and Dave*(Portfolio, 2007); Christophe Lécuyer, *Making Silicon Valley*(MIT, 2007); C. Stewart Gillmore, *Fred Terman at Stanford: Building a Discipline, a University, and Silicon Valley*(Stanford, 2004); Margaret Pugh O'Mara, *Cities of Knowledge: Cold War Science and the Search for the Next Silicon Valley*(Princeton, 2005); Thomas Heinrich, "Cold War Armory: Military Contracting in Silicon Valley," *Enterprise & Society*, June 1, 2002; Steve Blank, "The Secret History of Silicon Valley," http://steveblank .com/secret-history/.

50 Berlin, *The Man Behind the Microchip*, 1246; Reid, *The Chip*, 1239. 이 부분은 이 두 자료와 아래 인용한 자료 외에 나의 Gordon Moore 인터뷰 및 다음에 의거하고 있다. Andy Grove; *Shurkin, Broken Genius*; Michael Malone, *The Intel Trinity*(Harpers, 2014); Tom Wolfe, "The Tinkerings of Robert Noyce," *Esquire*, Dec. 1983; Bo Lojek, *History of Semiconductor Engineering*(Springer, 2007); notebooks and items in the Computer History Museum; Robert Noyce oral history, conducted by Michael F. Wolff, IEEE History Center, Sept. 19, 1975; Gordon Moore oral history, conducted by Michael F. Wolff, IEEE History Center, Sept. 19, 1975; Gordon Moore oral history, conducted by Daniel Morrow, Computerworld Honors Program, Mar. 28, 2000; Gordon Moore and Jay Last oral history, conducted by David Brock and Christophe Lécuyer, Chemical Heritage Foundation, Jan. 20, 2006; Gordon Moore oral history, conducted by Craig Addison, SEMI, Jan. 25, 2008; Gordon Moore interview, conducted by Jill Wolfson

and Teo Cervantes, *San Jose Mercury News*, Jan. 26, 1997; Gordon Moore, "Intel: Memories and the Microprocessor," *Daedalus*, Spring 1966.

51 Shurkin, *Broken Genius*, 2980, from Fred Warshorfsky, *The Chip War*(Scribner's Sons, 1989).

52 Berlin, *The Man Behind the Microchip*, 276.

53 Berlin, *The Man Behind the Microchip*, 432, 434.

54 Wolfe, "The Tinkerings of Robert Noyce."

55 Robert Noyce interview, "Silicon Valley," PBS, 2013; Malone, *The Big Score*, 74.

56 Berlin, *The Man Behind the Microchip*, 552; Malone, *Intel Trinity*, 81.

57 Leslie Berlin은 Noyce가 졸업한 이후인 1950년이 되어서야 트랜지스터가 도착했다고 쓴다. "(벨 연구소 소장) Buckley는 여분이 없어서 Gale에게 벨 연구소에서 트랜지스터에 관해 작성한 기술 논문집을 여러 권 보냈다. Noyce는 논문집을 통해 트랜지스터를 처음 접하게 된다. 그때까지 트랜지스터를 다룬 교재는 없었고, (널리 알려진 바와 달리) 벨 연구소에서는 Noyce가 졸업하기 전까지 Gale에게 트랜지스터를 보내지 않았다."(*The Man Behind the Microchip*, 650) Berlin은 이 주장의 출처가 Gale 교수가 1984년 3월에 친구에게 보낸 편지라고 밝힌다. 또 미주를 통해 이렇게 밝힌다. "Gale은 (Bardeen이 Gale에게 보낸 트랜지스터에) '첨부된 출고 송장 원본, 날짜는 1950년 3월 6일'(유실됨)에 대해 언급했다." Berlin의 주장은 Noyce의 회고와 상충한다. "3학년 때 Grant Gale 교수님이 최초의 점접촉 트랜지스터를 입수했다"는 Noyce 인용문의 출처는 위에 명기된 바 있는 Noyce's September 1975 IEEE History Center oral history다. Tom Wolfe는 Noyce와의 만남을 토대로 구성하여 *Esquire*에 기고한 글에서 이렇게 전한다. "1948년 가을, Gale은 사상 최초로 만들어진 트랜지스터 중 두 개를 입수했다. 그는 Grinnell College에서 물리학을 전공하던 (Noyce 포함) 18명의 학생의 학습을 위해 세계 최초로 반도체공학을 강의했다."("The Tinkerings of Robert Noyce") Reid는 Robert Noyce와의 1982년 인터뷰를 바탕으로 *The Chip*, 1226에 이렇게 쓴다. "John Bardeen의 위스콘신 대학교 공과대학 동창인 Gale은 최초의 트랜지스터를 입수할 수 있었고, 그것을 가지고 학생들에게 강의를 했다. 학생들에게 잊을 수 없는 인상을 남긴 강의였다. '이 개념은 원자폭탄처럼 나를 강타했다.' Noyce는 40년 뒤에 그렇게 회고한다." 실제 Bardeen을 비롯한 벨 연구소의 엔지니어들은 1948년 7월부터 요청하는 교육 기관에 트랜지스터 샘플을 보내주었다.

58 Reid, *The Chip*, 1266; Berlin, *The Man Behind the Microchip*, 1411.

59 Gordon Moore interview, "Silicon Valley," PBS, 2013.

60 나의 Gordon Moore 인터뷰.

61 Riordan and Hoddeson, *Crystal Fire*, 239.

62 Berlin, *The Man Behind the Microchip*, 1469.

63 Jay Last interview, "Silicon Valley," PBS, 2013.

64 Malone, *Intel Trinity*, 107.

65 Jay Last interview, "Silicon Valley," PBS, 2013; Berlin, *The Man Behind the Microchip*, 1649; Riordan and Hoddeson, *Crystal Fire*, 246.

66 Berlin, *The Man Behind the Microchip*, 1641.

67 Shurkin, *Broken Genius*, 3118.

68 나의 Gordon Moore 인터뷰.

69 Arnold Beckman oral history, conducted by Jeffrey L. Sturchio and Arnold Thackray, Chemical Heritage Foundation, July 23, 1985.

70 Gordon Moore and Jay Last interviews, "Silicon Valley," PBS, 2013.

71 Regis McKenna and Michael Malone interviews, "Silicon Valley," PBS, 2013.

72 Berlin, *The Man Behind the Microchip*, 1852; 나의 Arthur Rock 인터뷰.

73 나의 Arthur Rock 인터뷰.

74 Arthur Rock interview, "Silicon Valley," PBS, 2013; 나의 Arthur Rock 인터뷰 및 Arthur Rock이 나에게 제공한 서류.

75 "Multifarious Sherman Fairchild," *Fortune*, May 1960; "Yankee Tinkerer"(Sherman Fairchild에 관한 표제 기사), *Time*, July 25, 1960.

5장. 마이크로칩

1 이 부분은 아래 인용한 자료 외에 다음에 의거하고 있다. Jack Kilby, "Turning Potentials into Realities," Nobel Prize lecture, Dec. 8, 2000; Jack Kilby, "Invention of the Integrated Circuit," *IEEE Transactions on Electron Devices*, July 1976; T. R. Reid, *The Chip*(Simon & Schuster, 1984; 페이지는 Kindle판을 따른다).

2 Jack Kilby, biographical essay, Nobel Prize organization, 2000.

3 Reid, *The Chip*, 954.

4 Reid, *The Chip*, 921.

5 Reid, *The Chip*, 1138.

6 Berlin, *The Man Behind the Microchip*, 2386. Fairchild 일지는 Computer History Museum in Mountain View, California에 전시되어 있다.

7 Berlin, *The Man Behind the Microchip*, 2515.

8 Robert Noyce oral history, IEEE.

9 Reid, *The Chip*, 1336; Robert Noyce oral history, IEEE.

10 Robert Noyce journal entry, Jan. 23, 1959, Computer History Museum, Mountain View, California. http://www.computerhistory.org/atchm/the-relics-of-st-bob/에서 사본을 볼 수 있다.

11 J. S. Kilby, "Capacitor for Miniature Electronic Circuits or the Like," patent application US 3434015 A, Feb. 6, 1959; Reid, *The Chip*, 1464.

12 R. N. Noyce, "Semiconductor Device-and-Lead Structure," patent application US 2981877 A, July 30, 1959; Reid, *The Chip*, 1440.

13 Reid, *The Chip*, 1611 외 여러 곳.

14 *Noyce v. Kilby*, U.S. Court of Customs and Patent Appeals, Nov. 6, 1969.
15 Reid, *The Chip*, 1648.
16 Jack Kilby oral history, conducted by Arthur L. Norberg, Charles Babbage Institute, University of Minnesota, June 21, 1984.
17 Craig Matsumoto, "The Quiet Jack Kilby," Valley Wonk column, *Heavy Reading*, June 23, 2005.
18 Reid, *The Chip*, 3755, 3775; Jack Kilby, Nobel Prize lecture, Dec. 8, 2000.
19 Paul Ceruzzi, *A History of Modern Computing*(MIT Press, 1998), 187.
20 Ceruzzi, *A History of Modern Computing*, chapter 6.
21 Reid, *The Chip*, 2363, 2443.
22 Robert Noyce, "Microelectronics," *Scientific American*, Sept. 1977.
23 Gordon Moore, "Cramming More Components onto Integrated Circuits," *Electronics*, Apr. 1965.
24 Berlin, *The Man Behind the Microchip*, 3177.
25 Gordon Moore interview, "American Experience: Silicon Valley," PBS, 2013.
26 나의 Gordon Moore 인터뷰.
27 Berlin, *The Man Behind the Microchip*, 3529.
28 나의 Arthur Rock 인터뷰.
29 John Wilson, *The New Venturers*(Addison-Wesley, 1985), chapter 2.
30 나의 Arthur Rock 인터뷰; David Kaplan, *The Silicon Boys*(Morrow, 1999), 165 외 여러 곳.
31 나의 Arthur Rock 인터뷰.
32 나의 Arthur Rock 인터뷰.
33 Malone, *Intel Trinity*, 4, 8.
34 Berlin, *The Man Behind the Microchip*, 4393.
35 Andrew Grove, *Swimming Across*(Grand Central, 2001), 2. 이 부분은 수년간 여러 차례에 걸친 나의 Andrew Grove 인터뷰와 다음 자료에도 의거하고 있다. Joshua Ramo, "Man of the Year: A Survivor's Tale," *Time*, Dec. 29, 1997; Richard Tedlow, *Andy Grove*(Portfolio, 2006).
36 Tedlow, *Andy Grove*, 92.
37 Tedlow, *Andy Grove*, 96.
38 Berlin, *The Man Behind the Microchip*, 129.
39 Andrew Grove interview, "American Experience: Silicon Valley," PBS, 2013.
40 Tedlow, *Andy Grove*, 74; Andy Grove oral history conducted by Arnold Thackray and David C. Brock, July 14 and Sept. 1, 2004, Chemical Heritage Foundation.
41 나의 Arthur Rock 인터뷰.
42 Michael Malone interview, "American Experience: Silicon Valley," PBS, 2013.
43 Berlin, *The Man Behind the Microchip*, 4400.

44 Ann Bowers interview, "American Experience: Silicon Valley," PBS, 2013.
45 Ted Hoff interview, "American Experience: Silicon Valley," PBS, 2013.
46 Wolfe, "The Tinkerings of Robert Noyce."
47 Malone, *Intel Trinity*, 115.
48 나의 Gordon Moore 인터뷰.
49 Malone, *Intel Trinity*, 130.
50 Ann Bowers interview, "American Experience"; 나의 Ann Bowers 인터뷰.
51 Reid, *The Chip*, 140; Malone, Holy Trinity, 148.
52 Ted Hoff interview, "American Experience: Silicon Valley," PBS, 2013.
53 Berlin, *The Man Behind the Microchip*, 4329.
54 Berlin, *The Man Behind the Microchip*, 4720.
55 Don Hoefler, "Silicon Valley USA," *Electronic News*, Jan. 11, 1971.

6장. 비디오 게임

1 Steven Levy, *Hackers*(Anchor/Doubleday, 1984; 페이지는 O'Reilly, 2010 25주년 기념판을 따른다), 28. Levy는 MIT의 Tech Model Railroad Club에 대한 자세한 설명과 함께 시작하는 이 책에서 다음과 같은 '해커 윤리'를 소개한다. "컴퓨터—그리고 이 세상의 작동 원리에 대해 알려 주는 모든 것들—에 대한 접근은 제한이 없어야 하고 완전해야 한다. 언제나 실천 원칙을 준수하라!" 이 장은 Levy의 책과 아래 인용한 자료 외에 다음에 의거하고 있다. 나의 Steve Russell 인터뷰 및 Stewart Brand 인터뷰; Steve Russell oral history, conducted by Al Kossow, Aug. 9, 2008, Computer History Museum; J. Martin Graetz, "The Origin of Spacewar," *Creative Computing*, Aug. 1981; Stewart Brand, "Spacewar," *Rolling Stone*, Dec. 7, 1972.
2 Levy, *Hackers*, 7.
3 "Definition of Hackers," Tech Model Railroad Club 웹 사이트, http://tmrc.mit.edu/hackers-ref.html.
4 Brand, "Spacewar."
5 Graetz, "The Origin of Spacewar."
6 Steve Russell oral history, Computer History Museum; Graetz, "The Origin of Spacewar."
7 나의 Steve Russell 인터뷰.
8 Graetz, "The Origin of Spacewar."
9 Brand, "Spacewar."
10 나의 Steve Russell 인터뷰.
11 이 부분은 다음에 의거하고 있다. 나의 Nolan Bushnell 인터뷰, Al Alcorn 인터뷰, Steve Jobs 인터뷰(나의 전작 출처) 및 Steve Wozniak 인터뷰; Tristan Donovan, *Replay: The*

Story of Video Games(Yellow Ant, 2010; 페이지는 Kindle판을 따른다); Steven Kent, *The Ultimate History of Video Games: From Pong to Pokemon*(Three Rivers, 2001); Scott Cohen, *Zap! The Rise and Fall of Atari*(McGraw-Hill, 1984); Henry Lowood, "Video games in Computer Space: The Complex History of Pong," *IEEE Annals*, July 2009; John Markoff, *What the Dormouse Said*(Viking, 2005, 페이지는 Kindle판을 따른다); Al Alcorn interview, *Retro Gaming Roundup*, May 2011; Al Alcorn interview, conducted by Cam Shea, *IGN*, Mar. 10, 2008.

12 Kent, *The Ultimate History of Video Games*, 12.

13 나의 Nolan Bushnell 인터뷰.

14 Nolan Bushnell talk to young entrepreneurs, Los Angeles, May 17, 2013(나의 메모).

15 Donovan, *Replay*, 429.

16 Donovan, *Replay*, 439.

17 Eddie Adlum, Kent, *The Ultimate History of Video Games*, 42에 인용.

18 Kent, *The Ultimate History of Video Games*, 45.

19 나의 Nolan Bushnell 인터뷰.

20 나의 Nolan Bushnell 인터뷰.

21 나의 Al Alcorn 인터뷰.

22 Donovan, *Replay*, 520.

23 나의 Nolan Bushnell 인터뷰 및 Al Alcorn 인터뷰. 이 일화는 다소 윤색되긴 했으나 다른 출처와 거의 유사하다.

24 나의 Nolan Bushnell 인터뷰.

25 Nolan Bushnell talk to young entrepreneurs, Los Angeles, May 17, 2013.

26 나의 Nolan Bushnell 인터뷰.

27 Donovan, *Replay*, 664.

28 나의 Nolan Bushnell 인터뷰.

7장. 인터넷

1 Vannevar Bush에 대한 자료는 다음과 같다. Vannevar Bush, *Pieces of the Action*(Morrow, 1970); Pascal Zachary, *Endless Frontier: Vannevar Bush, Engineer of the American Century*(MIT, 1999); "Yankee Scientist," *Time* cover story, Apr. 3, 1944; Jerome Weisner, "Vannevar Bush: A Biographical Memoir," National Academy of Sciences, 1979; James Nyce and Paul Kahn 편, *From Memex to Hypertext: Vannevar Bush and the Mind's Machine*(Academic Press, 1992); Jennet Conant, *Tuxedo Park*(Simon & Schuster, 2002); Vannevar Bush oral history, American Institute of Physics, 1964.

2 Weisner, "Vannevar Bush."

3 Zachary, *Endless Frontier*, 23.

4 *Time*, Apr. 3, 1944.

5 *Time*, Apr. 3, 1944.

6 Bush, *Pieces of the Action*, 41.

7 Weisner, "Vannevar Bush."

8 Vannevar Bush, *Science, the Endless Frontier*(National Science Foundation, July 1945), vii.

9 Bush, *Science*, 10.

10 Bush, *Pieces of the Action*, 65.

11 Joseph V. Kennedy, "The Sources and Uses of U.S. Science Funding," *The New Atlantis*, Summer 2012.

12 Mitchell Waldrop, *The Dream Machine: J. C. R. Licklider and the Revolution That Made Computing Personal*(Penguin, 2001), 470. 이 부분은 다음에도 의거하고 있다. 나의 Tracy Licklider(아들) 인터뷰, Larry Roberts 인터뷰, Bob Taylor 인터뷰; Katie Hafner and Matthew Lyon, *Where Wizards Stay Up Late: The Origins of the Internet*(Simon & Schuster, 1998); J. C. R. Licklider oral history, conducted by William Aspray and Arthur Norberg, Oct. 28, 1988, Charles Babbage Institute, University of Minnesota; J. C. R. Licklider interview, conducted by James Pelkey, "A History of Computer Communications," June 28, 1988(Pelkey의 자료는 http://www.historyofcomputercommunications.info/index.html에서만 볼 수 있다); Robert M. Fano, *Joseph Carl Robnett Licklider 1915.1990, a Biographical Memoir*(National Academies Press, 1998).

13 Licklider oral history, Charles Babbage Institute.

14 Norbert Wiener, "A Scientist's Dilemma in a Materialistic World"(1957), in *Collected Works*, vol. 4(MIT, 1984), 709.

15 나의 Tracy Licklider 인터뷰.

16 나의 Tracy Licklider 인터뷰.

17 Waldrop, *The Dream Machine*, 237.

18 Bob Taylor, "In Memoriam: J. C. R. Licklider," Aug. 7, 1990, Digital Equipment Corporation publication.

19 J. C. R. Licklider interview, conducted by John A. N. Lee and Robert Rosin, "The Project MAC Interviews," *IEEE Annals of the History of Computing*, Apr. 1992.

20 나의 Bob Taylor 인터뷰.

21 Licklider oral history, Charles Babbage Institute.

22 J. C. R. Licklider, "Man-Computer Symbiosis," *IRE Transactions on Human Factors in Electronics*, Mar. 1960, http://groups.csail.mit.edu/medg/people/psz/Licklider.html.

23 David Walden and Raymond Nickerson 편, *A Culture of Innovation: Insider Accounts of Computing and Life at BBN*(privately printed at the Harvard bookstore, 2011),

http://walden-family.com/bbn/을 보라.

24 Licklider oral history, Charles Babbage Institute.

25 J. C. R. Licklider, *Libraries of the Future*(MIT, 1965), 53.

26 Licklider, *Libraries of the Future*, 4.

27 Sherman Adams, *Firsthand Report*(Harper, 1961), 415; Hafner and Lyon, *Where Wizards Stay Up Late*, 17.

28 James Killian interview, "War and Peace," WGBH, Apr. 18, 1986; James Killian, *Sputnik, Scientists, and Eisenhower*(MIT, 1982), 20.

29 Fred Turner, *From Counterculture to Cyberculture*(University of Chicago, 2006), 108.

30 Licklider oral history, Charles Babbage Institute.

31 Licklider interview, conducted by James Pelkey; 또 James Pelkey, "Entrepreneurial Capitalism and Innovation," http://www.historyofcomputercommunications.info/Book/2/2.1-IntergalacticNetwork_1962-1964.html#_ftn1을 보라.

32 J. C. R. Licklider, "Memorandum for Members and Affiliates of the Intergalactic Computer Network," ARPA, Apr. 23, 1963. 또 J. C. R. Licklider and Welden Clark, "Online Man-Computer Communications," *Proceedings of AIEE-IRE*, Spring 1962를 보라.

33 나의 Bob Taylor 인터뷰.

34 나의 Larry Roberts 인터뷰.

35 Bob Taylor oral history, Computer History Museum, 2008; 나의 Bob Taylor 인터뷰.

36 Michael Hiltzik, *Dealers of Lightning*(Harper, 1999; 페이지는 Kindle판을 따른다), 536. 530.

37 나의 Bob Taylor 인터뷰.

38 나의 Bob Taylor 인터뷰.

39 Robert Taylor oral history, Computer History Museum; 나의 Bob Taylor 인터뷰; Hafner and Lyon, *Where Wizards Stay Up Late*, 86.

40 Hafner and Lyon, *Where Wizards Stay Up Late*, 591에 이 만남의 자세한 묘사가 나온다. 또 Hiltzik, *Dealers of Lightning*, 1120; Kleinrock oral history, "How the Web Was Won," *Vanity Fair*, July 2008을 보라.

41 Charles Herzfeld interview with Andreu Veà, "The Unknown History of the Internet," 2010, http://www.computer.org/comphistory/pubs/2010-11-vea.pdf.

42 나의 Bob Taylor 인터뷰.

43 나의 Larry Roberts 인터뷰.

44 나의 Bob Taylor 인터뷰.

45 Herzfeld가 20분 만에 ARPANET에 자금을 대기로 한 이야기와 더불어 Taylor가 Roberts를 워싱턴으로 불러온 이야기도 자주 등장한다. 이 책에서 사용한 자료는 다음과 같다. 나의 Taylor 인터뷰 및 Roberts 인터뷰; Hafner and Lyon, *Where Wizards Stay Up Late*, 667; Stephen Segaller, *Nerds 2.0.1*(TV Books, 1998), 47; Bob Taylor oral history, Computer History Museum; Larry Roberts, "The Arpanet and Computer Networks," *Proceedings*

of the *ACM Conference on the History of Personal Workstations*, Jan. 9, 1986.

46 나의 Bob Taylor 인터뷰.

47 나의 Bob Taylor 인터뷰.

48 나의 Larry Roberts 인터뷰.

49 Larry Roberts oral history, Charles Babbage Institute.

50 나의 Bob Taylor 인터뷰.

51 Janet Abbate, *Inventing the Internet*(MIT, 1999), 1012; Larry Roberts oral history, Charles Babbage Institute.

52 Wes Clark oral history, conducted by Judy O'Neill, May 3, 1990, Charles Babbage Institute.

53 이 에피소드에는 여러 가지 판본이 있는데, 그 가운데는 이들이 택시를 탔다는 이야기도 있다. 그러나 Bob Taylor는 자신이 렌터카를 타고 있었다고 주장한다. 나의 Bob Taylor 인터뷰 및 Larry Roberts 인터뷰; Robert Taylor oral history, conducted by Paul McJones, Oct. 2008, Computer History Museum; Hafner and Lyon, *Where Wizards Stay Up Late*, 1054; Segaller, *Nerds*, 62.

54 나의 Vint Cerf 인터뷰.

55 Paul Baran, "On Distributed Computer Networks," *IEEE Transactions on Communications Systems*, Mar. 1964. Baran에 관한 이 부분은 다음에 의거하고 있다. John Naughton, *A Brief History of the Future*(Overlook, 2000), chapter 6; Abbate, *Inventing the Internet*, 314 외 여러 곳; Hafner and Lyon, *Where Wizards Stay Up Late*, 723, 1119.

56 Paul Baran interview, in James Pelkey, "Entrepreneurial Capitalism and Innovation," http://www.historyofcomputercommunications.info/Book/2/2.4-Paul%20Baran-59-65.html#_ftn9.

57 Paul Baran oral history, "How the Web Was Won," *Vanity Fair*, July 2008; interview with Paul Baran, by Stewart Brand, *Wired*, Mar. 2001; Paul Baran oral history, conducted by David Hochfelder, Oct. 24, 1999, IEEE History Center; Clayton Christensen, *The Innovator's Dilemma*(Harper, 1997).

58 Donald Davies, "A Historical Study of the Beginnings of Packet Switching," *Computer Journal*, British Computer Society, 2001; Abbate, *Inventing the Internet*, 558; 나의 Larry Roberts 인터뷰; Trevor Harris, "Who Is the Father of the Internet? The Case for Donald Davies," http://www.academia.edu.

59 나의 Leonard Kleinrock 인터뷰; Leonard Kleinrock oral history, conducted by John Vardalas, IEEE History Center, Feb. 21, 2004.

60 나의 Leonard Kleinrock 인터뷰.

61 Kleinrock oral history, IEEE.

62 Segaller, *Nerds*, 34.

63 나의 Kleinrock 인터뷰 및 Roberts 인터뷰; 또 Hafner and Lyon, *Where Wizards Stay Up*

Late, 1009; Segaller, *Nerds*, 53을 보라.

64 Leonard Kleinrock, "Information Flow in Large Communications Nets," proposal for a PhD thesis, MIT, May 31, 1961. 또 Leonard Kleinrock, *Communication Nets: Stochastic Message Flow and Design*(McGraw-Hill, 1964)을 보라.

65 Leonard Kleinrock 개인 웹 사이트, http://www.lk.cs.ucla.edu/index.html.

66 Leonard Kleinrock, "Memoirs of the Sixties," in Peter Salus, *The ARPANET Sourcebook*(Peer-to-Peer, 2008), 96.

67 Leonard Kleinrock interview, *Computing Now*, IEEE Computer Society, 1996. Kleinrock 은 Peter Salus, *Casting the Net*(Addison-Wesley, 1995), 52에서 다음과 같이 말한 것으로 인용되고 있다. "나는 처음으로 패킷 교환으로 얻는 수행 이득을 논의했다."

68 나의 Taylor 인터뷰.

69 나의 Kleinrock 인터뷰.

70 Donald Davies, "A Historical Study of the Beginnings of Packet Switching," *Computer Journal*, British Computer Society, 2001.

71 Alex McKenzie, "Comments on Dr. Leonard Kleinrock's Claim to Be 'the Father of Modern Data Networking,'" Aug. 16, 2009, http://alexmckenzie.weebly.com/comments-on-kleinrocks-claims.html.

72 Katie Hafner, "A Paternity Dispute Divides Net Pioneers," *New York Times*, Nov. 8, 2001; Les Earnest, "Birthing the Internet," *New York Times*, Nov. 22, 2001. Earnest는 "저장 전달" 시스템과 "패킷 교환" 시스템 사이의 구분을 최소화한다.

73 Leonard Kleinrock, "Principles and Lessons in Packet Communications," *Proceedings of the IEEE*, Nov. 1978.

74 Kleinrock oral history, Charles Babbage Institute, Apr. 3, 1990.

75 Leonard Kleinrock, "On Resource Sharing in a Distributed Communication Environment," *IEEE Communications Magazine*, May 2002. Kleinrock의 주장을 충성스럽게 지지하는 사람이 한 명 있기는 하다. 바로 그의 오랜 친구로서 카지노를 함께 드나들기도 했던 동료 Larry Roberts다. "Len의 1964년 책을 읽어보면 그가 파일을 메시지 단위로 쪼개고 있다는 사실이 분명하게 나타난다"고 Roberts는 나에게 2014년에 그렇게 말했다. 그러나 Kleinrock과 마찬가지로 Roberts 또한 그전에는 패킷 교환의 공로가 일차적으로 Baran에게 있다고 말했다. Roberts는 1978년에 이렇게 썼다. "우리가 지금 패킷 교환이라고 부르는 것을 최초로 기술한 글은 1964년 8월 RAND Corporation의 Paul Baran이 열한 차례에 걸쳐 발표한 On Distributed Communications이었다." Lawrence Roberts, "The Evolution of Packet Switching," *Proceedings of the IEEE*, Nov. 1978을 보라.

76 Paul Baran oral history, "How the Web Was Won," *Vanity Fair*, July 2008.

77 Paul Baran interview, by Stewart Brand, *Wired*, Mar. 2001

78 Paul Baran, "Introduction to Distributed Communications Networks," RAND, 1964, http://www.rand.org/pubs/research_memoranda/RM3420/RM3420-chapter1.html.

79 Segaller, *Nerds*, 70.

80 나의 Bob Taylor 인터뷰. 나는 *Time*의 편집자였으며 그 논쟁을 기억하고 있다.

81 Mitchell Waldrop, *The Dream Machine*(Viking, 2001), 279.

82 Stephen Lukasik, "Why the ARPANET Was Built," *IEEE Annals of the History of Computing*, Mar. 2011; Stephen Lukasik oral history, conducted by Judy O'Neill, Charles Babbage Institute, Oct. 17, 1991.

83 Charles Herzfeld, "On ARPANET and Computers," undated, http://inventors.about.com/library/inventors/bl_Charles_Herzfeld.htm.

84 "A Brief History of the Internet," Internet Society, Oct. 15, 2012, http://www.internetsociety.org/internet/what-internet/history-internet/brief-history-internet.

85 "NSFNET: A Partnership for High-Speed Networking: Final Report," 1995, http://www.merit.edu/documents/pdf/nsfnet/nsfnet_report.pdf.

86 나의 Steve Crocker 인터뷰.

87 나의 Leonard Kleinrock 인터뷰.

88 나의 Robert Taylor 인터뷰.

89 나의 Vint Cerf 인터뷰; Radia Joy Perlman, "Network Layer Protocols with Byzantine Robustness," PhD dissertation, MIT, 1988, http://dspace.mit.edu/handle/1721.1/14403.

90 Abbate, *Inventing the Internet*, 180.

91 나의 Taylor 인터뷰.

92 Larry Roberts interview, conducted by James Pelkey, http://www.historyofcomputercommunications.info/Book/2/2.9-BoltBeranekNewman-WinningBid-68%20.html#_ftn26.

93 Hafner and Lyon, *Where Wizards Stay Up Late*, 1506 외 여러 곳.

94 Pelkey, "A History of Computer Communications," http://www.historyofcomputercommu nications. info/index.html, 2.9; Hafner and Lyon, *Where Wizards Stay Up Late*, 1528

95 Steve Crocker의 RFC 이야기는 여러 가지 형태로 나와 있다. 이 책의 이야기는 다음에 의거하고 있다. 나의 Steve Crocker 인터뷰, Vint Cerf 인터뷰, Leonard Kleinrock 인터뷰; Hafner and Lyon, *Where Wizards Stay Up Late*, 2192 외 여러 곳; Abbate, *Inventing the Internet*, 1330 외 여러 곳; Stephen Crocker oral history, conducted by Judy E. O'Neill, Oct. 24, 1991, Charles Babbage Institute, University of Minnesota; Stephen Crocker, "How the Internet Got Its Rules," *New York Times*, Apr. 6, 2009; Cade Metz, "Meet the Man Who Invented the Instructions for the Internet," *Wired*, May 18, 2012; Steve Crocker, "The Origins of RFCs," in "The Request for Comments Guide," RFC 1000, Aug. 1987, http://www.rfc-editor.org/rfc/rfc1000.txt; Steve Crocker, "The First Pebble: Publication of RFC 1," RFC 2555, Apr. 7, 1999.

96 나의 Steve Crocker 인터뷰.

97 Crocker, "How the Internet Got Its Rules."

98 Stephen Crocker, "Host Software," RFC 1, Apr. 7, 1969, http://tools.ietf.org/html/rfc1.

99 Crocker, "How the Internet Got Its Rules."

100 Vint Cerf, "The Great Conversation," RFC 2555, Apr. 7, 1999, http://www.rfc-editor.org/rfc/rfc2555.txt.

101 "The IMP Log: October 1969 to April 1970," Kleinrock Center for Internet Studies, UCLA, http://internethistory.ucla.edu/the-imp-log-october-1969-to-april-1970/; Segaller, *Nerds*, 92; Hafner and Lyon, *Where Wizards Stay Up Late*, 2336.

102 Vint Cerf oral history, conducted by Daniel Morrow, Nov. 21, 2001, Computerworld Honors Program; Hafner and Lyon, *Where Wizards Stay Up Late*, 2070 외 여러 곳; Abbate, *Inventing the Internet*, 127 외 여러 곳.

103 Cerf oral history, Computerworld.

104 Robert Kahn oral history, conducted by Michael Geselowitz, Feb. 17, 2004, IEEE History Center.

105 Vint Cerf oral history, conducted by Judy O'Neill, Apr. 24, 1990, Charles Babbage Institute; Vint Cerf, "How the Internet Came to Be," Nov. 1993, http://www.netvalley.com/archives/mirrors/cerf-how-inet.html.

106 Robert Kahn oral history, conducted by David Allison, Apr. 20, 1995, Computerworld Honors Program.

107 "The Poems," RFC 1121, Sept. 1989.

108 나의 Vint Cerf 인터뷰.

109 Hafner and Lyon, *Where Wizards Stay Up Late*, 1163.

110 David D. Clark, "A Cloudy Crystal Ball," MIT Laboratory for Computer Science, July 1992, http://groups.csail.mit.edu/ana/People/DDC/future_ietf_92.pdf.

111 J. C. R. Licklider and Robert Taylor, "The Computer as a Communication Device," *Science and Technology*, Apr. 1968.

8장. 개인용 컴퓨터

1 Vannevar Bush, "As We May Think," *Atlantic*, July 1945.

2 회의에 참석했던 Dave Ahl은 이렇게 말한다. "결국 Ken Olsen이 결정을 내리게 되었다. 나는 그의 운명적인 말을 잊을 수가 없다. '자기만의 컴퓨터를 원할 이유가 어디 있는가.'" John Anderson, "Dave Tells Ahl," *Creative Computing*, Nov. 1984. Olsen의 변호에 관해서는 http://www.snopes.com/quotes/kenolsen.asp를 보라. 그러나 이 글은 그가 PDP-8의 개인용 모델을 개발하는 문제를 놓고 실무진과 토론을 하던 도중 그런 이야기를 했다는 Ahl의 주장을 다루지는 않는다.

3 1995년 Stewart Brand는 내 청탁을 받고 *Time*에 "We Owe it All to the Hippies"라는 제목의 에세이를 썼다. 이 글은 개인용 컴퓨터의 탄생에서 반문화의 역할을 강조했다. 이 장章은 또 반문화가 개인용 컴퓨터 혁명을 이루어내는 데 기여한 방식을 다룬 자세하고 통찰력 있는 책 다섯 권에 의거하고 있다. Steven Levy, *Hackers*(Anchor/Doubleday,

1984; 페이지는 25주년 기념 재발매판을 따른다, O'Reilly, 2010); Paul Freiberger and Michael Swaine, *Fire in the Valley*(Osborne, 1984); John Markoff, *What the Dormouse Said*(Viking, 2005, 페이지는 Kindle판을 따른다); Fred Turner, *From Counterculture to Cyberculture*(University of Chicago, 2006); Theodore Roszak, *From Satori to Silicon Valley*(Don't Call It Frisco Press, 1986).

4 내가 Medium에 올린 크라우드소스 초고에 Liza Loop가 붙인 글과 나에게 보낸 이메일, 2013.

5 내가 Medium에 올린 크라우드소스 초고에 Lee Felsenstein이 붙인 글, 2013. 또 "More Than Just Digital Quilting," *Economist*, Dec. 3, 2011; Victoria Sherrow, *Huskings, Quiltings, and Barn Raisings: Work-Play Parties in Early America*(Walker, 1992)를 보라.

6 LSD 실험의 포스터와 프로그램, Phil Lesh, "The Acid Test Chronicles," http://www.postertrip.com/public/5586.cfm; Tom Wolfe, *The Electric Kool-Aid Acid Test*(Farrar, Straus and Giroux, 1987), 251 외 여러 곳.

7 Turner, *From Counterculture to Cyberculture*, 29, from Lewis Mumford, *Myth of the Machine*(Harcourt, Brace, 1967), 3.

8 Markoff, *What the Dormouse Said*, 165.

9 Charles Reich, *The Greening of America*(Random House, 1970), 5.

10 나의 Ken Goffman, 일명 R. U. Sirius 인터뷰; Mark Dery, *Escape Velocity: Cyberculture at the End of the Century*(Grove, 1966), 22; Timothy Leary, *Cyberpunks CyberFreedom* (Ronin, 2008), 170.

11 한정본 초판, the Communication Company, San Francisco, 1967.

12 Brand의 이야기는 1995년 3월 *Time*의 "Cyberspace" 특별호에 실려 있는데, 이것은 이 글과 비슷하게 컴퓨터, The WELL, Internet 같은 온라인 서비스에 대한 반문화의 영향을 탐사한 Phil Elmer-Dewitt의 "Cyberpunks"라는 제목의 *Time* 취재 기사의 후속 기획이었다.

13 이 부분은 다음에 의거하고 있다. 나의 Stewart Brand 인터뷰; Stewart Brand, "'Whole Earth' Origin," 1976, http://sb.longnow.org/SB_homepage/WholeEarth_buton.html; Turner, *From Counterculture to Cyberculture*; Markoff, *What the Dormouse Said*. Turner의 책은 Brand에게 초점을 맞추고 있다.

14 나의 Stewart Brand 인터뷰; 이 장의 초고에 대한 Stewart Brand의 공식적 논평은 Medium.com에서 볼 수 있다.

15 Stewart Brand, "Spacewar: Fanatic Life and Symbolic Death among the Computer Bums," *Rolling Stone*, Dec. 7, 1972,

10 내가 Medium에 올린 크라우드소스 초고에 Stewart Brand가 붙인 글; Stewart Brand 인터뷰와 내가 그에게서 받은 이메일, 2013; poster and programs for the Trips Festival, http://www.postertrip.com/public/5577.cfm과 http://www.lysergia.com/MerryPranksters/MerryPranksters_post.htm; Wolfe, *Electric Kool-Aid Test*, 259.

17 Turner, *From Counterculture to Cyberculture*, 67.

18 나의 Stewart Brand 인터뷰; Brand, " 'Whole Earth' Origin."

19 Brand, " 'Whole Earth' Origin"; 나의 Stewart Brand 인터뷰.

20 *Whole Earth Catalog*, Fall 1968, http://www.wholeearth.com/.

21 나의 Lee Felsenstein 인터뷰.

22 Engelbart를 가장 잘 알 수 있는 책은 Thierry Bardini, *Bootstrapping: Douglas Engelbart, Coevolution, and the Origins of Personal Computing*(Stanford, 2000)이다. 이 부분은 또 다음에 의거하고 있다. Douglas Engelbart oral history(four sessions), conducted by Judy Adams and Henry Lowood, Stanford, http://www-sul.stanford.edu/depts/hasrg/histsci/ssvoral/engelbart/start1.html; Douglas Engelbart oral history, conducted by Jon Eklund, the Smithsonian Institution, May 4, 1994; Christina Engelbart, "A Lifetime Pursuit," 1986에 Engelbart의 딸이 작성한 전기 형식의 글, http://www.dougengelbart.org/history/engelbart.html#10a; "Tribute to Doug Engelbart," 동료들과 친구들의 회고록, http://tribute2doug.wordpress.com/; Douglas Engelbart interviews, in Valerie Landau and Eileen Clegg, *The Engelbart Hypothesis: Dialogs with Douglas Engelbart*(Next Press, 2009) 및 http://engelbartbookdialogues.wordpress.com/; The Doug Engelbart Archives(비디오와 인터뷰가 많이 포함되어 있다), http://dougengelbart.org/library/engelbart-archives.html; Susan Barnes, "Douglas Carl Engelbart: Developing the Underlying Concepts for Contemporary Computing," *IEEE Annals of the History of Computing*, July 1997; Markoff, *What the Dormouse Said*, 417; Turner, *From Counterculture to Cyberculture*, 110; Bardini, *Bootstrapping*, 138.

23 Douglas Engelbart oral history, Stanford, interview 1, Dec. 19, 1986.

24 *Life* 발췌문, Sept. 10, 1945는 제안된 메멕스를 그린 삽화가 많이 들어가 있었다. (이 호에는 원자탄 투하 직후 히로시마를 공중에서 찍은 사진들도 실려 있었다.)

25 Douglas Engelbart oral history, Smithsonian, 1994.

26 Douglas Engelbart oral history, Stanford, interview 1, Dec. 19, 1986.

27 Landau and Clegg, *The Engelbart Hypothesis*.

28 Douglas Engelbart oral history, Stanford, interview 1, Dec. 19, 1986.

29 Nilo Lindgren, "Toward the Decentralized Intellectual Workshop," *Innovation*, Sept. 1971, Howard Rheingold, *Tools for Thought*(MIT, 2000), 178에 인용. 또 Steven Levy, *Insanely Great*(Viking, 1994), 36을 보라.

30 Douglas Engelbart oral history, Stanford, interview 3, Mar. 4, 1987.

31 Douglas Engelbart, "Augmenting Human Intellect," prepared for the director of Information Sciences, Air Force Office of Scientific Research, Oct. 1962.

32 Douglas Engelbart to Vannevar Bush, May 24, 1962, MIT/Brown Vannevar Bush Symposium, archives, http://www.dougengelbart.org/events/vannevar-bush-symposium.html.

33 Douglas Engelbart oral history, Stanford, interview 2, Jan. 14, 1987.

34 나의 Bob Taylor 인터뷰.

35 Douglas Engelbart oral history, Stanford, interview 3, Mar. 4, 1987.

36 Landau and Clegg, "Engelbart on the Mouse and Keyset," in *The Engelbart Hypothesis*; William English, Douglas Engelbart, and Melvyn Berman, "Display Selection Techniques for Text Manipulation," *IEEE Transactions on Human-Factors in Electronics*, Mar. 1967.

37 Douglas Engelbart oral history, Stanford, interview 3, Mar. 4, 1987.

38 Landau and Clegg, "Mother of All Demos," in *The Engelbart Hypothesis*.

39 "Mother of All Demos"의 비디오는 http://sloan.stanford.edu/MouseSite/1968Demo.html#complete에서 볼 수 있다. 이 부분은 또 from Landau and Clegg, "Mother of All Demos," in *The Engelbart Hypothesis*에 의거하고 있다.

40 Rheingold, *Tools for Thought*, 190.

41 나의 Stewart Brand 인터뷰; Mother of All Demos 비디오.

42 Markoff, *What the Dormouse Said*, 2734. John Markoff는 Stanford 마이크로필름 보관소에서 Les Earnest의 시연을 찾아냈다. Markoff의 책은 증강 지능과 인공 지능의 차이에 대한 훌륭한 분석을 제공한다.

43 Markoff, *What the Dormouse Said*, 2838.

44 나의 Alan Kay 인터뷰. Kay는 이 책의 여러 부분을 읽고 논평과 교정을 해주었다. 이 부분은 또 다음에 의거하고 있다. Alan Kay, "The Early History of Smalltalk," *ACM SIGPLAN Notices*, Mar. 1993; Michael Hiltzik, *Dealers of Lightning*(Harper, 1999; 페이지는 Kindle 판을 따른다), chapter 6.

45 나의 Alan Kay 인터뷰; Landau and Clegg, "Reflections by Fellow Pioneers," in *The Engelbart Hypothesis*; Alan Kay talk, thirtieth-anniversary panel on the Mother of All Demos, Internet archive, https://archive.org/details/XD1902_1EngelbartsUnfinishedRev30AnnSes2. 또 Paul Spinrad, "The Prophet of Menlo Park," http://coe.berkeley.edu/news-center/publications/forefront/archive/copy_of_forefront-fall-2008/features/the-prophet-of-menlo-park-douglas-engelbart-carries-on-his-vision을 보라. Kay는 이 부분의 초고를 읽어본 뒤 자신이 전에 한 말과 인터뷰 가운데 몇 가지를 분명히 설명했고, 나는 그의 제안에 따라 인용 몇 가지를 수정했다.

46 Cathy Lazere, "Alan C. Kay: A Clear Romantic Vision," 1994, http://www.cs.nyu.edu/courses/fall04/G22.2110-001/kaymini.pdf.

47 나의 Alan Kay 인터뷰. 또 Alan Kay, "The Center of Why," Kyoto Prize lecture, Nov. 11, 2004를 보라.

48 나의 Alan Kay 인터뷰; Ivan Sutherland, "Sketchpad," PhD dissertation, MIT, 1963; Howard Rheingold, "Inventing the Future with Alan Kay," The WELL, http://www.well.com/user/hlr/texts/Alan%20Kay.

49 Hiltzik, *Dealers of Lightning*, 1895; author's email exchange with Alan Kay.

50 Alan Kay talk, thirtieth-anniversary panel on the Mother of All Demos; Kay, "The Early History of Smalltalk."

51 Kay, "The Early History of Smalltalk."

52 Kay, "The Early History of Smalltalk." (앞 문단들에 나온 모든 인용이 포함되어 있다.)

53 John McCarthy, "The Home Information Terminal–A 1970 View," June 1, 2000, http://www-formal.stanford.edu/jmc/hoter2.pdf.

54 Markoff, *What the Dormouse Said*, 4535.

55 Markoff, *What the Dormouse Said*, 2381.

56 이 부분은 아래 인용한 자료와 위에서 인용한 Hiltzik의 *Dealers of Lightning*과 Kay의 "The Early History of Smalltalk" 외에 다음에 의거하고 있다. Douglas Smith and Robert Alexander, *Fumbling the Future: How Xerox Invented, Then Ignored, the First Personal Computer*(Morrow, 1988); 나의 Alan Kay 인터뷰, Bob Taylor 인터뷰, John Seeley Brown 인터뷰.

57 Charles P. Thacker, "Personal Distributed Computing: The Alto and Ethernet Hardware," ACM Conference on History of Personal Workstations, 1986. 또 Butler W. Lampson, "Personal Distributed Computing: The Alto and Ethernet Software," ACM Conference on History of Personal Workstations, 1986을 보라. 똑같은 제목을 가진 이 두 논문은 http://research.microsoft.com/en-us/um/people/blampson/38-AltoSoftware/Abstract.html에서 볼 수 있다.

58 Linda Hill, Greg Brandeau, Emily Truelove, and Kent Linebeck, *Collective Genius: The Art and Practice of Leading Innovation*(Harvard Business Review Press, 2014); Hiltzik, *Dealers of Lightning*, 2764; 나의 Bob Taylor 인터뷰.

59 나의 Bob Taylor 인터뷰.

60 Hiltzik, *Dealers of Lightning*, 1973, 2405.

61 Stewart Brand, "Spacewar," *Rolling Stone*, Dec. 7, 1972.

62 Alan Kay, "Microelectronics and the Personal Computer," *Scientific American*, Sept. 1977.

63 Alan Kay, "A Personal Computer for Children of All Ages," in *Proceedings of the ACM Annual Conference*, 1972. His typescript is at http://www.mprove.de/diplom/gui/Kay72a.pdf.

64 Kay, "The Early History of Smalltalk"; 나의 Alan Kay 인터뷰.

65 Hiltzik, *Dealers of Lightning*, 3069.

66 Kay, "The Early History of Smalltalk"; Hiltzik, *Dealers of Lightning*, 3102.

67 Kay, "The Early History of Smalltalk"; 나의 Alan Kay 인터뷰.

68 Kay, "The Early History of Smalltalk"(IV, "The First Real Smalltalk"를 보라); 나의 Alan Kay 인터뷰 및 Bob Taylor 인터뷰; Hiltzik, *Dealers of Lightning*, 3128; Markoff, *What the Dormouse Said*, 3940; Butler Lampson, "Why Alto?" Xerox interoffice memo, Dec. 19, 1972, http://www.digibarn.com/friends/butler-lampson/.

69 나의 Bob Taylor 인터뷰; Thacker, "Personal Distributed Computing."

70 Engelbart Oral History, Stanford, interview 4, Apr. 1, 1987.

71 나의 Bob Taylor 인터뷰.

72 Alan Kay interview, conducted by Kate Kane, *Perspectives on Business Innovation*, May 2002.

73 Bob Taylor discussion, University of Texas, Sept. 17, 2009, conducted by John Markoff, http://transcriptvids.com/v/jvbGAPJSDJI.html.

74 나의 Bob Taylor 인터뷰; Hiltzik, *Dealers of Lightning*, 4834.

75 Fred Moore의 이야기는 Levy의 *Hackers*와 Markoff의 *What the Dormouse Said*에 자세히 나온다.

76 나의 Lee Felsenstein 인터뷰.

77 Video of the Whole Earth Demise Party, http://mediaburn.org/video/aspects-of-demise-the-whole-earth-demise-party-2/; Levy, *Hackers*, 197; 나의 Stewart Brand 인터뷰; Stewart Brand, "Demise Party, etc.," http://www.wholeearth.com/issue/1180/article/321/history.-.demise.party.etc.

78 Markoff, *What the Dormouse Said*, 3335.

79 위에 인용한 자료 외에 Thomas Albright and Charles Moore, "The Last Twelve Hours of the Whole Earth," *Rolling Stone*, July 8, 1971; Barry Lopez, "Whole Earth's Suicide Party," *Washington Post*, June 14, 1971을 보라.

80 나의 Bob Albrecht 인터뷰; Albrecht가 내게 준 메모.

81 Archive of the People's Computer Company and its related newsletters, http://www.digibarn.com/collections/newsletters/peoples-computer/.

82 나의 Bob Albrecht 인터뷰.

83 나의 Lee Felsenstein 인터뷰. 이 부분은 또 다음에 의거하고 있다. Felsenstein이 내게 준, 17장으로 이루어진 미출간 회고록 ; Felsenstein's articles "Tom Swift Lives!" and "Convivial Design" in *People's Computer Company*; 그가 내게 준 글 "My Path through the Free Speech Movement and Beyond," February 22, 2005; 그가 http://www.leefelsenstein.com/에 올린 자전적 에세이; Freiberger and Swaine, *Fire in the Valley*, 99-102; Levy, *Hackers*, 153 외 여러 곳; Markoff, *What the Dormouse Said*, 4375 외 여러 곳.

84 나의 Lee Felsenstein 인터뷰.

85 나의 Felsenstein 인터뷰; Lee Felsenstein, "Philadelphia 1945-1963," http://www.leefelsenstein.com/?page_id=16; oral history of Lee Felsenstein, by Kip Crosby, May 7, 2008, Computer History Museum.

86 Felsenstein, "My Path through the Free Speech Movement and Beyond."

87 나의 Lee Felsenstein 인터뷰.

88 Felsenstein, "My Path through the Free Speech Movement and Beyond."

89 나의 Lee Felsenstein 인터뷰; Felsenstein의 미출간 회고록.

90 Felsenstein이 내게 준 미출간 회고록의 한 장 전체가 이 경찰 무전기 사건에 할애되어 있다.

91 Felsenstein, "My Path through the Free Speech Movement and Beyond."

92 Lee Felsenstein, "Explorations in the Underground," http://www.leefelsenstein.com/?page_id=50.

93 나의 Lee Felsenstein 인터뷰.

94 나의 Lee Felsenstein 인터뷰; Felsenstein의 미출간 회고록.

95 나의 Lee Felsenstein 인터뷰.

96 Levy, *Hackers*, 160.

97 Ken Colstad and Efrem Lipkin, "Community Memory: A Public Information Network," *ACM SIGCAS Computers and Society*, Dec. 1975. For an archive of the Resource One Newsletter, see http://www.well.com/~szpak/cm/index.html.

98 Doug Schuler, "Community Networks: Building a New Participatory Medium," *Communications of the ACM*, Jan. 1994. 또 Community Memory flyer, on The WELL, http://www.well.com/~szpak/cm/cmflyer.html: "We have a powerful tool–a genie–at our disposal"을 보라.

99 R. U. Sirius and St. Jude, *How to Mutate and Take Over the World*(Ballantine, 1996); Betsy Isaacson, "St. Jude," undergraduate thesis, Harvard University, 2012.

100 Lee Felsenstein, "Resource One/Community Memory," http://www.leefelsenstein.com/?page_id=44.

101 나의 Lee Felsenstein 인터뷰; Felsenstein, "Resource One/Community Memory."

102 Ivan Illich, *Tools for Conviviality*(Harper, 1973), 17.

103 나의 Lee Felsenstein 인터뷰.

104 Lee Felsenstein, "The Maker Movement.Looks Like Revolution to Me," speech at Bay Area Maker Faire, May 18, 2013. 또 Evgeny Morozov, "Making It," *New Yorker*, Jan. 13, 2014를 보라.

105 Lee Felsenstein, "Tom Swift Terminal, or a Convivial Cybernetic Device," http://www.leefelsenstein.com/wp-content/uploads/2013/01/TST_scan_150.pdf; Lee Felsenstein, "Social Media Technology," http://www.leefelsenstein.com/?page_id=125.

106 Homebrew Computer Club newsletter #1, DigiBarn Computer Museum, http://www.digibarn.com/collections/newsletters/homebrew/V1_01/; Levy, *Hackers*, 167.

107 Lee Felsenstein이 나의 크라우드소스 초고에 대해 한 말, Medium.com, Dec. 20, 2013. Eisenhower의 전용기 조종사 가운데 성 전환을 한 사람이 있다는 증거는 없다.

108 이 부분은 다음에 의거하고 있다. Ed Roberts interview, conducted by Art Salsberg, *Modern Electronics*, Oct. 1984; Ed Roberts interview, conducted by David Greelish, *Historically Brewed* magazine, 1995; Levy, *Hackers*, 186 외 여러 곳; Forrest M. Mims III, "The Altair Story: Early Days at MITS," *Creative Computing*, Nov. 1984; Freiberger and Swaine, *Fire in the Valley*, 35 외 여러 곳.

109 Levy, *Hackers*, 186.

110 Mims, "The Altair Story."

111 Levy, *Hackers*, 187.

112 Levy, *Hackers*, 187.

113 Les Solomon, "Solomon's Memory," Atari Archives, http://www.atariarchives.org/deli/solomons_memory.php; Levy, *Hackers*, 189 외 여러 곳; Mims, "The Altair Story."

114 H. Edward Roberts and William Yates, "Altair 8800 Minicomputer," *Popular Electronics*, Jan. 1975.

115 나의 Bill Gates 인터뷰.

116 Michael Riordan and Lillian Hoddeson, "Crystal Fire," *IEEE SCS News*, Spring 2007, adapted from *Crystal Fire*(Norton, 1977).

117 나의 Lee Felsenstein 인터뷰, Steve Wozniak 인터뷰, Steve Jobs 인터뷰 및 Bob Albrecht 인터뷰. 이 부분은 또 다음에 의거하고 있다. the accounts of the Homebrew Computer Club origins in Wozniak, *iWoz*(Norton, 2006); Markoff, *What the Dormouse Said*, 4493 외 여러 곳; Levy, *Hackers*, 201 외 여러 곳; Freiberger and Swaine, *Fire in the Valley*, 109 외 여러 곳; Steve Wozniak, "Homebrew and How the Apple Came to Be," http://www.atariarchives.org/deli/homebrew_and_how_the_apple.php; the Homebrew archives exhibit at the Computer History Museum; the Homebrew newsletter archives, http://www.digibarn.com/collections/newsletters/homebrew/; Bob Lash, "Memoir of a Homebrew Computer Club Member," http://www.bambi.net/bob/homebrew.html.

118 Steve Dompier, "Music of a Sort," *Peoples Computer Company*, May 1975. 또 Freiberger and Swaine, *Fire in the Valley*, 129; Levy, *Hackers*, 204. Dompier의 코드는 http://kevindriscoll.org/projects/ccswg2012/fool_on_a_hill.html을 보라.

119 Bill Gates, "Software Contest Winners Announced," *Computer Notes*, July 1975.

9장. 소프트웨어

1 나의 Bill Gates 인터뷰; Paul Allen, *Idea Man*(Portfolio, 2011, 페이지는 Kindle판을 따른다), 129. 이 부분은 다음 자료에도 의거하고 있다. 2013년에 진행한 나의 Bill Gates 인터뷰 및 내가 Bill Gates와 나눈 기타 대화; 나의 *Time* 표제 기사 "In Search of the Real Bill Gates," *Time*, Jan. 13, 1997 취재 차 Bill Gates, 그의 아버지 및 동료들과 나눈 대화; Bill Gates Sr.가 보낸 이메일; Stephen Manes and Paul Andrews, *Gates*(Doubleday, 1993, 페이지는 Kindle판을 따른다); James Wallace and Jim Erickson, *Hard Drive*(Wiley, 1992); Bill Gates oral history, conducted by Mark Dickison, Henry Ford Innovation Series, June 30, 2009; Bill Gates interview, conducted by David Allison, Smithsonian Institution, Apr. 1995; 기타 Bill Gates에 의해 제공된 비공개 구술 역사 자료.

2 Wallace and Erickson, *Hard Drive*, 38.

3 Allen, *Idea Man*, 1069.

4 나의 Bill Gates 인터뷰. Bill Gates oral history, Ford Innovation Series를 보라.

5 Isaacson, "In Search of the Real Bill Gates."

6 Isaacson, "In Search of the Real Bill Gates."
7 나의 Bill Gates Sr. 인터뷰.
8 Manes and Andrews, *Gates*, 715.
9 나의 Bill Gates Sr. 인터뷰. 스카우트 규칙은 다음과 같다. "스카우트 단원은 신뢰할 수 있고, 충의가 있고, 남을 도울 줄 알고, 친절하고, 공손하고, 인도적이고, 순종적이고, 명랑하고, 검소하고, 용감하고, 깨끗하고, 공경심이 있다."
10 Manes and Andrews, *Gates*, 583, 659.
11 나의 Bill Gates Sr. 인터뷰.
12 Wallace and Erickson, *Hard Drive*, 21.
13 나의 Bill Gates 인터뷰.
14 Allen, *Idea Man*, 502.
15 Wallace and Erickson, *Hard Drive*, 25.
16 Allen, *Idea Man*, 511.
17 Wallace and Erickson, *Hard Drive*, 26.
18 Allen, *Idea Man*, 751.
19 나의 Bill Gates Sr. 인터뷰; Isaacson, "In Search of the Real Bill Gates."
20 나의 Bill Gates Sr. 인터뷰(및 기타 구술 역사 자료).
21 Manes and Andrews, *Gates*, 924.
22 나의 Bill Gates 인터뷰 및 Bill Gates Sr. 인터뷰.
23 나의 Steve Russell 인터뷰.
24 Wallace and Erickson, *Hard Drive*, 31.
25 나의 Bill Gates 인터뷰.
26 Allen, *Idea Man*, 616; 나의 Steve Russell 인터뷰 및 Bill Gates 인터뷰.
27 나의 Bill Gates 인터뷰.
28 Paul Freiberger and Michael Swaine, *Fire in the Valley*(Osborne, 1984), 21; 나의 Bill Gates 인터뷰; Wallace and Erickson, *Hard Drive*, 35.
29 Allen, *Idea Man*, 719.
30 Wallace and Erickson, *Hard Drive*, 42.
31 나의 Bill Gates 인터뷰; Isaacson, "In Search of the Real Bill Gates."
32 나의 Bill Gates 인터뷰; Bill Gates oral history with Larry Cohen and Brent Schlender, Bill Gates가 나에게 제공.
33 Wallace and Erickson, *Hard Drive*, 43.
34 나의 Bill Gates 인터뷰.
35 Allen, *Idea Man*, 811.
36 Wallace and Erickson, *Hard Drive*, 43.
37 나의 Bill Gates 인터뷰; Allen, *Idea Man*, 101.
38 나의 Bill Gates 인터뷰; Allen, *Idea Man*, 849.
39 Allen, *Idea Man*, 860.

40 Wallace and Erickson, *Hard Drive*, 45; Manes and Andrews, *Gates*, 458.
41 Manes and Andrews, *Gates*, 1445; Allen, *Idea Man*, 917; 나의 Bill Gates 인터뷰.
42 Allen, *Idea Man*, 942.
43 나의 Bill Gates 인터뷰.
44 Allen, *Idea Man*, 969.
45 Wallace and Erickson, *Hard Drive*, 55. 이 부분은 *Harvard Gazette*에 먼저 발표되었으며, 이 책에는 Gates를 비롯한 독자들의 의견과 수정 사항이 반영되어 있다.
46 나의 Bill Gates 인터뷰.
47 Nicholas Josefowitz, "College Friends Remember Bill Gates," *Harvard Crimson*, June 4, 2002.
48 Manes and Andrews, *Gates*, 1564.
49 "Bill Gates to Sign Off at Microsoft," AFP, June 28, 2008.
50 William H. Gates and Christos P. Papadimitriou, "Bounds for Sorting by Prefix Reversal," *Discrete Mathematics*, 1979; Harry Lewis, "Reinventing the Classroom," *Harvard Magazine*, Sept. 2012; David Kestenbaum, "Before Microsoft, Gates Solved a Pancake Problem," NPR, July 4, 2008.
51 Allen, *Idea Man*, 62.
52 나의 Bill Gates 인터뷰.
53 Allen, *Idea Man*, 1058.
54 나의 Bill Gates 인터뷰.
55 Bill Gates and Paul Allen to Ed Roberts, Jan. 2, 1975; Manes and Andrews, *Gates*, 1810.
56 Allen, *Idea Man*, 160.
57 Allen, *Idea Man*, 1103.
58 Manes and Andrews, *Gates*, 1874.
59 나의 Bill Gates 인터뷰; Allen, *Idea Man*, 1117.
60 Wallace and Erickson, *Hard Drive*, 76.
61 Allen, *Idea Man*, 1163.
62 Allen, *Idea Man*, 1204.
63 Allen, *Idea Man*, 1223; Wallace and Erickson, *Hard Drive*, 81.
64 나의 Bill Gates 인터뷰.
65 Remarks of Bill Gates, *Harvard Gazette*, June 7, 2007.
66 나의 Bill Gates 인터뷰.
67 앨버커키에서의 Gates에 관한 이 부분은 다음에 의거하고 있다. Allen, *Idea Man*, 1214 외 여러 곳; Manes and Andrews, *Gates*, 2011 외 여러 곳; Wallace and Erickson, *Hard Drive*, 85 외 여러 곳.
68 Bill Gates oral history, Henry Ford Innovation Series.
69 Allen, *Idea Man*, 1513.
70 나의 Bill Gates 인터뷰.

71 Allen, *Idea Man*, 1465; Manes and Andrews, *Gates*, 2975; Wallace and Erickson, *Hard Drive*, 130.

72 나의 Bill Gates 인터뷰.

73 Allen, *Idea Man*, 1376.

74 Fred Moore, "It's a Hobby," Homebrew Computer Club newsletter, June 7, 1975.

75 John Markoff, *What the Dormouse Said*(Viking, 2005; 페이지는 Kindle판을 따른다), 4633; Steven Levy, *Hackers*(Anchor/Doubleday, 1984; 페이지는 O'Reilly, 2010 25주년 기념판을 따른다), 231.

76 나의 Lee Felsenstein 인터뷰; Lee Felsenstein oral history, by Kip Crosby, Computer History Museum, May 7, 2008.

77 Homebrew Computer Club newsletter, Feb. 3, 1976, http://www.digibarn.com/collections/newsletters/homebrew/V2_01/gatesletter.html.

78 나의 Bill Gates 인터뷰.

79 Harold Singer, "Open Letter to Ed Roberts," Micro-8 Computer User Group newsletter, Mar. 28, 1976.

80 나의 Lee Felsenstein 인터뷰.

81 Bill Gates interview, *Playboy*, July 1994.

82 이 부분은 나의 Steve Jobs 인터뷰, Steve Wozniak 인터뷰, Nolan Bushnell 인터뷰, Al Alcorn 인터뷰 등을 바탕으로 한 나의 전작 *Steve Jobs*(Simon & Schuster, 2011)에 의거하고 있다. *Steve Jobs*에 참고문헌 및 출처가 포함되어 있다. 나는 이 책 작업을 위해 Bushnell, Alcorn, Wozniak과 인터뷰를 다시 진행했다. 이 부분은 다음 자료에도 의거하고 있다. Steve Wozniak, *iWoz*(Norton, 1984); Steve Wozniak, "Homebrew and How the Apple Came to Be," http://www.atariarchives.org/deli/homebrew_and_how_the_apple.php.

83 내가 크라우드소스 의견 및 수정 사항을 받기 위해 이 책의 초고를 Medium에 올렸을 때, Dan Bricklin이 유용한 의견을 제공해주었다. 이어서 VisiCalc 개발에 관한 의견을 교환했고, 이후 나는 이 책에 이 부분을 추가했다. 이 부분은 Bricklin 및 Bob Frankston과의 이메일 교환과 Dan Bricklin, *Bricklin on Technology*(Wiley, 2009)의 12장 "VisiCalc"에 부분적으로 의거하고 있다.

84 Dan Bricklin이 나에게 보낸 이메일; Dan Bricklin, "The Idea," http://www.bricklin.com/history/saiidea.htm.

85 Peter Ruell, "A Vision of Computing's Future," *Harvard Gazette*, Mar. 22, 2012.

86 Bob Frankston, "Implementing VisiCalc," 미출간, Apr. 6, 2002.

87 Frankston, "Implementing VisiCalc."

88 나의 Steve Jobs 인터뷰.

89 IBM 연혁, "The Birth of the IBM PC," http://www-03.ibm.com/ibm/history /exhibits/pc25/pc25_birth.html.

90 Manes and Andrews, *Gates*, 3629.

91 Manes and Andrews, *Gates*, 3642; Steve Ballmer interview, "Triumph of the Nerds," part II, PBS, June 1996. 또 James Chposky and Ted Leonsis, *Blue Magic*(Facts on File, 1988), chapter 9를 보라.

92 Bill Gates and Paul Allen interview, by Brent Schlender, *Fortune*, Oct. 2, 1995.

93 Steve Ballmer interview, "Triumph of the Nerds," part II, PBS, June 1996.

94 Jack Sams interview, "Triumph of the Nerds," partII, PBS, June 1996. 또 Steve Hamm and Jay Greene, "The Man Who Could Have Been Bill Gates," *Business Week*, Oct. 24, 2004를 보라.

95 Tim Paterson and Paul Allen interviews, "Triumph of the Nerds," part II, PBS, June 1996.

96 Steve Ballmer and Paul Allen interviews, "Triumph of the Nerds," part II, PBS, June 1996; Manes and Andrews, *Gates*, 3798.

97 Bill Gates and Paul Allen interview, by Brent Schlender, Fortune, Oct. 2, 1995; Manesand Andrews, *Gates*, 3868.

98 Manes and Andrews, *Gates*, 3886, 3892.

99 나의 Bill Gates 인터뷰.

100 Bill Gates and Paul Allen interview, by Brent Schlender, *Fortune*, Oct. 2, 1995.

101 나의 Bill Gates 인터뷰.

102 나의 Bill Gates 인터뷰.

103 Bill Gates and Paul Allen interview, by Brent Schlender, *Fortune*, Oct. 2, 1995.

104 Bill Gates interview by David Rubenstein, Harvard, Sept. 21, 2013, 나의 메모.

105 Bill Gates and Paul Allen interview, by Brent Schlender, *Fortune*, Oct. 2, 1995.

106 Bill Gates interview, conducted by David Bunnell, *PC* magazine, Feb. 1, 1982.

107 Isaacson, *Steve Jobs*, 135.

108 Isaacson, *Steve Jobs*, 94.

109 나의 Steve Jobs 인터뷰.

110 Steve Jobs 프레젠테이션, Jan. 1984, https://www.youtube.com/watch?v=2B-XwPjn9YY.

111 Isaacson, *Steve Jobs*, 173.

112 나의 Andy Hertzfeld 인터뷰.

113 나의 Steve Jobs 인터뷰 및 Bill Gates 인터뷰.

114 Andy Hertzfeld, *Revolution in the Valley*(O'Reilly Media, 2005), 191. 또 Andy Hertzfeld, http://www.folklore.org/StoryView.py?story=A_Rich_Neighbor_Named_Xerox.txt를 보라.

115 나의 Steve Jobs 인터뷰 및 Bill Gates 인터뷰.

116 나의 Steve Jobs 인터뷰.

117 이 부분은 아래 든 출처 외에 다음 자료에 의거하고 있다. 나의 Richard Stallman 인터뷰; Richard Stallman, essays and philosophy, http://www.gnu.org/gnu/gnu.html; Sam

Williams, with revisions by Richard M. Stallman, *Free as in Freedom(2.0): Richard Stallman and the Free Software Revolution*(Free Software Foundation, 2010). Williams 책의 초판본은 2000년에 O'Reilly Media에서 간행되었다. 초판본이 완성될 무렵, Stallman이 책의 내용 중 일부를 수정하라고 요구했고, 이들은 결과적으로 "좋지 못한 관계로 갈라섰다." 버전 2.0에는 Stallman의 의견이 반영되었고, 상당한 부분이 개정되었다. 이 사실은 Stallman이 발문에서, Williams가 버전 2.0에 대한 서문에서 밝힌다. Stallman은 후에 버전 2.0을 가리켜 "나의 준準자서전"이라 불렀다. 비교를 위해 http://oreilly.com/openbook/freedom/에서 원 텍스트를 보라.

118 나의 Richard Stallman 인터뷰. 또 K. C. Jones, "A Rare Glimpse into Richard Stallman's World," *InformationWeek*, Jan. 6, 2006; Richard Stallman interview, in Michael Gross, "Richard Stallman: High School Misfit, Symbol of Free Software, MacArthur-Certified Genius," 1999, www.mgross.com/interviews/stallman1.html; Williams, *Free as in Freedom*, 26 외 여러 곳을 보라.

119 Richard Stallman, "The GNU Operating System and the Free Software Movement," in Chris DiBona and Sam Ockman, editors, *Open Sources: Voices from the Open Source Revolution*(O'Reilly, 1999).

120 나의 Richard Stallman 인터뷰.

121 Richard Stallman, "The GNU Project," http://www.gnu.org/gnu/thegnuproject.html.

122 Williams, *Free as in Freedom*, 75.

123 Richard Stallman, "The GNU Manifesto," http://www.gnu.org/gnu/manifesto.html.

124 Richard Stallman, "What Is Free Software?" and "Why Open Source Misses the Point of Free Software," https://www.gnu.org/philosophy/.

125 Richard Stallman, "The GNU System," https://www.gnu.org/philosophy/.

126 Interview with Richard Stallman, conducted by David Betz and Jon Edwards, *BYTE*, July 1986.

127 "Linus Torvalds," Linux Information Project, http://www.linfo.org/linus.html.

128 Linus Torvalds with David Diamond, *Just for Fun*(HarperCollins, 2001), 4.

129 Torvalds and Diamond, *Just for Fun*, 74, 4, 17; Michael Learmonth, "Giving It All Away," *San Jose Metro*, May 8, 1997.

130 Torvalds and Diamond, *Just for Fun*, 52, 55, 64, 78, 72.

131 Linus Torvalds가 발음하는 "Linux": http://upload.wikimedia.org/wikipedia/commons/0/03/Linus-linux.ogg.

132 Learmonth, "Giving It All Away."

133 Torvalds and Diamond, *Just for Fun*, 58.

134 Linus Torvalds, "Free Minix-like Kernel Sources for 386-AT," posting to Newsgroups: comp.os.minix, Oct. 5, 1991, http://www.cs.cmu.edu/~awb/linux.history.html.

135 Torvalds and Diamond, *Just for Fun*, 87, 93, 97, 119.

136 Gary Rivlin, "Leader of the Free World," *Wired*, November 2003.

137 Yochai Benkler, *The Penguin and the Leviathan: How Cooperation Triumphs over Self-Interest*(Crown, 2011); Yochai Benkler, "Coase's Penguin, or, Linux and the Nature of the Firm," *Yale Law Journal*(2002), http://soc.ics.uci.edu/Resources/bibs.php?793.

138 Eric Raymond, *The Cathedral and the Bazaar*(O'Reilly Media, 1999), 30.

139 Alexis de Tocqueville, *Democracy in America*(초판 1835–40; Packard판), Kindle판 3041.

140 Torvalds and Diamond, *Just for Fun*, 122, 167, 120, 121.

141 Richard Stallman interview, *Reddit*, July 29, 2010, http://www.redditblog.com/2010/07/rms-ama.html.

142 Richard Stallman, "What's in a Name?" https://www.gnu.org/gnu/why-gnu-linux.html.

143 Torvalds and Diamond, *Just for Fun*, 164.

144 Linus Torvalds 블로그 포스트, "Black and White," Nov. 2, 2008, http://torvalds-family.blogspot.com/2008/11/black-and-white.html.

145 Torvalds and Diamond, *Just for Fun*, 163.

146 Raymond, *The Cathedral and the Bazaar*, 1.

10장. 온라인

1 Lawrence Landweber가 나에게 보낸 이메일, Feb. 5, 2014.

2 Ray Tomlinson, "The First Network Email," http://openmap.bbn.com/~tomlinso/ray/firstemailframe.html.

3 Larry Brilliant가 나에게 보낸 이메일, Feb. 14, 2014.

4 Larry Brilliant interview, *Wired*, Dec. 20, 2007.

5 Larry Brilliant interview, *Wired*, Dec. 20, 2007.

6 Katie Hafner, *The Well*(Carroll & Graf, 2001), 10.

7 Hafner, *The Well*, 30; Turner, *From Counterculture to Cyberculture*, 145.

8 Howard Rheingold, *The Virtual Community*(Perseus, 1993), 9.

9 Tom Mandel, "Confessions of a Cyberholic," *Time*, Mar. 1, 1995. 그 시점에 Mandel은 자신이 죽어가고 있다는 것을 알았으며, *Time*의 편집자들—Phil Elmer-DeWitt, Dick Duncan, 그리고 나—에게 온라인 세계를 회고하는 작별의 글을 쓰게 해달라고 요청했다.

10 Tom Mandel, The WELL 게시글, http://www.well.com/~cynsa/tom/tom13.html. 또 "To Our Readers" [발행인 Elizabeth Long이 서명했지만 Phil Elmer-DeWitt이 쓴 것이다], *Time*, Apr. 17, 1995를 보라.

11 이 부분은 다음에 의거하고 있다. 나의 Steve Case 인터뷰, Jim Kimsey 인터뷰 및 Jean Case 인터뷰; Julius Duscha, "For Computers, a Marrying Sam," *New York Times*, Dec. 25, 1977; Michael Banks, *On the Way to the Web*(APress, 2008, 페이지는 Kindle판을 따

른다); Kara Swisher, *AOL.com*(Random House, 1998); Alec Klein, *Stealing Time*(Simon & Schuster, 2003). 오랜 친구이자 동료인 Steve Case는 초고를 읽고 논평하고 교정해주었다.

12 Klein, *Stealing Time*, 11.

13 Banks, *On the Way to the Web*, 792, 743.

14 Banks, *On the Way to the Web*, 602, 1467.

15 나의 Steve Case 인터뷰; Banks, *On the Way to the Web*, 1503; Swisher, *AOL.com*, 27.

16 Steve Case talk, JP Morgan Technology Conference, San Francisco, May 1, 2001.

17 Nina Munk, *Fools Rush In*(Collins, 2004), 73.

18 나의 Steve Case 인터뷰.

19 Swisher, *AOL.com*, 25.

20 Steve Case speech, Stanford, May 25, 2010.

21 Steve Case speech, Stanford, May 25, 2010.

22 나의 Steve Case 인터뷰.

23 Steve Case speech, Stanford, May 25, 2010.

24 Swisher, *AOL.com*, 27.

25 나의 Steve Case 인터뷰.

26 나의 Steve Case 인터뷰. Case는 Medium에 실린 초고를 보고 나에게 이메일을 보내 논평을 했다. von Meister가 Steve Case를 고용하고 싶어 한 것인지 아니면 Dan Case가 그렇게 밀어붙인 것인지에 관해서는 이야기들이 다르다. Swisher, *AOL.com*, 28은 전자라고 한다. Banks, *On the Way to the Web*, 1507은 후자라고 한다. 아마 두 이야기 모두 진실이 담겨 있을 것이다.

27 나의 Jim Kimsey 인터뷰.

28 Swisher, *AOL.com*, 53.

29 Swisher, *AOL.com*, 48.

30 나의 Steve Case인터뷰 및 Steve Wozniak 인터뷰.

31 Steve Case speech, Stanford, May 25, 2010.

32 나의 Steve Case 인터뷰.

33 나의 Steve Case 인터뷰.

34 Steve Case oral history, conducted by Walter Isaacson, 2013, the Riptide Project, Harvard, http://www.niemanlab.org/riptide/person/steve-case/. 나는 디지털로 인한 저널리즘의 혼란을 주제로 한 이 구술 역사 프로젝트에 참여했고, 책임자는 John Huey, Paul Sagan, Martin Nisenholtz였다.

35 Steve Case oral history, "How the Web Was Won," *Vanity Fair*, July 2008.

36 나의 Jim Kimsey 인터뷰.

37 Steve Case speech, Stanford, May 25, 2010.

38 Dave Fischer post, newsgroup: alt.folklore.computers, Jan. 25, 1994, https://groups.google.com/forum/#!original/alt.folklore.computers/wF4CpYbWuuA/jS6ZOyJd10sJ.

39 Wendy Grossman, *Net.Wars*(NYU, 1977), 33.

40 나의 Al Gore 인터뷰.

41 Al Gore interview with Wolf Blitzer, "Late Edition," CNN, Mar. 9, 1999, http://www.cnn.com/ALLPOLITICS/stories/1999/03/09/president.2000/transcript.gore/.

42 Robert Kahn and Vinton Cerf, "Al Gore and the Internet," Declan McCullaugh 등에게 보낸 이메일, Sept. 28, 2000, http://www.politechbot.com/p-01394.html.

43 Newt Gingrich, speech to the American Political Science Association, Sept. 1, 2000.

11장. 웹

1 Tim Berners-Lee, *Weaving the Web*(Harper Collins, 1999),4. 또 Mark Fischetti, "The Mind Behind the Web," *Scientific American*, Mar. 12, 2009를 보라.

2 나의 Tim Berners-Lee 인터뷰.

3 나의 Tim Berners-Lee 인터뷰.

4 나의 Tim Berners-Lee 인터뷰.

5 나의 Tim Berners-Lee 인터뷰.

6 Tim Berners-Lee interview, Academy of Achievement, June 22, 2007.

7 나의 Tim Berners-Lee 인터뷰.

8 나의 Tim Berners-Lee 인터뷰.

9 *Enquire Within Upon Everything*(1894), http://www.gutenberg.org/files/10766/10766-h/10766-h.htm.

10 Berners-Lee, *Weaving the Web*, 1.

11 나의 Tim Berners-Lee 인터뷰.

12 Tim Berners-Lee interview, Academy of Achievement, June 22, 2007.

13 Berners-Lee, *Weaving the Web*, 10.

14 Berners-Lee, *Weaving the Web*, 4.

15 Berners-Lee, *Weaving the Web*, 14.

16 나의 Tim Berners-Lee 인터뷰.

17 Tim Berners-Lee interview, Academy of Achievement, June 22, 2007.

18 Berners-Lee, *Weaving the Web*, 15.

19 John Naish, "The NS Profile: Tim Berners-Lee," *New Statesman*, Aug. 15, 2011.

20 Berners-Lee, *Weaving the Web*, 16, 18.

21 Berners-Lee, *Weaving the Web*, 61.

22 Tim Berners-Lee, "Information Management: A Proposal," CERN, Mar. 1989, http://www.w3.org/History/1989/proposal.html.

23 James Gillies and Robert Cailliau, *How the Web Was Born*(Oxford, 2000), 180.

24 Berners-Lee, *Weaving the Web*, 26.

25 Gillies and Cailliau, *How the Web Was Born*, 198.

26 Gillies and Cailliau, *How the Web Was Born*, 190.

27 Robert Cailliau interview, "How the Web Was Won," *Vanity Fair*, July 2008.

28 Gillies and Cailliau, *How the Web Was Born*, 234.

29 Tim Smith and François Flückiger, "Licensing the Web," CERN, http://home.web.cern.ch /topics/birth-web/licensing-web.

30 Tim Berners-Lee, "The World Wide Web and the 'Web of Life,'" 1998, http://www.w3.org/People/Berners-Lee/UU.html.

31 Tim Berners-Lee, posting to the Newsgroup alt.hypertext, Aug. 6, 1991, http://www.w3.org/People/Berners-Lee/1991/08/art-6484.txt.

32 Nick Bilton, "As the Web Turns 25, Its Creator Talks about Its Future," *New York Times*, Mar. 11, 2014.

33 Gillies and Cailliau, *How the Web Was Born*, 203. 또 Matthew Lasar, "Before Netscape," *Ars Technica*, Oct. 11, 2011을 보라.

34 Berners-Lee, *Weaving the Web*, 56.

35 Gillies and Cailliau, *How the Web Was Born*, 217.

36 나의 Marc Andreessen 인터뷰.

37 나의 Marc Andreessen 인터뷰.

38 Robert Reid, *Architects of the Web*(Wiley, 1997), 7.

39 Gillies and Cailliau, *How the Web Was Born*, 239; alt.hypertext Newsgroup, Friday, Jan. 29, 1993, 12:22:43 GMT, http://www.jmc.sjsu.edu/faculty/rcraig/mosaic.txt.

40 나의 Marc Andreessen 인터뷰.

41 Gillies and Cailliau, *How the Web Was Born*, 240.

42 나의 Marc Andreessen 인터뷰.

43 Berners-Lee, *Weaving the Web*, 70; 나의 Tim Berners-Lee 인터뷰.

44 나의 Marc Andreessen 인터뷰.

45 나의 Tim Berners-Lee 인터뷰.

46 Berners-Lee, *Weaving the Web*, 70.

47 Berners-Lee, *Weaving the Web*, 65.

48 Ted Nelson, "Computer Paradigm," http://xanadu.com.au/ted/TN/WRITINGS/TCOMPARADIGM/tedCompOneLiners.html.

49 Jaron Lanier interview, by Eric Allen Bean, Nieman Journalism Lab, May 22, 2013.

50 John Huey, Martin Nisenholtz, and Paul Sagan, "Riptide," Harvard Kennedy School, http://www.niemanlab.org/riptide/.

51 나의 Marc Andreessen 인터뷰.

52 나의 Tim Berners-Lee 인터뷰.

53 나의 Marc Andreessen 인터뷰.

54 John Markoff, "A Free and Simple Computer Link," *New York Times*, Dec. 8, 1993.

55 이 부분은 나의 Justin Hall 인터뷰와 Justin Hall의 http://www.links.net/ 게시글에 주로 의거하고 있다.

56 Justin Hall, "Justin's Links," http://www.links.net/vita/web/story.html.

57 나의 Justin Hall 인터뷰 및 Joan Hall 인터뷰.

58 나의 Howard Rheingold 인터뷰; Howard Rheingold, *The Virtual Community*(Perseus, 1993).

59 나의 Justin Hall 인터뷰, Howard Rheingold; Gary Wolf, *Wired—A Romance*(Random House, 2003), 110.

60 Scott Rosenberg, *Say Everything*(Crown, 2009), 24.

61 Rosenberg, *Say Everything*, 44.

62 Justin Hall, "Exposing Myself," posted by Howard Rheingold, http://www.well.com/~hlr/jam/justin/justinexposing.html.

63 나의 Arianna Huffington 인터뷰.

64 Clive Thompson, *Smarter Than You Think*(Penguin, 2013), 68.

65 Hall, "Exposing Myself."

66 나의 Ev Williams 인터뷰. 이 부분은 다음에도 의거하고 있다. Ev Williams interview in Jessica Livingston, *Founders at Work*(Apress, 2007), 2701 외 여러 곳; Nick Bilton, *Hatching Twitter*(Portfolio, 2013), 9 외 여러 곳; Rosenberg, *Say Everything*, 104 외 여러 곳; Rebecca Mead, "You've Got Blog," *New Yorker*, Nov. 13, 2000.

67 Dave Winer, "Scripting News in XML," Dec. 15, 1997, http://scripting.com/davenet/1997/12/15/scriptingNewsInXML.html.

68 Livingston, *Founders at Work*, 2094.

69 Livingston, *Founders at Work*, 2109, 2123, 2218.

70 Meg Hourihan, "A Sad Kind of Day," http://web.archive.org/web/20010917033719/http://www.megnut.com/archive.asp?which=2001_02_01_archive.inc; Rosenberg, *Say Everything*, 122.

71 Ev Williams, "And Then There Was One," Jan. 31, 2001, http://web.archive.org/web/20011214143830/http://www.evhead.com/longer/2200706_essays.asp.

72 Livingston, *Founders at Work*, 2252.

73 Livingston, *Founders at Work*, 2252.

74 Williams, "And Then There Was One."

75 Dan Bricklin, "How the Blogger Deal Happened," blog posting, Apr. 15, 2001, http://danbricklin.com/log/blogger.htm; Dan Bricklin, *Bricklin on Technology*(Wiley, 2009), 206.

76 Livingston, *Founders at Work*, 2289, 2302.

77 나의 Ev Williams 인터뷰.

78 나의 Ev Williams 인터뷰.

79 나의 Ev Williams 인터뷰.

80 Andrew Lih, *The Wikipedia Revolution*(Hyperion, 2009), 1111. 또 Ward Cunningham and Bo Leuf, *The Wiki Way: Quick Collaboration on the Web*(Addison-Wesley, 2001); Ward Cunningham, "HyperCard Stacks," http://c2.com/~ward/HyperCard/; Ward Cunningham, keynote speech, Wikimania, Aug. 1, 2005를 보라.

81 Ward Cunningham, "Invitation to the Pattern List," May 1, 1995, http://c2.com/cgi/wiki?InvitationToThePatternsList.

82 Ward Cunningham, correspondence on the etymology of wiki, http://c2.com/doc/etymology.html.

83 Tim Berners-Lee interview, Riptide Project, Schornstein Center, Harvard, 2013.

84 Kelly Kazek, "Wikipedia Founder, Huntsville Native Jimmy Wales, Finds Fame Really Cool," *News Courier*(Athens, AL), Aug. 12, 2006.

85 나의 Jimmy Wales 인터뷰.

86 나의 Jimmy Wales 인터뷰; Lih, *The Wikipedia Revolution*, 585.

87 Marshall Poe, "The Hive," *Atlantic*, Sept. 2006.

88 Jimmy Wales interview, conducted by Brian Lamb, C-SPAN, Sept. 25, 2005.

89 나의 Jimmy Wales 인터뷰; Eric Raymond, "The Cathedral and the Bazaar," first presented in 1997, reprinted in *The Cathedral and the Bazaar*(O'Reilly Media, 1999).

90 Richard Stallman, "The Free Universal Encyclopedia and Learning Resource"(1999), http://www.gnu.org/encyclopedia/free-encyclopedia.html.

91 Larry Sanger, "The Early History of Nupedia and Wikipedia," Slashdot, http://beta.slashdot.org/story/56499; O'Reilly Commons, http://commons.oreilly.com/wiki/index.php/Open_Sources_2.0/Beyond_Open_Source:_Collaboration_and_Community/The_Early_History_of_Nupedia_and_Wikipedia:_A_Memoir.

92 Larry Sanger, "Become an Editor or Peer Reviewer!" Nupedia, http://archive.is/IWDNq.

93 나의 Jimmy Wales 인터뷰; Lih, *The Wikipedia Revolution*, 960.

94 나의 Jimmy Wales 인터뷰.

95 Larry Sanger, "Origins of Wikipedia," Sanger user page, http://en.wikipedia.org/wiki/User:Larry_Sanger/Origins_of_Wikipedia; Lih, *The Wikipedia Revolution*, 1049.

96 Ben Kovitz, "The Conversation at the Taco Stand," Kovitz user page, http://en.wikipedia.org/wiki/User:BenKovitz.

97 Jimmy Wales, "Re: Sanger's Memoirs" 스레드, Apr. 2005, http://lists.wikimedia.org/pipermail/wikipedia-l/2005-April/021463.html.

98 Jimmy Wales and Larry Sanger, "Re: Sanger's Memoirs" 스레드, Apr. 2005, http://lists.wikimedia.org/pipermail/wikipedia-l/2005-April/021460.html, http://lists.wikimedia.org /pipermail/wikipedia-l/2005-April/021469.html 및 이후 게시글. 또 Larry Sanger, "My Role in Wikipedia," http://larrysanger.org/roleinwp.html; "User:LarrySanger/Origins of Wikipedia," http://en.wikipedia.org/wiki/User:Larry_Sanger/Origins_of_

Wikipedia; "History of Wikipedia" 및 토론 페이지, http://en.wikipedia.org/wiki/History_of_Wikipedia와 Jimmy Wales의 편집 변경 사항, http://en.wikipedia.org/w/index.php?title=Jimmy_Wales&diff=next&oldid=29849184; Talk: Bomis, revisions made by Jimmy Wales, http://en.wikipedia.org/w/index.php?diff=11139857.

99 Kovitz, "The Conversation at the Taco Stand."

100 Larry Sanger, "Let's Make a Wiki," Nupedia 메시지 스레드, Jan. 10, 2001, http://archive.is/yovNt.

101 Lih, *The Wikipedia Revolution*, 1422.

102 Clay Shirky, "Wikipedia—An Unplanned Miracle," *Guardian*, Jan. 14, 2011; 또 Clay Shirky, *Here Comes Everybody: The Power of Organizing without Organizations*(Penguin, 2008) 및 *Cognitive Surplus: Creativity and Generosity in a Connected Age*(Penguin, 2010)를 보라.

103 나의 Jimmy Wales 인터뷰.

104 Larry Sanger, "Why Wikipedia Must Jettison Its Anti-Elitism," Dec. 31, 2004, www.LarrySanger.org.

105 Wikipedia press release, Jan. 15, 2002, http://en.wikipedia.org/wiki/Wikipedia:Press_releases/January_2002.

106 나의 Jimmy Wales 인터뷰.

107 Shirky, "Wikipedia—An Unplanned Miracle."

108 Yochai Benkler, "Coase's Penguin, or, Linux and the Nature of the Firm," *Yale Law Journal*(2002), http://soc.ics.uci.edu/Resources/bibs.php?793; Yochai Benkler, *The Penguin and the Leviathan: How Cooperation Triumphs over Self-Interest*(Crown, 2011).

109 Daniel Pink, "The Buck Stops Here," *Wired*, Mar. 2005; Tim Adams, "For Your Information," *Guardian*, June 30, 2007; Lord Emsworth user page, http://en.wikipedia.org/wiki/User:Lord_Emsworth; Peter Steiner, *New Yorker* cartoon, July 5, 1993, at http://en.wikipedia.org/wiki/On_the_Internet,_nobody_knows_you're_a_dog.

110 Jonathan Zittrain, *The Future of the Internet and How to Stop It*(Yale, 2008), 147.

111 나의 Jimmy Wales 인터뷰.

112 나의 Jimmy Wales 인터뷰.

113 John Battelle, *The Search*(Portfolio, 2005; 페이지는 Kindle판을 따른다), 894

114 Battelle, *The Search*, 945; 나의 Srinija Srinivasan 방문.

115 이 부분은 아래 인용한 자료 외에 다음에 의거하고 있다. 나의 Larry Page 인터뷰 및 나와 Larry Page의 대화; Larry Page commencement address at the University of Michigan, May 2, 2009; Larry Page and Sergey Brin interviews, Academy of Achievement, Oct. 28, 2000; "The Lost Google Tapes," interviews by John Ince with Sergey Brin, Larry Page, and others, Jan. 2000, http://www.podtech.net/home/?s=Lost+Google+Tapes; John Ince, "Google Flashback—My 2000 Interviews," *Huffington Post*, Feb. 6, 2012; Ken

Auletta, *Googled*(Penguin, 2009); Battelle, *The Search*; Richard Brandt, *The Google Guys*(Penguin, 2011); Steven Levy, *In the Plex*(Simon & Schuster, 2011); Randall Stross, *Planet Google*(Free Press, 2008); David Vise, *The Google Story*(Delacorte, 2005); Douglas Edwards, *I'm Feeling Lucky: The Confessions of Google Employee Number 59*(Mariner, 2012); Brenna McBride, "The Ultimate Search," *College Park magazine*, Spring 2000; Mark Malseed, "The Story of Sergey Brin," *Moment* magazine, Feb. 2007.

116 나의 Larry Page 인터뷰.

117 Larry Page interview, Academy of Achievement.

118 Larry Page interview, by Andy Serwer, Fortune, May 1, 2008.

119 나의 Larry Page 인터뷰.

120 나의 Larry Page 인터뷰.

121 나의 Larry Page 인터뷰.

122 Larry Page, Michigan commencement address.

123 나의 Larry Page 인터뷰.

124 나의 Larry Page 인터뷰.

125 나의 Larry Page 인터뷰.

126 Battelle, *The Search*, 1031.

127 Auletta, *Googled*, 28.

128 Interview with Larry Page and Sergey Brin, conducted by Barbara Walters, *ABC News*, Dec. 8, 2004.

129 Sergey Brin talk, Breakthrough Learning conference, Google headquarters, Nov. 12, 2009.

130 Malseed, "The Story of Sergey Brin."

131 Sergey Brin interview, Academy of Achievement.

132 McBride, "The Ultimate Search."

133 Auletta, *Googled*, 31.

134 Auletta, *Googled*, 32.

135 Vise, *The Google Story*, 33.

136 Auletta, *Googled*, 39.

137 나의 Larry Page 인터뷰.

138 나의 Larry Page 인터뷰.

139 Terry Winograd interview, conducted by Bill Moggridge, http://www.designinginteractions.com/interviews/TerryWinograd.

140 나의 Larry Page 인터뷰.

141 Craig Silverstein, Sergey Brin, Rajeev Motwani, and Jeff Ullman, "Scalable Techniques for Mining Causal Structures," *Data Mining and Knowledge Discovery*, July 2000.

142 나의 Larry Page 인터뷰.

143 나의 Larry Page 인터뷰.

144 Larry Page, Michigan commencement address.

145 Vise, *The Google Story*, 10.

146 Larry Page, Michigan commencement address.

147 Battelle, *The Search*, 1183.

148 Battelle, *The Search*, 1114.

149 Larry Page, Michigan commencement address.

150 나의 Larry Page 인터뷰.

151 Levy, *In the Plex*, 415, Scottsdale, Arizona에서 열린 2001 PC Forum에서 Page가 한 말을 인용.

152 Sergey Brin interview, conducted by John Ince, "The Lost Google Tapes," part 2.

153 Sergey Brin, Rajeev Motwani, Larry Page, Terry Winograd, "What Can You Do with a Web in Your Pocket?" *Bulletin of the IEEE Computer Society Technical Committee on Data Engineering*, 1998.

154 나의 Larry Page 인터뷰.

155 Levy, *In the Plex*, 358.

156 Levy, *In the Plex*, 430.

157 Sergey Brin interview, conducted by John Ince, "The Lost Google Tapes," part 2, http://www.podtech.net/home/1728/podventurezone-lost-google-tapes-part-2-sergey-brin.

158 Levy, *In the Plex*, 947.

159 나의 Larry Page 인터뷰.

160 Sergey Brin and Larry Page, "The Anatomy of a Large-Scale Hypertextual Web Search Engine," seventh International World-Wide Web Conference, Apr. 1998, Brisbane, Australia.

161 Vise, *The Google Story*, 30.

162 나의 Larry Page 인터뷰.

163 David Cheriton, Mike Moritz, and Sergey Brin interviews, conducted by John Ince, "The Lost Google Tapes"; Vise, *The Google Story*, 47; Levy, *In the Plex*, 547.

164 Vise, *The Google Story*, 47; Battelle, *The Search*, 86.

165 Sergey Brin interview, conducted by John Ince, "The Lost Google Tapes."

166 Larry Page interview, conducted by John Ince, "The Lost Google Tapes."

167 Auletta, *Googled*, 44.

168 Sergey Brin interview, conducted by John Ince, "The Lost Google Tapes," part 2.

1 Dyson, *Turing's Cathedral*, 6321; John von Neumann, *The Computer and the Brain* (Yale, 1958), 80.
2 Gary Marcus, "Hyping Artificial Intelligence, Yet Again," *New Yorker*, Jan. 1, 2014, "New Navy Device Learns by Doing"(UPI wire story), *New York Times*, July 8, 1958를 인용하고 있다; "Rival," *New Yorker*, Dec. 6, 1958.
3 인공 지능 최초의 구루들인 Marvin Minsky와 Seymour Papert는 Rosenblatt의 전제 몇 가지에 이의를 제기했으며, 그 뒤로 Perceptron을 둘러싼 흥분은 시들해지고 이 분야 전체가 'AI의 겨울'이라고 알려진 쇠퇴기로 들어섰다. 다음을 보라. Danny Wilson, "Tantalizingly Close to a Mechanized Mind: The Perceptrons Controversy and the Pursuit of Artificial Intelligence," 학부 논문, Harvard, December 2012; Frank Rosenblatt, "The Perceptron: A Probabilistic Model for Information Storage and Organization in the Brain," *Psychological Review*, Fall 1958; Marvin Minsky and Seymour Papert, *Perceptrons*(MIT, 1969).
4 나의 Ginni Rometty 인터뷰.
5 Garry Kasparov, "The Chess Master and the Computer," New York Review of Books, Feb. 11, 2010; Clive Thompson, *Smarter Than You Think*(Penguin, 2013), 3.
6 "Watson on Jeopardy," IBM's Smarter Planet website, Feb. 14, 2011, http://asmarterplanet.com/blog/2011/02/watson-on-jeopardy-day-one-man-vs-machine-for-global-bragging-rights.html.
7 John Searle, "Watson Doesn't Know It Won on Jeopardy," *Wall Street Journal*, Feb. 23, 2011.
8 John E. Kelly III and Steve Hamm, *Smart Machines*(Columbia, 2013), 4. Steve Hamm은 테크놀로지 저널리스트로 지금은 IBM에서 저자 겸 커뮤니케이션즈 전략가로 일하고 있다. 나는 이 책에 제시된 의견이 IBM 연구 책임자인 Kelly에게서 나온 것으로 보았다.
9 Larry Hardesty, "Artificial-Intelligence Research Revives Its Old Ambitions," *MIT News*, Sept. 9, 2013.
10 James Somers, "The Man Who Would Teach Computers to Think," *Atlantic*, Nov. 2013.
11 Gary Marcus, "Why Can't My Computer Understand Me," *New Yorker*, Aug. 16, 2013.
12 Steven Pinker, *The Language Instinct*(Harper, 1994), 191.
13 Stuart Russell and Peter Norvig, *Artificial Intelligence: A Modern Approach*(Prentice Hall, 1995), 566.
14 나의 Bill Gates 인터뷰.
15 Nicholas Wade, "In Tiny Worm, Unlocking Secrets of the Brain," *New York Times*, June 20, 2011; "The Connectome of a Decision-Making Neural Network," *Science*, July 27, 2012; The Dana Foundation, https://www.dana.org/News/Details.aspx?id=43512.
16 John Markoff, "Brainlike Computers, Learning from Experience," *New York Times*,

Dec. 28, 2013. 오래전부터 이 분야에 대한 사려 깊은 기사를 써 온 Markoff는 인간 노동을 복제할 수 있는 기계의 함의를 탐사하는 책을 쓰고 있다.

17 "Neuromorphic Computing Platform," the Human Brain Project, https://www.humanbrainproject.eu/neuromorphic-computing-platform1; Bennie Mols, "Brainy Computer Chip Ditches Digital for Analog," *Communications of the ACM*, Feb. 27, 2014; Klint Finley, "Computer Chips That Work Like a Brain Are Coming—Just Not Yet," *Wired*, Dec. 31, 2013. O'Reilly Media의 Beau Cronin은 "'뇌처럼' 일하거나 생각하는 새로운 AI 시스템을 묘사하는 뉴스 기사나 블로그를 발견할 때마다 한 잔씩 마시는 술 마시기 게임"을 제안했다(http://radar.oreilly.com/2014/05/it-works-like-the-brain-so.html). 그는 또한 이러한 주장을 담고 있는 기사를 메모판에 스크랩하여 수집한다(https://pinboard.in/u:beaucronin/t:like-the-brain/#).

18 나의 Tim Berners-Lee 인터뷰.

19 Vernor Vinge, "The Coming Technological Singularity," *Whole Earth Review*, Winter 1993. 또 Ray Kurzweil, "Accelerating Intelligence," http://www.kurzweilai.net/을 보라.

20 J. C. R. Licklider, "Man-Computer Symbiosis," *IRE Transactions on Human Factors in Electronics*, Mar. 1960.

21 Kelly and Hamm, *Smart Machines*, 7.

22 Kasparov, "The Chess Master and the Computer."

23 Kelly and Hamm, *Smart Machines*, 2.

24 "Why Cognitive Systems?" IBM Research website, http://www.research.ibm.com/cognitive-computing/why-cognitive-systems.shtml.

25 나의 David McQueeney 인터뷰.

26 나의 Ginni Rometty 인터뷰.

27 나의 Ginni Rometty 인터뷰.

28 Kelly and Hamm, *Smart Machines*, 3.

29 "Accelerating the Co-Evolution," Doug Engelbart Institute, http://www.dougengelbart.org/about/co-evolution.html; Thierry Bardini, *Bootstrapping: Douglas Engelbart, Coevolution, and the Origins of Personal Computing*(Stanford, 2000).

30 Nick Bilton, *Hatching Twitter*(Portfolio, 2013), 203.

31 흔히 Thomas Edison이 한 말이라고 하는데 증거는 없다. Steve Case가 많이 하던 말이다.

32 Yochai Benkler, "Coase's Penguin, or, Linux and the Nature of the Firm," *Yale Law Journal*(2002).

33 Steven Johnson, "The Internet? We Built That," *New York Times*, Sept. 21, 2012.

34 나의 Larry Page 인터뷰. Steve Jobs 인용은 내가 전작을 위해 진행한 인터뷰에서 따온 것이다.

35 Kelly and Hamm, *Smart Machines*, 7.

사진 출처

page

22 러브레이스: Hulton Archive/Getty Images
로드 바이런: ©The Print Collector/Corbis
배비지: Popperfoto/Getty Images

45 차분기관 모형: Allan J. Cronin
해석기관 모형: Science Photo Library/Getty Images
자카르 방직기: David Monniaux
자카르 인물화: ©Corbis

62 부시: ©Bettmann/Corbis
튜링: Wikimedia Commons/Original at the Archives Centre, King's College, Cambridge
섀넌: Alfred Eisenstaedt/The LIFE Picture Collection/Getty Images

93 스티비츠: Denison University, Department of Math and Computer Science
추제: Courtesy of Horst Zuse
아타나소프: Special Collections Department/Iowa State University
재현된 아타나소프의 컴퓨터: Special Collections Department/Iowa State University

111 에이킨: Harvard University Archives, UAV 362.7295.8p, B 1, F 11, S 109
모클리: Apic/Contributor/Hulton Archive/Getty Images
에커트: ©Bettmann/Corbis
1946년의 ENIAC: University of Pennsylvania Archives

130 에이킨과 호퍼: By a staff photographer/©1946 The Christian Science Monitor(www.CSMonitor.com). Reprinted with permission. Also courtesy of the Grace Murray Hopper Collection, Archives Center, National Museum of American History, Smithsonian Institution.
제닝스, 빌라스와 ENIAC: U.S. Army photo

제닝스: Copyright ©Jean Jennings Bartik Computing Museum-orthwest Missouri State University. All rights reserved. Used with permission.
스나이더: Copyright ©Jean Jennings Bartik Computing Museum-orthwest Missouri State University. All rights reserved. Used with permission.

163 폰 노이만: ©Bettmann/Corbis
골드스타인: Courtesy of the Computer History Museum
에커트, 크롱카이트와 UNIVAC: U.S. Census Bureau

190 바딘, 쇼클리, 브래튼: Lucent Technologies/Agence France-Presse/Newscom
최초의 트랜지스터: Reprinted with permission of Alcatel-Lucent USA Inc.
노벨상 수상 당일 쇼클리: Courtesy of Bo Lojek and the Computer History Museum

229 노이스: ©Wayne Miller/Magnum Photos
무어: Intel Corporation
페어차일드 반도체: ©Wayne Miller/Magnum Photos

242 킬비: Fritz Goro/The LIFE Picture Collection/Getty Images
킬비의 마이크로칩: Image courtesy of Texas Instruments
록: Louis Fabian Bachrach
그로브, 노이스, 무어: Intel Corporation

284 스페이스워: Courtesy of the Computer History Museum
부쉬넬: ©Ed Kashi/VII/Corbis

308 리클라이더: Karen Tweedy-Holmes
테일러: Courtesy of Bob Taylor
래리 로버츠: Courtesy of Larry Roberts

341 데이비스: National Physical Laboratory ©Crown Copyright/Science Source Images
베어런: Courtesy of RAND Corp.
클라인록: Courtesy of Len Kleinrock
서프와 칸: ©Louie Psihoyos/Corbis

372 키지: ©Joe Rosenthal/San Francisco Chronicle/Corbis
브랜드: ©Bill Young/San Francisco Chronicle/Corbis
《호울 어스 카탈로그》 커버: Whole Earth Catalog

397 엥겔바트: SRI International
최초의 마우스: SRI International
브랜드: SRI International

415 케이: Courtesy of the Computer History Museum
다이너북: Courtesy of Alan Kay
펠젠스타인: Cindy Charles
《피플즈 컴퓨터 컴패니》 커버: DigiBarn Computer Museum

435 에드 로버츠: Courtesy of the Computer History Museum
《파퓰러 일렉트로닉스》 커버: DigiBarn Computer Museum

442 앨런과 게이츠: Bruce Burgess, courtesy of Lakeside School, Bill Gates, Paul Allen, and Fredrica Rice
게이츠: Wikimedia Commons/Albuquerque, NM police department
마이크로소프트 직원들: Courtesy of the Microsoft Archives

495 잡스와 워즈니악: ©DB Apple/dpa/Corbis
잡스 그래픽: YouTube
스톨먼: Sam Ogden
토발즈: ©Jim Sugar/Corbis

538 브랜드와 브릴리언트: ©Winni Wintermeyer
폰 마이스터: The Washington Post/Getty Images
케이스: Courtesy of Steve Case

570 버너스리: CERN
안드레센: ©Louie Psihoyos/Corbis
홀과 라인골드: Courtesy of Justin Hall

615 브리클린과 윌리엄스: Don Bulens
웨일즈: Terry Foote via Wikimedia Commons
브린과 페이지: Associated Press

658 러브레이스: Hulton Archive/Getty Images

690 비트루비우스 인간: ©The Gallery Collection/Corbis

KI신서 10212

이노베이터

1판 1쇄 인쇄 2022년 5월 2일
1판 1쇄 발행 2022년 5월 4일

지은이 월터 아이작슨
옮긴이 정영목 신지영
펴낸이 김영곤
펴낸곳 (주)북이십일 21세기북스

출판사업부문 이사 정지은
정보개발팀 장지윤 강문형
디자인 임민지
해외기획실 최연순
출판마케팅영업본부 본부장 민안기
마케팅1팀 배상현 한경화 김신우 이보라
출판영업팀 이광호 최명열
제작팀 이영민 권경민

출판등록 2000년 5월 6일 제406-2003-061호
주소 (10881) 경기도 파주시 회동길 201(문발동)
대표전화 031-955-2100 **팩스** 031-955-2151 **이메일** book21@book21.co.kr

ISBN 978-89-509-0057-1 03320